ケインズ全集

第21巻

世界恐慌と英米における諸政策

——1931〜39年の諸活動——

ドナルド・モグリッジ 編

舘野 敏
北原 徹
黒木龍三
小谷野俊夫 訳

東洋経済新報社

『ケインズ全集』

日本語版

Original Title

THE COLLECTED WRITINGS OF
JOHN MAYNARD KEYNES

Volume XXI

Activities 1931-1939: World Crises and Policies in Britain and America

Published by THE MACMILLAN PRESS LTD

ケインズとJ. C. スマッツ，世界経済会議（1933年）

『ケインズ全集』日本語版の序文

経済学はいま二重の意味で、大きな危機にさらされている。一つは世界経済そのものがかつてない大規模の不況の中におちこんでいることである。これは必ずしもそのまま経済学の責任とはいえないかも知れない。しかし世界の各国がいままでの経済学の、あらゆる知識を動員して実行している政策が、スタグフレーションからの脱却という点では、いずれも思うように成功していないということは、やがて経済学への不信となることは否定できない。いま一つは、成長の代償としての環境の破壊や、資源の不足からくるコストの増加や、いままでの経済学の固有の領域をこえる問題が登場して、経済学そのものの改造が要求されていることである。成長の結果が、成長への疑問をひきおこすということになれば、そこから経済学の危機がさけばれるのも、やむを得ないであろう。

経済学をめぐるこのような危機意識が、これからの経済学にどのような影響を与えていくかは、将来の問題である。ただここでいいたいことは、この危機意識の、どれもが深くケインズと結びついていることである。

まず、政策面から考えてみよう。ある人々は、世界経済が直面する失業とインフレーションは、まさにケインズの提唱した完全雇用政策の結果であると主張する。ケインズの所得決定論は、マクロでみた投資と貯蓄の均衡が、必ずしも完全雇用を保証しないことを証明する。そこから不況に際して失業を防ぐためには適切な財政・金融政策によって需要を造出することが必要となる。戦後の各国はみなこの政策をとって完全雇用を実現した。しかし、実際にはそれはインフレーションを伴い、その結果が、今日のスタグフレーションになっていると批判するのである。

政策の面からみて、ケインズの経済学が三〇年代以降の不況克服と繁栄に貢献したことは明白である。かりにいま批判されているように、現在のスタグフレーションがその結果であるとしても、これからの脱出には、まずケインズに遡って考えることが必要であろう。その上に、ケインズの経済学は、こうした政策面でだけとらえられてはならぬという面をもっている。それは古典学派の経済学が、その自由貿易政策によっては完全にとらえられないのと同様である。その発見は自由貿易主義が世界を風靡した一〇〇年の後に行なわれたものであった。ケインズの場合にも、正しい理論と政策の評価は恐らくずっと先のことであろう。そうだとしても現在の問題が、何よりもまずケインズとつながることは明白である。

経済学そのものの危機意識についてもまた同様である。環境の破壊や、資源の有限性や、その意識の底には確かにケインズ経済学の視野の中になかった問題を含んでいる。しかし、こうした問題を、特に現代の問題として登場させた原因が、外ならぬ経済成長にあったとすれば、それは決してケインズと無縁ではない。ハロッドを起点として展開された成長論は、もちろんケインズにつながるものであった。その上に、ここに指摘されている公害やコストの新しい問題に接近する方法は、ケインズから新古典派総合にいたるマクロ分析の発展に負うものである。この方法に依存することなしに、経済学の新しい分野への拡充は期待することができないであろう。

総じて危機意識の先に予想される経済学への途には二つの方向が考えられる。一つはケインズによって強調された政策化への途を、さらに一歩おし進めて、市場経済に対する公権の介入を是認し、経済の全体としての計画化に行こうとする方向がその一つ。ケインズがマーシャルからうけついで、全く手をつけないままに残してきた市場経済原則を、改めて問題として取り上げようとする方向が、その二つである。周知のように新古典派総合は、この二つの方向を完全雇用を境にして別々に認めようとした。完全雇用に達するまではケインズの政策で、それ以後は市場原則でというのが彼らの主張する政策論の骨格であった。しかし、そうした総合が、理論的にも政策的にも不完全なものだということは明白である。現在の経済学に対する危機意識は、すでにはるかにこの段階をこえているといってよい。市場経済の地位をどのように認めるべきか、それはいまではケインズの時代よりは、はるかに大きな問題となってはいるが、依然としてここにもケインズを始発点とする問題がある。

現代の、あらゆる問題がすべてケインズから出ているというのは、もちろん言いすぎである。誇張していえば、それはすべての問題がアダム・スミスにあるというのと、あまり違わないであろう。しかし、ケインズが出てきてから、正確にいえば一九三六年の『一般理論』によって、それが「新しい経済学」として認められてから、一九七六年の今日まで、完全雇用といい、経済成長といい、世界通貨といい、あまりにも多くの経済的変化が、ケインズの名と結びついている。『一般理論』から今日までの四〇年間に世界に起こった経済的変化は、一国的にはそれぞれの特殊の説明要因があっても、総体としてはケインズ的世界の中のことであった。それが行きづまってスタグフレーションになっているとしても、それから脱却するためには、改めてケインズに遡って考える必要があるというのも、この意味では、決して言いすぎではないだろう。

ケインズ経済学が新しい経済学として認められた背景は三〇年代の世界恐慌であった。そこで経験されたような不況と失業とを救済するものとして、ケインズ理論は大きな役割を果たした。背景としての事情はいま大いに異なる。三〇年代の不況は物価のデフレーションを特色としたが、七〇年代の不況はインフレーションのただ中に起こっている。経済に対する見方にも大きな変化がある。かつては例外とされた市場経済への介入は、いまでは当然のことのようにその幅を拡大した。しかし、事情や政策意識のあらゆる変化にもかかわらず、三〇年代と七〇年代との間には何か共通のものがある。三〇年代のケインズに対して、七〇年代にそれこそ新しいケインズを待望する声のあるのも理由なしとしない。ただ新しいケインズは、古いケインズと無関係には出てこない。これがいま、われわれのいいたいことである。

三〇年代の世界が経済学にとって一つの転機だったとしたら、七〇年代のそれも、同じように一つの転機であろう。転機として注目される要因や現象はいたるところにある。その本質的なものをとらえて、いま一度新しい経済学の体系を編み出すのは、これからの経済学者の仕事である。ケインズはケインジアンを生み出し、やがて、新古典派総合となり、いまでは再びケインズに帰れという動きをさえ生み出している。そうした変化の先に、第二のケインズを想定することは決して夢ではない。しかし、かりに第二、第三のケインズが生まれたとしても、元のケインズが死ぬわけではない。われわれのもつ経済世界のイメージがかくも深くケインズの名と結びついている限り、その経済学は、これを読む者に常に新しい力を与えつづけるであろう。うけとる人によってその意味を異にしながら、したがってたえず批判をあびつつ生きつづけていく、それはまさに古典と呼ぶにふさわしい存在である。

この全集は、巻頭の序文にあるように、イギリスの王立経済学会が、この学会につくしたケインズの功績をたたえて刊行されたものである。したがって、そこにはケインズに対する何の評価も出ていない。しかし、それを日本で出版するに当たって、同じようにするわけにはいかない。できれば世界の経済および経済学に与えた影響、別しては日本の経済および経済学に与えた影響について何らかの叙述がほしいし、さらに望めば、その評価がほしい。しかし、それは、ここで企てるべくあまりに大きな仕事であるし、評価にいたってはまだその時ではない。その上に、この全集には、狭い意味での経済学をこえた、人間としてのケインズを知るべき幾多の資料がある。少なくとも原文によるこの全集の完結するまでは、そしてこの邦訳による全集が完結するまでは、刊行される一巻一巻を味読されるよう願うほかはない。

この邦訳全集の刊行に当たっては、翻訳者の選択、監閲者の選択に最大の注意を払った。ケインズ研究家として名を知られているこれらの学者が、われわれの企画のために、この自己犠牲的な仕事を快く引きうけていただいたことに対しては、編集者として感謝のほかはない。日本でのケインズ全集出版社として承認された東洋経済新報社が、万難を排してこの企画を敢行されたことも、われわれの欣快とするところである。

昭和五一年七月

編集委員代表　中山伊知郎

凡例

一、原典ページは下部欄外に示した。

一、原典の本文は13級活字で、小活字のものは12級活字で組んだ。

一、本文中の全集編集者による解説文は12級活字で組み、その冒頭の部分に◆をつけた。

一、原典におけるイタリックの箇所（見出しをのぞく）には原則として黒丸・・・の傍点を付した。ただし、書名、雑誌名、新聞名の場合のイタリックは『　』で示し、ラテン語、フランス語など外国語を示すにとどまるイタリックには傍点を付していない。

一、原典における注番号は（　）のなかに示し、その注は奇数頁末に11級活字で組んだ。注番号は章ごとの通し番号としている。訳者注の箇所はたとえば〔訳注5〕といったかたちで示し、その注は、同じく11級活字で奇数頁末に掲げた。ただし、訳文の理解のために訳者が補った短い語句は〔　〕によって本文中に挿入した。［　］は原典において全集編集者によって用いられたものである。

一、巻末の「本巻に再録された文書」の配列は、五十音順とした。

一、本巻の監閲者は千田純一教授である。

目次

全巻の序文

この新標準版の『ジョン・メイナード・ケインズ全集』は、王立経済学会が彼を記念して世に送るものである。彼はその多忙な生涯のきわめて大きな部分を、この学会のために捧げた。一九一一年、二八歳のとき、彼はエッジワース（Edgeworth）に続いて『エコノミック・ジャーナル』の編集者となり、二年後には同学会の幹事にもなった。彼は生涯のほとんど最後まで引き続きこれらの職務に従事した。たしかに、エッジワースは復帰して、一九一九年から二五年までふたたび編集者の地位で彼を助けたし、ついでマグレガー（Macgregor）が一九三四年までエッジワースの代わりを務め、同年からオースティン・ロビンソン（Austin Robinson）がマグレガーの後任として、一九四五年まで引き続いてケインズを援助した。しかし、これらの全年月を通じて、一九三七年彼が重病であったときの一、二号の発行を除けば、ケインズはまったく中断なしに、『エコノミック・ジャーナル』に発表される論文についてみずから主要な責任を負い、重要な決定を行なったのである。彼が同学会の会長に選ばれ、編集者の職をロイ・ハロッド（Roy Harrod）に、幹事の職をオースティン・ロビンソンに譲ったのは、一九四六年復活祭の彼の死のわずか数ヵ月前であった。

編集者と幹事の二つの資格で、ケインズは王立経済学会の政策を形成するのに大きな役割を果たした。学会のいくつかの大きな出版活動――一九三〇年代における多くの初期の出版物のほかに、リカードウ（Ricardo）全集のスラッファ（Sraffa）版、ベンサム（Bentham）経済著作集のスターク（Stark）版、およびマーシャル（Marshall）のギルボー（Guillebaud）版――が企画されるについては、ケインズに負うところがきわめて大きかった。

したがって、ケインズが一九四六年に逝去したとき、王立経済学会が彼を記念したいと思ったのは当然のことであった。そして学会がケインズ全集の出版によって彼を記念することを選んだのは、おそらく同様に当然のことであった。ケインズ自身、常に立派な出版には喜びをもっていた。そこで学会は、出版社としてマクミラン社、印刷社としてケンブリッジ大学出版局の援助をえて、ケインズの全集をまったく彼にふさわしい永久的な形にしたいと熱望してきた。

この『ケインズ全集』版は、経済学の分野における彼の著作を可能なかぎり多く収めて出版するであろう。ただし、彼の私的かつ個人的な書簡はいっさい含めないし、また彼の家族が所有している多数の書簡も発表しないであろう。すなわち、この版は経済学者としてのケインズを取り扱うのである。

ケインズの著作は、大まかにいえば五つの種類のものに分たれる。第一は、彼が執筆し書物として出版した著作である。第二は、生存中に彼自身が作成した論文およびパンフレットの論文集である（『説得論集』と『人物評伝』）。第三に、出版されてはいるが論文集に収集されていない非常に大量の著作――新聞に書いた論文、新聞への書簡、彼の二巻の論文集には収録されなかった雑誌論文と種々のパンフレット――がある。第四に、これまで未出版の少数の著作がある。第五に、経済学者との間の書簡および経済学または公務に関する書簡がある。上記の最初の四つの種類のものについては、この全集は、ほぼ完全にそのすべてを出版するつもりである。唯一の例外は、ケインズが異なった新聞や異なった国で発表するためにほぼ同じ題材について書いた若干の論文であって、これらは大して重要でない相違を含むにすぎない。このような場合には、この全集は最も興味のあるものを選択して、類似のもののなかから一つだけを出版することにする。

ケインズの経済書簡についていては、選択的なものになるのは避けがたい。タイプライターとファイル・キャビネットの時代において、とくに、かくも活動的で多忙だった人物の場合には、若干の重要でない、時事的な問題について彼が口述したはずのすべての文書の小片までを出版することはとうてい不可能である。それにもかかわらず、われわれは、ケインズが同僚の経済学者との議論のなかで、彼自身の見解を展開した手紙は、ケインズが公職についていた時代のよりいっそう重要な手紙と同様、できるだけ多く収集し出版するつもりである。

出版された書物は別として、この全集を準備するものにとって利用しうる主要な資料源は二つあった。第一に、ケインズは遺言で、リチャード・カーン（Richard Kahn）を遺言執行人とし、経済問題にかんする文書の責任者にしていた。これらの文書は、ケンブリッジ大学のマーシャル図書館に所蔵されており、この全集に利用することができた。一九一四年までケインズは秘書を持たず、彼の最も初期の文書は、主として彼が手書きによって執筆し、保管してきた重要な手紙の草稿のみに限られている。その時期についていては、われわれが所有している手紙の大部分は、彼が書いた手紙よりもむしろ彼が受け取った手紙によって占められている。一九一四～一八年および一九四〇～四六年の時期に、ケインズは大蔵省に勤務した。当時そして両大戦間の時期に彼が執筆した文書は、三〇年後という規則の下で一九六八年に許された記録の公開によって利用可能となった。一九一九年以降生涯の終りまで、ケインズは秘書――長年の間スティーヴンス（Stephens）夫人――の援助をえた。したがって、彼の活動した生涯の最後の二五年間についていては、われわれはたいていの場合、彼の受け取った手紙の原文のほかに、彼自身の手紙の写しを持っているのである。

もちろん、この時期にも、彼が自分で手書きによって書く場合があった。これらの若干の場合には、手紙の送り先の協力をえて、いくつかの重要な往復書簡の全部を収集することができた。そして、われわれは手紙のやりとりをした両者に公平に、両方の手紙が全部出版されるように配慮した。

第二の主要な情報源は、ケインズの母堂フローレンス・ケインズ（Florence Keynes）、すなわちネヴィル・ケインズ（Neville Keynes）の夫人によって、非常に長い年月にわたって保管されてきた一群の切抜き帳であった。一九一九年以降これらの切抜き帳には、メイナード・ケインズのかなり時事的な執筆物、新聞への投稿のほとんど全部、および彼が執筆したものばかりでなく、彼の執筆物に対する他の人々の反応を知ることのできる多くの資料が入っている。これらのきわめて注意深く保管された切抜き帳なくしては、ケインズのいかなる編集者や伝記作者の仕事も、はるかに困難なものになっていたことであろう。

この全集の計画は、現在企画されているところでは、次のとおりである。それは、全三〇巻となる予定である。これらのうち最初の八巻は、一九一三年の『インドの通貨と金融』から一九三六年の『一般理論』までのケインズの既刊の書物であり、『確率論』を含む。次に、第九巻と第一〇巻として、『説得論集』と『人物評伝』とが続くが、これらはケインズ自身の手になる論文集である。『説得論集』は最初の版と二つの点で異なる。その一つは所収の論文とパンフレットの完全な原文を掲載し、（初版のときのように）短縮した形のものとはしないことであり、もう一つは、ケインズが当初の論文集に入れたものとまったく同じ性格をもつ二つの後期の論文をも追加することである。『人物評伝』の場合には、ケインズが一九三三年の前と後に執筆したいくつかの他の伝記論文を追加することにした。

それに続くのは、経済学の論文とそれらをめぐる書簡を収めた第一一～一二巻の二巻、ならびに『一般理論』にいたる彼の思考の発展過程を取り扱った既刊の第一三～一四巻の二巻である。これらの巻のなかには、ケインズの書簡のうち、そこに印刷されている論文と非常に関連のあるものが含まれている。またこれらの巻への補巻第二九巻は、同じ問題にかんする、その後に発見された若干の資料を記録している。

残りの一四巻は、一九〇五年の彼の公的生活の開始から逝去にいたるまでのケインズの『諸活動』を取り扱う。この資料は時期別に分割し、それぞれの巻には、これまですべて未収集のかなり時事的な著作、これらの活動に関連した彼の書簡、およびケインズの諸活動を理解する上で必要なその他の資料と書簡を発表する。これらの巻は、エリザベス・ジョンソン（Elizabeth Johnson）とドナルド・モグリッジ（Donald Moggridge）によって編集されており、ケインズの諸活動の追跡と解釈を通じて、後世にこの資料が十分理解できるようにするのが彼らの仕事であった。エリザベス・ジョンソンは、初期のケインズおよび第一次世界大戦終結時の賠償と再建にいたる彼の諸活動を取り扱った第一五～一八巻の責任者であった。またドナルド・モグリッジは一九二二年から一九四六年の死にいたるケインズの他の諸活動を記録した残りの巻すべての責任者である。

第二次世界大戦中のケインズの諸活動をめぐる記録は、今や第二五～二七巻の刊行によって完成となる。一九二二年と一九三九年の間のギャップは、今や第一九～二一巻の刊行によって埋められた。残された総ては、本巻でもって彼の社会的、政治的および文学的著作を刊行すること、そして最後に、彼の既発表の論文やそれに関連した書簡で、この全集の他の諸巻に載せられていない若干のものを印刷することである。

この全集に責任を負ってきた人々は、次のとおりである。ケインズ卿の遺言執行人であると同時に、ケインズ卿の長年にわたる親密な友人であり、さらにまた、さもなければ誤解されたかもしれない多くの事柄を解釈する上で大きな助けとなったカーン卿。ケインズの伝記作者である故サー・ロイ・ハロッド。『エコノミック・ジャーナル』のケインズの共同編集者であり、また王立経済学会の幹事の後継者であるオースティン・ロビンソン。オースティン・ロビンソンは終始、編集責任者の任にあり、現在はドナルド・モグリッジが共同編集責任者としてロビンソンを助けている。

初期の段階の仕事では、エリザベス・ジョンソンは、ジェーン・シスルスウェイト（Jane Thistlethwaite）とマクドナルド（McDonald）夫人の助力を得た。マクドナルド夫人は、初めてケインズの文書のファイルを体系的に整理する任に当たった。ジュディス・マスターマン（Judith Masterman）は、ジョンソン夫人とともに長年にわたってケインズ文書にかかわる仕事をしてきた。ごく最近はスーザン・ウィルシャー（Susan Wilsher）、マーガレット・バトラー（Margaret Butler）、およびレオノーラ・ウーラム（Leonora Woollam）が秘書の仕事を続けている。バーバラ・ロウ（Barbara Lowe）は索引の作成を引き受けてきた。また一九七七年以降ジュディス・アレン（Judith Allen）が各巻の印刷上のことだけでなく、この全集についての日常的な管理の多くに責任を果して来た。

編集者の覚書

本巻は、ケインズの一九二二年から一九三九年に至る間の諸活動に関わる三つの巻の第三巻である。この巻の原資料は、ケインズ自身の現存の論稿類、国立公文書館において利用できる資料、および同僚と友人の論稿である。利用した資料の出所が、国立公文書館であった場合には、本巻五九四頁以下に再録された文書リストの当該ファイルの当館請求番号がつけられている。

本巻においても、すべての他の諸巻の場合と同様、ケインズ自身の著作は全般に大きな活字で印刷されている。ケインズ自身の脚注は編集者のものと区別するためにアスタリスクあるいは他の記号で示されている。ケインズ以外の人々のすべての解説文及び記述は小さな活字で印刷されている。この一般ルールの唯一の例外は、ケインズより、状況を明らかにするための解説的な節で用いられた、彼の両親や友人宛の書信からの特別の短い引用は、解説文に含められた小さな活字で印刷されていることである。

本巻および他の諸巻に含まれているケインズの書信の大部分は、残されている彼の論稿のタイプ印刷のコピーから複刻したものである。大部分の場合、彼はすべての彼の友人たちへの書信にサインしたのと同じような流儀でタイプ印刷にイニシャルを入れていた。その書信の受取人に送られた、最初のコピーにもっと正式な署名が付けられていたかどうかを知る確かな手段を我々は持たない。

第一章　通貨問題

◆英国の金本位制からの離脱をめぐる騒動が収まると、ケインズは彼にとって必要なのは静かな秋だと言わんばかりに落ち着いていた。ケインズは、一〇月の前半を彼のこれまでの一二年間の草稿から『説得論集（ケインズ全集第九巻）』としてまとめるために充てたことを除いて、公の論争から距離を置き、この年の最後の三カ月間は一般向けには何も発表しなかった。だからといって、彼がまったく活動せず影響力を行使することもなかったというわけではない。

英国が金本位から離れるやいなや当局者たちは新たな状況の下での適切な通貨政策を模索し始めた。ひとつの段階で、首相は、R・H・ブランド、ウォルター・レイトン、マクミラン卿、サー・ジョサイア・スタンプ、そしてH・D・ヘンダーソンからなる金融問題諮問委員会を設置した。九月の終わりにはその委員会にサー・アーサー・ソルターが加わった。別の段階では、大蔵省が金本位制度に代わる別の制度と、英国通貨の適切な為替レートについて考え始めた。ケインズは、やがてその両方に関わるようになった。

ケインズが関わるようになったのは、大蔵省のサー・フレデリック・リース-ロスからの手紙がきっかけであった。

サー・フレデリック・リース-ロスよりの書信、一九三一年一〇月一三日

私信／親展

親愛なるケインズへ

現在のところわれわれが金本位制に復帰する前に金本位制が機能する仕方について他の国々とより良く理解しておく必要があるという趣旨で多くの議論があります。フランスとアメリカは「ゲームのルール」に従わず、またもしそのルールが遵守されるならば今日のような経済的混乱や金の誤った配分を何らもたらすことなく金本位制は機能するだろうといったことがしばしば指摘されております。

私は、こうした見解が広く受け入れられていることについてあなたにかなりの程度責任があると思いますし、数週間前の記

事であなたが「根本的に変革された金本位制度に再度加入するにあたってわれわれが準備すべきことに課されなければならない厳密な条件［ケインズ全集第九巻、二四九ページ］」についてお話しになっているのを知りました。もしあなたが、金本位制を正しく機能させるためにフランスやアメリカや他の国々が採用すべきであり、またこれまで採用してこなかったとお考えになる実際的な方法について、われわれのための機密情報として提案していただけるならば、われわれ一同は大変ありがたく存じます。この件についてあなたはご協力できるとお考えでしょうか。

敬具

F・W・リース-ロス

2

サー・フレデリック・リース-ロス宛書信、一九三一年一〇月一四日

親愛なるリース-ロスへ

私は、追ってあなたに私の考えを文章と口頭の両方でお教えできることをうれしく思います。可能性のある多くの良い代替案があるわけで、その中でどれが好ましいかについては私は今のところはっきりとした考えを持ち合わせているわけではありません。また、どちらかといえばそれぞれ別個の二つの問題があります。すなわち、

1．われわれはどのような一般的な計画を目標にしていくべきなのかという問題、

2．正しい手順と、どの問題にまず全力で取り組むのがよいかということ。

私はこの二つの問題について熟考中でありまして私の考えを明らかにできる準備ができましたら直ちにあなたのお役に立ちたいと思います。

敬具

［イニシャルもサインもない写し］

サー・フレデリック・リース-ロスよりの書信、一九三一年一〇月一五日

親展

親愛なるケインズへ

一四日付のあなたの手紙、本当にありがとうございました。是非とも採用すべき計画と方法の両方について十分にお考え下さい。しかしあなたの準備ができ次第お考えをお聞かせ願えれば大変うれしく存じます。

われわれがフランス側と持った議論の感触では、彼らにはマクミラン・レポートで検討された線ではいかなる取り決めをする準備もまったくできていないようです。反対に、過去数年間にイングランド銀行が採ってきたあまりに自由な信用政策の不可避的なつけにいまわれわれは苦しんでいる、というのが彼らの一般的態度であり、いまやわれわれは自分たちの採った方法の誤りに気づくべきである、と彼らは望んでいます。彼らはわれわれの金本位制からの離脱が他国通貨や中央銀行に対して与える影響を心配していますが、その困難はわれわれの上に降り注ぐだろうとも確信しています。彼らはわれわれが英国通貨の現在の水準を気にせずに受け入れていることに大変驚いており、もしわれわれが注意しないなら、英国通貨は投機の対象になるだろうと本当に心配しているようでありまして、その場合にはその価値が急速に減価し制御できなくなってしまうかもしれないと彼らは考えています。そうした最終的な結果に対して、われわれが英国通貨を維持しできるだけ早く金本位制に復帰するのを助ける一般的な準備はできているようですが、こうした態度は、もしわれわれが再度通貨の安定化に最善を尽くさないことが明らかとなれば簡単に変更されうるでしょうし、その場合には英国通貨からの新たな逃避が容易に生じるでしょう。

私は各国の中央銀行がやむをえず英国通貨を売るだろうと言っているのではありません。反対に英国通貨の金価値の下落によって、英国通貨残高を持っていたすべての中央銀行はもちろん多大な損失を被ったわけで、彼らはそのことを大いに怒って

います。こうした経験は深刻な影響をもたらし、金本位制への信頼をそぐかもしれず、外国為替から金への総崩れを引き起こしかねません。〔訳注1〕このことが現段階のアメリカからの金の大量輸出にみられる一つの要因であることはまちがいありません。もっとも、過去二週間にわたるドルの立場についてのそうした動きは信用拡張政策が採られるかもしれないという恐れで、増強されたのです。いまやアメリカ人たちはそうした政策が計画されることを躍起になって否定しようとしています。

現段階におけるこうした状況は、金本位についての一層の国際協力にむけたいかなる話し合いの着手にとってもおよそ好ましい状況とは私には思えませんし、フランスが、アメリカ人をわれわれが主張してきた類の政策よりもむしろフランスの政策に賛同するよう説得するためにその影響力をできる限り行使しはしまいかと恐れています。したがって、われわれの計画の準備に着手することが望ましく、そうすればちょうどよい機会が訪れたときにそれを進めることができるでしょう。

敬具
F・W・リース-ロス

サー・フレデリック・リース-ロス宛書信、一九三一年一〇月二〇日

親愛なるリース-ロスへ

私はあなたがフランスの態度についてお話しになることを聞いて興味を持ちました。私は現段階での国際通貨会議の有用性についての私の立場があなたの懐疑主義的な態度となんら異なるものではないと思っています。私は会議〔の開催〕の要求はわれわれが金〔本位〕から離れる直前に存在した状況に照らしていささか行き過ぎのように思います。今日、状況はまったく新しいものになっており、私が以前述べたように、何をなすべきかについて決心するこ

〔訳注1〕 foreign divisen は foreign devisen（独語）の誤りと思われる。

とは困難に思われます。しかし、国際会議についてはまだ機は熟しておらずそのような集まりから得られるものはほとんどないであろうということに同意します。

けれども大英帝国会議の可能性についてはお考えになりましたか。私はむしろそれこそがはじめに採るべき段階であると考えるようになっています。カナダと南アフリカを除いたすべて〔のメンバー〕がスターリングを支持してきました。そしてそのために彼らはスターリングの将来についての議論に権利とはいわないまでも関心を持っています。〔金本位を〕カナダはなかば離脱しており、南アフリカがどれほど維持できるかは疑わしいところです。さらに踏み込む前に、取りあえず、帝国で共通する政策を協力してまとめ、大英帝国のため立派なスターリング体制の確立に努めることが利益になるように思われます。

私の考えをいずれそのうちに書き留めてあなたに送ろうと思います。

敬具

〔イニシャルのサイン付き写し〕J・M・K

◆ケインズは、リース-ロス宛に筆をとる前に、どこかで彼の見解を明らかにしておこうと望んだ。最初の機会は、彼が見たままの一般的状況を書き記したウォルター・ケース宛の長い手紙である。

ウォルター・ケース宛書信、一九三一年一一月二日

親愛なるケースへ

私は、今が、自分の見るところの状況についての一般的報告を提出する良い機会かもしれないと思います。

I. 物　価　水　準

英国において、物価がこれまでごく僅かしか上昇していないのは驚くべきことである。一一月一日まで卸売物価指数は、われわれが金本位から離脱する以前と比較して五パーセントも上昇していないし、その間、生活費指数における際立った変化もない。卸売物価指数に見られる上昇は、おもに穀物と繊維の原材料の価格上昇によるものである。しかし、小麦は七月末以来、一クォーター当たり七シリング、すなわちおよそ三〇パーセント上昇しているのにもかかわらず、小麦粉の卸売価格やパンの小売価格はまったく変化していないのである。牛肉、羊肉やベーコンの価格は記録的な低水準にあり、それは今日、戦争以来で最低の数値である。他方、チーズ、バターやラードはかなり上昇した。多少上昇した銑鉄を別にすれば、石炭、鉄鋼や他の生産物の価格は変化していない。したがってわれわれの輸出業者は為替利益の恩恵の大部分を獲得し、輸入業者はそれに対応する為替の保護の利益を受けている。現段階では、賃金の上昇傾向のほんの僅かの兆候すらないのである。

さらに、われわれは双方の面でかなりの程度うまくやっている。なぜなら、大ざっぱに言えば、われわれが食料や原材料を購入している国々はわれわれにしたがって金本位から離脱し、一方、工業国である競争相手は古い金平価に固執しているからである。

II. 生　産　量

その結果、工業者たちが大いに楽観的になるのも当然である。主導的な織り物産業の株価は平均して倍増し、一方、国内産業の多くが、鉄道株を含めておよそ五〇パーセント上昇している。国内産業株の上昇の程度は指数で見るともうひとつ定かではない。というのも国際的な性格を持つ多くの企業が含まれているからである。株式市場の熱狂ぶりは行き過ぎだとしても、詳細に調べてみると明らかに過大評価になっている株を見つけだすのは困難なのである。その理由は、多くの株価が以前に下がりきっていたためである。株はまったく価値がないか、あるいは昔の相場よりも五〇～一〇〇パーセント高いかのいずれかであった。投資家は、この二つの選択肢に関して、価値がまったくないかもしれないというリスクはいまや一掃されたと判断するようになってきた。

実際の産出高に関しては、断然、繊維産業においてもっとも大きな改善が見て取れる。彼らにとって大変都合のよい時に為替が減価した。というのも海外からの発注の多くが普通この時期になされるからである。その結果、この国は以前の通常の秋の注文に比べてずっと大きな市場シェアを獲得しつつある。実際の産出水準は最低水準を五〇パーセントは上回っているし、かなり長期にわたるいかなる産出水準と比較しても平均して少なくとも二五パーセント以上はあるだろう。ほとんどすべての綿生産物について、ランカシャーは多分世界で一番安価な生産者だろう。その地方の工場主たちの主な心配事は、イタリア、チェコスロバキアや日本が、いつまで金平価に留まっているだろうかという点である。彼らには、これらの国々が金平価に留まっている限りは、これらの危険な競争相手を世界市場で討ち負かす自信がある。毛織物についても大体同じことが言える。一方、人絹については、回復は遅々としているようで、私の知るところでは、コートールズのような企業はいまだにほとんど利益を上げていない。この理由と、アメリカのヴィスコース社が利益を出せないらしいということから、私は、コートールズを今や明らかに過大評価されている株の一つに指摘しようかと思っている。

石炭、鉄鋼産業は、希望に満ちているが、私は、その産出がかなり増加しているとの証拠があるとは思っていない。これは造船業の極度の価格低下［不況？］や国全体の建設部門の沈滞による。しかし、消費が至極不振のままであったとしても、海外諸国が輸入を締め出さない限り、それらはやがて大きく立ち直るだろう。トタンやブリキ板のような特殊なものは少しずつ良くなっているが、持続する世界市場の極端な不況にお手上げ状態である。それらはいずれもっと大きなシェアを獲得するであろうが、全体の取引量はおそらく漸減するだろう。

多岐にわたる膨大な輸出産業についての正確な情報を得るのは困難である。私は産出量の信頼できる数値を持ち合わせていないし、各地の主要都市を被う楽観主義を報告できるだけである。戦争以来初めて、英国の生産者たちが本当に強い競争力を持ち合わせていると判った分野が多数あることは間違いない。例えば英国の自動車の輸出が大きく改善したのを見ても私は驚かないだろう。私には二年以内にアメリカに代わって国際的な市場における先導的な自動車生産者になることがまったく不可能だとは思われない。そうした地位を確実にする企ては、各方面でいまや大変な熱意でもって押し進められているのである。

失業者の数は、随分改善されたが、いまだ大きくは減少していない。これは上記のことと矛盾しない。ここ数週間の状況の変化の効果として、まず在庫が減少し、注文が多くなり、そしてすでに雇用されている人々の労働時間が延長されるようになるのである。

同時に、私は、雇用量に対してこれまで生じたすべてのことの純効果が実際大きいものかどうか推計するのは大変難しいと思う。私は、恐らく二五万人程度の失業者の減少には驚かないだろうが、それ以上の減少は、世界貿易かあるいは国内の建設事業の回復がない限り疑わしいだろう。さらにわれわれは、先の政府によってここ数週間に広められ、いまだに地方当局を感化している熱狂的な節約キャンペーンの雇用に及ぼす十分な影響を甘受しなければならない。すべての愛国的市民や公共団体に、無しで済ませることができるものならどんな支出であれ控えるのがかれらの義務であるということが刷り込まれた。もしわれわれが金本位を続けていたなら、その失業に及ぼしたであろう効果は、私の思うに、大変大きかっただろう。スターリングの減価や楽観主義は節約キャンペーンの害悪を帳消しにしてなお余りあると信じている。しかし、「愛国主義」とは善意の当局者や個人の側の拡大と進歩の精神からなっているのだと政府筋が宣言する決意をするまでは、真の回復を期待すべきではない。

Ⅲ．関税の見通し

もちろん、新政府の多くの人々が高い保護関税を望んでいる。それにもかかわらず、近々、思い切った方策が採られるだろうとは思われない。その結果は、諸個人の力関係や動機のほとんど計算不可能な均衡に依存しているのだから、だれも自信を持って予言できないのである。しかし私は、一般関税に関する限り、われわれは当面は為替減価の状態に満足すべきであり、もし一般関税が賦課されるとしても、それは適度なものであろうと思うようになっている。製鉄や鉄鋼産業に対する何らかの思いきった保護政策はあり得るだろう。農業においてはおそらく、豚や家禽の輸入に対する制限や小麦の輸入割り当ての可能性が考えられるが、それは、英国の消費者にとってそれほどの価格上昇にはつながらないとしても、英国の農民にとっては世界水準を上回るほど〔農産物〕価格を引き上げる効果があるだろう。

しかしながら、英帝国の生産が支配的になっていくであろう。今後の成り行きは来春の英帝国会議に続いて何らかの関税問題ということになるだろうが、その会議の主要な目的は英帝国の団結であろう。為替減価は英国の製造業者に有利に働いてきたが、大英帝国主義者たちは英帝国の諸目的に叶うように保護政策の計画を練るのに以前よりははるかにやりやすくなっている。

Ⅳ．総　選　挙

皆、多くの人々が挙国一致内閣を支持すると予想したが、実際の数値は、もちろん、まったく驚嘆ものであった。過去三度あるいは四度の総選挙の場合のように、あのすでに死に体の老いぼれの卑劣漢、ロザミア卿にとって申し分のない結果となった。彼は、証券取引所で買いまくって一〇万ポンドもの利益をあげたといわれている。

選挙は、まともな政治的議論の上で勝ちをおさめたわけではない。多くの一般大衆は、漠然とした国家的危機が襲ってきており、労働党政府の復活は何年か前にドイツやオーストリアで起こったような通貨の全面的崩壊を意味するだろうと説得させられたのである。総選挙は常に陰鬱な関心事だ。しかし私の記憶するところでは、これ以上の悪質な虚言が指導的政治家たちによって語られた選挙もなかっただろう。「愛国主義」が言及されるや否や、悪事がたくらまれるのである。そして今回も同様であった。恐らく、それ自体として、また、公衆の気持ちに与えた多大な影響からして、最も悪辣な例は、選挙の最終日段階でランシマン氏とスノーデン氏によって流布された、郵便貯蓄銀行が危ない、という作り話であった。それは、失業保険基金によって過去数年間にわたって借入れられた資金の一部が郵便貯蓄銀行の資金だったことを言っているようである。しかし実際はこのことは、何ら不適切でも危険でもない。なぜなら、その資金は大蔵省の保証があり、他のいかなる政府証券とも同等の条件にあるからである。

スノーデン氏とランシマン氏は、失業保険基金は資産が負債よりも少なく破綻しているため、公衆の貯蓄が危機にさらされている、と人々に信じ込ませようとした。このことの奇怪なところは、それ自体が真実ではないだけでなく、資金の貯蓄銀行から失業基金への貸付けは、実際は内閣に報告されることなくスノーデン氏自身（と保守党の後継者）によってなされ、政府の他のメンバーはこの一件の全体について実のところまったく知らされていなかった点である。したがってスノーデン氏は、彼の以前の同僚を陥れるために、彼に全責任がありまた同僚にまったく知らせることなく彼自身が実行した事件を利用したのである。しかしその話題は投票間近に取り上げられたので、それに反駁する時間的余裕はなく、その事件が他のいかなる事柄よりも投票を左右したのは明白である。政治家とはそんなものだ！

とはいうものの、私は労働党政府が復活することを望むことはとてもできなかった。集中的になされた宣伝のために、労働党にとって、通貨問題を挙国一致内閣のようには満足のいくように議論することは困難であっただろう。さらに労働党内閣の人間は信じ難いほど頼り無く、彼らによって宣伝された政策はほとんどばかばかしいものだった。彼らはむしろその気持ちを新たにするために野に下ったほうがいい。

一方国民党は、心の底ではそのあまりの完勝ぶりに少しばかりびっくりし、そしてほんの僅かの毒を盛るだけでよかったと思っている。下院では有力な反対意見はなくなるだろうし、国民党の現在の構成員が、最初の六カ月間の後でも、どうやればばらばらにならないですむのか予想するのは難しい。しかし、現在の様子は、勝利にもかかわらず節度と分別のあるものである。少なくとも六カ月間は、大臣たちは膨大な立法案件を提出しなくても大量の仕事に忙殺されるだろう。

V. スターリングの予想

アメリカではどうなっているか知らないが、ヨーロッパでは、英国が旧平価に、あるいは近い将来、新水準での金本位に復帰する試みの可能性について至極過大に期待されているのは疑いない。多くのヨーロッパ大陸の観察者たちは、わが国が出来る限り早く再び金本位に戻りたがっているのはもっともなことだと考えているようだ。それでも私は、これは、責任ある立場の人々の大多数の意見とはかけ離れていると大いに確信している。外国の人々は常に、「外部意見」が外見上は不変にとどまっているあいだにも、私がしばしば「内部意見」と呼んできたもの［ケインズ全集第三巻、三～四ページ］がゆっくりと浸透するのを過小評価しているようだ。そして、突然、「内部意見」だったものが「外部意見」になるのである。外国の人々は大変驚くが、変化は実際は長い間かけて準備されてきたものである。金本位の頃の最後の数カ月間は、この国に金本位が良いと思う者はほとんど誰もいなかった。しかしわれわれがいる場所［＝金本位］を維持するためにできる限りのことはするものだというのが、まさに道理にかなったわれわれの義務である、と考えられていたのである。

われわれは、かつて討って出たにもかかわらず押し戻されたのであり、それにより行動の完全な自由を回復したのである。そしていったん獲得されたわれわれの自由はたやすくは放棄されないだろう。

最終的に採りうる解決の仕方について言及するのはあまりに時期尚早である。旧平価への復帰はあり得ないことはきわめて明らかである。いかなる解決方法についても早まった試みなど決してしてはならないであろう。将来、金との関係がどのようになるかについては、私とて何も語り得ないだろう。ここでは再び私は大英帝国の事情が今後の引き続く数カ月間優先するだろうと思う。近い将来、国際的な通貨会議ではなく、新しいスターリング基準に進むために、また新しいスターリング基準は何であるべきかについての最終的な決定に参加するために帝国のすべてが召集される大英帝国の通貨会議を私は予期している。

大英帝国、南米、中欧そして北欧諸国が新しいスターリング基準に従い、金本位の国々とはある特定の、しかし（物価に従って）変動する関係を維持することは、われわれの意図からすると魅力的である、と私は考える。これは、後者の国々に物価変動の矛先を向ける効果があるだろう。しばらくして金本位の国々がこうした事態に疲れ果てた時が、新しい世界通貨を提案する機会である。しかし私はここに至って、確認された事実や実際の可能性よりはむしろ私自身の想像力に沿って空想を巡らし始めている。

VI. 世界の状況

英国の楽観主義は、目下のところ変化した地元の状況に熱中するあまり度を越えており、海外の不況や危険な状態の持続にほとんど注意を払っていないことは確かである。私は、ラバルとフーバーの対談を大変悲観的な思いで読んだが、これについてはあなたの見解を伺いたい。フランス人たちはすべてにわたってあまりにも多くを要求しようとしているが、私は前途に問題しか見出せないし、一九三二年にアメリカ合衆国で景気回復が期待できるようないかなる確実な根拠もまだ見つけられない。ここでも再びあなたの見解を伺いたいと思う。私は、英国におけるある程度の景気回復や英国の目覚めに続く、インド、英国直轄植民地、オーストラリア、そして南米の多くの地域の回復による心理的効果が、それが阻止される前にかなりの弾みをつけるかもしれないという事実を見過ごしてはいない。それでも私には、アメリカの建設の復活や世界の未開発国の建設の復活を引き起こすような国際的な投資の復活が見られるまでは、不況が本当に底を打つとはほとんど考えられない。そしてこうしたすべては、遠い先のことになるだろう。したがって私には、世界的な不景気は今しばらく続くように思われるし、いつの日か英国は、一国がその国内の状態の変化と世界の他の国々との関係の変化だけによって得られる景気回復の程度には厳しい限界がある、という事実に気づくだろうと思われる。

私は、金を尺度とした卸売物価指数はもう下がりそうにもないし、むしろ少しばかり回復するかもしれないと期待していることを付け加えておきたい。しかしこのことは、建設産業の真の改善を伴わなければ、それ自体で形勢を一変させるには不十分であろう。

［イニシャルもサインもない写し］

◆ちょうど一週間の後、彼はロンドンの政治経済クラブで自説を語った際に自分の見解により完全な表現を与えた。

政治経済クラブでの講演のためのノート、一九三一年一一月一一日

とりとめのない講演――八月以来の出来事を概観することで始める。

金本位から離脱した運の良さ

世論の状態一〇あるうち一つは疑わしい

木から落ちそうなほど熟した梨は、一〇分もすれば熟れ過ぎてしまうだろう

熊の物語にある、どれが「ちょうどいいか」〔訳注2〕のように

事を行なうにあたっての英国のやり方の極端な例

内部の意見のゆっくりとした侵食

しかしそれは、今は気がつきだしているだろうが、われわれが金本位を離脱した後数週間は、われわれが再び金本位に戻ってくるに違いないと何の疑いもなく固く信じていた国外の観察者をだますことになる

〔訳注2〕『ゴールディロックスと三匹の熊の物語』（*The Doctor*, by Robert Southey, 1834 の一節）のことで、女の子が熊の家に忍び込んでお粥の食べごろや椅子の座り心地を試す童話。

これは重要な要素であって、スターリングを実体以上に強く維持してきた原因の一つと思われる

離脱の影響

過小評価したりそれらが現実にあるよりも早く消失すると判断してはならない。それは大変な出来事なのであって、私の見解では、たぶん世界規模でのデフレーションの最低点を印すことになるはずである

初めにわれわれの競争力

今のところ、われわれは二つの事柄で、圧倒的な程度で最も良い立場にある。

われわれがそれを失う徴候は当面存在しない。日本とドイツがもっと長い間、〔金本位制を〕持ちこたえられるとはほとんど信じがたいとしても、である。〔訳注3〕

ランカシャーにとって季節的に有利

L［ランカシャー］C［綿織物］C［企業］報告書

われわれは今や世界で一番安価な生産者である。私は、われわれが以前の相対的地位に戻るべきだとは思わない。われわれをこれほど長く金本位に縛り付けてきた知恵は、今度は多くの製造業が成長するのを妨げようとするだろう

しかし、われわれは節約運動が続く限り、失業について余りに過度の効果を期待してはならない

この国のほとんどすべての善意ある人びとは知的な誤りを完全に詰め込まれていることを忘れてはならない

二番目に、物価に対する効果がある

ここでは、利益はずっと広範囲にわたるだろう。

賃金水準や負債と比べて物価水準は世界のかなり広い地域で大幅な調整を被ってきたことは大変重要な問題である。

アメリカ、フランス、ベルギー、オランダ、スイスだけが完全な金本位制である

中央ヨーロッパ、日本、南アフリカ、またコロンビアのような二、三の小国が不安定な為替調整の基準を採用しており、それが彼らを急速に窒息させている。

それ以外では、アジア全体、南米、そして大英帝国は金本位から離脱しており、一九二九年を大幅に下回らない程度の物価水準を享受している

さらにこれらの国の中央銀行には、国内の景気拡大に対してデフレ圧力を行使しなければならないような、共通する対外的動機はもはや存在しない。

われわれの行動からもたらされる（例えば）オーストラリア、インドそしてそれほどではないとはいえカナダにとっての苦痛の軽減は、多くの人びとによってこれまで理解されているよりも一層大きなものであった。

こうした利益は、もしすべての国が金本位から離脱したら失われてしまうだろうか。

これはしばしば見過ごされる、好奇心をそそられる重要な問題を提起する。

デフレ的圧力を及ぼしている債権国も含めてすべての国々が同時に五〇パーセントの平価切り下げを実行するとしよう。そのときにはそうした経済的利益が得られるかどうか疑わしくなるだろう。

説明

しかしながら、「金本位連合」は解体されず、とりわけ債権国がその一員として留まる限り、より多くの国々がわれわれの仲間に参加できよう

14

〔訳注3〕ドイツは一九三一年七月に為替管理を強化して事実上金本位を離脱したと言われるが、為替相場の金に対する価値は維持した。日本の金本位離脱は一九三一年一二月。

もし世界に「スターリング連合」と「金本位連合」という二つの「通貨連合」しかないならば、指数によってスターリングを安定化させるのは技術的にははるかに簡単になるだろう。というのも後者がそれほど小さすぎず、その賃金が十分硬直的であるかぎり、避けがたい変動の矛先のほとんどは後者が被らざるをえないからである。

しかしながら私の予想もしなかったような、けれども振り返ってみればそうすべきであった別の影響も作用しているように私には思われる。

金価格への影響

需要の非弾力性のため

金本位から離脱した国々におけるデフレ圧力からの解放と、それに加えて国内通貨で測った物価水準の上昇によって商品在庫を抱える人びとの立場は楽になり、売り惜しみすらできるようになる。彼らは市場から遠ざかっていることさえできる。弱小な国々といえどももはや言いなりの価格でその生産物を売らざるを得ないということはなくなった。

したがって金価格も上昇する傾向があるのである

そしてこうしたことが見られれば、製造業者などによる在庫の補給につながるだろう。

小麦とジュートの場合

しかし、商品価格の上昇は、投資の増加を伴わなければ、購買力と利潤のどちらも増加させるわけではなく、それらをただ再分配させるだけである、ということをあなた方に念をおしておこう

それでも損失のより平等な配分は産出の増加につながるだろうし、派生的な失業の減少をもたらすだろう。

実際二つの危険な場所、すなわちドイツと中央ヨーロッパ全般、そしてアメリカを別にすれば、あえて私はわれわれは最悪の状態を脱したと言いたい

私はドイツが混乱状態から抜け出る方法はまったくないと思う

フランスの計画。その成功の結果

その失敗の条件

私には、アメリカにおける深刻なデフレ状態が終息するいかなる徴候も見えないし、変動為替相場をもってしてもわれわれすべてにデフレの影響をもたらすに違いない。

ドイツの場合と同様、私にはアメリカが泥沼から這い出るための方策がまったく見出せない。

したがってドイツが破滅するまでは、そして世界貿易におけるさらなる幻滅が見られるまでは、自分の予言に注意するにこしたことはないのである。

さてスターリングの将来について

私の見解はまだ定まっていない

私としてはスターリング連合の形成を見てみたいし、その手始めとしてもっとも容易な方法は、大英帝国内の討議によることである。

この連合の規則はどうあるべきか。

私は、自分の『貨幣改革論』における基本的な考えに立ち返ってみた［ケインズ全集第四巻］。

適当な指数を採用せよ

適当な基準となる水準を採用せよ

上下両方で五パーセント以内に安定幅を確保せよ

それを実行するためには、ある一定の、しかし広くとった金現送点〔訳注4〕を伴う可変的な金価格と適切な信用条件政策が必要である。

強固な金本位連合がある限り、これが効果的な秘策になる

このことは私にとっては第一段階のように思われる。金本位連合が金本位に疲れ果てた時、それが一層基本的な考察を必要とする時点である。

しかしもし金本位連合のメンバー達がスターリング連合の会員資格に適合するようその習癖を十分に改めるようになるなら、彼らは必ずしも金本位連合に飽き飽きすることはないだろう。

もしスターリング連合が一九二九年の卸売物価指数を基準に採用し、金本位連合が一九二九年の水準にまで金価格を押し上げるようその政策の舵をとるなら、スターリングはおそらく以前の金平価まで上昇し、責め合いは何も起きないだろう。

もしそうでないなら、そのときは金本位連合の国々は、大いに気をもみながら合理的な会談に臨む気になるまで自業自得で苦しむだろう。

スターリング連合にとって適当な基準になる水準

英国の賃金基準

軍事負担の基準

再び均衡する対外収入基準——貿易量と交易条件

原材料生産国の卸売物価指数

もしわれわれの連合が評判をつなぎとめておきたいなら、われわれは決定的な段階に踏み出すことが賢明であると私は思う。

◆五日後にケインズはリース-ロス宛の「通貨問題についての覚書」と題した論文を完成した。彼は一通をリース-ロス宛に送り、写しをイングランド銀行総裁宛てとヒューバート・ヘンダーソン宛てに送った。

通貨問題についての覚書

I

一．国際通貨会議を開催するにはまだ時期尚早であるという有力な徴候がある。それはフランスがわれわれに余りに高すぎる値で、また期が熟していない時点で金本位に復帰するよう圧力を行使しようとする機会になるにすぎないであろう。われわれに関する限り、われわれには時間的なゆとりが十分にある。急いで決定を下すべきではない理由がことごとく存在する。その一方で、世界の他の国々にとっては、ドイツの情勢が落ち着くまで何もすべきことがないし、――このことが会議の開催を必要とするにしても――それは基本的に通貨会議にはなりそうにもない。

二．その一方で、大英帝国通貨会議については言うべきことが大いにある。南アフリカを除いて、大英帝国のすべての地域はもはや金本位制を採用していない。オーストラリアはわれわれよりも先に離脱しているし、カナダもそれほど以前ではないが離れている。〔訳注5〕インドと英国直轄植民地は厳格にスターリングを基軸にしているし、南アフリカがどれほど長く疑いの試練に耐えられるかは、様子見である。現在は、大英帝国全体、あるいはほとんど全体を改編さ

〔訳注4〕金本位の下で、為替による決済よりも金の現送による決済の方が有利になる点。
〔訳注5〕カナダは一九三一年五月に金本位制から離脱した。

れたスターリング本位に統一する絶好の機会であろう。もし大英帝国のスターリング本位の概要を前もって整えていたなら、われわれは支持を請う立場どころか、もっとはるかに強い立場から他の諸国と交渉することができただろう。南米、中央ヨーロッパ、そしてスカンジナビアが、イングランド銀行によって管理されロンドンに軸足を置くスターリング本位に結局は加盟することになるだろうということは、考えられないことではないのである。

同時に、自らをスターリングに結びつけた大英帝国の構成員は、行く末どうなろうとも、スターリングの将来を決めるについては相談に招かれるべきであろう。

Ⅱ

三．もし帝国通貨会議が開催されるなら、その場にどのような一般的計画あるいはどのような代替的諸計画が議論のために提出されるべきであろうか。ここでは三つの主要な代替案が考えられ、その中で初めのものは近い将来（今後の六カ月もしくは一年）のみに適している。すなわち、

1　初めの案は、現状をしばらくは続けるというものである。すなわち、スターリングの金価値の極端な変動を防ぐために、イングランド銀行が隠密かつ非公式に、また同行の政策が何であるか、あるいは何であろうかについて、なんぴとにもいかなる確定的な言質を与えることなく、その許容される金準備の範囲内で介入し、為替の約三・八五〔訳注6〕水準の周りでの頻繁かつ緩やかな変動を許容することである。

2　第二案は、できる限り速やかに新しい金平価を採用し、金とスターリングの間の新たな平価を別にして、以前とまったく同じような厳格な金本位制に復帰するというものである。

3　第三案は、ある種の価格基準で見て、あまり狭すぎない特定の範囲内でスターリングを固定する、すなわち、

いくつかの商品の集合で測ったスターリングの価値を安定化させるよう努力するというものである。これはいかなる時点においてもスターリングの金に対する特定の価値と矛盾するものではない。

最初の選択肢を支持する議論は、現時点では、いかなる決定的な案であろうがその採用を正当化するためには余りにも多くの未知のものが有り過ぎる、というものである。次のことは心に留めておいた方が良いかもしれない。すなわち、われわれの貿易収支が明らかに順調になるまではいかなる約束を交わすのも危険であろう、ということ。それらの多くが、かろうじて金本位を持ちこたえている、あるいは自由な取引を妨げる為替規制に掩護されて持ちこたえる振りをしているような、依然として金本位にある他の国々の行動方針は予想できない、ということ。そして、金自体の将来の商品価値も予想できない、ということである。実際、われわれがドイツの難問に対する答を知るまでは、いかなる明確な措置であれとるのは望ましくない、という点について、おそらくほとんどの人が同意するだろう。

同様に二番目の案に反対である理由として、われわれが最終的には厳格な金本位制に復帰することを原則望んでいるとしても、金の動きと金本位制を採用する二つの主だった債権国の将来の政策がまったく不確かであるかぎり、安全な数値を選択するのはまったく不可能であるということが主張されるだろう。

第三の選択肢はさらに馴染みの薄いものであり、おそらくその意味が理解されるためには多くの説明を必要とするであろう。

〔訳注6〕　一ポンドにつき三米ドル八五セントのこと。

Ⅲ

説明のために、国際的にあるいは大英帝国のあいだで取引されるもっとも重要な六〇の商品の価格にもとづく指数に対して、スターリングの価値を安定化させたい、としてみよう（これは、単に説明のためである。どの価格標準が最もふさわしいかという問題については、しばらく後回しにする）。慎重を期すために、また、実行できること以上を約束しないために、少なくとも最初は、スターリングの価値が、選択された商品集合の価格で測って正常値から上下五パーセント以内で安定すれば、われわれは満足する、すなわち、最大一〇パーセントの変動幅が許される、と仮定しよう。

さて、しばしば見過ごされているけれども、そうした制度を機能させる上で、技術的にはいくつかの重要な国が固定した金本位制に留まっている方が、世界全体がそうした制度を機能させようと努力するよりもはるかに容易いという、奇妙な側面がある。個人的には私は、世界全体がその制度を成功裏に機能させることを学ぶだろうと信じている。しかし、それは、今しばらくは少なくともフランスとアメリカが固定した金本位制に留まるだろうと想定してほぼ間違いない現状と比較すれば、非常に困難であることは疑いない。

もしすべての国が金を放棄すれば、現在の問題と必ずしも同じとは言えない新たな問題が生じるであろう。現在の問題とは、金が通貨と信用の調節装置として、また価値の標準としていまだに指導的役割を果たしている世界に適用される制度を練り上げることである。そして、実際のところ、その両者ではこちらの方が与し易い問題である。

この想定、すなわちいくつかの重要な国々が固定した金本位制に固執し、スターリングと金のあいだのある一定の関係を維持する方が実際上有利であるという想定にもとづいて、私は以下のような方法を推奨したい。

一．いかなる時点においてもイングランド銀行は、それで金あるいは金為替をスターリングと交換に売買する用意がある公式の価格を公表する。しかしこれらの金平価は不変であると意図されたものではない。反対に、それらは、スターリングの規準として選ばれた商品集合に対する金の価値が相対的に変化する場合には時あるごとに変更されなければならない――おそらく一回に一パーセントを超えない範囲でであろうが――。実際、イングランド銀行は公定歩合を時折自由に変えることができる（原則としてゆっくりと）ように、その金の売買レートも勝手に変更できるのである――もっとも前もって定められた規準内で、すなわち金自体がその商品価値を変化させるときにのみ、である。通常の場合は、状況は以前とまったく同じであろうが、価格動向から中央銀行の公式の金相場の変更される公算がほのめかされる時には、金の売りと買いの価格（「金現送点」）について投機的予想を防ぐためにおそらくもう少し広い範囲を採ることが賢明だろう。すなわち、もし金現送点の乖離幅が二パーセントで、中央銀行が金平価を通常一パーセント以内でしか変更しないならば、投機筋の期待はそれほど関心が寄せられないだろう――確かに、公定歩合の変更の予想について以前あったよりも多くの関心が寄せられることなどはないのである。金本位制の国々が金の商品価値の実質的な変動をもたらすような政策を遂行する場合にのみ、スターリングに対する金平価あるいは金本位制の国々に対するスターリング為替に何らかの変化があるだろう。イングランド銀行には、金の商品価値がスターリングの商品規準から決定的に乖離する傾向を示し始めたと思われる場合を別にすれば、金に対するその規準として選ばれた指数の僅かな変化について、いちいちその金相場を改定する義務はないであろう。

私は、この種の提案は考えられうる究極の解決策としてさまざまな見解の妥協点を提供するものであり、将来になって初めて満足のいくように解決できる問題を前もって判定しようとするものではない、と考える。私は以下の理由によりこれを主張するのである。すなわち

(一) それは為替の安定と価格の安定という理想の間での実用的ですぐれた妥協策である。

(二) それはスターリングに対して拠り所を提供し、金の将来動向について何の保証もないところでスターリングを金に変更のきかないように結び付けることなく、賃金と物価の「危険な螺旋的」上昇に対して完璧な予防手段となるであろう。

(三) それは金を、通貨や信用システムの最終的な準備として、またそれ以外では決済できない国際収支差額の決済手段として以前と同じ地位に留めることになる。

(四) それは、金本位制の国々と最終的に折り合いをつけることと何ら相容れないものではない。なぜなら、金とのリンクは維持されるし、もしこれから先、金の商品価値を安定化させる適当な手段を確保するために国際的協調によって何らかの計画が立てられればスターリングは金や物価に対して安定した価値を回復するからである。

(五) それはスターリングの金価値の旧平価への最終的な回復と何ら矛盾するものではない——もし外的環境がそうした結末に都合の良いように展開するとすればだが。例えば、スターリング圏の国々における賃金の硬直性と貨幣負債の大きさからみてスターリングに適用される規準が一九二九年時の卸売物価に対応する規準よりも高くなるべきではないと決められるとしてみよう。そうすると、金本位制の国々においては金価格水準を一九二九年の水準に徐々に戻すような信用政策が採られるだろうし、スターリングの金価値は自動的にその旧平価に同一歩調で復帰するだろう。しかしもし反対に、金価格が下がり続けるか、あるいはその価値を回復することができなければ、その時にはわれわれは、賃金の硬直性や戦債の大きさのために国家的な破滅になるかもしれない事態に陥いる危険から守られるべきである。実際、ここで提案された計画は、いわば、前もって適度な正確さで定められた規準の宣言に相当するもので、スターリングはその規準によって平価調整なしに金本位に固執し続ける通貨たちとの以前の関係を回復することが期待されるだろう。

Ⅳ

スターリングの将来の商品価値を決定するためにどの規準を採用するのがもっとも分別あることか、といった重要かつ難しい問題が残っている。

私は四つの代表的な考え方があって、そのそれぞれに支持者がいると思う。すなわち

1．最初の学派は、生活費が十分に上昇して貨幣賃金の全般的引き上げという不当ではない要請を引き起こしてしまうことがないように、スターリングの価値を十分に高くする重要性を強調する。なぜなら彼らは「物価の急上昇」を恐れており、スターリングの価値を高く維持することがそれに対する予防措置になると考えているからである。この学派はスターリングの価値を現在の金の商品価値を前提に、通常四ドル近辺と考えている。

2．二番目の判断基準はおもに国債の負担に注目しており、これを国民所得に比して管理可能な大きさにまで削減することを狙っている。この考え方は現在の金の商品価値を前提にスターリングの価値が四ドルよりは三ドルにより近いことを示唆している。この判断基準の背後にある支配的な考え方は、しかしながら、最初のそれの対極にある。実際、国債の負担の軽減は賃金や貨幣所得の具体的な上昇があってはじめて可能というものであろう。最初の判断基準は貨幣国民所得に比して現在巨額な水準にある国債の負担を永続させることを受け入れるものであり（借換えや経済進展の結果としての将来の実質国民所得の上昇による軽減は別にして）、それは、もしわれわれが以前の金本位制に留まり、貨幣賃金や給与をその金本位制と釣り合う水準にまで押し下げるならばいずれ訪れるであろう国債負担のさらなる悪化を避けるだけである。

3．三番目の学派は何よりもまず貿易収支に注目するもので、これははじめの二つの判断基準に適合する数字の中間にあたる数字を算出する傾向がある。なぜならこの判断基準は自然に折衷的な結論につうじるからである。その説は、われわれに対する債務国のスターリング建てで固定された借金が年当たり一億二〇〇〇万ポンドにのぼることを承知しており、一方で為替が余りに高くなり過ぎて債務国の負担が重くなり、彼らが返済不能に陥ることのないように、また他方でわれわれから買われる物の商品価値を不必要にまで減じるほど為替を引き下げ過ぎることのないように配慮している。輸出入の貿易収支についての考察によっても同じ結論がもたらされる。なぜなら余りに高すぎる為替レートは適度な輸出量の発展を妨げるであろうし、一方、余りに低くなり過ぎるとわれわれの輸出物を金で測って不等に廉売することにつながり（フランスとドイツでそれらの通貨が大幅に減価したときに起こったように）、かくしていずれも輸出の総額に不利に作用する。さらにもしわれわれが輸出に過度の補助金を支給すれば、われわれは何らかの報復を誘発するリスクを負うし、一方で輸入品のスターリング価格の大幅な高騰は賃金の引き上げを目ざした時期尚早な動きを引き起こすかもしれない。

実際、為替の減価が大きければ大きいほどわれわれの国際収支に対して一層有利であるというのは正しくない。為替レートには最適な点があり、そこではわれわれの輸出は健全な競争基盤に置かれ、その点を超えてさらに廉売されることはない。つまり、より厳密に言えば、その点において（数量）×（金価格）は最大値になるのである。すなわち、われわれに対して支払われるべきスターリング建て借款の元利返済の金価値での最大額、それはスターリングの減価による金価値の減少が支払不能を回避できるチャンスの増大によってもはや埋め合わせることができなくなる点を参照して得られるのだが、その最大額に関する計算によって修正されたものとしての最大値である。

私の印象では、既に述べたように、この基準は一番目と二番目の判断基準の中間の為替レートを示唆するものである。

4. 四番目の判断基準はおもに農業従事者とその他の原材料生産者に配慮するものである。食料と原材料の生産者が大きな割合を占める大英帝国の貿易と繁栄にとって、彼らの生産物の価格が一九二九年のそれに近い水準にまで戻るべきであるということは大変重要である。そのことはまた、所得が食料と原材料の価格水準に依存する海外資産の所有をつうじても英国にとって大変重要なのである。為替の減価は、それが行き過ぎなければ、食料や原材料のスターリング価格を加工品のスターリング価格の上昇にもまして一層引き上げる。狭い了見でとらえると、これは英国に不利になると考えられるかもしれない。しかしもっと大局的な見地に立てば、英国の純利益はおそらく、現時点で農業国に著しく不利になっている価格水準の不均衡を再調整することに見出されるし、大英帝国のそれについてはなおさらである。なぜならばこのことは英国の輸出貿易と英国が海外に所有する投資持分から得られる所得が実質的に回復するための必要条件だからである。われわれには、英国にとって異常なほどの順調な交易条件（すなわち、われわれの輸出品の方がわれわれの輸入品に比べて価格が高いということ）が、むしろ今考察中の収支にいかに大変不利に作用し得るかについて、すでに十分な経験がある。

この判断基準に照らすと国際的に取引される主要な食料や原材料の卸売価格が一九二九年の水準にまで戻るのは大いに望まれるところである。現在の水準の金価格では、これはおそらく八から一〇パーセントを下回らないほどのスターリング為替のさらなる減価を意味するであろうし、スターリングに対するドル為替は大体の数字で（おそらく）三・五〇になるであろう。

さてこれらの判断基準すべてでは、私の判断では、少しばかり注意を要する。思うに、現在の金価格の水準が続くと仮定した上で、一番目の判断基準は、三・七五から四の為替レートで、二番目の判断基準は三あるいはそれ以下の為替レートで、三番目の判断基準は三・五〇から三・七五の為替レートで、そして四番目の判断基準は三・四〇から三・五〇の為替レートで機能するだろう。

しかし私は最終的な結論として以下の補足的な説明を付け加えたい。

一番目の判断基準は私には、スターリングに何らかの固定した拠り所が与えられるやいなやその効力のほとんどが失われてしまうように思われる。それはおもに、いかなる種類の確実な拠り所も存在しない過渡期に適用可能なのである。したがってそれは過渡期の、例えば三から三・五〇という非常に低い為替レートに取り組む際に有効な議論である。しかし「悪循環」のリスクを最小化するよう計算された尺度が採用される時期が熟すやいなや、この判断基準はその効力の大部分を失うのである。ほんのしばらくの間は別にして、国家が賃金の全面的上昇に断固として対抗するのは好ましいことではない。すべてうまくいっているとした場合、非常に正確に集計されたわけではないにしても、保護産業と何ら保護を受けない産業とのあいだにあると思われる現存する賃金格差は、不況の影響を正面から受けて来た低賃金産業における賃金の上昇によって再調整されることが望まれるのである。

私の考えでは、国債残高を可能な限り減少させるための判断基準は、それが明らかに魅力的であるとしても放棄されるべきである、——なぜならば、ひとつにはそれが三番目の判断基準に照らしてあまりに費用がかかりすぎるからであり、またひとつにはそれがおもに利子率の下落に依存する借換えによっていっそう満足のいくものになると思われるからである(*)。

三番目と四番目の判断基準のあいだでは、判定は、スターリングを本位にすべきだと望む地域の広がりについてのわれわれの見解に大きく依存するに違いない。もしわれわれがスターリングについて単に英国の本位としてしか考えていないのであれば、われわれの規準を英国の競争力や英国の生計費などを基礎としたまったく精巧なものにするだろう。しかしもしわれわれがスターリングを大英帝国の大部分あるいはもっと広い地域にまで通用し、そしていずれはある一般的な国際本位に関連づけられる本位としてとらえるならば、国際貿易の主だった商品を基礎としたなにかもっと大まかな規準が採用されなければならない。

簡単に決めつけられる問題ではない。国内の安定や社会の平穏のためにだけもっぱら管理運営され、必要な場合には他の国家貨幣とのあいだで調整が許される、そうした純粋な国家貨幣には、人びとが認めてきたよりももっと大きな便利さがある。誰にとってもこれが一番良い解決法だ、ということは、最後には経験が証明することになるだろう。しかし私は、英国が、何か広大な地域にわたって統一された本位が採用されることで多くの国々よりも一層利益を得、また実際の意見の大部分が、現段階では純粋な国家貨幣には反対である、ということを認めるのにやぶさかではない。したがって、もしスターリングをこの国の国境をはるか越えて採用される本位にしたいのであれば、われわれは四番目の判断基準に導かれることになる。さらには、おりよく四番目の判断基準が適切に採用されれば、実際の結果において三番目の判断基準とそんなに大きな違いがあるわけではない。

したがって、議論の要点は、こうである。すなわち、スターリングの規準として、国際貿易における主要な原材料

(＊)　この後半についての私自身の見解は、通常見られるものとはいささか異なっている。私は、もしわれわれが正しい政策を追求するならば、借換えによって極めて巨額の節約がやがて実現できるであろうと信じている。しかし大蔵大臣が非常に忍耐強く、またつねに彼自身よりもその後継者に気を配るときにのみ、その全面的な利益に与れるであろう。私は、利子率の低下傾向が見られるやいなや、大蔵大臣はあまりに早く飛びつき、潜在的利益のほとんどを失ってしまうことを恐れるものである。大蔵省の厳しい掟は、発行価格での一〇年以内の払い戻しが大蔵省の随意でできない限り、またそれが三パーセント水準で実行されるようになるまで、借換発行であれ新国債であれ、国債は新たに発行されるべきではない、というものである。これは単に附随的見解であるが、確かに地方債管理基金は新しい種類の債券を導入すべきで、現在の利子率水準では、事実上、永久債になるようなものは発行を止めるべきである。

32 の一九二九年時点の数値を基礎とする、いくぶん大まかな指数を採用することが好ましい。そして（かつてはイングランド銀行による金あるいは金為替に対するスターリングの売買価格として維持されていた）スターリングの金価値は、最初はこの規準にもとづいて固定され、（この指数で測って）金自体の商品価値の実質的な変動が起こるなかで、時おり必要に応じて修正すればよい。

指数の正確な構成内容については、一般的に何が考慮されるべきかは、国際連盟の経済金融部門の生産指数が次のような六二種類の商品で構成されていることを指摘すれば十分である。

小麦
ライ麦
大麦
オート麦
とうもろこし
米
じゃがいも
てん菜糖
甘蔗糖
牛肉・子牛肉
豚肉

羊毛
生糸
人絹
生ゴム
機械加工パルプ
化学処理パルプ
セメント
石炭
褐炭
石油
銑鉄・合金鉄

羊肉・小羊肉
コーヒー
ココア
紅茶
ホップ
たばこ
綿の種
アマニ
アブラナ
麻の実
胡麻の実
大豆
ピーナッツ
コプラ
やし・やし油（生）
オリーブ油（生）
綿花
亜麻

鋼鉄（インゴット・鋳物）
銅
鉛
亜鉛
錫
アルミニウム
ニッケル
銀
燐鉱石
カリウム
硫黄
天然グアノ
チリ硝石
硝酸石灰（ノルウェー産アンミン錯塩）
石灰窒素
硫酸アンモニウム
過リン酸石灰
塩基性スラグ

34

麻　　　　硫酸銅
マニラ麻
ジュート

このリストは議論のたたき台になるだろう。そしてウェイト付けをするにあたっては注意を要する。

V

私はスターリング本位はイングランド銀行によって管理されるものと考えている。しかしもし英連邦の自治領などがスターリングをその本位として採用するよう促したいのであれば協議や議論のためのなんらかの仕組みが必要であろう。しかしこれやその他の多くの問題の実際上の詳細についてはこの覚書で議論するには及ぶまい。

一九三一年一一月一六日

J・M・ケインズ

◆ケインズの覚書を受領した〔イングランド銀行〕総裁の返答は興味深い。

モンタギュー・ノーマンよりの書信、一九三一年一一月二七日

私信

親愛なるケインズへ

私はまだ、あなたが親切にもお送りくださった一一月二〇日付けの親展の覚書について勉強する時間を持ち合わせません。しかし勝手ではありますが、こちらの、提示された問題を検討する資格のある一人か二人の人物に個人的に見せて相談することにしました。

細かいコメントはもらっていませんが、彼らは私が言及するだろう批判を一つしています。この批判は、その問題の実務的な側面に打ち込んでいる私に直接関係があると思われます。

私の友人たちは、あなたの最初の代替案についての方法と手段をあなたがまだ十分に検討されていないし、スターリングの減価の防止についてイングランド銀行の力量にあまりに簡単に頼り過ぎていると考えているようです。彼らはまたスターリングが安定化する気配を見せるまでは適切な一貫した政策を押し進めることなどほとんど不可能であると強調しています。これには時間を要するし、現時点ではもっぱら注意を集中せざるを得ない、国内の、そして国際的な多くの困難をうまく解決できるかどうかにも依存しています。

この問題の関連で本当に多くの議論がわれわれを待ち受けていることを承知していますので、それ以外の、便宜的あるいは実際上の点に関して面倒な質問を引き出しかねない問題については言及を控えましょう。したがって、目下のところは、私を気に留めてくださっていることへの謝意を表すにとどめます。

敬具

M・ノーマン

◆ケインズはその覚書によってその後一一月二六日に開催された首相の金融問題諮問委員会のメンバーの一人に加えられた。マクドナルドはまたケインズの覚書をその委員会と内閣の数人のメンバーに配付した。この覚書は結局、諮問委員会では議論されずじまいであった。

大蔵省では事態は異なって、彼らの議論の重要な段階においてケインズの覚書が届いたのである。(1) それがサー・リチャード・ホプキンスによる長い覚書の主題になり、大蔵省が一九三二年の春から実施し始めたスターリング政策について内閣に提出された大蔵省見解の基礎になったのである。

◆一二月四日、求めに応じて、ケインズはウォルター・ケース宛にスターリングについてのさらなる見解を示した。

ウォルター・ケース宛書信、一九三一年一二月四日

拝啓、ケース様

あなたの電報、大変嬉しゅうございました。今日、短い返信の電報を送りました。しかし私の見解は電報文体でうまく表現するほど十分には練れていません。

一．まず第一に、スターリング為替自体の問題があります。私は、長い間考えたあげく、ごく最近までスターリングは過大評価されていると思ってきました。けれども、それが三・四〇を下回るようになって、反対の見方になり、過小評価されていると考えるようになりました。だからといって、近い将来、スターリングがさらに下がるようなことがあっても驚きはしません。実際、そうなる可能性の方が高いと考えています。

一つには、所得勘定における貿易収支は明らかにわれわれにとっていまだかなり不利であります。関税の予想が輸入を刺激しているのは疑いのないところで、一方、織物に関していえば、確かに輸出の増加が現実に見られますが、そこから得られるわれわれの利益が為替に影響するまでには数カ月を要するでしょう。輸出の回復が数字になって現れた後でも、財貨が外国の購入者によって支払いを受けるまでにある程度時間がかかるでしょう。わが国の輸入がわが国の輸出を超過することで通貨が十分に減価するとしても、わが国の海運業の大幅な落ち込みや国外の英国所有の投資持分からの経常所得がほとんど無くなってしまうのを補って余りあるといった期待を抱くのは楽観的すぎます。問題の根本的原因はわが国の国民所得におけるこれら二つの要素の減少であり、それらは世界貿易が回復しない限り改善するはずがありません。したがって、世界貿易が回復するまでは所得勘定におけるある程度の貿易収支の逆調は事実上不可避であると考えるべきでしょう。私はそのことについてそれほど恐れてはいません。というのも、わが国の所有するあれこれの海外資産に鑑みて、そうした収支の逆調は適度な期間ではたいして問題にならないと思われるからです。

とにかく、明らかにこれが［その］スターリング為替の弱化の主な原因ではありません。新聞では取引高が非常に小さかったとありますが、あてにはなりません。実際、資本取引は両方向で大変活発でしたし、数週間に渡って貿易収支に起因するものをはるかに凌ぐほどでありました。［その］スターリング為替の強さも弱さも、主には資本取引の、一方あるいは他方への一時的な超過によるものであります。外国の銀行やロンドンにある短期の外資残高の引き揚げは、集計して本当にかなりの大きさになったと信じるに足る根拠があります。長期ではこれはわれわれの立場を強めることを意味するでしょう。これらの引き揚げは、大きな反対方向の資本取引によって相殺されてきました、すなわち、海外資産の現金化、かなりの額にのぼるドイツからの返済、インドとオーストラリアの残高ポジションの大幅な改善、われわれが金本位から離脱するやいなや強まっていたスターリングの売りポジションの買い戻しでありま

(1)　大蔵省の議論についてはS・ホーソン『英国における国内金融管理、一九一九～三八年』（ケンブリッジ、一九七五年）、八二～六ページ、および付録四を参照のこと。

す。先週もしくはこの二週間に、売りポジションが再び強まってきているように思われます。しかしこれは、もしかなりの大きさならば、再び強さの原因となるでしょう。しかしこのことから、スターリングのさらなる減価はまったくありそうもないとは言い切れません。それはむしろ、強さの潜在的要素は大いにあることを意味するはずで、私は、もしも非常に弱い期間があるようなら、更なる悪化よりもむしろ急激な回復があり得るとの予想に立って行動すべきだと思います。

対外収支の総計については、一般に、引き揚げをしているのはほとんどヨーロッパであって、アメリカは最近はスターリングを一層購入したがっていると言われています。私は、後者よりも前者の見解の信憑性にはるかに信を置いていますが、そのことを調べるには、私よりもあなたの方が都合のいい立場においででしょう。

二．次の問題は、金価格の水準に照らしてスターリングや他の多くの通貨が減価した場合のあり得そうな効果についてであります。私は当初、金本位を採らない国々における通貨の減価は金本位の国々の物価を下落させる傾向があるだろう、と考えていました。しかし私は今となってはこれについての自分の意見を変更しています。今日では、多くの農業国や原材料生産国の生産者は、その地域の通貨で見てまったく不満足な価格を得ているわけではありません。この影響はその生産者の極度の金融ひっ迫を緩和し、したがってその生産物の価格の上昇で、彼らはもっと売り惜しみする［売り手］になるし、不本意な状態でもなくなってくるでしょう。つまり通貨の減価の効果は、農業者などの投げ売りを手控えさせることになるでしょう。他の影響もあって、それはこれまでよりも今後の数カ月のあいだにもっと明らかになるでしょう。ある国が金本位から解き放たれると、その中央銀行はもはや厳しいデフレ政策など採る必要がなくなるというのは事実でしょう。私は、多くの国々が金本位から離脱すれば、いったん初めの混乱が収まりさえすれば、その国々が被ってきたこれまでのデフレ圧力は幾分なりとも和らぐだろう、と考えています。以上の要素の両方、とりわけ前者は、主要な市場における圧力を緩和することで、金本位の国々の物価水準にさえ好ましい影響をおよぼすでしょう。

これらすべては、しかしながら、更なる事態の悪化を引き起こすようなことが金本位制の国々に起こらないという前提の上で、であります。このことについては電信で指摘しましたように私は大変疑わしく思っております。もしアメリカの金価格が更に下がるようなことがあれば、それはおもにスターリングの減価とアメリカ自体においてデフレ循環が更に進行したためでしょう。私にはあなたの側の状況がはなはだ時代遅れに感じられます。しかしそれらを距離をおいて見ていても、私には、どのような事態があなたをマンネリ状態から解き放つことができるのか、まったく想像ができないのです。確かにそれが予想だにできない事態というものの特徴でしょう。実際、不幸にして、それらが予想できないということが、予測不可能な事態の特徴なのです。一般原則に従って、個人的には、今の内閣の無力な政策はかれらを大変な惨事に巻き込んでしまうに違いないと予言したいと思います。もし、共和党が一年後に選挙に出た時に、その敗北がわが国の労働党の敗北にほとんど比肩しうるものとなっても驚くには値しないでしょう。もっとも、その敗北あるいはその可能性の予想がどれほど重要なことなのかは、私の感知するところではありませんが。確かに改善策は時あるごとに試みられるでしょうが、いつも遅すぎて、場合によってはそれはもはや適切ではないこともあります。したがってあなたは、奇跡を待つべきだと私には思われます。それは時がくれば必ずや起こります。

私は今日、バーゼルにいるウォルター・スチュワート氏に手紙を書きました。(2) 彼があなたのもとに戻る前に是非と

(2)　賠償金に関するこの手紙では「金融問題諮問委員会（ケインズ全集第一八巻、三五八〜六三ページ）」宛のケインズ書簡と同じことが繰り返されているので、ここでは再録しない。

も彼に面会したいと思います。

敬具

［イニシャルのサインつき写し］Ｊ・Ｍ・Ｋ

◆一二月一三日、ケインズは通貨問題から後退したが、それは彼が社会主義調査会で演説した数カ月前からの関心事から後退したわけではなかった。彼の演説に修正が加えられた小論が、翌春、公にされた。

『ポリティカル・クオータリー』誌、一九三二年四月―六月号から

33

近代社会主義のジレンマ

社会主義は修辞的意味での二本の腕と二本の足、すなわち意思表示と社会運動に加えて、常にお互い争っている頭と心が二組ある。一方の組は経済的に健全であるという理由で物事を熱心に行おうとする。もう一方の組は、経済的に不健全であると認められる物事を、同じように熱心に行うのである。ここで経済的に健全であるとは、富の産出を増加させるための組織の改善や、その他必要とされる改善を意味する。逆に経済的に不健全であるとは、反対の効果をもたらすことになるか、あるいはもたらすかもしれないことを意味する。

さらなる区別を設けることができる。経済的に不健全な物事は、二種類の大いに異なった理由で唱道されるのである。その第一は理想の追求である。それに影響された人たちは、より高度な財――正義、平等、美、あるいは共和制の偉大な栄光――の獲得のために、経済的富を喜んで犠牲にする。第二の理由は政治的なものである。すなわち憤り、政治的支持者を抱き込み、階級闘争の燃えさしを煽動し、現在の政権を怒らせたり激昂させたりして、彼らの任務をより困難にそして恐らくは不可能にするのである。単なる成り行きの勢いで彼らの罷免や交代を余儀なくさせるためにである。したがって、経済的に不健全であるにもかかわらず唱道される物事もあれば、経済的に不健全であるために唱道される物事もあるのである。

次の三つの主題が、どの社会主義者の胸の内にもみな、さまざまな形で交じり合って存在する。ボリシェヴィキの政略（politik）において、それらは強調され、したがってより明らかにみえる。政略の変化と動揺は一つあるいは他の主題の優位性の変動によるのである。私の考えるマルクス主義者の信条とは次のようなものである。すなわち三番目の主題である革命が最初の段階すなわち権力を獲得する段階で優位に立つべきであり、一番目の〔主題である〕実務は、進むべき道を開くために権力が用いられる第二段階で優勢になるべきであり、最後に二番目の〔主題である〕理想は、社会主義者の共和国が血や屍ならびに苦難の中から現れ完全に自立するとき、優勢になるべきである、というものである。革命、五カ年計画、理想――それが進行過程である。しかし段階間の区別が明確にされているわけではない。というのも、三つの主題はすべて、ある程度まで常に存在しているからである。英国の目的上では、そうした主題を政治、実践、理想と要約する人もいるかもしれない。

ここで、人が何を行っていてどの段階にいるのか、ならびに主題がどのような割合で混成されているのかを知ることが、極めて重要であると私は言いたい。

私としては、社会主義者のプログラムは、はじめに経済的に健全なことを行うことを念頭において、やがてその共同体が経済的に不健全なことをする余裕ができるくらい十分豊かになるように、政治権力を狙うものであると定義したい。

私の目標は理想である。すなわち私の狙いは、経済的考慮を末席に置くことである。もっとも、経済や社会の展開に関する現時点での私の方法は、経済的に健全なことを行うことに集中することで、目標に向かって前進していくことになるだろう。しかし今日ですら、経済的に不健全なことを唱道するのを好む者がいるということも確かである。なぜなら、そうすることが（いかなる場合でも第一歩である）政治権力を得るための最善の方法であり、また現在あるシステムを役に立たないものにすることが、新しいシステムに到達する唯一の手段であると、彼らは信じているからである。私の判断ではこういった考え方は両方とも誤っている。なぜなら旧システムの破壊は、新システムの構築を技術的に容易にするどころではなく、逆にそれを不可能にするかもしれないからである。理想的な共和制の壮大な実験がなされなければならないのは、増加した資源を基礎とした上であって、貧困を基礎としたものであってはならないからである。私は、物事がそれなりに上手く進んでいるときに憤ることが困難であることを、見落としているわけではない。しかし、まさしくそれこそが解決されるべき問題であると、私は考えるのである。社会の最も優秀な知性、および最も繊細でかつ最も強い感情に十分深く基礎を置くこと、物事がそれなりに上手く進んでいるときに活力を維持し続けていられること、つまり困難や不満といった憂鬱症によってではなく、価値ある社会を正しく建設し適切に構築することを目指した情熱という活き活きとしたエネルギーによって繁栄すること——それが果たされるべき任務である。

このために、私は英国の社会主義ならびに私の見るところでは恐らくすべての社会主義に、日々当惑している。実践的な問題、すなわち経済的に健全なことを行う方法についての問題は主に知的問題なのだが、あいにく多くの意見の違いが存在する非常に厄介な知的問題である。しかし、知的という点では労働党の大部分、恐らくその党の支配的な構成分子は、時代遅れであり、反知性的ですらある。労働党の指導者が、心の中では経済的に不健全であると思っている事柄に一層喜んで取り組んだり敢えて挑戦したりしている点で主として他の政党の指導者と異なっていることが、ここ何年間かの難問であった。労働党指導者たちは、何が経済的に健全であるかに関して、基本的に他の政党とは相違しない。例えば、何が経済的に健全であり不健全であるかについてのトーマス氏の考えは、トーリー党の国粋主義者であるネヴィル・チェンバレン氏やアメリー氏のそれと、以前から現在に至るまでほぼまったく同じである。またスノーデン子爵の考えは、ランシマン氏やサー・ハーバート・サムエルあるいはグレイ卿のような自由主義的経済学者やデフレ主義者のそれとまったく同じであった。彼らは、革新者が正しいか誤っているかということについて、何が経済的に健全かに関して新しい考え方をもち合わせた人々とはまったく意見を異にしていた。そして事態のこうした状況は、労働党内部に深まっている。というのは、概して同党の最も尊敬される他の重鎮の多数に、同じことが当てはまるからである。

デフレの結果として昨年夏に生じたのと同様、わが国が大変な苦境に陥り、実践的な解決策に対して圧倒的かつ広範な要求がある一方、われわれは少なくとも当面は、経済的に健全なことを追求しなければならないと誰もが覚悟を決めているとき、労働党は今やこうしたことによって弱い立場に追いやられている。というのも、そうした危機の中では、労働党指導者のほとんどが内心は野党に同意していることになるからである。そのため、やましさを感じており、政府の実践的な目的に対し彼らはまったく無能になっている。労働党内閣は昨年八月、絶望的な立場にあった。というのもほとんどの労働党指導者が金本位制や節約によるデフレが良いことだと心から信じており、それらを放り出す準備がなかったからである。それにもかかわらず、同時に、彼らが育んできた政治的、理想的主題を犠牲にする覚悟も同様になかったのである。

したがって労働党がもし有能であろうとするならば、第一にやるべき仕事は、私の見るところ、英国の社会経済生活に深く入り込んでいる労働党の政治力や政治組織、あるいは理想的かつ究極的な目標を失わずに、何が経済的に健全なことかについて知的に自由になることである。というのも近代社会では、それがどちらか一方になる他はないからである。つまり、革命への主題が優勢になるか、実践的主題が優勢になるかどちらか一方でなければならないのである。何か提案する場合に、その提案する目的が、それが経済的に健全であるためか経済的に不健全であるためか知らないことほど、愚かな立場に、すなわち英国人の軽蔑を招くことが確実あるいは当然のような立場に、人を陥らせるものはない。最近の選挙では、労働党がどちらの足に拠って立っているかを誰も分かっていなかったが、党自身最も分かっていなかった。

　私としては、経済的に健全なものに集中することが望まれるときには、われわれは経済発展の中に留まり続けることを強く主張したい。これには妥当で十分な二つの理由がある。第一に、経済的に健全である最も差し迫った改革のほとんどが、恐らく昔とは違って、理想から離れることはないという状況にあるからである。それどころか、そうした改革はそこに向かっていくものである。近代生産技術の巨大な潜在産出量に購買力を提供するように、投資を中央管理し所得を分配するといった、実践的根拠から緊急に必要とされているものはまた、理想的根拠の上に立つ、より良い社会を生み出す方向に向かうと私は確信している。今日では、実践と理想の対立は以前に比べて少ないだろう。

　第二の理由に関して言えば、経済的に健全なことを行うことから期待されることが今日極めて多いので、こうした主題に機会を与えることがわれわれの義務なのである。というのも、それは貧困の問題をきっぱりと解決できるかもしれないからである。現在、われわれの祖先さえ不思議がらせたかもしれないもの、すなわち工学技術や輸送技術の可能性を利用するための経済的手法の失敗によって、世界は停滞している。というよりはむしろ、工学技術が完成された域に達し、そのことが気づかれなかったが、アブラハムの頃より常に存在し間違いなく人類を疲弊させてきた経済的手法の欠点を剥き出しにしたのである。ここで経済的手法とは、個々の事業専門家や技術者の領域である、生産や流通といった特定の問題とは区別された一般的な資源の組織化の問題を解決する手段のことである。私の信じるところでは、今後二五年間に、経済学者たちは、現在は最も無能であるがそれにもかかわらず世界で最も重要な科学者の集団になるだろう。そして、もし彼らが成功を収めたら、その後二度と再び彼らが重要にはならないことが期待されるだろう。しかし、こうした人間が重要であるようなこの忌まわしい幕間では、彼らが、他の主題のバイアスには可能な限り影響を受けないような環境の中で、自由に問題を追求することが非常に重要である。というのも、さまざまな問題を抱えた彼らは、理論の歴史が示すように、人間全体の中で最も周囲の雰囲気から影響を受けやすいからである。

以上の問題はすべて、近代技術の急速な変化によって、とりわけここ一〇年のうちに頂点に達したり、少なくとも注意を促されたりしてきたのだが、そのことはフレッド・ヘンダーソン氏の『動力生産の経済的帰結』(3)の中でものの見事に述べられている。記憶にないほどの昔から、人間の筋肉は時には風、水、および家畜の助けを借りることもあったが、大部分の目的や作業に対して動力の源であった。労働は、文字通り生産の主要な要素であった。輸送やある限定された作業のために、他の動力源が加わったときには大きな変化が生じた。しかし蒸気、電気、ガソリンが追加されたときでさえ、それ自体は、その後それらとともに発展してきている新しい生産プロセスの特性がもたらしたほどの急激な変化をもたらさなかった。というのも、ここ最近まで新しい機械を導入しようとする主要な試みは、労働すなわち人間の筋肉をより効率的にすることであったからだ。機械は労働と協働的であって、それと競合するものではないと、もっともらしく論じることができた。しかし最新の機械の効果は、人間の筋肉をより効

(3)（ロンドン、一九三二年）。

率的にすることではなく、それを退化させることにますますなってきている。その効果は二重のものであり、第一の効果とは、サービスとは区別された消費財をほとんど際限なく生産する能力をわれわれに提供することである。そして第二に、その過程であまりにわずかの労働力しか使わないので、絶えず増大する比率の雇用が、人的サービスを提供する分野か、利子率が十分に低いのにまだ決して満たされていない耐久財の需要の充足において、確保されなければならない〔訳注7〕。

したがって、経済組織という装置は、それ自身に内在する異常な困難を再調整するという問題に直面している。もしこの装置が常に誤解され、ひどい運転がなされているというのが真であるならば、すなわち経済システムの想像上の内部調和や自己調和の性質という、われわれの祖先がそれを拠り所にしてこのシステムを喜んで自由放任に委ねてきたものが幻想であるならば、事態が進むにつれてわれわれの知的脆弱性がどこにあるかを見つけ出すことになるのは当然の結果である。故に、われわれの主要な役割は、何が経済的に健全かを発見し、それを実行することである。こうした一時的な実践への集中は、今日のわれわれが理想の獲得に向けてなすことのできる最大の貢献である。

◆一九三二年一月六日、ケインズはメルキオールと共に過ごすことになるハンブルクへと旅立った。二日後、彼はハンブルクの国際経済学会において、「一九三二年の経済見通し」という題名で講演を行った。その講演内容は、後のハーレイ-スチュワート講演(4)と若干重複するが、ケインズは大いに関心を持たれるよう、その内容のかなりの部分をドイツの状況に向けた。

一九三二年の経済見通し

世界が現在解決策を必要としている当面の問題は、一年前のそれとは本質的に異なっている。

その当時は、われわれが陥った激しい不況の状態からいかにしてわれわれ自身立ち上がるか、そして産出量や雇用量をいかにして通常の数量にまで引き上げるかが問題だった。

しかし、今日主要な問題は、広範囲に及ぶ金融恐慌をいかに回避するかである。適当と思われる過去のいかなる時点における通常の生産水準にも達する可能性は、今のところまったくない。われわれの努力は、より限られた希望の実現に向けられているのである。近代資本主義の金融構造のほとんど完全な崩壊を、われわれは防ぐことができるだろうか。金融面での指導層が世界に残されておらず、原因と対策に対する重大な知的間違いが責任を負うべき権力の地位にある者たちにはびこっているため、疑問や疑念が抱かれ始める。いずれにせよ、産業活動の刺激というよりはむしろ、金融の崩壊を回避することが目下の最重要な課題であることに異議を唱える者は誰もいない。産業の再生は、時間順では二番目でなければならない。

金融危機の直接的原因は、それが今存在しているので、明らかである。その原因は、商品だけでなく、事実上あらゆる種類の資産の貨幣価値が破局的に下落したこと、すなわち銀行預金を含めたあらゆる貨幣負債に対して保有される資産が、もはやその負債額に等しい現金化可能な貨幣価値をもたないところにまで進んだ下落の中に、見つけることができる。いわゆる「証拠金」が維持されることへの信頼の上に、近代社会の負債と信用の構造は立脚しているのだが、それが「流れ去ってしまった」。非常に多くの国々、恐らく英国を除くすべての国々における銀行資産は、控え目に見積もっても、もはや預金者に対する債務額に等しくはない。負債者すべてが、彼らの負債と等価の資産をも

（4）　以下の五〇～六二ページ参照。
〔訳注7〕　原文 than は that の誤りと思われる。

はやもたないのである。支払い義務を負ってきた固定的な貨幣支払いに等しいだけの歳入がいまだにある政府はほとんどない。

さらに、この種の崩壊はそれ自身によって助長される。借金をして資産を運用するリスクが非常に大きいので、競って流動性を得ようとする大混乱が生じているような段階に、現在われわれはいる。そして、より多くの流動性を得ることに成功した個人が、各々流動性を得る過程で資産価格を押し下げ、その結果として他の個人の証拠金は失われ、そうした個人の勇気は次第に損なわれていく。そういうわけで、この過程が続くのである。それが最も信じがたいほどの長期に進んでしまったのが、恐らく、米国であろう。しかし彼の国は、国民の心理状態のために事態が極端になったが、ほぼいたるところである程度は存在している事態の一例を提供したにすぎない。

競って流動性を求める戦いは、個々人や諸機関を越えて、今や国家間ならびに政府間にまで広がってきており、各々が可能な限りのあらゆる手段を使って輸入を抑制したり輸出を刺激したりすることで国際収支表をより流動的にしようとするのだが、こうした傾向の中では誰かの成功は他の誰かの失敗を意味することになる。さらにあらゆる国が、自国の国際収支に及ぼす影響を恐れて、自国内での投資の拡大を抑えようとしている。それにもかかわらず、否定的な政策への傾斜が近隣国のそれよりも大きい場合にのみ、その国は自国の目的を首尾よく達成するであろう。

このすさまじい共倒れの戦いは、どこでどのようにして止められるだろうか。当座は、その傾向を逆転させるであろう新年におけるある種の季節的回復を、かすかに期待しながら生活していくことになるだろう。もしこういった期待が適わなければ、多分にそうなるかもしれないが、ほとんどすべての国で証券取引所が閉鎖されたり、現存負債の支払いにほぼ全般的なモラトリアムが発生したりするのを目の当たりにしても、私は驚かないだろう。しかしそれからどうなるのか。世界の金融ならびに政治当局は、将来見通しや建設的想像力を欠いたために、各衰退段階で、考えられうる十分に徹底した改善策を適用する勇気や信念を欠いてしまっている。そして当局は現在までに、全システムが回復力や反発力を失ってしまったかもしれないところまで崩壊が達するままにしてしまった。

さて、私はここまで見通しを真っ黒に描いてきた。そのもう一方の側では何が言えるだろうか。周囲の暗がりの中で、どういった希望の要素をわれわれは認めることができようか。そしてわれわれの能力のうちで、どのような有益な行動を採るべきであろうか。

明るさを示す目立った根拠は次の点にあると私は考える。すなわち、システムがほとんど想像もできない負担に耐えうる能力を既に示してきた点である。もし一年か二年前に、誰かが今日の実態をわれわれに予言していたとして、現実にわれわれが享受している程の正常な状態を維持し続けることが可能だと信じられたであろうか。

ドイツが政治的および社会的組織の崩壊なしに、現在苦しんでいるような経済的および財政的圧力に耐えることができたであろうなどと、ドイツ内外にいる誰が前もって信じることができたであろうか。現在の商品価格水準を知っていたとして、原料を産出する債務国の大多数が依然としてその債務を支払っているだろうなどと、誰が信じられただろうか。現在の米国の債券価格を教えられていたとして、同国の銀行や証券取引所が依然として営業を続けているだろうなどと、誰が考えられただろうか。

システムがひどい仕打ちを甘受する、この注目に値する能力が、われわれには世界の建設的な力を奮い起こすための時間がまだあると希望を抱く最大の根拠である。

さらに（あなた方のすべてが、私の意見に同意しないかもしれないが）もっと最近のことで、私の判断では最も喜ばしい出来事があったのだが、われわれはそれから十分な利益を享受するための時間をまだ得ていない。すなわち、英国の金本位制放棄のことである。この出来事によって、全世界は有意義な恩恵を授かってきたと私は信じている。

もし英国が何とかして金平価を維持しようとしていたならば、今日、全体としての世界の状況は現在よりもかなり絶望的なものであり、債務不履行がはるかに一般的なものであったろう。

というのも、英国の行動は二つの際立った結果をもたらしたからである。第一に、世界中のかなりの部分にわたって、国民通貨で測った価格の下落を止めたことである。どのような国々が、現在金ではなくスターリングの運命に結ばれているか、しばし考えてみよう。オーストラレーシア〔訳注8〕、インド、セイロン、マラヤ、東西アフリカ、エジプト、アイルランドおよびスカンジナビア、そして字義上は別として、実質的にはカナダと日本がそうである。ヨーロッパ以外では、南アフリカと米国を除き、現在も金本位制に従っている国家は全世界にない。現在も金本位制が円滑に機能している主要国は、フランスと米国だけである。

このことは、六カ月前に存在していたデフレ圧力が大きく軽減されたことを意味する。広い地域にわたって、生産者たちは、彼らの国民通貨で測って生産コストや負債に関してそれほどひどく不満足ではない価格を現在得ている。こういった出来事は日が浅すぎて、十分に注目を浴びるものではなかった。経済状況ならびに金融状況が過去三カ月内に危機を脱したと主張できるであろう国が、相当多くなっている。例えば、オーストラリアがそれに該当するのは確かである。アルゼンチンとブラジルは該当するのではないかと思われる。インドでは著しい改善があったが、金に対するスターリング減価の一つの帰結が、誰も予見できなかったことだが、政府の財政問題をほぼ解決したのである。つまりそれまで保蔵されていた金の輸出である。過去三カ月内で、既に二四〇〇万ポンドが輸出された。そしてその輸出は現在も進行中であり、週約三〇〇万ポンドの割合で、続いていきそうに思われる。英国自身について言えば、絶対的ではないにしても、少なくとも相対的な改善を表す過去三カ月内の変化を、世界の他の国々はやや見落としてきたと、私は考える。現在雇用されている人の数は、一年前の雇用者数をほとんど割っていない。このことは他の産業国には見られないことである。失業者への支出の、現在の実際の割合は、予算準備を十分下回っている。負債削減のために利用可能な、支出を上回る予算収入というかなりの余剰が恐らく現在存在するだろう。金で測って最適だと私が見なす水準よりもスターリングの為替相場が上昇する方が、それが下落しすぎるよりも、私にははるかに不安である。

これまでのところ、世界のいたるところでデフレ圧力が適切に緩和されていると言うのは、正確ではないだろう。しかし、広範囲にわたる金本位制の放棄は、そうした緩和の可能性への道を準備しているのである。

さらに、一層多くの通貨が一九三二年中にスターリング・グループに加わるだろうと、私は考えている。とりわけ南アフリカ、ドイツおよび中欧諸国、そして金本位制の下での経済生活が徐々に実行不可能だと気づきつつあるジャワに引きずられて、（現在反対の決意をしているにもかかわらず）オランダがかなりそうなりそうである。

私が今年中に金本位制を放棄すると思っている国の中に、ドイツやその近隣諸国が含まれていることにあなた方は気づくことだろう。わが国の競争上の利害に立てば、私はこの見通しをまったく歓迎するわけではない。しかし、ドイツにとっては疑う余地のない必要条件であると思われる。現在当局をこの決意から遠ざけるように働きかけている理由を、私は十分認識している。すなわちドイツでは極めて自然なことであるが、もう一度大インフレが発生することへの恐怖、ならびに金で測って固定されている財政債務残高の負担である。しかし、こういった二つの論拠の最初のものが、金本位制からスターリング本位制への変更に関する議論に本当に当てはまるかは疑問に思う。いずれにせよ、現在進行中の様々な交渉が結論に達したとき、ドイツ国民に対するデフレや課税といった現在の負担はいくらか

〔訳注8〕　オーストラリア、ニュージーランドと付近の諸島の総称。

緩和されるに違いない。そして求められるであろう救済策には、マルクの対外価値を法外な数字に維持することへの負担や要求を放棄することが含まれなければならない。ドイツ国民の経済生活への、我慢できないほどの現在の圧力の背後に潜む心理や過激な政治活動の理由を、私は十分認識している。現在のデフレ圧力が継続すれば、それほどまでに強い印象を与える示威活動の必要性がなくなった暁には、きっと破滅的な誤りになるだろう。

しかし世界の国々を、それぞれ金本位制を採用している国と採用していない国へと二つのグループに分割することによる、もう一つの大きな影響がある。というのも、現在そうであるように、あるいは間もなくそうなると私は予想しているのだが、その二つのグループが大まかに言えば、純債権国の立場を取り、金を引き寄せることで世界の他の国々にデフレ圧力を及ぼし続けているグループと、この圧力に苦しみ続けているグループとに一致するからである。もっとも、後者のグループが金本位制から離脱することは、経済均衡の回復に向けたプロセスの始まりを意味する。それは、金本位制を採用する二つの主要債権国の債権ポジションをいつかは必ず損ない、ついにはそのポジションを崩壊させる自然の力が動き出し始めることを、意味するのである。

フランスの場合、このプロセスの作用が最も急速に見られるだろう。フランスの債権ポジションは、一九三二年の終わりまでに損なわれるであろうと私は思う。賠償金受領の中止、観光収入の減少、世界にある金の大部分の輸入、非金本位制の国との輸出貿易競争上の不利な立場、および海外投資からの所得の損失が、あいまって作用するだろう。

アメリカの場合、そのプロセスはより緩慢なものであろう。というのも主として、フランスにとって極めて大きな代償を払うことになる観光旅行の減少が、米国にとっては多額の節約を意味するからである。もっとも、趨勢は同じであろう。インドや鉱山から経常的に放出される金の量が、金本位制を採用する国の黒字を超える時がきっと来るだろう。

これら金本位制の国々の輸出産業の競争的立場が次第に損なわれていくことは、実は彼ら自身の要請に応えることなのであろう。すなわち、少なくとも因果応報の一例になるだろう。世界の他の国々は彼らに貨幣の借りがある。彼らは、財での支払いは受け取らないだろう。債券での支払いも受け取らないだろう。彼らは存在するすべての金を、既に受け取っている。そうした金本位制の国々が世界の他の国々に課してきた難題には、論理的にはただ一つの解決策しか受け入れる余地がない、すなわちその他のわれわれが彼らの輸出なしでやっていく方法を、何か見つけるべきであるということである。世界中の物価を持続的に下落させるという方便は失敗したのである。というのも物価がいたるところで、同じように下落してしまったからである。しかし金と比べて為替を減価させるという方便は、成功することだろう。

したがって、デフレ圧力を結局は緩和させるかもしれないプロセスが着手されてきたのである。問題は、金融組織や国際的信用システムが重圧のもとで崩壊する前に、このことが間に合う時間があるかどうかである。もしあるとすれば、世界中で、資本の拡大ならびに価格の上昇——略してインフレと呼ぶことができる——という協調政策のための道が開かれるだろう。というのも、私が思い浮かべることのできる唯一の代替的解決策は、全般的債務不履行や、現存の信用システムの消滅に続くまったく新しい基礎に基づく再建だけだからである。

現在状況を解決する方が、一年前にそうしようとしたのに比べてはるかに難しくなっていることは明らかである。しかし私は、今でも依然として、当時信じていたように、なろうとすればわれわれは自分の運命の主人になれるのだと、信じている。回復への障害は物質的なものではない。それは権力の座にある人たちの知識、判断、および意見の状態の中にある。不運にも、世界中で責任ある立場にいる者たちの伝統的かつ根深い信念は、現在と類似するものを含まない経験から生まれたものであり、また彼らが今日信じていてくれたらと私が望むものとは正反対であることが多い。

これまでのところ言及してこなかったが、世界の金融組織が今後数カ月を生き長らえることができるかどうかを主として決めるかもしれない大きな問題が一つ残っている。賠償金と戦債のことである。

ある意味では、これは現実の金融問題ではなくなってきている。というのも今日、賠償金も戦債もどちらも支払われていないからである。そして、近い将来にいかなる実質的な額も支払われるとは誰も想像していないからである。現在、その選択は、私が一〇年以上前に書いた本の中でそうなるだろうと断言したものになってきていることは明らかである［ケインズ全集第三巻］。それは、国際的融和という偉大な行為による最終的な和解と国際的嫌悪という雰囲気の中での一般的債務不履行との間の選択である。

ちょうど今、高度な国際交渉の対象である問題に関する詳細に立ち入ることは、外国を訪問しているものにとっては慎重さを要する事柄である。しかし私は、断固として一つのことを言うことができる。英国における責任ある地位にいる者で、今日、いかなる姿、形であれ賠償金や戦債の支払いの継続を望む者はいない。私の国、すなわち全政党および全利害関係者は、無条件で完全な棒引きを提唱している。こういった債務が象徴する考えや政策の全体系が、破局的な誤り――今までに犯された国際的政治手腕の誤りの中で最も大きなものの一つ――であったことを、われわれは今や知っている。このことは、かねてからそうなるべきであったように、われわれの目に忌まわしいものになっている。

しかし、われわれだけが現存の協定の参加者ではない。合意なしですべてのことの廃棄をただ通告するだけの方が良いのか。あるいは、戦債の名残を少しばかり残すことを続けるという犠牲を払ってでも、合意による和解を追求し獲得する方が良いのか。何かしら気が塞ぎこんだ中で、人は前者に大きく心が傾いてしまう。もし私がドイツ人であれば、そういう気分になることがきっと多いだろう。しかしそれにもかかわらず、こういった気分は強靭な気分というよりはむしろ脆弱な気分であり、また自発的な和解を追求するのが、やはり辛抱強く賢明な方針である、ということかもしれない。

というのも、過去一〇年の間に世界世論はどれほど巨大な進歩を示してきたか、そしてドイツ人の見解に皆がどれだけ近づいてきたかを考えてみよ。私が『平和の経済的帰結』の中で、当時たった一人の声として提案した額の三分の一よりも少ない、ドイツによる年払いのための合意による和解が、現在形成される可能性があると私は考えている。もし、非常にささやかな年払いが例えば今後三年間にわたって始まることと引き換えに、最終的な和解が得られるならば、それは合意の失敗という破壊的な混乱や崩壊よりも好ましくないだろうか。

私は予言をしているのではない。そのような和解が可能かどうかはわからない。しかし私は、それは試す価値があると主張したい。

過去何年間か、私はいわゆる債務履行政策の賢明さに関して、しばしば疑問を感じてきた。もし私がドイツの政治家かあるいは経済学者であったなら、私は恐らくそれに反対しただろうと思う。

しかし、この政策が極めて着実にかつ何年もの間追求されてきたのだから、その成果が熟しつつあり、そして一年前ですら熱狂的喜びで迎えられたであろう方針に沿った合意による和解という報酬を、ドイツの辛抱強さならびに忍耐力が恐らく勝ち得ることのできる今となってみると、それを収穫しないのは残念ではなかろうか。

席につく前に、私がハンブルクの地に再び立つことができてどれだけ幸せか、言わせていただきたい。私にとって、ハンブルクは常に諸君たちの偉大なる市民、メルキオール博士の名前や友情と結びつくだろう。

われわれ二人が最初に出会ったのはちょうど一三年前であり、停戦の二回目の更新のためフォシュとエルツベルガー間で交渉が行われた際の、トリーア駅の鉄道客車の中においてであった［ケインズ全集第一〇巻、第三八章］。彼と私は、大戦後、平和的かつ名誉ある交流の中で出会った、敵対する陣営出身のまさに最初の文官二名であったと、私は思う。われわれ二人が一九一九年一月一五日にその鉄道客車で握手を交わした時、今日までその終わりを見ていない、長くそして見たところ果てしなく続く金融交渉が始まった。私はずっと以前に公職の労苦から逃れ——神に感謝！——事の成り行きをもはや直接的に作り上げるのではなく、長期的に事態を決定する世論に影響を及ぼそうと努力する自由な一個人であった。しかし彼は、政府間の直接交渉の中で自国への奉仕や世界への奉仕も行い、なおかつあらゆる挑発や困難のもとで、辛抱強さや誠実さについて人間として最も高度な水準を維持しながら、こうした長く困難な間、わが身を粉にすることが自分の義務であることをわかっていた。

　われわれの共同目的であった飢えに苦しむドイツへの食料再供給が確実になる前、疑念や不信の初期の頃、トリーアやそれに続くいくつかの会合でメルキオール博士が連合国最高経済会議のわれわれメンバーに残した印象を、私は何よりも鮮明に憶えている。この人物についてわれわれ皆が感じたことは、ドイツの名誉や高潔さの真の代表者に出会ったということである。そして、わかりきったことであるが、それは彼が出会ったその後の連合国軍の代表者の、多くの集団の感情であった。彼は自分の国と世界に、偉大なる奉仕をしたのである。

◆一月一一日、ケインズはドイツの首相ハインリッヒ・ブロイニングと、ベルリンで一時間の会談を行った。英国に戻るとすぐに、ケインズは一月一五日の『ニュー・ステイツマン』誌に対して、彼が抱いた印象を寄稿した（ケインズ全集第一八巻、三六六〜九ページ）。彼は同じ記事を『ニュー・リパブリック』誌に海外電報で送った。同様に、彼は簡潔なメモの形で、ウォルター・ケースに追加的資料を少しばかり提供した。

ドイツの状況

首相との非常に有益な一時間の個人的会談を含めた、私の訪問に対する私自身の大体の印象は、『ニュー・リパブリック』誌に海外電報で送った記事の中で与えられている。

私は戦争以来、すべての危機の時にドイツへ行ってきたが、そこがかくも異常なほど不況に見舞われたことは一度もない、と私は思う。ドイツは一九二〇～二一年の時のように、飢えに苦しんではいない。誰もが多少とも十分な食物を確保しているが、楽しい期待などもてないどん底の水準になってしまっている。大インフレの間、多くの人が金をもうけていた。今日では誰も金をもうけていない。誰も満足のいく所得を得ておらず、誰もが抜本的な変革の結果以外には改善のチャンスがないと考えている。

このことの結果として、賠償金を一切支払わないという、満場一致かつ圧倒的な決意に至っている。最も高位の、最も責任ある立場にある人々を除くと、私が出会った誰もが、いかなる状況であろうともドイツが少しでも支払う可能性について私と議論する覚悟すらできていなかった。このことと首尾一貫しない言明をしようとしたいかなるドイツの大臣も、一週間とは地位に留まれなかった。それにもかかわらず、ある状況下では、彼らが支払いに同意しないというのが真実とは、私は思わない。もっとも、最終的決着を構成する非常に穏当な提案に対してだけ、彼らは支払うだろう。フランスは、ドイツ側の最終的債務不履行かあるいは非常に穏当な提案をするかの選択に、今年中にきっと直面するだろうと私は信じている。

以下の四つの主な理由で、われわれは皆、即座の解決策のためではなく、六カ月の猶予のために働いてきたのである。すなわち（1）プロシアの選挙やドイツの大統領選をやり過ごすため、（2）フランスの選挙をやり過ごすため、（3）経済状況が急速に悪化しつつあるフランスへの、更なる経済的［ならびに］金融的圧迫に対して時間稼ぎをするため、そして（4）軍縮会議から何かが出てくるか確かめるため、というのも軍縮会議の満足いく結果の望みが少しでも残っている以上、フランスと言い争いをする気のない人が当地には多数いるから、である。

しかし危機は、今年の半ばをはるかに越えるほど先送りされるなどあり得ないし、それがドイツによる債務不履行宣言に終わるかどうかは、ほとんど五分五分であろう。

ドイツが輸出貿易を完全に壊滅させることになる金本位制に、ある意味では名ばかりであるが留まっていることの問題を、私はかなり議論した。誰も公式には、変化させることが可能であること、あるいは変化を想像することさえ認めないだろう。非公式にもそれをほとんど認めないだろう。しかし、多くの指導的銀行家や彼らの意見が決定的な影響力をもつ人々との会話の後、何か適切かつ都合の良い機会が生じるやいなや、ドイツが現在の金平価から離れるのはかなり確実であるという確信を抱いて、私は帰国した。

その一方で、マルクの現在の金での価値が不安定であることをほとんどの人々が確信しているので、誰も外国通貨で資金を借りたがらず、誰もが外国の借入金をマルク単位で表された借入に転換しようと努める。このことによって、逆説的であるが、外国負債とりわけスターリング負債の返済が切実に望まれるようになり、ライヒスバンクはほとんど成功しないにもかかわらず、利用可能な外国為替のあまりに多くがこのようにして使い果たされようとするのと戦わねばならない。そのことは、あらゆる輸入業者が、外国通貨建ての為替手形を振り出すことによってよりもむしろ、できればマルクの当座貸越による、あるいはマルク建て資産を売却することによる彼の事業の資金調達の方をはるかに望むので、外国為替手形が著しく不足するということも意味する。

一九三二年一月二一日

J・M・K

◆二月四日、ケインズは「世界経済恐慌と脱出の方法」という一般向けタイトルのもと、ハーレイ-スチュワート信託によって計画された一連の講演に参加した。この講演のために、ケインズは一月八日のハンブルク講演を書き直した。二月一八日にケンブリッジにおいても、マーシャル学会、すなわち学部学生のための経済学クラブに対して、そのハーレイ-スチュワート講演を行った。J・N・ケインズとA・V・ヒル、すなわちケインズの父と義理の弟がそのとき参加していた。その講演は、その信託によって用意された書物、ならびに一九三二年五月の『アトランティック・マンスリー』誌の中に掲載された。

世界経済恐慌と脱出の方法（ロンドン、一九三二年）から

I

世界が現在解決策を必要としている当面の問題は、一年前のそれとは異なっている。その当時は、われわれが陥った激しい不況の状態からいかにしてわれわれ自身立ち上がるか、そして産出量や雇用量をいかにして通常の数量にまで引き上げるかが問題だった。しかし、今日主要な問題とは、広範囲に及ぶ金融恐慌を回避することである。近い将来に通常の生産水準に達する可能性は、今のところまったくない。われわれの努力は、より限られた希望の実現に向けられているのである。近代資本主義の金融構造のほとんど完全な崩壊を、われわれは防ぐことができるだろうか。

金融面での指導層が世界に残されておらず、原因と対策に対する重大な知的間違いが責任を負うべき権力の地位にある者たちにはびこっているため、疑問や疑念が抱かれ始める。いずれにせよ、世界全体にとって、産業活動の刺激というよりはむしろ、金融の崩壊を回避することが目下の最重要な課題であることに異議を唱える者はいそうもない。産業の再生は、時間順では二番目でなければならない。

世界金融恐慌の直接的原因は、それが今存在しているので、明らかである。その原因は、商品だけでなく、事実上あらゆる種類の資産の貨幣価値が破局的に下落したことの中に、見つけることができる。いわゆる「証拠金」が維持されることへの信頼の上に、近代社会の負債と信用の構造は立脚しているのだが、それが「流れ去ってしまった」。多くの国々、恐らく英国を除くほとんどの国々における銀行資産は控え目に見積もっても、もはや預金者に対する債務額に等しくはない。負債者すべてが、彼らの証券がもはや彼らの負債を支払えないことを知っている。支払い義務を負ってきた固定的な貨幣支払いを賄うだけの十分な歳入がいまだにある政府はほとんどない。

さらに、この種の崩壊はそれ自身によって助長される。借金をして資産を運用するリスクが非常に大きいので、競って流動性を得ようとする大混乱が生じているような段階に、現在われわれはいる。そして、より多くの流動性を得ることに成功した個人が、各々その過程で資産価格を押し下げ、その結果として他の個人の証拠金は失われ、そうした個人の勇気は次第に損なわれていく。そういうわけで、この過程が続くのである。それが最も信じがたいほどの長期に進んでしまったのが恐らくアメリカであろう。そこでは価値の崩壊が、天文学的次元に達してしまった。一九三〇年一月から一九三一年九月までの間で、ニューヨーク株式取引所に上場されていた普通株の市場価値は、六五〇億ドルから四五〇億ドルに下落した。私は、その時までには、暴落が大いに進んだと考えていた。しかし金融恐慌は、産業不況とは異なりなお続くことになった。一九三一年九月から一九三二年一月までの四カ月のうちに、絶対量で以前と等しく、率ではるかに大きい更なる下落、すなわち四五〇億ドルから二七〇億ドルへの下落が起こった。それでも、これは恐らく金融崩壊のごくわずかな部分に過ぎなかった。というのも、アメリカにおける普通株の価値は変動しやすいことで悪名高いからである。一九三〇年一月から一九三一年九月までの間でまったく下落しなかった債券の市場価値は、次の四カ月で四七〇億ドルから三八〇億ドルに、すなわち平均二五％下落した。優先株の下落ははるかに大きく、不動産の状況はそれに優るとも劣らず深刻であった。しかしアメリカは、国民の心理状態のために事態が極端になったが、ほぼ至るところである程度は存在している事態の一例を提供したに過ぎない。

競って流動性を求める戦いは、個々人や諸機関を越えて、今や国家間ならびに政府間にまで広がってきており、各々が可能な限りのあらゆる手段を使って輸入を抑制したり輸出を刺激したりすることで国際収支表をより流動的にしようとするのだが、こうした傾向の中では誰かの成功は他の誰かの失敗を意味することになる。更にあらゆる国が、自国の国際収支に及ぼす影響を恐れて、自国内での投資の拡大を抑制している。それにもかかわらず、否定的な政策への傾斜が近隣国のそれよりも大きい場合にのみ、その国は自国の目的を首尾よく達成するであろう。

われわれはここに一般的な利益と特定の利益の不調和の極端な例をみる。各国は、相対的立場を改善しようと努力して、近隣諸国の絶対的繁栄にとって有害な対策を採る。そしてその例はその国だけに限られないので、その国はそのような行動自体によって得をする以上に、近隣諸国による同様の行動によって苦しむことになる。今日広く唱道される改善策のすべては、事実上こうした共倒れの特徴をもっている。競争的賃金切下げ、競争的関税、外国資産の競争的現金化、競争的通貨切下げ、競争的節約運動、新開発の競争的抑制――すべてはこの近隣窮乏化の表れである。現代の資本家は都合のいいときだけ船員になる。嵐が起こるやいなや、彼は航海の義務を放棄し、隣人たちを押しのけて自分が割り込むのを急ぐあまり、自分を安全な場所に運ぶかもしれないボートを沈没させることすらある。

私は競争的節約運動や新開発の競争的抑制のことを話してきた。しかし、恐らくもう少し説明が必要であろう。私の考えでは、節約運動はたぶん一層あからさまな表現としての、競争的関税あるいは競争的賃金切下げとちょうど同じように近隣窮乏化の企ての一つである。というのも、ある人間の支出は別の人間の所得だからである。したがってわれわれが支出を控える時はいつでも、疑いなくわれわれ自身の余裕が増加する一方で、誰か他の人の余裕は減少してしまうのである。そしてもしそれが至るところで実践されるようになれば、誰もがもっと窮乏化するだろう。個々人は、自分の個人的な都合で通常の支出を切り詰めざるを得ないかもしれず、そして誰もその人を非難することはできない。しかし、その個人はそのように行動することで公共の義務を果たしているなどとは考えてはなるまい。自発的かつ不必要に、有益であると広く認められている支出を切り詰めたりあるいは延期したりする一個人、もしくは一機関、もしくは一公共団体は、反社会的行動を行っているのである。

不幸にも一般大衆は、真実から離れたところで、かつ常識から離れたところで教育を受けてきている。平均的人間は、もし彼自身の常識を頼みにしているとすれば、その常識が彼自身に教えるところのものが不条理であると信じるよう教えられてきた。正当な傾向をもった改善策でさえも、初期の段階で、それらを臆病かつためらいながら採用するという失敗をしたため、信用されなくなってきている。

厳しい経験という教訓の下で、今やようやくより賢明な計画に向けた、あるかすかな動きが存在するかもしれない。しかし世界の金融ならびに政治当局は、将来見通しや建設的想像力を欠いたために、各衰退段階で、考えられうる十分に徹底した改善策を適用する勇気や信念を欠いてしまっている。そして当局は現在までに、全システムが回復力や反発力を失ってしまったかもしれないところまで崩壊が達するままにしてしまった。

一方、賠償金や戦債の問題が背景全体を暗く染めている。われわれは皆、これらの問題が今や完全に手に負えないものであり、腐りかけた羊肉と同じくらいまずくなっていることを知っている。実際に何がしかの支払いがなされるであろうなどとは、およそ考えられない。問題は金銭上のものではなくなり、完全に政治的ならびに心理的なものになってきている。もし次の六カ月のうちに、フランスが最終的和解の中で極めて穏健かつ無理のない提案をできれば、現在ドイツは提案を受け入れないと強く主張しているにもかかわらず、その提案を受け入れるだろうし、それを受け入れるだけの分別があるだろう、と私は信じている。ところがどうみても、フランスの考えはそのような解決策への反対の姿勢がはっきりしてきているようであり、ドイツが債務不履行を起こす状況を引き起こすことを望んでいるようである。フランスの政治家たちは、合意によりそのほとんどがアメリカに手渡されるに違いない穏当な額を手にするよりも、ドイツの債務不履行によって賠償金を手放す方が、国内での政治戦線に対してはるかに容易であると感じつつある。さらにこの結果は、ベルサイユ条約によって二国間で作られたそれ以外の未解決の問題との関連で使うために、ドイツに対して苦情の種と法律訴訟を積み上げていくという利益になるとフランスの政治家たちが考えるものをもたらすだろう。したがって、国際金融のこの領域における展開からは、私は安心や将来の期待をあまり引き出すことはできない。

Ⅱ

さて、私はここまで見通しを真っ黒に描いてきた。そのもう一方の側では何が言えるだろうか。周囲の暗がりの中で、どういった希望の要素をわれわれは認めることができようか。そして、どのような有益な行動がわれわれに残されているのであろうか。

明るさの目立った根拠は次の点にあると私は考える。すなわち、システムがほとんど想像もできない負担に耐えうる能力を既に示してきた点である。もし一年か二年前に、誰かが今日の実態をわれわれに予言していたとして、現実にわれわれが享受している程の正常な状態すら、世界は維持し続けることが可能だと信じられたであろうか。現在の商品価格水準を知っていたとして、原料を産出する債務国の大多数が依然としてその債務を支払っているだろうなどと、誰が信じられただろうか。現在の米国の債券価格を教えられていたとして、同国の銀行や証券取引所が営業を続けているだろうなどと、誰が考えられただろうか。ドイツが政治的および社会的組織の崩壊なしに、現在苦しんでいるような経済的および財政的圧力に耐えることができたであろうなどと、ドイツ内外にいる誰が前もって信じることができたであろうか。システムがひどい仕打ちを甘受するこの注目に値する能力が、われわれには世界の建設的な力を奮い起こすための時間がまだあると希望を抱く最大の根拠である。

　更にもっと最近のことで、私の判断では最も喜ばしい出来事があったのだが、われわれはそれから十分な利益を享受するための時間をまだ得ていない。すなわち、英国の金本位制放棄のことである。この出来事が広範囲にわたって有益な恩恵を授けてきたと、私は信じている。もし英国が何とかして金平価を維持しようとしていたならば、今日、全体としての世界の状況は現在よりもかなり絶望的なものであり、債務不履行がより一般的なものであったろう。

　というのも、英国の行動は二つの際立った結果をもたらしたからである。第一に、世界中のかなりの部分にわたって、国民通貨で測った価格の下落を止めたことである。どのような一連の国々が現在、金ではなくスターリングの盛衰に結ばれているか、しばし考えてみよう。オーストラレーシア、インド、セイロン、マラヤ、東西アフリカ、エジプト、アイルランドおよびスカンジナビア、そして字義上は別として、実質的には南米、カナダ、そして日本がそうである。ヨーロッパ以外では、南アフリカと米国を除き、現在も金本位制に従っている国家は全世界にない。金本位制が円滑に機能している主要国として残っているのは、フランスと米国だけである。

このことは、六カ月前に存在していたデフレ圧力が大きく軽減されたことを意味する。広い地域にわたって、生産者たちは、彼らの国民通貨で測って生産コストや負債に関してそれほどひどく不満足ではない価格を現在得ている。こういった出来事は日が浅すぎて、十分に注目を浴びるものではなかった。経済状況ならびに金融状況が過去六カ月内に危機を脱したと主張できるであろう国が、いくつか存在する。例えば、オーストラリアがそれに該当するのは確かである。アルゼンチンとブラジルは該当するのではないかと思われる。インドでは著しい改善があったが、金に対するスターリング減価の一つの帰結が、誰も予見できなかったことだが、政府の財政問題をほぼ解決したのである。つまりそれまで保蔵されていた金の輸出である。一九三一年一〇月以来の四カ月のうちに、既に三六〇〇万ポンドが輸出された。そしてその輸出は現在も進行中であり、週一〇〇万ポンド以上の割合で、続いていきそうに思われる。英国自身について言えば、絶対的ではないにしても、少なくとも相対的な改善を表す昨年九月以来の変化を、世界の他の国々そして恐らくわれわれ自身でさえも、やや見落としてきたかもしれない。現在雇用されている人の数は、少なくとも一年前の雇用者数を下回ることはないが、このことは他の産業国には見られないことである。失業者への支出の、現在の実際の割合は、予算準備を十分下回っている。このことは、昨年一年間でさえ実質賃金の更なる上昇があったという事実にもかかわらず、達成された。というのも、貨幣賃金が二％下がった一方で、スターリング為替が減価されたにもかかわらず、生活費は四％下がったからである。そしてその理由は将来に向けての勇気づけになる。なぜなら、英国が広範囲な特有の活動にわたって、今日再び世界で最も低価格の生産者である、という事実の中にその理由は見出されるからである。英国の繊維産業は今や、広範囲な品質にわたって、主要な競争相手よりも安く生産できると私は信じている。われわれは今や、他の誰よりも低コストで船を走らせることができると私は信じている。自動車および貨物自動車における世界の輸出貿易の大部分を獲得しようと努力する機会がわれわれに訪れていると私は信じている。こういったことはすべて時と共に徐々にはっきりしてくるだろう。昨年九月に働き出したその力には、これまでのところ、その完全な効果をもたらす時間がまったくあたえられていない。しかし現在でさえ、英国が世界で最も繁栄した国であることは明らかである。

英国の競争力の改善に基づいた希望というものは、ある国が他の国を犠牲にして得をすることの無意味さについて、少し前に私が述べていたことと非整合的であると、恐らく諸君は言い返すことだろう。また諸君は、そうした希望は、私が昨年この国のために保護関税を支持すべきだったと述べていたこと、そして現在熱い信念をもって保護関税に反対する覚悟を決めていないこととも非整合的であると思われるかもしれない。その理由は、この国が行動の自由や国際的先導力を回復するのが、世界の立ち直りに先立って必要なものであるという、私の信念の中に見つけることができる。更にわれわれ、しかもわれわれだけが、いったん先導力を回復したら、それを一般的利益のために行使することを任せられうると、私は信じている。最近の困難の多くは、新しい国際的投資の資金調達に利用可能な貸方残高が、われわれの手からフランスや米国の手に大方移ってしまったという事実によるものだったと考える人たちに、私は同意する。したがって、英国の債権国としての立場の大幅な強化があるべきだということを私は喜んで受け入れるし、実際のところ世界の立ち直りに先立って不可欠なものとして、私はそれを要請する。

こういった順調な展開にもかかわらず、これまでのところ、世界のいたるところでデフレ圧力が適切に緩和されていると言うのは、正確ではないだろう。しかし、広範囲にわたる金本位制の放棄は、そうした緩和の可能性への道を準備しているのである。さらに、一層多くの通貨が一九三二年中にスターリング・グループに加わらなくもないと、私は考えている。とりわけ南アフリカ、ドイツおよび中欧諸国、そして金本位制の下での経済生活が徐々に実行不可能だと気づきつつあるジャワに引きずられて（現在反対の決意をしているにもかかわらず）オランダがかなりそうなりそうである。

しかし世界の国々を、それぞれ金本位制を採用している国と採用していない国へと二つのグループに分割することによる、もう一つの大きな影響がある。というのも、現在そうであるように、あるいは間もなくそうなるかもしれないように、その二つのグループが大まかに言えば、純債権国の立場を取り、金を引き寄せることで世界の他の国々にデフレ圧力を及ぼし続けているグループと、この圧力に苦しみ続けているグループとに一致するからである。後者のグループが金本位制から離脱することは、目下のところ経済均衡の回復に向けたプロセスの始まりを意味する。それは、金本位制を採用する二つの主要債権国の債権ポジションをいつかは必ず損ない、ついにはそのポジションを崩壊させる自然の力が動き出し始めることを、意味するのである。

フランスの場合、そのプロセスが最も急速に見られるであろうが、その債権国としてのポジションは、一九三二年の終わりまでには完全に損なわれそうである。賠償金受領の中止、観光収入の減少、非金本位制の国との輸出貿易競争上の不利な立場、および世界にある金の大部分の輸入が、相まって作用するだろう。そして世界で最後の金の延べ棒が、フランス銀行に安全に預けられた時こそ、ドイツ政府が、その国の科学者の一人が一オンス六ペンスでその金物質を作る技術をちょうど完成させたと発表する、適切な時であろう。

アメリカの場合、そのプロセスはより緩慢なものであろう。というのも主として、フランスにとって極めて大きな代償を払うことになる観光旅行の減少が、米国にとっては多額の節約を意味するからである。もっとも、趨勢は同じであろう。インドや鉱山から経常的に放出される金の量が、金本位制を採用する国の黒字を超える時がきっと来るだろう。

これら金本位制の国々の輸出産業の競争的立場が次第に損なわれていくことは、実は彼ら自身の要請に応えることなのであろう。すなわち、少なくとも因果応報の一例になるだろう。世界の他の国々は彼らに貨幣の借りがある。彼らは、財での支払いは受け取らないだろう。債券での支払いも受け取らないだろう。彼らは存在するすべての金を、既に受け取っている。そうした金本位制の国々が世界の他の国々に課してきた難題には、論理的にはただ一つの解決策しか受け入れる余地がない、すなわち彼らの輸出なしでやっていく方法が何か見つけられねばならないということである。世界中の物価を持続的に下落させるという方便は失敗したのである。というのも物価が至るところで、同じように下落してしまったからである。しかし金と比べて為替を減価させるという方便は、成功することだろう。

　したがって、デフレ圧力を結局は緩和させるかもしれないプロセスが着手されてきたのである。問題は、金融組織や国際的信用システムが重圧の下で崩壊する前に、このことが間に合う時間があるかどうかである。もしあるなら、世界中で、資本の拡大ならびに価格の上昇という協調政策のための道が、恐らく英国のリーダーシップの下で開かれるだろう。というのも、これを除けば、私が思い浮かべることのできる唯一の代替的解決策は、全般的債務不履行や、現存の信用システムの消滅に続くまったく新しい基礎にもとづく再建だけだからである。

　次に、以下のことは、それが発生する確率の検討を私は試みるつもりはないが、われわれを泥沼から引っ張り出すことが考えられるかもしれない一連の出来事である。金融恐慌は、破局や全般的債務不履行という点に達する前に、徐々に弱まっていくかもしれない。これは恐らく起こりつつあるであろう。最大の危機は過去二、三カ月の間に乗り越えたのかもしれない。これと足並みをそろえて、フランスと米国の不釣合いなほどの債権国ポジションによって他の国々に及ぼされたデフレ圧力は、私が既に述べた諸力が着実に働く結果、両国が債権国ポジションを失うことを通じて、緩和されるかもしれない。こういったことが明らかに事実であるならばその時、われわれは低金利の局面に入るだろう。これは、以前の不況を前例にして、回復の開始をわれわれが望みうる点である。デフレ圧力の終焉は、スターリング為替の堅調な傾向として現れるだろう。われわれはこの強さを、国内の活動を再出発させ、われわれの力が及ぶ範囲で外国に貸出を行うために、低金利にしたり信用量を増やしたりするために使うべきである。というのも、世界の回復の推進力は、まず第一に、われわれから生じなければならず、米国からではないからである。

しかしながらこの段階で、低金利の局面がそれ自体で新投資の適切な回復を引き起こすのに十分であると私は確信していない。低金利とは、リスクなしの、あるいは表面上リスクのない利子率が低いことを意味する。しかし実際の事業は、必ずある程度のリスクを伴う。貸し手は、経験によって自信が打ち砕かれているので、新事業に対して借り手が稼ぐことを期待できない利子率を要求し続ける、というのが実情であるかもしれない。実際、昨秋の金融恐慌に先立つ適度に低金利であった局面で、このことが既に当てはまっていた。

もしそうであるならば、新投資の促進や補助という直接的な国家介入を除けば、長期的でしかも恐らく果てしない不況からの脱出手段はないだろう。これまで国家が背負い込むのが適切であると考えられた借入による収入を用いた歳出は、戦争を除くとなかった。したがって過去には、戦争が主要な不況を終わらせるのを待たねばならないといったことがしばしばあった。将来われわれがこうした財政純正主義者の姿勢に執着せず、過去の財政教義によって戦争の廃墟に対してのみ支出が許されていたものを、平和事業に進んで費やすようにすることを私は望む。いずれにせよ、唯一の出口は、誰かが何かに支出を大きく増やすことについて、能無しにでも正当な理由であると認められるような・・・何らかの目的をわれわれが発見することである、と確かな自信をもって私は予言する！

事態の改善のためのわれわれの思考、感情、計画のすべての中で、以上のことは貧困の危機ではなく豊かさの危機であるということを、われわれは頭の隅に置いておくべきである。われわれを抑圧しているのは自然の厳しさや乏しさではなく、われわれが創造的科学の賜物を利用するのを妨害し、その豊富な成果に圧倒される原因となっている、われわれ自身の無能さや頑迷さなのである。そのような局面において、脱出の道を、厳格な節約とどこであろうが世界の潜在生産力を活用することを控えることの中に見つけるべきだとわれわれに教える意見は、ばか者や狂人の意見である。デービッド・ヒュームが話す次のような一節がある。

予言の才能を得るためには、ある聖なる激情か狂気が必要であると古代の人たちは主張したけれども、このような予言を伝えるためには、一般大衆の狂気さや妄想の影響を受けず、単に正気であること以上に必要なものはないと断言しても差し支えないかもしれない。

あらゆる種類の拡張や支出で、それを引き受ける人によって財政的に可能であり、景気がより良い時には正当で有益であると認められるものについて、各人がその方向で影響力を、たとえそれがどれほどのものであれ非公式にも公式にも行使することが、今は高度な社会的義務である。

現在問題を解決する方が、一年前にそうしようとしたのに比べてはるかに難しくなっていることは明らかである。しかし私は、今でも依然として、当時信じていたように、なろうとすればわれわれは自分の運命の主人になれるのだと、信じている。回復への障害は物質的なものではない。それは権力の座にある人たちの知識、判断、および意見の状態の中にある。不運にも、世界中で責任ある立場にいる者たちの伝統的かつ根深い信念は、現在と類似するものを含まない経験から生まれたものであり、また彼らが今日信じていてくれたらと私が望むものとは正反対であることが多い。

フランスでは、当局の見解ならびに一般大衆の感情の勢力は、私が述べてきたことを貫く考え方の全体的な方向とまさに正反対である。フランス人たちは、もし誰もが自分たちと同じように行動していたならば、皆が自分たちと同じくらい金を得ていただろうと考えている。彼ら自身の蓄積は善行の報いであり、その他のわれわれが被る損失は無思慮の罰なのである。彼らは更に、恐ろしい結末に至ることを望んでいる。事態の過酷な圧力による彼らの転向を待つより他はない。もっとも、彼らは生来、結局のところ現実主義者なので、経験によって証明されると思いがけず頑固さを放棄するかもしれない。米国では、公の人間が社会的地位を守り続けるために、彼がどのようなばかげたことを今日口にしなければならないか、ほとんど想像も及ばない。常識ある人間として、企業の清算の流れを食い止めたり拡張の力を刺激したりするためにできる限りのことをしようとしている真剣で分別ある銀行家たちは、深刻なインフレのリスクがないという彼らの確信を世界に納得させることに取り組まなければならない。そのとき、彼らが本当に言おうとしているのは、敢えてインフレを期待する十分確かな根拠がまだ見えていないということである。わが国では、見解は恐らく進んでいる。わが国の政治家の考えならびにわが国の銀行家の考えでさえ、現在どこよりもはるかに健全な方針の上にあると、私は信じている。ここでわれわれが恐れなければならないのは、臆病さや大胆に行動するのを嫌がることである。われわれがいったん先導力を取り戻したら、われわれ自身が購買力を拡張するために、また他者が拡張するのを助けるために、ためらいや遅滞なくわれわれはその力を使わなければならない。われわれが手本を示さなければならないのである。安全は大胆さにあるのであって、他のどこにもないと信じなければならない。力がわれわれに戻り始めたときに、もしわれわれが大胆さを欠き、陳腐な警句にしたがって力をわれわれの立場を強化するために使おうとすれば、それが実際に意味するところは他の世界にデフレ圧力を及ぼす役割をわれわれが引き受けることであり、そうだとすると、私の話しの口火となった憂鬱な予言を、私は再度話すことになる。

72

◆一九三一年一二月に『イェール・レビュー』誌の編集者ウィルバー・クロスが、一九三二年三月号のために論文を一本何とか書いてくれないかとケインズに依頼した。ケインズは可能な旨を告げ、そして「スターリング本位制の見通し」というタイトルで一本準備し始めた。一月一日、ロイズ銀行のオルウィン・パーカーが、同行の『月報』誌用の論文をケインズに依頼した。ケインズは四月刊行の『イェール・レビュー』誌の論文を彼に提供し、二本の論文が恐らく細部で異なるだろうと示唆した。というのも、ケインズは一月の最終週に、米国向けの論文を発送しなければならなかったからだ。パーカーは快諾した。ケインズは「スターリング為替の見通し」という題名の『イェール・レビュー』誌用の原稿を、一月二七日にニュー・ヘブンに送った。それから彼はその論文の題材を二回、一回はスコットランド投資信託会社用の覚書の中で、そして最後にロイズ用に再利用した。以下ではロイズ版を掲載したが、改定や追記（以下の八〇～二ページ）を除けば、ほぼ米国版にしたがっている。

『ロイズ銀行月報』、一九三二年四月号

スターリング為替についての考察

一般大衆の意思は、その注意を貨幣の交換価値に向けるような何かが起こる時、常に極端へと走る。ある金本位制通貨が隣国と一定の平価で維持される状況においては、こういった状況を維持する諸力は、並の人間ではまったく気がつかないような無音のメカニズムである。つまり、その運動原理は彼の理解からかけ離れているのである。しかし、こういった諸力が厳密に旧平価を維持するのに失敗する時、そうした諸力がその効力を失ってしまい、その通貨は実質的な相場維持力を完全に失い、かつ投機や恐慌心理に翻弄されるだろうと彼は結論づける。彼は、以前の名目平価ほど高くはないものの明確な均衡値をもつ通貨と、際限のない政府インフレ見通しによって完全に拠り所を失ってしまった通貨との間に区別をつけない。要するに、彼は事実上英国による昨秋の金本位制からの離脱を、戦後発生したロシアや中欧の通貨の崩壊と混同しようとしていたのである。他方、もしスターリングが少しでも改善し始めれば、彼はそれが再び平価にまで急上昇するのを妨げるものはないと結論を下しそうである。

実際のところ、昨年の一〇月以来のスターリング為替の推移は、投機による中断を受けているものの、通常のように高い柔軟性で市場心理が順応してきた基礎的要因の命ずるところと、かなり密接に一致している。以下における私の目的は、過去を説明するというよりはむしろ、今年いっぱいのスターリングの見通しを決定するであろう要因を分析することである。それにもかかわらず、話は連続的なものであり、われわれの原理を直前の過去に適用することで、その原理の極近い将来への適用が説明されるだろう。

I

(金の移動から発生するものを含めて)国家間での債務と債権が常に均衡していることが、一国にとって必要である。これはまったくの真実のようである。しかし、口頭での発言や文書の多くはそのことを無視している。ある国の為替のあらゆる売り手に対して、買い手が存在しなければならない。確かに均衡がもたらされる為替価値の水準は、為替の販売を禁止もしくは抑制する規制によって人為的に改善されるかもしれない。この場合、為替の売り手であろうとする者は、通貨の売却が許されていない国の経済システムに対して、一種の強制貸付をしているとみなされるに違いない。しかし実際に行われている売買に関して言えば、それは均衡しなければならない。したがって、その時その時の均衡は当然視されてもよい。しかしどの取引が行われているかを本当に理解したり、均衡がもたらされている為替相場が安定的なものかどうかを識別したりするためには、われわれは（合計すれば均衡しなければならない）勘定の両サイドで行われた取引のフローを、三つの異なった組（それらは切り離して捉えられるものの、それぞれが均衡する必然性はないし、もしありそうもない一時的な偶然によって均衡するのでなければ、実際にもそうならない）に分けねばならない。第一のものは、長い伝統的慣用法に従い、（取引の合計を指す国際収支とは厳密に区別されるところの）貿易収支と呼ぶのが便利なもの、すなわちより厳密に表すれば所得勘定収支である。というのも、それが所得の性格をもつ全項目を含むからである。第二のものは資本勘定収支であり、それは海外への貸付ないし返済、および外国人と自国民の間で交わされる証券や他の資本資産の売買を含む。第三のものは、第二のものと明確な区別がつかないのだが、投機勘定収支と呼んでもよく、短期的に予想される通貨価値の変化から利益を稼ごうとする試みや、長い間隔を置かずに反対取引をしようとする意図に、その「投機的な」為替取引の特徴がある。

さて、ここまで述べてきたように、こういったすべての勘定の貸方項目と借方項目がまとめられると、常に厳密に均衡しなければならない。というのも、通貨を購入してくれる相手を見つけられなければ、誰もそれを売却できないからである。そして買い手と売り手は、ともに上で区別された三グループのうち同じところに属している必要はないが、それぞれがこれらのグループのどれかに属していなければならない。しかし三つの取引はほぼ独立した考慮すべき点に左右されており、したがってもしそれらを別々に議論しなければ、われわれは今日の英国のような固有事例における事の顛末すべてに関して明快な結論に達することができない。

A．所得勘定収支

この収支は、経常取引の収支（すなわち、海運収益、金融サービス、観光サービス、輸出品の販売額等から、それに相当する借方項目、英国の場合なら主に輸入品の購入額を差し引いたもの）で稼いだ額（正であれ負であれ）に、過去の海外投資から得られた所得を足し合わせたものから構成される。

過去何年もの間、経常取引に関する限りでは、一九二九年で一億四七〇〇万ポンドそして一九三〇年で一億九二〇〇万ポンドと概算されるほどの赤字収支になるのが、英国の通常の状態であった。一方で海外投資所得に関しては、一九二九年で二億五〇〇〇万ポンドそして一九三〇年で二億二〇〇〇万ポンドと概算される、極めて大幅な黒字収支であった。一九三一年には、商務省は、経常取引に関する赤字収支が二億七五〇〇万ポンドにまで高まる一方、海外投資所得からの黒字収支が一億六五〇〇万ポンドにまで減少すると推計した。

したがって、過去二年間のうちにそのポジションにふりかかってきた合計して二億ポンド以上にものぼる収支の大きな悪化は、おおよそ同じ割合で、一億ポンドを多少上回る経常取引からの海外所得の減少とそれを多少下回る海外投資所得の減少といった二つの要因にその原因を帰することができる。それにもかかわらず、もし海外投資所得がそれほどまでに激しい減少を被らなかったならば、英国の状態は一九三一年でさえほぼ均衡していただろう。実際、私の判断では黒字であったろう。というのも、私は商務省が英国の所得源のうちいくつかを控えめに述べているという確信を若干抱いており、一九三一年における赤字合計の真の数字が八〇〇〇万ポンドを超えていれば驚きだからである。これがどうであれ、事態を改善しようとするためにわれわれは当然のように経常取引からの収支の改善に専心する。なぜならそれは大部分がわれわれの能力の及ぶ範囲内にあり、また投資所得を回復するためにできることは当面ほとんどないからである。しかしこのように実践的な問題に集中したからといって、その重要性を過大評価して、世界全体の物価水準の上昇や世界貿易の増大にほぼすべて依存すると言える海外投資所得の回復をないがしろにしてはいけない。そしてしばしば誤って強調されるもう一つの統計上の問題、すなわち英国の投資所得が減少する原因を、海外の債務国側の債務不履行にどの程度帰すことができるかという問題が存在する。事実、これまでのところ、債務不履行の結果として生じた固定金利収入の減少は著しく小さい。大英帝国領内での債務不履行は一切なかった。ドイツは今も、利子を支払い続けている。アルゼンチンでは、固定的返済額の大半が支払われている。私は、自分が正確な数字を見積もることができたならどんなに良かったかと思う。しかし私の印象では、海外から英国に支払われるべき固定金利払いの八〇パーセントから九〇パーセントが（もちろん戦債は除いて）、依然として通常どおり返済されている。そうではなく、損失の主たる理由は、われわれが完全に所有する海外の財産からだったのである。われわれの黒字収支の悪化の主な原因は、海外で操業している英国所有の鉄道会社や紅茶・ゴム農園、すずや鉛、銅の鉱山、油田、土地開発会社などからの所得に関してである。というのも、今日それらの大多数は少しの利潤も生まなくなっており、以前われわれに送られてきた利潤から築き上げられたロンドンの準備金を取り崩さなければならなくなったことで資力の流出すら招いているからである。この利潤の喪失は完全に商品価格の下落の反映であり、世界の物価が回復する以外に改善されることはほとんどない。

事実の極めて大まかな近似であるが、恐らくわれわれの目的に十分適うと考えられるものとして、（約）二億五〇〇〇万ポンドかそれを若干上回る額に達した一九二九年の投資所得は、固定金利収入と投資持分からの収益の間で均等に分けられたと概算してもよい。これまでのところ前者は恐らく一五パーセントくらい下落しているが、後者は六〇パーセントかそれ以上下落している。

今日、こうしたことすべての最終的な結果は、いずれにしても極めて厳しいものである。一九三〇年以前には、英国の海外投資所得からの黒字収支は、経常収支に関する赤字を平均して年間（約）一億ポンドだけ超過していた。昨夏の終わりにわれわれが金本位制から離脱した時、その状態がほぼ逆転したと一般に推計された（私は、商務省によって現在示されている、より多額の推計額に比してこの数字の方を今でも好んでいる）。すなわち、経常取引の赤字が投資所得からの黒字を、年間一億ポンドのペースで超えて進んでいたのである。資本取引や投機的取引はさておき、この状態が絶望的なほど不安定であったことは明らかであるが、このことについては後で立ち戻ろう。

B．資本勘定収支

昨年八月の実際の危機がもたらされた事実上の原因は、実際にはその当時、そうした事態の主たる要因となるほどには進んでいなかった所得勘定収支の赤字増大によってではなく、資本勘定収支の莫大な赤字が突如として進んだことによるものであった。この直接の原因は恐らく、中欧の危機的な状態やそこにあるロンドンの資産の多くが現実に凍結されるかあるいは劣化したことで、ロンドン市場の短期債務の支払い能力への信頼が崩壊したことであった。しかしより根本的な原因は、イングランド銀行が一九二五年以後の状況を不用意に処理したことによる、ロンドンの脆弱性の増大であった。これは新たな事態であり、こうした脆弱性は私の判断する限り、これまでの国際的危機の時には存在しなかった。一九二五年に不適切な平価で金本位制に復帰したことにより、イングランド銀行はこれまでほとんど不可能であったほど困難な調整の問題を自らに課した。一方で、公定歩合を高く保ったり信用を収縮したりすることで、採用された平価に対して適切な国内費用の削減をもたらすほど十分に徹底したデフレを引き起こすことは明らかに実行不可能であった。他方、公定歩合を低位に維持していれば、ロンドン市場を海外の短期資金にとって魅力ないものにしたであろうし、英国の貿易収支や海外への貸付意欲についての現実の状況では、イングランド銀行は急速に金を喪失し、かつ金本位制ははるかに早い段階で崩壊していたであろう。イングランド銀行がその問題の性格やそれを解決する方法の困難さについて、どこまで認識していたかは疑わしい。しかし実際に採用された政策は、中間的な方向を維持することであった。すなわち、ロンドン市場が海外の短期資金にとって魅力的なセンターになるよう高金利に設定しつつも、国内費用の調整を強制するほどには金利を高くしない状態であった。このようにして、われわれはロンドンの莫大な信用準備や威信を利用することにより当座の状況を乗り切ったのである。われわれは経常取引の勘定収支の赤字が増加しているにもかかわらず、以前の大きさとほぼ同規模の貸付を海外に実施し続けることすらできた。しかし、この一時的な痛みの緩和の不可避的な代償として、莫大な短期債務を抱え込むことになった。この負担の大きさやどのくらいの期間その増加が最速であったかは、イングランド銀行がこうした債務の規模を調査しようとしなかったため、正確には知られていない。しかし、より最近になって集められた証拠が示すように、一九二五年中頃から一九三一年中頃までの六年のうちに、このまさに不安定な源泉から得られた支援額は、合計すると、われわれの多くがその当時確かに想定していたような、莫大な規模にのぼっていた。マクミラン委員会が着手した調査では、外国人に対する短期債務が四億ポンドから四億五〇〇〇万ポンドに達していることがわかった。しかしこうした数字は包括的なものではなく、後の調査結果によれば、真の合計は極めて多額で、一九三一年六月にはおおよそ六億ポンドから八億ポンドもの数字に達していたかもしれないということであった（上限と下限の大きな開きは、主にその数字が厳密にどういった種類の債務を含むとされているか、(*) そしてどれだけの債務が引受手形についての見返り債権と直接的に相殺されるか等についてのあいまいさが残ってしまうために必要なのである）。他方、ロンドンが引き出しに見合うよう即座に集めることが可能な流動資産はこの総額の三分の一に満たなかった。私が述べたように、ロンドンが脆弱的になったのは必然的なことである。遅かれ早かれ、理由の良し悪しに関わらず、何らかの信用の喪失が生じるかもしれない。そしてその後、まず間違いなく、その不安定な構造は崩壊するに違いなかった。

　実際の危機の期間に関しては多くのことが言えるだろう。しかし私の現在の議論が必要とするのは、英国の国際収支が、一九三一年九月の金本位制停止で終わった危機の前とその間だけでなく、それに続く四、五カ月の間にも、こういった短期の対外収支の巨額の引き出しに直面せざるをえなかったという事実だけである。私は、一九三一年六月から一九三二年二月までの間に、英国がその総債務のおおよそ半分、すなわち三億ポンドから四億ポンドまでのいずれかの額を返済したかもしれないと推測している。確かにこれは驚くべき功績であったが、金本位制を守るには不十分であった。

所得勘定の赤字と同時に発生したこの莫大な支払いは、海外からの資産をさらに巨額に達するまで集めることで、ほぼ均衡していたに違いないことは明らかである。したがって、両方向への巨額の資本取引が所得収支を圧倒し、所得収支から、それが長期的には備えているに違いない決定的な重要性を一時的に奪ってきている。

私は、そのような巨額の返済が実施されてきた資金源に関する厳密な分析の試みをこれまで見たことがない。しかし、主要な項目が何であったかを確認することは容易である。大蔵省やイングランド銀行が海外から借入れてきた一億三〇〇〇万ポンドのうち、八〇〇〇万ポンドが二月に依然として残っていた。イングランド銀行は、正式には公表されていないものの恐らく五〇〇〇万ポンドから一億ポンドのいずれかの額だけ、（後に触れる最近の投機的な動きに先立って）金のストックや外国為替を使い果たした。外国の勘定宛の英国の引受手形のかなりの割合は、流出するにまかされていた。ドイツへの短期貸付の相当額の返済は受けてきている。スターリング建ての負債を負っている多くの外国人たちは、その負債を返済するためにスターリングの減価で有利になることを大いに望んできた。多くの英国投資家や投資機関は、スターリングでの収益を実現するために外国証券の保有分を売却してきた。スターリングを

（＊）例えば、英国の戦時公債の市場性ある外国人の保有分をどのように見なすべきか。

支える決定的要因は、誰一人として予見しなかった、まさに第一級の重要性をもつ出来事から生じたのであった。それは簡潔な余談の形で述べておく価値のあることである。

一九三一年の最初の三・四半期にかけてインド政府の財政状態はますます深刻になり、ロンドンの資金の深刻な流出をもたらし続けた。インドの輸出価格の壊滅的な下落や相当の額に達したルピーからの逃避は、インド政府がスターリングでの請求負担に応じるためにロンドンへ送金する可能性を絶っただけでなく、ルピーの価値を支えるためにインド政府がスターリング準備を現金化したり、ロンドンに多額の借入れを行ったりすることも余儀なくさせていた。その状況は極めて悪く、将来どうなるかを敢えて予想する者はほとんどいなかった。しかし、英国が金本位から離脱しインドがそれに追随すると、その局面は完全にかつ誰一人として予想しなかった仕方で一変した。もちろん、予期された安堵の根拠もあった、すなわち減価したスターリングで測ってインドの輸出がより高額となり、スターリングでの支払い債務に応じるのがはるかに容易になった、ということもあった。しかし、われわれが皆見落としていたことは、金のルピー価格の上昇が、保蔵された金の所有者である何千万ものインド人に与えた心理的な影響であった。というのも、金が購入されたときの価格以上でルピーに対して売れ、ルピーで測って利益が出ることがわかった時、世界の貨幣史上で大変驚くべき出来事が起こったからである――何百年もの間西洋から東洋へと流れていた金の潮流が突如として逆転したのである。インドの至るところの大地主〔訳注9〕や農民は、彼らがもつ金を売却し始めた。その現象は、当初一〇月の早い段階で明らかになった。溶解された金の装飾品は週約一〇〇万ポンドにのぼる額がボンベイから流出し始め、二〇〇万ポンドそして三〇〇万ポンドにまで増大した。三月の初めまでには、週当たりの流出額は一〇〇万ポンドを若干上回る程度に落ち着いた。その時点までの総流出額は四〇〇〇万ポンドを超過していたが、枯渇の兆候は示していない。その必然性もない。というのも、この総額はインドが保蔵した金の一五分の一を超えていることはありそうもないからである。

さてこの金が購入されると、即座にそれは、たいていの場合フランスであるが、金本位国家のいずれかにあててスターリングに対して先物売りに出される。こうして獲得されたスターリングはルピーと引き換えにインド政府に支払われ、そのスターリング残高への補充や危険なまでに超過した短期スターリング建て債務への返済に使われている。それ故、インドの金販売額と同額がロンドン市場の流動資産へ即座に加えられる。もっとも、インドの大地主が、彼の装飾品を（今なお文字通りに利用されている）試金石〔訳注10〕をもつ内陸地の銀行家のところにもってきてから、形がなくなり、製錬された、無味乾燥な金属がフランス銀行の金庫室という最終目的地に届くまでには、確かに二、三カ月経過するかもしれないが。

インドの農場経営者やアフリカの坑夫は、ほんの僅かな時間で不可避的結末を成し遂げるだろう。現代のミダス王〔訳注11〕たちが、寸分の隙なく詰め物を入れられて窒息することになる日が遠からずやってくるに違いない。そして、その時が恐らく、金を製造する問題、そして金の価値を卑金属の価値にまで引き下げる問題への最終的解決策を、天の皮肉がわれわれの化学者たちに授けるために選ぶ瞬間となるだろう。

オヴィディウスが語った有名な神話の証言。

〔訳注9〕独立前に英国政府への地租を納める条件で認められた封建領主。
〔訳注10〕黒色緻密な石英の集合体。この岩石に条痕をつけて金・銀の純度を試験するのに用いる。Lydian stone とも言う。
〔訳注11〕フリギアの王。手を触れる一切のものを金に変える力をディオニュソスから与えられたが、食物や飲料も金になってしまう苦しみから免れることを願ってパクトロス川に水浴したため、その川の砂が金色に変わったという。

彼の書物の中で現れるミダス王は、
ポイボスによってロバの耳をつけられた。

一方歴史家は、英国の時宜を得た金本位制廃止が、インドの生産物の価値を高めると同時に金の現金化につなげるという二重の効果によって、インド帝国を悲痛かつ悲惨な進路から救ってやったと物語るかもしれない。

最後に、ロンドン市場がインドのポジション強化から確保した恩恵は一般的な代表例である。スターリング為替は今日、英国一国だけでなく、銀行システムがロンドンを基礎としている全国家の金融面での強靭さの尺度となっている。インドないしオーストラリア、直轄植民地、そればかりか他の多数の国家の貿易収支の改善は、われわれ自身の貿易収支の改善とほぼ同様な有益かつ即時的な支えをスターリングに与える。これら諸国の農業生産者らの競争力は、わが国の製造業者のそれと同様、スターリングの金本位からの離脱によって大きく改善されてきた。したがって、一九三一年と比べて一九三二年においては、スターリング地域の貿易収支の改善は、間違いなくスターリング為替の強さに有利な影響を及ぼしている作用の一つである。

C. 投機勘定収支

議論を完結するためには投機家の行動が残されている。短期間先の事象を予想し、予想することによって、その事態の生起を促すのは、成功を収める投機家の務めである。しかし予想された事象が起こる時、彼はその取引を反転させなければならない。したがって投機勘定は、その事象がより長期間にわたって資本を動かす人々の意向を一変させる効果を及ぼさない限り、一時的な効果以外のものを生み出しえない。英国が金本位から離脱する前は、投機はスターリングに対して売りであった。その後、こうした取引の反対売買が非常に必要とされた支えを提供した。年が変わってからは、スターリングを支える投機的動きが現れ始めた。二月までには国際的投機家は、スターリングを支えることで損失の可能性はほとんどなく獲得するものがはるかに多いだろうと確信するようになり、その結果取引の殺到が始まりイングランド銀行を一時的に圧倒し、〔ドルに対して〕スターリングを三・五〇から三・七〇を越える水準に引き上げ、その水準は数日間続いた。

この動きは昨年夏の反対方向への地すべり的な動きと匹敵する莫大な規模であったが、これによってイングランド銀行は海外の金残高のうち大量のストックを獲得することが可能になった。ある時点まで、これは第一に大蔵省による短期の外国債への返済資金を、次いでイングランド銀行がもつ外貨準備の補充のための資金を提供するものとして、喜んで受け入れられた。しかし、その殺到が厄介な規模に達する時がやってきた。というのも、年初以来、ロンドンへの金残高の還流等が七五〇〇万ポンドから一億五〇〇〇万ポンドまでのいずれかの額に達した公算が大きいからである。さらに、この巨額にのぼる金額のうち、どれほどがロンドンをいわば当然かつ通常の本拠地とする還流資金を表しており、どれほどが国際的投機家の多数の意思が「頑張ってみても」何にもならないと結論を下すときに別方向に動くこととなる純粋に短期の投機を表しているかを言い表すのは、極めて困難である。確かに可能性として考えられるのは、三月中旬までは不安定な性格の大量の対外残高がロンドンに存在し、もしいかなる将来の潮流の逆転にも応じられるだけの大いに強靭さを増したイングランド銀行の存在がなければ、その残高は今後脆弱さやさらには当惑の原因になるかもしれないということである。しかしわれわれは、イングランド銀行が現在いずれかの方向へのいかなる純粋に投機的な動きも完全に制御できる状態にあるはずだ、とのある程度の確信を抱くことができる。

Ⅱ

したがって、私は投機を永続的な力としては軽視する。しかし私は、スターリングの金価値が変動しそうな範囲に関する世間一般の意見は無視しない。というのも、これこそが、より永続的な海外の保有者にそのスターリング残高の移転を思いとどまらせたり、その増加を促したりする為替相場を決定するからである。事実、スターリングが金本位から離脱して以降の短い期間の間、為替相場は所得勘定の取引収支によってよりも、特にフランス銀行を含めたスターリング残高の平均的保有者が抱く、スターリング残高を金残高に交換したりその逆の交換をしたりするのが利益となる相場に関する思惑によって、大部分が決定されてきた。私は、それを巡ってスターリングが実際に変動してきた平均値をもたらすこととなった動機や大まかな計算が、探り当てられることとすらあるような気がする。競争上の観点から英国産業が実に二〇パーセントの減価を必要とし、もし将来のスターリング平価が恒久的に変化するとすれば、二〇パーセント以下の変化をもたらしたところでほとんど意味はないだろう、という広く行き渡った考え方が存在した。したがって、おおよそ二〇パーセントの減価を表す一ポンド＝三・九〇ドルが上限として人々の考えに植えつけられた。そして、それに見合った利益をあげる望みがなければ危険を犯す価値はないので、実際の相場は必要な誘因を提供するために少しばかりこれ以下の水準にならざるを得なかった。他方、一ポンド＝三・四〇ドルの交換に相当する三〇パーセントを大きく超える減価は、外国人が借入れているスターリング建て負債の価値を余りに急激に切下げ、英国産業に無駄な補助金を与え、報復行為を招きかねないとして、ロンドンに抵抗されるだろうと考えられていた。更に、この水準以下の相場でスターリング残高を移し変えることが意味するのは、海外の残高所有者が損切りしなければならない額が巨額すぎて、評価減できる彼の許容能力を超えそうなのに対して、帳簿上の利益はスターリング建て負債を借入れている人々ないし海外の資産を保有している英国人にとって非常に魅惑的なものとなり、こうしてスターリングに都合のよい資本移動を鼓舞するであろう、ということである。もしわれわれがこういった三・九〇ドルや三・四〇ドルといった上下限を採用し、その後必要な誘因を提供するために上限を少し引き下げたり、安定化要因が作用する前の一時的な混乱やタイム・ラグに備えるために下限を若干引き上げたりすれば、われわれはスターリングの変動幅を得ることになるだろう。実際の平均相場は、この範囲内で、海外の金本位制通貨を購入するのが得策になる相場についてのイングランド銀行の決定、そしてそれよりは劣るが損切りの覚悟ができる相場に関するフランス銀行による決定、によって決められてきたと私は考える。それはこれほど大雑把なものなのである。以上のことが、実のところ限られた期間にわたってスターリング為替の水準を落ち着かせる要因である。

さて、いわば「一度限り」であることが資本取引の特徴である。フランス銀行がその残高を引き出し、あるいは英国の投資信託がドル建て証券を現金化した時、その効果は一回生じる。言い換えれば、それは繰り返すことができないのである。しかし、毎年繰り返すことができるのが所得取引の特徴である。もし英国の生産者の競争力が改善して経常取引勘定の赤字が減少すれば、これは「一度限り」ではない継続的な現象である。したがって長期では、所得取引の影響は、滝が石の上に流れ落ちるように、資本取引の影響をすり減らしていく。この類推はわかりやすいものである。われわれは滝が結局のところ勝利を収めることを確信しているが、それは長期にわたるかもしれないのである。

理由をすべて考慮してみると、私は所得勘定の逆流が、ごく近い将来に上で説明されたように資本取引に対して責任を負っている人々の考え方によって設けられた範囲外へ、変動しがちなスターリングの価値を移すほど強力になるであろうと想定するだけの十分な根拠を何ら見出せない。それは中間的な見解が恐らく最善となる一例である。私はスターリングに関して弱気になるのは間違いだと確信している。というのも、いかなる大きな下落も極めて強力な抵抗力をもたらしそうだからである。他方、私はスターリングの急速な増価がいつでも容易に起こりそうだという少数の人々が抱く意見にも与しない。というのも、ここしばらくは確実に所得勘定は巨額の赤字であり、それをしのぐには相当な額の資本勘定の黒字を必要とするからである。

英国の所得勘定の赤字の大きさに関する現在の指標によって落胆した人々は、すでに動き出した力のタイム・ラグをあまりに過小に考慮していたと私は考える。私は、金本位からの離脱の前に赤字が年当たり一億ポンドという額にあると信じられていたとすでに述べた。一九三一年末に利用可能な統計に基づくと、経常赤字は当時その額よりもはるかに大きいと主張できた。しかしこの統計を基礎に予測を行えば、通貨の減価と関税が相まって英国の競争力に及ぼす将来的効果をひどく過小評価しただろう。確かにわれわれは、ひどく減少した世界貿易総額のシェアを争っている。しかし、依然として行われている貿易もある。そしてここ数年間で初めて、英国が今や数ある生産工程において世界で最も安価な生産者となっている。昔の契約が片付くこと、関税の予想、およびとりわけドイツなどの競争相手国の必死かつ一時的な努力によって、昨今の貿易統計は将来見込まれることに対してまったく満足の行く指針とならなくなってきている。われわれの繊維産業は以前と比べて二五から三〇パーセント増産している。ブリキ業はほとんど最繁盛のただ中にある。われわれの自動車産業は存在する輸出貿易をすべて獲得できる状況にある。重工業は二、三カ月内に改善しそうである。現在われわれの商船はどの競争相手国よりもはるかに損失が少なくなっており、それは恐らく、われわれの商船が徐々に入手可能な取引の大部分を確保していくであろうことを意味している。したがって私は、所得勘定の赤字が間もなく一億ポンドを超える数字に代わって、年当たり五〇〇〇万ポンド以下の額にまで下がることを期待している。もっとも、世界物価の上昇を通じてわれわれが海外で所有する投資持分が再びわれわれに所得をもたらすまで、大幅な黒字を目にする期待はほとんどもてないであろうが。

もしこういった期待が実現すれば、われわれは再びスターリングの価値を適正な水準に調節ができるようになるだろうし、われわれが望むことに対して独自の政策を自由に実行することになるだろう。恐らくすでにわれわれはそこに到達しているが、この状況に達するとき将来のスターリング水準が依存するのは、われわれ自身の慎重かつ自発的な意思決定に他ならないであろう。

Ⅲ

こういった事柄についての哲学的省察の中には、無視されるべきではない一連の問題点が残されている。われわれはこれまで、スターリングの価値が、あたかもスターリングそれ自体に直接的な影響を及ぼす要因によってのみ決定されるかのように議論してきた。しかし、スターリングの金価値は対称的な二つの表現の関係であり、スターリングに主たる影響を及ぼす要因と同様、金や金本位制を採用する国々の通貨価値に主として影響を及ぼす要因によって影響を受ける可能性がある。直近では、スターリングの金価値は金本位制通貨の価値を増価する諸力によって主に減価させられてきた。その力が極めて大きかったため、スターリングが金から離れていったというよりは、金がスターリングから離れていったと述べた方が正しいであろう。スターリングの本来的安定性により、スターリングが金の異常な動きにこれ以上振りまわされるのを妨げる時が来た。われわれは、無意味な変化の大きさと速さが英国の安全かつ安定した古くから確立した社会組織の生命と身体の危険を脅かすにいたるまで、金の激しい不安定性に追従しようと努めた。その後ようやく、より確固たる地に降り立つことが避けられないことに気がついた。

しかし私の判断では、金本位制通貨の立場は間もなく逆転する公算が大きい。そうした通貨が世界の他の国々を負担にさらしたのは、それが釣り合いのとれないほどの債権国ポジションを得たためであった。やがてその債権国の立場を崩壊させることになる力がようやく作動したのである。

欧州に対して大声で次のように叫ぶ米国中西部出身の上院議員の声を、私は耳にした。すなわち「われわれはおたくの商品を欲しがらない。おたくの債券を保有するつもりはない。すでにおたくの金は手に入れてしまった。欲しいのはおたくの貨幣である」と。その上院議員は架空の存在かもしれないが、それでも彼が見落とした欧州に残された論理的代替策がある。すなわち世界の他の国々が、釣り合いのとれない債権国ポジションにある国々の輸出品を購入せずに精一杯食いつないでいくという策である。多くの国々による金本位制の廃止やそれ以外の国々による金本位制の制限的運営は、決して故意にではなく、また意識さえされないで採用されたものであるが、債権国の貿易収支を徐々に悪化させることによってこういった釣り合いのとれない債権国ポジションを崩壊させるための不可避的な手段である。債権国は、他のどの支払手段も閉ざしてしまうことで、事実上、債務国に債権国自身の貿易収支を崩壊させる方法を見つけるよう要求したのである。

私は、無敵の力が、釣り合いのとれない債権国ポジションを破壊する方向に向かって、今では時とともに動き出してきていると信じている。この状況が訪れるのは、一つにはちょうど今述べた手段、すなわち債権国の競争力を衰えさせることによってであり、もう一つには今でも金本位制の下で自由に機能している極めて少数の集団として残った国家が、金地金の入手可能な供給量すべてを商品として購入することを余儀なくされる結果としてであろう。現在の鉱山の産出量やインドその他からの金の放出によって、こういった入手可能な供給量が債権国の所得勘定の黒字を超える時が恐らくすでに訪れてしまっているだろう。そして遠からず、その量は資本移動をも相殺して余りあるほどに十分増加するかもしれない。

したがって、このようにして設定された力はドルやフランの減価へと向かっていくだろう。しかし、これらの通貨は金によって固定されており、恐らくその状態が続くであろうから、スターリングや他の非金本位制通貨が増価していく中でその状況が現れることしかありえない。この時点にまで達すれば、スターリングおよびそれに固定的ないし緩やかに繋がった莫大な数の通貨の今後の行方は政策次第ということになるだろう。借入の返済後には、われわれは徐々に増大していくわれわれの相対的な強みを利用して、対外貸付主体としてわれわれの役目を再開したり、産出物や信用の拡大および信頼の回復に対して資金を融資したりする機会を手にするだろう。願わくは、スターリングで測った物価水準を少なくとも一九二九年の水準にまで上昇させるまでは、たとえ少しも容易でないことが判明するとしても、われわれ英国には為替の増価に抵抗して欲しい。そして、いずれにせよ役に立たない奴である金というごろつきの後を追いかけるのではなく、金価格も同様に一九二九年の水準に上昇した結果として、そのごろつきがスターリングに戻ってくることをわれわれ英国には待っていてもらいたい――その後は彼が言われたことを実行しなければならなくなるのである。

少なくとも英国に関する限り、今では金融危機の段階から抜け出しつつあると思うのももっともなことである。賠償金についての満足いく和解があるとすれば、たとえ中欧に与える当座の影響が期待に背くものだとわかったとしても、この段階は必ず終息していくだろう。しかし、産業危機の段階が確実に過ぎ去り始めるまでは、超低金利期間を引き延ばす必要があるかもしれない。すべての前例に照らして、事業が最適な水準に向かって回復するまでは、低金利が事後的に一八九〇年代以降経験したことのないほど長期に引き延ばされることを期待したい。われわれの政策の主たる目的は、予定表を加速させ、タイム・ラグを減少させたり不可避の各段階を前倒ししたりすることである、と私は提案する。スターリングがわれわれの手に負えなくなって崩壊していくのを恐れるいかなる由々しき根拠も、もはや存在しない。デフレを止める問題の解決が著しく困難な時にインフレを恐れるのは道理に適わない。真の危機は回復のスピードが遅すぎるところにある。大胆な政策は最も危険の小さなものであろう。

投資家たちは何であれ、大きなリスクを伴う用途に対する貸付から遠く距離を置いている。もちろん実際には、新しい事業のすべてが現在の状況ではリスクを必然的にともなうのであるが。彼らは、リスクのない債券の利回りが超低水準に下がったことにより、再び適度なリスクを考慮する方向に仕向けられなければならないだろう。私は、公定歩合が二½パーセントにまで急速に下げられ、大蔵省証券利子率が一ないし一½パーセントかつ預金利子率が½パーセントである状況を見てみたい。私は、三½パーセントの借換債が年内に額面価格になるのを見ても驚かないであろう。もっとも、他の人々はまだ驚くであろうと思われるが。実際、私は何故その債券がそうなるべきではないかという理由を、過去の歴史や現在の見通しの中で一切見つけることができない。いずれにせよ、恐らくわれわれは皆、こういった事態が切に望まれるべきであることに同意はしているかもしれない。そのようなわけで、予定表を加速させること、これこそがわれわれの標語となるべきである。

追記

前述のことが書かれて以来、イングランド銀行は少なくともこれまでのところ、前もって決められた水準に政策によってスターリング為替を制御ないし安定化しようとする試みを停止してしまったようである。したがって当面、その値は投機家の気まぐれに依存するだろう。この政策がイングランド銀行側でどれほど考え抜かれた計画的なものであるか、そしてイングランド銀行が投機家たちのスターリング購入量によってどれほど不意をつかれ、その取り扱いが技術的に収拾不可能であることをどれほど思い知ったかは、表明されてこなかった。しかしながら、制御技術が若干の熟慮を必要とすることは明らかである。マクミラン委員会は、通常イングランド銀行の自由になる財源がロンドン市場の規模と比べて小さく、緊急時に不十分になるかもしれないと指摘していた。さらに、イングランド銀行を強化するための手段として自由に使える財源を増やすことも提案した。それにもかかわらず、こういった勧告を実行に移すためになされたことはいまだ何もないものの、私には技術的な障害を深刻に考える必要はそれほどないように思われる。実際、その障害は決定が下された際にそれを実行に移すことの困難さよりも、決定を下すことへのためらいの中に存在するのである。決定されるべき課題のいくつかを簡潔に列挙すると以下のようである。

（1）大規模な為替取引はその最終的な結果として巨額の利益か損失をともなうかもしれない。もし仮にこういった利益や損失がイングランド銀行に降りかかるか大蔵省に降りかかるかがいまだ決まっていないのならば、それは決定されるべきである。金の売買を含めてすべての為替取引が発券部の口座上でなされるべきであるということは道理に適っているように思われるが、それはその最終的結末が大蔵省の利益か損失に通じることを意味する。

（2）イングランド銀行は外国為替や金を蓄えるべきか。外国為替の保有が巨額に達した後は金を蓄えるのが賢明であろう。多額の金を所有することは、われわれが借換計画や大規模な国際金融支援を考慮することになる後々になっても、何ら不利益にならないだろう。金はフランスや米国よりもわれわれの掌中にあってこそ、より実り多いものとなるだろう。

（3）外国為替投機家がロンドンで保有する資金の利回りを下げるために、ロンドンの短期利子率を極めて低い水準にまで引き下げるよう早急の措置が採用されるべきか。あらゆる議論は、押しなべてこれが得策であることを強調しているように思われる。

（4）イングランド銀行は直物為替だけでなく、先物為替に対しても市場操作するべきか。確かにこれは賢明であるだろう。より利益ももたらすであろう。さらに、それはイングランド銀行が供給しなければならないスターリングの現金量を減少させることで、技術的課題を緩和するであろう。

（5）イングランド銀行の資産が金や外国為替の購入の結果として大きく増加する場合、これによって信用量に通常の影響がもたらされることは許されるべきか。もし大蔵省証券利子率が望ましい下限に至った水準をさらに超えて［こうした購入増が］押し進められるとすれば、これは厄介なことになるかもしれない。しかしそれを避けるのは容易である。発券部は現在保有する政府証券を金や外国為替と置き換えることができるだろう。これらは二億四〇〇〇万ポンドに達しているので、しばらくはこの応急手段で十分だろう。しかし、例えば第一次世界大戦の後半やその後に展開されたように、必要なら市場から資金を引き揚げるという他の手段が存在する。

（6）イングランド銀行は固定された上限を発表するべきか。もし公定歩合が発表される毎週木曜日に、イングランド銀行が次の発表があるまではその価格で金を購入するという価格を発表するとすれば、それは市場を安定化させるだろう。毎週木曜日にこの額を変更する機会があるだろう。また、イングランド銀行がそうすることが賢明であると考え［るならば］、敢えて直接的に市場に介入することをこの固定限度が妨げることはないであろう。

（7）当初の固定相場はどの水準にあるべきか。これはまさに見解の分かれる問題である。私は現在の市場相場の付近で開始し、当局がさしあたり最適な相場だと判断する水準に到達するまでは、それを徐々に下方へと操作することを目指してもよいと思う。

（8）差し当たっての最適な相場とはどの水準か。責任を果たしうる英国当局であれば、三・八〇から三・九〇以上の水準にそれを設定するとは思えない。私自身はより低い数字、例えば三・四〇から三・五〇が良いと思っている。この主たる理由は以下の三点である。まず第一に、私は外国人投機家がもたらす上向きの雰囲気に過度に有頂天になるべきでないと考えるからである。それは簡単に逃げ出すこともある気体のようなものである。われわれは、資本の本国帰還や投機的取引から何ら利益を獲得していないので、われわれにそれほど負担を強いることのない水準を必要とする。第二に、もし為替がもっと低い水準であれば、英国の外国貿易はより活況となり、雇用量はより明確に高水準を示すからである。追加的な一〇パーセントの利ざやは製造業者にとって雲泥の差である。第三に最も重要な理由は、われわれは特にインドやオーストラレーシア、直轄植民地といったスターリング地域に属する原料産出国の利害について熟慮すべきであるということによる。私は、金の価格が安いままである限り、三・四〇から三・五〇の為替は三・八〇から三・九〇よりも断然こうした国々の利益になると確信している。もし金の価格に相当の上昇が生じれば、最適な水準についての問題が再考されなければならないだろう。

要するに、イングランド銀行が影響力を失い、十分な根拠に基づいて選択するいかなる水準にも為替を固定することができないという一般的な考え方は、私の判断ではまったく根拠がないのである。

◆ケインズは、スターリング為替についての論文を準備している最中に、フランシス・ロッドにその校正刷りを渡した。フランシス・ロッドは国際決済銀行で二〇カ月過ごした後、一九三一年末にイングランド銀行に戻っていた。当然ながら、ケインズは提案した。

フランシス・ロッド宛書信、一九三二年三月二四日

親愛なるフランシスへ

昨日、私が言い忘れた重要な点が一つあります。もし多額の現物スターリングを供給する必要なく為替を下方に維持したいと思うならば、先物為替を操作することでいつでもそうすることが可能です。購入されるであろう直物ドルを上回るかなりの額の先物ドルの購入を繰り返し行うことが現状できることは、確かであると私は思います。このことは、多額のスターリング需要が直物よりも先物にある現状において、とりわけそうであります。

この方法に沿って進めることには二重の利点があります。イングランド銀行が市場よりもやや小さいプレミアムで先物スターリングを売却するならば、短期資金の置き場としてのロンドンの魅力を減らすことにおいて、これはより低い公定歩合と同じ効果を持つからです。第二に、先物スターリングが直物に対しプレミアムを持って維持される限り、海外で短期資金を用いる機会を考慮せずとも、その取引はそれ自体で利益をもたらします。

もし本当に為替を下方に維持したいのなら、私はそれを行う方法や手段がないと考えることの方がはるかに難しいと思います。

敬具

［イニシャルのサインつき写し］J・M・K

フランシス・ロッドよりの書信、一九三二年四月三日

親愛なるメイナードへ

嵐の中で、波の高い海にもまれる船の濡れた甲板の上で五トンもある鉛の塊を動かないようにすることについて自分自身を当てにできるかどうか私は大変疑わしいと思います。私が望む最良のことは、（投機家である）塊が舷側を突破し船から落ちてしまうということです。運がなければ、機関室に入り船底を押し破ってしまうでしょう。

ところで先物市場と先物ドルの過度のディスカウントについて心配される必要はありません。それは心配するにはあまりにも小さ過ぎるし、誰も利益を得るためにディスカウントとロンドンの利子率を使おうとはしないでしょう。先物ディスカウン

トは、アメリカによるアメリカ自身の持ち高に対して——直物の売却なしの——大量のヘッジング、すなわちポンドのかけつなぎなしの先物購入によるヘッジングが原因であり、——先物相場がそれを助長も阻止もしません。なぜなら、それはニューヨークで投資物件を売ることができず、しかもどんな割引率であれヘッジしようとする人々から生じているからなのです。

まとまりがなく、申し訳ありませんが、ちょうど三週間の休暇に入ったところなのでとてもてんてこ舞いなのです。

敬具

フランシス・R

◆国家と産業についてのシリーズの一部として、三月一四日にケインズは国家計画について放送した。以下は彼の原文である。

今日新しい概念が広まっている。それは政府機能の可能性についての新しい概念である。国家と産業についてのシリーズの終わりから二番目のこの講演において、私はこの新しい考え方が何であるかを、周囲の環境から把握し、改めて伝えようとしなければならない。

それは計画、すなわち国家計画と呼ばれる。つまり、それは、五年前であっても使い慣れた英語にはないものである。それは社会主義でもなく、共産主義でもない。われわれは、共産主義者、社会主義者、またはファシストでないにもかかわらず、計画の望ましさや必要性でさえ受け入れることができる。しかし、伝統や民主政府の機構における大きな変化なしに、実際の活動で計画が実行可能となっていくかどうか——それには大きな疑問符が残る。恐らく、それは、今後二十年以上人生の壮年期にある若い英国人の戦後世代が解決しなければならない様々な問題の中でも最重要な問題である。

計画という概念をわれわれの頭に叩き込む力は二つの異なった源泉から引き出される。その第一は、実例の力である。ロシアの五カ年計画は世界の想像力を襲い、そしてとりこにしてきた。この夢はまだ実現された成功ではない。――そのように言うには早すぎる――しかし、多くの賢明で経験ある人々が期待しているような途方もない失敗ではない。われわれは現在――われわれの失策への反動として――思うに、その成功を過小評価するよりは、それを誇張することにより大きく傾いている。われわれは、実は――共産主義でなく――ロシアの、遠い昔からのそして永遠の謎、魅力、興奮といった大切なものをボルシェヴィズムの功績にしようとしている。スターリンまたはレーニンの下のロシアは、英国、ドイツ、ないしアメリカに似ているというよりは、より一層ニコライやアレクサンドルの下のロシアのようである。その上、宣伝工作がよくある反発を生み出してきた。われわれは共産主義とは人間の組織のあまりにも完全な破壊を伴うものだと考えるように教えられてきたので、ロシアの小作農が莫大な難儀と途方もない国民による自制の努力と意思の行使の後に車輪の回るトラクターを上手に組み立てることができ、巨大な発電所がレニングラードにあることを知った時、われわれは驚いてあんぐりと口をあけ、共産主義が大成功であるという反対の結論を軽率に出してしまうのである。

そして、第二の実例の力――同様の問題に反対の思考方法で取りかかっている――イタリアのファシズムがある。それは、イタリアを大混乱から救い、貧しく人口過密な国で物質的な繁栄について適度な水準を確立してきたように思われる。ここでまた、英国人は、イタリアの列車は定刻で走ってきたことを知って、驚いてあんぐりと口をあけ、ファシズムは大成功であるという結論を受け入れがちである。

というのも、われわれは、とんでもない傲慢さで、別のより低い基準で外国人を判断するからである。もし、オースティン、モリス、コートールドの技術的遂行がロシアで達成されていたならば、ロールス・ロイスがモスクワで組み立てられていたならば、もしジョサイア・スタンプがＬＭＳ［ロンドン・ミッドランド・スコットランド］鉄道の再編成をシベリアで達成していたならば、もしどこかファシストの首都で同じような栄光の輝きの下で金本位制が断念されていたならば、確かにわれわれはあんぐりと口をあけて見とれていただろう。こうして、ここでは誰によってであれ物事が効率的になされると期待する一方で、ロシアやイタリアでは混乱だけがあると考えるわれわれ国民のとんでもない傲慢さが、外国の実験主義者たちをおだてることになる。

それにもかかわらず、われわれは、これらの壮大な実験を見くびったり、またはそれらから学ぶことを拒否したりなどしないでおこう。それというのも、現代の二つの最も並外れた政治運動は、それらの課題に対して、道徳上また感情上の対極から接近しているが、次の重要な点について考えが一致しているはずであるというのは注目すべき重要なことだからである。それは、国家計画、すなわち中央における知性と熟慮が一九世紀に賛美された無秩序に取って代わらなければならないということである。

こうした実例の力はこの方向にわれわれの関心を向ける唯一の力ではない。無計画な経済体制、すなわち、中枢での知性による熟慮が軽視されたり拒絶されたりする世界の失敗もまたある。実のところは他と比べての失敗ではない。というのも、英国やアメリカは人口の四分の一と生産工場の三分の一が稼動していないが、私が思うに、それにもかかわらずいかなる現存のボリシェヴィキの国家やファシズムの国家と比べてさえ少なくとも二倍の高さの生活水準を支えることができるからである。そうではなくて両国自身の潜在能力と比べての絶対的な失敗なのである。これは注意を要することである。計画を擁護する明白なケースを立証するために、南または東に計画体制の成功を探す必要もなければ、見つける必要もない。国内や大西洋の西での無計画な政治体制の下での潜在的機会と比べた失敗を捉えるだけで十分である。

それでは、最も頭の鈍い観察者にさえ最も強い懸念を起こさせるに違いない現代世界の経済問題とは何であろうか。それは大戦中にわれわれが創り出した物質的富を生産する並外れた能力——その後の破壊を目的としたものであったけれども——であり、豊かさの中での飢餓という今日の正反対の姿、すなわち自分の手で生産した食物を口に運ぶことすらできないという驚くべき無力さである。というのも、大戦はわれわれがこの国でかつて経験した計画体制に最も近い出来事であったからである。その時の環境は好ましいものではなく、事態は緊急を要し、急いで即席に仕上げるのはやむを得ないことであった。しかしながら、それは現代技術の生産の潜在能力を示した。その一方で、今日、その機会と比べて、経済体制の失敗が最も明らかなのは、国家の伝統が計画の概念と最も相いれず、政府形態が即席の計画に最も適応できないアメリカにおいてである。

有益な区別をしよう。計画または国家経済とは資源の全般的な組織化の問題を意味し、個々の職業専門家や技術者の分野である生産と流通に関する固有の問題とは区別されるとしよう。当地やアメリカにおいて、今や職業専門家や技術者は進歩してきており、その進歩は、もしわれわれが彼らを十分に利用できていたとしたならば、貧困問題の完全な解決に向けてもっと進んでいたであろう点まで達している。収穫を刈り入れ、それを享受できないこうした失敗は、私の判断では、単に停滞や今日あるような激しい周期的な不況の現象ではない。潜在的豊かさの中の飢餓という逆説が極めて著しく、また、ひどくなるのは停滞の時期である。だが、私は、われわれが物的な財を生産する技術的能力の機会をすべて利用することについて慢性的な失敗を経験していると信じる。

この失敗を改善するのが計画の課題である。計画の課題は、問題の性質上、個人では試みることのできないものを行うことである。集合的な知性を持ち込むこと、すなわち、経済的状況の中で中央での熟考が意味あるものにすることは、個人の知性の業績や民間人の創意を見くびることではない。実際、このような創意の成果こそがこの課題を提起したのである。われわれが改善しなければならないのは集合的知性の失敗である。それは個人の知性の業績に対して足並みを揃えているわけではないが、悲惨なほど遅れているわけではない。そして、われわれは、できるならば、個人の知性の建設的な力を損なわず、民間人の自由と独立を妨げずに、それを改善しなければならない。次世代のイングランドがその課題を解決できるならば――私は誇りある愛国心からわが国の特質がそれを行うのに何よりも適したものであるという望みを抱いている――われわれは文明に対しボリシェヴィキやファシストができるよりももっと価値のある何ものかを貢献できるだろうと私は思う。――もっとも、これらの運動の各々がそれぞれの方法で、私が国家計画とみなす範囲や規模がいかに完全でいかに優れていても、それを超えた人間の尊厳に何らかの貢献をできるかもしれないことを私は見落とすものではない。

私は、事の性質上、個人の範囲外にあるものを行うことが国家計画の本質であるということを述べてきた。それ自体が目的で国家の活動範囲を拡大することを求めないという点で国家計画は社会主義や共産主義とは異なる。それは、個人に適した活動分野において個人の立場を奪ったり、賃金制度を変えたり、または利潤動機を廃止することを目的とするものではない。その目的は中央管理を確立し、慎重な洞察力でそれらを統率し、そうして、個人が他人とともにまたは他人に対して自由に行動する環境を修正し調整することである。

私は、われわれがすでに計画していることと、将来に計画するだろうことや恐らくすべきこととの双方から、いくつかの例証を選んで示そう。その例証は必ずしもそれ自体の重要性からではなく、むしろまさしくそれが意味することをあなた方に伝えるために選んだのである。

産業や所得と富の分配に影響を与えることを目的とした税負担の配分は国家計画の一例である。具体的な例を挙げれば、地方税を軽減するか所得税を軽減するかの選択は国家計画の問題における一つの課題である。関税は計画の顕著な一例となりうる。為替の管理や他の世界の通貨に対するスターリングの価値の適切な管理もそうである。道路や鉄道による輸送規制もまた同じである。

あるいはわれわれがまだ計画していないか、または計画が不十分である事例を考えよう。都市計画や農村保護は、半分だけ経済的な性格のものであるが、良い例証である。なぜなら、それは個人が必要な活動をすることをどんなに強く願ってもそうすることができず、たとえ個人が行動したとしても個人には利益が生じない事例だからである。それでも、それは、強力な中央の指導力が掌握され行使されるならば、現在及び今後とも、莫大な恩恵が全社会にもたらされるケースである。

産業の集中化に影響を及ぼす意図的な計画は、間もなく更なる注意が向けられるであろう問題である。われわれは、この国において、産業の発達した北部からロンドン地域への、社会的には最も不経済な産業移転を現在経験しているが、それは後者におけるより低率の地方税と個々人にとっての別の利点のためである。しかし、それが更に推し進められるならば、その効果は、個々人は意に介さないが、より古い地域での住宅や市営事業の莫大な支出を無駄にすることであり、それは移転される工場の費用と比べても極めて大きいだろう。

人口、他国への移民及びわが国への移民の成長率を決定する条件や環境に対する意図的な影響力の行使は、まったく個々人の範囲外でありうるもうひとつの最も大きな重要事項である。ここでは、行動する必要があるとすれば、国が実行しなければならない。

しかし、現在のような時には、世界を通して最も際立った国家計画の機会は、世界における富の創造の可能性に巨大な損失が生じる産業不況の回避または緩和に見い出されるべきである。ここにおいても、完全に個人の範囲外に存在する問題がある。個々人は無力である――悲惨なほどそうであり、世界という絨毯には、今日、それを示す多くの例がばら撒かれている。個人の欲望がどんなに熱烈でも、個人的な利益がどんなに差し迫ったものでも、個人ができることは実質的に何もない。彼は、すべての仲間と共に、自分が制御も管理もできない洪水によって一掃される。そして中央で協調して計画された行動に起因するもの以外は少しも役に立たない。

どんなに権力があっても、どんなに並外れた才能があっても、個人の無力さの痛ましい例に、今日のアイバー・クリューゲルの悲劇的な死がある［以下の九二ページを見よ］。彼は、恐らく同年代で最も偉大な建設的な企業家精神を持った人であり、広範囲の活動は、最も広い意味では、公共の利益のためであった。彼は戦後世界の大混乱の中で資源が過剰である国々と資源を決定的に必要としている国々の間の仲介役を果たすことを自分の使命と思っていた人であった。彼は堅固な基盤の上に事を進め、当時の状況下、人知の及ぶ限りで保証を取りつけた。――しかし彼は、無知な者には質の悪い賭博師の末路と間違えられるかもしれない憂き目にあって、実際は、いかなる個人であれ、解かすことも普通の生活の暖かさに戻すこともできない凍った世界の氷山の間に押しつぶされたのである。あえて上品に言えば流動的になろうと努める、すなわち、言い換えれば、友人や同僚を冷たい流れに突き落とし、その後に控えているより慎重な誰かによって今度は自分が突き落とされるという資本家の見世物は、人を啓発する情景ではない。

私の考えでは、――ここで私が表明するのは、個人の見解に過ぎないが、多くの人々がそれを共有するようになっている――産業の生産と活動の全般的な平均を最適水準で維持することと失業をなくすことを目的とする国家計画は、われわれが直面している課題の中で最も重要で同時に最も困難なものである。それは、私は確信するのだが、われわれをはるかにもっと計画的で広い範囲にわたる信用管理政策に導き、利子率の適切な水準に大きな関心を集めさせ、そして一般的に利子率が新しい投資を呼び覚まし促進させる水準に調節されるよう試みるだろう。利子率水準や投資率は自動的に調整され、管理や計画は必要ないと信じられたものだった。つまり、内部の調和を発見し確立することが自然の力に委ねられるならば、すべてうまくいくだろうと思われていた。しかし、そのような見解は経験的事実に合わない。私が冒頭で述べたように、便宜的に計画の名で行われる、戦後世界の最も建設的な人々による遠大な実験的事業に多くの人々を偏見なしに傾かせているのは、西欧とアメリカの無計画な工業世界が自らを最も有利に管理することに失敗したこと、すなわち、科学者、技術者及び企業組織者の才能の果実を収穫することの失敗にあるのである。

私の講演も終わりに近づいてきている。しかし、それにもかかわらず、言及しなければならない意見の異なる一つの複雑な問題がある。国家計画の範囲の中に入れるべき分野を選択することにわれわれはさらに大胆で意欲的であるのが望ましい。しかし、それは民主的社会で実施されうるか。ボリシェヴィキまたはファシストの国家と不可分に思える個人に対する例の他の侮辱をわれわれもまた被ることは、国家計画の利益のために支払う必要な代償ではないのだろうか。私としては、なぜそうである必要があるのかわからない。少なくとも、私は両世界の利点を享受することができないかどうかを試したい。国家計画の仕事は多くの点で議会制度や大衆の支持の気配に依存する政府よりも独裁政府の方が容易であるということは明らかである。一方、独裁体制は二つの重要な点において失敗する。——それは政府及び実際すべての事業経営の主要な技法の一つである同意を獲得するという自覚をその程度の多少にかかわらず失う。権力へ自ら道を切り開いていった者が支配する初期の時代を除けば、あらゆる経験からすると、独裁体制は、最もよく利用でき最も私心のない才能を選択し従事させる能力をすぐに失ってしまう。

その上、現代的な改善策と新しい行政機関を導入することは民主議会政府と矛盾しないことがわかるだろう。実際、われわれが既存の国家機能を大いに拡張しようとしなかろうと、これは確かに最も必要なことである。私が思うに、国家計画は、民主的に選ばれた組織によって細かな点では統治されたり監督されたりはしない。民主的に選ばれた組織は、最初ではなく最終段階での審判、すなわち、重大な失策が行われた時に変化をもたらす予備軍になるだろう。国家計画の日々の業務は、民主政府の下での行政の方法や手段で独裁政府の下と同じように実行されるであろう。私は、われわれがすでに歩んでいる同じ軌道に沿ってさらに、そして恐らく一層意識的な一歩を進む以上のことは考えていない。

いずれにしても、現代世界の経済問題を解決する目的で、英国の実験がこのような方向に従って――恐らく今日ではなく明日に――行われることはありそうである。他の国々は、表面上はまったく異なるにもかかわらず、実際には本質的に同じ問題の解決にそれぞれ向けられる、同時に進行している三つの実験を見るというまれな機会に恵まれるだろう。その三つの実験とは、ロシアの五カ年計画、イタリアの協調組合国家、民主主義に責任のある公益企業体による英国の国家計画である。そして、われわれは、人類を愛する者として、それらがすべて成功することを願おう。

◆ケインズの放送の二日前、クリューゲル・アンド・トールの長であるアイバー・クリューゲルは自殺をしていた。後の調査では企業の財務での重大な不法が暴露された。『ファインナンシャル・ニュース』紙がケインズにクリューゲルの死について意見を求めたとき、ケインズは答えた。

メジャー・J・W・ヒルズ宛書信、一九三二年三月一四日

親愛なるヒルズへ

今朝、非常に悲しいクリューゲルの死について私から多少の言葉が欲しいと、ブラッケンから聞きました。

私は、今日は今晩の急な放送の準備で夢中でしたが、私の心はクリューゲルでいっぱいでしたので、必然的に彼について僅かながらの紹介を放送に（上述の九〇ページ）入れましたが、不適切ではなかったのです。それをこの手紙に同封します。それ、またはその一部でも、あなたが彼についてご執筆される際にお役に立つならば、どうぞお好きなようにお使い下さい。

私はあなたや彼と共に食事したことを非常に楽しかったといつも思い出すでしょう。そして、その後に交際が発展していればと願っていました。非常に悲しいことです。アメリカの銀行家の残酷で冷血な残忍さほどのものはこの世にありません。

敬具

［イニシャルのサインつき写し］Ｊ・Ｍ・Ｋ

◆ケインズの放送によってハロルド・マクミランから彼宛に書信がきた。

ハロルド・マクミランよりの書信、一九三二年三月二三日

親愛なるケインズへ

私の母があなたのラジオ講話の原稿を私に送ってくれました。母に原稿を送って下さりありがとうございました。私は非常に大きな興味をもって大変羨ましくそれを読みました。これらのいくつかのことを話すのにその半分でもうまく話せればと思いました。どのような形であれそれを出版する予定があなたにあるか私にはわかりませんが、どこかでそれが印刷されるなら役に立つだろうと私は思います。

あなたがいつもどんなに忙しいか私は知っていますが、あなたがロンドンに滞在されるならば、いつかあなたと面会できる機会を持ちたいと望んでいます。時間を割いてくれるならば、私にはあなたの見解をお聞きしたい話題がたくさんあるのです。

タイプ打ちした原稿を同封してお返しします。それを拝見する機会を持つことができ非常にうれしく存じております。

敬具

ハロルド・マクミラン

私の短い論説を一部あえて同封致します(5)。

◆一九三二年三月一二日、オーストラリアの首相は、W・ブルース議長の下の特別委員会に、州及び連邦政府の首脳会議での議論のため、国家経済問題の予備的な調査報告書を提出するよう求めた。委員会の他のメンバーは、G・S・コールマン、L・F・ギブリン、L・G・メルビル、R・C・ミルズ、エドワード・シャーンであった。四月一二日の委員会の報告が公開された時、ケインズは批評を求められた。

報告は次のことを勧告した。費用と価格の均衡に達しようとする試みが雇用を回復する基礎であるということ、連邦銀行が為替相場を管理すること、賃金決定の仕組を通して実質賃金を一九二八年の水準から一〇%引き下げること、利子率を下げること、財政赤字を制限すること、特定の産業においてではなく全般的に雇用を最大化するために関税を正当化すること、公共事業を通した救済が生活補助に取って代わること、などである。

電報で伝えられた報告を読むや、ケインズは批評を準備するために四月一六日の週末を費やし、四月一七日に送付した。こ

(5)『国家と産業』(それは非公式に回覧された。一九三二年)。

れらが六月二七日の『メルボルン・ヘラルド』紙に掲載された。

オーストラリアの専門家による報告

I

理論よりも実際の判断を要求される問題について非常に遠いところから書くことは軽率なことである。私が議論に何か寄与できるとすれば、それは世界危機の環境の中でオーストラリアの問題を考察することであるだろう。というのは、計り知ることのできない大衆心理と政治勢力の均衡により規定される、その場にいないものにはそれらを推しはかることはできない状況が、地方特有の問題の処理を支配するに違いないとしても、自分たちの木々の中に住む人々はほとんど見たいと思わない外の森やジャングルを知ることも同じほど重要だからである。

私は経済学者たちや大蔵次官たちの新しい提案の基礎となる一般的な接近法に大いに賛同する。昨年の首脳の計画はオーストラリアの経済構造を救ったと私は確信している。私はもう一服の同じ薬が必要であるかもしれないと異議を差し挟むつもりはない。しかし、専門家の報告には、私をためらわせる側面がいくつかある。現在の世界状況の環境の下では実行不可能な程度の再調整が企てられはしないか心配である。恐らく、オーストラリアの外側で起こっている出来事が何かをいっそう鮮明に理解することにより、私は少し主眼点を変えてその議論に貢献できるだろう。

私の判断では、金で測るかスターリングで測るかにかかわらず、どんな国でも現在の卸売物価の水準に完全に調整をしようと企てることは重大な誤りである。この物価水準が長期的に持続すると仮定するのは現実的ではない。それはこの世の終わりのようなものの一つであり、それに対して、備えをするのは可能であるが、それは賢明ではない。

というのは、物価が上昇しない限り、国家間の既存の金融構造は恐らく生き残ることができないかもしれないからである。世界のどの国も何らかの形でオーストラリアと同じ問題を持っている。もしそれぞれの国が競争的賃金引下げや競争的な通貨切下げによってそれを解決しようと企てるのならば、より良い状態になる国はない。その道には出口はないのである。実際、賃金引下げの風潮は必然的に、現在の価格水準をさらにしっかりと固定するに違いない。つまり、長い目で見れば、特に通貨が厳密に金と結びつけられていない場合、主に価格水準を決定するのは賃金水準だからである。

近い将来に、物価の妥当な、あるいは具体的な上昇でさえ、当てにするほど私が愚かで楽観的であると思わないでいただきたい。私は予定表の進行について悲観的である。世界の主要な金融センターは、企業が再び元気を取り戻すまで長期にわたる極端な低金利を享受しなければならないだろうと私は思う。また、企業が購買力を循環させるまで、物価は上昇できない。私は、これとは異なるもの、すなわち、分別のある国は現在よりもはるかに高い世界物価水準を前提に秩序だった再建のための計画を敷くということを述べているのである。なぜなら、この前提が実現されない限り、他に非常に多くのものが起こり、非常に多くの他のことが壊され、そして、国内外全体の負債構造は、国の苦労が無駄にされるほど完全に崩壊してしまうであろうからである。

したがって、今日、私がライアンズ氏に助言するオーストラリアの経済学者であったなら、私の考えは明らかに穏健である。私は、扱いにくく苦しんでいる馬にできるだけ手綱を緩めて乗るよう彼に勧めるだろう。私は大胆な手段は押し付けない。今は穏やかに正す時である。さらに私はこの方針を選択する十分な確信がある。それは、まさにオーストラリアが必要な再調整の計画をすでに多く行っており比較的よく成功しているからである。期待はずれのこともあったが、他の国々の現状と比較して、オーストラリアがそのことを知ってくれさえすればよいのだが！　民間事業の助成や公共事業のような手段を採る方が名目賃金への更なる圧力または輸出の更なる推進によるよりも、事業の利益を改善するより多くの機会がある。現在では予算や失業の問題の方が貿易収支問題より差し迫っている。今日のオーストラリアの収支はすでに行われた措置の結果として現状では不満足なものではないことを最近の数字がはっきりと示している。

Ⅱ

これらの一般的な考え方に照らして首脳たちの前にある提案を再検討しよう。私が思うには、三つの主な項目に従ってそれらを検討することができる。——（i）更なる賃金引下げ、（ii）更なる為替切下げ、（iii）民間事業を増加させるための失業対策事業やその他の手段に対する銀行信用や貸付の拡張である。

今までのところもたらされた賃金の引下げは一様ではないと私は思っている。犠牲は平等であるべきだということがオーストラリアで生じている最も重要なことであり、したがって、ニュー・サウス・ウェールズを国の他の地域と調整させるべきだということは明らかであるように思われる。実際、同州が必要以上に失業に苦しむことがないためには、これが自分自身の利益になるに違いないのだ。しかし、名目賃金の更なる全般的な引下げ政策は両刃の武器である。それは、購買力を抑制し、その結果、国家予算の問題を助けるよりもむしろ更に悪化させがちである。私は、それが物的な輸出量を増加させない限り、どのように状況全般を救うのか明確にはわからない。また、私は現状においてそれは輸出面ではそれほど効果はないと想定すべきであった。国内の生産と消費に関する限り、販売収入額は費用が削減されればちょうど同じだけ減少するだろう。専門家たちは費用や負債をさらに四〇％減らすことは実行不可能であることを理解している。しかし、私は更にこれ以上のことを考えている。私は、たとえそれらが施行されても、このような手段で失業が改善されるとは思わない。私が時折国民協定と呼んできたものを提案したのは私が最初であったと思う。すなわち、それは多方面にわたる費用や負債の削減であり、ニュー・サウス・ウェールズが適用していないことを除けば、オーストラリアが大胆にもすでに採用してきたものである。しかし、私はこれを一国と他の世界の間の不均衡を改善するための為替切下げに対する代替案として提案したのである。それは貿易収支を改善する以外に効果はない。地域的な例外を別とすれば、私は、更なる名目賃金の全般的な削減は、更なる為替切下げでは改善できないことを可能にするとは思わない。国富の減少にもかかわらず、被雇用者に対する実質賃金が増加しているという事実もまた名目賃金削減の十分な論拠にはならない。というのは、これは今日実際には避けられない不況の産物である世界中の現象だからである。

われわれは次に更なる為替切下げという提案に移る。私はこれについて原理的には悪いところはないと思う。私には、今日の最適水準が一二五ポンドであるか一三〇ポンドであるかあるいは一四〇ポンドでさえあるか断言する詳細な知識はない。しかし、その決定が何を根拠にすべきかについては私には明らかであるように思われる。第一に、さらに貿易収支を拡大することが望ましいのか、そして、オーストラリアにおける為替の低下がこの方向に大きな効果を持つだろうか。私が述べたように、貿易収支は現在まったく十分であるように思える。しかし、これを別として、更なる為替切下げがそれを大いに改善すると推測することは安全ではない。というのは、オーストラリアの輸出のスターリング総額は、切下げ効果が物的数量を、ある程度そのリスクがあり得るスターリング価格の引き下げなしに増加させる——その余地はあまりないだろうが——場合にのみ増加するだろうからである。その一方で、輸入については、現在の制限は確かに十分以上に多い。第二に、最も信頼を創造し、またオーストラリア・ポンドからの逃避を最もやめさせそうなのはどんな為替相場だろうか。すべての人が更なる切下げを予想しそれに先手を打とうと努めているとすれば、価値が下がるそれなりの何かがあるのである。一方、個々の事実上の切下げは更なる切下げの予想を招く。全体から見て、私は、オーストラリアの銀行と金融機関が、切下げられた為替が彼らをより快適に感じさせより進んで信用を拡張すると私に明言することになるか、または関税の代用として提案されるかのどちらかでない限り、私は為替を変更すべきかどうか疑問に思う。為替の変更を対応する関税の修正と同時に行うのならば、私はそれを支持するべきであろう。為替相場の下落が付加させられることによる既存の関税の加重は、純粋にオーストラリアに残存する不均衡の主な原因となり、単に世界の状況の反映ではないからである。関税は為替の切下げに比例して縮小されるべきである。

しかし、私は、オーストラリア当局が、彼らを実際満足させるのはオーストラリア・ポンドではなくスターリングの更なる切下げであるという事実を見逃さないことを願う。というのは、これが対外債務の負担を増加させることなく輸出物価を上げるであろうからである。困ったことは最近のスターリングの一〇％の切上げである。スターリング価値を決定する際に自治領の利益を考慮に入れることの重要性がオタワ会議での主題であるべきだと私は提案する。

最後にわれわれは失業の大きさに直接取り組むために専門家によって出された多様な提案に至る。私は、これら、特に失業対策事業のために企てられた貸付に完全に同意する。それらは慎重さが許す限りで早く推し進められるべきである。それゆえ、私の助言は、以下の通りである。すなわち、専門家に許容される大きさに予算赤字を減らしなさい。貿易収支は差し迫った要求を満たすのに十分であることに満足しなさい。あるいはスターリングがわずかでも下落する余地がない限り五または一〇％だけオーストラリア・ポンドを切下げなさい。これに乗じて効率性を損なっている関税の必要な下方再調整に取り掛かりなさい。何よりもまず、勇気と慎重さが許す限りで国内銀行の信用を拡大し資本支出を刺激しなさい。失業手当を賃金で代替させるにはより多くの信用が必要であるが必ずしもより多くの通貨は必要としない。

大まかに言えば、私は専門家たちと同意見であって彼らの批判者たちとは反対の立場をとるということを繰り返して言おう。私は前者と二つの点だけ異なる。第一に程度の問題である。彼らは激烈すぎる傾向にあると思われる。第二に理論の点である。彼らが費用を物価に関係づける根拠の不確かな統計や、一方が他方にどのように追いつくことができるかについての疑わしい理論の影響をあまりにも受けていると私は危惧する。新しい購買力が解き放たれない限り、猫に対する尻尾と同様に、物価は費用と関連するということであろう。

III

最後にロンドンにおけるオーストラリアの信用について一言。それを強化する価値が大いにあると私は大変強く感じる。オーストラリアは過去にあまりに過剰に借入をしていたと私は思う。そして、私はオーストラリアの証券を避けることをたびたび勧めてきた。しかし、だからといって、オーストラリアが海外借入できる時代は終わったと私は結論を下すわけではない。私の意見では、オーストラリアの信用の本来の質は、依然として時々の出来事に極めて敏感であるが、ラング氏〔の指摘〕にもかかわらず、他の借り手のそれと比べて、ここ数年間そうであったよりも今日の方が高い。私の考えることはさておき、オーストラリアの信用はロンドン市場での評価を急速に上げていると私は確信する。債務を履行するためのオーストラリアの思い切った手段はイングランドではいくぶんゆっくりと理解されてきたが、それらは注目されざるを得なかった。あなた方の国内の激しい政治闘争のため、少なくとも連邦政府の意図と基本方針の優秀性に注目が集まった。ロンドンは、控え目にではあるが、その優秀性を大いに評価している。さらに、私の予測が正しいならば、これは本当に間もなく現実的重要性を持つだろう。超低金利の時期が予想され、そして立派な借り手が大いに求められる日は遠くないと私は信じている。不況からの最初の回復が大英帝国の中から始まっても私は驚かないだろう。いずれにしても、世界の回復へロンドンができる最大の貢献は、海外向けの貸し手としての立場の可能な限り早期の回復や援助に値することを示してきた債務国への援助の拡大を行うことであろう。そして、オーストラリアがこれらの最初のひとつになっても良いのではないだろうか。それは同国の力で可能である。

J・M・ケインズ

◆ケインズは実際の報告を読むとすぐに、帝国経済諮問委員会のオーストラリアの代表者の一人であった実業家のC・L・ベリューーにもさらに論評を送った。彼の手紙の三〜六段落が七月八日の『メルボルン・ヘラルド』紙に載った。

C・L・ベリュー宛書信、一九三二年五月二四日

親愛なるベリューへ

専門家の報告をお送りいただき深謝致します。あなたの質問にすぐに応じられなくて申し訳ありませんでしたが、先週は他の方面で非常に忙しくそれに取りかかる時間がなかったのです。

私の前に全文があったならば、ある点において私の論文をさらに詳述すべきだったでしょうが、その一般的な傾向までかなり修正すべきであったかは分かりません（ところで、あなたは約束されたにもかかわらず、その最終版の写しを私にくれませんでした）。委員会があまりに過激な傾向にあり現在の世界環境下ではオーストラリアにとって人間の力では不可能である調整の達成を目指していることを、どちらかと言えば、私は以前より強く感じます。

特に報告が著しく説得力に欠けるように思われる点が一つあります。その議論は本質的に輸出費用が輸出物価を二

○%上回っているという前提に依存しており、諸提案の目的は主としてこの矛盾を改善することにあります。しかし、その報告には主張される規模の矛盾が存在するという真の統計的根拠が少しも入っていないようです。さらに、「費用」の意味すること、特にこれが主要費用を意味するのかまたは正常利益や配当や事業の拡張等々を考慮したものなのかについて何の説明もありません。

もちろんわれわれは皆、輸出産業がまさに世界の他のすべての国でそうであるように、不振なことを知っていますが、もし委員会が、輸出企業がその生産に対して二○%の損失を出していると言おうとしているのならば、私は、それはまったくありそうもないことであると言うでしょう。彼らはおそらく本当にこのことを意味したわけではないでしょうが、全般的な分析の関連においてこの点の極度な重要性を考慮しますと、彼らが実際意味することを述べるべきです。実際彼らは生産の水準が以前よりも大きいとしていますが、そうしたことは輸出企業が示唆されたような膨大な損失を出しているならばほとんどありえないでしょう。一方、彼らの要求する調整が、輸出産業の境遇を好況時におけるまでに回復させることを意図しているならば、私にはその目標が現状では不必要でまったく実行不可能であるように思われます。それは他のどんな国においても試みられていないことであるのは確かでしょう。私自身は、輸出産業のためにこれほどのことを行う試みは他の地域に悲惨な影響を与えるだろうと考えています。

実は、私は報告に少し失望しています。報告の論法はあまりに単純すぎると私には思われます。統計はオーストラリアの情勢が他の多くの国々よりも多くの点で優れていることを示しているように私には思われます。政治家の手腕の主たる目的は、人間の本性に不可能なことを求めることによって社会的激変という危険を冒すよりもむしろ、他国が立ち直るまで何とかしてよろよろ歩くことにあるという忠告を私は繰り返しましょう。

一方で、報告のもっと温和な別の読み方があります。報告書が、単に賃金の引下げがわずかしかまたはまったく行われていない特別な場合には、他所ですでに行われたのと同様な削減があるべきこと、現在の為替相場を不可侵なものと考える理由はないこと、そして失業を減らすために公共事業を計画すべきことを意味しているならば、私は彼らが言うことにまったく共感し同意します。このように、彼らの問題への全般的な取り組みは私にはややぞっとするように思われますが、一方で彼らの実際の提案は温和で十分道理にかなっています。

あなたの文書を同封してお返しします。

敬具

［イニシャルのサイン付き写し］J・M・K

◆一九三二年四月一九日の英国の予算は、すべての点ではケインズを満足させるものではなかったが、ケインズの懸念していた分野のうちの一つでは好首尾であった。というのは、予算において、大蔵大臣がスターリング為替を管理するために為替平衡勘定の設立を発表したからである。ケインズの予算に対する論評は全体として次のようであった。

『イブニング・スタンダード』紙より、一九三二年四月二〇日

これは過度に慎重な予算である

この予算は行き過ぎで、また、恐らく過度に慎重なものである――将来の予算の序幕というよりも、むしろ昨秋の予算の続編である。予算の内容は、その限りでは、ひややかな黙認に値するだろう。

しかし、予算は、来年の四つの重要な問題――すなわち、保護関税、戦時債務、スターリング為替の管理、そして、債務借換え――についての政府の政策がどうあるべきか、最低限の骨子さえほとんど明らかにしていない。チェンバレン氏は予算を慣例の範囲内に留め、本当に重要な問題のほとんどを後の機会に持ち越した。

われわれがこれについて不平を言う必要はない。それらはすべて詳細を示すことは時期尚早で得策ではない問題である。同時に、それらの延期は予算からその重要な大部分を失わせるに違いない。実のところ、この四月においてさえ大蔵大臣は通常の予想ができる立場にいないということである。彼は予算の概略以上を提供する資料を持ち合わせてはいない。

実際、最良の計画は、この予算が暫定的な声明に過ぎないことを認め、また秋に、関税諮問委員会、オタワ、ローザンヌ〔両会議〕がそれらの任務を果たした後で、またスターリング為替の推移と債務借換えの見通しがより明らかになった時、再び予算を提出するという昨年の異例な前例を繰り返すことであろう。その間、大蔵大臣は時間をかせぎ、彼が引き上げるのを望まなかったブラインドの向こうに何があるのかは、大部分は推測に任されている。

関税

一年前、私は、収入関税は支持されるべきだと主張していた。そして、大臣の計算は今日でも同じことが当てはまることを示している。われわれ皆が週末に〔その成立を〕予想している鉄鋼の保護関税は国益となるだろう。

しかし、私は、一つの例外を別にして、大規模な関税の実験はそこで中止されることを望む。われわれはこの国で産業保護を可能な限り小さくしたい。それは、われわれのためであり他国に対してあまりに悪い手本を示さないためである。

今日の世界に存在するような関税は、一番の災いのもとである。それらを増やしていくことは必要としても不快である。その上、スターリングの切下げは、関税によるよりもはるかに効果的に英国の費用を世界の費用に再調整しており、保護関税擁護論を大いに弱めてきた。

一つの例外は、英国の農業に対する保護を目的とする食品税あるいはそれに類似した方策である。われわれは皆、自分たちの食品をかなり多く生産できることや、そうすればわれわれは、さらに健康的でつり合いのとれた集団になれることを、十分によく知っている。

われわれは、傷つきやすい良心や繊細な記憶には実際何の助けにもならない〔輸入〕割当のような仕掛けでこの課題を複雑にすることなく、率直な方法で自由にこれにとりかかるべきである。

一方で、自由貿易の崩壊に対して賛歌をあげないという大蔵大臣の自制は、たぶん少し味気はないが、すばらしく思慮があり穏健であった。

スターリング為替

為替平衡勘定についての大蔵大臣の発表は、彼の演説において最も興味深く重要なものであった。彼の提案は、イングランド銀行の発券部を補うものとして、スターリング為替管理のための資金力を手に入れる手段を提供する。その演説は、為替変動の管理から生じる最終損益は、イングランド銀行ではなく大蔵省の問題であることも明らかにしたが、それはまったくそうであるべきである。

その計画は、非常に優れているし、近頃何週間もそうではなかったが、われわれをもう一度われわれの家の主人にしてくれるはずである。

マクミラン委員会は、為替投機家や国際的な安全第一主義者に帰属する拘束されない資金の巨大な塊に、緊急時に対処するには、イングランド銀行の資金力は十分でないかもしれないと指摘した。そのことが近頃世界中を駆け巡り、あちこちの銀行システムを混乱に陥れている。

しかし、大蔵大臣の一億五〇〇〇万ポンドの追加資金は、スターリング為替を、外国投機家の気まぐれによらず、われわれが自己の利益のために慎重に決定するどのような数字にでも維持することを可能にする。

私が思うに、大臣は、スターリングが今後は管理下におかれるだろうという見解を軽視する点で、——それが彼の真意であるなら——不必要に注意深かった。彼が示したように、成り行きや、特に金価格の変動に関係なく、スターリングを金に対してペッグすることはまったく賢明でないだろう。

しかし、このことは、いかなる時でもわれわれが望む水準にスターリングを保つことはできないということを意味しない。ともかく試してみよう。現状では、少し前に一般的であったいくらか低い水準に戻すことを私は望みたい。なぜならば、このことはわれわれの輸出産業に非常に有益であろうし、また、わが国と同様にその盛衰がスターリングに結び付けられているオーストラリア、インド及び直轄植民地の原料生産者によって、とりわけ、必死に要求されているからである。

批判が一つある。大臣は、金や外国為替の売買を現在よりもいっそう完全に秘密にするために為替平衡勘定を利用するつもりのように思われる。

そうであるならば、誤った悪い行為である。それは起こっていることに対する合理的な論評や批判を妨げるだろう。それは、数字が何であるかについて、無数のうわさ話や部分的な漏洩や内部グループの特殊な情報を、とりわけ海外でもたらすだろう。そして、それは外国の中央銀行にひどく不公平である（または、国内で秘密にしていることを彼らには打ち明けるつもりなのだろうか）。

すべての中央銀行が金保有や海外残高を秘密にしておくとした場合の混沌を想像してみなさい。

この点を別にすれば、その計画と大臣がそれについて述べたすべてのことは、私には賞賛に値するように思われる。今のところ、スターリングの管理が多額の蓄積につながるとしても、そのことで害はない。というのは、多分、回復の最初の推進力は大英帝国内から生じなければならないだろうし、また流動的な準備金の相当な所有はさほど遠くない日に、イニシアティブや国際的な貸し手の立場を再びとる勇気をロンドンのシティーに与えるであろうからである。

債務借換え

債務の利子と減債基金を区別せずその総額を一括して議決する現代の習慣は、大臣が期待する低金利や借換えからの節約について彼が極めて曖昧にしておくことを可能にさせる。

総額は戦時債務調整後で、前年と同じはずである。そして、それは「〔前年と〕同じ三二五〇万ポンドの減債基金を含んでいる」とチェンバレン氏は付言した。しかし、このことは、利払い費用が前年と同じである場合にのみそうなるのであり、そうしたことは、借換えは別としても、もしわれわれが大蔵省証券の低金利の見通しを考慮するならばありそうもないことである。

その上、失業基金はもはや借り入れないので、実際には減債基金が大きく増加している。チェンバレン氏が納税者に何の救済も与えられないのは、実際は、主としてこれらの方面で可能な節約の影響力を認めないためである。これが、予算を情勢がさらに明らかになるまでの単なる暫定的な声明とみなす更なる理由である。

彼は、直接納税者を楽にさせるための収入を利用して、ここである程度彼の希望どおりにする方が良かった。

しかし、私は、チェンバレン氏が彼の予算の特徴として明確な借換え計画を発表するのを差し控えたことを残念には思わない。なぜなら、この問題において大蔵省があまりに長く待つよりも、早計である方が失われることが多いからである。

事業や投資が復興するまでにはわれわれの前に長期にわたる極端な低金利の時期があるかもしれない。チェンバレン氏は自分が置かれた相対的に健全な立場を当然喜んでいい。これほど体裁の良い国は世界で他にはない。金本位を放棄して以来、われわれは足元に安定した基盤を感じ始めている。

しかし、われわれは依然として刺激や奨励や拡張的な雰囲気を大いに必要としている。チェンバレン氏が、何事にも確信を持つには時期尚早であると言うのはまったくそのとおりであり、彼の判断が期待される景気の回復に基礎を置いているとしたら言い訳できなかっただろう。

だが、彼はあまりに慎重であるべきではない。用心し過ぎると回復の日を引き延ばしてしまう。「健全」財政は心理的には正しいかもしれないが、経済的には下押しする影響力を持つ。この予算にはわれわれ自身の、そして世界の不況からの回復を促進するものは何もない。

それについて言える最上のことは、様々な懸念を静めることで、われわれが勇気を奮い起こすような方法を準備することである。しかし、その準備は勇気がそれに続かない限り役に立たない。

◆予算の後で、予算決議の為替平衡勘定の部分についての討論は四月二五日に予定されていた。討論の前に、ロバート・ブースビィはケインズに助言を求めた。

ロバート・ブースビィよりの書信、一九三二年四月

親愛なるケインズへ

あなたを煩わせてすみません。しかし、為替平衡勘定についての討論が月曜に開催されることになっていて、私は難しいとは思いますが、努力してネビルから何らかの役立つ情報を引き出したいと切に望んでいます。

これは大蔵省とイングランド銀行の合理的な関係、さらに合理的な金融政策の発展において決定的な段階となるかもしれないことを感じずにはいられません。ご存じのように、議会はおびえた馬のように通貨にしりごみしていますが、より若い世代はこれらすべての問題に実際興味を表わし始めています。それゆえに、その討論が、例えば、一九二五年における最初の金本位法案についての討論くらいうわべだけのものであるならば残念です。

一億五千万の貸付を承認するというのであれば、われわれはそれが何の用途に使われるのかと、誰によって使われるのかを知るべきです。しかし、私は手引なしにはそのような専門的な議題についてもっともなことを話す自信がありません。

この貨幣決議に関連してあなたが思いつくいくつかの要点や問うべき問題を書き留める時間をとってくださるなら、私は深く感謝します。私は月曜の朝ずっとここにいるでしょう（パルマル街一七）から、それが第二郵便で私に届けば、差し支えありません。それができない時は、あなたに電話できるところがあるでしょうか。われわれは投資に対する管理手段も行使するべきであることを（特に最近の出来事の観点から）私は非常に強く感じますが、私はこれが月曜に持ち込まれるかどうかは疑問に思います。

あなたにご迷惑をかけることを繰り返しお詫びします。

敬具

ロバート・ブースビィ

ロバート・ブースビィ宛書信、一九三二年四月二三日

親愛なるブースビィへ

全体として、平衡基金の提案は私には非常に優れていて、通貨管理の計画に着手するものとして祝福に値するように思われます。

目立った特徴は次のとおりです。

（1）通貨管理における損益はイングランド銀行ではなく大蔵省の勘定とすべきです。これはもっともなことです。

（2）私が思うに、その計画はイングランド銀行を通して行われる一方で、大蔵省が施行される全般的な政策の責任を負うということが、下院ですでに表明されました。これももっともなことです。

（3）決議の原文によれば、基金は、「通貨を強化しスターリングの為替水準の過度の変動を阻止するという目的のために」設立されます。そのような表現は私なら使いません。その目的は、スターリングの商品価値が可能な限り安定を維持することであるといった方がずっと良かったでしょう。この点でそして上記の（2）との関連で、政府の当面の目標はその力が及ぶ限りで物価を上昇させることであると政府に答弁させるのが良いことでしょう。それが中心的な問題です。

（4）大蔵大臣の予算演説によれば、基金の日毎の取引が非公開であるのは道理にかなったことですが、それのみならず、基金の資産の種類、特にどのくらいが金または外国為替の構成となっているのかもまた明らかにされないようです。この点については、私は、『イブニング・スタンダード』紙の私の論文で指摘したように強く反対したいと思います。国際収支がどんな特定の国にとって有利であるのかないのか、そしてその国が金や海外残高を失う傾向に

あるのか獲得する傾向にあるのかを知ることは極めて重要です。われわれがこれを隠そうとするならばそれは間違いであると私は思います。少なくとも月に一度、金と外国為替の保有について公的声明があるべきでしょう。私はよく冗談のつもりで、イングランド銀行は可能であるならその金準備の出入りの動きを隠すだろうと言ったものでした。今や、この目的は実際に達成されようとしているようであります！

敬具

［イニシャルのサインつき写し］Ｊ・Ｍ・Ｋ

◆一九三二年五月中旬に、ハロルド・マクミランは、選択的な保護と投資・発展局により補完された低金利によるリフレーションを主張する『次の段階』と題した文書を配布した(6)。これについてケインズは批評した。

ハロルド・マクミラン宛書信、一九三二年六月六日

親愛なるマクミランへ

私は同封されたものをとても気に入っています。私の批判は、実際のところ、私が思うに、あなたが占めるある種の中間的立場のためであるのです。しかし、あなたの求めに応じて、お役に立てるかどうかわかりませんが、一つか二つか［の批判］を挙げましょう。

1．私の主な印象は、国の投資機能を発展させるあなたの提案は決して十分に大胆とは言えないということです。あなたは、国が果たさなければならない部分を最小限にするように試み、また民間事業と助成金の組合せのようなもので結果を得ようと努めているように思われます。しかし、私はいずれにしても現在ではこの実行可能性を疑います。

必要とされる刺激策の金額が適度なものであるならば、あなたの方策は役に立つかもしれません。しかし、現在では、たとえ国の全勢力から支持が得られようとも、十分な投資量をもたらすことは非常に困難でしょう。投資のかなりの部分は、建設、輸送、公益事業に関することであり、ここでの民間事業の余地は現代ではやや限定されています。あなたの提案された機関が設置されるとしても、私はそれから期待される追加的な投資は極端に小さいだろうと思います。

2．あなたは現在の政府の政策がどれほど矛盾しているかに注意を払っていません。彼らはデフレの時代からの時代遅れな多くの格言や標語を依然として主張しています。今日では、物価が上昇してほしいと言われるようになったのは正しいのですが、一方、政府の実際に行なっていることはたいてい反対のことばかりです。保健大臣は地方自治体が支出することを依然として思い留まらせています。大蔵大臣は明らかに節約と多額の減債基金は健全であると信じていますが、これらの手段は極端にデフレ的であり、あなたの投資局によって及ぼされる上向きの効果よりもはるかに下向きの効果を及ぼしそうなことは明らかです。実際には、首相は別として、私には大臣たちが無意味なことを考えるのをあきらめたというほんの僅かな兆候も見えません。もっとも外的圧力のために、彼らが口に出すことが得策だと考えるうたい文句は、はるかに理にかなったものになってきていますが。

3．物価上昇が最初に生じ得ることなどありえないということがあなたにはおわかりですか。物価上昇は、増大する企業活動または発展計画によってもたらされる、より大きな購買力の結果としてだけ生じ得るのです。あるくだりであなたはこれを示唆しているように思われます。しかし、他のくだりでは、自然発生的な物価上昇がありうると考

（6）　H・マクミラン、『変化の風　一九一四年～一九三九年』（ロンドン、一九六六年）、三五九～六二ページ。

えていると読者は思ったかもしれません。

4．あなたは口先だけで節約を唱え過ぎてはいませんか。私は予算節約の問題は難しいと考えています。節約には、一見、大きな心理的強みがあります。それは、債務借換えのための方法を準備し、長期利子率の低下につながります。正反対の場合は企業感情に対しても有害でしょう。しかし、それは経済がデフレになったり恐らく企業収益に害を及ぼしたりすることを防ぐことはできません。これに対する唯一の留保は、それが税額の軽減につながる限りにおいて、有害な結果がより少なくなることです。なぜなら、概してそれは購買力の再分配であるからです。しかし、たとえそうでも、給料を削減された学校の教師の支出は、税が軽減される高額所得付加税の納税者の支出が増加する以上に減少しそうです。私が提言する方法は、現状においては、減債基金の廃止によって税金を減少させる目的に重点を置くことです。税金からの減債基金の減少は純粋な、百パーセントのデフレーションであります〔訳注12〕。

しかし、あなたが一九ページで、「所得勘定における経常支出は確かに可能な限り削減すべきである」と述べるのが必要だと思われたことを私は残念に思います。

先週の土曜日の『エコノミスト』誌におけるロイ・ハロッドの記事を御覧下さい(7)。それには問題について大変見事に良識を述べているように私には思われます。

敬具

［サインもイニシャルもないコピー］

ハロルド・マクミランよりの書信、一九三二年六月九日から

六月六日の手紙と、私の覚書について批判や提案をして頂いたお骨折りに大変感謝しています。

私はほぼすべてのあなたの批判に理論上は同意します。しかし、私は、望む方向へ政府を向けようとして影響を及ぼすべくおそらく無益な努力を依然としてしています。そして、この目的のために、私はある程度秘密にし、一定の政治的体裁を保たなければなりません！ もし私の党で誰かが私の論説を読みそれに感化される機会を損なうことなしに可能なら、あなたが示唆したようにいくらか修正してみるつもりです。

(7) 六月九日に発行されたハロッドの記事は、大規模な公開市場操作と赤字財政によって支えられるリフレーションの計画を強く主張していた。

〔訳注12〕 ケインズの書き違いと思われる。減債基金の「減少」でなく「増加」。

第二章　低金利、賢明な支出と繁栄への道

◆ケインズは、一九三一年から三二年の冬から春の間に、スターリングを比較的低水準に管理することを主唱していたのみならず、低金利をも主唱していた。そのような政策は首相の金融問題諮問委員会においても一九三二年の二月末から三月初めに提唱されていた。スターリングが金本位制を離脱した際には六パーセントに引き上げられていた公定歩合は、三段階で三½パーセントに低下した。為替平衡勘定を導入した予算に続いて、公定歩合は四月に三パーセントに低下し、五月一二日には二½パーセントに低下した。かくして、一九三九〜四七年償還の二〇億ポンドを上回る五パーセント戦時公債を、一九五二年ないしそれ以降償還の三½パーセント戦時公債に借り換えることを大蔵大臣が六月三〇日に下院で発表するためローザンヌにおける賠償会議からロンドンに空路で劇的に戻る舞台が整えられたのである。公定歩合は同日二パーセントに低下し、一九三九年八月までその水準にとどまることとなった。

ケインズの最初のコメントはベリュー（C.L. Baillieu）宛の手紙にでている。

C・L・ベリュー宛書信、一九三二年七月七日

私は、借換計画を政策上の健全な手法と考えます。大蔵省は非常に高い割合の借換えを狙っています。私は大蔵省がそれを達成できるとは決して確信していません。しかし、たとえば、二五パーセントあるいはそれ以上が借換されないままであったとしても、それらは年末に低金利の短期債を発行することにより対処できると思われるので、懸念する理由にはならないと私は考えます。それというのは、国債市場の将来にとっては、長期債券が需要と比較して供給過剰とならないことの方が、現在の借換計画に応じる比率が可能なかぎり完璧に近いことよりも、より一層重要であるからです。大蔵省の観点からみた最適な割り振りは、一般公衆が望む比率で、異なる種類の債券を供給することです。

近い将来に、技術的に難しい問題が多数待ち受けています。貴方もお耳にするでしょうが、イングランド銀行は、交換が同意されなかった戦時公債を短期金融市場と銀行が「フローター」〔訳注1〕〔短期債務〕として購入するのを思い留まらせています。私は、イングランド銀行はこの点について間違いを犯していると思います。その結果は、多分、近い将来の公債需要の低下ということでしょう。かなり多数の民間個人の戦時公債保有者は、彼らの資本に対して五パーセント未満の収入では保有することができないという単純な理由で、戦時公債を売りに出しています。おそらく、このことが市場全体としての動きを活発化させたのですが、われわれが観察しつつあるのは、主に、利回りと元本価値の間の徹底的な再調整が必要だということを突然実感したことです。

だれもこの再調整がどの程度進むのか厳密には予想できません。しかし、私は、調整は概ね確実で、持続性があり、復興への道を開くためには最も重要であると信じています。

一方では、現状の最も著しい特徴は、ロンドンとニューヨークにおいて類似の証券の利回りに異常なほど開きがみられることです。私には、現状が長く続くことはほとんど不可能だと思われます。また、調整はたぶんニューヨークで一流の確定利付債券の価格が大幅に上昇することによってなされるだろうと、考えています。現在は、ニューヨークで一流利付債券を購入する絶好の機会でしょう。ニューヨークにいる者は皆、怯えてあまりに硬直的となり動けない状態にあるのは明らかであります。しかし、現地の不安な雰囲気の影響から離れている他の者にとっては、それは好機であるかもしれません。アメリカにおける現存の金融システムがまったく崩壊してしまうことがないとすれば、

〔訳注1〕交換が同意されなかった戦時公債は一九三二年一二月一日に償還されることになっていた。また、その利回りは三カ月もの大蔵省証券を大幅に上回っていた。したがって、交換に同意しなかった戦時公債はやや長めの期間の大蔵省証券で利回りが良いもの、とみられていた（*The Bank of England 1891–1944*, by R. S. Sayers, Cambridge University Press, 1976, pp. 441–442.）。

深刻なリスクが生じるはずはありません。私は、そうした事態は単に可能性としてはあると思いますが、ありそうだと信じることはできません。

◆ケインズは七月一八日に、経済諮問会議の経済情報委員会に「借換計画についての覚書——長期金利に関連して」と題するメモにより広範なコメントを提供した。改訂版は一九三二年七月二〇日付け委員会の第四次報告の付録となっている(1)。ケインズはこのメモを、標題を僅かに変更し、若干の統計を追加し、また、言葉づかいの幾つかを微修正して、論文として『エコノミック・ジャーナル』誌に発表した。

『エコノミック・ジャーナル』誌、一九三二年九月号

長期金利についての覚書——借換計画に関連して

1. われわれが不況から脱し企業家精神の持続的な復活を確たるものとするには、長期金利を低水準に引き下げることが、おそらく、すべての方策のなかで最も必要である。したがって、戦時公債を三½パーセント基準に成功裡に転換することが真に最も重要な建設的手段である。なぜなら、それは長期金利に対する直接的な攻撃であり、現在の状況下では短期の低金利という間接的な攻撃、それは有益かつ必要ではあるが、それに較べより一層効果的であるからである。

2. 実際、借換計画が英国および世界全体における長期利子率の現行水準に及ぼす効果は、借り手が通常得る利益の象徴とみなすことができる政府債務の負担軽減よりもはるかに広範にわたる重要性を持つかもしれない。しかしそれは、借換計画の結果が、大蔵省が当座の目的を達するのにちょうど必要な間だけ新聞の宣伝と愛国心への訴えにより掻きたてられた単なる一時的な成功に留まらず、多少とも持続的な効果を持つ場合に限られるだろう。このことは、借換えの好機は決して現在のオペレーションで使い尽くしてしまうわけではないので、大蔵省自身にとっても重要である。したがって、目的は、借換えが実施されている間のみならず、それが終了した後も、長期金利の低下に好都合な市場状況を保つことであるべきである。私は今年の初めに、英国政府長期債券の利回りが今年中に三½パーセント水準に低下しないわけはないと、あえて述べた。(2) 長期金利がそれよりもより低い水準にまで徐々に低下しない理由はないし、そうなることをわれわれが望むのはまったくもっともなことである。しかし、それを実現させるには、慎重に考慮した目的と市場の主要仲買人の組織的な協力の組合せが必要だ。以下は状況の幾つかの側面についてのノートである。

3．市場が望む割合で各種のタイプおよび満期の債券が供給されることが、市場では重要である。もし、特定のタ

（1）経済情報委員会は「経済情勢について経済諮問会議への月次報告の準備を監督することと、経済発展についての継続的な研究に対する助言をするために」一九三一年七月に設置された。同委員会の委員は、サー・ジョサイア・スタンプ（委員長）、ウォルター・シテリン（一九三三年まで）、G・D・H・コール、ケインズ、サー・アルフレッド・ルイス、H・D・ヘンダーソン（一九三四年まで幹事）であった。サー・アーサー・ソルターとサー・アーネスト・サイモンは、政府首席経済顧問のサー・フレデリック・リース-ロスと同様に一九三二年に加わった。他の追加参加者は、サー・フレデリック・フィリップス（一九三五年）、D・H・ロバートソン（一九三六年）、A・F・ヘミングとピアーズ・デブナム（共に一九三四年から幹事）であった。委員会は一九三二年三月に定期的に会合することを開始し、一九三九年の開戦まで会合を続けた。委員会の業務と政府のその扱いについての十分な論議については、Susan Howson and Donald Winch, *The Economic Advisory Council 1930-1939: A Study in Economic Advice during Depression and Recovery* (Cambridge, 1977)、第五章を参照せよ。

（2）本書八〇ページを参照せよ。

イプの債券、例えば償還期限なしの国債が、短期のあるいは中期の特定満期の債券に較べ、両者間の相対的な需要の強さでみて、供給過剰であるとすると、前者は弱気市場となる傾向が生じ、そのことは、長期金利全体にとって不利に働こう。

逆説的に言えば、このようなリスクは、借換計画が宣伝と愛国心への訴えの影響により、いわば過度に成功した場合に発生しよう(*)。発行済み戦時公債は、特定日に、あるいは、おそらく不特定の日に、他の目的のために必要になるであろう、あるいは、なるかもしれない資金を、戦時公債が高利回りと、本当の長期債に比べて元本価値の変動性がより少ないことを併せ持っていると信じた企業や個人によって一時的あるいは準永続的な投資として広く保有されていた。そのような保有者は転換に応じるかもしれない。しかし、新しい戦時公債は投資家の目的にこれまでと同じようにうまく合わないかもしれず、最初の熱狂が冷めた時に、それまでに彼らの目的により適した債券にふさわしくなっていなければ、売ろうという気になるだろう。

この目的は、戦時公債の借換えに同意した保有者および非同意保有者に、三½パーセントを下回る金利の短期債券を秋または冬の間のある時期に提供することで達成できよう。実際、短期債券の発行は二つの点で大蔵省に好都合だろう。第一に、この種の債券は供給不足であるので、三½パーセントをかなり下回る金利で発行できるであろう。第二に、それは来年一二月以降の新たな戦時公債の市場を確実に好転させ、その後の更なる借換計画を容易なものにするだろう。実際、市場の様々な要求に対してタイプや満期の異なる債券を国家債務の総コストを最小化するように最適な割合で供給することは、大蔵省にとって常に利益になるに違いない。

借換えについて一般に受け入れられている意見は、私が理解するところでは、計画を個人および共同体の行動により圧倒的に成功させたいという強い願望と、本当のところはすべてが状況の幸運な組み合わせが我々自身やお互いを欺くことを可能にしているちょっとしたはったりで、新たな戦時公債はいずれ下落し額面割れになるだろうという口には出さない確信あるいは少なくとも疑念との、おそらくこの国にしか存在しえない特殊な組み合わせである。

当局自身がこのような考えにまったくとらわれていないか、私には確かなところはわからない。それにもかかわらず、私は反対の前提に基づいた政策を主張する。なぜなら、私は、借換計画は決して虚勢で欺くこけおどしではないと確信しているからである。長期金利の大幅な低下は、基礎にある現実の特性と、実際、その必然性とに大いに符合しており、また、現存する社会の金融構造の生き残りにとって必要な条件でさえあるかもしれない。また、現在の状況下でそれをわれわれが達成するのを妨げるようなものは何もない。しかしながら、それは自然に生じるものではなく、計画的な見込みをもって遂行されなければならない。それというのは、しっかりとした巧みな管理を必要とする市場利子率には多くの慣例的あるいは心理的要因があるからである。したがって、避けなければならない第一の誤りは、早計に特定タイプの債券を過剰に供給することである。

4.　第二の危険はまったく異なった方向から生じる。それは、借換計画が提唱されて以来、ロンドンで取引されているスターリング債券の利回りと、他の市場、特にアメリカ市場における同様の証券利回りの間に生じている非常に大幅な乖離にある。

これをみれば、もしわれわれが金本位制を維持したままであったならば、借換計画は現実に採用された形では実行できなかったことは確かであろう。なぜなら、世界の金融市場を固く結びつけ、また、個別行動を防止することが金

(＊)　上記が書かれた後、本当にすばらしいほどの成功を示す数字が公表され、その結果として生じた供給過剰は、事実上、株価の多少の弱含みとして現れた。

本位制の欠点であり、同時に長所でもあるからである。一つの金融センターが他の市場に先んじて動く力は、それがロンドンであっても、金本位制により狭く制限されていたし、また、金本位制が依然として機能していたとすれば、われわれは、知恵、才幹、勇気、愛国心についての世界の共通標準にわれわれ自身をあわせなければならなかったろう。更に、われわれが通貨を国際的な共通単位から解き離した時に得た独立して行動する能力は、多くの投資家や金融機関がつい最近まで極端なほど抱いていた、そして、今日でも以前ほどではないが抱いているアメリカに対する不信によって、目下の現実の環境下で強められているのである。そして、このような状況はアメリカのみにあてはまるのではない。当面、英国の投資家が自国においてよりも一層高利回りを得られるとの誘惑によるものを別にすれば、英国投資家が新たな資金を賭けようと考えている市場は世界中にほとんどない。

かくして、ロンドン投資市場は、ある程度まで、閉鎖市場として機能でき、地域の影響の下で独自の軌道をたどる。しかしながら、たとえそうであっても、現存する利回り間の乖離は、資金の海外市場への、洪水ではないにしても、安定的な漏出を刺激することによりスターリング相場に大きな緊張を加えることなしには、長くは続かない、と私は推測する。乖離の程度は専門の投資家を除けば、まだ十分理解されていないので、七月二〇日ないしその頃成立していた相場を例に議論を解説しよう。

(i)　オーストラリア連邦のスターリング建て五パーセント公債はロンドンで、ほぼ一〇二で売られている。類似のドル建て五パーセント戦時公債はニューヨークではほぼ七二で売られており、この価格でも当方からの積極的な買いの結果なのである。アルゼンチンのスターリング建て五パーセント国債はロンドンでほぼ六四で売られており、一方、ドル建て六パーセント国債は（満期がやや長いが）ニューヨークではほぼ四二で売られている。ハンガリー（国際連盟）のスターリング建て七½パーセント債は四八で売られ、同類のドル債は二八の値がついている。実際、一定

アメリカ合衆国における利回り*

	20の一流工業優先株	60の代表的債券†
1931年6月	5.85	4.45
1932年6月	8.52	7.03
1932年7月20日	8.23	6.48
1932年8月3日	7.59	6.06

*スタンダード統計より引用.
†地方債15，工業債15，鉄道債15および公益事業債15.

英国における利回り*

	国　債	住宅会社	45の代表的社債	90の代表的優先株	5の自治領債券†
1931年 6 月30日	4.16	4.43	5.72	6.43	5.26
1931年12月29日	4.85	5.01	6.18	6.75	6.18
1932年 6 月28日	3.92	4.16	5.66	6.42	5.00
1932年 7 月26日	3.67	3.63	4.89	5.16	4.30

*保険数理士投資インデックスより引用.
†オーストラリア，カナダ，インド，ニュージーランドおよび南アフリカから各1.

の利回りと安全性を前提にすると、広範囲の外国債券の相場は、今日、ロンドンではニューヨークに較べ最大で五〇パーセント高い相場がたっている。この比較には為替相場の計算は直接には入ってこない、なぜなら、私は、元本と利子の双方がスターリングで支払われる債券と、類似の債券で元本と利子の双方がドルで支払われる債券を比較しているからである。上記のような大幅な乖離はかつて存在しなかったし、そのような乖離が持続することはありそうにない。しかし、当面、新規借入が、あるとすれば、その時は、その負担はすべてロンドンにかかり、一方で、新規借入とは別に、ロンドン市場からニューヨーク市場への安定した買いの流れがでるだろう。こうしたことを予測しないのは無思慮であろう。

（ii）以上の例は外国政府債券に関するものである。しかし、上の表にみられるように、ほぼ同じことが、英国と合衆国それぞれの十分に安全な工業および公益企業の確定利付債券の間に言えるのである。

第一級ではないが、適度に安全なアメリカの優先株のな

	英国3パーセント地方債	フランス3パーセント長期公債	オランダ3パーセント債（1898年）
1931年7月	66 ½	87	80 ¼
1932年7月	86	76 ½	75 ½

かで、八パーセントから一〇パーセントの利回りのものを探すのは容易である。スタンダード統計により作成された表の数字から、支払いを停止したものと、（少なからず存在する）利回りが三〇パーセントを超えるもの（早晩支払いを停止すると予想されるものを表しているもの）を除いて、平均をとると、四八公益事業企業の優先株の平均利回りは七月二二日で一一・五パーセントであり、全クラス一四二の優先株の平均利回りは一一・四パーセントであった。

概して、次のように言っても過言ではあるまい。すなわち、一年前には英国の確定利付債券利回りはアメリカに較べ三〇パーセント高かったが、今年七月末時点では立場が逆転し、アメリカにおける利回りは、英国のそれを優に三〇パーセント上回っているのである。この異常な乖離を利用した英国からのアメリカにおける買いの安定した流れを、アメリカの状況に対する不信と為替相場変動のリスクが妨げると予想すべきではない。

（iii）最後に、フランスやオランダと比較した相対的な変化は上の表に要約されているとおりである。

要するに、英国の金利は、現在、世界の他の地域から大幅に外れているのである。私がこうした事実に注意を喚起するのは、これらの影響を経験し始める時にわれわれがあっと驚くことがないようにするためであり、そうした影響や相対関係の再調整という不可避的プロセスは恐るべきものであると考えているからではない。なぜなら、この場合、道理を語り、行動しているのはわれわれであり、たわごとを語り、行動しているのは他者であり、結局はわれわれが正しいとわかるであろうからである。われわれは、為替相場変動のリスクと他国の金融情勢に対するわれわれの不信によって設けられた制限のなかでしか、閉鎖システムとして機能することを期待できない。したがって、われわれは、自ら手本となって他者を感化し、あるいは、彼らの市場でのわれわれの買いによって回復の最初のはずみを提供することさえも、期待すべきである。パリでは借換計画は大幅に遅れ、政治に対して力のない譲歩をしてこれまで棚上げになっている、という話がすでにある。合衆国の気分を反転させるにはさほどたいした労力を必要としないであろう。現在、合衆国市場は底で仕入れようとする非常識な賭けに支配されている。それは、合衆国市場が好況の際に頂上でのみ手放そうという非常識な賭けに支配されていたのと同じである。もしある人が一〇ドルの対価として二〇ドル払うという申し出を受けたら、それを拒否するのは愚かなことであろう。しかし、もしその二〇ドルが一週間後に八ドルで売りに出されるとしたら、そのようには思われないかもしれない。しかしながら、この種の状態は、――最後には、一人を除いてすべてのプレイヤーが椅子をとれない椅子とりゲームであり――本来の価値と長期的な期待に基づいておらず、また基づいていると見せかけさえもしておらず、突然変わるのである。もし、ロンドンが正気で、慎重かつ大胆であるならば、おそらくロンドンが変化をまっさきに始めるだろう。しかしそのためには、われわれはわれわれの政策を固守しなければならない。また、為替相場の弱さがわれわれを神経質にすると思われるが、その間、いかなるデフレ的政策によっても状況を是正しようとせずに、必要であれば、事態を静観する覚悟をしなければならない。

前の段落が書かれた時（すなわち七月二〇日）以来、アメリカにおいて変化が実際に始まった多数の兆候がある。すべての鉄道および公益事業の株価が、二年前の水準から一〇分の一に下落した後、五週間の間に二倍となったことは真に注目すべきではあるが、私は事実についてそれほど多くは紹介しない。(*) それというのは、これは、国の発展と企業をカジノの副産物として運営することとの不利益の鮮やかな実例にすぎないからである。私は、それよりも、一九三二年七月八日と八月一九日の間に債券指数が一六パーセント上昇したことに示されているように、長期金利の上昇傾向に反転の兆しがあることに言及しておこう。

5．もしも金利の変化が続くとすれば、今後さらに多くの調整が生じる。われわれは、証券取引所に上場されている全種類の証券が、異常な感応性をもって反応していることをみている。実際、幾つかのケースでは過剰反応しているようにみられる。しかし、再調整がほとんど始まっていない広い分野がまだある――特に、不動産市場、不動産抵当貸付、住宅家賃、銀行貸出金利および住宅金融組合貸出金利であり、また一方では、郵便局、銀行、住宅金融組合、地方自治体、貯蓄機関の預金に支払われる金利は、新事実への調整が遅れているもう一つの分野である。しかしながら、これらの分野における可能なすべての再調整は、建設的な企業家精神の復活に極めて重要である。特に、もし銀行、住宅金融組合、郵便貯蓄銀行が一緒に、すべての新規預金（あるいは再預金）に支払われる金利を（例えば）現在の水準から三分の一低い水準に引き下げることを目的に協議をしてくれれば申し分ないのだが。そうすれば、それに応じて新規貸出に対する金利を引き下げることができるようになるだろう。

（五大）銀行の立場は実際上困難な問題を示している。大戦以来、銀行は、一部には従業員に対する気前のよさから、一部には見栄から、一部には比較的高金利が永続すると想定した新規ビジネスをめぐる過度の競争により、出費を招いている。現在、大銀行の経費は総預金のおよそ二パーセントの近くに達していると言われている。さらに、預金に二½パーセントを支払うという旧来の取決めが多数あるが、銀行はそれを変更することを嫌っているし、また、高金利の時期を通じてこの金利を受け入れてきた預金者の側からみれば、変更は不公平であるかもしれない。したがって、大蔵省証券が½パーセントの利回りであり、マネーマーケットでのコールローンがちょうど一パーセントの時に、銀行が経費をカバーしようとすれば貸出に対する高金利による収入に依存することになる。その実際的な結果は、銀行は、力のある、または、特別扱いの顧客、あるいは他にゆくと脅す顧客を別にすれば、貸出に対して五パーセントの金利を頑固に課し続け、いくつかのタイプの借り手の金利が低下する障害となっているようなところがある。そして、そこから抜け出る途を見つけるのは難しい。同様にアメリカにおいても、経費をカバーできないのではないかとの連邦準備制度加盟銀行の恐れが、本気の低金利政策を採用する障害になっている。

一方、住宅金融組合は行動し始めている。すでに新預金に支払う金利を引き下げ、新規住宅抵当貸出に課される金利を引き下げる動きの兆候がみられる。例えば、国内で最も主要な組合の一つであるハリファックス住宅金融組合は、新規住宅抵当貸付に課す金利を既に½パーセント引き下げた。現在住宅金融組合によって管理されている資金は巨大であり、それゆえ、それはまさに最も重要な行動である。われわれは大戦以来のこれら組合の素晴らしい成長を必ずしも記憶していない。組合による新規住宅抵当貸出は、一九一三年には九〇〇万ポンドであり一九二〇年においてさえ二五〇〇万ポンドにすぎなかったのに較べ、一九三〇年、三一年には各年の新規住宅抵当貸出は約九〇〇〇万ポンドであった。実際、わが国における住宅金融組合と公的あるいは準公的な当局や部局を通じない新規投資の額は、今では、全体に対してはほとんど影響しないくらいとるにたりないほどである。もし、住宅金融組合が一般的に課している金利を、現在の五½パーセントから六パーセントの水準から（例えば）四パーセントから四½パーセントに引き下げることができれば、人口の一部にとっては、住居費の約二五パーセントの削減に相当しよう。彼らの住居に対す

（＊）好奇心から、私は下記にダウ・ジョーンズ株価指数を転載する。

	鉄道	工業	公益事業
1929年9月	139・11	381・17	144・61
1932年7月8日	13・23	41・22	16・53
1932年8月11日	28・63	68・90	29・15

る需要弾力性はたぶんかなり大きいだろう。私は、これ以上に回復に役立つ手段をほとんど考えつかない。

6．もしわれわれが、長期金利引き下げの主な目的と利点は、新たな企業心への助力と刺激にあると同意するなら、目的を手段の犠牲にしないように注意するべきである。というのは、新たな企業心を抑制することによってのみ維持されている低金利は、最も不毛で悲惨な方法でわれわれ自身を制約してしまうからである。市場金利は、新規事業の額よりも貸し手の心理や銀行システムの行動により多く依存しており、低金利を引き続き維持することと新規借入の著しい回復とが両立できないという必然的な理由はない。

したがって、大蔵省の禁令によってすべての新規借入者に対して依然として閉ざされているロンドンの新規発行市場をできるだけ早期に再開することが最も望まれる。実際、禁令は異常なまでに厳格で、借換えオペレーションや事業拡大のために自社の株主から資金調達を求める企業に対してさえ適用されている。こうした状況からの転換が緊急に求められている。また、大蔵省は、初めの成功に味をしめて、借換計画のさらなる成功のために不況が永続することを望む心境になってはならない。同時に、われわれは海外貸出について完全な自由放任に戻るべきではないと私は望む。他の方策で強く求められているものは、大蔵省の裁量いかんなのだが、地方貸出委員会によって地方当局に貸し出す新規貸出に対する金利を、地方債券市場の新規価格に一致する水準に、引き下げることである。金利コストの四分の一から三分の一の低下は、週一ポンドで賃貸されている家の一週間の家賃の約五シリングに相当する。このことは、補助がいくらか減らされたとしても、これまでよりもかなり低い家賃で賃貸住宅を建てることができることを意味する。あいにく、保健省は依然として地方当局に資本開発を思いとどまらせる通牒を発している。ここでの真の障害は、投資の額と利子率は絶対に信頼できるある種の自動メカニズムによって正当な数字に保たれるという誤った考えに多くの人々の心が依然として惑わされていることにあると、私は考える。われわれが決定するのは常に投資の方向であり、決して投資の額ではなく、したがって、一方向の投資を勧めることは常に他の方向から投資を転換させることだと信じられているのである。この頑固な思考の習慣を一掃することさえできたらいいのだが！

7．借換計画の一つの効果は、自治領の債券を上記（一一九ページ）の表に示されているように、不信や過度の負担なしに再度借入ができるような水準に導いてきたことである。そのような債券が発行できれば、われわれは世界の回復に向けて第一歩を踏み出すことになろう。海外貸出のための余裕資金を、きたるべき世界経済会議においてわれわれが貸し出すように必ず強要されるであろう困窮したヨーロッパ諸国に向けてではなく、自治領と中国、そしてたぶん、南アメリカに向ければ、より効果的に使うことになると、私は確信する。なぜなら、一定額が後者に貸し出された方が、前者の経路に行った場合に較べ、国際貿易により有益であろうからである。ニュージーランドのベルシヨー教授は私に書状で、帝国復興債券を（例えば）一億ポンドを発行し、その債券は借り手の（例えば）三分の一以上が債務不履行にならないかぎりまったく安全であるようにするため、各自治領はそれぞれの分担より幾分多く保証し、また、英国は金利と減債基金を一定比率内で保証する、という提案をした。この種の提案は真剣な検討に値する。

◆戦時公債借換オペレーション前に、ジェームズ・ミードとロイ・ハロッドは、民間支出主導、信用拡大、減税（あるいは少なくとも増税はしない）、健全な投資計画の早期実施の奨励とポンド防衛を主唱する回状を『タイムズ』紙に掲載しようと試みた。六月一五日にジェームズ・ミードはケインズに手紙を出している。

J・E・ミードよりの書信、一九三二年六月一五日

親愛なるケインズ

貴方を同封の内容で煩わせることをお許し願います。ハロッドと私は、経済学の研究に携わっているすべての者のうち非常に大きな割合の者から『タイムズ』紙への共同書簡に署名を得ることができれば非常に有益であろうと考えました。二人は、主としてこのことをできるだけ早く行うために、われわれの裁量ですでに動き始めています。したがって、私は、もし貴方がわれわれの主張に大筋で同意するなら、貴方が喜んで署名を加えてくれることを期待しています。というのは、本文は皆に送付しなければならないので、変更を考慮するのは非常に困難であるからです。

当地オックスフォードでは、たぶん署名すると約束しているマクレガーとわれわれの主張と僅かに意見を異にするコールを除き、全員が署名しました。私は、コールはやがて同意する、と期待しています。

ケンブリッジにおいても大部分の経済学者が署名すれば、共同書簡は『タイムズ』紙上に強い印象を与えるはずです。

敬具

J・E・ミード

J・E・ミード宛書信、一九三二年六月一六日

親愛なるミード

私は、共同書簡には署名しないという一般的な原則を持っています。しかし、貴方には完全に同意しますし、もし、本当にすばらしい署名を集めることができるならば、私も参加します。

私がためらう唯一の理由は、共同書簡に対する一群のいわばプロの署名者がいることです。そして、私は引き込まれることを常にわずらわしく感じていましたが、そのことが、この一般的な原則を確立しようとする私の試みにつながっているのです。

しかしながら、もし貴方がオックスフォードとケンブリッジの大多数の経済学者とその他のところからも何人か集められれば、それは有益であることに、私も本当に同意します。

敬具

［イニシャルのサインつき写し］J・M・K

◆共同書簡は、オックスフォードの経済学者一三名、ケインズを含むケンブリッジの経済学者一三名、他の大学一五名（バーミンガム（四名）、エクスター、ハル、リーズ、リバプール（二名）、ロンドン（四名）、セント・アンドリュース、サウス・ウエールズ）により署名され七月五日付け『タイムズ』紙に掲載された。

また、ケインズは、マンチェスター・ソルフォード労働組合評議会主催による七月二三日開催の失業と（給付金のための）家計調査についての会議に書状を送り『賢明な支出』を奨励した。会議の目的は、二地域で必要な仕事は失業者に与えるべきであると、主張することであった。ケインズは会議に参加できないことに遺憾の意を表した後、次のように述べている。

『マンチェスター・ガーディアン』紙、一九三二年七月二〇日

当局がすべての有益な目的に対する資本支出計画をできるだけ早期に、またできるだけ大規模で、復活させることが最も重要である。

政府の借換計画が片付くまでは制限を主張する議論がかなりあり、私はそれを認めるのにやぶさかでない。しかし、借換計画が成功裡に開始された後でも、制限を続けるとすれば、われわれは、借換計画が目的とした利益のかなりの部分を無駄にしてしまうであろう。われわれは自ら稼ぐ以上に支出することはできないと、賢人ぶった人々によってしばしば言われている。そのことは、個人についてはもちろん十分過ぎるほど真実であるが、それを社会全体についてあてはめると、非常に人を誤らせる。

社会全体については、われわれは支出する以上に稼ぐことはできない、という方がより正しいのである。最初の刺激が支出サイド——ここで私は「支出」にはもちろん住宅その他の資本支出を含めているが——の増加から来なければ、物価は上昇するはずがなく、生産と雇用は増加するはずがない。

したがって、われわれのスローガンは、「共同社会としてはわれわれが支出する以上には所得を稼ぐことはできない。そこで、あらゆる形態の賢明な支出を刺激し促進することをわれわれ市民の義務と考えるようにしようではないか。」としよう。

◆八月二九日にハロルド・マクミランはケインズに覚書を送り、学識のある人々が集まって、公平無私な専門的助言を提供するとともにその実施を勧告する公的機関をつくることを提案した。それを読んで、ケインズは返事をした。

ハロルド・マクミラン宛書信、一九三二年九月七日

親愛なるハロルド

八月二九日付けの貴方の手紙に同封されていた覚書を、大きな共感をもって、しかしながらさほど期待をいだかずに、読みました。四ページの始めで(3)貴方は真実を語っていますが、貴方が提案することが、専門家の勧告の影響力をより確保することになるのか、私にはわかりません。

私の意見の主要ポイントは、われわれは現在、反動主義者勢力のとりこになっており、当局者がいかにもっともらしいことを言おうとも、彼らは自分達が準社会主義的政策とみなす多くのものを現在の状況を利用して覆そうと十分に意図しているということです。また、彼らは小心翼々としていて貴方や私が支持する計画のための機構の類を信じないのです。たぶん、どのような試みも、彼らを追い出すことを故意に目的とするものを除けば、実際上の意義はないでしょう。

敬具

［イニシャルのサイン写し］J・M・K

◆労働党は夏の終りに『労働党政策報告第一号、通貨、銀行業および金融』と題する政策小冊子を発行した。ケインズは『ニュー・ステイツマン』誌で二部にわたる記事で同小冊子を論評した。

『ニュー・ステイツマン・アンド・ネーション』誌、一九三二年九月一七日、二四日

労働党の金融政策

I

最近、労働党が活力を持続していることについて得心のゆく良好な証拠が現れた。それは一ペニーの小冊子で四部

（3）当該の節は次のとおり。「政府は、最近、専門家と経済学者を各種の会議や委員会に忙しく使い、そして、多かれ少なかれ彼らの勧告を無視することに慣れている。」

のうちの第一部で、『労働党政策報告第一号、通貨、銀行業および金融』と題するものである。それには、レスターで開催予定の年次総会の四決議の案文とともに、それを支援する短い記事が掲載されている。第四決議は、「労働党政府を妨害しようとしたり、国家の信用を傷つけたり、あるいは金融危機を生じさせる、民間金融機関によるいかなる試みにも対処するため」非常時における無限定の権限を要求する漠然としたものである。他の三決議は、これまで受けてきたよりも、より注目するに値する。なぜなら、それらは、挙国一致政府外で唯一組織された意見団体によって、したがっておそらく他日、代わりの政府を組織するよう求められるであろう政党によって、実施されるべき穏健で極めて実際的な金融政策を説いているからである。

第一決議は、スターリング通貨は、第一に卸売物価でみた価値の安定を、そして第二義的にのみ、第一の目的と両立する限りにおいて、金などの国際基準での価値の安定を目的とすることを支持すると宣言している。私は、これは正しい決定だと信じる。われわれが目前にしている選択を金本位制に賛成か反対かというように表現すると選択の真の性格が幾分不明瞭にされてしまう。本当の選択肢は、管理されたスターリング通貨（しかし、大英帝国内外の他国が通貨をスターリングに結びつけることを妨げるものではない）か、管理された、あるいはよりありそうな半ば管理された、国際通貨であろう。後者は、実際にはかならず金（あるいは、ただ、可能性として金と銀）をベースにしたものとなるであろう。しかしながら、適正に管理された国際本位は、今後何年も実際政治の局外にあるように思える。われわれがまっさきに管理スターリング本位を制定して、どのように機能するかを世界に示さなければ――わがイングランド銀行でさえこの点ではまだ一世代遅れている――たぶん、それは、決して実現しないだろう。さらに、国民通貨のスターリングは、国際通貨の価値が大幅に不安定な時は例外だが、両方の世界の最善を確保するように管理されるだろう。そして、例外の時には、われわれは喜んで金との結びつきから脱する。というのは、私は、次のように考えるからである。すなわち、イングランド銀行は、金準備を緊急時の備えとして、また、海外諸国との国際収支の一時的赤字決済のために保有し続け、そしてまた、常に一定の金の購入・販売価格を持つであろう（もっとも現在の金現送点よりも広い幅ではあるが）。しかしながら、金のスターリング価値は変更不能として固定されるのではなく、状況次第で変更がありうる。このように、実際には、スターリング本位制は、金が無作法に振舞った時にだけ、金本位制と異なる働きをする。

ネヴィル・チェンバレン氏〔大蔵大臣〕やモンタギュー・ノーマン氏〔イングランド銀行総裁〕に代表されるわが国の当局者は、金へ最終的に復帰するのを目的、理想とすることを改めることについては、心の奥底では説得されていない。もっとも、彼らは前回よりも今回はより慎重であるだろうが。というのは、彼らは本心から、他の選択肢の政策が拠って立つ考えの体系すべてを信用していないからである。したがって、革新的で、試験的な政策が国の第二政党によりはっきりと支持されることは最も重要な事である。幸にも、事態はこの方向に向かっている。そして、実際、自らの選択でない政策を実施する試みを最初にするのは、疑念をもっているノーマン氏であろう（彼は、疑念を抱いているが、偏見にとらわれているのではない。彼は経験主義者であり、経験主義者の疑念と独断説とは相容れないものであるからだ）。

とはいえ、労働党の勧告に賛成するにあたり、スターリングを成功裡に管理するには非常な困難がともなうことを私は強調しなければならない。それは、何人かの勧告擁護者が、数量説の文字通りの解釈の影響を受けて、われわれに信じろと求めるほど容易なことではない。そして、われわれは、最初は、完全からはるかに遠い状況を甘受しなければならない。特に、新規投資額を管理する大規模な管理手法を含む、新たな技術を行使することが必要になるだろうと、私は考える。

労働党の第二の決議は、イングランド銀行の国有化に関するものである。今回、彼らは、株式銀行を国有化するという以前の提案を棚上げしている。私見では、それは慎重かつ賢明だ。それは、第一に、五大銀行の支配は、イングランド銀行を通じるものを除き、重要な管理を実施する目的からは必要ではなく、一方、社会主義の一部分としては、それは社会主義化の最終段階に属し、必要不可欠な第一の手段の一つではないからである。第二に、労働党の綱領の一項であったとしても、それがもたらす成果に較べ実施するには明らかに大きな困難がともなうことから、党が政権につくや直ちにそれを放棄するだろうと、私は一〇対一で賭けている。さらに、今回は労働党のプログラムに政権が実行を試みるチャンスのある幾つかの政策を含めることが最も重要である。五大銀行国有化提案は、刺激的な政策としてみれば第一級であるが、現段階ではまじめに取り組む事項ではない。

イングランド銀行については、第二決議は次のように規定している。

イングランド銀行は公的な所有と管理の下に置かれる。同行総裁は、政府によって任命され内閣閣僚の一般的な指揮に従い、銀行政策については今度は閣僚が下院に対して責任を負う。同行の通常業務は総裁とその部下により運営される。

いろいろなことが起きた後では、この決議案が上記のように起草されたのは不自然なことではない。しかし、われわれは本当は何を求めているのかを注意深く考えるべきだと、私は思う。私は、本質を具体的に表現する形で五つの提案を書き記そう。

（1）イングランド銀行の収益に対する民間株主の利権は、現在では名ばかりに過ぎないが、完全にやめるべきである。

（2）　イングランド銀行は、民間利益や民間利権が完全に排除される国家機関であるとはっきりと認識されるべきである。理事は公の理由により選ばれるべきであり、他の国民の利益を代表しないのと同様にシティの利益を代表すべきではない。
（3）　イングランド銀行の経営は最終的には時の政府に従い、幹部の任命は大蔵大臣の承認を必要とすべきである。
（4）　通貨システムの諸原則、例えば、本位貨幣は金であるべきか否か、卸売物価あるいは消費者物価あるいは他の指数の安定がその基準であるべきか、は議会で決定されるべきである。
（5）　イングランド銀行の日々の政策、統計、手法および当面の狙いと目標はできるだけ公表し、意識的に外部の批判にさらすべきである。

ところで、これらの提案が受け入れられたならば、私は六番目を追加して提案を完結したい。すなわち、
（6）　銀行政策に対して、民主的なコントロールが直接的でなければないほど、また議会による干渉の機会が僅かであればあるほど、その方がより望ましいであろう。

もし、イングランド銀行がこの小冊子で提案されている金融政策を実施しようとすれば、非常にわかりにくい手法を実践することになり、議会は決してそれを理解できないであろう。計画経済は、専門家による制御に関して最大限の分権をしなければ、実行できないであろう。私は、労働党に、民主的な干渉の要求は社会主義ではなく、一九世紀自由主義の反響であると示唆したい。しかしながら、たぶん、私は、決議にある「銀行政策」という語を意図された以上により特定の意味で解釈している。

なお、これまで間違ってきたのは、イングランド銀行の権力や組織ではなく、むしろ最近の政策である。イングランド銀行の独立性と威信は長所である。また、同行の起源と理事側の私的動機の機会にもかかわらず、最近一〇年間

では、その公共心に疑いをさしはさむ余地はない。私が思うに、イングランド銀行を民主政治の支配下に置くべきだとの要求は主に、通常の支配体制とはいえない近年における特殊性から生じている。第一次大戦以来しばしば、国は明確に定めた本位貨幣や議会の決定による明確な金融政策さえ持たなかった。その結果として、イングランド銀行は、政策目的――その全般的な性格はより高次元の権限によって定められてきたのであるが――達成のための手法の実施を越える問題について、同行が持つべき、あるいは、過去に持った、あるいは将来持つと思われる、以上の広範囲の裁量権を、自由に行使するままに任されてきた。もっとも、同行はその行使を嫌ってはいなかった。イングランド銀行は、著しい成功をあげることなく、専横的な権力を行使する無責任な組織であるという広く流布していた感覚は、モンタギュー・ノーマン氏に独裁と秘密主義がまざりあっていたこと（外部世界にはそう写っていた）によっても、また、より強められた。しかし、私は、ここにおいても非難が間違った先に向けられているのではないことに確信が持てない。私の見解では、ノーマン氏はこれまでしばしば判断を誤ってきた。それは、彼がなみはずれた名人であることを証明してきた手法の細部についての誤りではなく、また、彼の公平無私、騎士道的精神、または、公共の利益への献身に関するものでもない。なぜなら、彼はすぐれた公僕であるからである。誤りは、そうしたものではなくて、政策の根幹についての彼の助言にある。政策の根幹の選択は、実施とははっきり異なり、まったく彼の仕事ではなく、時の政府の仕事である。しかし、ノーマン氏は独裁者ではない。彼が自らの目的を達してきたのは、歴代の大蔵大臣と彼自身の同僚に対する影響力と彼の魅力および説得力によるのである。それら天賦の才能は、社会民主主義においてはいまだ禁じられていないのである（ソ連邦では禁じられているのであろうか。たぶんそうであろう）。成功の裏付けもなく、不人気な緊縮政策を説きながら、ウィンストン・チャーチル氏、フィリップ・スノーデン氏、ネヴィル・チェンバレン氏を次々に彼の手より情報を受け入れようとする気にすることができる人物は、いかなる形態の政府においても重要である。労働党が望むような組織が過去一〇年間機能していたとしても、人物が同じで知識はよりすぐれていないとすれば、結果は大して変わらなかったであろう。

Ⅱ

労働党の今回の年次総会に提出される第三の決議案は非常に重要であり、次のように述べている。

政府によってふさわしい能力を基準に任命され、担当大臣の全般的な指示の下で、国家所有のイングランド銀行と緊密に協力して機能する国家投資局を設立すべきである。同局は、長期資本の使用についての無駄遣いと方向違いを防止する目的で、長期資本市場でのすべての新規公募債について管理権を行使し、いかなる公募債も新規発行前に局の許可を要するものとすべきである。公募債として否認され私募で発行された債券のどれについても証券取引所での「取引のための留め置き」を局は拒絶することができる。また、商業信用供与法にならい、承認された産業再編計画の優先順位を確保するため、当該産業が公的支配を受け入れるという条件の下に政府保証を与えることが必要となるかもしれない。

私は、国家投資局設立の根本方針の承認を心より歓迎する。しかし、私には、上記決議は決して十分ではない。それは、最後の節の適切な提案を除けば、局の任務は主に消極的なものであり、明らかに、民間投資家を私的資本主義の悪用から保護する目的を持っているからである。債券の新規発行を提案されたような手法で統制することについてはもっともな根拠があろうが、単なる許可と、ある種の勧告を言外に伝える承認との間に線を引くのは難しい。責任を負うべき者は他に誰もおらず、まったく投資家自身のリスクで行う投資と、ある種の公的保証を受ける投資との混

（金額単位，100万ポンド）

	1914年	1928年	1929年	1930年	1931年
地方公共団体による資本支出	21.1	120.0	90.5	108.9	?
住宅金融組合の融資による建設	8.8	58.7	74.7	88.8	90.2
合　　計	29.9	178.7	165.2	197.7	?

同を避けるのは困難であるかもしれない。

しかし、こうしたことはさておき、私は、決議案が根本的な問題を正しく認識しているか疑問に思う。真の問題は、私がみるところでは、新規投資の質的統制ではなく、数量的統制に関するものである。また、それは、部分的には、新規投資の適切な総額を確保することに関するものであり、また、部分的には、対外貸付額が状況に対して適切であることを確実にすることに関するものである。また、決議案は、純民間企業が住宅投資の分野で現在果たしている、また将来、果たすであろう役割の小ささを見落としている。そのうえ、民間企業による住宅投資は、比較的小規模であるのみならず、かなりの程度、新規発行市場とは無関係であり、産業によって稼ぎだし企業内に留保された利益より行われるのである。少額の工業債券を除き、新規発行債市場はこの分野では、主として幾分以前に行った投資を大衆に売り出すのにかかわっているのである。個人投資家を損失から守ることは、そのための有効な手段が工夫できれば、たしかに有益であろう。しかし、その対象額は比較的少なく、依然として民間事業に属している分野は完全に民間の選択と主導にまかせることには大いに理屈がある。

いずれにしても、これは主要な問題ではない。海外貸出を将来自由放任のままにしてはならないのは確かだが、本稿の枠を越えた独自の特殊な問題を提起する、その海外貸出の管理を別にすれば、主要な問題は、すでに民間企業の管理から公的・準公的機関の管理に不可逆的に移行している国内新規投資の支配的な部分のペースの規制に関するものである。

上記の二組の統計を検討しよう。

このようにこれらの二つの経路を通じて、一九一四年の三〇〇〇万ポンドに対し、一九三〇年には二億ポンドが投資された。上記には、(郵便局を含む) 中央政府あるいは、中央電力庁、ロンドン港湾局、ロンドン水道局、農業抵当貸付公社およびロンドン交通局を構成する各部門のような公的部局あるいは、大学、病院等による資本支出は除かれている。比較のために英国における全種類の資本目的の新規発行総額を引用しよう。

一九二八年　£一七七、〇〇〇、〇〇〇　一九三〇年　£一二二、〇〇〇、〇〇〇

一九二九年　£一三七、〇〇〇、〇〇〇　一九三一年　£四〇、〇〇〇、〇〇〇

これらの数字は、地方公共団体、公的部局および民間企業による新規発行を通じるすべての借入を含んでいる。

このように住宅金融組合により一九三〇年、三一年の二年間の合計で信用供与された額は、上記の英国の全目的のための新規発行額合計を多少上回っている。要するに、金額的にみれば、民間の産業投資は第一の重要性からはほど遠いのである。われわれが必要としていることは、公的および準公的機関による総投資額の割合を定める整合性のある政策である。そうすれば、われわれは、産業界が必要とする資金を必要とする時に調達できるようにしておくことができるだろう。非常に重要な仕事がわれわれの手元にある。労働党の第一決議でもくろまれたスターリング価値をコントロールする仕事は、その手段を支配しなければ、われわれの能力を越えていることがやがて明らかになるだろうが、ここには、その手段もまたあるのである。私は、これが提案された国家投資局の主要な任務となるべきであると、主張する。

さらに、新規債発行による収入の他に、現在、減債基金、減価償却資金、返済等からますます多額の資金が公的・準公的機関の手中に集積しており、新規投資に利用可能となっている。私は、その金額は、中央政府で年間約五〇〇

〇万ポンド、地方公共団体で年間約六〇〇〇万ポンド、住宅金融組合で年間約五〇〇〇万ポンドとみている。このなかには、郵便貯蓄銀行の追加の預託金や国民健康保険基金等を通して他の方法で政府の各省に生じるものや住宅金融組合による追加的な借入および株式資本（それらは一九三一年には四五〇〇万ポンドに達した）は含まれていない。また、公的部局の減債基金と減価償却資金も含んでいない。もし、上記の合計に民間産業企業により収益および減価償却資金により調達され、内部に留保された新資金を加えるならば、国内民間企業による資本の新規発行を管理することがいかに小さいことであるかわかる。

したがって、国家投資局の仕事は、私が考えるところでは、第一に、一方にある新規投資の総流量と、他方にあるわれわれが維持しようと努力している物価水準で利用可能な投資向けの総資源との均衡を保つことである。それはインフレーションとデフレーションの両方を避けるためである。そして、第二には、国内物価の安定に最も適した外国為替相場水準にふさわしくなるように、新規貸出の総量を海外と国内の借り手に、配分することである。この仕事に知識と権限をもって取り組まなければ、ポンド価値の安定を確保できる見込みはないと私は思う。というのは、望ましい均衡がひとりでに生じることはありそうになく、それに失敗すれば、物価の不安定性を止めるものは何もなくなる。局のおもな手段は、思うに、投資のために生じている資金のかなりの部分をプールし、次いで、それに対する需要を確保する何らかの方法でなければならない。需要確保は、一部では、十分な需要を引き付ける金利で資金を利用可能にすることにより、また、一部では、特定の投資計画の実施を奨励することによる。

設備投資の速度を抑えるのが局の努めとなることが時折あろう。しかし、原則として、局の主たる問題は、雇用の最適水準を確保するため十分高水準の設備投資水準を維持することであると私は考えている。このような手段がなければ、雇用量の悲惨なまでの変動は過去と同じくらい厳しく、あるいはもっと厳しく、将来も続くことは確実であろう。

私は、したがって、労働党の計画のこの部分はさらに野心的であるべきだと思う。しかしながら、この思いは、労働党がこの方向に動き出したことについての満足感を必ずしも減ずるものではない。中央政府がこれらのコントロールに取り組むことが、正当に考えられた将来の社会主義である。

◆一九三二年一〇月一一日（次の手紙に出てくる一〇月一〇日ではない）に『タイムズ』紙は、投書欄において、前になされた「賢明な支出」計画を力説した投書をコメントしたC・H・St・J・ホーンビー氏の投書を大きく取り扱った。ホーンビー氏は投書を次のように結んでいる。

私がこの手紙を書いたのは、単に、この問題は非常に重要なので、幅広く議論すべきだと感じたからであり、また、経済学者が議論に参加し、彼［以前の投書者］を支持するか、あるいは、たぶん誤っている彼の理論を空中高く吹き飛ばすか、を期待したからである。……いずれにしても、この問題について経済学者達が述べることを聞くことは貴紙の多数の読者の関心を呼ぶと私は確信している。

この手紙の一つの結果は、A・C・ピグーが返事を書くことであった。彼は、それが少数の経済学者集団によって署名されることを望んだ。ケインズは署名を集めることになった。ピグーの草案に署名するよう話を持ちかけられた者は、サー・ウィリアム・ビヴァリッジとエドウィン・キャナンを除いてすべてが署名することに応じた。

『タイムズ』紙編集者宛て書信、一九三二年一〇月一七日

拝啓

貴紙は一〇月一〇日号の投書欄において、民間支出問題について経済学者の意見を求める投書を大きく取り上げた。わが国には多くの経済学者がおり、誰も全体を代表して発言していると主張することはできない。しかしながら、この手紙の署名者はそれぞれの立場で、長年経済問題の研究に専念してきた。われわれは、多くの同僚はわれわれがこれから述べることに不同意であるとは思わない。

第一次大戦時においてできる限り消費財・サービスの購入のための支出を切り詰めることは民間人にとって愛国的な義務であった。ある種の私的な節約は、実際、他の節約より一層国益に沿っていた。しかし、ある程度、あらゆる種類の節約が、その余裕資源――労働力、機械能力、輸送能力――を、政府が戦争遂行のために直接的にあるいは間接的に使用するために手放した。民間の節約はこれらの資源を重要な国家目的のために引き渡すことを意味した。現時点においては、状況はまったく異なっている。収入一〇〇〇ポンドの者が、通常は全額支出するが、もし、収入のうち五〇〇ポンド貯蓄すると仮定すると、彼が解放する労働と資本の余裕は、貪欲な兵器には廻されないのである。また、余裕の労働と資本が、公的あるいは民間事業による新規資本建設の投資への道を探し出す保証はないのである。もちろん、探し出す場合も、時にはあるだろう。土地所有者が祝いの催しごとに普段より五〇〇ポンド少なく支出し、その五〇〇ポンドを納屋あるいは小住宅を建てるのに充てる、あるいは実業家が工場に新しい機械を入れるために贅沢を切り詰める、などは生産資源を単に一つの使用目的から他の使用目的に移しているのである。しかし、ある人が消費を節約し、節約の果実を銀行残高の積み増しや、あるいは発行済み証券の購入に充てたとしても、解放された現物資源はそれを待ち受けている新しい収容所を見つけることはできない。現状では、余裕資源が投資に入ることは自信の欠如によって阻まれている。さらに、民間の節約がそれを強めている。それというのも、節約が、消費財を生産することが究極的な目的である工場、機械、その他すべての種類の設備投資をさらに抑制しているからである。したがって、現状では、民間の節約は一定の実質国民所得の一部を消費から設備投資に移していない。それどころか、それは、消費を切り詰めるのとほぼ同じだけ国民所得を切り詰めているのである。それは、労働力、機械能力、輸送能力を別のより有益な使途に振り向けるのではなく、それらを無為に捨て去っているのである。

節約の行動は、ほとんどの他のことと同様に、動機の複雑な組み合わせにより支配されている。ある人々は、確かに、所得が減少し、いつもほど多くは支出できないので消費を節約している。他の人々は、所得が減少すると予想されているが、あえて消費を節約しようとしない。個人の私的利益のために何を行うべきか、また、私的利益と公的利益が衝突する場合、公的利益に較べその私的利益にどの程度の重要性を付与するのかは、われわれが判断する問題ではない。しかし、われわれの見解によれば、次のことは明白である。現状において民間の節約は公的利益にかなっておらず、われわれが使いたいと望むよりもより少ない金しか使わないことは愛国的ではない。

更に、個別に行動する個人について妥当することは、地方公共団体を通じる個人グループの行動にも同様に妥当する。ある町の住民が水泳プール、図書館、あるいは博物館を建設したいと望んでいるとして、彼らがその実現を抑制しても、より大きな国家的利益を増進しないのである。彼らは、「誤った殉教者」であり、彼らの殉教により彼ら自身と同様他の人々をも害しているのである。彼らの誤った善意により、高まりつつある失業の波はさらに高く引き上げられるのである。

敬白

D・H・マクレガー（オックスフォード大学政治経済学教授）
A・C・ピグー（ケンブリッジ大学政治経済学教授）
J・M・ケインズ
ウォルター・レイトン
アーサー・ソルター
J・C・スタンプ

◆この結果は、しろうとおよび経済学者による一連の批判的な手紙であった。とりわけ、ロンドンスクール・オブ・エコノミックスのT・E・グレゴリー、F・A・フォン・ハイエク、アーノルド・プラント、ライオネル・ロビンズの諸教授から公的支出に反対する手紙が目立った。一〇月二一日に、当初の六人の経済学者は回答した。

『タイムズ』紙編集者宛書信、一九三二年一〇月二一日

拝啓

六人が集団としての立場で引き続き文通を続けることは可能ではありません。われわれは、貴紙のコラムで大きく取り扱われた、民間支出の問題に関して経済学者の意見を明確に求めた手紙に応えて貴方に手紙を出しましたが、この問題を更に継続する意思はありませんでした。しかしながら、われわれの手紙に対してなされたある批判のなかに、われわれがみるところでは、基本的な混乱があることが判明しました。それを解消できなければ、議論を無益なものとしてしまい、また、改善のための行動を無効にしてしまうにちがいないのです。

われわれは次のように告げられました。現時点において行うべき重要なことは、「われわれが所有している諸資源を絶対に必要とする仕事、すなわち、完成した時、最大の雇用をもたらす仕事に集中することである」。これに対して、図書館、博物館等に対する現在の支出は「自信が戻ってきた時に利用可能な資金を必ず減少させるにちがいない」と。これらの「資源」と「資金」とは何でしょうか。蓄えられた富の蓄積があり、その額はわれわれの行動とは無関係に一定であり、人々に仕事をさせるのにそれを現在利用するのは、後に人々を働かせるのに利用できる富の蓄積をより少なくすることによってのみ可能であると考えられているように思われます。この考えは、アダム・スミスによって埋葬されて以来何度も復活しましたが、幻想なのです。労働者とその他の人々がある年に支払いを受けるもとの資源は、ほとんどすべてがその国の頭脳、手、資本設備により——直接的に、あるいは海外からの購入をとおして——生産されたものから構成されているのです。この労働と資本が働か

ないでいる限り、労働と資本の所有者に所得を支払うための資源は保存されないのではなく、単に生じないのです。

われわれの貴方への手紙の目的は次のことを主張することでした。すなわち、通常の状態においては、個人および個人集団の貨幣の節約は、労働と資本は消費財ではなく資本財を生産するよう配置させられていることを意味しますが、現在の状態では、しばしば、それは労働と資本が不稼動に追いこめられていることを意味します。われわれに対する返答は、争う余地のない失業統計を無視することにより、暗黙裡に不稼動の状況へ追い込まれることは起こりえないと想定していますが、われわれの主張全体の趣旨を見落としているのです。

敬白

D・H・マクレガー（オックスフォード大学政治経済学教授）

A・C・ピグー（ケンブリッジ大学政治経済学教授）

J・M・ケインズ

ウォルター・レイトン

アーサー・ソルター

J・C・スタンプ

◆この年の残りの期間はケインズの新聞雑誌寄稿は国際問題に集中している（以下の第三章参照）[4]。しかしながら、年が明けるとともに国内問題に対する関心が復活した。

（4）　例外は一二月一五日の王立賭博委員会に対する彼の証言である。この証言およびそれに続く新聞への手紙は第二八巻に所収。

『デイリー・メイル』紙、一九三三年一月一日

一九三三年のいくつかの希望的予兆

この不況について予言するのは危険である。というのは、私は、経済システムがその回復力を失ってはいないか怪しんでいるからである。しかし、過去の事例から判断すると、われわれは一九三二年の後半に最悪期を過ぎた。そして、先例を無視するのは用心深いことではない。

不況の初期にはわれわれは楽観的に過ぎ、その後は、あまりにも容易に落胆している。一九二九年に何人かのアメリカ人は、好況は永久だと確信していた。今日、彼らは不況について同じことを信じ始めている。

しかし、不況には、好況と同様に、終りがくる。少なくともこれまでは常に終りがきた。今回の不況が通常よりより激しいものであったことは確かだが、しかし、これまでのところより長引いてはいない。不況はそれ自体のなかに反発する種を抱えている——ちょうど好況がそうであるように。

それゆえ、今日最も賢明な行動は、回復の最もわずかな兆候を顕微鏡でさがし求め、われわれが見つけることのできるどんなかすかなしるしも本当の兆候であるとみなすように備えておくことであると、私は信じている。

この精神で、私は、学問的な用心を捨てて、何が発見できるか経済状況を精査する。

過去一八カ月は無駄に過ごしたわけではなく、健康回復のため必要不可欠な幾つかの準備が達成された。わが国は、そして世界の大部分はわが国とともに、消滅しかかった金本位制の障害から、災害を被ることなしに、また、信用をきずつけることなく、免れた。この直接の結果として、われわれは、低金利により企業を鼓舞することをもはや恐れ

ないし、また、長期金利を戦前の水準に向けて引き下げるという絶対に必要な仕事を意気揚揚と実施してきたのである。

私はこのことを第一に重要視する。われわれがその恩恵をフルに受けるには、まだ十分な時間が経過していない。特に、大蔵省とイングランド銀行が現在、理由は不明だが、産業界が借換計画を利用することを妨げているからである。しかし恩恵は一九三三年の間に確実に生じてくるだろう。

ローザンヌ会議が賠償問題に成功裡に決着をつけ、また、最近時の成り行きはこの問題の蒸し返しは現在では極めてありそうにないことを示していることは、重要性においていささかも劣るものではない。私は、あえて、戦債が良くない方向で落ち着きつつあると考える。

インドは、八〇〇〇万ポンドの金を輸出することにより、財政と購買力を回復させて、政治上精神的により気楽になった。不死身の中国は活発であると希望したい。オーストラリアは自国の経済学者の助言を受け入れ、少し前には解決不能とみられていた問題をほとんど解決した。ドイツは、超人的な忍耐力を発揮して、経済的安定と改善のかすかな兆候をみせている。それらを一年前に予想したのであれば無分別と思われたであろう。

ただ、アメリカを忘れることができればよいのだが！　それでも、兆候は頼りない寄り集まりのなかにも、流れは発作的に変わり、昨夏の低水準は繰り返さないだろうと、示唆している。アメリカは、運行中容易に向きを変えるようには造られていないが、（部品は）新型モデルであり馬力やガソリンには不足していない。

わが国における状況はどうか。状況を全体としてみるために、失業統計や鉄道運輸をみれば兆候は悲観的である。しかし、これらは現状を示しており、これから生じることを示しているのではない。顕微鏡を手にして、元日に許される気ままにまかせて不利なものには目をつぶれば、私は喜ぶべきものをかなり多く見つけることができ、そのうちの幾つかは、実際、肉眼でもみえるだろう。

望ましい兆候の短いリストを――偏向しており不完全であると認めるが――作ってみよう。

英国は自動車産業が繁栄している（もっとも大型部門は不調であるが）世界で唯一の国である。われわれは、貧しくてより多くの自動車に乗れないわけではない。ガソリンの消費は一九三二年には五パーセント増加した。われわれは、最近の登録が示しているように、今新車を購入している。われわれは世界の輸出貿易の獲得に向けて著しい前進をしている。輸出貿易は世襲の権利として疑いもなくわれわれのものであるべきである。

鉄鋼産業は、眠りの中でかすかに動き始めた。造船休止の影響と世界の他地域における鉄鋼業界の状況を考えれば、当地の状況は満足すべきものである。他国との比較では、わが国の地位を維持するよりより多くのことをしてきた。一九三一年にはドイツとフランスはそれぞれ、わが国よりも五〇パーセント多い生産高をあげていたが、一九三二年にはわが国は両国とごく近いところにきた。一九三一年にアメリカの鉄鋼生産はわが国の五・五倍であったが、一九三二年にはほぼ二・五倍になった。この成功は関税にある。すなわち、金からの離脱による助けと相まって、わが国の輸出貿易は持ちこたえたのである。そして、近い将来、さらに改善するいくつかの確かな兆候がある。

地方自治体が活動を停止してしまったので建築請負業界はひどく打撃をうけた。しかし、一九三二年の最後の四半期には、承認された建築計画の推計コスト（この統計はロンドンを除いており、さほど信頼性が高くないが）は、ここしばらくより高い水準に回復した。

高圧送電線網は徐々に伸びている。電力消費はこれまで以上に大きいと私は思う。

人絹の生産は過去のいかなる基準で計った数字よりも高い。いくつかの毛織物部門もうまくいっている。ランカシャーの綿産業でさえ、最近数週間は内部のいさかいを解決しそうにみえる。

英国の農業は、一九三二年中最も暗澹とした部分であった。農家がそのような年を再度経験することから守るために、あらゆる正統派的慣行を曲げるべきだが、そうしないのであればそれは愚のこっちょうである。農業省のメージャー・ウォルター・エリオットの勇気と力が成功することだけを祈っている。おそらく彼は、最近数週間のうちに食肉価格の悲惨な道筋を反転させたと、すでに主張できる。とにかく、彼の態度は、価格を妥当な水準に引き上げるために必要とわかれば何でも実行すると、人々を期待する気にさせる。私としては、直接的な行動を好む。私ならば、必要であれば、農業省を市場に参加させ、彼らが適正水準と思うところまで価格を引き上げさせるだろう。

私は、これらのよい知らせを、それらが値するとおりに紹介する。しかし、私を誤解してはいけない。私は、現在回復しているのか、あるいはそうでないのか、を主張しているのではない。私が指摘した改善点は、部分的かつ不確かであり、相対的なもので絶対的なものではない。私は、一年前には見えていなかった、回復の遠因になりそうなものが存在していると主張しているに過ぎない。一九三三年の実際の展開はわれわれ自身およびわれわれの隣人いかんにかかっている。われわれが宿命論的になるいわれはない。好機を逃さないようにすることがわれわれの仕事である。三つの考えを示唆したい。

恐慌中の一年前に、保健省は、地方公共団体が行う建築、請負、その他事業のファイナンスのための借入のほとんどすべてを差し止める政策を定めた。この種の企画は、かなり事前に計画されるので、この政策が効果をフルに発揮するまでには何カ月もかかった。しかし、そのうち失業が増加するのは確実であった。特に、最も影響を受けた産業で既に仕事が不足していたからである。この政策は、実際、失業をひどく増加させた。

私は一九三二年の失業統計を調べて、関税と金本位制からの離脱により創出された新規雇用は、保健省によって創出された新規失業とほぼ釣合っているとの結論を得た。このようにして生じた全体の失業は直接の失業よりもはるかに多い。というのは、職から離れることにより購買力が制限された者は、彼が他者に与える雇用を減少させるからであり、その悪循環が続くからである。

大蔵省にとって、失業救済コストの増加は、地方税の割引よりもはるかに大きかったに違いない。その政策は、当初、二つの口実をもっていたのは事実である。それは恐慌の雰囲気の中で始められ、また、全般的な産業の不況と同様、競合的な借入需要を減少させることにより、少しばかり大蔵省の借換計画に役立ったかもしれない。しかし、今日では、その政策はまったく弁解の余地がない。それは大衆の気分と調和していない。本質的に、それは言いようのないほどばかげている。

第二に、一九三三年はより良い年になり、大蔵大臣が来年の予算で国民の負担を軽くすれば、より多くの税収を生じるであろう。積極的な課税は、課税されるべき所得を減少させることにより、その目的を打ち砕いてしまうだろう。〔求められるのは〕、手元にある証拠で厳密に正当化されるよりも一層大幅に課税を軽減する先見の明のある政策であろう。

最後に、――私が思うに、これはかすかな期待であるが――わが国政府が世界経済会議に大胆な提案をする機会があることである。国際貿易を窒息させている国家間の金融上の緊張をゆるめる理にかなった健全な方法があると、私は確信している。

したがって、一九三三年はわれわれがそうしようと望むようになるであろう。

◆一月四日にケインズは、BBC〔英国放送協会〕で貯蓄と支出の問題をサー・ジョサイア・スタンプと話し合った。その内容は一週間後に印刷されて発表された。

『リスナー』誌、一九三三年一月一一日

支出と貯蓄

サー・ジョサイア・スタンプとJ・M・ケインズの議論

スタンプ‥　ケインズさん、われわれが事態について本当に内々の話をする機会を持つようになってから久しいし、貴方に何かを教えたのはずっと以前のことです。現在、われわれは支出と貯蓄についてはすべて新聞で読んでおり、そのなかにわれわれ自身も参加している、と思います。この問題について大衆はどの程度理解していると貴方は思いますか。これについての議論は本当に、何か特別の論点を持ち出したのか、また、論点を明確にしたのか、あるいは、議論が始まった時と同じように混乱したままなのでしょうか。

ケインズ‥　大衆の雰囲気が変化しつつある、というのが私の印象です。一年前には、かなりのろうばいがあったが、今日では、ある者の支出は他の者の所得である、ということはかなり広く理解されるようになってきたのではないでしょうか。いずれにしても、そのことは、私には重要な真実であり、決して忘れてはならないことです。誰かが支出を切り詰める時はいつでも、それが個人、町議会、政府の部局であれ、翌朝には確実に、誰かが所得が切り詰められているのに気がつき、そしてそれが話の終りではないのです。朝起きた時に、ある特定の節約のために自分の所得が減らされたり、職を失ったことに気がついた者は、今度は、望むと望まざるにかかわらず、自分の支出を切り詰めなければならないのです。

スタンプ：　彼は次の人の所得を引き下げており、また、もう一人が職を失うことを意味するのですね。

ケインズ：　はい、それが困ったことなのです。一旦衰退がはじまると、それを止めるのは非常に難しいのです。

スタンプ：　ちょっと待ってください。まず、政府の部局や個人の節約を検討しましょう。そして次に、その行動の結果を考えましょう。国や町は、個人と同じように、それぞれの財源の範囲内で生活しなければなりません。もし財源を越えようとすれば、ゆゆしい困難に陥るでしょう。それは、すぐに、元手にたよって生活するようになるからです。

ケインズ：　節約には唯一つの目的しかありえません。それは、節約したものを、より良いより賢明な、何らかの支出で代替することです。

スタンプ：　代替！　そうです、そこで重要な点に移りましょう。例えば、政府あるいは地方公共団体が国税や地方税を軽減するために節約し、個人がより多く消費できるようにしたならばどうなるでしょうか。また、個人が、あるいは個人が資金を貸し付けた人々が、住宅や工場を建てるために、消費支出を減らしたらどうなるでしょうか。それでは事態は改善しないのでしょうか。

ケインズ：　しかし、スタンプさん、そうしたことが現在行われているでしょうか。当局は、国税や地方税を軽減し個人に追加の支払能力を渡すことをしないで節約をしています、また、個人は追加の支払能力を与えられた場合でさえ、しばしば大事をとり、あるいは、どのみち、貯蓄し、消費しないことを道徳にかなったことと考えているのではないかと、私は思っています。しかし、本当は、私が問題にしているのは、国税や地方税を軽減するこうした節約ではないのです。それは、借入により楽にまかなえる支出を削減する形での節約です。なぜなら、この場合は、所得を切り詰められた者の所得損失を埋め合わせるために、納税者がより多く受け取れるという利点がないからです。

スタンプ：　そうすると、われわれが本当に意味するところは、削減された公的支出が個人の追加的な支出により釣合いを保たれなければ、貯蓄が多過ぎるということです。結局、正常な貯蓄は単に別の種類の支出であり、公的当局や企業にレンガや機械類を生産するために廻される。貯蓄はより多くのレンガを意味し、消費はより多くの長靴を意味します。

ケインズ：　はい、趣旨はまったくそのとおりです。誰かが資本をレンガないし同類のものに使わなければ、国の生産資源は無駄にされ、貯蓄はもはや別の種類の支出ではないのです。そのことが、借入により普通にまかなえる正常な有益な開発を故意に削減するのは、現在の状況下では、私には、有害で気違いじみた政策であると思えると、私が言っている理由です。

スタンプ：　難しいのはあなたが「正常な有益な開発」と呼んでいるものを見つけることです。

ケインズ：　とんでもない。保健省は、もし私の情報が正しければ、地方公共団体が借入をする正常な申請を事実上すべて却下しています。例えば、私は新聞で、――数字を私自身は保証できませんが――建築業全国会議に出された質問状は、ほぼ三〇〇〇万ポンド相当の公共事業が国民節約運動の結果、停止されたと示しているのを読んでいます。失業の強化のための国民運動を何と呼んだら良いのでしょうか！

スタンプ：　いったいなぜ彼らはそう極端に走ったのでしょうか。なぜ彼らはそうしているのでしょうか。

ケインズ：　私には思いつきません。それは、たぶん、何カ月も以前に慌てふためいて下された決定の遺物で、誰かがそれを修正するのを忘れてしまったのです。もし雇用が、あと二五万人でも増えていれば、それが国民の精神、および、人間関係にどのような意味を持つか考えてみてください。そして、その影響がそこでとまってしまう、とは、私はまったく確信していません。

スタンプ：　私はむしろ政府の部局を気づかいます。とにかく、政府の部局を叱りつけるのは、そうされる罪があるかどうかは別にして、個人により多く支出するよう勧めるのとはまったく異なることです。個人により多く支出するよう勧めることは、確かにややばかげており、また、むしろ危険であるかもしれない。ばかげているというのは、彼らの所得が減少しているので、実際に支出できる以上に支出するからであり、危険というのは、人々に向こう見ずになり倹約の習慣を止めるよう勧めれば、それがどこに行き着くかわからないからです。

ケインズ：　私もまったく同感です。悪者は個人ではない。したがって、救済策があるとすれば、それは個人の行動から来ると期待するのは理にかなったことではありません。それが、私が公的当局の政策を非常に強調している理由です。玉を転がし始めなければならないのは彼らです。個人が、彼らのうち何人かが、すでに借金をしている時に、彼らがより多く消費することを期待できません。事業家が損を出している時に、彼らが事業を拡大することを期待できません。玉を転がし始めるために賢明な支出の方法を見つけ出さなければならないのは、組織された共同社会なのです。

スタンプ：　私の論点を反対の角度から見てみましょう。個人が倹約の習慣を持ち続けることは大切で、そのことが、この問題について公的当局が自らの責任を感じるべきもう一つの理由になっているのではないでしょうか。こうした倹約と貯蓄の習慣および方法は個人の生活に非常に有益ですが、それらを共同社会のために役立たせることができるとすれば、個人が貯蓄している金を使う有益な方法を見つけ出すのは絶対に必要です。

ケインズ：　そうです。そこが私の論点です。その上、諸活動を切り詰めること、したがって国民所得を削減することは、信じがたいほど近視眼的な予算均衡手段ではないでしょうか。

スタンプ：　ところで、国家信用という遠大な問題はさておき、この問題のすべては大蔵大臣に二点において打撃を与えると私には思えます。まず第一に、大蔵大臣は、職から解雇された者に対して失業給付を支払わなければならず、また、さらに、税収は落ち込みます。なぜなら、大蔵大臣は、二種類の税のうち人々の所得か支出のいずれかに依存しなければならないからです。したがって、個人の所得と支出の双方を減少させるものは何であれ税収を減少させるに違いありません。そして、もちろん、予算の収入サイドでは減少が、支払いサイドでは増加が生じようとしていれば、不均衡予算はわれわれの信用を破壊してしまうのだから、どうしてそうした状況を救済できるでしょうか。もちろん、私は平常時と非常時の違いがあることはわかっていますが。

ケインズ：　しかし、スタンプさん、国民所得を減少させるような方法では、予算は決して均衡させられないのです。大蔵大臣は、愚かにも自分の尻尾――つまり悪魔を追いかけているのです！　長期的に予算を均衡させる唯一の機会は、事態を平常に戻すことです。そうして、失業から生じる莫大な予算上の費用を避けることです。したがって、節約が有益であるか否かの基準にたとえ貴方が予算を用いたとしても、私は、〔基準となるのは〕雇用の状態であると主張します。例えば、戦争においては、皆が忙しく、重要で必要な仕事を実施するのは困難です。そのことは、一種類の支出が削減されれば、他のより賢明な支出がそれにとって代わることの明らかな証左であります。

スタンプ：　もし政府が大規模な住宅計画あるいはスラム解消計画を持っていたら、同じことが言えるでしょう。

ケインズ：　そうです。あるいは、新たな鉄道です。あるいは、新たな土地の灌漑、あるいはある新たな発明による産業の急速な拡大、あるいは何らかのそのような理由です。

スタンプ：　しかし、もし、今日そうであるように、国の労働力と工場の半分が使われていない状態であるとすれば、それはある種の支出が削減されても他の賢明な支出にとって代わられることがないことを示しています。それは、何も削減にとって代わることがないことを意味しています。誰もより豊かにはならず、皆がより貧しくなるでしょう。

ケインズ：　われわれは思っていたより意見が同じだとわかりました。しかし、多くの人々は今日、もっともな支出でさえまったくばかげたものと考えています。州議会が住宅を建設すれば、［たとえ］その住宅が家賃をまったく生まなかったとしても、国はより豊かになるでしょう。もし州議会が住宅を建てなければ、われわれは、より多くの人が失業保険を受けていること以外には、州議会に示すべきものを何も持たないでしょう。

スタンプ：　人々の公的信用についての考えに貴方が適度な注意をはらうことが常に条件になると思います。もしも政府あるいは他の当局が破産に向かっているとすれば、それは、いかなる政府、あるいは他の当局をも益することにはならないでしょう。

ケインズ：　私は国を真に豊かにする方法が公的信用を損なうとは信じません。貴方は、予算をめちゃくちゃにしているのは失業の負担と国民所得の低下であるという私の主張を忘れています。失業の対策をとれば、予算はおのずからよくなるでしょう。

スタンプ：　問題の公的支出サイドについては、この程度にしましょう。個人貯蓄のはけ口を開発することについてはどうでしょうか。各人が自分の生き方について相応に慎重であれば、個人の貯蓄は続けていかざるをえません。どのようなはけ口に貴方自身は賛成しますか、また、どのような新たな方法を提案しますか。

ケインズ：　私には完全に賞賛すべきだと思えるものの例をあげます。住宅金融組合は大戦以降すばらしい仕事をしてきました。それは、貯蓄を組織する一方で、同時に、他方では貯蓄を住宅建設で用いる方法を組織したからです。彼らにとって補完しあう二つの活動が相たずさえて行われました。彼らは自ら使用する以上の資金を集めている危険はまったくないのではないでしょうか。

スタンプ：　それについては、コメントしないでおきましょう。ただ私は、貴方によって、自分が品行方正な人間だと感じさせられています。しかし、私は、貴方がその事例から、「国民貯蓄証書」運動のような運動は止めるべきだとの結論を引き出さないことを期待します。

ケインズ：　スタンプさん、貴方はほぼ一年前のわれわれの放送のことを考えていますね［ケインズ全集第二〇巻、三一五〜三二五ページ］。それについては、私は大いに誤解されています。私は、貯蓄証書を購入するような階級の人々の貯蓄の削減は、まったく二流の対策だと考えています。私の議論は、もし公共事業が止められたら、特に民間企業が一時的な過剰生産能力のために停止しており、したがって拡張しうる立場にない時には、民間貯蓄はどれほどの被害をもたらすかわからない、ということでした。節約された一ポンド、一ポンドが一人の人間を仕事から追い出す——と私が言ったことを覚えているでしょう。私は、依然としてそのことを主張しています。私は、貴方がそれを否定するのではないかと危ぶんでいます。

スタンプ：　もちろん否定しません。もし、放出された資源が何もされずにおかれていたならば、人々は、自分達のために必要なものを供給するために働いていたであろう人たちを職から追い出す以外に何の効果もなしに、何か有益な、あるいは、楽しいことを切り詰めることになっていたでしょう。このことから、民間支出が私の好む解決策だと、貴方は断定してはなりません。

ケインズ：　とんでもありません。私は単に、政府が組織された共同社会として行うべき仕事を削減することによってなしている害悪を、思いやりのある個人がわずかでも取り消す方法として民間の支出を提案しているのです。私の考えでは、失業者を養うのが民間の慈善の本分でないのと同様に、個人が自然に支出する以上に支出することは、確かに彼らの本分ではありません。これらのことは、組織された共同社会が全体として行うべきです——すなわち、公的当局が行うべきなのです。

スタンプ：　私は、貴方にその点を明確にしてもらって非常にうれしい。それは、これが貴方が採用したい方法であることを、多くの人々が本当に理解しているとは思えないからです。私は、貴方が民間の倹約に反対しないことを喜んでいます。というのは、〔民間の倹約に反対するという〕方針によって今日どのような利益が得られようとも、長期的には非常により多くの悪影響をおよぼすことになる、と私は感じているからです。

ケインズ：　そのとおりです。私自身、時には、実際に貯蓄しますし、私は倹約が社会にとって有益で生産的であるようにさせておく政策を求めており、貯蓄の味方です。倹約の敵は、倹約の経路を切り離すことにより、その目的を奪い、公衆の利益となるはずのものを、失業を悪化させる手段に転じさせる者たちです。繰り返しますが、それが現下の状況下で生じていることです。州議会と公的当局の需要を切り捨ててしまえば、健全で雇用が十分な英国社会が倹約主義を信じて貯蓄するのに近い金額を、国内民間事業だけで使用する可能性は少しもないのです。

スタンプ：　貴方は、拡大している民間企業が吸収するかもしれない失業の大きさについてやや悲観的なのではないか。また、過去の貯蓄統計の視点から物事を見ているのではないでしょうか。景気が本当に回復すれば、貯蓄の吸収は、現在われわれが考えがちなものよりも、注目に価するものになるとは思いませんか。

ケインズ：　私はそうでないと思います。われわれの貯蓄の大きな割合を使っていた多額の海外貸付に対して現在、禁止が発効していることを考慮にいれなければなりません。われわれは、その全部を肩代わりしなければならないのです。そうでしょう。私は、国内の民間事業が、その全盛期においてさえ、国民貯蓄の半分を吸収したことはこれまでないと思います。また、今日、公益事業が公的当局の支配下にある度合いを考えれば、将来においても、民間事業がそうすることは決してない、と私は確信しています。私は、民間事業を自由に活動させ、また、民間事業が使えるだけのすべての資本を使うことにまったく賛成です。しかし、わが国が繁栄しており、皆が当然に雇用されていた時に貯蓄することができた金額を、近い将来において民間事業が吸収できると考える人は、偽りの楽園に住んでいると、私は思います。

スタンプ：　事態をそのように見る見方は多くの人には認められてこなかったと私は思います。これについて統計上はどうなのでしょうか。貯蓄はある程度の額になります。貯蓄には、――保険等――様々な機会があるので、そうなるのです。そして、それが続くはずです。ある個人が、自分の生活に相応に慎重で、貯蓄額を引き上げるとすると、その分は、事業の拡大や公的支出によって、あるいは双方併せて、適切に使われなければなりません。そして、これら二者がうまく目的を達成しないと、雇用に深刻な問題が生じます。もし、ギャップがあるなら、一番良いのは企業が拡大をしてそれを埋めることです。これができない場合、次に良いのは公的支出を増加させてギャップを埋めることです。これら双方が失敗するか、あるいは、何らかのもっともな理由で、公的支出を十分に増やせないとすると、両者を均衡させる最後の方法ないし便法は、二者の使用を上回っている貯蓄余剰が消えるまで、貯蓄が減少することです。しかし、何にしても、差額は使用されなければならないか、あるいは、消滅させられなければならないのです。

ケインズ：　そうです。それは、企業によってなされるのではないと、私は再度申します。近い将来、この国の経済の拡大は、貯蓄を吸収するのに十分なほどのものではないことがわかるでしょう。各種の公的当局、部局による支出を増加させなければならなりません。もし、公衆がそれを得られなければ、貯蓄を削減するという他の選択が採用されなければなりません。二つに一つなのです。

スタンプ：　この面について貴方を支持しますが、私は貴方に不賢明で不均衡な公的予算の原則をあまりに軽々しく扱わないようにお願いしたい。その種の原則は、依然として尊重されなければなりません。私は、われわれのジレンマの真の性格は、一つの原則がまったく単独でいつも成り立つとは限らないこと、また、個々には素晴らしい二つの原則が時には衝突するという事実にあると、思います。われわれは、いかなる時も、どちらか一方を選択するよう強いられます。われわれは、有徳の人が二つのことを言うことを知っています。第一に、倹約は良いことだ。できるだけ貯蓄しなさいと。また彼は、公的支出を削減するのはよくない、そんなことはやめなさい、とも言います。彼は、非常に立派なこれらの原則がそれぞれに極限まで実行されたとすれば、貯蓄の均衡に重大な変更が生じかねず、したがって、それらはわれわれの現代経済体制においてはいわば感情とは無縁の必然性ないし徳目として使用されており、一方、均衡予算の見解はいわば心情的な必然性であるということ、を理解していません。

ケインズ：　貴方はいつもこの予算の問題に戻ってしまう。それに関しては、減債基金のようなものは今日においては、より好景気の時ほどには重要ではないと私は言いたいところです。また、もし、大蔵大臣がやや楽観的な見解を持ち、たぶん次の予算において、実際に眼に見える事実によって厳密に正当化されるよりも、より多くの減税を行なうならば、彼は先見の明があると私は思います。もしそうすれば、彼は、自分が採用した楽観主義を正当化するような事実をもたらすのを促進することになります。しかし、そのことは私が真に望んでいるものではありません。私が望んでいるのは、公債支出です。それは、多様な有用性を持つすべての資本開発です。伝統的に、すべての資金を借入により調達することはまったく適切であるとわれわれは考えており、また、その種の支出は地方公共団体や中央政府により実施される、ということを私は認めています。また、私は、長期的には、その種の政策は、物事をどんどん切り詰める他の政策よりも、本当に予算を助けることになると信じています。

スタンプ：　貴方が、本当に言っていることは、景気拡大が低調な時には、人々は事業を起こしません。しかし、むしろ、こうした時期に公的拡張が最盛期となるべきなのです。銀行や金利や貨幣価値については何も言っていません！　すばらしい！　現時点では貯蓄の出口を探すのは容易なことではないとわれわれは認めたと私は思います。したがって、われわれは、そうした機会が出てくれば、どのようなものでもそれを軽視してはならないという点で私は貴方と同意見です。もしわれわれが、現代科学の発展のすべてを利用して、社会をわれわれが持つ機会に見合った装備を持つようにすべきだとしたら、なすべきことは無数にあります。われわれは仕事をすることにより豊かになるのであり、活動を切り詰めることにより豊かになるのではありません。さあ、立ち上がり、働きなさい。

ケインズ：　そうです。支出と貯蓄は、本当に補完的な活動であるというのが真実です。貯蓄の目的は、その金を有益かつ必要な設備に支出するところにあります。われわれは、支出を健全なものにするために貯蓄しなければならないし、また、同様に貯蓄が健全であるためには支出しなければなりません。

スタンプ：　要するに、われわれの貯蓄と支出は、実際に姉妹のショーのようなものであり、また、そうであるべきなのです。

◆一月三一日に、ケインズは国家公益住宅局の設立提案を検討するため、王立建築家協会の事務所で開催された会議に参加した。ケインズは、会議前に住宅についての論文を、次号の『ニュー・ステイツマン』誌の住宅と雇用についての連載の一部として、用意していた。この論文は、会議における彼の発言を表している。

『ニュー・ステイツマン・アンド・ネーション』誌、一九三三年二月四日

失業対策

先週の『ニュー・ステイツマン・アンド・ネーション』誌で、サー・アーネスト・サイモンは、政府の住宅政策に抗し難い勢いで反対した。私は、この政策は一八カ月前の恐慌の遺児であると思う。国民のムードがその当時と同じようであれば、この政策は支持者が得られたかもしれない。今日では、それを擁護する人は、ほとんどいない。もし、法案にサー・アーネスト・サイモンが求めた変更がなされないとすれば、下院の側のひどい怠慢を示すことになろう。今日、建築・建設業界では四〇万の職人が失業しており、失業手当として年に約二〇〇〇万ポンドを必要としている。幾万ものスラム街の住人が、彼ら自身の手に余る理由により、共同社会の不名誉となるような状態で生活している。ここ数カ月における金利の低下と建築コストの低下が相まって、既存の法律に基づいてスラム問題に本当に取り組むことが初めてできるようになった。サー・アーネストがいみじくも反住宅法案と呼ぶものを、この時期を選んで導入しようとすることは、寛大さや良識、さらには民衆の気持ちのささやきに対して心を閉ざすことである。

保健省は、実際最も好ましくない評判を得る恐れがある。保健省は、外務省とならんで挙国一致内閣の顕著な失敗である――他の閣僚や政府支持者による心からではない、納得していない謝罪の原因になっている。というのは、反住宅法案は、今のところまだ、計画に過ぎないが、地方公共団体に対する有名な反雇用内部文書は(5)一八カ月近くたっているのである。それが、蕾のうちに摘み取ってしまった潜在的な雇用量は、もちろん、正確に算出できない。保健省自身は、自らが引き起こした惨害を認識していないかもしれない。それは、同省により却下されてしまった回状にもかかわらず同省に送付されたボーダーライン上にある事例の数しか同省は知らないからである。しかし、もっとも完全な調査が建築業全国会議によりなされ、地方公共団体による削減は、三〇〇〇万ポンド台であったことを示唆している。そうだとすると、直接雇用された各人は次に少なくとももう一人の二次的雇用を導くとみなすと（この計算はそれほど外れていないというしっかりとした証拠がある）、保健省は約二五万人を失業させ、このことにより、関税と金本位制からの離脱により雇用に生じた利益の相当部分を相殺してしまった。ついでに言えば、保健省は、失業手当費用の増加と、課税対象所得および利益の産業界の至る所での減少により、予算を不均衡にするのに大幅な貢献をしてきた。そして、保健省は、いわば、故意にそうしたのである。というのは、同省が干渉した多くの仕事は、借入により通常どおりに、かつ、適切に資金調達され、さらに、かなりの部分が、過去の改良工事についての現在の減債基金により純債務を増加することなく資金調達できる英国の地方公共団体の正常な開発だからである。実際、現在生じていることは、ほとんど信じられない。というのは、地方公共団体は、早晩必要と認められた資本事業を、延期がほどほどに可能という意味で、緊急性がなければ延期するよう命令されたのである。そして、さしせまって必要とされた道路で、半分完成して断念された事例さえあったのである――もっとも、ここで責められるべきは、貸出停止を決定した道路基金であるが。サー・ヒルトン・ヤングは何を期待しているのだろうか。雇用が正常に戻り、建築業が忙しくなった時が、彼が地方公共団体を束縛から解放する瞬間なのだろうか。

さて、英国政府内には、――われわれの所得は、われわれが雇用されている時に生産するものの別の名前であることに過ぎないことを忘れて――「今日の不景気では」国はあまりに貧しく雇用するゆとりがないと本当に信じている人々がいるようである。彼らは、われわれが倹約したものを後日に備えて貯め込んでおくことができ、また、その余った工場と失業者は、（それらは単に「倹約」の別の面であるのだが）「資金が許容する時に」三倍働かせることができるエネルギーと活力を貯えている、と信じているようである。しかし、貯蓄は、もちろん、そのまま「取っておく」ことのできないものである。それらは、資本開発と同時に使われなければ、失業手当や、赤字、事業損失として永久に消えてしまうのである。

（5）　一九三一年九月一一日付、地方公共団体に対する回状第一二二二号。

しかし、別の想定をしてみよう。それは、分別と思いやりのある多くの人々にあてはまると同様に、ほとんどの閣僚、官庁の大多数、および議員の大多数に当てはまると、私は信じている。当局は、失業を減らすことを熱心に望んでおり、また、理にかなった対策なら何でも支持するリスクを冒す覚悟ができていると想定しよう。さらに、彼らは度量が広く、構想力に富み、大胆で、熱心で、建設的で、活動的であると想定しよう。そのようなことを想定するのはばかげているだろうか。ばかげているはずはないではないか。とにかく、そう想定しようではないか。そうすれば、われわれは何ができるだろうか。

私は、『ニュー・ステイツマン・アンド・ネーション』誌一二月二四日号で、特に世界経済会議(6)での可能性に関連して国際的分野における行動について論じた。しかし、海外における改善とは別に直接行うことができる国内分野に限定し、論争をおそらく最小限に留めることができる提案に限定するならば、われわれの手元には四つのことがあるように思える。

第一は、サー・アーネスト・サイモンのスラムに対する提案を、熱意をもって採用することである。

第二は、保健省が悪名高い内部文書を撤回し、そしてその代わりに、地方公共団体に対して、低金利と低い建築コストを勘案すれば、今が、正常な開発計画、特に借入により資金調達することが通常であり適切な市庁舎、住宅、都市計画、学校、下水、ガス、水道、電気、輸送などを進行させる時であることを伝えることである。また、同省は有益で望ましいもののための借入を早期に承認するために時間外にも働く覚悟をすることである。

第三は、個人が資本や準資本的な性格を持った支出、例えば、住宅および家具・備品を修理、改善し、資力が許す限り、現代社会が提供し、一度味わったら決して手放したくなくなる便利さや快適さを備えることに賛成する世論を組織することである。なぜ郵便局は、一定の課税評価額以上の全住宅に、四半期の間賃料なしで、「実物を見た上で気に入ったら買う条件で」電話を設置することを提案しないのか。なぜガス、電力当局は少額の年間賃料ですべての住宅に配管や配線をしたり、三カ月の試行期間付きで暖房器具の賃貸しをしないのか。なぜ内国歳入庁は、個人、産業にかかわらず、向こう一二カ月間に、通常の減価償却引当を超えて実施された修繕および更新に追加の減価償却引当金を臨時に認めないのか。これらは提案することができる多くの事案の例である。われわれが悪循環を打ち破り、前進のボールを再び転がしたいと本当に望むならば、なぜわれわれは何かをしないのだろうか。ロータリークラブは、この線にそって個人が努力するよう広範な宣伝を全国的に始めていると聞いている[7]。例えば、私は、ブルームズベリーの住人として、セント・パンクラスの市長から、個人支出を拡大するための一致した努力を求める回状を受け取っている。これらは、正しい考えであり、それを提唱している人々は正しい方向に向けられた公共心を示している。しかしながら、この種の個人的努力はそれだけでは十分ではないことがわかろう。個人所得が今日あまりにも縮小しているので、多くの個人は、いかに偉大な善意をもっていても、たいしたことはできない。われわれは、社会の停滞している貯蓄を再び循環させることのできる大規模な資本開発を開始することにより、まず、個人の所得を増加させなければならない。そこで、私は、第四の手段に移る。それは、他の三手段と相まって、われわれに大規模な繁栄を取り戻してくれるだろう。

今日未解決な資本の必要性を探そうとすれば、それが何であるかは、議論の余地なく、明らかである。すなわち、あまり高くない家賃で賃貸できる住宅を供給することである。サー・イーノック・ヒルは、この問題を判断する卓越

(6) 以下、二一〇〜一六ページ。
(7) 以下、一九〇ページを見よ。

した立場にいるが、少し前に、今日、少なくとも一〇〇万軒の住宅不足があると言明した。近年、住宅金融組合はすばらしい仕事をしたが、それは居住者が所有する住宅需要を満足させるものであった。スラムの問題に対処する方法は、サー・アーネスト・サイモンの方針を除けば、まだ、ない。これらの両極端の間に、現存の手段では適切に対応 159 できない、緊急かつ未充足の需要がある。

しかしながら、ようやく好機が到来し、このことを可能とする。建築費用は過去五年間で二〇～三〇パーセント低下した。次の表は、『建築家ジャーナル』の注目すべき一九三三年一月一一日号から抜き出したものであるが、素人にとっても興味深いものであろう。

同時に、金利も三分の一低下した。それらすべての結果は、国債金利〔の低下〕をフルに利用するとして、今では、以前に必要だった家賃の約三分の二の家賃で賃貸するために住宅を建築することができるということである。そんなわけで、専門家の計算によれば、資金が、建築費用が分割返済される間、現在の国債金利で調達できると仮定して、 160 週八ポンドから九ポンドで（修理と割賦償還金を含み、地方税は除く）賃貸する住宅を建てることができる。この家賃では尽きることのないほどの需要があろう。

実際の計画は下記のような形となろう。サー・レイモンド・アンウインがすでに提案した線にそって国家住宅局が設立され、同局は、大蔵省の保証により、例えば、手始めに一億ポンドを借り入れる権限が与えられる。ただし、このうちかなりの部分は（例えば、地方公共団体と住宅金融組合を通じて）公募発行なしで、たぶん、まかなうことができるだろう。住宅局は、職人と建築業界に対して当初計画期間中における価格安定について協定を結ぶであろう。次いで、同局は、住宅建設のための資金を直接あるいは既存のしかるべき機関を通して貸し出す。特に、同局は、住宅金融組合と密接に協力して業務を進めるべきである。住宅金融組合は、主に、同局と民間個人の仲介をし、同局の

		1932年		1927年	
		シリング	ペンス	シリング	ペンス
機械工賃金	時間当り	1	7 ½	1	9 ½
労働者賃金	時間当り	1	2 ¾	1	4 ½
運転手付き3トン・トラック借り賃	時間当り	4	6	6	6
青色石灰岩	トン	36	6	56	0
セメント	トン	46	0	58	6
建築用の砂	トン	8	6	13	0
レンガ類					
フレトンレンガ	1,000	58	0	63	6
上質レンガ一級品	1,000	91	0	107	0
上質レンガ二級品	1,000	82	6	101	0
赤色化粧レンガ	1,000	147	6	190	0
スレート板	1,000	375	0	540	0
かわら，機械製	1,000	90	0	130	0
骨組み用木材	周囲1フィート	2	2	2	9
1インチ床材	—	22	0	29	0
形鋼梁	112ポンド	10	9	12	6
4インチ樋	長さ1フィート		10	1	3
21オンス板ガラス	1フィート平方		3 ⅜		5
亜麻仁油	ガロン	2	2	3	7

保証が住宅金融組合を通じて賃貸住宅の供給を可能にするというように。また、同局は、地方公共団体の住宅委員会および他の地方当局を通じて、これら機関により計画された開発を実施する資金を供給する働きをすべきである。同局は、ウェリンなどのすでに計画された都市計画の資金調達を援助すべきである。また、同局は、新たな地方住宅企業が新しい都市計画地域の大規模な開発を行うことに対して、資金を提供し、監督をすべきである。特に、同局は、〔テムズ〕川の南側のロンドンの組織的な再建に着手するだろう。同局のこの種の計画は、すでに、権威筋からの支持を受けつつあり、また、先週火曜日にサー・オースティン・チェンバレンが議長となり王立建築家協会が主催した住宅問題の多数の権威が出席し

た集会では満場一致で承認された。

そのような機関は大蔵省が借入を保証する以上の補助金を必要とするだろうか。私は、必要とするとは思わない。しかし、大蔵省の保証が実際に履行されるようになることに対する保護として、不測の事態に備える準備基金を設置することが得策であろう。先週ブレブナー氏が『ニュー・ステイツマン・アンド・ネーション』誌に寄せた手紙で提案したように、この目的のために失業保険基金から少額の寄贈をすることは検討に値する。すなわち、失業保険基金は、住宅局の活動により直接雇用された人々が失業したままだとしたら支払わなければならなかったであろう失業手当分をもとに算出される総支出に対する小さな比率の寄贈を国家住宅局の費用に対して行うのである。

◆ケインズはこの論文の写しを保健大臣のサー・ヒルトン・ヤングと彼の事務次官のサー・アーサー・ロビンソンに送った。両者に対するケインズの添え状は、ほぼ同じであるが、両者からの返事と同様、幾分興味深い。

サー・ヒルトン・ヤング宛書信、一九三三年二月四日

親愛なるヒルトン

今週の『ニュー・ステイツマン・アンド・ネーション』誌に寄稿する論文の写しを同封しました。私の批判を個人的なものと受けとめないことを望みます。なぜなら、それは確かに私の意図するところではないからです。論文のなかで表明した論点は、他の人々がそうであるように、私が非常に強く意識している論点なのです。例えば貴方が『タイムズ』紙のピグーの論文からみられるとおり、彼は活動の計画面を心底より支持しています[8]。私は貴方が彼と――あるいは、貴方が尊敬する見解を持っている他の方と話すことを望みます。

そういうわけですので、私の攻撃が激しいものであることをお許しください。保健省が、現在の環境下では、失業を悪化させ国を貧困化させる以外に何の効果もない、と私には思える政策を遂行するのに替えて、何か大きな建設的なもののために努力することに加わることができれば、それは大変素晴らしいことでしょう。

この論文の写しはサー・アーサー・ロビンソンにもお送りいたします。

敬具

［イニシャルのサインつき写し］Ｊ・Ｍ・Ｋ

サー・ヒルトン・ヤングよりの書信、一九三三年二月六日

私信

わが親愛なるメイナード

『ニュー・ステイツマン』誌の貴論文の写しを同封した手紙をいただき有り難く思います。

貴方は、この問題について明らかに政府の政策に激しく対立しています。われわれの政策に対する批判に私がこの手紙で答えないのは、この問題を議会で早期に取り上げる機会を期待しているからです。

実際の行政については、貴方は見当違いをしています。一般的に、節約をしているのは地方公共団体であり、倹約を要求している保健大臣ではないのです。

貴方の批判は個人的に意図されたものでないと書かれたのを読んで嬉しく思います。より一層そう思うのは、私は当然、貴方の論文からそういう意図だと理解すべきではなかったからです。

（８）一九三三年一月六日。

敬具
E・ヒルトン・ヤング

サー・アーサー・ロビンソンよりの書信、一九三三年二月六日

親愛なるケインズ氏
四日付手紙と同封の論文の写しをいただき有難うございました。
もし貴方が、保健省の代わりに政府としておいたら、その結果は、より正確で保健省に対しより公平であったでしょう。それはさておき、公務員が何かを述べることを貴方は期待しないでしょう。鞭打ちの柱の役はわれわれには慣れたものです！
もちろん、この問題あるいは他の問題についていつでも貴方に喜んでお会いします。

敬具
アーサー・ロビンソン

◆経済情報委員会は一月三一日の会合での首相の要請に基づき二月九日にケインズに財政政策についての手紙を送付した。それは、一九三一年の危機に対応して課された節約政策が意味した経費節減ではなく、政府による開発政策の増大を提唱したものであった。それは、地方公共団体の支出抑制を止め、危機の間未完成で放置されていたバイパス自動車道路などの公共投資を、必要であれば借入により、完成させるという委員会の前の勧告を反映したものであった。
ケインズもまた、ケンブリッジ商工会議所が二月一七日に彼を主賓として開催した晩餐会でスピーチをした際に同じ問題に触れた。
二月後半に、ケインズはさらに続けた。

ジェフリー・ドーソン宛書信、一九三三年二月二二日

親愛なるドーソン

私は、ここ一両日、現状について二、三の論文を書きたい気を強くしておりました。その論文を『タイムズ』紙に寄稿し、たぶん、その後まもなく小冊子としたいと考えています。

論文は二つの話題を扱っています。第一は、住宅拡大計画の予算の真の利点を評価する問題です。第二は、国際緊張を緩和する手段として世界経済会議により採用されるべき国際的な信用発行の金貨幣プログラムに関するものです。これらの問題のそれぞれについて、私は主張すべき重要なものを持っていると感じています。

第一の問題については、あなたに内容がどのようなものであるかみてもらうために、最初の草案を同封します。第二は計画を説明することですが、それは、実際は私自身のものでなく、あるグループにより考え出されたものです。そのグループには、貴方限りにしていただきたいのですが、経済諮問委員会のH・D・ヘンダーソン、スタンプ、レイトン、ソルター、ブラケットとナショナル・プロヴィンシャル・バンクのサー・アルフレッド・ルイスが含まれます(9)。

もし論文を採用していただけるなら、それはかなり早く掲載すべきだと思います。例えば、今から二週間以内という意味です。もちろん、具体的にどの日付にするかは重要ではありません。

論文を採用するという考えに貴方が興味をもたれ、ご一報くだされば非常に嬉しく存じます。

(9)　これについては、二〇三～四ページを見よ。

敬具

［イニシャルのサインつき写し］　J・M・K

◆ドーソンは二月二四日にケインズの提案を受け入れ、ケインズは連載の準備に着手した。最初の論文の長さから、二人は四つの論文を連続した日に掲載することに合意した。論文は当初三月六日から九日にかけて掲載されることになっていたが、ドイツにおける出来事、とりわけヒトラーの政権掌握により延期され三月一三日から一六日にかけて『繁栄への道』（ケインズ全集第九巻、三三五〜三六六ページ）として掲載された。

ケインズは公表に先立ち写しをヒューバート・ヘンダーソンに送った。彼のコメントは幾分興味深い。

H・D・ヘンダーソンよりの書信、一九三三年二月二八日

我が親愛なるメイナード

国内的拡大についての貴論文をお送りいただき有難うございました。事実関係に関する訂正の類については、もし間に合うのであれば、ロウについての言及を修正された方がよいと思いますが、それ以外は何も批判することはありません。ロウはスラムについて一億ポンド支出することを実際に「提案」はしていないのです。一億ポンドは、彼が提案していることが大蔵省にとってどの程度の負担となるかの限度を示すためのまったく仮定の数字なのです。彼は、「示した金額よりはるかに少ない」支出をしようと真剣に考えていたに過ぎないと示唆しています。

ところで、貴論文に対する私の全般的な反応をお伝えしたい。公共投資計画についてのエンジンを反転させることには、もちろん全面的に賛成です。そして、現在の環境下で、そうすることの有益な影響は、たぶん貴方が主張されるように十分に大きいだろうと思います。しかしながら、カーンの計算の手法を私は好きではありません。また、実際的見地からより重要なことは、何か非常に大規模なことが公共事業により簡単に処理できると示唆されていることも嫌いです。

計算に対する私の反対は、波及効果の議論について一定の限定を設けることに関しては非常に綿密に扱っており、そうすることによって、ほとんど過剰なほどの注意深さと節度を印象づけている一方で、極めて重要な、または、そうであるかもしれない限定が考慮されていないことにあります。第一に、補助金を受けた公共事業は、補助金がなくてもいずれにしろ実行されていたであろう事業を、ある程度、肩代わりするかもしれないという論点があります。この点は、必要とされている職業安定所のようなものを設置すべきかどうかの問題を扱っている場合には意味がありません。また、それは、貴方が軍備に対して大規模の支出を提案しているとしたら、意味がありません。しかし、この点は、貴方や他の人々が実際に提案している事柄の多くに関連して本当に非常に重要になってきます。例えば、一億ポンドを「国家住宅局の援助の下で支出する」貴方の案を取り上げてみましょう。貴方の提案する住宅局は、住宅局がしなければ民間企業が建設したであろう住宅をかなりな程度建設することは明らかでしょう。それがどの程度であると言うことはまったく不可能です。民間企業により建設される住宅の減少が貴方の事業が実際に建設する住宅の一〇〇パーセントを超えると、何人かは主張し、また、それは先験的には十分考え得ることです。この要因について、公共事業がどのようなものであれ、また事業がどのような規模で計画されるとしても、適用できる一般的な「許容量」を設けることはできないのです。

貴方は行政上の基本的な事実を無視する傾向がありますが、ここで、そうしないように訴えたい。中央政府の直接支配下にある公共事業は次の種類のものだけなのです。すなわち、(一) 軍備、(二) (職業安定所を含む) 政府の事務所、(三) (電話を含む) 郵便局です。道路を含む他のものはほとんどすべて地方当局により実施されなければならず、政府ができることはその気にさせ催促することだけです。さて、そうであれば、「三〇〇万ポンドの資本支出が大蔵省を二〇〇万ポンド程度助ける。したがって、すべて三分の二補助しよう。」ということは極めて非現実的なアプローチです。地方当局の事業にはかなり広範囲の異なった種類があります。いくつかは大蔵省から補助をまったく受けずに実施され、いくつかは僅かな補助を受け、また幹線道路のように高率の補助を受けるものもあります。したがって、公共事業を推進しようと望んでいる政府にとって実際上の主要な問題は、各種の補助率を引き上げるのか、そうするなら各ケースについてどの程度引き上げるのかということです。また、そうしたことを、より低い補助率でもいずれにせよ実施されるであろうすべての事業に対してより高率の補助を出すことになることを知りながら、どの程度追加的な事業がなされるかは知らずに、実施しなければならないことです。貴方は、それは問題ではないと言うでしょう。貴方は地方税と国税の間で何が生じても気にしないでしょう。貴方の財政上の計算に関するかぎりは、それで答えとして十分でしょうが、政府が地方当局に事業計画を勧めさせることができる度合いは必然的に非常に限られていることについての答えにはなっていません。いやしくも地方政府の制度を続けていくかぎりは、地方計画の費用を地方当局と大蔵省の間で分担する方法は合理的かつ擁護できる原則により決定されなければなりません。そしてこの観点からは、当面の失業政策のために補助の規模を拡大し、それによりこれらの問題についての正常な財政上の基準をぶち壊す方向に労働党政府が行った程度まで進むことに対して重大な反対があります。もし、貴方が正常な行政原則により正当化される限度を超える補助により地方当局を買収しようとするならば、貴方の政策は無責任なほど浪費的であるとの印象を一般公衆に非常に強く与え、そのことは、これから私が述べる信頼等の問題に極めて関連してくるのです。

この理由により、政府が大規模な公共事業を意のままに決めることができるようなものであると想定するのは幻想であると私は確信しています。ほとんどの公共事業は計画のために長期間を必要とすることから、そうすることはより一層困難になります。

このことは、計算に関する私の第二の主な留保条件につながります。それは、公共事業計画は、例えば金利を引き上げたり、信頼を損ねたりなど様々な方法で、一般の産業活動量を減少させるという、おなじみのものです。現下の状況では、適度で地味な計画である限り、この点が影響力を持つとは、私は考えませんが、計画が派手で雄大なものであればそれは真に影響力を持つと思います。これとの関連で、私が先の二段落で示した点は極めて要点をついているのです。貴方はしばしば――「信頼について語るのはナンセンスである。信頼は発注に依存しているのだ。」と言います。確かにそうかもしれません。しかし、私は次のように主張します。貴方が二億ポンドという大計画をしようとしていると発表したとしても、少なくとも一年間は、その計画に対する注文を一つも得ることができないでしょう。それに対し、貴方の意図の発表が国債市場等に与える影響は即座に現れるでしょう。このようにして、貴方のいう好循環が少しでも始まる前に、貴方は安易にも悪循環に準備を整えさせてしまうでしょう。したがって、一般的に言えば、公共事業をわれわれの今日の問題に対する主要な建設的解決策とする考えに私はまったく反対です。私の考えは、目下、いわば最小限の共産主義の方向にますます傾きつつあります。次のような提案を貴方はどう考えますか。それは、九カ月から五歳までのすべての子供に対して、毎日一パイントの牛乳を無料で受け取れるクーポン券を与え、その費用は、率直に言ってインフレ的な方法によって景気が回復するまで支払われるという提案です。

敬具

H・D・H

H・D・ヘンダーソンよりの書信、一九三三年三月八日

親愛なるメイナード

タイムズ紙への貴論文の写しをお送りいただき感謝いたします。最初の二つの論文のより論理的な順番はそれらを入れ替えることだと私には思えます。物価引上げについての論文は真に導入的なものであり、問題を全体として国内的、国際的観点から概観しており、この論文は、その後の言及に関する部分を除けば、一語も変更することなく最初にもってくることができると思います。しかし、もちろん、これはたいしたことではありません。

第二論文：五ページ冒頭の銀の再貨幣化についての言及は気に入りません。このことは、金生産の増加と同様に実際に生じておりませんし、われわれが「みんな歓迎する」ことでもありません。私は、「退蔵」の後の所で、文を切ることを提案しま

す。その後――「銀の再貨幣化は同じ方向をたどるだろう。しかし、その数量的重要性については評価する向きもあるが、私見ではないと思う」と。[10] 論文の前の部分、三ページ冒頭で、公債支出の増加についての貴方の定義は気に入りません。税の軽減についての言及は公債支出に最初から国家財政の趣を与え過ぎるし、そのことは、その直後に労働党政府がこの方法を試みたと述べることによって強調されています。貴方の基本的な立場は、確かに、総購買力は社会全体としての公債支出の増加によってのみ増大でき、必ずしも政府の借入計画によるものではないというところにあります。それに続く貴方の議論の展開は、不況の厳しさに鑑みれば「第一歩は公的当局の主導により踏み出されなければならない」という結論につながります。ここでは税に対する言及は、形式上は不要です。なぜなら、財政赤字は公債支出の増加を示唆しているからです。したがって、私は段落四（i）の定義は単に――「社会の公債支出を増加することにより」[11]とし、労働党政府についての言及は、「公共事業の手法により労働党政府は云々」で開始すべきだと提案します。[12]

貴方の第三、第四の論文は賞賛すべきものであり、次のことを除き私が示唆すべきものはありません。それは、アメリカ銀行界の崩壊を考慮して、現下の緊急時に資金の激しい移動（私は、よりありそうなのは、アメリカからよりもアメリカに向けてであると思います）を防止する手段として、英国、アメリカ、フランスの共同行為により国際金証券計画が開始されるのは有益である、と貴方が提案するかどうかはたぶん検討に値するということです。

論文は全体として効果的な連載となると思います。

敬具

H・D・H

◆ケインズは、『タイムズ』紙の社主であるアスター子爵からも手紙をもらった。

アスター子爵よりの書信、一九三三年三月九日

親愛なるケインズ

先日、貴方の計画を『タイムズ』紙に発表することを提案されていることを貴方からお聞きして、私は本紙編集者にアメリカに事前に二通写しを送るよう依頼しました。私はカバーレターをつけて、これらの写しをフランクリン・ルーズベルトと（予算局局長であると思いますが）ダグラス氏に送付します。私は二人を知っており、貴方の提案を私から非公式に送った方が、提案が何らかの形でわが国の政府の政策と関連している場合よりも、彼らが提案をより公平に検討するのではないかとの考えが浮かんだのです。

敬具

アスター

◆最後の論文が発表された後に大蔵大臣はケインズに手紙を出した。

ネヴィル・チェンバレンよりの書信、一九三三年三月一六日

親愛なるケインズ氏へ

(10)　ケインズは言及を削除した。
(11)　ケインズはこの提案を採用した。
(12)　ケインズはこの提案を採用した。

『タイムズ』紙で貴方の論文を拝読しました。内容について貴方とお話できる機会を持てれば幸です。明日午前中と午後の早い時間はフランスの大蔵大臣のボネ氏との会談の約束があります。大蔵省に六時においでくださることはできましょうか。

敬具

N・チェンバレン

◆ケインズはこの誘いに関心をそそられた。彼は三月一六日にR・F・カーンに「これはエリコの壁が揺らいでいるということだろうか〔訳注2〕」と尋ねたので、大蔵大臣に面談の後、報告した。

R・F・カーン宛書信、一九三三年三月二〇日から

金曜日に大蔵大臣と非常に満足のいく話ができました。彼はきれいな処女地のようであり、また、すべてのことを偏見なく、明らかに共感して聞いていたようで、初回にしては完全に思えました。

◆三月二三日までにケインズは批判に応えることを考え始めた。

ジェフリー・ドーソン宛書信、一九三三年三月二三日

親愛なるドーソン

私は、『タイムズ』紙への今後の寄稿はどのような形とすべきかを真剣に考え始めました。

さらに言及すべき三つの論題があるように思います。

1．最初の論題は、第一次の雇用に対する第二次の雇用に関する乗数に私がたどりついた論理のつながりに関するものであり、また、誘発される雇用についての私の推計が不当なほど楽観的であるか否かという一般的な疑問についてであります。明日発行される『ニュー・ステイツマン・アンド・ネーション』誌にこの点に関連して重要な批判が掲載されます。いずれにしても、私は、これまでは、いかにして結論に達したかを示そうと試みず、たぶん、人々に、結論を信用して受け入れるように求めすぎたのです。

2．第二は、私が必要と考える行動が効果的であるためには、どの程度の規模かという問題であり、それに加えて、計画が具体的条件のもとで実施される際の方法の詳細についてです。多くの批判者は評価できる結果をもたらすのに必要な努力の大きさについて誤った考えを持っていると、私は思います。

3．第三は、国際問題およびそれに関連してなされた各種の批判に関するものです。

これら三つの問題のうち、第一は、やや技術的ですが、私は議論を一般的な形で表現する方法を見つけたと思います。さらに、これらの線にそった主な批判が『ニュー・ステイツマン・アンド・ネーション』誌に発表されたので、私がこの部分の議論を同誌で展開することは、非常に適切でしょう。私は、同誌の編集者は私がそうすることを望んでいることを知っています。しかしながら、私がタイムズ紙でそうすることを、貴方がはっきりと望むならば、私にはそうする用意があります。たぶん、最良の方法は、この論題のもとに私が言うべきことを直ちに書き上げ、貴方にご覧いただくことでしょう。『ニュー・ステイツマン・アンド・ネーション』誌上の批判に対しては、同誌の編集者

〔訳注2〕旧約聖書「ヨシュア記」第六章。エリコの町の周囲は石垣により固く守られていたが、ヨシュアに率いられたイスラエル人に破られてしまった。

に、私が先の論文のなかで触れなかった論点を取り上げたこの論文についての手紙を書き、また、完全な所説は『タイムズ』紙を参照するよう私の批判者に伝えることにより、対処できると思います。

貴方は全般的にどのようなことを望むのか、また、具体的には、どの程度の分量、いつの日付を望むのかをお知らせ下さい。

敬具

［イニシャルのサインつき写し］J・M・K

ジェフリー・ドーソン宛書信、一九三三年三月二七日

親愛なるドーソン

数日前の私の手紙は貴方に届いているでしょう。私は、現在、追加の論文を実際に落ち着いて書き始めました。どうするのが最も得策かについての私の考えは一層明瞭になりました。二つの論文が必要になると思います。第一は、私の議論の基本的な性格をより詳細に述べて説明し、第二は具体的な性格のもので、一般的な原則を具体的な政策として解釈する方向にやや踏み込むことを狙うものです。

私の目的は、提起されたすべての疑問に応えることですが、批判者の個人名に言及したり、論争方式で書くことではありません。もちろん、お望みであれば、私は活発に論争することは容易にできます。しかし、論争はせず、提起された批判に対応しながら論文を諄々と書くことの方が、より一層健全であり、色々な意味で心理的により望ましいと私には思えます。

そうすることにより、そうしない場合に較べ、論文を幾分退屈なものにするかもしれません。しかし、私は、今は

むしろ、この問題への関心は、読者に問題の真の核心を伝える目的をもって諄々と説く論文を積極的に求める性質のものになっている、と信じる気になっています。

二論文のうち、最初で最も退屈な方の論文草稿を同封いたします。長さは、ゆうに二コラム分あるのではないかと心配しています。しかし、どうすればそれより短くできるかわかりません。たぶん、これは日刊紙にこれまで掲載されたことのない種類の論文でしょう。とはいうものの、論文の調子、様式、方法は必要とされているものだということに貴方が同意してくれることを期待しています。

この論文を認めてくれるならば、直ちに活字を組んでゲラ刷りをしていただけないでしょうか。第二の原稿はたぶん明日お届けできると思います。

敬具

［イニシャルもサインもない写し］

追伸：貴方の便宜のために論文の写しを二通同封いたします。

◆結局、ケインズは一つの論文を『タイムズ』紙に、一つを『ニュー・ステイツマン』誌に出した。

『ニュー・ステイツマン・アンド・ネーション』(13) **誌、一九三三年四月一日**

(13)　この論文の内容は米国版の『繁栄への道』にみられる。

乗数

一定の公債支出とそれが誘発する雇用者数および予算上の軽減の間にはどのような関係があるのだろうか。

私は、最近の『タイムズ』紙上の論文と小冊子『繁栄への道』(*)において、他の人々を典拠として、一人一年間の雇用を即座に与えるのに必要な典型的な仕事の支出額は五〇〇ポンドであり、さらに、使用される材料や輸送その他雑費を含め二〇〇ポンド程度が必要である、というところから出発した。もちろん、これらは推定値の平均であり、個々の仕事の性格によりばらつきがあるだろう。それらの大きさの程度について、大まかな指標として合理的な正確性があるかの疑問に対していかなる根拠も示さなかった。また、私は、それらの数字を少しばかり切り詰める人を満足させるために許容幅を設けた。このようにして、運輸、材料を含め資本事業支出により創出される雇用を便宜上「一次雇用」と呼ぼう。同じように、政府の借入増加の結果、負担が軽減された納税者の支出増による雇用もまた「一次雇用」として計算にいれることができる。

私は、次に、一次雇用は、便宜的に「二次雇用」と呼ぶものにつながる一連の反響を引き起こすと主張することに進む。私は自分自身の判断で二次雇用は一次雇用に匹敵すると述べた。すなわち、一次雇用が総雇用に与える乗数は二であった。しかし、大事をとって私はそれを半分にした、すなわち乗数は一½とし、さらに様々な偶然性への予防として三分の一に減少し、乗数は一⅓とした。

先週の『ニュー・ステイツマン・アンド・ネーション』誌で発表された二通の興味深い手紙のなかで、これらの計算に重大な異議が唱えられた。ロナルド・C・ダビソン氏は、「支出の間接的な効果は非常に多様な方向に分散する——貯蓄、外国からの輸入、賃料、女性や年少者の雇用、蓄積された在庫からの仕入れ、そして、とりわけ、失業統計には決して反映されることのない従前の不完全雇用の人員・機械の利用のわずかな増加――ので」、私が自分の主張を誇張していると考えている。自らを「D」と記している他の投書者もほとんど同じ異議を唱えている――「原料、土地、法的費用、補償、すべてがそれぞれの代価を得る。しかし、彼の数字を容認するとして、彼の次の想定は何であろうか。それは、新たな支出で雇用された者すべてが失業手当から離れるだろうということである。なぜ彼はこのようなことを信じることができるのだろうか。生産は最小限の人員で行われており、新規注文を実行するには新たに人員を雇わなければ不可能だ、と彼はみなしているのだろうか」。これらの点は、原則的には、完全に合理的である。しかし、こうした控除がないと仮定すれば、一人の年間雇用を導くために必要な一次支出額の私の推計は、後にみるように、一五〇ポンドよりずっと少ないであろう。考慮すべき問題は、それらを私が十分に斟酌しているかどうかである。

上で引用した文章には、二つの別の反論が含まれている。第一に、私に対する批判者達は、追加雇用の全部が、現在失業給付で扶養されている者を使用するのではないことを指摘した。この反論は、もちろん、私の追加雇用と追加所得の見積もりに影響を与えるものではない。しかし、失業基金の軽減を計算する上では、このことを斟酌しなければならないのは明らかである。私は、失業手当の減少により一人一年当たり大蔵省に五〇ポンドの得があるとした。それは、私の出発点の五〇〇ポンドと二〇〇ポンドの基準となっている成年男子労働者をベースに計算するとしたなら、すでにかなりの余裕をみたものである。年少者と女性を含む完全な平均をとるとすれば、一九三二年統計では四八・三ポンドになるだろう（すなわち、失業者一人一年当りの平均費用四四・二ポンドに雇用者一人当り年間の雇い

（＊）［ケインズ全集・第九巻三三五～六六ページ］マクミラン、一シリング。

主および被雇用者の平均保険料四・一ポンドを加えたもの）。私には厳密に推計する資格はないが、批評者も追加雇用が失業基金に助けとならない部分についてどの程度の調節をすべきかについての数字を提示していない。ところで、われわれは、失業給付を受けるために多くのパートタイム［業務］が手配されていること、また、一次雇用の多くは現在まったく雇用されていない男性が雇われるであろうこと、を忘れてはならない。しかしながら、誰でも自分の分別にしたがって調整ができるように、また、私がこの種の不確定要素について十分な余裕をみたと私は確信しているが、そうなっているかどうかを判断できるように、以下に私の計算の全般的な根拠を示しておいた。

第二の、そしてより重要な反論は乗数の大きさに関するものである。私は、利用できる紙面において議論を詳細に展開しようとしなかったので、この反論に対して文句を言うことができない。しかし、議論は簡単な言葉で述べることができると思うので、ここでそうすることを試みよう。

借入により用意された一〇〇ポンドの第一次追加支出は二つの部分に分けられる。第一の部分は、いろいろな理由で、英国人の手に追加の所得とならない金である。これは主に次のものからなる。（i）輸入材料費、（ii）新たに生産されたのでなく単に移転した財の費用、例えば土地、あるいは財が在庫から取り出されその在庫が補充されない場合、（iii）追加的に雇用されたのではなく、単に他の仕事から引き抜かれた人員と工場の生産資源に対する費用、（iv）失業手当のために借りた資金から以前支給されていた所得にとって代わる賃金の費用。第二の部分は、英国人の手に追加の所得となる金であるが、それは、貯蓄されるか支出されるか（ここでの支出は、耐久財の生産のための支出を含め受取り手のすべての直接的な追加支出を含む）によってさらに二つの部分に分けられる。乗数を得るには、単にこれら二つの比率、すなわち、典型的な支出のどの程度の比率が他者の所得となり、その所得のどの程度の比率が支出されるか、を推測すればよい。なぜなら、これら二つの比率を掛け合わせると、第一次効果に対する最初の反応の比率が得られ、それらは当初の支出フローに対する第二の支出フローの比率を与えてくれるからである。次いで、そうした反応のすべての連鎖を合計することができる。なぜなら、第二の反応は第一の反応に対して、第一の反応が一次効果に対するのと同じ比率になり、その先も同様であると予想できるからである。

抽象的な議論は以下のように例で説明できる。失業給付が借入金により調達されていた二年前には、この事実により、支出のうち追加的な所得になる比率を計算する上でかなり割り引く必要があったが、今ではそうする必要はない。二年後に雇用が現在よりはるかによくなっていたとすれば、単に他の仕事から引き抜かれてくる資源についてかなり割り引く必要があるだろう。それは、非稼動資源の予備が少ないほど、支出増加の結果としてこのようになる可能性はより高いからである。私は在庫から取り出される財についていつでも大きな割引をする気にはなれない。在庫が真に大きいことはめったにないし、また、在庫枯渇の様子はまもなく補充を刺激するからである。したがって、現状においては、支出のうち三〇パーセントをいろいろな理由で所得を増加させない控除とし、七〇パーセントが誰かの今の所得として生じる、というのが妥当な想定であると言うべきである。

この追加所得のうちどの程度の比率が追加的な支出として支払われるのだろうか。追加所得が賃金労働者階級に生じている限りでは、その大部分が使われるとみなしてよいだろう。追加所得が利潤、俸給および専門職の所得を増加させる限りでは、貯蓄される比率はより大きいであろう。大まかな平均を決めなければならない。現状においては、増加した所得のうち少なくとも七〇パーセントがつかわれ、三〇パーセントを超えては貯蓄されないと、確かに想定することができる。

こうした想定に基づいて、最初の反応は当初効果の四九パーセント（7×7＝49なので）、つまりほぼ半分である。第二の反応は第一の反応の半分であり、つまり当初効果の四分の一であり、以下同様である。かくして乗数は二である。読者を学生時代に引き戻せば、1＋½＋¼＋等々＝2を思い出すであろう。私の乗数推定の背後にあるのは、この種の論理である。現在の所得がつかわれるのに必要な時間が、それぞれの反応を次の反応から分けるだろう。しかしながら、全反応の⅞は当初支出と最初の二つの反応から生じており、したがって、それに含まれる時間の遅れはひどく重大なものではない。

増加した需要がそれに伴い物価を押し上げることに対しては、さらに控除する必要はないことに注意すべきである。より高い物価の影響は新たに所得となる比率を徐々に減少させるだろう。それは、高物価はたぶん、余剰資源が特定の分野ではもはやさほど十分ではなく、その結果として、新規支出のより大きな割合が単に他の仕事からの転換になっていることの兆候だからである。また、高価格は高収益を意味し、その結果として所得増加のうち、多くは収益で、賃金は少ないので、所得増加の多くが貯蓄されることもありそうである。このように、人々が徐々に雇用に戻り価格が徐々に上昇するにつれて、乗数は徐々に小さくなるだろう。さらに、賃金が上昇する限りでは、一定の賃金支出額に対応する雇用量もまた次第に減少することは明らかである。しかしながら、こうした修正は、われわれの救済策が非常に成功した時にのみ、意味のあるものになるのである。現段階での一定額の支出の投入は、いくつかの理由により、後になって未利用資源の余裕が減少した時よりも、雇用により一層大きな効果をもたらすであろうと期待することとは分別のあることであろう。

しかしながら、私の最初の論文の実際の計算は、二ではなく一½または一⅓の乗数を基礎としている。したがって、現状においては、私は各種の不確定要素にたいして非常に広い余地を残したのである。これを例示するために、他のいくつかの想定が乗数に及ぼす影響を検討してみよう。二つの比率のそれぞれが六〇パーセントであると仮定すると、乗数は約一½の大きさと算出され、それを私は実際に実用上の推計として採用したが、今日、いずれの比率もこのように低いということは非常にありそうにないように思える。反対に、当初支出が所得になる比率と、所得のうち支出される比率を八〇パーセントと想定することにすると、（今も算数ができる読者は容易に確認できるように）乗数は三近くになり、この場合は、大蔵省の総利益は全当初支出より大きくなるだろう。われわれが注意しなければならないのは、主として、支出のうち追加所得になる比率を推測することであると私は信じている。また、私が最も満足に思う推定は、（新規の資本事業であれ追加の消費であれ）追加支出の六六パーセントを下回らないものが英国人の手に追加所得になり、この追加所得の七五パーセントを下回らないものが支出されるという想定に基づいたものである。また、後者の比率を八〇パーセントに引き上げるほうが、前者の比率を七〇パーセントに引き上げるより、よりためらいなくできるだろう。

　さて、不確定要因に対する種々のマージンを個々に割り当てずにプールしておくのではなく、具体的な要因に種々のマージンを割り当てることとして、当初の数字に戻り、二つの比率を六六パーセントと七五パーセントとして再び計算してみよう。この仮定の下では、英国の所得は一〇〇ポンドの当初支出の少なくとも⅔、すなわち六六ポンド増加する。この増加した所得の⅔、すなわち四四ポンドがそれ以前に失業給付により養われていた者の手に入ると仮定しよう。このことは、一週五〇シリングの平均賃金を得ている労働者一人一年分の雇用をほぼ⅓増加させることを意味する（雇用増のうち失業給付を減少させない部分の重要性を強調する人々は、ここにより小さな数字を当てはめるべきである。しかしながら、現在の証拠では私が採用した数字はもう十分に低いと信じている）。増加した所得六六ポンドの七五パーセントが支出され、この第二次支出の六六パーセントがまた所得増に寄与し、そのように続けば、一〇〇ポンドの当初支出により生み出される総雇用は一人一年の⅔になるであろう。このことから、一五〇ポンドの当初支出は、現在失業給付で養われている一人一年分の追加雇用を生み出すことがわかろう。これが、私が以前採用した数字である。しかしながら、注意深い読者は、一五〇ポンドの当初支出から創出される国民所得の総増加額は、上記の前提では、三〇〇ポンドとなり、私が以前に想定していたよりも大きいこと、したがって、もしわれわれが、あれやこれやの理由により、現在、失業給付を受けていない者が新規に雇用される比率についてさらに余裕をみておく必要を感じたとしても、予算に対する救済を計算するにあたり、一〇〇ポンドの支出のうち以前失業給付で扶養されていた者に支払われる上記の四四ポンドの数字を四〇ポンドに減少させても十分なほどの追加的余裕を与えていることに気がつこう。いずれにしても、読者が他の数字の組み合わせの方がよりありそうだと考えるとすれば、私は読者が自らの想定に基づいて答えを算出することを可能とする手段をここで提供したのである。

もちろん、議論は両方向に同じように適用される。当初支出増が雇用、国民所得、予算に与える効果は上述のような方式で乗ぜられるのとちょうど同じように、当初支出減の効果も同様である。実際、そうでないとすると、不況の当地における激しさやアメリカにおける一層の激しさを説明するのは難しいであろう。僅かな大きさの当初の衝撃がそのような破壊的な反響を生じさせることができるのと、まさに同様に、反対方向のささやかな当初の刺激が驚くべき回復をもたらすであろう。ここには、何の魔法も、神秘もない。あるのは信頼できる科学的な予測である。

この接近方法が、なぜ多くの人々にとって、目新しく、風変わりで、逆説的に写るのだろうか。私は、その答えを、教育や雰囲気および伝統により教え込まれた経済学に関するわれわれの知識のすべてに、意識しているか否かは別として、社会のすべての生産資源がすでに雇用されて均衡状態にある社会に対してのみ正当に適用できる理論的な前提が染み付いている、という事実の中にしか見つけることができない。多くの人々は、失業問題を失業は存在しないという仮定に基づいた理論によって解き明かそうとしている。私が現在の状況下で借入による支出の増加により予想している利益は、国の生産資源が既に完全に利用されていたならば何ら期待できないことは明らかである。なぜならば、そのような状況においては、借入による支出の増加は、単に価格と賃金を引上げ、また、資源を他の仕事に引き移すのに使い尽くされてしまうからである。換言すれば、それは純粋にインフレーション的であろう。しかし、このような考えは特別な状況下では完全に有効であるが、現在の状況には適用できない。現在の状況は、私が説明しようと努めているあまり馴染みのない手法によってのみ論じることができる。

◆ケインズの返事は四月五日の『タイムズ』紙に掲載。

繁栄への道：批判に対するケインズ氏の反論

『タイムズ』紙、一九三三年四月五日

『繁栄への道』についての多数の議論は、『タイムズ』紙、下院、その他で注目されたが、同意するものが大幅に優勢であり、それは実に様々な人々から示された——全政党のメンバーにより、わが国の新聞界によりあまねく、また、サー・アーサー・ソルター、サー・ジョサイア・スタンプ、サー・バジル・ブラケット、サー・ウイリアム・ダンピア、『エコノミスト』誌編集者、また、その他多くの人々等、彼らの意見が特別な関心を集める人々による論評により示された。批判に目を転じると、私が対応しなければならない疑問は、主に次の三点であると思う。

(i) 一定の支出によって得られる雇用量を誇張している。
(ii) 投資事業が雇用量に与える効果についての最近の経験は、先験的な計算を論破することを示している。
(iii) 原理は認めるとしても、政府が適度の時間内で実施するのに適した賢明で相応に生産的な事業は量的にかなり限られているので、あまり助けにはならない。

論題は全体として大きなものである。第一の反対には、四月一日付けの『ニュー・ステイツマン・アンド・ネーション』誌に発表した論文で対応した。以下では、他の二つを取り上げよう。

失業の救済策としての借入金の支出政策は労働党政府により試みられ、明らかに失敗したとしばしば言われている。このようにして一般公衆の心に生じた疑問が、たぶん、拡張政策の主唱者が乗り越えなければならない主な障害である。

この誤解の原因は、わが国の純海外残高の増減は、国内における公債支出の増減とまったく同じ効果と影響を持っていること、それは純海外投資の効果は国内投資の効果と同じであるということを別の方法で述べたに過ぎないこと、を認識できなかったことにあると私は確信している。

さて、労働党政府は、わが国の対外収支が――部分的にはわが国の金本位制復帰の条件により、また後には、アメリカおよび国際的な危機により――かつてないほど下落し、それが雇用に与える影響に対して、海外残高の下落よりもずっと小さな規模の公債支出の増加という手段で戦った。われわれにとってすでに不本意な年であった一九二九年に較べ、一九三〇年には海外残高は七五〇〇万ポンド減少し、一九三一年には二億七〇〇〇万ポンドほども減少した。しかしながら、労働党政府の公債支出はこれよりも当然のことながらずっと小さな規模であり、その結果、もちろん失業は増加した――しかし、その度合いは、公債支出がなかった場合に失業が増加したと思われるほどは多くなかったのである。一九三一年までには、誤った理論により盲目にさせられなかった者なら誰にでも、海外残高のいくらかの改善なしには事業は絶望的になったことは明らかになっていた。労働党政府が関税と金本位制からの離脱の双方を拒否した時に、その運命は決定されたのである。

挙国一致内閣は関税政策と為替政策により一九三二年には一九三一年に較べ海外残高を七四〇〇万ポンド改善させた。また、海外残高は一九三三年に一層改善するように思える。さらに、信頼感が回復され、低金利が長期、短期の双方で定着した。しかし、失業は減少しなかった。われわれは、どこに理由を求めるべきであろうか。それは国際分野ではない。なぜなら、わが国の純貿易収支ポジションは、依然として悪いが、大幅に改善したからである。その理由は、失業給付のためにもはや借入をしなくなり、また、すべての公的当局の資本支出を抑制した結果わが国の公債支出が減少したこと以外にどこにも見つけることができないと、私は思う。

このように、一連の出来事は、私が提唱している繁栄への道を論破するにはほど遠く、過去四年間を通して、国民所得と雇用量の変化は、現状においては、海外残高と国内における公的、私的を併せた借入支出額との合計に依存しているという理論を確認する役割を果たしている。

私は、ついに、――これらの論文で説明した原理の妥当性は認めるとして――われわれのために多くの公的行動をとることが可能かどうか、という問題にたどりついた。

それは、速度と程度の問題である。積極的な政策の責任を負う人々を待ち受けている遅延と失望に私は無頓着ではない。賢明な計画を考案するのは非常に困難であろう。また、計画を賢明に選択しそれらを実施の速度に合わせるのはとりわけ困難であろう。

しかしながら、まさにこうした理由によりわれわれは早期に着手し大胆に計画する必要がある――非常に多くの遅れがあり、一見したところは優れていても精査の過程で却下される計画が非常に多くあるので、われわれがやりすぎる危険性はほとんどないことを十分に認識しながら。さらに、われわれはより気持ち良く事を進めることができる。これは、完全な成功以外はみな失敗というものではないからである。われわれは、計画と実行のエネルギーは認めるとしても、批判精神を緩めたり、あまり急ぎすぎて仕事をそこなったり、あまりに高望みする、必要はないのである。

さらに、相応の結果を達成しようとするならば、巨大な規模の事業が必要であると考えるのは誤りである。もし年に一億ポンドの投資を増加できるとすれば、私はそれを歓迎したい。しかし、それが達成できるとすれば私は驚くであろう。いずれにしても、私はそう多くをあてにしていない。私は、年に六〇〇〇万ポンドの増加を満足すべきだと考えるし、また、――実行してみなければ誰も確実にはいえないが――このことを実行不可能と考える十分な理由はないと私は思う。私の計算が正しいとすれば、これにより年間四〇万人が職につけるだろう。

どのような方法でそのような総数を達成できるだろうか。私は、ある提案をしようと努める。しかし、まず、全般的に考慮すべきいくつかの重要なことがらがある。

計画が検討されていた三、四年前には、当時の一般的な利子率は五～六パーセントであった。三½パーセントの利子率を基にして何が実行しうるかについての問題の徹底的な検討はされてこなかった。しかし、金利の低下は大変な変化をもたらした。例えば、建築の分野では、金利低下と建築コスト低下を併せた効果は、採算のとれる家賃水準を数年前に較べ三〇～四〇パーセント低下させることになった。あるいは、また、鉄道の電化分野ではどの計画がもうかるかの問題に対して想定基本金利が重要である。われわれは、三½パーセントの長期資金の可能性を利用することに着手さえしていないと私は思う。

第二には、完成までに時間がかかる、あるいは、支出が数年間にわたって分散するといった理由で良い計画を差し控えるべきではない。私がこのことを主張するのは、完成までに時間がかかるのは多くの最良の計画の特徴であるのみならず、大蔵大臣が悪評をかった演説のなかで、異常な失業は、現在の規模ほどではないにしても、向こう数年間続く慢性的な問題である、と述べた見解に同意するからである。私は、今日開始された事業のいくつかのケースが今から五年後に未完成であるとしてわれわれが後悔するとは信じない。

拡大政策を実施する上での最良の手段についての問題が残っている。執行の細目については、われわれは、でき得る限り最大限の地方分権を求める。しかしながら、計画の当初の選択と、必要な場合は、資金の供給を担当する何らかの中央の権限が大蔵大臣のもとにあるべきだと私は提案する。地方当局は、現在と同じ通常の経路で借入を続けよう。その他については、まず手はじめに、例えば五〇〇〇万ポンドの限度で中央基金を設立し、承認された事業には二・五パーセントから四パーセントの金利に、平均では例えば三・二五パーセントに、適切な減債基金を加えた条件で貸し出すこととするならば、非常に助かるであろう。いずれにしても、第一に、この低利な資金の提供に含まれている以外のいかなる種類の追加の補助なしに、何が成し遂げられるかをみるのは賢明なことである。

詳細な提案をすることはおよそ私の職分ではない。しかし、提案は三つの主な項目に分かれるであろう。すなわち、(ⅰ)地方当局の通常業務、(ⅱ)国家住宅局の媒介による、あるいは他の方法による特別な住宅供給努力、(ⅲ)一つひとつは最重要ではない種々雑多の多数の計画で、それぞれの特定の利点を素人が判断するのは困難なもの。

第一の場合、保健省が現在の政策を覆して、地方当局が通常の計画を推進することを奨励するとすれば、その効果は多大なものとなろう。わが国の地方当局の半分近く（九二〇）が、建築産業全国会議が送付した質問書に最近詳細に回答している。これら回答書は、総計一七一六万八五〇一ポンドの事業が停止されており、このうち九四六万五五六五五ポンドが保健省の通牒一二二二あるいは一四一三に応じたものであることを示している。

国家住宅局の事業に責任のある人々は一億ポンドの追加計画を三年の期間に取り扱うことができると確信している。

多種多様な計画という大項目には、多数の熱心な人々の計画のうち、鉄道の電化、水道・ガス敷設網、地方への水道供給、干拓、港および埠頭事業、大西洋定期船、郵便局および電話開発、家庭電化、および、その他に検討すべき、時には私が承認したいと望むかもしれない多くのものが含まれる。

公債支出について第二の部門が残っている——借入金による課税軽減である。資本事業について予想される遅れが大きいほど、また、事業の期待が控えめであるほど、課税軽減を迫ることが一層重要になる。課税軽減は早期に機能するだろう。その効果は社会全体に広がるだろう。課税軽減は、無数の通常経路を通じて支出を活性化させ、われわれの平常の必要性を満たしている機構全体をより一層活動的にするよう刺激するという、非常に大きな利点を持っている。

一般的にどの程度の規模の軽減を求めるのが妥当なのであろうか。私は他の人よりも実際をより知っているわけではないが、能力の及ぶ限りで判断すれば、大蔵大臣が来年度の課税を次の諸点を基礎とするならば、長期的視点から正当化されるであろうと私は信じる。すなわち、（i）減債基金の停止と対米債務に特定の準備をしないこと、（ii）ここで提案された手段により、失業が現在の数字より大幅に減少することを想定した税収と支出の見込み、（iii）税収を補うための仮勘定を担保にした五〇〇〇万ポンドの公債発行。これは、失業費用がより正常な数字に減少し、また、国民所得の増加から直接税収入が恩恵を受けるようになった折に、後年の税収から返済すべきわれわれの義務である。これらの線にそって道理をつくした予算が昨年の犠牲の繰り返しよりも信頼に一層役立つことを誰が疑うことができようか。不幸なことに、大蔵大臣の政策が悲観的であればあるほど、その悲観的な予想が実現することがより一層ありそうになり、また、その逆も同様である。大蔵大臣が想像することは何であれ現実となるのである！　われわれは、国民所得と国民生産を回復させることから始めなければならない。そして、これに成功すれば、時が経つにつれて税収が反応することをわれわれは確信できるようになる。税を課すことのできるおおもとである国民所得が今日、われわれの主たる関心事であるべきである。われわれは、体力が回復する時間を与えることなしには支えきれない重荷を課すことによって体を損なってはならない。

この救済が、一定の期間をおいた後に、三〇万人から四〇万人の雇用を増加させ、二部門の計画を合わせると、全体では（例えば）七五万人の改善となることを、私は期待している。たとえ、時間と失望がわれわれの希望を半分に減少してしまったとしても非難するいわれは何もない。七五万人の雇用増加の目的について、慎重な人々はこの改善の僅か半分しか期待しなかったり、あるいは、行政上の難しさに精通している者は、われわれが成果のすべてを享受するまでには半年ないし一年がかかると信じているとしても、それはこの政策に反対する決定的な議論ではない。

国際金証券発行の提案は私の原論文の半分を占め、国内計画と同等に重要視していたが、ここでは、それに触れるスペースはごく僅かしか残さなかった。サー・バジル・ブラケットの質問に対しては、次のように述べたい。すなわち、私の国内と国際の提案は相互に助け補い合うが、それらは全体として採用されるか却下されるかという不可分の一体を形成するものではないのである。ともかく、私は付け加えることはほとんどない。この提案の根本方針は多くの批判を受けていない。海外諸国が私の提案をまだ受け入れる用意がないことが、言いうる中で最悪の状況のように思われる。しかし、そのことが、わが国が提案を主唱しその考えをよく知らせるべきではないという理由になるわけではない。なぜなら、世論は急速に変わるからである。事態が好転しなければ、世間は今日拒否するものを来年の秋には熱心に受け入れるだろう。

◆国際通貨問題に対するケインズの態度は一貫性を欠くと『ファイナンシャル・タイムズ』紙、『エコノミスト』誌の双方の記事で非難された。いずれの場合に対してもケインズは急いで応答した。

『ファイナンシャル・タイムズ』紙編集者宛書信、一九三三年三月一七日

拝啓

ホブソン氏は私の著述の熱心な読者だと常々思っていました。しかし、本日発行の貴紙の記事をみると、彼は自分の読んだことを覚えていないのではないか私は心配です。彼は、「罪人は悔い改めた」、「放蕩息子が帰ってきた」と書いています。しかしながら、私が最近の『タイムズ』紙論文で行った提案は、金本位復帰前の、一九二三年に発行した『貨幣改革論』［ケインズ全集第四巻］第五章、および、金本位制復帰後の、一九三〇年の『貨幣論』［ケインズ全集第六巻］第三六章、三八章と本質的に同じです。現在の私の提案は、わが国が金本位制から二度目の離脱をした後になされたものですが、以前の提案と較べ金とのリンクを確立することについて幾分より慎重になっている点が異なっているに過ぎません。

しかしながら、私は、ホブソン氏の記事に不平を言うべきではないでしょう。なぜなら、貴紙がその横に社説を掲載し彼の熱狂に対して貴重な中和剤を提供しているからです。私は、予算補助は、直接、間接を問わず、新規資本支出の五〇パーセントを決して越えてはならないという貴方の基準を受け入れます。実際、原則としては、より厳しい基準を課すのが実際的であると考えるべきでしょう。私は、また、「採算がとれる公共支出はどこの田舎でも見つかるものではない」反面、「そのような基準を満たす多くの事例がないと思うのは、もちろん、ばかげたことだ」ということに同意します。

敬具

J・M・ケインズ

『エコノミスト』誌編集者宛書信、一九三三年三月二〇日

拝啓

私は貴方が「私の考えの発展」と呼ぶものが特に重要なのかわからない。しかし、正確を期すために、貴方の三月一八日の社説には感謝しつつも、私の最近の国際基準としての金の支持は、決して新しいことではないことを貴方に思い起こさせたい。

戦後動向のすべての段階で、私が時折提唱してきた具体的な提案は、金を国際的な基準として採用することを基礎としたものであるのに対して、金を捨てることは厳格な国内基準である。私がこれに加えてきた限定は、厳密な詳細は異なったとはいえ、常に同じことであった。それらは、（一）国内基準と金の平価は厳格なものとすべきではない、（二）金現送点間の開きは過去よりもより広い幅をおくべきである、（三）可能であるならば、商品としての金の価値を一定の限度内に統制することを目的とした国際管理を考えるべきである。

これが、一九二三年に私が『貨幣改革論』（第五章参照）を出版した時、また、一九三〇年に『貨幣論』（第三六章、三八章参照）を出版した時の私の見解であることがわかるだろう。それは、今日、『タイムズ』紙の論文や小冊子『繁栄への道』で述べているのと、まったく同じである。

貴誌の紙面を使ってしまったことをおわびする。しかし、人が考えを変えないでいると信頼できると考える人々がいるので、この際、私はそうすることにより得られる栄誉を受けたいと思ったのである！

敬具

J・M・ケインズ

◆四月五日付け『タイムズ』紙の論文（上記一八四ページ）の終りで、ケインズは国際金証券発行についての提案は多くの批判を受けていないと述べた。二日後、『タイムズ』紙はR・H・ブランド氏の長文の論文を発表し批判不足を補った。ブランドはケインズ提案を三つの基本的な根拠により批判した――すなわち、提案された国際通貨管理の程度は、国家主権をあまりに大幅に制限するものを含んでおり受け入れ難い。提案は、証券を発行することはそれらを償還するよりもより容易であるというように、一方向にのみ働く。さらに、債務者が新しいクレジットを利用する方法について国際的な当局が監督しなければならないこと、である。また、彼は不況の原因についてのケインズの診断を疑問視し、真の制約はアメリカの国内状況にあり、ケインズの提案はその解決には何ら役にたたないと示唆した。

当然ケインズは反論した。

『タイムズ』紙編集者宛書信、一九三三年四月七日

拝啓

ブランド氏が、私の国際的リフレーション提案に対しようやく有力な批判を展開してくれたことに感謝する。私は、その種の批判は、背景として当然あるべきであり、最終的な決定に大きな役割を果たす可能性があると感じていたが、表明されなかったのでそれに対応できなかったのである。紙面節約のため、ブランド氏が私の論文を再読されれば、私がすでに答えているとわかると思われる二、三の些細な問題について述べることは差し控え、批判の主な内容に進みたい。

批判に対する私の答えは、私の提案は悪条件の下で最善を尽くすと述べることで最も適格に要約される。すなわち、ブランド氏が他のいかなる行動、あるいは行動しないことに対して、同等の、あるいはより重大な反対を提起することは何ら難しいことではないと、私は考える。彼が注意を喚起する危険は、彼自身の評価で見積もったとしても、われわれが成り行き任せにすれば起こるであろうことに較べれば、まったく取るに足らないことであるのは確かである。新規の政策を採用する前に、それが、旧来の政策に比較し途方もなく高い基準を達成することをなぜ期待しなければならないのか。

私が説明した計画は多くの根拠により弁護できる。しかしながら、すでに多くの紙面を使ったので、私が計画の重要な利益と考えるものを重ねて述べることに限定しなければならない。われわれが債務国と債権国間の緊張および短期海外残高を受け入れている国とそれらを引き出そうとしている国の間の潜在的な緊張を緩和することができなければ、世界の価格と世界貿易の回復のきっかけをつくることの可能性はまったくない。提案された特定の方法はさておき、この緊張は次のことによってのみ緩和できる。すなわち、（一）旧方針にそって国際貸出を更新すること、（二）広範な、おそらくほとんど全世界的な国際債務の返済停止、（三）債権国が、自国の輸入をかなり増加させ、その結果、弱い国の購買力を増加させるほどの規模で、国内公債支出を大幅に増加させる、などである。もし、ブランド氏が第四の方法をご存知なら、私のリストに加えていただくことを希望する。

さて、彼と私は、最初の手段は、しばらくの間、小規模で行う以外には、使えないし、また、ほんとうに望ましくないということに同意していると思う。彼はたぶん私と同様、戦債は特例としても、第二の手段をできるだけ狭い範囲に抑制したいと望んでいるのだろう。わが国における公債支出の増加に彼が賛成であると考えてもよいことを私は期待するが、それがわが国の貿易収支にかなりの影響を及ぼすことになるとしても、彼はそれが必要なほど大規模であることを支持するかどうか私は疑問に思う。そして、最後には彼は、非常にお粗末にも、刺激がアメリカからくることを期待するにいたる。

アメリカが以前の活動規模を回復するなら事態は非常に緩和されるであろうことについては、われわれはまったく彼に同意することができる。しかし、彼はこのことを近い将来に期待することに何か理由があるのだろうか。昨秋、私はアメリカの見通しについてほどほどに楽観的な心積もりでいた。今日では、私はより一層悲観的である。私は、アメリカが再度、非常な破滅を被ることもあり得ると思う。回復の予定表において、アメリカはわが国より何カ月も、また、たぶん、何年も遅れている。アメリカは何らの明確な目的も信念も持っていない。したがって、私は、アメリカが困難な政策を持続的かつひたむきな決意をもって遂行できるか疑問に思っている。インフレーションは一時的に信頼を台無しにさせる。また、一層のデフレーションは、アメリカの経済生活の基礎そのものを破壊するだろう。アメリカは、それら二つが互いに相殺しながら、それらの間で揺れ動いており、やがて、失望と苦痛が新たな国家的なヒステリーの発生を引き起こすようにみえる。アメリカがわれわれに協力を求める場合にはいつでも、誠意をもって協力し、最善を期待しよう。われわれの利益と目的は同じだからである。しかし、その他諸国を泥沼から引き上げるのをアメリカの繁栄に頼ることは賢明なことではあるまい。

したがって、私は（三）にのみ依存することをためらう。そして、それがブランド氏がいみじくも一種の国際的な借入と貸出と表現しているものを私が推奨する理由である。しかし、それが効果的であるとしても、その操作はできるだけ限定され、また、慎重に行われなければならない。それは、実質的には、債権国による債務国に対する事前の約束である。それは、どの国がどちらのグループになるかは前もって決定する必要はなく、国際収支ポジションが不均衡の場合には債権国が集団として、事前に決められた限度内で、集団としての債務国に、全参加国の保証のもとに、貸出をするというものである。その目的は、各国が海外からの購入を恐れることを和らげ、そうした恐れがもたらす特殊な障害を取り除き、各国の国内信用を緩和できるように安心感を与えることである。

私は、ブランド氏を消極性から脱け出させることができればと願う。彼自身は世界の今日の破局の大きさをわかっているにもかかわらず、彼の論文にはその形跡が見られない。ルールにしたがって滅亡に至ることに陰気な満足を感じるのかもしれない。しかし、私は、赤貧が人生の可能性を台無しにし、文明が滅びようとしている時に、アメリカで何かが生じることを期待して、手を拱いているのはいやだ。

敬具

J・M・ケインズ

◆四月七日付け『スペクテイター』誌は保守党下院議員イアン・ホロビンによる政府の政策の弁護を掲載した。ケインズは自分の見解が誤って伝えられていると感じ、反論した。

『スペクテイター』誌編集者宛書信、一九三三年四月一一日

貴誌は四月七日号でイアン・ホロビン氏の論文を掲載したが、そのなかで彼は、重大であると主張して、次のように書いている。

一九三二年の夏にわが国の錫の在庫はほぼ六万トンであった。……六月三日と六月七日の間に価格はトン当り五ポンド近く下落した。ケインズ氏の〔部隊に随行する売春婦のような〕同調者の多くは、この損失が実現するとすれば、英国の投資はこの間にほぼ三〇万ポンド減少すると主張する。この前提に基づき、彼らは政府に対して威嚇をもって、「貯蓄と投資を均衡させるために」新たな学校や精神病院に支出するために当該三〇万ポンドの金を要求する。

私は、ホロビン氏自身が私の議論を甚だしく誤解している同調者ではないかとの疑いを禁じえない。しかし、そうでないとすれば、たぶん彼は、上記の真偽の疑わしい議論がどこで、また、誰によってなされているかの詳細を親切にも教えてくれるだろう。

敬具

J・M・ケインズ

◆国際ロータリーは、以前「雇用のために支出しよう」運動を主催したが、一九三三年春にスラム撤去・再建運動を主催することを決定した。彼らは運動のために小冊子を計画し、ケインズに支持声明を提供するよう依頼した。

W・W・ブレアーフィシュ宛書信、一九三三年四月一一日

拝啓

四月七日付けのお手紙に対して、貴小冊子に下記の短評を提供いたします。

「スラム撤去は、今では保健省が約束しているが、私はこの運動以上に有益でよく考えられたものを想像することができない。この計画は、社会の大きな邪悪を癒し、同時に、無為に人生を無駄にしている何千という人々に雇用を見つけ出し、支出の回転ボールを動かすことにより共同社会全体の所得を増やし、失業手当のコストを減少させ、税収を増加させることにより大蔵大臣の財政ポジションを目に見えて改善する」

敬具

［イニシャルのサイン付き写し］J・M・K

◆四月九日にケインズは保健省に出かけ地方当局の支出について議論した。その後、事務次官は彼に追加の情報を書き送った。

サー・アーサー・ロビンソンよりの書信、一九三三年四月一〇日

親展

親愛なるケインズ

昨日、貴方と会った後、ここ数年間、われわれによって承認された地方の借入についての要約一覧があれば貴方にとって有益であろうと思いつきました。一九二二〜三年から一九三一〜二年の計数が含まれている表を同封します。「その他サービス」の主な項目は下水設備、汚水処理、道路、および教育用建物です。

一九三二〜三三年の数字はまだ完全には入手できません。私は総額で約四〇〇〇万、そのうちほぼ一八〇〇万は住宅だと推定しています。

二五／六および二六／七年の住宅は、補助金に関する特定要因により並外れて大きな年ですが、補助金は今後出されることはありません。二九／三〇年〜三一／二年は、労働党政府の圧力の下に、失業助成金の補助により、「その他サービス」の数字は一年で四二〇〇万近くのピークに達し、また、商業サービスも大幅に増加しました。地方当局計画の利払いの一部は、大蔵省の負担によりなされるので、彼らが自らの計画を提唱するのは当然です。計画は一度実行されれば、再度実行されることはないので、この三年間の結果は、景気循環があろうと、なかろうと、その後の年に落ち込みが生じることを意味しています。

商業およびその他サービスの平均は、年に二六〇〇万から三〇〇〇万に、議会で承認された民間関連法案に基づく不確定であるがそう多額ではない金額を足した近辺にあるように思えます。私自身は、今これに一五〇〇万を加算する可能性があるとはとても思えません——最大の年は三〇〜三一年で、合計は約四七〇〇万ですが、この分野は明らかに飽和状態にある兆候が

年	商業サービス（1,000ポンド）	住宅（1,000ポンド）	その他サービス（1,000ポンド）	合計（1,000ポンド）
1922-3年	5,595	6,501	18,710	30,806
1923-4年	3,024	14,911	21,129	39,064
1924-5年	3,357	27,682	25,157	56,196
1925-6年	5,038	59,481	25,524	90,043
1926-7年	4,293	67,418	24,125	95,836
1927-8年	3,817	47,852	24,531	76,200
1928-9年	3,409	33,130	24,379	60,918
1929-30年	4,536	36,000	31,822	72,358
1930-1年	5,580	32,281	41,786	79,647
1931-2年	4,070	22,738	30,306	57,114

でているのです。

住宅について一つの観測を加えたいと思います。貴方はわれわれのスラムに関する回状を好ましく思っていますが、そのための支出は私が定めるすべての条件を充たすものです。しかし、私が巨額の金額が国家住宅局の裁量にまかされることを読んだ時、そのような局による支出が実現するのか訝しく思いました。もし実現したとして、その時は、それは決して追加的支出にはならないのではないかと思います。たとえば、もし、国家住宅局がリーズあるいはマンチェスターないしブリストルでX戸の住宅を取り壊すことを提案したとすると、地方政府の状況からすると実際の結果は、新規住宅あるいはスラム撤去あるいは修繕のための地方税支出は停止される、と私は理解します。住宅についての地方の手法は、良かれ悪しかれ何年も前に採用されており、中央による手法をそれと同時に使うことは、実際上、手法を取り替えないかぎりはできないのです。

そうはいうものの、お話は非常に刺激的であり、非常に注意深く考える必要があると思いました。私は依然として古風で、国税・地方税からの年間の支出が九億五〇〇〇万台になると心配であり、その巨大な総額をさらに増加させる、あるいはさせるかもしれないものに対しては、何であれ、本当に神経質になるのです。

敬具

アーサー・ロビンソン

貴方は、また（一）ケンブリッジの公共事業組合が地方公共団体によって資金を調達されるべきであること、（二）地方公共団体の新しい事務所の提案、に言及されました。（一）に関しては、ここでの議論の後、この問題は地方公共団体が計画書を提出することに懸かっており、レインズ氏は二月六日にその旨通知されたとわれわれは理解しています。（二）については、われわれがこの件を最後に聞いたのは一九二二年一〇月であり、もし、現在、その計画の進行を望むならば、町役場の書記長は何をなすべきか承知しているはずです――われわれは当時、計画について現地の意見は大きく分かれていたと理解しており、また、計画の遅れは、しばしばそうであるように、そのことが原因だと思っていました。

サー・アーサー・ロビンソン宛書信、一九三三年四月二五日

親愛なるロビンソン

復活祭の休日とダブリン訪問[14]のため、貴方がご親切にもお送りいただいた四月一〇日付け書状のお礼をもっと早くだすことができませんでした。私は、書状を大変興味深く拝見いたしました。

たぶん、最も印象深かった特徴は、新規資本支出と以前の支出に対する減債基金の間の関係です。後者は、現在、年間六〇〇〇万ポンド台のものになっており、また、年間の支出でその期の減債基金でカバーされるものは、以前の年は現在の数字に較べより少額であったので、この六〇〇〇万ポンドはごく近い将来の年には減少するよりは増加する傾向にあるでしょう。

さて、貴方の表によれば、一九二九～三〇年と一九三〇～三一年でさえ新規支出はかろうじて平均で七五〇〇万で

(14)　以下二三三ページを見よ。

あるのに対して、一九三一～三二年と一九三二～三三年では平均で五〇〇〇万に届かないでしょう。さらに、私は、貴方の意見ではすべての項目を併せて年間支出を六〇〇〇万までに引き上げ、その水準で保つことはかなり努力を要することを意味している、と推察します。

このように、貴方の表以外のところで、非常に大きな住宅建設努力がないとすれば、地方当局は差し引きで評価できるほどの規模では新規資金の借り手にはならないように思えます。実際、昨年と同じように、彼らは借り入れるよりも多額の返済を行うリスクがあります。現在の貯蓄に加え、このようにして解放された資金をいったい誰が吸収するのか、私には見当がつきません。利子率のさらなる低下をわれわれがうまく実現し、同時に、可能なあらゆる形態の資本支出を組織化することができなければ、海外投資の停止により生じたギャップを完全には埋めることはできないでしょう。また、海外投資活動は、その資金を調達する対外収支が黒字にならないでしょうから、復活するとしても、到底以前の規模で再開されそうにありません。

こうした考えの道筋が正しいとするならば、今日の問題は将来も続く慢性的なものであり、われわれは資金のはけ口としてもっともらしいものは何であれ無視する余裕はないのです。

これが、私が確立して欲しいと願っている政策の原則です。それを実施に移す際の、実際上の困難については十分に承知しています。私の懸念は、適切な規模の資金のはけ口を探し出し、それを維持し続けることは非常に困難であろうということです。しかし、このことから、望ましい機会が生じたならば決してそれを見逃してはならず、また、われわれはこの問題を扱うために明確に設計され改編された組織を持つべきである、と私は結論します。

私の気に入った案は、たぶん貴方はご存知でしょうが、特定の中央政府機関が異なる部署の投資計画を調整し、また、各年に実施が得策であると思われる総計規模について熟慮した判断をすることです。

地方税の負担に関しては、私自身の政策は、もちろん、できるだけ中央政府予算に負担させ地方政府予算を救援するという以前の政策に復帰することです。それは、一定の水準を超えると、地方税は税収をあげるには良い方法であるとは私は考えないからです。一方で、長期利子率について正しい政策をわれわれが遂行すれば、地方政府が借入に対して支払う利子の軽減は非常に効果のあるものとなり、それは、たぶん、より多額の元本の金利をまかなうところまでおよぶでしょう。

敬具

［イニシャルのサイン付き写し］J・M・K

◆四月二五日に大蔵大臣は予算を提示した。ケインズは、恒例となっていたので、大衆紙に概観を提供した。

『デイリー・メイル』紙、一九三三年四月二六日

停滞する予算

ルーズベルト大統領は「一貫性」がないとして批判されたと聞いた。ネヴィル・チェンバレン氏に対してはそのような非難はできない。チェンバレン氏は恐ろしく一貫性がある。

今年の予算は明らかに一年前と同じ人物による作品である。私は、予算の作者が、長期的には収入は国民所得の増加に依存しなければならないこと、また、財政政策そのものが国民所得はどうなるかを決定づける有力な手段であること、についての認識を欠いていることを主たる理由として予算を批判する。

われわれが支出することを許されていれば、われわれの支出は、次に課税することのできる新たな所得を創りだし、また、現在は失業給付を受けており大蔵省の負担となっている人を新規に雇用するだろう。

チェンバレン氏は、こうしたことをわかっていたとしても、それらをまったく考慮しない。彼は、大蔵大臣は実直な会計士であることを理想とするグラッドストーン的な考えに忠実である。彼は繁栄を回復する手段としての減税措置を拒否し、また、減税は、具体的には示されない他の何らかの方法により繁栄が戻った後にはじめてもたらされる、と説く。チェンバレン氏は、事態をあるがままと違うものとして示そうと企てたことはなかったことを誇りにしている。彼はまた、事態をあるがままと違うものにするために何もしてこなかったと付け加えるかもしれない。

われわれの多くは、この予算について検討していたが、課税を軽減するのに十分な理由があることを疑うことはなかった。しかしながら、まったく事情が異なるとはいえ、一年前の厳格な予算編成が非常に強い呪縛となったので、われわれは皆、大蔵大臣は、優れた道理のみならず、十分な言い訳を備えなければ、安心して優れた道理の命ずるところに従う気にならないだろうと、懸念した。したがって、何週間か、皆それぞれが、大蔵大臣に、優れた分別が彼になすべきだと命じること、われわれの皆が彼が行うよう望んでいること、疑いなく彼自身が行いたいと思っていること――すなわち、税の軽減、を実行するための巧妙なひとそろいの口実を提供すべく最善をつくしてきた。

彼がこれらの提案に何ら反応を示さなかったというのは真実ではないだろう。提案が新たな課税を避けるのに必要な限りでは、彼はそれらを受け入れた。対米債務に対しては、引当ては行われていない。そして国中がそれを賞賛するだろう。減債基金への引当ては行われず、それに対して不快に思った潔癖主義者はほとんどいない。しかしながら、他の提案については、彼は聞く耳を持たなかった。提案を先取りすることにより好景気をもたらそうという試みは何もない。

大蔵大臣は、どのような大幅な改善も、三年の間でさえ、それを期待する権利は持っていないと考えている。もし彼がそのような見解を持ち、それに従って行動するならば、彼は正しいのかもしれないのに。悲しいかな！　それは、ちょうど彼自身が快活でいられるようにしようとするならば、彼は正しいだろうというのと同様である。

予算の詳細の多くは、とるにたらないものであり重要ではない。所得税の半年毎の分割払いを復活したことは、最も意味のある変更であり、これは大いに歓迎されるべきである。というのは、とにかく、それにより支出能力は六カ月間納税者の懐に留められるからである。しかし、この譲歩に資金を供出した予備金は、決定的な救済金として、同じようにうまく使われたかもしれない。

ビール税の減税は一般的に予想されており、また、人気および財政の双方の根拠から正当化される。私は、他の細かな変更については批判すべき点はほとんどない。しかし、いかにも欠けているのは大きな構想であり、建設的な政策の名に値するものである！　チェンバレン氏は明らかにできる限り害を少なくしようと心を配った。しかし、もし彼が積極的な利益のために努力していたなら、国民は彼にどれほど好反応を示したことだろうか！

予算そのものとは別に、世界の衆目は大蔵大臣が外国為替問題に触れた短い一節に向けられるだろう。現段階においては、私は彼の極端な自由裁量に対して何ら苦情を申し立てない。私は、為替平衡基金の規模拡大を、われわれは自らの境遇の主人であり続けようと意図していることを明確に示すものとして歓迎する。しかしながら、アメリカ大統領の最近の行動はわれわれの行動の自由を制限しようと本気で意図しているのか、いまだに決して明確ではない(15)。

アメリカ人は無論スターリングがより高価値であることを歓迎する。しかしながら、アメリカのような債権国は、

(15)　アメリカは四月二〇日に金本位制から離脱した。

単に願望することで自国通貨を減価させることはできない。さらに、もしアメリカが、その通貨を相対的に減価させることによって、不況をもたらす大きな原因となった黒字収支をさらに拡大させるとするならば、黒字収支はそれに対応する貸出によって相殺されなかったし、また、相殺されそうにもないので、そのことは世界の困難を悪化させるだろう。私は、それゆえ、大統領が自分は主として自国の状況を見ており、また、最近の政策変更は国際的な攻撃手段として意図していないとわれわれに話す時、彼は誠実に話していると思いたい。

アメリカには、ドルの金含有量を減少させる権利が完全にある。この政策については、アメリカのためのみならず、その他世界のためにも、論ずべきことが多い。しかしながら、われわれはこの問題を、相対的な為替相場の問題から切り離す必要がある。ルーズベルト大統領が、その他世界の物価も引き上げるような手段でアメリカの物価を引き上げようとしてきたすべてのこと、あるいは、今後行おうと目論んでいることにわれわれが協力することを私は望んでいる。しかし、われわれは、われわれ自身の通貨の相対的為替価値をわれわれ自身の賃金水準と競争力にあわせた相場に維持することを固く決意しなければならない。私は、為替平衡基金の規模を拡大する決定はこうした意図を保証するものであると期待している。

チェンバレン氏の予算について私が考え得る最善の弁明は、国際問題が主要な位置を占めそうな状況にある間、時をかせぐために慎重に考慮した決定であると説明することであろう。すなわち、物事を行うには正しい順序があり、国内分野では前向きの動きをする決定的な時期はまだ到来していないと信じて、われわれの重要な回復を遅らせる犠牲を払ってさえ、正統主義に頑固に執着することによりわが国の金融の強さと威信を維持しようとする政策であると。

◆彼は、また、『タイムズ』紙に予算について書いている。

『タイムズ』紙編集者宛書信、一九三三年四月二七日

拝啓

大蔵大臣は、彼の歳出歳入予算が厳格に正当化しているよりも五〇〇〇万ポンドより多く減税する提案を、これを三年以内に穴埋めするという見込みは「非常に楽観的」であるとの理由により、拒否した。彼は、このことは一九三五年に歳入は一億ポンド増加しなければならず、それは、「歳入増が所得税のみからもたらされるとすると（私は提案をそう理解しているが）」来年の利益は五億ポンド増加しなければならないことを意味しているからである、と話を続けた。

歳入を補うための仮勘定による借入の提案は、私が四月五日付け『タイムズ』紙に寄稿した論文にでているが、私は借入が翌年の利益に対する所得税ですべて返済されるとの示唆はしなかったし、そのようなことは誰も示唆していないことを、私が指摘するのは、おそらく、認められるだろう。以前の論文で私は次のように説明した。すなわち、この規模の納税者の負担軽減は、雇用と所得を増加させ、それは失業給付金を一六〇〇万ポンド減少させ、また、税収を全体として七五〇万ポンド増加させるに十分であろう。その結果、二六五〇万ポンドが、その他の原因に基づくその後の税収増により支払われるべき額として残るだろうが、それは現在の税収の約三・五パーセントである。もし、現在の課税ベースを前提に、これから三年後に失業給付の支出減を差し引き後、七パーセントの剰余を期待することが「非常に楽観的」であることが示されるなら、その時までには、非常に正統でない財政学が人気を得ていると予想すべきであろう！

現下の状況では、まったく何もしない政府と無謀に走る政府の間になにものをも見出すことができないのは不幸な

ことである！　――前者は遅かれ早かれ後者に帰着するのである。

敬具

J・M・ケインズ

◆事態は七月まで停滞した。それから、世界経済会議においてウォルター・ランシマンが「失業救済としての公共事業に対するぶっきらぼうで剥き出しの非難」と『タイムズ』紙が呼ぶようになった演説をした。ケインズはランシマンの発言について論評した。

『タイムズ』紙編集者宛書信、一九三三年七月一四日

拝啓

ランシマン氏が、一〇〇万ポンドが公共事業で支出されるごとに二〇〇〇人が直接雇用され、二〇〇〇人が間接的に雇用されると述べた際、彼は、おそらく、二〇〇〇人は直接現場で採用され、更に公共事業のための生産に必要な二〇〇〇人が採用されるが、それは現場以外のところで生じていることを意味している。例えば、今問題としている仕事が建築であるとすれば、レンガを積むために雇用された者は、ランシマン氏の最初の二〇〇〇人であり、レンガを製造・運送するために雇用された者は第二の二〇〇〇人である。このように、彼は、公共事業支出の間接的な結果として雇用される人々について斟酌をしていない。私が、今年のはじめに『タイムズ』紙に寄稿し、その後出版した、公共事業から生じる雇用の増加は、一五〇ポンドの支出当たりほぼ一人の雇用と確かに見積もれるという計算については、誰も反論しなかった。

したがって、もし、ランシマン氏が間接的雇用を無視し、たとえば、現場におけるレンガ積みとその他の場所におけるレンガ製造のような無意味な区別をしているだけなら、彼の発言はひどく誤解を招くものであるし、一方、彼の推計が公共事業支出から発生する、直接的および間接的な全雇用を含むものを意図するのであれば、それは非常に不正確なものである。おそらく、ランシマン氏はどちらを意味するのかわれわれに伝えてくれるだろう。

ランシマン氏の発表は、これまで大蔵大臣が述べてきたことを超えているように思える。彼の発言の調子や内容が政府の熟慮した決定を示すものだとするならば、それは、政府が主張している物価を上昇させる意図を台無しにするものである。厳格な均衡予算、公共事業の取り止め、スターリングと金ブロック諸通貨間のペッグされた為替相場は、デフレーション派にとってもう一つの勝利を示すものである——現在、これに反対する圧倒的な意見があらゆるところで現れようとしているもかかわらずに。

敬具

J・M・ケインズ

◆七月二七日、『タイムズ』紙は公共事業についての社説のなかでケインズとピグー教授の間にはその提案の資金調達について、ケインズはある程度の信用創造を好んでいるとして、見解の相違があることを示唆した。

ケインズはそれに応えた。

『タイムズ』紙編集者宛書信、一九三三年七月二七日

拝啓

228

本日の貴紙社説はピグー教授と私の間に見解の相違があるように示唆していますが、私は見解の相違はないと思っています。彼と同様に、私は、公共事業は借入から支払われると考えています。この政策を補完するものとして、どの程度の「新規貨幣の創造」が必要かは、これらの言葉の意味いかんによります。それらが、紙幣流通の増加を意味するならば、それは、賃金を引き下げることなく雇用を増加させることに成功するいかなる政策であれその政策によるありそうな結果でしょう。それは、現代の状況においては、紙幣の流通は概ね賃金支払い請求額に依存しているからです。もしそれが、イングランド銀行による公開市場操作を意味するなら、公共事業が利子率を引き上げ他の企業に損害を及ぼすことを防ぐ意味で、公共事業借入の小さな割合を超えないような規模であっても、それが得策とわかるでしょう。私は個人的には、そのようなオペレーションを公共事業計画とは関係なく長期利子率をさらに引き下げる手段として望ましいと思う——実際、われわれが主として民間企業に依存するとすればオペレーションはより一層必要でしょう。

しかしながら、主要な点は、ピグー教授が強調した点である——すなわち、もし、事業が大蔵省の失業給付を減少させる見込み相当額と、そして、私は、それに加えてその事業が大蔵省にもたらすであろう税収増を、費用に対して貸方記入するとして、それで採算のとれるものが多数存在しないかどうかである。一見したところでは、広範な開発分野があり、特に住宅、および、たぶん鉄道の電化はこのテストを成功裡に通るでしょう。私は、この問題を権威をもって解決する専門家機関を設置することが政府の責任であると提案したい。計画がさしせまっているならば、政府が自らの見解により計画を選択すべきです。公的・民間を問わずこのテストを通る大規模な計画がないとすれば、長期金利が高すぎるのであり、したがって、収益のあがる事業計画と釣合う水準まで金利が低下するまでイングランド銀行は公開市場操作を行うべきだ、と私は結論します。

J・M・ケインズ

敬具

◆年末にケインズは再び保健省の住宅政策を『ニュー・ステイツマン』誌への投稿で鋭く批判した。

『ニュー・ステイツマン・アンド・ネーション』誌編集者宛書信、一九三三年一二月一九日

拝啓

保健省が労働階級の住宅建設に熱心であるとの主張をどの程度本気で受けとめてよいのか、一般大衆が知ることは難しいので、下記の政策例は注目に値するほど十分に興味深いものであろう。

数カ月前（今年五月）にエクスター市参事会は居間および寝室三部屋タイプの住宅を一〇六棟建設し、元利を週払い二〇年間で返済する方法で所有・居住者向けに販売する計画の承認を保健省に申請した。これに対して、保健省は、適切な居住設備は居間なしの寝室三部屋タイプで提供可能との理由で、上記の住宅建設を承認することを拒否した。市書記官は、直ちに、書面によりまた面談により、当該の一〇六棟の住宅は補助金住宅ではなく、市参事会により大蔵省あるいは地方税からの補助は何ら受けずに建設されること、また、住宅は掛かった費用の価格で売られるので政府、市参事会のいずれにも何ら費用は掛からないこと、またさらに、住宅購入計画に参加しようとしている者は疑いなく居間付きタイプを求めるであろうから、市参事会が居間無しの住宅を建設するのは賢明ではないこと、を指摘した。また、彼は大臣に市参事会は一〇六棟のみならず同地域で建設される総計三〇六棟について入札を求める予定であること、それにより市のスラム撤去計画による住宅再供給計画により建設される住宅をより低価格で入手できること、を説明したが、その間、大臣の反対は続いた。申し込みを求めていないのに同計画による住宅の購入を望む者からすでに一二五件の問い合わせを市書記官が受けていたことに言及してもよいかもしれない。こうしたことすべてにかかわらず、大臣は、提案された規模の住宅建設には同意できないと頑なに主張して、再度拒否で応えた。九月二六日、エクスター市参事会は大臣の行為に強く抗議することを記録するために会議を開き、また、大臣に代表団と会うことを要請した。代表団は一一月の末近くに受け入れられ、一二月一日に市書記官は大臣が反対を取り下げたことを通知された。この間、六カ月の遅れは市参事会に建設のための一夏のすべてを失わせてしまったのである。

この時間、忍耐、努力の浪費の釈明は何なのだろうか。事態の推移の段階で保健省が反対の合理的な根拠を示したと私は承知していない。保健省は自らの官僚的形式主義で柔軟性をなくしたのだろうか。あるいは過重労働なのだろうか。あるいは、まだ公開されていない確固とした何らかの理由があるのだろうか。あるいは、同省の住宅建設についての熱意は、われわれが理解させられていたものより、もっとなまぬるいものなのだろうか。

私は次のように言われてきた。すなわち、上記の例は何も異常でも、驚くべきものではないし、また、釈明としては、官僚的形式主義による通牒から生じる妨害的な遅れという通常のもの以外に探す必要はないと。読者の誰かが、同省の動機を明らかにすることができるだろうか。同省は、とりわけ地方当局の間で、急速に好ましくない評判を得ている。

敬具

J・M・ケインズ

第三章　世界経済会議

◆一九三二年の六月と七月に一九カ国の代表が賠償と戦債の将来について議論するためローザンヌで会った[1]。ほぼ一カ月の議論の結果は、賠償の終止と国際連盟に「現在の世界危機の原因であり、また危機を長引かせるであろう他の経済・金融上の困難を解決する方策を決定するため」翌年に世界経済会議を招集することを依頼することであった。

ローザンヌ会議に先立ち、H・D・ヘンダーソンは「ローザンヌのための通貨に関する提案[2]」と題する覚書を作成し、国際決済銀行が各国政府に対して金と同価値とする証券を発行し、それにより国際流動性を増加させ、また、各国が債務を支払うことや拡張的な国内政策を採用することができるようにすることを提案した。証券発行提案には幾つかの条件が付されていた——固定であるが調整可能な平価の採用、為替制限の撤廃、および、価格が一九二八年水準に向かって上昇する際に〔訳注1〕借入れを返済する合意、がそれである。提案された総発行額は約一〇億ポンドであった。

ローザンヌ会議中、ケインズは同計画を首相に話し、「それに強く賛成する」と報告し、また、ローザンヌ会議が賠償問題を解決でき、かつ、世界がヘンダーソンのような方針にそって進むならば、「私はわれわれの困難は終わったと信じはじめるだろう[3]」と示唆した。

ヘンダーソンの提案は、第四回報告を準備していた経済情報委員会に一九三二年七月に送られた。計画は第四回報告に組み入れられ、同報告は七月二〇日に発表された。

翌月に首相は、「通貨および経済についてのきたるべき国際会議の議題の内容を検討し、また、英国の政策が特別に注力すべき点について（首相に）個人的に助言する」経済諮問会議の別の委員会を設置した。この国際経済政策委員会の委員は、サー・チャールズ・アディス（委員長）、アスター卿、バジル・ブラケット、エセンドン卿、ケインズ、ウォルター・レイトン、サー・アーサー・ソルター、およびサー・ジョサイア・スタンプであった。ヒューバート・ヘンダーソンとA・F・ヘミングが幹事を勤めた。

同委員会は第一回会合で、経済情報委員会の第四回報告に含まれた提案を検討することに合意し、ブラケット、ケインズおよびヘンダーソンによって起草されたヘンダーソン計画の改訂版を一九三二年一一月のこの委員会自身の第一次報告に含めた。

一九三二年一一月からケインズは国際会議で検討すると思われる幾つかの問題にも取りかかった。一一月二五日に彼は、BBC〔英国放送協会〕で自由貿易と保護貿易についての連続講話を始めた。講話は『リスナー』誌に掲載された。

『リスナー』誌、一九三二年一一月三〇日

関税についての賛否両論

この関税問題について私の話を聞こうとする党派心の強い人々に対して私が公平な問題提起者とみなされるべき資格があるのか、私にはわかりません。われわれ三人は皆、真実を話そうとしています。(4) しかし、私は両派に対してかなり共感を持っていると主張することはできます。もっとも、私が両派に同感するのは、理論的な面においてではなく実際的な面においてであることが、おわかりになると思います。それは、自由貿易主義者および保護貿易主義者が

(1) 会議についてのケインズの見解はケインズ全集第一八巻、三七〇～三七九ページ参照。
(2) 『大戦間の時代および他の諸論文』(H・クレイ編、オックスフォード、一九五五年)に再録されている。
(3) ケインズ全集第一八巻、三七八ページ。
(4) 他の二名はサー・ヘンリー・ページ-クロフトとC・R・アトリーで両者とも下院議員である。
〔訳注1〕 ヘンダーソンの提案した金証券発行のスキームは国際決済銀行が各国に無利子の貸出しを行い、その対価として金証券を交付する形をとる。各国は国際決済銀行からの借入れと金証券が計上される。物価が一九二八年水準にもどれば、そうした措置を解消するために、各国は国際決済銀行からの借入れを返済するというものである。

それぞれ使ってきた理論的な議論は、私が思うに、その多くは役に立たないか誤用されたものであるからです。その反面、両派はそれぞれ、重要な実際上の処世訓を掌握しています。

自由貿易の立場

自由貿易の立場の根本的な真理から話しを始めましょう。それは、国内から始めることによって最もうまく説明できます。われわれは、個々人でも、あるいはグループでも、最も適した活動に集中し、特定商品の生産の専門家となり、生産物を他の専門家の生産物と交換することによって生活すればより一層豊かとなることを、皆知っています。町に産業が集中すればより豊かになることをわれわれは疑いません。ある州が、自動車を使用するのに対して、その自動車が州内産でない場合、より高い免許税を課すのは、ばかげていることをわれわれは知っています。バーミンガムで製造された自動車をランカシャーの人が使用するのを阻む目的で特別税を課すことはわれわれにはあり得ません。そして、これらすべては、個人間あるいは地域間で真理であるように、国家間でも同様であります。われわれがあるものをよりうまく生産できるのに、他の物を非効率的に生産するのは無駄であり、愚かなことであります。常識によるこの明白な結論をくつがえすような不思議な境界などありません。これに反対する保護主義者の議論の多くは詭弁です——特に、私がこれまで述べたことは普遍的な自由貿易の下で該当し、もし他国が関税を課すのであれば、われわれも同じことをすることが有利になる、と主張する議論は詭弁です。外国人の関税は有利な貿易の機会を減少させますが、そのことは、われわれがその機会をさらに減少させる理由にはなりません。さらに、われわれが使用するものに対して必要以上に支払わなければならないとするなら、それは、われわれに最も適した生産分野でさえコストを上昇させ、その結果われわれの効率性はことごとく低下します。

このことは、まったく、確かに、明らかですが、だからといって重要でないことにはなりません。反対に、このことは、ひどく重要です。自由貿易主義者は、自分に都合の良いたいそうな仮定から出発します。彼は一〇回のうち九回は、知恵と単純な真理の言葉を――また平和と善意の言葉を――詭弁や時には贈収賄により隣人や国を犠牲にして自分自身の利益をもぐりこませようとする小人に対してはっきりと話します。自由貿易主義者は背筋を伸ばして日中の光の中を歩き、通行人のすべてに正々堂々とかつ友好的に話しかけています。一方、保護主義者は片隅で怒鳴っています。

オタワへの失望

関税についての実際上の経験も、この一般的な仮定を少しも修正することになりません。まったく反対です。昔から確立された関税制度を持った主要国で多数の愚行を犯さなかった国はありません――愚行は一度実施すると、さらに害をなすことなしには、もとに戻すのは難しいが――それらの愚行は国内の物のわかった人々すべてによって率直に認められているのです。われわれ自身は、私の判断では、オタワ会議の結果にちょうどこの例をみるのです。この会議の開催にあたり高い期待と理想があったにもかかわらず、その結果は大英帝国内の経済協力の最も熱心な擁護者でさえ失望以外にどのように考えるかを想像するのは困難です――それは、次の春に開催される世界経済会議において何か有益なことを達成するについてそれがもたらす困難さは別にしてさえもそうであります。それは、いざ実務となると、関税交渉におけるより悪い要素がより良い要素をいかに上回りがちであるかのよい例です。開催演説でボールドウィン氏が望んだように大英帝国内で真に関税を引き下げてより自由な貿易を推進する替わりに会議はすべての当事者に対して以前に較べ関税をより強固に定着させたというのが私の個人的な見解です――もっとも、何人かの当局者はそれに反対の主張をする用意があることを私は承知していますが。

自由貿易の限界

ところで、なぜ私は両サイドに同感するということから話を始めたのでしょうか。その話をしましょう。私が今述べたすべてのことにもかかわらず、関税を利用することを恐れない人々は国民経済生活についてより幅広い考えと、生活の質に対するより正直な感覚を持っているというかなり重要な側面があります。自由貿易主義者は、彼らの主義の基本的な真理——人は自明の理というかもしれない——によって強化し無遠慮となり、市価が単に安いという社会的利益を非常に過大評価し、存在していない長所を自由放任主義手法の単なる運営によるものとみなしてきました。保護主義者はしばしば下手な経済論議をしてきましたが、しかし、健全な国民経済生活に関する複雑なバランス、調和、質について、また、たとえ全体のためとはいえ一部を不当に犠牲にしない英知については、彼は時には、より確かなセンスを持っていました。多様性と普遍性の価値、すべての才能と適性を利用する機会、生活の快適さ、古くから確立された田舎の慣習——お金で買うことのできない、田舎の世俗的な生活にさえ多くある、これらすべてのものが考慮されるべきであります。国家保護は理想主義的な側面もまた持っており——よく均衡のとれた国民経済政策は、そうした側面と、平和と真実および自由貿易という国際的に公平な取引とを合致させるよう努力するでしょう。

国全体とその国のすべての労働者が半ダースの大量生産製品に特化し、各個人は、生涯、一分間の非熟練・反復労働のほかには、する仕事がなく、また他の仕事の希望もない条件の下で、われわれが少しばかり豊かであることが事実と仮定したなら、特化によるこうした最大限の安価の輝かしい達成に対する障害になっている、商業、技術および雇用の無限の多様性を直ちに打ち壊せと声高に求めるべきでしょうか。もちろんそうすべきではありません——そしてそのことは、自由貿易の主張は、私が話しのはじめに言ったように、何かを置き忘れていることを十分に立証しているのです。われわれの仕事は議論の不均衡を是正することにあるのです。

関税と雇用

三つの例をあげましょう。しかし、その前に保護主義者の主張に対して更に譲歩すべきことがあります。失業と闘う手段としての関税の一時的な有効性を私が否定した時期がありました。私は今でも、世界的な関税制度は失業を、世界全体としては、減少させるのではなく、むしろ増加させると考えています。しかし、現在私は、厳しい失業の時期にわれわれが関税を課せば、われわれの失業負担のある部分は他国に転嫁できることを認めます。なぜなら、自由貿易主義の議論は、あまり相応しくない産業に労働者を引き寄せるために関税を利用することに反対するが、彼らは基本的には、関税がなければ労働者はより相応しい産業に雇用されると想定して、労働者がまったく雇用されないかもしれない事態を考慮していないからです。

自動車に対する保護

さて、正当化されるべきだと私が考える関税の例を話しましょう。第一は、われわれの自動車産業です。大戦後以来ずっとこの産業に対してわれわれが保護を与えてきたことは賢明であり有益であると、私は常に主張してきました。この産業は、新しい、革新的な、変化して止まない産業であり、それ自体、第一級のおもしろさと重要性を持っており、私がこの産業に対してわが国民の素質が優秀であることを期待するような類のものであり、典型的な英国人のあるタイプにとって非常に快適で魅力的な業務と課題を提供しています。実際、繁栄し、創意に富む自動車産業がわれわれに無いとしたら、それはショッキングなことです。しかし、戦争の間、われわれが他のことで忙殺されていた時に、アメリカは財務、技術の両面でわれわれよりも大いに優位な地位を築いていました。その結果、英国産業が対外競争にもろにさらされていたとしたら、わが国産業は採算がとれる前に倒産したことは確かです。今日の結果は、われわれが自動車産業に与えた保護が勝利をおさめた証明であります。これを否定できる者がいるでしょうか。

鉄鋼に対する保護

上記は新しい産業です。次の例は古い産業――鉄鋼です。ここに、偉大な過去を持ちながら、――少なからずわれわれ自身の誤りによって――崩壊に向けて衰退している産業の事例があります。問題はこみいっております――ここで、この問題に立ち入ることはできません。しかし、関税が当該産業の再生のために十分に連携をとった全般的な計画の一部であるならば、私は関税による援助を排除すべきでないと思います。というのは、われわれが数年ではなく、何十年かの期間で考えるなら、われわれはこの産業に著しくうまく適応していると私は確信しているからです。しかし、短期的には多くの持続的な損害が生じ得ることは明らかです。この産業がさらに衰微すれば近隣は荒廃し、幾万もの人々は家庭や組織から引き離され、無力のまま世間に放り出されるでしょう。また、それにより、何マイルも続く住宅は値打ちのないものとなるが、製鉄所が、採算がとれるか、とれないかを計算する際に住宅の財産価値は計算に入ってきません。こうしたことに較べれば、今日、鉄鋼が消費者にとってできるだけ安価であるべきだ、ということが重要だとは私は考えません。私は、北東沿岸地方の溶鉱炉が再びうなりをあげ、英国の鉄鋼船がクライド川から出港するのを見たいものだと思います。そして、私は、必要であれば、その実現のために、少しは支払う覚悟を決めているのです。

そして、農業に対する補助

最後の事例は、強硬な自由貿易主義者にとって、すべてのうちで最も重要な核心である――農業であります。農家の生産物価格を食品に対する税あるいはそれと同等の手段により引き上げなければ、わが国の平均的な農家は破産するということが本当だと仮定しましょう。それなら、農業は滅びるままにしておこう――という覚悟を自由貿易主義者は決めているのだろうか。われわれは、もちろん、救済策について愚かであってはならないし、また、他の作物に較べ農地に適していないような作物を農家に勧めてはなりません。しかし、それは私が自由貿易主義者に提示しているジレンマではありません。英国の農業は今日、無制限の競争の不確実性にさらされている限り、そこで雇用されている人々に、都市の大量生産産業によって与えられる生活水準を与えることができないと仮定しましょう――この仮定は決してありそうもないことではありません。それなら、農業は滅びるままにほっておこう――という自由貿易主義者はいるだろうか。私は、そのような人は一人もいないことを願います。なぜなら、農業を続けることは完全な国民生活の一部であるということを、拘束具で頭を拘束されていない人は、貴方や私と同じように、理解しているに違いないからです。私は、前に、典型的な英国人のあるタイプにとって就職口をあたえることができるならば、繁栄した自動車産業は国に必須のものであると述べました。他の種類の人々は、生活を続ける上で家畜を世話し繁殖させ、巡る季節と土壌に触れ合うことを必要とすることも、また、同じように事実です。国は農業をするゆとりはない、というのは「ゆとり」という言葉の意味を履き違えているのです。芸術や農業、発明や伝統のゆとりがない国は、人が住むゆとりのない国です。

これらのことについての知恵の小道は、そのうえ、狭いものであり、両側にある落とし穴の見える人のみが安全に歩むことができるのです。自由貿易、保護貿易のいずれも、実際面での優位を主張する資格を与える理論的な論拠を提示することはできません。保護貿易は、国の経済生活の均衡と安全の欠如を矯正する危険で費用のかかる方法です。しかし、経済の無分別な力には、われわれ自身を安心してゆだねることができず、また、関税と同じほどには有効な手段をわれわれが手元に持ち合わせていない時もあるのです。

◆BBCで話した同じ日に、ケインズはきたるべき会議について論文を書き終え、写しを首相に送付した。論文は一カ月後に発表された。

『ニュー・ステイツマン・アンド・ネーション』誌、一九三二年一二月二四日

一九三三年世界経済会議

会議そのものが開催されるまで、まだ数カ月あり、会議が結果を公表するまでさらに数カ月かかり、報告が何らかの行動につながるまでには、おそらく、さらに時間が経過するだろう。したがって、世界は、一九三三年の春あるいは夏の間は会議に期待を寄せるべきではない。しかし、われわれは遅れを非常に残念がるにはおよばない。というのは、一九三三年の前半の六カ月間は、二つの選択肢の間で迷っており、その迷いが解けるまでは国際会議に本当の決定を期待するのは無駄であるからである。選択肢はこうである。この不況はその程度は非常に厳しいが、過去の不況と同種のもので、自然の力の作用と経済システム自体の回復力により徐々に克服されることが一九三三年の半ばまでに明らかになるだろうか。あるいは、わずかの上向きの反応とぼんやりとした回復の期待の後に、再び泥沼に引き込まれているのだろうか。第一の選択肢を実現させる見込みがいくらかでもある限り——そして、その実現は不可能ではないが——国際会議は偽善的な言葉の中に閉じこもることは確実であるように思える。そうではなく、希望が打ち砕かれ、新たな、そして全世界的な絶望の圧迫感が代表団を恐れさせるような場合にのみ、問題にふさわしい何らかの行動の見込みがいくらかあるだろう。したがって、もし、第二の選択肢が現実となるリスクがあるなら——それは非常にありそうもないことではないが——私は、希望が実現されていないと世界が気づく時まで会議が引き続き開会中であることを願う。

会議の議事内容を予想するのは容易である。多くのことを改めるべきだと宣言する多数の決議が可決されるだろうが、本気で改める意思はないのである。会議は、全体の立場として、関税と輸入割当てが不条理なほどに達し国際貿易の脅威となっていることに合意するだろうが、各国から引き下げる提案はなされないであろう。為替管理は非難されるであろうが、管理をしている国は管理を止める立場にないことを遺憾とするであろう。債務が借り手の能力の限界を超えた場合には、債務を切り下げるべきだと言われるだろうが、債権国はどこも切り下げを申し出ないであろう。会議はできるだけ早期に全体が金本位制に復帰すべきだと宣言するだろうが、この点について自由を獲得した国々は、それらの国々が満たされるとは予想していない条件なしには、その自由を放棄しないであろう。会議は、フランスの黙認を取り付けてまで、物価は引き上げられるべきであることに合意するだろう。しかし、会議は物価を引き上げる計画を提案するのだろうか。

会議が原因ではなく症候に対処している限り、その道筋には徒労の影が横たわっていよう。会議の第一の仕事は、したがって、症候と原因とを見分けることである。われわれが問題をこのような方法で検討するならば、もっともらしい決議が取り組むであろう弊害の多くは、症候であることは明白である。ごく最近時の関税と輸入割当ての無節制さや、為替管理、債務不履行、金本位制の崩壊、物価の下落さえも、主に症候である。誰もこれらのことを望まなかったし、これらはどれもよく検討された政策の反映ではなかった。それらはより根本的な力の表現として、また、その結果としてわれわれに強制されたのである。世界会議は、あたかも、鼻かぜを治療するために招集された医者達が、鼻をフンフンいわせるのを止めることが望ましいとか、咳をする人は隣人に迷惑だといった決議を会議で可決するようなものである。

それでは、会議が賢明であるなら、専念すべき問題の本質は何か。それは短い言葉では容易に表現できないが、私はその特徴を簡単に述べようと思う。

困難は、「金融上の緊張状態」として最もうまく表現できるあることから始まった。アメリカにおいては、緊張の原因は国内的なものであったが、他の国々では、その起源は主に国際的なものであった。口火を切ったこれらの原因はよく知られている——一方では、アメリカにおける投機の熱狂であり、他方では、国際融資の停止である。国際融資は、戦時債務と関税が国家間にもたらしていた国際収支の不均衡を埋め合わせていたのである。金融上の緊張状態とは個人や共同体が債務を返済するための資金を調達するのに突然非常な困難に直面することを意味し、その結果として彼らは購入を減少させるために種々の方策をとる。実際に困難に陥っていない他の者は、この後、同じことが彼らを不意に襲うことを恐れ、用心をして彼らもまた購入を減少させる。減少された需要は、それは減少された購入と同じであるが、価格を下落させる。価格の下落は利益を減少させる。そして、世界の企業家は、苦境にある者もそうでない者も、生産物を生産し、生産に伴う購入をする意欲や所得を稼ごうとする意欲が減退している。このように、需要、価格、収益、生産そして所得の低下はそれぞれがそれ自体で、また、互いに増幅し合っていく。

金融上の緊張状態が需要の減少につながる時、下落は必然的に自己増幅する。なぜなら、個人（あるいは共同体）

が自己を守るため、また、単に自己の緊張状態を和らげるためにとる一つひとつの措置が、緊張状態を隣人に移転し、また、隣人の貧苦をひどくする効果を持っているからである。やりとりの道筋は、われわれすべてが知っているように、閉ざされた輪を回っている。われわれが緊張状態を、忍耐を超えているとして、隣人に移したとしても、それは、緊張状態が輪を回ってわれわれのところに再び届くまでの短い時間の問題に過ぎない。

もっともらしい二つの救済策が提案された。一つは、需要減少のペースに合わせて、同額の供給を組織化された制限計画により減少させるよう努力することである。もう一つは、価格下落のペースに合わせて、賃金を同じように切り下げるよう努力することである。これらの救済策のいずれも個々の生産者を助けるだろうが、それは、彼の隣人が救済策を使うのを差し控えると想定した場合である。しかし、救済策のいずれも誰かの所得（したがって購買力）を消滅させるか減少させるので、全般的な救済策として使用されれば、それらは病を悪化させる。

一つの、そして唯一の本物の救済策がある。すなわち、需要を増やすことである――言い換えれば、支出を増やすことである。不況が進行すれば、このことを実行するのはより一層難しくなる。最初は、金融上の緊張状態を緩和することだけで十分だったかもしれない。しかし、価格と収益の下落が一定の点を超えた時は、単に金融能力だけでなく、生産する誘因が消滅しているのである。この時点では、私の判断では、国自身が十分に検討した支出を計画することによって回転を開始させなければならない。しかし、いずれの場合でも金融上の緊張状態を緩和することが、その他の対策が成功するための第一の条件である。金融的に強力な少数の国は、国内金融政策によって支援することができる。この線にそって、ここ数カ月内に、アメリカは多くを行ったし、英国はある程度行った。しかし、世界の大部分は国際的に緊張が緩和されるまでは、どうすることもできずにいる。国際会議が重要な目的を持っているのはこの理由によるのである。国際会議が取り組むべき主要な対象はこのことである。

戦時債務は緊張を生み出すうえで重要な役割を果たした。現在、それらは国際会議の範囲外にある。たぶん、それらは会議の範囲に引き入れられるだろう。手続きはどうであれ、戦時債務の整理は他の対策を実施するに値するものとする環境を創りだすうえで必要であり、そうしない場合には、他の対策は不十分なものとして失敗するだろう。以下では、この問題が第一に取り上げられると想定している。

確かに私は、関税と為替管理の軽減の会談ができるかぎり成功することを願う。しかし、これらは自己防衛の手段であり、各国は他の保護手段が同時に提供されないかぎり、これらを手放すことができないことを、われわれは忘れてはならない。会議が糧を得ようとするなら、これらは会議が求めなければならない核心や最も大切な部分ではない。重要な仕事は、国家間の金融上の緊張状態を直接和らげる方策を工夫することである。それらの方策は、思うに、すべて四つの救済策グループのいずれか一つに入る。五番目を知っている人がいるなら、それを公表して欲しい。

第一は、支払いができず、現在支払い停止により保護されている短期債務のある程度の整理を図ることである。これは、きわめて技術的な問題である。解決策は、自国通貨では返済できる債務者と、返済できない債務者とを分け、当該国中央銀行が前者の債務の引き受けを図ると同時に、そうするための資力を、そうした中央銀行に供給することであろう――この最後の必要条件により、これら一連の救済策は他の救済策に包摂されることになる。

第二は、原料を生産している債務国が債務返済のために、借入時の二倍の量の輸出を充てることを求められないですむように、民間が保有している国際債務を貨幣価値の変化に合わせて、ある程度切り下げることを求めることである。これは私の公正の観念からは魅力的だが、私の実利的な観念からは、むしろ疑わしく思われる。もし物価があがらないのなら、債務はそれ自身の重みにより下落することは確実であり、国際会議を必要としないだろう。しかし、物価を上げるのがわれわれの確固とした目的であるなら、この対策は不必要となるだろう。更に、債券に対する投資家の関心を回復させようとしているちょうどその時に、投資家の債券に対する信頼を揺さぶることは分別のあることではない。

第三は、世界の債権国に、他国のために保証付きの貸出に融資をするため、再び気前よく金を出すよう懇請することである。これは、いろいろな方面から強くせがまれるであろう。しかし、英国大蔵省とアメリカ財務省は、これに猛烈に反対すると私は確信している。そして、両者が反対するのは正しいのである。この種の慈善行為はその規模において決して十分大きなものとはならず、負担の配分は決して正当に合意されず、また収益の配分についてもしかりである。数年間、われわれはそのような方法により困難から抜け出そうと努めてきたが、われわれの試みが失敗であったのは立証済である。チャンスは一度あった――一九一九年、パリにおいて、再建のための融資計画は世界宥和のための全般的な計画の一部となったかもしれなかったが、われわれはそれをやみくもに拒否した。

さて、第四の計画であるが――それは私が見つけることができたただ一つの安全な出口である。それは、本質は同じであるが、数種の変奏が可能な主題に基づいている。そのうちの次の案は、私自身のものではないが、何人かの有能な評論家に好印象を与えた。人々の陰気な心境を変えるためには、われわれの計画は華々しいものでなければならない。計画はすべての国に対して、また、全員に対して、同時に適用されなければならない。各自が同時に、貿易障壁を取り除き自由に購入できると感じなければならない。もし、われわれ全員が再び購入を始めたら、購入するための資力をわれわれ全員が得るはずである。貿易活動に対する適切な刺激は、国により異なるだろう。ある国では課税の軽減、ある国では公共事業計画、ある国では信用の拡張、ある国では為替と輸入への制限の緩和、ある国では差し迫った債務の償還、ある国では、単に不安と恐れを取り除くこと、ある国では、実業界の大物に再び勇敢かつ積極的になるよう単に激励すること、である。眠り姫を目覚めさせる、また、ガラスの山を滑り落ちないで登るための、魔法は何なのだろうか。もし、各国の財務省が金庫の中に経済活動規模に比例した大量の金の貯蔵を発見すると仮定したら、そのことは魔法の役を果たさないだろうか。その貯蔵を案出してもよいのではないだろうか。われわれは、国内では金をずっと印刷してきた。金を国際的に印刷してもよいのではないだろうか。われわれの手が麻痺しており、知力が鈍っていないのであれば、そうしてはいけない理由はまったくない。

計画は次のようなものである。会議に参集した諸国が国際的な機関――国際決済銀行あるいはこの目的のために設立される新たな機関――に（たとえば）五〇億ドル相当額の金証券を印刷するように指令する。参加国は、この証券が金の法的等価物として契約および通貨上のすべての用途について受け入れられることを規定する法律を制定することを約束する。参加国は、金と国内通貨の比率と同等の法的比率をもまた、規定することを約束する。その比率は必ずしも変更できないものではない。金証券は、世界における各国の経済的なウェイトに基づき一定の方式による割合で、参加国に二つの条件付きで分配される。第一の条件は、金証券は目的のために必要でなくなった場合は最終的には返還されるという第二の条件が侵害される場合に備えて保証基金を準備するために、非常に低い金利の支払いを求める。第二の条件は、国際貿易の主要商品の指数が合意された水準に回復した場合には、この信用に基づいた国際的な発行証券を徐々に回収することを規定する。この計画は、世界ができるだけ金本位制に近いところに戻るのをみたいと願っている人々に、また、価値基準の国際的管理の進展を望む人々にも、気に入るに違いない。この計画には何ら不都合も危険もないと私は思う。この計画は、権力のある人々がある朝目覚めた時に、通常よりも少しばかりより弾力的になっていること以外に何も要求しない。

世界会議への代表は、大いに悲嘆し、謙遜と悔悟の心をもって集合すべきである。今度の会議は、戦後の五〇回目近くであると思う。恐れと強欲、かげひなたと無能力、それに、とりわけ因習的な思考と感覚が、参加者集団の業務遂行能力を、彼らが個々の人間として評価された場合の水準をはるかに下回るものにしたのである。しかし、今度が最後の機会である。終わりが仕事を花輪で飾る。

◆年が明けて、スコットランド投資信託会社がケインズに、一年前と同じように（上記六三ページ）、スターリングの見通しを調査するよう依頼した。彼は一月一八日に回答した。

スターリング相場についての覚書

私は、最初に、卓越した重要性を常に所得勘定収支に置くべきだと強調したい。それは、多くの資本取引が一回限りのものであるのに対して、所得勘定取引は連続的な性格であるからである。

I．所得勘定収支

私は一年前に、実際のポジションは商務省の推計より、たぶん年に二〇〇〇万から三〇〇〇万ポンド良いのではないかとの意見を持っていた。これを基準に私は、一九三二年の収支赤字はまったく無視できるほどのものであり、最悪でも五〇〇〇万ポンドを超えないと推測していた。昨秋にも、私は、収支赤字はまったく無視できるほどだと確信していたが、他の意見に敬意を表して赤字は三〇〇〇万ポンドに達するかもしれないことを認めるつもりであった。

われわれは、現在、一九三二年の商品貿易収支赤字の統計は入手しているが、商務省による所得勘定の収支結果の推計はまだ入手していない。年後半の二、三カ月の商品貿易収支は非常に良かったので、私は今では、年間を通しては、赤字になるとしても、その幅は非常に小さいとの意見に戻った。

貿易収支の赤字は、前年より、ほぼ一億二〇〇〇万ポンドの改善であろう。これに対応して、海外投資勘定と運輸が幾分さらに悪化したに違いない。しかしながら、貿易外収入が三五〇〇万ポンドより大幅に減少したか、私は疑問に思っており、実際、同収入は本当にそれよりも良かったかもしれない。この推計は、全体の結果が、均衡に近いという見方と一致している。

商務省が集計方法を改定していないならば、商務省による推計が、発表された時に、上記のように好結果を示すというわけではない。私は、旧基準の集計で商務省は、あれやこれやで、貿易外収入を約二五〇〇万ポンドほど過小評価しているとみている。

私は、収支の他の部分が示唆する推論によって、所得勘定収支についてこのような見解を堅持するにいたった。実際、私が資本の動きについて知っていることを考慮に入れると、われわれの所得勘定収支は黒字という仮説抜きでは、現実の事態の経過をどのように説明するか、私は当惑してしまう。いずれにしても、私は、ごく最近においてさえ流布している、わが国の所得収支は依然として大幅な赤字であるという話は、まったく根拠がなく、また、現実の事態の経過とあわないものであると確信している。

一九三三年を考えると、世界の回復は引き続き非常にゆっくりと進むとしても、わが国の商品貿易収支はわずかながら、さらに改善しそうだと私は思う。現在、わが国の輸入は一年前より低い数字で推移している。昨年の早い時期に、関税を予期した輸入は依然として続いていたが、この間関税はまだ完全には施行されていなかった〔訳注2〕。その上、農業省による食肉輸入削減策は昨年の一時期施行されておらず、また、現在でもまだ不完全である。勘定の反対側をみると、輸出は減少よりもむしろ僅かな増加を期待できるもっともな根拠がある。オーストラリアとインドの市場はより良くなっており、為替相場は輸出業者に非常に有利であり、また、われわれが大口の顧客である諸国は、彼ら自身の購入を都合がつく限りできるだけ多くわが国市場に向けることが健全な政策だとますます信じるようになりつつある。

貿易外収入に関しては、海運収支は、たぶん、悪化するより、改善する方がすこしばかりありそうであり、いずれにしても、われわれは最悪期をすでに経験したと期待してもいいかもしれない。金利支払いの不履行については、それが、今や最大規模に達したと見込むのは楽観的であろう。しかし、大英帝国諸国とドイツが不履行とならない限り、この項目のさらなる損失は非常に重大なものになりそうもない。このようなわけで、来年、小幅な黒字となるのに商品貿易収支の大幅な改善は必要ではないだろう。

Ⅱ．資本勘定取引

現実の事態の経過は、われわれの資本勘定は非常に大きな黒字項目の利益を受けてきたに相違ないことを示している。困難なのは、黒字項目が、おおよそ知られている赤字項目を埋め合わせるのにどの程度十分なのかを見当をつけることである。

赤字サイドでは、われわれは下記のことに留意しなければならない――

（i） イングランド銀行は、今年の非常に早い時期に三〇〇〇万ポンド（金）を返済したのに続いて、さらに八〇〇〇万ポンド（金）を返済した。また、為替平衡基金は相当な額の資産を金と外貨で貯えていると一般に信じられている。これについて数字を示すのは、まったくのあて推量であるが、その金額が三〇〇〇万ポンドより少ないとすれ

〔訳注2〕 英国は一九三二年三月より保護貿易体制に移行した（『世界史年表』岩波書店、による）。

ば私は驚くであろう。しかし、それはもっと多額であるかもしれない。イングランド銀行が、一九三一年の危機の際に積み上がったスターリングに対する国際的な空売りポジションを決済することによりそれだけ多額の外貨を確保することを助けたことは、疑いないところだ。しかし、たとえそうであっても、為替市場にはイングランド銀行が買うことのできる多額の新たな資産のネット残高があったように思える。

(ii) 民間投資は、たぶん差し引きして流入というよりは流出であろう。年の後半においては、ロンドンにおける相対金利は他のセンターの金利に較べ低いままであった。私は、わが国は対米投資を差し引きでは減少させたのではなく、増加させたと思っている。もっとも純投資額は、たぶん大きくない。ロンドンは、ニューヨーク、ドイツ、オーストラリア、その他においてかなりな額のドル建て外債を購入した兆候がある。実際、類似債券に対するロンドンとニューヨークの相対価格は、それをほぼ確実に生じさせたであろう。

(iii) 戦時公債の借換えは、外人保有者によるいくらかの通貨の引き出しにつながったに違いないと、私は思う。たぶん、それは、ある人々が一時予想していたよりもずっと少なかった。しかし、一億五〇〇〇万ポンドから二億ポンドの額の戦債保有者があのように大幅な金利の切り下げを、戦債の一部を現金化することなく受け入れるとは、私にはとうてい思えない。

(iv) フランスのロンドン残高が、さらにいくらか減少しているように思える。たぶん、二〇〇〇万ポンドから二五〇〇万ポンドが今年に引き出されたであろう。

以上から、勘定の反対側にこれらを打ち消すような大きな項目がなかったとすれば、為替ポジションが、これまでのように良好であったはずがないことは明らかである。私が前に述べたように、困難なのは、そのような項目の十分な総数の見当をつけることである。上記のマイナス項目からの推論として、少なくとも一億ポンド、あるいは、たぶん一億五〇〇〇万ポンドものプラスの項目があったに違いないと私が推測するのは当然だろう。私はこの数字を下記のような項目から説明しなければならない。

（i）　インド政府は、確かに、ロンドンにおける現金残高を大幅に増強してきた。インドからの金輸出は、平均、週にまるまる一〇〇万ポンドで、もっとも高い見込みを実現してきた。私は、数字について正確な知識を持っていないが、政府と銀行を含むインドの在ロンドン資産の純増が、三〇〇〇万ポンドほどであったとしても、驚かないであろう。オーストラリアは、収支改善で大いに効果をあげ、同国も資本勘定でロンドンに送金してきた。南アフリカが金本位制を放棄することを予期した、南アフリカからの通貨の逃避は、一〇〇〇万ポンド、あるいは、一五〇〇万ポンドとさえも考えられる。大英帝国諸国から同種のより少額のものも多くあったに違いない。

（ii）　年間をとおして、英国の引受手形が着実に返済され、債務据置協定下にある残高合計もまた大幅に減少した。それは、スターリングの減価により、債務者が対英国債務をなるべく返済する気になったからである。たぶん、このような項目の合計は一般に考えられているより大きかった。

（iii）　以前の海外投資についての通常の減債基金は、サー・ロバート・キンダースレィが示したように、(5) 私が以前に考えていたよりも多額であった。

（iv）　海外諸国のロンドンにおける残高全般が、かなり増加したかどうかという問題が残る。すでに言及した大英帝国諸国がポジションを強化したことを別にすれば、私は、こうしたことが、結局のところ、重要な項目であると信ずべき証拠をほとんど聞いていない。たぶん、一九三二年末以来、資金がいくぶんロンドンに戻ってきているだろう。

（5）『エコノミック・ジャーナル』誌に一九三〇年から開始された同氏による年次調査による。

しかし、一九三二暦年でみると、当該残高が年末時のように、通常の金額以上にかなり増加したということは、はなはだありそうにないと私は考える。

おそらく上記の要約により、資本の出入りは、一億ポンドよりは少なくなく、一億五〇〇〇万ポンドよりは多くない、ある額で概ね帳尻が合っていると、まさに信用できる。将来については、資本移動は、定期的に繰り返す性格のものでないことは当然である。しかしながら、もし、これにも程度があるとすれば、上記で概括した逆調の動きは、たぶん、貸方の諸項目よりも、一層非反復的な性格であろう。したがって、所得と資本の動きを一緒に見れば、現在の為替相場（すなわち、一ポンド＝三・三五ドル）の近傍からどちらの側にも大きく傾く証拠はないし、実際、為替相場は最近、イングランド銀行の政策によってこの水準に抑えられてきたので、自然な均衡は三・四〇ないし三・四五で維持されるというところだろう。私の主な結論は、英国の国際収支ポジションに、本質的に不健全な、あるいは不安定なものがあるという見解には、本当に根拠がまったくないということである。変化の激しい今日においては、予測は危険である。しかしながら、現在の情勢が順調なのは人為的であり、現存する本来の趨勢がそのまま展開すれば、悲惨なほど逆調となるだろうとの見解には、何ら根拠がない。

Ⅲ．イングランド銀行の政策

今後数カ月間に成立する実際の為替相場は、もちろんイングランド銀行による為替平衡基金の運営政策に大きく依存する。過去の経験によれば、同行の政策は、第一に、同行が本心から望む均衡を確保するのに好都合な動きを利用すること、そして、その後、上方への動きを管理・制限する一方、はっきりとした趨勢にはあまり強く抵抗しないことを示唆している。同様に、下降の動きの場合には、同行は、本当に手放してもいいと思っている準備でできる限り相場を支持しようとするが、その後、趨勢が定まればあまり執拗には抵抗しない。一九三二年における変動は非常に大幅で、それはたぶん、不必要なほどそうであった。一九三二年の経験に照らしてみると、変動をより狭い範囲に収めるのは可能なはずである。まったく予期しない情勢を別にすれば、為替相場を年間で最大限三・二五と三・五〇の間、すなわち、ほぼ八パーセントの制限内に維持するのはそう難しいことではないと、私は考えてきた。

ついでながら、戦時債務との関連、および、国際経済会議との関連の双方において、何らかの形で金本位制に復帰するよう求める巨大な圧力がわが国にかかるであろうことを覚えておく必要がある。私は、アメリカには、戦時債務について譲歩する計画とわれわれのスターリング相場政策についてのわれわれの側の保証とを結びつけるはっきりとした意図があることに気づいている。大蔵省とイングランド銀行が言質をとられることを嫌がる一方で、金への復帰を求める騒ぎは、たぶん、彼らに多少同情を吹き込むだろうと私は信じている。もし、何か条件付の金への復帰か、あるいは、為替相場の事実上の安定化が起こると仮定すれば、それは、当然に、その時に実際に成立していた為替相場に基づいたものになるだろう。したがって、同行は実際の為替相場が高くなり過ぎないことを望むであろう。一方、他の者は皆、低くなり過ぎないことを望むだろう。これらの影響力は、将来の変動に対して安定化させる効果を持つであろうと私は信じる。いずれにしても、スターリングが高水準の為替相場で条件付きの金本位制に戻ることは考えられないことは当然と私は思う。高水準の相場は、フランスとアメリカが仮に金本位制の厳しさを何とかして和らげようと意図しているとの懸念が広範に広まった場合にのみ生じ得るだろう——この見通しに、スターリングを金と結びつけるというわが方による約束が伴うことがないのは確かであろう。

Ⅳ．金本位国の立場

スターリングに関する限り、来年に世間を騒がせるような進展を、私が予期していないことはわかるだろう。世間を騒がせるような事件が、もしあるとすれば、それは金本位制国から生じると私は予想する。その見通しを考える際、心にとめておくべき事実として、二つの主なグループがある。

（i）たぶん、一九三一年と一九三二年の顕著な出来事は、まだ、多くの発言を引き起こすにいたっていないが、主要債権国の〔国際収支〕黒字の状況が損なわれてきたことである。マクミラン委員会は、不況前における主要債権国の黒字収支の合計は年におよそ五億ポンドから六億ポンドと推定したが、黒字収支はそれに相当する額の融資取引によってのみ維持することができた。激しい金融混乱を国際的に引き起こしたのは、この融資取引の停止であった。しかし、過去二年間は、債務国は――債務不履行、為替および貿易制限等――あれやこれやの手段を使って債権国に対する収支を何とか均衡させてきた。その結果は、英国は黒字があったとしてもごくわずかだし、フランスはたぶん黒字ではなく、アメリカの黒字はもはや恐ろしく大きなものではなくなった。私がいくらか不安を感じるのは、最後にあげた項目に関してのみである。なぜなら、アメリカの収支については、移民送金の減少と旅行支出の減少により改善を過小評価する危険があるからである。しかし、私は、マクミランの数字は今日では、例えば、一億ポンドの近傍に減少させるべきだと言いたい。

さて、インド、南アフリカおよびその他から供給される新たな金は、今日、恐らく一億ポンドを超えている。したがって、これを勘定にいれると、債権諸国は一団としてみれば、世界の他地域に対してもはや債権を大して持たない（ここで私は、戦時債務については、市場から購入することにより、さらにかなりの額がアメリカに返済がなされることはない、と想定している)。このように、過去には非常に大きな問題であった金融ポジションの深刻さは終わったのかもしれない。一方、金本位制として留まっている少数国にとっては、現在の全金供給を購入しなければならない義務は彼らの財力には負担かもしれない。金本位制国の為替相場が減価に向かうというこの自然の傾向は、現在の環境下では、スターリングが増価する傾向としてのみ現れている。このことは、ある意味では、インド、オーストラリア、あるいは南アフリカがロンドンに保有する残高の改善からスターリングに生じる強さの反映である。

(ii) われわれは、昨年、金本位国の預金者が、非常に容易に怯え、資産を移動する先を、金本位国でまだこれから先に困難を抱えている国よりは、むしろ英国のように「すでに体験した」国にしようと努力することがありうることをみた。フランスの財政困難は、早くて来年六月より前には解決されず、その間、内閣が幾つかつぶれるだろう、と私は聞いている。資金をパリからロンドンに移す傾向があるのも無理は無い。アメリカにおいては、いわゆるインフレ的政策の成功について定期的に繰り返して心配されることが、大いにありそうに思える。したがって、一九三三年にもし何かセンセーショナルな事件が起こるとすれば、それは、スターリングについて誇張された懸念ではなく、むしろ、依然として金本位制に留まっている諸国に対する広範な不信の形となる、と私は思う。もし私が、よりありそうかのみならず、よりなさそうかをも斟酌するとすれば、私はスターリング為替相場の上昇の動きに向けて圧倒的な圧力がかかることを、その反対よりも、より一層恐れる。

V．結　論

私の全般的な結論は、今年中にスターリングの金価値には、主として英国の金融ポジションに関連した理由によっては、大きな変化は期待すべきではないということであろう。いずれは、大英帝国内においてわれわれは広範な利払い停止に見舞われ、それがスターリングの地位を大いに揺さぶるとしても、私は、こうしたことが一九三三年に生じるとは予想しない。そのようなわけで、既に述べたように、センセーショナルな事件の最も大きな危険は、スターリング諸国ではなく、むしろ金本位諸国における状況に捜し求められるべきである。

商品の金価格が力強く上昇し始めたとしたら、その時は、私は上記の結論の幾つかは修正しなければならないだろう。しかし、そうしたことは、まだ当分先のことであり、一九三三年前半に目立つほどの規模で生じることはほとんどありそうにない。

一九三三年一月一八日

◆一九三二年一二月に南アフリカは金本位制を放棄し、為替相場がスターリングと一緒に動く国のグループに加わった。それに伴う南アフリカ・ポンドの減価は、金採鉱会社の地元通貨建て収入の急激な増加を意味した。これはロンドン市場上場の南アフリカの金鉱山株、カフィルのブームをもたらした。『デイリー・メイル』紙は、ブームの重要性についてのケインズの見解を求めた。以下に、それに応えたケインズの論文のタイプライターで打った原稿を印刷するが、同紙は論文に『カフィル・ブームは世界の回復を先導するか』との題を付けた。タイプライターで打った原稿は、一九三三年二月七日発行された版と段落区切りを除いて同じである。

カフィル・ブーム：歴史は繰り返すか

一八九〇年代の不況は、現在われわれが被っている一九三〇年代の大不況に匹敵する歴史上最も近いものである。その不況の終わりは一八九五年のカフィル・ブームによりはっきりと告げられたが、その好況はシアン化〔精錬〕法の発見と、それが、実用化されて以降、南アフリカ金に対してもたらした限りない期待とに基づいていた。歴史は繰り返すだろうか。カフィル・ブームのとどろきは現在、ロンドンとヨハネスブルグで耳をつんざくばかりであり、まもなく世界中に反響するであろうが、そのブームは潤沢な信用の火口を再度点火させる火花、すなわち、先週のボーモント・ピーズ氏のロイズ銀行での話のなかの隠喩を使えば、「人々の想像力をかきたて、今が拡大すべき時であり、今日買わなければ、明日は、欲しいものを買うのに余計支払わなければならないと、人々を説得する顕著な出来事」となるであろうか。それは不可能ではない。このカフィル・ブームは、第一級の重要性を持った出来事である。そのより広範な経済的含意を注意深く検討するだけの価値がある。

カフィル・ブームは、通常の類似の事態に較べ、より一層堅固に基礎づけられている。というのは、同好況は現実に生じた出来事に拠っており、疑わしい期待の見込みに依存しているのではないからである。それは、物の世界というよりはむしろ、貨幣の世界における出来事であることは事実である。それは、やがては、本当により多くの金の生産につながるはずである。しかし、その直接の重要性の主たるものは、そのこととは別で、それが特定の貨幣価値のインフレーションを引き起こすことにあるのである。そして、そのことが、まさしく、われわれが今日必要としているものなのである。われわれの働きによる自然界の物の産出高はこのうえなく潤沢であり、繁栄を阻んでいるのは、資産の貨幣評価が歪んでいることにある。

現実に理解されている出来事は次のとおりである。南アフリカ・ポンドのスターリングへのリンクは、かなり蓋然性の高いことであるが、そのとおりだと仮定し、また、現在のスターリング金平価の大幅な変化を防ぐことがイングランド銀行の当面の目的に思えるが、スターリング金平価に大きな変化がないと仮定すれば、南アフリカが金本位から離脱した結果として、一九三三年の鉱山産出は一九三二年比、同国で経費や税金が計算される南アフリカ通貨で二〇〇〇万ポンドより多くの価値があることになるのは、計算上確実なことである。フランやドルの切り下げ、すなわち、これら通貨単位の金含有量削減などの事件は――ある人々はありそうだと思っているが、私はないと思う――この計算に決して影響を及ぼさない。

不確定要素は、この金額を三請求者――株主、従業員および鉱山供給者、南アフリカ政府――に分配することである。三者のうち第二は、無論、幸運にあずかるが、現在の配分率は生活コストが今よりももっと高い時に定められており、そして、この要因は僅かな重要性しか持たないと思われる。その他の二者間については、近々、トランスヴァール金法改正案が公表され、ハヴェンガ氏が予算案を発表するまでの、今後ほぼ二カ月間は、推論が種々であろうが不確定なままであろう。以下は、南アフリカ政府が国の最も重要な産業に対して懲罰的な法律制定は避け、また、ランド〔産金地帯〕の寿命を大幅に――倍増という向きもある――引き伸ばすような事態を歓迎する、という前提――それがどの程度適切かはわからないが――にたっている。さらに、現行の課税とリース貸し鉱山の政府の収益取り分に基づくと、新収益に対する政府の直接の取り分は五〇〇万ポンドと計算される。これは、南アフリカの国民所得が大幅に増加し、それがもたらす事業活動がより一層活発になるという、徴税者にとって間接的な利益は別にして、である。

一九三二年のトランスヴァール金鉱山の総粗営業利益は、一八〇〇万ポンドであり、そこから九〇〇万ポンドの配当が公表された。これに、上記で得た数字が相まって、カフィル市場で発生したことの大きさの程度を測る十分なデータがそろう。鉱山の分配可能な利益は――単に説明のための推定を示すと――（たとえば）一〇〇〇万ポンド増加しただろう、すなわち、ほぼ倍増である。仮にこれを二〇パーセントで資本化すると、鉱山は二カ月前に較べ五〇〇〇万ポンド価値がより増すことになり、一〇パーセントでは、同様に一億ポンドとなる。五〇〇〇〇万ポンドが妥当な数字であろう。一億ポンドは、投機家達が一時的に信じる数字であろう。あるいは、むしろ——投機家達は極めて巧妙であるので！——すべての投機家達が、他の投機家達が信じるだろうと、信じる数字というべきか。投機家は他の投機家の行動を予想する者であるので、すべての投機家が同じ期待を持つとすれば、——一時的には——彼らのすべてが正しく、音楽が止まった時に初めて——椅子とり遊びを投機家達がお互いに遊ぶゲームとみれば——誰かが椅子なしでいることに気づく。

さて、この金額は、世界の金融に比べ——また、ロンドンの金融に比べてさえ——大きな数字ではない。仮に、世界中の貯蓄預金者に均等に分配されたら、一人当りは取るに足らないはした金であろう。したがって、私はその重要性を誇張したと思われるだろう。たぶんその通りだ。しかし、それは、貯蓄預金者に均等に分配されるのではない。それは、軽はずみな投機家の間で分配されるのである。そして、彼らは、この重要な局面において、取るに足らない人々ではない。それは、彼らは、実際、ボーモント・ピーズ氏が火口を再点火するのに頼るべき陽気な火花であるからである。

投機家を元気づけ、資金を与えても、ピーズ氏が火口をもっていなければ、それは、火皿のなかで発火しただけで終ってしまうだろう。しかし、信用が低利かつ潤沢にあり、商品市場は概して売り切られ、流通在庫はもはや増加せず、〔製造業者の〕手元在庫は枯渇しているような、われわれが現在到達した不況のちょうどこの局面においては、投機家の火花は——世界の動力システムを動かすにはまったく役に立たないにしても——まさにわれわれが必要としているものかもしれない。もし政府が公債支出を奨励することにより消費者の購買力を増加させる聡明さを持っていたなら、われわれは不況を今よりも前に終らせていただろうと、私は信じている。しかし、もし、われわれの政治上の、また、銀行業の手法により、不況が袋小路に入って、いくところまでいくままにさせておくことを余儀なくされるのであれば、その場合は、回復の順序を逆にしなければならない。回復は、商品価格の上昇から始め、その後、消費の増加がこれに続くようにしなければならない。そして、もし、商品価格の上昇が消費者購買力の増加に先行しなければならないとすれば、次には、たぶん、後者の先に証券価格の上昇がこなければならないだろう。証券価格が上昇するには、低金利と、投機家に資金と活気を与える何らかの思いがけない事件との組み合わせが必要である。投機家の天性は、一つの分野から次の分野へ進むところにあり、また、投機家の相次ぐ波の一つひとつが特定の市場から「利益を持ち去る」ので、彼らの天性はしきりに次のはけ口を捜し求める。

　私が、少なくとも一時的に、カフィル・ブームを重要視しようという気になるのは、この観点からである。これにかかわる金額は、世界金融からみれば取るに足りないが、多くの投機市場における金額よりははるかに多額である。今日、重要度で二義的な、どのランド鉱山をとっても、その資本時価総額は、例えば、英国における全ゴム株の時価総額よりもずっと大きい。あるいは、更に、個別の証券名をあげるなら、クラウン鉱山は世界の全錫株式の二倍の評価額である、などである。その上、金鉱山の魅力は国際的である。金鉱山は、信頼できる確実性と魅惑的な可能性を兼ね備えているように見えることから、世界的な投機の玉として最良の資格を持っている。

　黄金への呪われた渇望よ！〔訳注3〕金は、つかみ取る手のひらと、慎重であると同時に欲深い人々に対して、特別の魔力と永遠の魅力を持っている。これは、われわれの経済生活を運営する上で邪悪な方法かもしれない。しかし、現実的にみれば、繁栄が盛んになったり衰えたりするのは、まさに、現実の世界におけるこのような象徴によるのである。

◆一〇日後、ケインズは、『デイリー・メイル』紙の特別寄稿欄において、金本位制の将来について再び論じた。彼は記事を公表する前にヒューバート・ヘンダーソンに相談した。

『デイリー・メイル』紙、一九三三年二月一七日

英国は金本位制について妥協すべきか

一九二三年に私は、「金本位制はすでに野蛮な遺物である」と書いた〔ケインズ全集第四巻、一三八ページ〕。もし、これが一〇年前に正しかったとすれば、今日、金本位制に立派な将来を予想できるだろうか。この間、金本位制は、全支持者の期待のすべてを裏切ってきた。しかし、将来の貨幣制度が金に居場所を与えないということにはならないだろう。多くの伝統と威信が付着した野蛮な遺物を、新しい形の管理システムの枠組みの中にうまくはめ込むことができるならば、それは象徴的な、または、慣習的な価値を持つだろう。そのような変換は、革命なしに成就された憲法上の変化によくみられる特徴である。

したがって、私は、中央銀行は将来においても、過去と同様に、為替相場保護のため、および、国際収支赤字決済の緊急時の手段として、金準備を持ち続けると予想する。

しかしながら、現在の状態は、非常に矛盾している。金本位制を放棄した諸国が、金本位制を依然として維持している諸国に対して、大いに有利であるのは誰の目にも明らかである。金から離脱した国々では、物価はより安定し、為替相場は輸出産業が世界の競争に伍して存続できる水準に落ち着いており、中央銀行は、金準備を保護しなければならないという職務から解放され、何ら心配することなく、国内の必要に都合の良い低金利と十分な信用を維持す

〔訳注3〕出典は『アエネーイス』第三巻。

ることができる。この数週間内に各国が次々に金本位制からさらに遠ざかり金本位制を放棄している――南アフリカ、ニュージーランド、デンマーク、カナダがそうである。

しかし、現実の圧力が金本位制の更なる漸進的な放棄に向けられている一方で、国際的な外交では、すべての圧力は金本位制の回復に向けられている。先月の世界経済会議の予備会合において、英国代表に対して、金への復帰を議事次第の冒頭にすることに同意するよう最大限の圧力が加えられた。少し前に『デイリー・メイル』紙は、アメリカの政治評論家のウォルター・リップマン氏でさえ、英国のスターリング政策は戦債に対する一種の仕返しであると説明し、また、「英国のスターリング政策を議論する前に戦債を解決する計画をアメリカ人は拒否すべきである」と要求している、と報じている。

これらは、戦時債務と世界経済会議の二つに関連して英国に対して金復帰への考えうる最も強い圧力がかけられるであろうという多くの兆候のいくつかに過ぎない。

今、われわれは、現行制度は、われわれ自身にはいかに好都合であっても、金との結びつきを維持し、そのために、調整の矢面に立たなければならない隣国にとっては、本当に心を混乱させるようなものであることを認識しなければならない、と私は思う。われわれはまた、中欧がわが国の例にならう上での大きな実際上の障害を認めなければならない。それは、並外れたインフレーションの記憶のため貨幣についての試みはすべて病的な小心さで観られるからである。フランスにおいては、同国は重金主義者の固定観念および現金に関するすべてのことについて超保守主義の最後の根拠地であることによる。アメリカにおいては、金貨払い債券について法律上の難しさと憲法上圧倒的な障害があることによる。そのうえ、他国がわが国の例にならおうとすれば、どの国も多くの利益を引き出せない可能性がある。なぜなら、現在、為替相場の減価から生じている競争上の有利性は互いに相殺されるからである。

しかし、さらに、スターリングが実際上より安定することは、あらゆる観点からみて改善である。為替の変動が良い理由は二つだけである――海外物価の大幅な変動を相殺すること、または、最近時の外国為替の主な災いのもとであった国際金融センター間を移転している多額だが無意味な国際短期金融資金の移動――最初にロンドンを、次いでニューヨークを混乱させ、そして、まもなくパリを苦しめると私は思っている――を割に合わないものにすることである。しかし、これらの理由は昨年生じたような大幅な変動を正当化するものではない。

したがって、英国は、スターリングの不安定性が世界の回復の重大な障害になっていると信じている隣国の圧力や苦情に対処するため、なにか妥協を無理なく提供できるか検討しなければならない。可能性のある唯一の妥協は、英国が向こう一二カ月間スターリングの金価格の最大変動幅を（例えば）五パーセントに制限すると約束することであろう――これは、常に、この間に商品の金価格がさらに大幅に低下することがないという条件の下で、である。

そのような約束をして大丈夫だろうか、また、それは賢明なことであろうか。約束が金融上の譲歩の全般的な計画の一部であるとするならば、そのとおりである。誰もが、戦債の解決とドイツとのローザンヌ取決めの批准が先でなければならないことに合意している。しかし、制限された金復帰でさえ、更に条件が必要なことは広く認められている。このことは、通常、世界の金準備はより平等に分配されなければならない、という言い方で表現されている。もし、これが、フランス銀行とアメリカの連邦準備制度が自分の金準備を世界の貧乏国に分け与えることを意味するとすれば、それは、起こり得る可能性のあるものから非常に遠い存在であることは極めて明白である。

しかし、この条件を満たす、より良い、かつ、より実際的な方法があると私は確信している。それは、金を基準にして、金と同等の、信用に基づいた国際的な証券を創り出すことである――このようにして、すべての国が国内的に長い間行ってきたことを国際的に行うのである。

そのような計画の詳細は、それだけで一つの論文を要するであろう。しかし、大まかに言えば、国際決済銀行、あるいは、より望ましいのはこの目的のために創設される新たな国際機関に、証券を（例えば）五〇億ドル発行させる。すべての参加国は、この証券を法的に金と同等物として受け入れる。この証券は、各国政府が僅かな金利で発行する金貨払い債券と交換に世界各国の中央銀行の準備貨幣として利用できるよう供給されるが、配分は各国の通常の金準備の必要性に応じた比率による。このようにして保護された参加国は、次に、為替制限や国際貿易についてのその他の変則的な障害を廃止することができるであろう。

貨幣目的に利用できる世界の現在の金準備に対するこうした補充によって、ほとんどの国で制限付きの金本位制復帰が実行できるようになるだろう。

重要なことを実際に達成できる政策がここにある——そのために世界の世論を動員する価値のある政策、合理的な熱狂を呼び起こす政策が。長期間経過した後の将来のことではないとすれば、私は、金への全般的な復帰の前提条件としては、世界経済会議の予備会合が最近の報告に書き記した貨幣準備の分配についての条件を満たす以外に途はないと思う。

他の選択肢は何だろうか。さらに大きな混沌へ次第に落ち込んでいく危険だ。各国が次々に金本位制からさらに一層離脱し、「野蛮な遺物」に依然として執着している諸国の困難が強まることは確かであろう。

◆三月にケインズは国際通貨の提案を『繁栄への道』の第三と第四の論文としてより長いものに発展させた（ケインズ全集第九巻、三五七〜六四ページ）。ケインズはジェフリー・ドーソンに二月二二日に既にこれらは彼自身のものではなく、国際経済政策委員会で議論された提案であることを指摘していた。

ケインズが四月一九日、ダブリンのユニヴァーシティ・カレッジにおける第一回フィンリー講演をした際には、彼は関心を国際貿易に戻した。ダブリンで行った講演版は、アイルランド情勢に特に言及したものであるが、一九三三年六月発行の『スタディ』誌に掲載された。より一般的な版は、世界経済会議の終了時に『ニュー・ステイツマン』誌に掲載された(6)。

『ニュー・ステイツマン・アンド・ネーション』誌、一九三三年七月八日、一五日

国家的な自給自足

I

私は、多くの英国人と同様、自由貿易を、理性的で教育を受けた人間は疑うことができない経済学説であるのみならず、ほとんど道徳律の一部として尊重するように育てられた。それから離れることは、愚劣な行為であり同時に無法であると思っていた。私は、百年間近く持ち続けられた自由貿易についての英国の不動の信念は、英国の経済的覇権についての人間に対する説明と天に対する正当化の双方であると考えていた。一九二三年にいたるまで、私は、自由貿易は基本的な真実に基づいており「適切な限定条件付きで述べられているので、言葉の意味を理解できる人なら、誰もそれに異議を唱えることができない」と書いていた［ケインズ全集第一九巻、一四七ページ］。

今日、私が当時書いた基本的な真実についての記述をみても、私自身、それに反論する気にならない。しかし、私

(6)　一九三三年夏の『イェール・レビュー』誌にも掲載されている。

の考えの指向は変わってしまった。また、私はこうした思考の変化を他の多くの人々と共にしたのである。実際、私の経済理論の背景は一部修正された。私は、ボールドウィン氏を、その当時私がしたような方法で、「最も粗雑な形の保護主義者の誤った考えにだまされた者」として非難すべきではなかった。なぜなら、彼は、現在の条件下では、関税は英国の失業を減少させるのに多少役立つかもしれないと信じていたからである。しかし、私が見解を変えたのは主に他のことによるのである——それは私の期待、恐れ、関心事が、私が思うに世界中の現代の多くの、あるいは大多数の人々と共に、かつてとは違うものになってしまったことによる。戦前の一九世紀世界の思考の習慣からうまく脱け出るのは長い時間がかかる仕事だ。しかし、二〇世紀の三分の一まできて、ついに、われわれのうちほとんどは、一九世紀から抜け出しつつある。そして、二〇世紀の中間点に達するまでには、思考の習慣やわれわれが大切に思うことも、一九世紀の方法や価値観とは違ったものとなっているだろう。それは、昔から新しい世紀では前世紀のものとは変わってきたのと同様である。したがって、この思考の変化のなかに本質的にあるものを見つけだすために、分析や診断の一種の棚卸をしてみるのは有益かもしれない。

一九世紀の自由貿易主義者は、最も理想主義的で私欲の無い人々であったが、自分達が成就しようとしていたものは、何であると信じていたのであろうか。

彼らは、自分達が申し分なく賢明であり、彼らのみが明敏であり、また、理想的な労働の国際分業に干渉しようとする政策は、常に、利己主義からでた無知の所産であると信じていた——このことを最初に述べるのはたぶん公平である——。

第二に、彼らは貧困の問題を解決しているのだと信じていた。また、世界の資源と能力を、有能な主婦のように、最善の用途に用いることにより、貧困問題を世界全体のために解決しているのだと信じていた。

さらに、彼らは、経済的に最適な者の生存のためのみではなく、自由、すなわち個人の企業心と才能の自由の大義のために、また、特権力や独占や陳腐化に対抗して、工夫に富む技術と自由な思考の豊かさの大義のためにも働いていると信じていた。

最後に、彼らは、平和、国際的な調和、国家間の経済的な公正の支持者かつ保護者であり、また、進歩による利益の普及者であると、信じていた。

そして、もしその時代の詩人が、貿易商人が決して来ない遠くを彷徨し、野生の山羊を毛をつかんで捕まえたいという不思議な感情が時として訪れたとすれば、心地よい反応も、十分確実に、訪れたのである。

我、狭い額の人々とともに群らがるが、素晴らしい報いはない
獣のように快楽は少なく、獣のように労苦も少ない！

Ⅱ

これについて何か誤りを見つけるべきだろうか。表面上の意義においては――〔誤りは〕何もない。しかしながら、われわれは、われわれの多くは、実際の役に立つ政治理論としては、それに満足していない。何が間違っているのだろうか。

平和の問題から始めよう。現在、われわれは非常に強い信念を持った平和主義者なので、もし経済国際主義者がここでポイントを稼ぐならば、彼はすぐにわれわれの支持を取り戻すだろう。しかし、現在、海外貿易を獲得しようと国家的な努力を大いに傾注することや、海外資本家の資本や影響力が一国の経済構造に浸透することや、わが国の経

済生活が変動する外国の経済政策に密接に依存することが、国際的な平和の保護や保障になるのは明らかだとは思えない。経験や先見の明に照らせば、そのまったく反対の議論をする方が一層容易である。一国の既存の海外権益を保護すること、新市場の獲得、経済帝国主義の進行——これらは、最大限の国際分業と、資本所有者の所在がどこであれその最大限の地域的拡散を狙う計画にとって、まず避けることのできない部分である。賢明な国内政策は、もし、例えば、「資本逃避」として知られている現象を規定により締め出すことができるなら、ずっと容易に達成できるだろう。株式会社制の結果として、所有権が今日株を買い明日売却する無数の個人の間に分割されており、彼らには自分がしばらくの間保有するものについての知識と責任の双方がまったく欠けている時に、所有権と経営の実際の責任が分離していることは、国内のゆゆしい事態である。しかし、非常時に、同じ原理が国際的に適用されたならば、それは耐えがたい——私は自分が所有しているものに対して無責任であり、私が所有しているものを経営する者は私に対して無責任なのだ。私の貯蓄は地球上の居住可能などこであれ、最大の資本の限界効率、ないし最高の金利をもたらす一隅に投資されるべきで、それが有利であることをしめす金融上の何らかの計算があるのだろう。しかし、所有と経営が遠く離れていることは、人間同士の関係では不幸であり、長期的には緊張と敵意を生じさせ、そのことが金融上の計算を無にしてしまう傾向があり、あるいは、確かにそうなる、という経験が積み上がっている。

したがって、私は、国家間の経済上のかかわりあいを最大化しようとする人々よりも、最小化しようとする人々に賛成する。観念、知識、芸術、歓待、旅行——これらは、その本性からして国際的であるべきものである。しかし、服地は、無理なく手軽に可能な時には（家で紡いだ）ホームスパンにしよう。また、とりわけ、金融は主として自国のものにしよう。とはいえ、同時に、他国とのかかわりあいから国を離脱させようとしている者は、非常にゆっくりと用心深く行うべきだ。それは、根こそぎにするのではなく、木が違った方角に育つようゆっくりと仕立てるような事柄であるべきだ。

それゆえ、このような強い理由により私の心は、過渡期が終了したあとでは、国家の自足と国家間の経済的孤立の程度が一九一四年当時よりも一層大きいことが、そうでない場合よりもむしろ、平和の大義に役立つ傾向があるという信念に傾いている。いずれにしても、経済国際主義の時代が戦争を避けることに格別成功したわけではない。そして、もし、同主義の支持者が、同主義の成功が不完全だったのは公平な機会が与えられなかったためだと反論したとしても、将来においてより大きな成功はほとんどありそうにないと指摘するのは道理にかなったことである。

さて、おのおのが自分の意見を言う権利があり、判断の確定しないこれらの問題から離れて、より純粋に経済的な問題に転じよう。経済国際主義者は、一九世紀においては、たぶん、正当に次のことを主張することができた。すなわち、この政策は世界を大いに豊かにすることに役立っていた。それは、経済発展を推進していた。この政策を逆転させれば、われわれ自身やわれわれの隣人はひどく貧乏になっていただろうと。このことは、経済と非経済的利益の釣合いという容易には決められない性質の問題を提起する。貧困は大きな不幸である。そして、経済的な利益は現実の幸福であり、その重要性が明らかに他の現実の幸福より劣るのでなければ、他の選択肢と引き換えに手放してはならないものである。私は、一九世紀に経済国際主義の利益が他の種類の不利益を上回るようにさせた二組の条件が存在したことを信じようと思う。多数の移住者が新大陸に植民していた時に、人々が旧世界の技術による物的生産物を新世界にもっていったのは当然のことである。それは、彼らを送り出した人々の貯蓄が形となったものであった。英国の貯蓄が投資され、それにより英国の移住者を新たな畑や牧草地に運ぶためのレールと車両が英国の技術者により据付けられ、その果実は、こうしたことを可能とした人々の倹約に対して正当な割合で支払われる。このような投資〔訳注4〕は、経済国際主義ではなく、ドイツのA・E・Gの所有権の一部をシカゴの投機家が保有し、あるいは、リオデジャネイロ市の改善計画の一部を英国のオールドミスが保有することとは、基本的に類似点はほとんどない。だが、前者を実現するのに必要だった仕組みが、結局は後者になってしまう。第二には、異なる諸国において、工業化と技術的訓練の機会に大きな相違がある場合には、国家レベルでの高度な特化の利益は非常に大きなものであった。

しかし、私は、今日の労働の国際分業の経済的利益は、かつてと匹敵するとは信じていない。私は、議論を確かなところ以上に進めようとしていると、思われてはならない。ある程度の国際的特化が合理的な世界において、気候、天然資源、生来の素質、文化程度、人口密度の大幅な相違によって生じている場合はすべて、必然的なものである。しかしながら、ますます広がっていく広範な工業製品と、また、おそらく農業製品についても、国で自足することの経済的コストが、生産者と消費者を同一の国家的、経済的および金融的な機構の範囲内に徐々に収めることによる他の利益を上回るほど十分に大きいか、私は疑問に思うようになってきた。現代の大量生産プロセスのほとんどは、ほぼ同じ効率で多くの国、気候において実施できると証明する経験が積み上がっている。そのうえ、富が増すにつれて、一次産品、工業製品の双方は、国民経済において、国際取引の対象とならない、住宅、個人的サービスおよび地域の施設に較べ、より小さな役割をはたすようになっている。その結果、国の自足をより高めることによって一次産品と工業製品の実際のコストがいくらか増加しても、それは、別の種類の利益と比較衡量した場合、重大な影響力をもたなくなっているかもしれない。要するに、国の自足は、ある程度コストがかかるが、もしわれわれがそれを望むようになったら、享受することのできる一種の贅沢になりつつあるのだろう。われわれがそれを望むようになる十分な理由があるだろうか。

戦後、われわれは、国際的だが利己主義的な退廃的資本主義の手の内にあると気づいたが、それは、成功ではない。それは、理性的でなく、美しくなく、公正でなく、高潔でない――そして、それは期待に添わない。要するに、われわれはそれが嫌いだし、また、それを軽蔑し始めている。しかし、その代わりに何を据えるべきかを考えると、われわれはまったく途方にくれてしまう。

世界は多様な政治・経済的実験に乗り出しており、異なった形の実験は各国の異なった気質や歴史的環境に訴えたものであることが、年毎に、ますます明らかになってきた。一九世紀の自由貿易主義者の経済国際主義は、全世界は個人の競争的な資本主義と法による制裁によって不可侵的に保護された個人の契約の自由に基づいて組織されていた（あるいは、そうであったろう）と決め込んでいた。契約の自由は、もちろん、時代により、多様性があり、発展したが、次第に一定の形になってゆき、それは、破壊することでは決してなく、改良することを一般的な目的としていた。一九世紀の保護主義は、この体系の効率性と良識についた汚点であるが、経済社会の基本的な特徴に関する一般的な想定を修正することはなかった。

しかし、今日、各国は次々とこの想定を放棄している。依然として、ロシアのみが特殊な実験を行っているが、古い想定を放棄したという点では、ロシアはもはや唯一ではない。イタリア、アイルランドおよびドイツは、新しい形の政治経済学に注目してきたか、注目しつつある。彼らに引き続き、さらに多くの国が、次々と、新しい経済の神を

〔訳注4〕　A. E. G.: Allgemeine Elektrizitäts-Gesellschaft.　米国のジェネラル・エレクトリック社系の電気会社。

探すだろう。英国やアメリカのような国でさえ、だいたいは旧モデルに従っているが、水面下では、新しい経済計画を求めようとしている。この結果がどうなるか、われわれはわからない。われわれは――われわれすべてが、と私は予想するが――多くの過ちをおかそうとしている。新しいシステムのどれが最善となるか誰もわからない。

しかし、私の今の議論の焦点はここにある。われわれは、それぞれ自分の好みを持っている。われわれはまだ救済されたと信じていないので、自らの救済を成しとげようとおのおのが試みたいと思っているだろう。したがって、世界の諸勢力が自由放任資本主義の理想的な諸原理――たとえ、それが理想的と呼ばれようと――により何らかの統一的均衡を達成すること、あるいは、そうなることを試みているなら、われわれはその言いなりになりたいとは思わない。依然として古い考えに固執している人々がいるが、今日の世界では、どの国においても本格的な勢力とは見られていない。われわれは――少なくとも当面は、また、現在の過渡的、試行的局面が続く限りは――われわれ自身の主人でありたいし、また、外界の干渉からできるだけ自由でいたい。

したがって、この観点から見ると、国の自足を高める政策は、それ自体が理想なのではなく、その他の理想を確かに、かつ、都合よく追求するための環境を創り出すために向けられていると考えるべきである。

これについて、考えられる限りできるだけ、ありのままの例を示そう。それは、最近、私が多分に心を奪われている考えと結びつきがあるので、選んだのである。私は、経済の中央コントロールは別として、細かなことについては、できるだけ個人の判断、独創力、企業心を保持していくことを好む。しかし、私は、利子率が旧来の枠組みのなかで自然の力が働いて成立する水準よりもより一層低い水準に低下しなければ、民間企業という構造を維持していくことと、われわれの技術進歩がもたらしている物質的な幸福の程度は、両立できないと信じるようになった。実際、社会の転換は、私はそれを好ましく思っているが、利子率が向こう三〇年以内にゼロに向かって低下することを求めているのかもしれない。しかしながら、通常の金融の力が働いて、リスク等の調整後、世界中同一水準の金利が見つけ出される制度のもとでは、こうしたことが発生することは、ほとんどありそうにもない。したがって、ここでは詳細に説明できない、複雑な理由により、資本、貸付資金、および貿易財の自由な移動を歓迎する経済国際主義は、わが国を今後の一世代の間、他のシステム下で達成できる物質的な繁栄よりも、より一層低い程度の繁栄に追い込むかもしれない。

しかし、このことは単に一例でしかない。要点は、次の世代には、大まかに言って一九世紀に存在したような全世界に通じた経済システムの画一性の見通しはないということ、未来の理想的な社会共和国へ向けてわれわれ自身が望む実験をするためには、他所での経済変化からくる干渉からできるだけ自由であることが必要であること、国家的な自足と経済的孤立をより強める計画的な動きは、それが過度の経済的コストなしで達成できる限りでは、われわれの仕事を一層容易なものにしてくれること、である。

Ⅳ

われわれの考えを新しい方向に向けることについて、もう一つの説明があると私は思う。一九世紀には、個人あるいは集団行動により提起される活動が得策かどうかを判断する基準として短い言葉で財務結果と呼ばれるものを過度に多用した。生涯の全行為が会計士による一種の悪夢の狂文にされてしまった。すばらしい町を建設するためにはるかに巨額の物的・技術的な資源を使う代わりに、人々はスラムを建設した。そして、人々はスラムを建設することは正しく、また得策であると考えた。なぜなら、民間企業のテストに照らし、スラムは「採算がとれていた」が、これに対して、すばらしい町は、ばかげた浪費行為であり、それは、金融流の低能な専門用語でいう、「将来を抵当に入れた」と考えたからである。しかし、今日の偉大で壮麗な建設がいかに将来を貧困にするかは、人が見当違いの会計による間違った類推にとらわれてはじめてわかるのである。もし失業している人々と不稼動の機械が非常に必要とされている住宅を建設するのに利用されるならば、彼らが仕事がないまま支援されているのに較べて、国全体としては確かにより豊かになると国民を説得することにわれわれは、今日においてさえ――半分空しく、しかし同時に半分は成功裡に、であることを私は認めなければならないが――時間を費やしている。それというのも、この世代の人間の考えは、いかさまの計算に非常に曇らされているので、明白であるべき結論を信用しないのである。それは、上記のような事業が「採算がとれるか」ということに疑問を投げかける財務会計体系に依存した結果である。われわれは貧しいままでいなければならない。それは、豊かになることが「採算がとれない」からである。われわれは物置に住まなければならない。それは、われわれが宮殿を建てることができないからではなく、われわれが「そうする余裕」がないからである。

自己破壊的な財務計算の同じ規則が、すべての職業を支配している。われわれは、人の手が入っていない自然の輝きは経済的価値が無いとの理由で田舎の美観を破壊している。太陽や星が配当を払わないという理由で、われわれはそれらを遮ることができる。ロンドンは文明諸国の歴史のなかで最も豊かな都市の一つであるが、その市民がなしうる最高水準の成果を享受する「余裕がない」。なぜなら、それらは「採算にあわない」からである。

もし、今日私が権力を持っていたなら、個人として市民が可能な最高の水準の芸術と文明の付属品をわれわれの首都に備えるように乗り出すことは確実である。それは、私は自分が創り出すものは、それを持つ余裕があるということを信じており、また、このようにして支出された金は、失業救済給付よりましであるのみならず、失業救済給付を不要にすると信じているからである。というのは、大戦以来英国が失業救済に支払った全金額をもってすれば、われわれはわれわれの諸都市を世界の中で最も偉大な作品にすることができたはずであるからである。

あるいはまた、われわれは最近まで、土地耕作者を破滅させ、農業に付随する人間らしい長年の慣習を破棄することにより一塊のパンを十分の一ペンス安く買うことができるなら、そうすることは、道徳的義務であると考えてきた。このモルク〔旧約聖書に出てくる子供を人身御供に要求する神〕とマモン〔富の邪神〕の合体神に対して捧げることがわれわれの義務でないものは何もなかった。なぜなら、これらの邪神を崇拝することが貧困のわざわいを克服し、次の世代を、複利の背中に乗せて、安全かつ快適に経済的平穏に導くと心から信じていたのである。

今日われわれは幻滅を感じている。それは、われわれがかつてより一層貧しいからではなく――反対に今日でも、少なくとも英国においては、以前のどの時代よりもより高い生活水準を享受している――他の価値が犠牲にされているように見えるからであり、さらに、それらが不必要に犠牲にされているようにみえるからである。なぜなら、実際、われわれの経済システムは技術進歩がもたらす経済的富の可能性を最大限度まで利用することができるようになっておらず、そのはるか手前でとまってしまい、われわれがより満足できる方法で余力を使い切った方が良いと感じさせているからである。

しかし、いったんわれわれが会計士の利益の基準に従わないことを認めるならば、われわれは文明を変革させることを開始したことになるのである。そして、われわれは、そうすることを非常に用心深く、思慮深く、また、自覚しながら行う必要がある。なぜなら、通常の金銭上の基準を残しておくことが賢明である広範な人間の活動領域があるからである。基準を変更する必要があるのは、個人よりもむしろ国である。捨て去るべきは、大蔵大臣が一種の株式会社の会長であるかのような考えである。さて、国家の機能と目的がこのように拡大されるとすると、大まかに言って、国内で何が生産されるべきか、何が海外と交換されるべきか、についての決定が政策目的の中で高く位置づけられなければならない。

V

国家の正当な目的に関するこれらの考察から離れて、現在の政治の世界に戻ろう。より大きな国家的な自足に向けて多くの国が今日感じている衝動の根底にある考えを理解し、それを十分公平に評価しようとするのであれば、われわれは、実のところ、一九世紀に達成した価値の多くをあまりにも簡単に捨て去っていないかどうか、注意深く考えなければならない。国家的自足の主唱者が権力を握った国では、私の判断では、例外なく、多くのばかげたことが実行されているように見える。ムッソリーニは知恵が付きはじめているかもしれない。しかし、ロシアは、行政の無能力の、また、人生を生きる価値のあるものにしているほとんどすべてのものをばか者達のために犠牲にしていることの、事例として、多分世界がこれまでに経験した最悪のものを示している。ドイツは野放図な無責任な人々のなすがままになっている〔訳注5〕――もっとも、ドイツの成功の可能性を判断するのは早すぎる。アイルランド自由国は、非常に小さな国であり高度の国家的自足は非常に大きなコストなしにはできないが、実行したら破滅を招くかもしれないような計画を論議している。

一方、旧来型の直接的な保護主義を維持している、あるいは採用しつつある国々は、幾つかの新計画割当てを追加し装いを一新しているが、道理にかなった弁明はできないようなことを多く行っている。そのようなわけで、経済会議が関税の相互引下げを達成し、また、地域協定への途を準備するならば、それは真に賞賛すべきことであろう。というのは、政治の世界で今日経済国家主義の名において行われているすべてのことに私が賛成していると思われてはならないからである。そのようなことは断じてない。しかし、私は、不安のうちにわれわれが向かっている世界はわれわれの父祖達の理想的な経済国際主義とはまったく異なるものであること、また、当代の政策をあのかつての教義の一般原則に基づいて判断してはならないこと、を指摘したいと思う。

私は、経済国家主義と国家的自足への運動について三つの顕著な危険をみる。

第一はばからしさである――純理論家のばからしさである。真夜中の空想的な話しの段階からやや急速に行動の場に移った運動にばからしさを見つけることは何ら不思議ではない。われわれは、初めは、それによって人々の同意を取り付けている雄弁の光彩と、そのメッセージの真実であるくすんだ実体とを区別しない。過渡期においては、偽善的なものは何もない。争論がすこし乱暴なのは当然である。というのは、争論は思慮の無い人々に向けられた意見の攻撃だからだ。しかし、一旦権力と権威の椅子を獲得したならば、もはや詩的放縦は許されるべきではない。それどころか、雄弁が軽蔑していた、コストをペニーまで計算することをしなければならない。実験的な社会が確実に生き延びていくには、旧来の確立した社会よりもはるかに効率的でなければならない。そうした社会は、経済的な余裕のすべてを自らの正当な目的のために必要とし、ばかなことや空論家の愚論に譲り渡す余裕はまったくないのである。

第二の危険は――ばからしさより悪い危険であるが――性急さである。ポール・ヴァレリーの警句は引用する価値がある――「政治的争いは、重要な事項と緊急な事柄の区別についての人々の感覚を歪め動揺させる」。社会の経済的な移行はゆっくりと達成されるべきものである。私が論議してきたことは、急激な大変革ではなく、長い年月にわたる趨勢の方向である。われわれは、異常で、不必要な性急さの弊害の恐ろしい例を今日のロシアにみる。移行によ

〔訳注5〕原文では a unit much too small for a high degree of national insufficiency となっているが、insufficiency は sufficiency の誤りと思われる。

る犠牲と損失は、無理して急ぐなら非常により大きなものとなるだろう。このことは、特に、より高度な国家的自足および計画された国内経済へ向けての移行において真実である。それというのは、時間をかけて定着させるのが経済の過程の性質であるからである。急速な移行は、非常に大きな富のまったくの破壊を伴うので、新たな事態は、当初は、旧来よりもはるかに悪いものとなり、偉大な実験は信用されなくなるだろう。

第三の、そして三つのうちで最悪の危険は、不寛容、それに、事情に通じた批判を押さえ込むことである。新しい運動は暴力や暴力に似た段階を経て勢力を得るのが通例である。新しい運動は反対派を納得させたのでなく、彼らを打ち倒してきた。宣伝活動に頼り、世論発表機関を掌握することは現代の手法である。思考を固定化し、知性の他の知性に対する働きかけを麻痺させるために権威のすべての力を利用することは、賢明かつ有効と考えられている。権力を得るために、何であれすべての手段を用いることが必要だと考える人々には、手始めの家屋取り壊しに役立ったのと同じ危険な道具を、建設の仕事のために引き続き利用することは強い誘惑である。

ロシアは、また、政権が批判から免れてしまうと、その政権は大間違いを犯すという例を提供している。戦争がなぜ〔敵味方の〕両サイドで常に機能不全で戦われるかの説明は、最高司令部が軍の階級制度により批判からかなり免れていることに見出せるかもしれない。私は、政治家に対して過度に感服してはいないが、彼等は批判の空気の中で育っているので、軍人に較べれば、何と優れていることだろうか！　革命は、政治家によって軍人に対して行われてのみ成功するのである。逆説ではあるが——軍人によって政治家に対してなされた革命で成功した事例をいまだかつて聞いた者があるだろうか。しかし、われわれはみな批判を嫌う。定着した原則の他には、何ものもわれわれを自ら批判に喜んでさらすようにさせることはできない。

しかしながら、われわれがまごまごしながら向かっている新経済方式は、ことのありようからみて本質的に実験である。われわれは厳密に何を望んでいるのかについての明確な考えをあらかじめ頭の中に展開しているわけではない。われわれは、それを進行しながら見つけ出すだろうし、また、素材をわれわれの経験にそってこねあげていかなければならないだろう。さて、最終的に成功するためには、この行程には、無遠慮で、自由かつ執拗な批判が必要不可欠である。われわれは、同時代のすべての優秀な人々の協力を必要とする。スターリンは、独立した、批判的な人間を、その者が全体的な見解としては賛成であった場合でさえ、すべて排除した。彼は、精神の働きが萎縮させられてしまうような環境を創った。頭脳の柔らかな渦巻きは木に変えられた。拡声器により増幅されたラッパの響きが、人の声の抑揚にとって替わった。宣伝のたわごとは、〔政治漫画家〕ロウが描いたように、野の鳥や獣さえもうんざりさせ、茫然自失にさせてしまう。実験をしたがるすべての人々は、スターリンを恐ろしい戒めとしなさい。そうでないとするなら、私は、とにかく、すぐに古き一九世紀の理想に再び戻るであろう。そこでは、知的な競争がわれわれに遺産を創りだしてくれた。われわれは今日、われわれの適切な諸目的のためにそれを転用しようとしているのである。

◆四月二七日に、スコティシュ投資信託会社の要請によりドイツの財政状態についての評価を作成した。

外国投資家の見地からのドイツの財政状態についての覚書

今日、ドイツの見通しは、主として政治的、人的要素によって支配されている。また、長期的には基本的な経済要因が現れてくるのは確かであるが、向こう一二カ月間における対外債務の取扱は、単に経済的な要因に非常に密接に依存するのではない、と私は予想する。

人的要因のなかでは、シャハト博士がライヒスバンクに留まる限り、彼の性格と先入観が大きな役割を演じるに違いない。彼は強い意志を持った人間であり、新政権では国際金融について実際の経験と知識を有するおそらく唯一の構成員である。同時に、彼はやや見掛け倒しの男で、強い先入観を持っており、自分が過去に行った予言や政策声明を正当化したいという欲求に影響されるがままであるかもしれない。このことは、特にヤング公債に影響するだろう。なぜなら、彼が最終的な支払いの責任を引き受けるよりもむしろ職を辞したからである。このことを思い起こすべきである。

少し前のドイツの政策に特有であった一つの特徴は、思うに、しばらくの間続くであろう。それは、すなわち、マルクの為替相場を現在の価値で維持するという決意である。もしドルが、また、まして他の金通貨が減価されるとすれば、マルクはドルとの以前の平価を維持するために減価することができるだろうと想定しても大丈夫であろう。しかし、このような事態を別にすれば、ドルとの関係で為替相場が下落するのを防ぐために大変な努力がなされる、と私は予想する。実際、ここ一、二週間マルクは対ドルで幾分回復してきた。つまり、マルクはドルの最近時の下落に部分的にのみ追随したのである。

このことは、マルク相場の防衛は対外債務に優先することを意味する。もし現在の為替相場で対外債務を返済するのに外貨が不足であれば、放棄されるのは対外債務であり、為替相場ではないであろう。

優先順位で次に位置するものは据置債権であろう。私は、ドイツ債務者個々の支払能力は別として、据置債権を長期債務よりも良い証券と評価する。この次にドーズ公債、ヤング公債がこの順で続き、次いでその他の長期債となるが、地方公共団体の債券と担保付き債券は多分商業長期債券より劣る位置にあるだろう。

しかしながら、もしドイツが既存債務を完全には返済できない、あるいは返済したくないという事態になった場合、シャハトの政策は元本の債務不履行や金利の全面的な支払い停止ではなく、利払いの軽減を求めることにあると、私はかなり自信を持って感じている。彼が執着していると私が確信している政策は、利子切り下げ要求である。債務がドル建てで表示されており、また金条項がある場合は、彼の政策は金条項の撤廃要求と一体になるだろうが、もしドルが現在の金平価から離れるのであれば、それはまったく当然のことであろう。

利子切り下げ要求は他の債務と同様ドーズ債やヤング債にもまったく同じようになされるであろう。実際、シャハトが内々に語っているところからすると、彼が計画の最優先事項としてこれらの債券の利子切り下げ要求を適当な時期に提出することを意図していると、私は確信している。彼が世界経済会議をこの要求を提案する機会と考えたとしても、私は驚かない。

したがって、これらの債券が現在の利子率を支払い続けると想定するのは軽率であろう。反対に、これら債券の全面的な支払い拒絶を恐れるのも早計であろう。債券の利子率が大幅に切り下げられた場合でさえ、満足すべき利回りを示す価格で債券の値がついているのであれば、直ちに予期される危険は十分に織り込まれていると議論することもできよう。反対に、もしシャハトが、私が示唆するように、そのような要求を経済会議で実際にするとすれば、それは疑いなく、これら債券市場をしばらくの間ひどく混乱させる影響を与えるであろう。利子率切り下げの要求は、海外で保有されている地方公共団体債や、さらにおそらく担保付き債券についてもなされるであろう。

さて、ドイツの対外債務の当面の返済能力の検討にとりかかると、明確な結論に到達するのは不可能である。一九三二年の貿易収支は明らかに満足すべきものであり、また、収支は、債券の返済が何不自由なくなされたのみならず、以前外国で保有されていたドイツ債務がドイツ人によって非常に低価格で買い戻されてかなり本国に戻っていることを示しているようにみえる。このことは、特にアメリカで保有されている商業債務の場合がそうである。実際、一種の為替ダンピングが進行していた。というのは、アメリカに債券残高のある企業は、特別価格で販売した輸出から得られた外貨で自己の債券をウォール街で購入することを許されていたからである。これらの債券は額面の三〇から四〇パーセントの値がついていたので、当該企業は、製造コストを大幅に下回る価格で輸出品を販売しても、額面を下回る価格で債券を償還する利益を斟酌すれば利益をあげることができた。

今年は、貿易収支は明らかに悪化するだろうが、最近入手した三月統計は、悪化は年の初めに想定していたよりは幾分小さいことを示している。大雑把に言えば、ドイツ輸出の進展は、もちろん、世界の全般的な回復と密接な関係があるに違いない。しかしながら、ドイツのように、しばしば信用により、原料を輸入し製造業製品を輸出する国の場合に見過ごしてはならない点は、より大きな貿易量の最初の影響はその国の収支赤字をより小さくするのではなく、より大きくすることである。

また、現在のドイツ政権が国内のインフレーション政策と農産物の高価格を現在の為替相場の維持と結びつけているかもしれないことについてある程度考慮する必要がある。これは国際市場におけるドイツの競争力にとって長期的には不利になるに違いない。国内において行われるであろう試みの無謀さにはおそらくほとんど限度がないであろうし、これらの試みがドイツの競争力を向上させる性格のものである見込みはない。

最近ライヒスバンクがいくつかの中央銀行からの借入を返済したことは、金と外貨の残存資産を非常に低い水準にまで減少させてしまった。そのようなわけで、ドイツは経常収支以外に頼るべきものはほとんど無い。このことは、金平価切下げの国際的な合意の場合に、ドイツにとっての利益は同国の金資産に比例するのみであること、すなわち、同国の経済生活の規模に較べ非常に僅かであることをも意味する。国際的な金平価切下げが大蔵省の運営の助けとして使用可能となる多額のボーナスを提供するのは、既に多額の金資産を保有している国に対してである。

私はユダヤ人問題という不可解な要因を最後まで留保してきた。しかし、時がたつにつれこれが第一に重要であると、私は思う。ドイツの国際金融関係、また、実際同国の国際貿易取引関係のすべては、ほとんどユダヤ系であった。同国の現在の政策の結果としてのこれら方面での信用の破壊は、いくら強調してもよい。同国は自国の商業機構の重要な部分をずたずたに引き裂くことに携わっている。同国の国際貿易機能がひどく損なわれるのは確かなように思われる。

ユダヤ人資金の逃避の問題もある。これは明らかに難しい問題であり、逃避防止のためにあらゆる種類の規制が導入されるだろう。しかし、時がたつにつれて手段・方法が探し出され、また、ユダヤ人の富の大幅な逃避が同国の困難に加わることもまた事実上確実であろうと私は思う。

私の全般的な結論はドイツに対する外国人投資家の立場は一般的に考えられているよりもさらに悪いというものである。現在の国民の雰囲気には、外国人資本家を厚遇する傾向はまったくない。対外債務を支払う資金はまったく不十分であることは、ほぼ本当らしい。海外投資家に対する大胆で乱暴な政策は人気があるだろう。したがって、海外投資家はすべての理由で不愉快な時を過すだろうと私は予想する。

J・M・K

◆世界経済会議が開かれた日の四日前の六月八日に、ケインズは六月一五日が支払期限のアメリカに対する英国戦時債務の次の分割払いの支払いについて議論した［ケインズ全集第一七巻、三八七～九〇ページ］。三日後に、ケインズがウォルター・リップマンとアメリカのラジオ放送で会談した際この話題が再び出た。『リスナー』誌は全文を発表した。

『リスナー』誌、一九三三年六月一四日

世界経済会議

リップマン：　貴方はロンドンにいて明日開催される重要な会議の代表をどのような期待をもって迎えているのですか。

ケインズ：　期待と疑念が入り混じった気持ちです。六六カ国が集ります。政治家と財政家が列車で次々と到着します。世界の窮乏ははなはだしい。われわれは、われわれすべては、問題の管理を誤った。われわれは富の可能性が最大な世界で惨めな生活をしています。そして、ついに、われわれは集団の知恵から何か期待できるものがあるか問う気になりました。しかし、われわれはやや陰鬱に問い掛けています。なぜなら、世界で六カ国が合意しそうなものが何かあるでしょうか、ましてや六六カ国ではどうでしょうか。われわれは大戦以来会議の経験がありますが、大失敗を避けるのは非常に難しいだろうということを承知しています。これまでのこの種のすべての会議は、あまりに退屈で活気がなく一様にあくびを催すような空疎な決り文句と不明確でくだらない文句に終ってしまいました。現在の世界の恐ろしい状況も、一部には、会議が示した想像力の欠如、すなわち、たしなみのある人間関係のすべての基礎である合理的なギブ・アンド・テイクに対する真摯な建設的な姿勢、ないし、心構えの欠如にある、のではないでしょうか。この会議もまた同じように失敗すると恐れるあらゆる理由があるのではないでしょうか。私としては、すべての希望を一つの可能性に賭けています。それは、英国とアメリカが一緒に何とかして合意した計画を見つけ出すということです。すなわち、実際には、一九一九年にわれわれがパリでそうすることに失敗したこと、まさにそのことを行うことであります。なぜなら、われわれがともに行動するなら、たとえ他国が阻止しようとしてもわれわれが実行できない救済策はほとんど無いからです。

私は、われわれは力のおよぶ限りあなたがたの計画に同意したいと願うだろうと確信しています。しかしながら、これまでのところ、われわれはあなたがたの政策が何であるかまったく知りません。貴国の大統領は、自分に何枚かの美しい白紙の便箋と美しく鮮明な鉛筆を与えるよう議会を説得したが、こちらにいるわれわれは、大統領は大統領の権限のどの部分に本当に頼ろうとしているのかまったくわかりません。しかし、私にとって顕著な事実は、ルーズベルト大統領が、世界のほとんどの権力者よりもより進んでわれわれの困窮に相応したある種の大胆かつ建設的な政策を考えようとしているようにみえることです。私が、大統領の政策が何であるか詳細に知ったとしたら、それを理想的なものと考えるかどうかはわかりません。しかし、大統領の政策は方向としては正しいものであると、私はある程度信頼しています。貴方の意見では、共通の政策はどの方面で最も実際的であるか教えてください。

リップマン：　地球のすべての場所から来た代表による大会議が通常は明確かつ建設的な決定をしないということでは、私は貴方に同意します。私は、したがってまた、この会議にはこれに先立つ多くの会議とは異なったアプローチをしなければならないということにも、私は同意します。したがって、例えば、六六カ国の代表によって合意され、次いで、六六カ国の立法府において批准、あるいは、拒否されなければならない十分に練られた条約を起草することをわれわれは待ち望むべきではない、と私は思います。この会議は、たとえば、どの国も他国全体との関係を抜きには行動できない軍縮会議のようなものではありません。ここにいるわれわれの多くは、政府は、特に大国の政府は、ロンドンにおいて各国政府が採用すべき手段について共通の協定を待つことなく不況と闘う力を持っていると、信じています。実際、われわれは、アメリカ国内でルーズベルト政権が不況に対処しているのと同じくらい大胆に、主要国が国内で不況に対処する覚悟をした時にのみ、世界の貨幣本位の再建や貿易障壁の削減等の問題についての国際協定の可能性がより強くなると信じています。言い換えれば、会議が、議論すべき問題について本当に前進することを期待できる前に、主要な金融・商業国――英国、フランスおよびアメリカ――は、物価を上昇させるため、債務者と失業者を救済するため、また、一般的に自国民の財を購入する力を増強させるために、自らの巨大な力を行使しなければならない、とわれわれは確信しています。最も強い諸国は、不況からの脱出を先導するために自分の管理下にある力を行使しなければなりません。私は、貴方が考えているのはそのことだと推察します。もしそうであるなら、私はそれに心から賛成します。また、それはアメリカ国民の支配的な見解を表していると私は信じます。強い国々は先導しなければなりません。国際協定はそのような行動の後に続くでしょう。国際協定がそのような行動に先んじるはずはまずありません。なぜならロンドンで議論されることになっている議題の多く――為替相場の不安定、高関税、中央銀行と政府による金の退蔵――は不況の結果であり、不況そのものが解決し始めるまでは改善できないでしょう。

事態の本質をこのように見るならば、議論の初めの非常に重要な段階での英国とアメリカの間の問題は、相違する国益を調和させることや、話しをまとめようと努めるといった問題ではないということになります。われわれの仕事は、同一目的の方針に沿って行動するよう互いに説得し、奨励することです。たとえば、両国は通貨の金価値を再評価してきました――英国は一九三一年九月以降、アメリカは一九三三年四月以降に。両国は、基本的には同じ理由により、そうすることを余儀なくされました。すなわち、金価格の法外な上昇により、金建て契約の固定費が社会的、政治的に両国民にとって耐えられないものになったのです。ところで、この金に対する再評価の処置は、私の見解では、国際貿易において一時的に優位を得ることを試みたものではないし、少なくともそうであってはなりません。アメリカについては、確かに、それは物価、債務、賃金、固定費および収益の間の機能すべきある種の釣合いを回復するためのものでした。したがって、われわれが目的をはっきりとわかっていれば、ドルがポンドに対して結局どこに落ち着くか心配しないでしょう。われわれの第一の関心は、ドルがアメリカ市場の商品との関係で、どこで安定するかです。われわれの第二の関心は、ドルが金との関係で安定するのか、また、どこで安定し得るのか、です。われわれが思うに、ポンドを商品との関係で、また、最終的に金との関係で、どこで安定させるかは英国がわれわれの干渉なしに決めるべきことです。この見解が、両国が他国を助けるために両国通貨の一時的な安定について合意することを妨げることは多分ないでしょう。そうではなく、この見解は、ドルとポンドの比率についての危険かつ無益な論議を審議から排除するでしょう。

私が思うに、軍縮会議での主力艦、巡洋艦、戦車についての論議と類似の論議をわれわれは通貨については避けなければなりません。われわれは個別に決定ができるし、また、すべきです。また、この問題について複雑な交渉をする必要はありません。もしこの問題を交渉分野から取り除くことができるなら、われわれは同じ原則にのっとりさらに前進できるのです。われわれの方針は、目前の複雑な国際的取決めを試みるよりもむしろ、同時並行的かつ一致した国内政策をとるべきであると、私は確信しています。両国は、長期利子率を押し下げ、設備投資を刺激する目的で、信用を潤沢かつ低利にすることができるし、また、そうすべきです。両国は、新たな信用を利用する目的と経済機構に呼び水を入れる目的で公共事業計画を採用することができ、アメリカはすでに採用しました。アメリカは、さらに、余剰工場と余剰労働力の圧力の下で、価格と賃金がこれ以上破壊的に切り下げられるのを防ぐことを主な目的とする農業および工業生産の管理を計画しつつあります。私が見るところ、これらが、議会が大統領に与えたばかりの美しい白紙の便箋に美しく鮮明な鉛筆で、大統領が書いている主な政策です。農民、坑夫、および失業者に購買力を回復させる処置を、われわれが世界の回復のためにできる最大の直接的な貢献とみなすと述べることは、これらの政策の公正な解釈である、と私は思います。一定の食糧農産物を除けば、われわれは国際貿易取引に入ってくる主な原料の多分四〇パーセントを通常は消費している、と私は思います。私は、大英帝国の数字は知りませんが、非常に大きいに違いありません。それゆえ、英国とアメリカの、不況に対する真に大胆な同時並行的な攻撃は、世界経済全体に対して決定的な影響を与えるはずです。

私が提案してきたような方針は、効果的である見込みがもっともありそうなだけでなく、貴方が数分前に述べた、あの永く、退屈な大失敗を避ける唯一の方法でもある、と私には思えます。それには、複雑な外交交渉を必要としません。混乱のもとになるような、まったく二次的な問題である国家的利益の問題を提起しません。両国の進歩的な指導者が、世界経済会議がなかったとしても、推進しようと望む方針であるといった大きな利点があります。しかも、それは、彼らがその方針を遂行する間にお互いに理解し一致するならば、さらに一層効果的に遂行できる方針です。

英国とアメリカが同時並行的な政策により世界が不況から脱出するのを先導する場合には、われわれは望みをほとんど直ちに実施できる政策に向けるでしょう。これらの政策が実施される間に、各国の政府と中央銀行は、世界貿易の改善、国際投資の復活、より弱い国を助ける、世界通貨本位の再建などの計画を準備することができます。しかしながら、これらは困難でも、複雑でもないと装うことは無益であり、また、世界の人々は、専門家、政治家および銀行家がそれらについて議論している間じっと待っていることはできません。それゆえ、主要国が不況に対して同時並行的に攻撃するという論が、今すぐ求められており、また、ロンドン会議での議論において最も有益な議題であると思えます。ケインズさん、これにご同意でしょう。

ケインズ：　はい、リップマンさん。貴方が提案された会議の問題へのアプローチの一般的な方針は最も有益なものであるように思います。もし多数の政府を拘束力のある取決めに即座に参加するよう勧誘する努力がなされるとすれば、言い回しは非常に漠然とした曖昧なものとなり何も意味しないものになることは極めて確実でしょう。しかし、私は同時に、政策の一般的な方針についての単なる合意宣言は無益という大きな危険も感じます。というのは、これらは、非常にたやすくまったく何も行動しないことに終わってしまうことがありうるからです。結局、物価を引き上げる必要性があるとの非常に賢明な意見が過去何カ月かの間、政府間で共通の姿勢になってきました。しかし、それについて何もなされてきませんでした。

貴方が私をあまりにも深海〔複雑な問題〕に引き入れたので、もし私が、貴方が通貨を商品に対して独自に安定させることについて述べたことについていこうとすると、われわれの聴取者の何人かは溺れてしまうかもしれません。しかし、この提案は、もとのままでは、あまりにも曖昧です。私は、貴方がよくご存知のように、金本位制の味方ではありません。しかし、やはり金は依然として英国とアメリカ通貨の便利な繋がりを提供できると私は思います。それは、われわれがその結びつきは厳格なものでないと合意する条件のもとではありますが。私は、われわれは四つのことに合意するよう努力すべきだと提案します。まず第一は、現状を元にしたポンドとドルとの公正な平価です。次いで、この平価に基づき、それぞれの通貨の金価値を、おおよそ、また、当面に限り定めます。第三に、両国通貨間の関係を同一に保つ一方で、両国通貨の金価値を合意により変更するのは自由であるとします。そして最後に、もし将来の物価動向が両国で異なる場合は、両通貨間の関係の変更を要請する権利をそれぞれが持つべきです。この最後の規定により私の提案は基本的に貴方の提案と同じになりますが、私の計画の全般的な性格はより具体的です。

貴方の政策の他の部分――低金利、公共事業、農民に対する助力――はまったく正しいと私は思います。会議が主要国のたとえ二ないし三カ国に対してでも、これらのことを誓約させることができさえすれば、それが回復への基礎を築くことになるでしょう。しかし、それらの政策が望ましいと単に発表することが大いに役立つかはわかりません。

それから、貴方は債務国のはなはだしい窮乏を忘れてはなりません。われわれは、会議で、支えきれない国際債務の負担と、その負担を軽減するのに不確かな物価上昇を待つことができないことを、たくさん聞くでしょう。また、重要な関税の問題があります。われわれは、世界的には適用されない、隣国間の関税切り下げのための地域協定を許容する覚悟をしてはいけないのでしょうか。なぜなら、これが実行可能な唯一の切り下げだからです。

これらの事柄と――さらに多くのことが――政治家と彼等の専門家の手中にあるのです。両国にいるわれわれの聴取者は、傾聴されず、口に出して言われないが、常にすぐに察知することができる世界を支配している力――私は世論のことを言っているのですが――その創造に役立つために何ができるでしょうか。私は、多数の大衆は感情とニュースに対する反応を単純な徳目に従わせることでその役割を果たすことができる、と考えています。われわれは邪推しないようにしよう。われわれは、秘密協定で出し抜かれることを恐れるのをやめよう。他者の計画でも、それもまた結局正しい方向に向かうようであれば、われわれ自身の特定の計画に固執するのではなく、積極的な解決策を改善するすべての好機を捉えようではありませんか。

実は、われわれの利害が互いに対立する際に問題となる国家的利益は、もし繁栄が戻ってきたとすればわれわれ皆が得られるものに較べれば、些細な規模なのです。なぜなら、繁栄はわれわれに、どの国にも負担するよう要求されるかもしれない犠牲の最大限度の何倍も上回ったものを回復してくれるからです。もしわれわれが技術的に可能な富のすべてを創り出すとすれば、われわれは、考えられるどのような譲歩をも上回る巨大な余裕を手に入れることができるのです。私は、交渉者が、詳細にたちいった場合には、このことに従って行動するのは困難であることを承知しています。しかし、やはりこのことは交渉者全員が心の奥底に置いておくべきことではないでしょうか。そして、このことは、また、詳細の外にいる社会の構成員であるわれわれの支配的な考えであるべきです。世論は、周囲の海洋の海原のように、会議の岩盤の回りで緩やかに潮が引くように衰えていきますが、一貫して「友好、合意、行動」とつぶやき続けるべきでしょう。国際的な問題では、われわれは用心していないと、皆、欲深く、競争的で、頑固で疑い深いのです。そして、とりわけ、感受性において世論が代表委員達に遅れないようにしようではありませんか。代表委員が向かい合って会い、相手が道理をわきまえた人間であることがわかった時、すぐに友情と和解の精神が心に浮かびます。そうした折に、往々にして、世論は外国についての冷淡で敵意のある抽象概念以外何も知らずに、こうした温和な感情を冷ましてしまいます。したがって、私は、妥協と道理をわきまえた雰囲気を願います。私は、拘束力のある協定への署名を求めるのではなく、真の決定を求めます。それは、決定を下した者が実行を意図しているものであり、世界のすべての人々の有効購買力を増加させることにより物価を引き上げ、雇用を回復することを目的としたものです。なぜなら、われわれの目的を達成するには他に方法はまったくないからです。また、これは、幸なことに、一国の成功が他のすべてが成功することを助けるというケースの一つです。リップマンさん、私は貴方が私と同感だと信じています。

リップマン：　さて、ケインズさん。時間があまり残っていません。そこで、ひとことで言わしてもらうと、政治家や一般公衆がこの会議に臨むべき精神については貴方に完全に同意します。通貨に関する個別の問題で貴方が概説した暫定的な合意ができるか見分けることが望ましいということに私は賛成すべきでしょう。しかしながら、私が最も重要だと考えることは、われわれ両国がドルとポンドの平価についての交渉で行き詰まらないようにすべきだということです。もしそうなれば、二、三の大国に低金利、公共事業、および購買力の回復という政策を誓約させる、より有望な仕事から注意がそがれるであろうことを私は大いに恐れます。

最後に、アメリカ人として言えば、六月一五日に期限のくる戦債の支払いについて言及を怠れば私は公平ではないでしょう。私自身の見解は常に、アメリカ人にとってこれらの貸し金はそれがもたらす金融の混乱や政治不安に値しないものだ、ということでした。私の同国人の大多数はこうした見解をとりません。したがって、私は、向こう数日間でこの面倒な問題の最終的な解決を望むのは不可能だと思います。しかし、最終的な解決を取決められないとしても、英国とアメリカの政府が問題を先送りする何らかの方法を探すことが肝要だと私は思います――言い換えれば、支払いの強要と債務不履行の主張のいずれもしてはならないのです。両国政府は支払いの強要、債務不履行の主張のいずれをも回避する道を見つけなければなりません。もし両国政府が、そのような簡単な問題を取決められないなら、両国政府の政治家は平和や世界の再建について語るどのような資格を持っているのでしょうか。

◆会議中、ケインズは、一九三三年四月にアメリカが金本位制を離脱したことから生じた国際通貨情勢の変化に対応しようとした政治家や政治家のアドバイザーの試みを記録し、評価した論文の連載を『デイリー・メイル』紙に提供した。

『デイリー・メイル』紙、一九三三年六月二〇日

外国為替の大混乱

会議の本当の仕事が現れ始めている。それは、専門家による準備議題によってではなく、事態の圧力により決められたのである。

行動なしですまされる問題については、行動は避けられるだろう。しかし、二つの分野において事態が手におえなくなっており、その結果、現実に何かを行なう必要がある――朝のニュースは、代表委員に毎日それらについての刺激を与えている。

私が言うところの第一は、債務問題である――戦債（それは厳密には会議の仕事ではない）ではなく、多額の借入をしたすべての国の国際債務である。そして第二に、外国為替の大混乱である。これらの問題は、現時点においては、例えば関税や公共事業について一致した計画を準備することが長期的にはより根本的な重要性があるにもかかわらず、それらより一層現実的で切迫している。

このことが現実であることをわれわれは残念に思うにちがいない。それは、遅延に対する罰であり、時宜を得て行動することにわれわれが失敗したしるしである。というのは、債務の負担（戦債は別として）と為替の大混乱は物価崩落の結果だからである。したがって、それらの問題には、こうした危機的な事態にいたる前に、物価を回復させる一致した政策により取り組んでいるべきであった。

私は、会議が物価水準の回復が依然として基本的な仕事であることを忘れないように期待する。しかし、これを生じさせる健全な方法は、必ず時間を要するにちがいない。その間に、債務国政府は不確実な物価の上昇をこれ以上待つのは忍耐力を超えていると言い続ける。一方、銀行家達は、為替相場について何らかの政策が合意されなければ、われわれはまもなく、ひどい混乱を伴いながら、通貨の競争的な切り下げに着手させられるだろうと断言する。

イングランド銀行総裁は、その職にふさわしく、政府間の会議と並行して、主要中央銀行の会議を招集したが、その会議は〔世界経済会議の会場である〕地質学博物館の喧騒からは東と西ほどに遠くはなれているので、彼はおそらく、しかるべき秘密性のなかで実際の仕事ができると期待した。この方針は大いに見識があり、彼が成功することを私は期待している。しかし、障害は恐ろしく大きい。なかでもとりわけ大きいのは、テーブルにカードを提示する立場にある、すなわち、拘束力のある会談に参加できるアメリカの代表者がロンドンにいないことである。

われわれの言うことは何でもそのとおりに頼りにする者の他には誰も拘束しない仮の譲歩しかしない交渉者と交渉することは、そのようなことにわれわれは久しく慣れてきてはいるものの、底に穴のあいた器に水を汲み続けるような仕事である。

二つの危険を避けなければならい。金への厳格な復帰は現時点においては当然不可能である。復帰の条件は、暫定的、弾力的、そして、環境変化の場合には保護措置条件付でなければならない。この点に関しては、大蔵省、イングランド銀行の両方の警戒心の欠如を恐れる理由はない。それどころか、彼らは主要通貨間に金リンクを受け入れることについて真に必要以上に恐れていることがわかるだろう。

もう一つの危険は、一〇日前に私が参加した放送でウォルター・リップマン氏が指摘したように、英国とアメリカがポンドとドルの事実上の比率についての不毛でいらいらさせる論争で行き詰まりはすまいかということである。不毛というのは、厳格な金リンクが存在しないので、最終的な比率は両国が拡張政策を遂行する相対的な強さと効果によって決定されるからである。

一般の報告によれば、そのような行き詰まりを避ける試みは、まだ成功はしていないものの、会議期間中の停戦にむけて暫定的に前進している。私は、次の段階の解決策が実際の状況下で成功するために、おそらく従わなければならない一般的な方針について、現実の、また、想定される利害の対立を考慮しながら、述べてみようと思う。この提案の真髄は、ウォルター・リップマン氏が示唆したヒントに基づくもので、各国が役に立ち、望ましいと思う限度まで独自の国内政策により国内物価を引き上げ、また、異なる通貨の為替相場は、人為的に、あるいは、国内政策の成功をじゃまするように固定すべきではなく、国内政策の成功の度合いに対応させるべきであるというものである。

われわれは一つの基準から始めなければならない。そして、状況の変化に事前に対応するために、この基準から一つの方式に従って進んでいかなければならない。私は、英国とアメリカの物価の基準としては、入手可能な最も範囲の広い指数、すなわち、英国では商務省指数、アメリカでは労働統計局指数の一九三三年六月一日に終る一二カ月平均水準を、また、ポンドとドルの為替価値の基準としては、同期間における月次平均を、採用することを提案する。英国において現在の物価水準が前年の平均水準を上回っているよりも、アメリカではより一層上回っている限りでは、このことは、それと釣り合ったより低いドルの為替価値を正当化する。もし向こう二年間にルーズベルト大統領がネヴィル・チェンバレン氏よりも、より献身的な、あるいは少なくともより成功した物価引き上げ者になってみせたとすれば、このことはドルのより一層低い為替価値を正当化するだろう。もし両者が同程度に成功するのであれば、両通貨の為替価値は、当然そうなるべくして、安定したままであろう。

それゆえに、われわれが物価を安定させたいと望む新しい水準に向かって、物価が予想できない率で、また、おそらく国によりばらばらに変動する過渡期——たとえば向こう二年間——においては、私は、イングランド銀行とアメリカの連邦準備銀行は、ポンドとドルの為替価値の水準を、上記の方式による基準から出発し、両国における国内物価引き上げの相対的な成功に歩調をそろえるように維持するために、一致した方策を取ることを合意すべきであると提案する。

為替相場がこの方式に一致すべき精度は、寸分違わぬものでなく、（たとえば）五パーセント以内とすべきであり、また、一パーセント未満の相対価格の変化は無視すべきである、ということを規定するのが分別のあることであろう。

この取決めは、投機により、借入資本の移動により、あるいは、競争相手の為替平衡基金のオペレーションによってさえも惹起される不健全で競争的な為替切り下げの危険を克服し、その間、各国が、他国を犠牲にした為替操作によるのではなく、国内需要の本当の刺激により国内物価水準を引き上げるという健全な競争を思いのままに行うことを可能にする。

アメリカは、現時点で、物価引き上げ計画をわれわれが行っているよりもより一層本気で行っているようにみえるが、もしそのようにするならば、アメリカは国内政策の成功の障害とならないドルの国際価値を要求する資格があると堂々と主張できる。一方、英国は、スターリングの国際価値の変化に反対する資格がある。スターリング相場の変化は、国内および海外の物価および費用の実際の水準に対応しておらず、流動資金の投機的な動きによって引き起こされたものであるので、英国の輸出産業の害になるのである。

上記の方式は、これらの危険から両国を保護するだろう。もし為替相場が物価の変化と無関係に固定されていたならば、必ず物価引き上げ政策の妨げとなるが、この方式はそうではなく、物価引き上げ政策の成功が根本だと認識し、外国為替が物価変化に従うようにさせる。

この暫定的な取決めは、次ぎの問題であるポンドとドルの金価値を、さらなる合意により直ちに、または、後に決めることができるよう、完全に未決定のままにしておくだろう。上記のなかには、通貨の金に対する平価切下げを阻むものは何もないし、ルーズベルト大統領はこの政策が賢明であると考えるなら、それを実行する権限をすでに持っている。

◆一週間後、ケインズは続けて他の論文を書き、それを大蔵大臣とイングランド銀行総裁に前もって送付した。彼はまた、おそらく六月二八日にレイモンド・モーリーとウォルター・リップマンに会った際にそれについて議論しただろう。

ネヴィル・チェンバレン宛書信、一九三三年六月二六日

大蔵大臣殿

当地およびアメリカで火曜日に発表する論文の写しを同封いたします。そのなかで、私は、アメリカ人およびわれわれ自身を真に具体的で遠大な計画に再度合意させる唯一の具体的、と私が考える、提案をしています。

私は、論文がアメリカ人の注意を引くようにするためにできることはしています。また、貴方が論文をご検討いただくよう切望しております。

敬具

［サインもイニシャルもない写し］

モンタギュー・ノーマン宛書信、一九三三年六月二六日

総裁殿

当地およびアメリカで火曜日に公表するために私が書いた論文の写しを同封いたします。私は、アメリカ人とわれわれ自身を再度合意させ、行動に導く可能性のある具体的な計画をこの他には考えることができません。私は、成り行き任せの結果を恐れます。

論文をご検討いただけないでしょうか。

敬具

［サインもイニシャルもない写し］

モンタギュー・ノーマンよりの書信、一九三三年六月二八日

親愛なるケインズ氏
昨日発表された会議についての論文の写しをいただき感謝申しあげます。論文の中の提案は確かに検討させます。また、私は、提案が当行の政策に影響を与えるか、あるいは、当行の政策により提案が影響される可能性がある限りは、考慮します。しかし、私の目には、これは依然として、すべての牛が黒く見えるやみ夜です。

敬具
M・ノーマン

『デイリー・メイル』紙、一九三三年六月二七日

われわれはアメリカと協力することができるか

私は、これまで見落とされてきたが経済会議によって作り出された状況の一側面があることを示唆する。ロンドンに集った代表達は、物価を議論により引き上げようとする熱意では互いに競い合っている。しかし、誰一人として具体的なことは何もしないし、望まれている目的を共同行動によりいかにして達成するかという具体的な提案さえしない。一方で、他の人々がリップサービス以上の注意をはらわない目的を真面目に受け止めている人が世界に一人いる——それは、ルーズベルト大統領である。
彼は、自分の政策が地質学博物館〔世界経済会議の会場。前出〕を支配している口達者の連中に妨げられているの

をみて不安を感じており、また、彼らに自分が利用されることを嫌っているが、それは無理からぬところである。それにもかかわらず、われわれは皆、あたかも彼が会議の主張されてきた諸目的を破棄しようとしているかのごとく語っている。彼は、実際は、会議の諸目的を達成するための具体的な方策を取り得る唯一の人物なのである。

それゆえ、このことが本論文冒頭の問題に対する私の答えである。もし、会議あるいは会議の主要メンバーが物価を引き上げるのに有効な手段を採用することを真に意図しているのであれば、アメリカと協力する根拠を見つけるのに、克服できない困難はない。しかし、彼らが単にそのことについて論じ、会議を高潔ではあるが空疎な多くの一般論のいくつかで締めくくろうと意図するならば、それは政治家の名を辱めることである。その場合は、人類は不可能な定めの無力な犠牲者であらねばならないことはなく、自らの運命を再び支配することができることを、必要であれば単独の行動により、実際に示す用意がある国が世界に少なくとも一国残されていることを、われわれは感謝するであろう。

実際、仮に大統領を非難するとすれば、それは、彼もまた行動を上回る議論をし、また、現実の力に比較し心理的な要因にあまりに多く依存しすぎる嫌いがあるかもしれないという根拠にもとづくものであろう。私は、消費財の好況がどこまで続くのか、また、建設工事回復の基礎をつくるには必ず多くの月数がかかるが、大統領はこのことに積極的で熱心であるべきだが、求められているほどにそうであるかどうか、疑っている。もし彼が失敗するとすれば、それは、彼の方策があまりに激烈すぎたからではなく、彼が、公共事業計画と、公開市場操作やその他により長期利子率を引き下げる努力において、遅れすぎであり、また、臆病すぎたからである。

それでは、すぐに疎遠になってしまう議論の当事者をどのようにして、再び集めるべきだろうか。会議に提案された議案のなかで、誰が本気で、誰がそうでないかを見分けるのに役に立つ具体的な方策があるだろうか。

善意と誠意については、いくつかの事前の想定があり、われわれはそれらが満たされているとみなさなければならない。アメリカ側では、大統領は、共倒れとなるような競争的通貨切り下げ闘争を実際に意図しておらず、また、アメリカ内における現実および想定されるコスト上昇を他所における同様な動きと比較し、それにより正当化されるよりも低いドルの為替価値を望んでいない、とわれわれは信じなければならない。われわれの側では、非常に熱心に物価の上昇を主唱している諸政府はより多額の購買力を流通に投入させる方法を知ってさえいれば、彼らはそうしたいであろう、とみなさなければならない。

これらの想定に基づいて、私は、事態の鍵は大統領がドルを金に対して減価させる権限を取得したことに見出せると思う。というのも、大統領の計画の背後には好都合な可能性が大いにあるからである。実際、それは共同の合意により、相当な規模の行動の唯一の機会を提供する。ごく手短にいえば、会議が現在議論すべき計画の性格は、下記のいくつかの方針にそったものである。――

（1） この計画を支持するすべての国は、直ちに国民通貨の金価値を最近時の法律上のあるいは事実上の金価値に較べ二〇から三三パーセントの間の特定数値だけ切り下げるべきである。すべての国がこれに賛成する必要はない。この計画は現在スターリングおよびドル圏に属する主要国が採択すれば実施することができるだろう。

しかし、実際には、金本位制に留まっている諸国が――いかに熱心にこの計画に反対するとしても――スターリングおよびドル諸国が計画を進行することが明らかになった後にも、現在の平価を長く維持できるとすれば私は驚きを禁じえない。

（2） このように合意された比率で切り下げられた国民通貨は、もし為替平衡基金の操作あるいは金の移動が、特定国がひどく不均衡な状況にあることを示すとするなら、移行期間中の変更に関する条項付で、当面の間、相互間で安定化されるべきである。この但し書きがあるので、当初の相場水準を決定する際に妥協案に合意することに過度なリスクはないだろう。

（3）各国中央銀行が保有する金準備の名目額の増加により生じる多額の棚ぼた利益は、各国財務省により専有されるべきである。

（4）これらの財務省は、その金額を、直ちに減税によるか、あるいは、公共事業によって購買力の実際の追加として流通させることを約束すべきである。生産と物価に対するいかなる刺激も、世界中で直ちに大規模な減税をすることほど、より確実に、より迅速に、また、より広範に効果を発揮するものはないだろう。われわれは、減税が永続的なものとは確かには約束はできないだろう。しかしながら、そのような政策は不況を終結させるのに効果があると期待する人々が正しいとすると――そして私はそういう人々は正しいと確信しているが――減税をその後撤回する必要はないであろう。

（5）中央銀行を金の流失から守るために設けられた為替および輸入の制限は、金準備の事実上の増加によって、廃止することができるであろう。

（6）金の偏った分布によって公平なシェア以上にこの方法から利益が生じる国は利益の例えば五パーセントを、金準備を失ったため利益が比較的少ない国や銀本位国を支援するための共同資金に入れるべきであるとの条項を、私は加えたい。

この計画は、心理的な刺激策として、通貨の競争的切り下げに対する根拠の無い支援よりも、一層信頼できる。後者は、結局混乱に陥り、長期的には、アメリカのような債権国に、他の場所において新たな金融危機を生じさせることなしに、利益をもたらすこともできない。この計画は大統領自身の計画である。それは、世界各国の財務省に一回限りの棚ぼた利益を与え、財務省は悪い習慣にはまる危険なしに、それを非伝統的な方法で直ちに減税に使えるので、本質的に健全な計画である。そのうえ、こうして与えられた減税の影響は繁栄というボールを回転させることによって確実にその後の予算のためになるのである。

そのような政策は、とりわけ、世界的に広範な物価の上昇の確かな基礎をつくる。実務上の難しさもほとんどない。私は、英国の代表達が、それを採択することを願う。物価を引き上げる有効な手段がわれわれに提案されている時に、もしそれを拒絶するなら、物価を引き上げることについて言葉を費やしてもそれが何の役に立つであろうか。

しかし、たとえ英国が非常に大胆な計画にしりごみするとしても、大胆さに欠けるところのないルーズベルト大統領は計画を提案することにより会議を試してもよいのではないだろうか。もし会議が合意すれば、大統領自身の政策は大いにより容易となるだろう。もし会議が拒絶すれば、われわれは、大統領が自らの方針に従って孤立した行動をとることを正当化する、深く、融和しがたい政策の相違が美辞の下に潜んでいることを知るであろう。

◆六月二八日にケインズはロンドン政治経済クラブで演説した。この演説のための覚書が残っている。

世界経済会議は現在どうすべきか

会議の企画は誤ってたてられた。

これまでに特定の諸提案を議論し、修正し、妥協し、合意しておくべきであった。

このようないかなる会議も計画を立案することはできない。

また、専門家による準備会議も同様である。

準備された議題は、準備会議が悪いのではないが、アメリカの行動により時代遅れのものとされたことは事実。これを別にすれば、準備会議は、本会議が単に分割された光景にすぎない。どの大国も推進すべき明確な提案を何ももっていないことは、今や確かである、あるいは少なくとも非常にありそうなことである。

したがって、会議は初めから失敗となった。

したがって、おそらく今夜の演題に対する正しい答えは、代表達は帰国すべきだ、ということである。

しかし、代表達が帰国すれば、それは国際協力の威信への損傷となり、当代の政治的手腕の威信への損傷となるだろう。威信が次々と失墜していくのは現在のもっとも心配な特徴の一つである。われわれの支配者がばかなことをした時、今日の一般大衆は彼らを追い出す努力や騒々しい抗議をしないで、単に内心で事実に注目するだけである。その結果は、本当の試練の時が訪れた際に、当局は多数の大衆の支持を少しも得られずトランプの束が崩れるようにただ崩壊するだけなのである。

したがって、私はより良い判断にある程度までは反しても、この遅れた時点においてさえ、十分しっかりした価値のある建設的な計画を発見し、それによりこの悲喜劇的な会合を正当化できるように、また、会合を何か意義のあるものにするために脳を酷使している。

そこで、皆さんの許しを得て、私は問題をこれ以降、もしわれわれ経済クラブが世界経済会議であったとしたら、われわれ経済クラブは次に何をすることができるか、という意味に解釈したい。したがって、主な題目についてできるだけ簡単にみていくことにしよう。

第一に関税。この主要問題について私は二つの所見を述べる。

（1）物価が低下し為替が緊張している限り、大きく前進することは現実離れしていて論じるに価しない。関税主義は、歴史が示しているように、物価下落の必然の随伴物であるが、それは実際まったく理屈に合わないわけではない。関税を引き下げる合意に到達しようと努力する時は、物価の傾向が転換し、一般人が安価よりも高価をより一層恐れるほど十分に上方に動いた際にくるであろう。

（2）私の第二の所見もまた、この問題の真の議論を景気がより正常になるまで延期することの理由である。古典派の教義である自由貿易は、資源が完全に利用されている際に異なる資源［用途?］間の資源の最適配分に関わる。資源が完全に利用されていない場合、［私は］自由貿易の利益がどの程度行きわたるのかはなはだ疑問に思う。したがって、資源が利用されていない時に自由貿易の思想が普及するのは非常に難しい。私は、自由貿易の方向での有効な行動の時は不況が事実上終った後までは訪れるはずがないと結論する。

（3）最恵国。技術的問題であり、かなり一般的な合意には国際会議が優れた好機。

第二に、制限。私は、制限が世界経済会議の真に元気のある唯一の分野であることを聞いて残念に思っている。制限は、個別の商品について存在する。

もっともらしいケースのほとんどですでに施行中である。おそらくゴム、小麦だが、非常に疑わしい。しかし、現段階では全般的な制限計画は可能な限り最大限の疑念をもってみるべきである。

物価現象に固執した結果である。

通常を下回っている景気に対する治療にならない。

反対に景気を悪化させる。

もし、会議の主要な成果が、通常を下回る世界の景気をさらに一層縮小させる何らかの計画であるとすれば、それは大失敗にほかならない。


第三に、物価を引き上げる計画。

物価を引き上げること自体についても固執している。

われわれが元来望んでいるものは、より多くの活動、より多くの消費、より多くの生産およびより多くの雇用である。大雑把に言えば、われわれが価格それ自体の上昇を必要としているのは、債務が差し迫った問題である農業（農家の債務および農産物生産国の国際債務）においてだけである。その他においては、物価上昇は生産増加に必然的に伴うものであるが、それは必ずしも急速な物価上昇ではない。私は、農業以外の製造業製品と原料の広範な分野については、物価上昇は、より高い賃金とより高い農業製品価格を反映するものを除き、ほとんど必要ないと考えてきた。われわれは、（たとえば）自動車やラジオ受信機や鋼鉄のレールやレンガの価格自体を引き上げようとは望まない。

強調されるべき点は、われわれはより多くの購買力を流通に投入することを望むことである。それがより多くの生産につながることを期待し、また、その一部が価格を引き上げることに使われることを期待して。しかし、農業以外では、このことが生産をより多く増加させ、価格はより少なく上昇させれば、われわれは一層満足するだろう。

より多くの購買力を流通に投入することを政治家に対する経済学者の中心テーマとすべきである。

どのようにしてそれを行うのか。三つの方法しかない。
（1）民間事業が借入れ資金によってより一層活動するよう刺激する。（a）心理的な変化、（b）運転資本の積み増

し、（c）公開市場操作による長期金利の引き下げ

（2）減税に見合う政府支出削減なしで行う減税。

（3）公共事業

この前置きの範囲内で、私は会議の実際の問題に立ち戻ることができる。

これらの方針にそった行動に帰着するよう工夫された合意に達することができなければ、会議はとるにたらぬことしかしないであろう。これまでの業績から判断すると、私はルーズベルト大統領の姿勢に同感する。もしわれわれが、彼の目的は競争的な為替切り下げという薬物によりウォール街を鼓舞することにあると思うなら、われわれは彼を大いに見損なっていると、私は思う。

真相は、彼は物価引き上げ問題を本気で取り上げている唯一の人物であり、一方他者はそのことについて議論しているだけである、ということである。

したがって、会議が議論すべきことは、購買力を十分に増加させる手段をとることであり、それにより、大まかに言えば、アメリカの行動政策が世界の他所においても採用されるべきだとの想定に基づいて行動している大統領を正当化することであると、私は主張する。その代わりに、大統領に事実上為替を安定化させる何らかの実質的な措置への同意を求めることは公平であろう。

それというのも、銀行家達が安定のための手段を重要視しているのは、私の判断では、正しいからである。未知の額の切下げが行なわれるという脅威が市場に差し迫っていることは退蔵と金からの逃避につながるにちがいない。

国際貸出は不可能。

確固たる信任は不可能。

きたるべき切下げは早期に実施すべきであり、また、それはできるだけ多くの合意の下に、できるだけ全般的なものとすべきだと、私は強く感じている。

その後の調整はいくらか必要であろうが、現在の巨大な不安定性に較べれば、例えば一〇パーセントと、比較的小規模であろう。


世界の他の諸国が真に本気であると、アメリカに、経済的、政治的、また、心理的に十分に納得させることができるどのような計画があるだろうか。

おそらく一つ以上案出することができるだろう。

昨日論文のなかで公表した一つの具体的な計画を提唱したい。


われわれはみな、諸通貨の最近時における事実上のあるいは法律上の金価値に比較し、合意された一斉切下げにより、全国民通貨の金価値での暫定的な安定を図るべきであると、私は考える。

(1)　たとえば、私は、金一オンスにつき
　　スターリングは七ポンド、
　　ドルは二八ドル、
　　金本位国通貨は現在価値の6/7（非常に軽い切下げ）に設定するが、それは彼らが切下げに依存しない解決を望んだ場合のみである
これらは、固定的な数字ではなく――もちろん一〇年間についてではない――そのうえ、金の管理について国際的な

計画が採択された場合のみのことである。

だが、中央銀行は、相場の変更を正当化する新たな事実が生じない限りは、為替相場をこれらの平価の五パーセント以内に維持することに協力することに同意するだろう。

新たな事実とは、国内物価のはっきりと異なる傾向か、あるいは、ひどく不均衡な状態の数字かのいずれかであろう。

四ドルはアメリカに対する譲歩だが、する価値がある。
(2) 中央銀行の金保有高はより高い数字に帳簿価格を引き上げられるだろう。
(3) 新名目価格が旧価格を上回る余剰額は、財務省が棚ぼた利益として受け取る。
(4) 財務省は、この金額を――わが国の場合は約一億五〇〇〇万ポンドあるいは多分それ以上――公共事業ないし減税により支出することを約束する。
ここに控えめな計画がある。この基盤の上に、国際的な経済平和を確立することを私は考えることができる。世界のうちアメリカ以外の地域は、アメリカの対策による利益を分け合い、また自らの努力によりこの成功を補足し、アメリカに限られていたとすれば極めて貧弱なままにとどまったであろう動きを世界的なものとすることによってアメリカに報いるであろう。

◆ケインズが論文(上記二六〇と二六四ページ)で記したように、英国、フランス、アメリカの当局は為替相場を安定化させるための取決めについて議論を続けていた。いくつかの選択肢が検討されワシントンにコメントを求めるために送られた。結局七月三日にルーズベルト大統領は、安定化協定を拒否するそっけないメッセージによりこれらの交渉を事実上挫折させ、また、「いわゆる国際銀行家の古臭い迷信」に言及した。翌日ケインズは『デイリー・メイル』紙で論評した。

『デイリー・メイル』紙、一九三三年七月四日

ルーズベルト大統領はすばらしく正しい

ルーズベルト大統領は昨日混乱を切り抜けて進んだが、政治家がそのように大胆に混乱を切り抜けることをしなくなってから久しい。

ルーズベルト大統領は、自らが位置する立場をわれわれに語り、また、会議が本質的な事柄に向かうよう懇請した。しかし、もし必要であれば、彼は単独で行動する用意があり、また、もし自分の政策の手法をまかせる専門家によって十分に補佐されていれば、彼はそうするのに十分なほど強靭である。

わが国の政府が、どこまで彼に従ってゆくのか、一朝一夕に決定するとは期待できない。しかし、われわれは好機を提供された。

先週生じたことのだいたいの輪郭を一般大衆が理解することは重要である。話は、ヨーロッパが、会議を解散させるという脅しにより、わが国とアメリカの間に楔を打込み、わが国の運命をヨーロッパの金本位国の運命と結びつけようと試みたところからはじまる。

もし一般の報道が正しいとすると、幸運にも手近なロンドンにいた自治領とインドの代表は、彼らに関する限り、そのような約束は悲惨な結末になると警告するために直ちに大蔵大臣を訪問した。私は、まさか、わが国当局が金ブロックのこけおどしに屈服するほど分別が足りないとは思わないが、この訪問の効果が決定的であったことは確かである。

議論の第二段階は、異なる二つのことを同時に達成しようと試みた——面目を保たせる何らかの文章をこしらえあげることと、為替相場の激しい変動が基礎的な要因によるのではなく投機的な感情の起伏による際には、それを抑制することを目的として実際的な同意を舞台裏で取決めることである。ルーズベルト氏は文章を拒否した。なぜなら、その文章のアメリカでの心理的影響は有害であると彼は信じたからであり、また、文章が伝えようとした提案は誤ったものであり、また、特に、その文章は世界の問題をいいかげんにあしらっていたからである。第二の目的を期待したニューヨーク連邦準備銀行とイングランド銀行の協力を彼が好ましくないとみていたと推論する根拠はない。

しかし大統領のメッセージはその原点をしのぐ重要性を持っている。それは、われわれが旧来の不運な道を歩むのを提案するのか、それとも新たな行路を探るのか、のいずれに決めるかを問うわれわれに対する事実上の挑戦状である。その行路は、政治家や銀行家にとっては新奇であるが、思考としては初めてではない。というのは、新たな行路は将来の管理通貨につながるが、その検討は戦後経済学の最も重要な論題となってきたからである。

われわれをたびたびの誤りから救ってくれたかもしれない建設的な提案は、講和会議の時代から、ことごとく失敗に終った。大蔵省とイングランド銀行は、彼等の嗅覚にのみ頼った。目は見えず、耳は聞こえなかった。しかし、人間は、においを嗅ぐよりいっそう遠くまで見ることができる。将来の金融政策についてのルーズベルト大統領の言葉を私が読むと、ついにあの立派な器官の鼻が、目と耳に地位を譲ることがおこりうるように思える。

しかし、もし、私が大統領の目的を正しく解釈しているとすれば、彼は国際金融の技術分野に関してあまりに小心であってはならない。国際的な為替管理は彼が考慮している政策の必須部分であるべきである。したがって、彼が、ドル-ポンド相場を管理する政策を、それがどれほど弾力的であっても、ことごとく拒否するのは分別が足りないだろう。さらに、彼が、アメリカの回復にとって良かれ悪しかれ小さな要因である、ウォール街の外国為替についての執着を、自分の拡張主義の成功のバロメーターとして承認するようにみられるとすれば、彼は誤りをおかすであろう。

ウォール街と自由取引のために組織された商品市場はすでに危険なほど他の事業よりも先んじており、今それらをさらに元気づけるのは分別のあることではない。その上、彼は広く世界において、より大きな、より立派な役割を演じるであろうし、また、もし世界の他の地域が望むならば、それらが拡張主義の真の政策を遂行することを助けることによって、彼自身の国内政策をより強固な基盤に置くであろう。

しかし、彼は、主要な政治的問題については――大統領や首相たちの本分として知っておくべき事柄については――すばらしいほど正当であり、大いに相違する二つの政策のいずれを選ぶかの決定を強制した。この相違を十分に検討しないならば、経済会議は茶番であろう。アメリカが明白な形で世界に示した基本的な選択について、もし反対側が公開で問題に加わる気がないとすれば、会議は解散したほうがはるかに良い。

われわれには一方に、政治的・軍事的におおきな重要性を持つが、世界貿易の流れからはますます離れているヨーロッパ諸国がある。彼らは、経済生活を回復する手段として当局による拡張主義的政策を信じない。彼らは金の止り木に狂信的に執着している。もっとも、彼らの多くは、あてもなくそこに留まっているだけである。彼らは、実業家が自分達にとって世の中が安全であると次第に判断することを通じて何となくひとりでに生じるであろう「信頼の回復」を信用して、物価水準の上昇の効力を認めない。

他方では、アメリカがわれわれを勧誘している。昔からの経験則へのがんこな執着がわれわれを陥れた悲惨な混乱と言語を絶する機会の浪費ではなく、それより何かましなものを、科学的な思考とともに常識を用いることにより、われわれが受け継いできた社会の秩序を根こそぎにすることなしに、達成することはできないか考えてみようと。また、その処方箋はびっくりするようなものではない。われわれは、物価が、既存負債および貨幣により取決められた他の債務に対して適正な水準に上昇するまで、われわれの自由に利用できるすべての手段により人々を仕事に就け、その後は、貨幣の購買力が安定裡に維持されるよう取り計らうことになる。われわれは、実際のところ、契約の構造を保全し、貨幣経済に対する信頼が回復する唯一の手段を提案されたのである。

自治領とインドは、一致してまたちゅうちょすることなく、われわれをこの側に招き入れた。南米は必ず北米の軌道を追うに違いない。われわれはどうしてぐずぐずしておられようか。ヨーロッパ人が古来の知恵の継承者であり、われわれを危険な新機軸から守るために制止の指示を我々に示していると考えるのは、ばかばかしい誤りである。

ルーズベルト氏の声明が言及しなかったことはたくさんある。彼は、一時的な安定について協力することは拒んだが、どのような点に関して共同行動を望むのか明らかにしていない。しかしながら、英国政府は、経済発展と経済の健全性の回復を誓うスターリング-ドル連盟を強化する好機を、もしわれわれがそれを捉えることを選択すれば、持っているとの信念に基づいて行動すべきだ。そのスターリング-ドル連盟は、事実上西ヨーロッパを除く全世界を含むだろう。

この問題は、行動する前に全員の合意が必要な軍備縮小のようなものではない。たとえヨーロッパが彼ら独自の道を歩む方がよいと思っても、他のわれわれはちっとも当惑しないであろう。それはむしろ好都合かもしれない。それは、見解の基本的な相違を隠すためのくだらない文句をこねあげる代わりに、われわれは同じような考えを持つ人々の二つのグループに分かれてしまっているだろうからである。

私は、英国政府がより高い物価を声高に言明する際は、政府はこのような結果を導くと思われる手段に反対しない、との想定のもとにこれらすべてのことを書いたのである。

◆ルーズベルトのメッセージは会議で波乱を引き起こし、会議を休会にしようとの企てをもたらした。現場のロンドンにいたアメリカ人は、適切な説明の声明を作成することにより会議を継続させようと努めた。この文書の草案作りに七月四日いっぱいと七月五日の朝の時間を費やした。ケインズは、七月四日にアシニーアム〔文芸〕クラブで首相とふたりだけで昼食をとったが、ウォルター・リップマンとレイモンド・モーリーと同様に草案作りに巻き込まれた。その文書は会議を継続させるのには成功したが、議事は一貫せず、中途半端なものであった。

ルーズベルト大統領の「爆弾」に対応して、ヨーロッパの金本位制国の代表達は、現行平価での金本位制の維持を誓約する声明に署名した。該当国の中央銀行家達はこの声明と同じことを七月八日に行った。こうした展開は、ケインズの次の論文の主眼となった。

『デイリー・メイル』紙、一九三三年七月一四日

われわれが従うのは、ドルかフランか

会議において、一方では西ヨーロッパ諸国、他方ではアメリカおよび大英帝国自治領の間で亀裂が露呈し、その間で英国は不安げに日和見の態度でいるが、その亀裂は、もしわれわれが非難合戦をせずに別々の道をたどろうとしているのならば、われわれが明確に理解しなければならない経済状態の現実の相違に基づいている。

自らをフランスに結びつけるという重大な誤りをおかしているかもしれないオランダとスイスは別として、いわゆる金ブロックと言われているイタリアとドイツは、ルーズベルト氏やスターリング・ブロックが考えている最大限度よりもより一層高い率で最近自国通貨をすでに切り下げずみの国である。これら諸国は、戦時中および戦後の好況期

につくられた債務構造をすでに非常に徹底的に——まさに実質的に絶滅のところまで——処理しているのである。彼らは、正常の経済活動に戻ることを他のわれわれと同じくらい強く望んでおり、また、活動の回復が必然的にもたらすような物価の上昇には反対しないが、一方で、彼らは、われわれとは異なりすでに大幅に切下げを実施済みであり、その手段を繰り返すのに反対している。彼らは雇用を回復する方法として公共事業の手段を——ネヴィル・チェンバレン氏よりもより一層——進んで利用しようとしている。しかし、彼らは、自国の旧債務構造をいまだ処理していない諸国に当然みられる高物価それ自体に対する熱意を共有するはずがない。

アメリカの立場はこれとはまったく違う。彼らの債務構造は、たとえ雇用が回復しても、物価と賃金が最近時の水準で安定したとすれば、社会的な病弊として存続する問題である。同じことが大英帝国自治領とインドの場合も真実である——それに次のような複雑さが加わる。それは、彼らのポンド建て対外債務が契約不履行なしに支払いを続けていくためには、彼らの現地通貨の調整に加えて、ポンド価値の調整を必要とすることである。彼らの経済的な健全性を回復させるには、アメリカと同様の広範囲にわたる政策を遂行することが必要である。なぜなら、両者の問題は基本的には同じであるからである。

英国はどのような立場をとるのか。大蔵大臣は躊躇しているようにみえる。イングランド銀行の意向と感情は、われわれが動物のそれらを推測するように、人間同士の交流という通常の手段によってではなく、相手の行動によってのみ推測しなければならない。それは金ブロックへの同感を示唆しているが、それは、たぶん、政策の領域を一定の範囲内に限定した結果であるが、その範囲は政治家が考慮すべき多くの事柄を考慮に入れるにはあまりにも狭すぎる。状況の実際をはっきりと直視したとして、それでも英国は躊躇することができるだろうか。世界中の国の中でわれわれは最も重い公債負担に悩まされている。それは、われわれが、戦時債務および戦後債務の全負担をほとんど戦前の価格水準で負っているからである。われわれには、物価と所得の上昇が、まさにそのことが、ぜひ必要である。それは、まさしく、ヨーロッパの参戦国で、われわれだけが通貨を適切な度合いでいまだ切り下げていないからである。われわれにとっては、ポンドを既に三分の二あるいはそれ以上切り下げた通貨と結びつけるのは、はなはだしく無分別である。他方では、われわれは、われわれの致命的な利害が求めることをわれわれが遂行するのを、ルーズベルト氏が容易にしてくれることに感謝すべきである。

さらに、われわれをこの方向に動かす非常に有力な第二の理由がある。貿易、投資および人的な結びつきによって、われわれの経済生活は、ヨーロッパの自給自足経済の国よりも、他大陸の経済生活と、また、特にわれわれの自治領とより一層密接に結びついている。ロンドンは、アジア、アフリカ、オーストラリア、および南アメリカの金融の中心地である。たとえば、われわれのオーストラリアでの投資だけで、われわれのヨーロッパにおける全投資の二倍以上である。海外諸国にポンドと彼らのポンド建て債務を放棄するよう強制するのは軽率でばかげた行為である。

反対の方向を重要視する配慮は何であろうか。第一には、金ブロック諸国の利益に対する配慮である。もしわれわれが、物価がヨーロッパ諸国よりもより大幅に上昇することにつながる通貨切下げ政策を、それにヨーロッパ諸国は反対しているが、遂行するとしたら、困難はわれわれの側ではなく、もっぱら彼らの側にかかるであろう。実際に、この政策は、もし彼らが現在の金平価に釘付けしたままでいたら、われわれ自身の諸目的を達成する上でわれわれを本当に助けるであろう。われわれの行動は、実に、彼らの状況を維持できないほど困難で不安定にするかもしれず、その結果、彼らはついにはわれわれの例に倣うことを余儀なくされよう。もしそうだとしても、それはやむをえない。

第二には、当地の観察者にはいささか乱暴と見られているルーズベルト大統領の政策により、臆病風が生じ保守的な本能が強まったことである。われわれは、特に、彼が無責任な投機を、これまでの彼の実際の行為が正当化する以上に、助長することを明らかに好んでいることに驚いている。大統領の処方は、時として、旧来の正統派にも、新経済学にも、ほとんど従っていない。処方は部分的には自己矛盾している。しかし、心配の理由があるとすれば、それは彼の言葉の乱暴さによるのではなく、彼の行動の幾つかが、とりわけ公的および民間借入による支出により購買力を増加させる分野において、手遅れではないかという恐れによるものであろう。

彼の外見上の極端さについては、あのような思い切った変化を達成するには、そうした雰囲気の中でしかできないことをわれわれは理解する分別を持つべきである。もし、正統学派がより道理をわきまえており、より頑固でなかったならば、新たな方法への移行はより静かで、丁重な儀式によって遂げられたであろう。

われわれにとって決定すべき問題は、この前の月曜日に下院で行われた非常に有益な論争の主題であったような国家政策についての全般的なことがらである。それは、政治家の能力に係わるものであり、決して、経済理論や銀行業の技術の詳細に依存するものではない。

われわれは、上記の総括的な原則に則り、物価引き上げと雇用の回復という双子の目的を遂行するために、通貨切下げ、ならびに、国内・海外における政府および民間部門の借入による支出増加の組織的な計画についての協調政策に関して、大英帝国自治領、インド、南アメリカ、スカンジナビアとともにアメリカ政府と仲間になるかどうか、決定しなければならない。

下院の意見の勢力は、圧倒的にわれわれがフランではなく、ドルに追随することに賛成するものであった。大蔵大臣は慎重に行動する権利があるが、それは、この政策を目的として彼が受け入れたとわれわれが確信できる場合である。

◆七月二七日に会議は本会議を開催して、会議を不特定の日まで休会とした。会議は再び開催されることはなかった。ケインズは会議の死について論評した。

『デイリー・メイル』紙、一九三三年七月二七日

さようなら世界会議

われわれはどのような感情をもって偉大な世界会議の死をみるのであろうか。驚きをもってではないことは確かだ。善意の人々は最善を期待し希望を捨てなかった。建設的な提案を持っていた人々は、それらを提案した。会議に付けられた傷は、会議内で負わされたものである。部外者は、会議を招集するのに主に責任のあった人々は、一般公衆にわからないが、何らかの目的を念頭において、何らかの計画を持っているに違いないと、多くの証拠に反してさえ、期待してきたに違いない。かばんには猫がおらず、帽子には兎がおらず、――頭には知力がないことが、今、明白になった。

会議の悲しむべき死は、それゆえ、落胆すべきことではあるが、驚くべきことではない。一般公衆からは何ら抗議はないであろう。しかし、事実は十分に注目されるだろう。会議の大失敗は、政権にある人々に対する一般的な冷笑と尊敬の欠如を増すだけである。こうして尊敬がますます欠けていくことは、他所での最近の事例が示しているように、民主主義にふりかかる最も危険なことの一つである。というのは、本当の緊急事態が発生した際に、責任を負うべき当局は、国民からの信頼の強固な基盤を得られず、一束のトランプのように崩れてしまうからである。このことは、実際、伝統的な政党論争の衰退の一面であり、注目するに値する。以前は、一組の大臣達が威信を失おうとしている時には、別の組みが威信を得ようとしていた。前政府と同様の一般的思考傾向の範囲内で機能できる大臣達の交代がなく、代替可能な政府がないとすれば、それは、長期的には、危険なことである。

ルーズベルト氏がアメリカ代表団に与えたころころ変わる、役に立たない指示も、当然、会議の成功の妨げとなった。しかし、それらは会議崩壊の理由というよりは口実とみなすべきであろう。というのは、ルーズベルト氏の一連の行動はアメリカから有効な主導や協力の力を奪ってしまったものの、もし他者が建設的な提案を持っていたとしたら、それらを提案することを妨げはしなかったからである。

したがって、私は、会議の失敗をルーズベルト氏のややこしい振る舞いにではなく、より基本的な二つの原因に帰したい。

第一に、六六カ国の会議も、六六カ国の専門家の準備会合も自ら建設的な計画を考え出すことができないことは、はじめから明らかであったはずである。そのような計画は、初めに一国ないし同じ考えの少数の国によってのみ案出される。全体会議の唯一の有益な目的は、会議の何カ国かのメンバーが主唱し熱心に支持する具体的な提案を討論するところにあり、その討論は、批判に応えること、反対に打ち勝つこと、どのような支持手段が得られるかを確かめること、どのような妥協がより多くの支持者を得られるかを見つけること、影響が及ぶすべての国々の協力を得て実際的な詳細を計画すること、を目的とするものである。いくつかの代表団ないし代表団のグループにはっきりした提案の責任を引き受ける覚悟があると想定する根拠が無いとすれば、世界会議を招集するのは無益である。

第二に、たとえはっきりした提案を欠いていたとしても、全会一致でなければ何も達成できないとする国際連盟風の考え方に陥らなかったならば、少しは成す所があったであろう。通貨、為替、資本開発、あるいは、関税に関するどのような重要な計画も、全会一致の同意を得ることは最初からもっともありそうにない。しかし、この結果として

283

まったく進展がなされないというわけではない。会議の目的は、意見の相違を意味の無い決り文句で覆い隠すことではなく、どの国々のグループが互いに事実上一致しており、協同行動をとりうるかを見つけ出すために相違を十分に検討することにある。同じような状況にあり、また、賛成する政策を持った国々のグループを共通計画作成のために協力するよう奨励すべきである。しかし、利益と政策を異にする多数の国が共通のリップサービスをすることができる決り文句をでっち上げることは、政治家が軽蔑すべきことである。

英国は、私が思うに、とりわけ一つの方針について大きな好機を逃した。大英帝国自治領とインドは、広範囲の政策に関して互いに非常に一致していたことに気づいていた。これらについての彼らの利益は、われわれの利益であり、彼らの計画は本国政府の宣言に反するものではなかった。彼らは英国の大臣達に、大英帝国全体のために一致した政策を提唱することに指導力を発揮するよう懇願した。大英帝国の外にも同じ指導力に従う用意のある他の国々があったことは明らかである。大英帝国の利益に求められる政策の全般的な傾向は、極端に走り、むやみに急ぐことを主張することではなく、ルーズベルト大統領のそれとやや同じ方針に従っており、それゆえに、アメリカ代表団と何らかの暫定協定の余地を残したであろうことも、また、ありそうに思えるのである。

おそらく今でさえ、自治領の代表達がロンドンに滞在しているのを利用して一致した政策について何らかの宣言をするのに、遅すぎることはない。

何も残らないのであろうか。心からの歓待をし、それを受けたことによる何らかの相互利益を私は期待してよいかもしれない。世界経済会議を、人々を集める他の口実と同様に、主に、新たな友情と新たな触れ合いの機会であると考えようではないか。それは、他者が何を考えているのか、なぜそう考えるのかを知るためであり、意見を交換し、また、いまだあまりに不確定で正式な協定の主題にはできない特定の意図をそれとなく知らせるためのものであると。

284

ロンドンは訪問者達の滞在を楽しんだ。ロンドンは、長年にわたる、秩序正しい伝統により立派に備えることができた形式的な美しさを持つ特有な儀式と形式ばらない親切心をもって、訪問者達をもてなすのに最善をつくした。ロンドンの天気さえ、がまんできる程度であった。ロンドンおよびその近郊の並外れた魅力を発見し、鑑賞するためには旅行者のなにげない一見以上のものが必要であるが、われわれの訪問者達は、おそらく、魅力を発見し、鑑賞するのに十分なほど長く当地に滞在した。いずれにしても、彼らが愉快に過ごし、また、人間として、われわれが一層近くに結びつけられた、と感じたことをわれわれは期待したい。

それというのも、個々人が代表している組織体の間で有効な協力はどれもが最も絶望的なまさにその時に、個々人に対するわれわれの尊敬や好意が増すかもしれないという逆説は、真実であるからである。

◆世界経済会議が終り、ケインズは、田舎での休養と仕事の後に、英国の金本位制離脱以降の二年間についての評価をもって『デイリー・メイル』紙への一九三三年の連続寄稿を完結した。

『デイリー・メイル』紙、一九三三年九月一九日

金本位制離脱から二年：われわれは今日繁栄からどれほど遠く離れているか

今週、英国が金本位制を離脱して二周年目を迎える。

挙国一致内閣は、この事態から予想される災難を避けるために組閣された後、二年前の一九三一年九月二一日に、金融上の路線を選択し、それ以降わが国はその路線を歩んできた。

しかしながら、翌朝われわれが目覚めた時、鐘は喜びの響きを鳴らしており、誰もが、われわれにふりかかったのは不幸ではなく幸運な解放であること、われわれは金の足枷を断ち切ったことにより自分の繁栄についての支配力を回復したことを本能的に悟った。

しかしながら、実際の結果は大いに期待はずれであった。三カ月間は、実際に、雇用は増加し、生産指数も――ほぼ一〇パーセントと急速に上昇した。

しかし、新政府の政策が具体化するに従い、われわれはその後一年間再び後退し、雇用と生産は一九三二年九月には一九三一年の同時期の水準以下に低下していた。

一九三三年九月の今日、われわれは再び這いあがりつつあるが、われわれは依然として、享受できる生産と所得の完全な水準に向けて、比較的小さな前進を続けている。

失業は、一九二九年の終りの時期に――その時期自体、当時は満足すべきものからほど遠いと思われていた――存在した数の二倍が続いている。

金からの離脱がわれわれを助けたことを測るためには、外国に目を向けなければならない。われわれは少なくとも経済的破滅の地獄に一層深く落ちこむのを回避した。

世界の他の主要工業国アメリカとドイツでは、経済衰退が極限まで達し、経済生活の通常の仕組みの崩壊まで急速に進んだ。これら両国の災害は、当地が被った最悪のものをはるかに上回っている。

両国は、耐えがたい状況に対してついに猛烈に反応することになった。もっとも、その方向は反対であった。

ドイツは、体と精神が衰弱し、もしオーディン［北欧神話の知識・文化・軍事をつかさどる最高神］の流儀と作法ではないとするなら、中世の流儀と作法に回帰することに脱出の道を求めた。

アメリカは、将来に向けて危険な飛躍をしたが、どこに到着するかについては戦前の飛行士とほぼ同程度の計画しか持っていなかった。

他の方面においては、われわれが二年前に行なったことの利益ははっきりと認識することができる。金を所有あるいは産出しており、また、原料を生産している大英帝国自治領の経済状態は、それらのうちのいくつかはポンド建て債務の重い負担を負っていたが、過去二年間で根本的に改善した。

インドの紛争解決、南アフリカの好況、オーストラリアの著しい回復は、二年前にわれわれの金廃貨がなかったならば、起こらなかったであろう。われわれが本国で社会的混乱と無謀な実験の時代を免れたとすれば、われわれは海外においては大英帝国の瓦解とほとんど同然になっていたかもしれない事態を免れたのである。

われわれの状況が、どれほどより一層悪いものであったかもしれないとしても、それでもなお、状況がより一層良いものであるよう望む十分な理由があるのも依然として事実である。それでは、われわれはなぜ過去二年間かくもゆっくりと断続的に進んできたのか。金から離れることの基本的な意義は何か――また、金に復帰することの含意は何か。

われわれが金から離れたことにより二つのことが可能になった。それにより、われわれは価格水準を、われわれのコストが外部世界のコストとほどよく釣合うようにすることができるようになり、その結果、わが国の製造業者はもはや並外れて不利な立場におかれることがなくなった。外国貿易はわが国経済のなかで非常に大きな部分を占めるので、このことはわれわれにとって極めて重要である。過去二年におけるわれわれの現実の政策が、大まかに言えば、われわれが貿易でかつて得ていた、然るべきシェアを得られるようにするものであったことは幸である。

しかし、金からの離脱には重要性において劣らない第二の利益があるが、それについてわれわれは同等の利益を得ていない。金本位制を維持することは、一国の投資政策と現行利子率を、他の金本位制諸国で広く行われているものにやや厳格に結びつける。なぜなら、他国で採られている政策からのかなりの乖離は、すべて金の流失につながるからである。しかし、金との結びつきがなければ、われわれは、自らの要求に最も合っていると考える行動を追求する自由がある。

利子率については、大蔵省はこの新しい自由の利益を十分に享受してきた。戦時公債の借換えと大蔵省証券の利子率を一パーセントの半分以下という名ばかりの数字に引き下げることは、もしわれわれが金に留まっていたなら、可能ではなかったであろう。したがって、ここにおいてもまた、われわれは多大な利益を実際に獲得してきた。しかし、拡張政策の分野――すなわち、国の資本資産を増加させることによって雇用を促進するため公債を自由に利用すること――においては、私の判断では、われわれの行動の好ましい機会にはるかに達していなかった。われわれがかくも不十分な前進しかしなかった事実はこのことに、主としてこのことに、帰せられる、と私は思う。最初に需要を増やすことなしで雇用を増やすことは不可能である。また、国内市場に関する限り、公債による支出を増加させることなしでより多くの購買力をもたらす方法は考えられない。

他の方法は、購買力を増やすことなく、ある方面から他の方面に単に振り向ける役割をするだけである。公債による支出のどのような形態がもっとも有益で生産的かを決めることは容易ではない。しかし、この実利的な問題を解決することが、われわれの技術者と公益事業専門家の知力を超えているはずがない。鉄道を電化するのが良いのか、あるいは南ロンドンを再建するのか、地方に水道を供給するのか、汽船を建造するのか、田園を干拓するのか、港湾を近代化するのか、あるいは、製鉄工場を建てなおすのが良いのか、あるいは、それらすべてを少しずつやるのか、それを述べるのは私の職務ではない。

しかし、われわれがこれらのうちどれか、あるいは、同様なことを実行しなければ、国富を増やし、国民を雇用することは全く不可能である。

また、実を言えば、われわれは、ビュリダンのロバ〔等距離の所に等質等量の干草を置けばロバはどちらを先にするか迷い続けて餓死するに至る〕のように、どちらの干草の束に最初に取り組むかわからないので拡張政策を差し控えているわけではない。政権にある人々が物事の原理が正しいことを納得するのに手間取っていることが主な理由で、われわれはためらっているのである。

われわれは、人類の大部分と同様に、単純で愚かなまちがった考えにより損害をこうむっている。節約する個人は裕福になることができる。なぜなら、彼は、たとえ社会の富を増加させることは何もしなくても、そのようにして社会の富のより大きな割合を獲得するからである。

多くの人々はこのことから、社会全体も同様にして節約により富裕になることができると考える。個人による支出増の拒絶が個人の富を増加させるのとまったく同様に、国による支出増の拒絶が国富を増加させると考えられている。しかし、これは起こりえない。いかなる消極的な行動も国を富ますことができるとは考えられない。実際に住宅を建設すること、鉄道を電化すること、高圧送電線網を建設すること、あるいは、何であれ適切な活動なしで雇用を増加する方法はないし、あるはずがない。

二年前のわれわれの金本位制からの離脱は、こうした観点から、国を富ますのにもっとも有望だとわれわれが選択する、まさにそのことを、海外からの干渉なしに自由に行うことができるようにわれわれ自身を解放したことを意味した。

われわれがこの自由を十分に利用することを決心した時、雇用は回復し、所得は増加し、税収には減税を許容する余地が生じるだろう。そして、われわれは、生活の物質面ではわれわれが幸福になれる限度まで、幸福になるであろう。

ためらっている限り、われわれは現在とほとんど同じ状態を続けるだろう——それは、悲しいことに、われわれの真の体力である均衡水準を下回っているのである。

第四章　ニューディール

◆一九三三年一二月六日のケンブリッジ大学キングズカレッジ創立記念日にケインズがゲストとして招いたのは、当時のハーバード大学の行政法教授、フェリックス・フランクフルターであった。その年、彼はオックスフォード大学に訪問教授として滞在していた。フランクフルターがケンブリッジを訪れている間、二人はケインズがルーズベルト大統領に助言の手紙を書くことについて話し合った。ケインズは大統領に公開書簡を書くことに同意し、公にする前にフランクフルターを通じて大統領に届けることにした。それからケインズは、手紙が一二月三一日付『ニューヨーク・タイムズ』紙に掲載されるよう手配した。彼はまたロンドンの『タイムズ』紙に、一月二日に公にするための短縮された形のものを提供した。

『ニューヨーク・タイムズ』紙、一九三三年一二月三一日

ロンドン、一二月三〇日

親愛なる大統領閣下

閣下は、現存社会制度の枠組みの中で理性に基づいた実験によりわれわれの不幸な状況を改善しようと努力しているあらゆる国の人々にとって、その受託者たらんと決心されました。

閣下がそれに失敗するなら、理性的変革は世界中で大いに毛嫌いされ、保守と革命とが徹底的に闘うことにならざるをえないでしょう。

しかし閣下が成功するなら、新しくより大胆なやり方がいたる所で試みられ、そして新しい経済の時代の第一章が閣下の政権就任の時に始まる、と記されることになるでしょう。

こうした十分な理由があるため、遠く離れまた部分的な知識しかないというハンディキャップにもかかわらず、あえてわたくしの考えを閣下の前に提示しようとするものです。

イギリスの意見

今のところイギリスにおける閣下の支持者は神経質になっており、時には気落ちしています。様々な緊急な要求の優先順序は正しく理解されているだろうか、目標間の混乱はないだろうか、閣下の受けた助言の中には馬鹿げていたりいかがわしいものがないだろうか、とわたくしたちは戸惑っています。

もし閣下を擁護する時わたくしたちが混乱しているなら、それは部分的にはロンドンの状況の影響によるものです。というのは、ここのほとんどすべての人は合衆国で起きつつあることについて非常に歪んだ見解を持っているからです。平均的なシティの人々は、閣下が適切な助言を無視して軽はずみな冒険を企てており、最善の希望は閣下が現在の助言者を遠ざけ古いやり方にもどることであり、さもなくば合衆国はそら恐ろしい崩壊に向かってしまう、と信じています。これこそが、彼らがかぎつけたと言っていることです。

鼻が頭脳より気高い器官だと信じる人々が、賢そうに首を振ることが再燃しています。ロンドンでは、ふところ手をして何が起きるかをただ待つべきだと信じられています。わたくしは、閣下がわたくしの見解に耳を傾けられんことを切に望むものです。

現下の課題

閣下は回復と改革――不況からの回復とだいぶ遅れた事業・社会改革案の議会通過――という二重の課題に直面しています。最初の課題に関しては、スピードと迅速な結果が必要不可欠です。二番目の課題もまた緊急性があるかもしれません。しかし慌てることは有害であり、すぐに成果を求めるより長期的目的を立てる知恵がもっと必要とされています。短期での回復策の成功によって貴政権の権威を高めることを通じてこそ、長期での改革を達成する推進力を手にすることができるでしょう。

他方、賢明で必要な改革でさえもある面では経済回復を妨げたり、混乱させるかもしれません。というのは、それは実業界の確信を覆し、行動しようという現存の動機を他の動機づけが適切に与えられる前に弱めてしまうからです。その仕事は、合衆国の伝統的個人主義と古い「猟官制」のためにまったく強力でない閣下の行政機構にとって、過大なものかもしれません。そしてその仕事は、閣下に一度にあまりに多くのことを考えさせることにより、閣下自身や貴政権の考えや目的を混乱させるでしょう。

全国産業復興法：その目的と結果

過去九カ月間を振り返ってみて、回復措置と改革措置との緊急性の優先順序が適切に認識されているか、後者の措置が時に前者と取り違えられていないか、今やわたくしにとって明らかではありません。特に、その社会的利益は相当なものでしょうが、わたくしには全国産業復興法が回復の実質的助けになるとは認められません。この法律による膨大な行政業務の背後にある推進力は、緊急性の優先順序の面で間違った選択の一例であるように思われます。その法律は今や法令集に載っています。それを履行するために多くの仕事がなされてきました。しかし現在のところ、細かい部分まで強行しようとする前に経験が積み重ねられるのを待った方がよいと思われます。

本質的には改革であり、回復には多分妨げになる全国産業復興法が、回復手段の一部だと誤って余りに性急に受け入れられてしまったということ、これがわたくしが第一番目に考えていることです。

わたくしが第二番目に考えていることは、回復自体の方法に関するものです。回復の目的は国民生産を増加させ、より多くの人に仕事を与えることです。現代の経済制度の下では生産物は本来的に販売のために生産されます。産出量は生産原価と比べた、市場に現れると期待される購買力の大きさに依存します。

それ故広く考えて、産出増加は三つの要因の中のどれか一つが作用しないかぎり生じえません。個人が現在の所得からより多くを支出するよう仕向けられるか、実業界が将来へのより強い確信あるいは金利低下によって、雇用者に対し追加的経常所得を生み出すよう仕向けられることです。それは、一国の運転資本か固定資本が増加しつつある時にそうなります。さもなくば、借入れか増刷による紙幣の支出を通じて追加的経常所得を生み出すよう、公共当局に支援を求めねばなりません。

経済状況が悪い時、第一の要因は十分な規模で作用するとは期待できません。第二の要因は不況に対しては、公共当局の支出によって潮の流れが変わった後の第二波攻撃として動き出すだけです。それ故、わたくしたちが最初の主要な衝撃として期待できるのは第三の要因からのものだけです。

今や二つの技術的誤りが貴政権の政策に影響したかもしれない、という兆候があります。その第一は、回復における物価上昇の果たす役割に関係しています。物価上昇は、通常は、産出や雇用の増加の兆候であるので、歓迎されるべきです。より多くの購買力が支出される時、物価上昇の下での産出増加が期待されます。物価上昇なしには産出増加はありえないのですから、増大した貨幣タームの取引高を支えるのに十分な貨幣が供給されず、回復が阻害されるといったことは絶対にあってはなりません。

物価上昇の問題

しかし物価上昇が産出増加を犠牲にして引き起こされたものであるなら、それについて好意的な立場から言うべきことはほとんどありません。それが助けになる債務者もいるかもしれませんが、全体としての国民経済の回復は妨げられるでしょう。だから原価の意図的引上げとか生産制限による物価上昇は、国の購買力増大の自然な結果である物価上昇と比べれば、ずっと劣った価値しかありません。

全国産業復興法や様々な農産物生産制限計画が狙いとする、所得再分配政策の社会的公正さや適宜さを非難しようとするものではありません。特に後者の農産物生産制限計画については、わたくしは原則として強く支持します。しかし自己目的としての高価格の事態改善上の価値をあまりに強調することは、回復の技術的方策の中で物価の果たす役割について、重大な誤解を招くかもしれません。総体としての購買力の増大による生産の刺激こそが、物価を上昇させる正しい筋道です。逆ではありません。

そこで、回復策の第一段階での原動力としてわたくしは、課税を通じる現存所得からの移転ではなく、公債によって賄われた政府支出による国の購買力増大こそを、何よりも強調します。これに匹敵するほど重要なものは他にありません。

好況、不況及び戦争

好況においては、インフレは実業界の投機家達の興奮した熱狂を支える無制限の信用を許容することにより、引き起こされることがあります。しかし不況の時には、物価上昇を伴った産出増加を迅速にもたらす唯一の確実な手段は、国債発行による支出です。それこそが、戦争がいつも活発な産業活動を引き起こしてきた理由です。過去において正統的財政は、政府支出による雇用創出が正当化される唯一の言い訳は戦争だ、と考えてきました。大統領閣下、閣下はそうした足枷から脱して、これまで戦争と破壊という目的のためにのみ許されてきた技術的方策を、平和と繁栄のために自由に使うことができます。

アメリカの景気回復がこの秋経験した後退は、貴政権が最初の半年に新発債による支出の実質的増大を編成するのに失敗したことの、当然予想される結果でした。これから半年の経済状況は、近い将来の大きな支出の土台を閣下が築いてきているかどうか、にすべてかかっているでしょう。

これまでのところ余りにわずかしか支出されてこなかったことについて、わたくしは驚きません。公債による有用な支出計画を短期間に即席に作ることがどれほど難しいかは、わたくしたち自身の経験も示しています。浪費や不効率や腐敗を避けるべきなら、忍耐強く克服すべき多くの障害があります。わたくしが列挙するには及ばない多くの要因が、公共事業の巨大な計画を迅速に作り上げるのを、合衆国においてことさら困難にしています。わたくしは、イッキス内務長官を慎重で用心深いといって非難するつもりはありません。しかしスピードが遅いことのリスクは、もっと急ぐことのリスクと秤にかけられねばなりません。彼は暗くなる前にクレバスを渡らねばなりません。

わたくしがその影響を恐れているもう一つの誤りは、貨幣数量説として周知の粗野な経済学説から生じるものです。産出と所得の増大は、もし貨幣数量が厳格に固定されているなら、遅かれ早かれ頓挫を来すでしょう。このことから類推して、産出と所得は貨幣数量の増加により増大させうる、と考えているような人もいます。しかし、これはより長いベルトを買うことによって太ろうとするようなものです。今の合衆国では、ベルトはお腹にとって十分長いものです。貨幣数量を強調するのは大変な誤解を招きます。それは単なる制限的要因であり、支出規模、これこそが効果を発揮する要因なのです。

同じ教義を適用して、金の価格と他の物品の価格との間に数学的関係が存在すると信じることは、さらにもっとばかげています。外国通貨で測ったドルの価値が、国際貿易に入っていく財の価格に影響するのは事実です。ドルの過大評価が国内の自由な価格引上政策を妨げたり、外国との国際収支を撹乱する限りにおいて、ドル減価は推奨できます。しかし、為替の減価は国内価格引上政策の成功の自然な結果として生じるべきものであり、まったく勝手な速さで正当化される以上に先走り、全世界を撹乱するようなことは、許されません。これもやはり、ベルトを緩めて太ろうとするようなものです。

通貨と為替

こうした批判は、管理通貨制擁護や為替安定より物価安定優先というわたくしの主張を弱めることを意図したものではありません。一国の通貨・為替政策は、産出や雇用を正当な水準に引上げる目的にまったく従うべきものです。しかし最近のドルの乱高下は、わたくしが理想として思い描く管理通貨制よりも、むしろ酔っぱらった金本位制のようにわたくしには見えます。

大統領閣下、閣下はこれまでのところわたくしが共感的であるより、明確に批判的であると感じておられるかもしれません。しかし本当のところはそうではありません。閣下はわたくしにとって、政府の仕事に対する一般的見方や態度が世界で最も共感の持てる統治者です。閣下は、手法について奥深い変化の必要性を見抜き、頑迷や横暴にならず、破壊もせずにそれを試みている唯一人の人物です。閣下は試行錯誤でやるしかないと感じ、当然そうあるべきなのですが、特定の技術的方策の詳細にはまったく閣下自身関与していないと受け止められています。わたくしの国では、貴国と同じように、閣下のような地位はこうした類の細かい批判の影響をまったく受けません。わたくしたちの希望と信頼は、より幅の広い考慮に基づくものです。

もし閣下が、ごく近い将来について具体的にわたくしが何を提案したいのかと尋ねられるならば、わたくしはこう答えます。

建設的批判

金平価引下げや為替政策の分野では、不確実性を終わらせるべき時が来ています。為替投機家達とのこうした鬼ごっこは何の役にも立たないし、まったく品位に欠けています。それは確信を覆し、ビジネス上の意思決定を妨げ、真の重要性をはるかに上回るほどに人々の注意を引きつけ、海外に存在している苛立ちといくばくかの敬意の欠如の、双方の原因でもあります。

閣下には三つの代替的方策があります。金で測ったドルを減価させ、新たな固定比率で金本位に復帰することができます。これは、物価安定という長期的政策を採るという閣下の宣言と矛盾しますし、わたくしは閣下がこの政策を採らないことを望みます。

物価安定を目的とした、英国とのある種の共同為替安定化政策を追求することもできます。これが最善の究極的な解決策でしょう。しかし、もし貴国の国内物価水準が顕著に上昇するまでは、スターリングの価値を当初は五ドルを十分に下回らせるといった議論をする心づもりがないなら、それは今のところ論じるに値しません。

最後に、大幅なまたは意味のない変動を避けるために、確定レートでの金や外貨の売買によりドル為替をコントロールする、と宣言することもできます。いつでも平価を変更できる権利を留保しておき、ただしそれを行うのは、アメリカの国際収支の深刻な不均衡を是正するためか、海外と比べた国内物価水準のシフトに合わせるためだけである、という意図を明らかにしておくことです。

望まれる政策

わたくしには、これが移行期における最善の政策と思えます。重要な事実の変化とは対応しない、将来の勝手な変化を引き起こす権利は放棄することになるでしょうが、他面では、為替政策を国内政策の必要性——太るにしたがってベルトを自由に緩めること——に従属させる権利は保持しています。

国内政策の分野では、上記の理由によりわたくしは、政府支援の下での巨額の公債による支出を最重要視すべきだと思います。特定の支出対象を選び出すことは、わたくしの職分を超えています。しかし大規模で短時間で実を結ぶ対象、例えば鉄道の物的状態の修復のようなものを優先すべきでしょう。目標はボールを転がし始めることです。もし次の六カ月間に適切で力強い一押しが与えられるなら、合衆国は繁栄に向かって前進していくことができます。全国産業復興法に着手した初期の活気と熱情が、情勢が許す限りで最も賢明に選ばれた資本支出急拡大のキャンペーンの、後ろ盾になることができないものでしょうか。国がそうしたプロジェクトにより、数百万人が非自発的に失業する事態よりももっと豊かになることに、閣下はともかく確信が持てます。

低利で豊富な信用

わたくしは第二番目に、低利かつ潤沢な信用の維持、特に長期金利の引下げを重視します。英国における潮流の変化は、戦時公債の借換え成功の結果として起きた長期金利の低下、によるところ大です。これは、イングランド銀行の公開市場政策によって意図的にもたらされました。

わたくしには、閣下がどうして政府長期債の金利を二½パーセントかそれ以下に引き下げようとしないのかわかりません。それは債券市場全体に好ましい影響をもたらすでしょうし、連邦準備制度が長期債購入により、現在保有している政府短期証券を置き換えるだけでよいのですから。そうした政策は数カ月で効果を生むでしょうし、わたくしはそれが大変重要だと考えます。

閣下の現行政策のこうした改造や拡張により、わたくしは成功が得られるものと堅く確信します。そのことは、合衆国や全世界の物質的繁栄に対してだけでなく、知恵と政府の力への信念の回復を通じて人の心を癒すことにおいても、どんなにか重要なものでしょう！

以上、失礼を省みず申し上げます。

謹啓

J・M・ケインズ

ルーズベルト氏の実験

『タイムズ』紙、一九三四年一月二日

ルーズベルト氏は、現存社会制度の枠組みの中で、理性に基づいた実験によりわれわれの不幸な状況を改善しようと努力しているあらゆる国の人々にとって、その受託者たらんと決心した。彼がそれに失敗するなら、理性的変革は世界中で大いに毛嫌いされ、保守派と革命派とが徹底的に闘うということになるだろう。しかし彼が成功するなら、新しくより大胆なやり方がいたる所で試みられることになるだろう。大統領の実験の結果が尋常ならざる重要性を持つのは、こうした理由のためであり、単にわれわれすべてが不況からの脱出を望んでいるからだけではない。

今のところ、イギリスにおける彼の支持者でさえもいくらか困惑している。様々な緊急事の優先順位は正しく理解されているのだろうか、目標間の混乱はないだろうか、彼の受けた助言の中にはばかげておりいかがわしいものがないだろうか、と戸惑っている。他方では、平均的なシティの人々は、大統領は軽はずみな冒険を企てており、彼が現在の助言者を遠ざけなければ国は衝撃的な崩壊に向かってしまうと確信している。しかし私は、現在のイギリスの見解は、合衆国で起きつつある事についての非常に歪んだ見方に基づいていると考えます。明らかに失望しているにもかかわらず、私は見通しが暗いとは思っていません。

ルーズベルト氏が、回復と改革——不況からの回復とだいぶ遅れた事業・社会改革案の議会通過——という二重の課題に取組んできたことにより、状況はひどく混乱している。最初の課題に関しては、迅速な結果が必要不可欠である。長い年月の中で初めて合衆国で実権を握った自由主義的な政権の立場からは、二番目の課題もまた緊急性があるように見えるかもしれない。しかしここでは、すぐに何かを実現するよりも長期的目的を立てる知恵がもっと必要とされている。短期での回復策の成功によってルーズベルト政権の権威を高めることを通じてこそ、長期での改革を達成する推進力を手にすることができるだろう。さらに、賢明で必要な改革でさえも経済回復を妨げ、混乱させがちである。というのは、それは実業界の確信を覆し、行動しようという動機を弱めてしまうからである。その仕事は、合衆国の伝統的個人主義と古い「猟官制」のためにまったく強力でない行政機構にとって、過大なものであろう。そしてそれは、政権にあらゆることを一度に考えさせることにより、政権の考えや目的を混乱させるだろう。

いくつかの誤り

過去九カ月間を振り返ってみて、回復措置と改革措置との緊急性の優先順序が適切に認識されずに、後者の措置が時に前者と取り違えられているように思われる。特に、その社会的利益は相当なものであろうが、全国産業復興法が回復の実質的助けになるとは認められない。証券法も同様である。

このように政権の勢力は余りに多く改革に注がれ、回復には少なすぎた。回復の方法自体の問題に立ち戻れば、ある種の思考の誤り――特に回復における物価上昇の果たす役割に関して――により最善の結果の達成が妨げられてきた。物価上昇は歓迎されるべきである。というのはそれは通常、産出や雇用の増加の兆候だからである。より多くの購買力が支出される時、物価上昇の下での産出増加が期待される。物価上昇なしには産出増加はありえないのだから、増大した貨幣タームの取引高を支えるのに十分な貨幣が供給されず、回復が阻害されるといったことは絶対あってはならない。しかし物価上昇が産出増加を犠牲にして引き起こされたものであるなら、それについて好意的な立場から言うべきことはほとんどない。それが助けになる債務者もいるかもしれないが、全体としての国民経済の回復は妨げられるだろう。生産費の意図的引上げとか生産制限による物価上昇は、国の購買力増大の自然な結果である物価上昇と比べればずっと劣った価値しかない。自己目的としての高価格の事態改善上の価値をあまり強調することは、回復の技術的方策の中で物価の果たす役割について重大な誤解を招くかもしれない。

産出の増大

第二番目に、アメリカの景気回復がこの秋経験した後退は、新政権が最初の半年間に新規公債による支出の実質的増大を編成するのに失敗したことの、当然予想される結果であった。実際一〇月の終わりまでは、そうした支出はフーバー政権下よりも規模が小さかったように思われる。回復の目的は国民生産を増加させ、より多くの人に仕事を与えることである。現代の経済制度の下では、生産物は本来的に販売のために生産される。産出量は生産原価と比べた、市場に現れると期待される購買力の大きさに依存する。それ故広く考えて、産出増加は三つの要因の中のどれか一つが作用しないかぎり生じえない。個人が現在の所得からより多くを支出するよう仕向けられるか、実業界が将来へのより強い確信か金利低下によって雇用者に対し追加的経常所得を生み出す、そのことは一国の運転資本か固定資本が増加しつつある時にそうなるが、そのように仕向けられることである。さもなくば借入れか増刷による紙幣の支出を通じて追加的経常所得を生み出すよう、公共当局が助けを求められねばならない。経済状況が悪い時、第一の要因には多くを期待できない。第二の要因は現在の合衆国では、公共当局の支出によって潮の流れが変わった後の第二波攻撃として以外には頼りにならない。それ故、回復策の第一段階での原動力として私は、公債によって賄われた政府支出による国の購買力増大こそを何よりも強調する。これに比べれば他に重要なものはない。これから半年の経済状況は、近い将来の公債による大きな支出の土台が築かれてきているかどうかに、主として依存するだろう。

これまでのところ余りにわずかしか支出されてこなかったことについて、私は驚かない。公債による有用な支出計画を短期間に即席に作ることがどれほど難しいかは、われわれ自身の経験も示している。浪費や不効率や腐敗が避けられるべきなら、忍耐強く克服すべき多くの障害がある。公共事業の巨大な計画を迅速に作り上げるのを合衆国においてことさら困難にする、特別の要因が存在する。公債による支出がすぐにより大規模に確実に行われるのであれば、私はイッキス氏をこれまで慎重で用心深かったといって非難するつもりはない。すべては、そのことが実際にそうであるか否かにかかっている。直近の情報ではそうした支出が今や急速に増大しつつあると伝えている。一一月に初めて示されたかなりの増大が数カ月間継続し、更に改善されるなら、夏前にはまがう事のない事業の改善が急激に進むことになろう。

更なる思考上の誤りは、その影響力を私は感知するが、貨幣数量説として周知の粗野な経済学説によるものである。

産出と所得の増大は、もし貨幣数量が厳格に固定されているなら、遅かれ早かれ頓挫を来すだろう。このことから類推して、産出と所得は貨幣数量の増加により増大させうると考えているらしい人もいる。しかし、これはより長いベルトを買うことによって太ろうとするようなものである。今の合衆国では、ベルトはお腹にとって十分長い。貨幣数量を強調するのは大変な誤解を招く。それは単なる制限的要因であり、支出規模、これこそが効果を発揮する要因である。

同じ教義を適用して、金価格と他の物品価格との間に数学的関係が存在すると信じることは更にもっと馬鹿げている。外国通貨で測ったドルの価値が国際貿易に入っていく財の価格に影響を及ぼすのは事実である。ドルの過大評価が国内の自由な価格引上政策を妨げたり、外国との国際収支を攪乱する限りにおいて、ドル減価は推奨できる。しかし為替の減価は国内価格引上政策の成功の自然な結果として生じるべきものであり、まったく勝手な速度で正当化される前に先走り、全世界を混乱させるようなことは許されない。この逆を考えることは、やはりベルトを緩めて太ろうとするようなものである。最近のドルの乱高下は、私が望む理想的管理通貨制よりもむしろ酔っぱらった金本位制のように私には見える。

成功の条件

こうした批判にもかかわらず、大統領はやり方について非常に大きな変化の必要性を見抜き、偏狭や横暴にならず、破壊もせずにそれを試みている傑出した政治家である。彼は試行錯誤でやるしかないと感じており、彼自身は特定の技術的方策の詳細にはまったく関わりを持っていないと受け止められている。わが国では、彼の国と同じように、彼のような地位はこうした類の細かい批判の影響をまったく受けない。私は、それ故、彼が試行錯誤で道を見つけ出すとある程度確信している。ごく近い将来のどのような行動がとりわけ彼の成功を左右するか、と具体的に尋ねられるならば、私はこう答える。

金平価引下げや為替政策の分野では、不確実性を終わらせるべき時が来ているのは明らかである。為替投機家達とのこうした鬼ごっこは何の役にも立たないし、まったく品位に欠けている。それは確信を覆し、ビジネス上の意思決定を妨げ、真の重要性をはるかに上回るほどに人々の注意を引きつけ、合衆国の外に存在している苛立ちといくばくかの敬意の欠如の双方の原因でもある。大統領には三つの代替的脱出法がある。金で測ったドルを減価させ、新たな固定比率で金本位に復帰することができる。しかしそれは物価安定の長期的政策を採るという彼の宣言と著しく矛盾する。共同管理による将来の物価安定を目指して、英国と協力して為替安定化政策を追求することもできる。これが最善の究極的な解決策であろう。しかし、もし彼に国内物価水準が顕著に上昇するまではスターリングの価値を当初は五ドルを十分に下回らせるといった議論をする心づもりがないなら、それは今のところ論じるに値しない。最後に、大幅なまたは意味のない変動を避けるために、彼は確定レートでの金や外貨の売買によりドル為替をコントロールすると宣言することもできる。いつでも平価を変更できる権利を留保しておき、ただしアメリカの国際収支の深刻な不均衡を是正するためか、海外と比べた国内物価水準のシフトに合わせるためにのみそれを行う、という意図を明らかにしておくことである。多分これが、移行期において利用可能な最善の策だろう。彼は重要な事実の変化とは対応しない、将来の勝手な変化を引き起こす権利は放棄することになるであろうが、他面では為替政策を国内政策の必要性——太るにしたがってベルトを自由に緩めること——に従属させる権利は保持することになる。

国内政策の分野では、上記の理由により私は政府支援の下での巨額の借入による支出を最重要視すべきだと思う。目標はボールを転がし始めることである。もし今後六カ月間に適切で力強い一押しが与えられるなら、合衆国は繁栄に向かって前進していくことができる。大統領が試みている仕事は、今日の状況の下では本質的に容易なものである。

金利

最後に、国家支出から生じる利潤の増大が実業界の雰囲気を変えるや否やもたらされる、民間企業の拡張に備えた、連邦準備制度による低利かつ潤沢な信用の維持、特に長期金利の引下げの問題がある。英国における潮流の変化は、戦時公債借換え成功の結果として起きた、長期金利の低下に大きくよるものである。これはイングランド銀行の公開市場政策によって計画的に巧みに処理された。私には、アメリカ財務省がどうして政府長期債の金利を二½パーセントかそれ以下に引き下げようとしないのかわからない。それは債券市場全体に好ましい影響をもたらすだろうし、連邦準備制度が長期債購入により、現在保有している政府短期証券を置き換えるだけでよいのだから。

大統領の現行政策のこうした改造や拡張により、私は成功が得られるものと堅く信じている。政府にとって、その支出により国民の所得をインフレ的に膨らますことほど簡単なものはない、危険なほど簡単である、と考えるよう私は教えられてきた。それでも私は、この目的は余りに困難なので、あらゆる道理にかなった手段を使う気構えを持った決心の堅い政府でさえもそれを達成することはできないという見解を、受け入れることができない。それ故、大統領は失敗することなくほぼ確実に成功しそうであり、ロンドンに漂っている暗い見方は予想の誤りの結果である、と私は信じる。

◆『タイムズ』紙のケインズの論文は、保守党下院議員イアン・マクドナルド・ホロビンからの批判の手紙をもたらした。その中で彼は、ケインズのルーズベルト弁護論は全国産業復興法や証券法に対する公然たる攻撃を含んでおり、その他の彼の多くの助言は単に既に採用されている英国の分別ある政策を反映しているにすぎないと述べた。ケインズは反論した。

『タイムズ』紙編集者宛書信、一九三四年一月五日

拝啓

I・M・ホロビン氏は、貴紙への最近の論文において私が「全国産業復興法や証券法に対して公然と攻撃している」と断言しています。実際のところは、私はこうした措置は回復策ではなく改革策だと述べ、さらに「それらの社会的利益は相当なものであろうが」と付言しています。ホロビン氏の用語では、ある法案を改革策だと述べることはそれを攻撃することなのかもしれませんが、私の用語にはそのような意味はないのです。

謹啓

J・M・ケインズ

◆その後のウォルター・リップマンからの手紙に示されるように、ケインズの一月の論文はかなりの影響力を持った。

W・リップマンよりの書信、一九三四年四月一七日

親愛なるケインズ

わたくしは、昨年一二月の大統領宛の手紙に続いて、もう一つの論文を書いて頂くよう貴下にお願いする手紙を近々まさに書こうとしているところでした。その手紙がどんなに大きな影響力を持ったかを、貴下が理解されているかどうかわたくしにはわかりませんが、財務省が今密かにしかし効果的に進めている債券市場の強化と長期金利の低下を狙った政府長期債の買入政策は、主としてその手紙によるものだと聞いています。

わたくしたちの最も大きな困難は今や、全国産業復興法やよりよい経済秩序のための枠組みと考えられている、様々なその他の措置に対する大統領の感情的道義的思い入れにあります。そうした措置が施行されるに伴って、生産が増加するより早くコストを引上げるという明らかな理由により、それらはわたくしたちの経済回復を非常に大きく妨げます。

もし貴下が政策のその部分の含意を大統領に説明しようと試みられるなら、大統領に対して貴下ほど大きな影響力を持ちうる者は誰もいないでしょう。

敬具
ウォルター・リップマン

◆一月一三日ケインズは放送でアメリカの状況についてさらに論評を加え、その後それはBBCによって出版された。

『リスナー』誌、一九三四年一月一七日

ルーズベルトの経済的実験

ルーズベルト大統領の経済的実験は、私が思うに、経済史の中で尋常ならざる重要性を持つことが判明するかもしれない。と言うのは、初めて――少なくとも私には比較可能なケースは思いつかない――理論的助言が世界の支配者の一人によって大規模な行動の基礎として採用されつつあるからである。そのような驚嘆すべき出来事が可能になったのは、あらゆる種類の正統派的助言がまったく完全に信頼を失墜しているためである。非正統派的実験を試みようということした意思の背後にあるアメリカの精神状態は、かってなかったほどの絶望的経済状態から生み出されたものである。

われわれはこの国でかなり深刻な不況に苦しんできたと感じているが、それにもかかわらず、一年前にアメリカがたどってきた道を想像することは難しい。失業はわれわれが経験した最悪のもののほぼ二倍の害悪である。農家は破滅し、銀行は破綻した。どの方向にもはっきりとした希望はない。そしてこうしたすべてのことが、世界中のどの国もいまだかって達したことがないそうした誇りと繁栄の絶頂から、わずか三年後に生じたのである。その上、こうした経済的災厄の極点が訪れたのは、正統派的な金融面の助言や合衆国の高位の金融界が、フーバー大統領とその助言者に大いに影響力を行使しつつあると信じられていた時期の後のことであった。そこで、所謂健全な意見に従ったことの結果がこれであると思われた。それから、これに加えて金融スキャンダルが生じ、それは一般公衆には、破滅的状態が知性の面で金融的指導者達の信用を失墜させたと思われたのと同様に、道徳面で彼等の信用を失墜させるものと受け止められた。

所謂ニューディールのこうした背景を理解することなしには、合衆国で今起こりつつあること、すなわち正統派的助言は侮蔑的に退けられ、政府の長が、金融家やあらゆる所謂実務家から、実務の経験がほとんどあるいはまったくない理論家や理想家の方に向きを変えていることを、正しく判断することはできない。

いくらか混乱が生じるのは不思議ではない。大統領自身は経済学者ではないし、経済学者のふりもしていない。告白しなければならないが、経済学は将来の希望はともあれ現状では遅れた科学であり、半ば陳腐化した考えが、学界の中でも外と大した違いがないほど広く影響力を持っている。大統領にとって、最善の助言を得るにはどちらの方向を向けばよいかを知ることは、困難だったに違いない。実際、彼は自立的で公平無私と思われ、吹聴すべき新しいアイデアを持った人であれば誰でも非常に近づきやすくしていた。当然のことに数多の助言を得たが、その中には他のものと矛盾するものもあったし、すべてが同等の質ではなかった。彼自身実証家であり、何か特定の教義や方策に固執することはなく、寛容で、楽天的で、勇敢で、忍耐強く、結果によって判断しようという心積りで、あらゆる種類のアイデアにある種の実地操業をさせるため、政治的技術や権威の力を喜んで与えた。しかし、実際の動きが危険であるか失望させるものに見え始めたら、タイム・スケジュールから落とすべく、明らかに注意深く実験し、見守っていた。

こうして大統領自身は、他人のより一般的アイデアのための導管となるという一般的な観念に満足しており、正しくも、細かいことは彼の仕事ではないと考えている。彼は、悲惨な不況から合衆国を立ち直らせることだけに気を配ってきたわけではない。それと同様に、多分より強く多くの自由主義的改革に、その中には長年の懸案だったものもあるが、心を砕いてきた。とりわけ彼は、無名の人、被用者、ささやかな投資家、小規模農民、銀行預金者、つつましい貯蓄者に意識的に味方をし、上流の金融界や大企業に対抗してきた。これが彼の一般的な立場であると、誰もが感じてきた。疑いもなく、主にそうしたことで途方もない人気を得ており、現状では合衆国で、現在の世界のより合法的でないどんな独裁者にも匹敵する程の、強力な絶対権力者になっている。

ニューディール政策を立法化するために既に採られた措置の題目にざっと目を通すだけでも、一仕事である。一つか二つだけしか取り上げることはできない。全国産業復興法、略語でN・R・Aは社会立法、例えば児童労働の廃止や労働時間の規制、を含んでいる。それはまた、トラストやカルテルの乱用を避けながら、他方では産業毎の組織的計画化を容認しようとしている。この法律とは別に、農民を助けるための措置もある。不動産抵当借入金利の減免対策、余剰穀物の買入や保蔵のための基金、過剰生産の際の収穫高制限誘導策。それから、破綻銀行の預金者にお金を返し、将来の同様な損失を保証するための大統領の金融的措置がある。ささやかな投資家のためには、また証券法による助けがある。それは主としてわが国の投資家保護立法に基づいている。それを更に超えている面もあるが。

短期的に最も重要なこと、そして最も疑わしくて論議の多いのは大統領の貨幣政策である。物価引上げによる債務者階級支援を図った部分もあれば、失業救済を狙った部分もある。この計画の半分は、多分賢明であろう金本位制の放棄と、自然水準以下へ金表示のドル価値を切り下げるための様々な措置——非常に技術的で、しかし私の見解ではそれほどに有用ではない——からなっている。貨幣面の取組みが事業の拡張を妨げてはならないということは大切であるが、しかし貨幣面の操作だけで事業の拡張を引き起こすのは容易ではない。しかしながら、彼の計画の残りの半分ははるかに重要であり、私の見解ではずっと大きな希望が持てるものである。私が言っているのは、公共事業や類似の目的への大規模な支出による失業救済の試みのことである。彼の計画の中のこの部分は動き出すのが遅かった。一〇月末までは実際のところ何も支出は行われず、その結果雇用や産出は再び減退しつつあった。しかし最近では支出はかなりのものになってきているようである。二週間前の新聞に出ており反響を呼んだ大統領の最近の予算声明は、彼が計画に従って行動することができるなら、こうした項目への近い将来の膨大な支出を意味する。公共事業、鉄道の更新、失業救済、地方公共団体への補助金、農民への援助の追加等々で所謂赤字は膨大なものになる。しかしその中の多くは価値ある資産によって埋め合わせられることになろう。計画通りにやることが彼の政権にとって実行可能であるかどうかは疑わしい。それを実行するには、今考えられているよりもっと時間がかかるだろう。しかし、もし大統領がその計画のかなりの部分を実行するのに成功するならば、私としては、六カ月以内にアメリカの産業や雇用に大きな改善が生じると考える。

いずれにしろ、われわれのような人々は——こうした人々は多いのですが——革命とかゆっくりと成長するすべてころの良きものを根絶するといった観念を嫌っているが、それでも、貧困問題を解決する機会を掴みそこなったことにろうばいしており、国民の福祉のみを目的にこのように新しいやり方を大胆に快活に試みている人物が何とか成功することを、心の底から願っている。

彼は第一ラウンドを制すると思います。試練の時、もっと困難な仕事はその後にやってきます——ひとたび得たものをしっかりと保持し、近年われわれの経済体制をいつも特徴付けていた致命的な逆戻りを避けることです。

◆一月一五日にルーズベルト大統領は、ケインズがかねて不満をもらしていた不確実性の源泉の一つを取り除くことに着手した。大統領は議会に対して、「健全で適切な通貨制度を組織化する」法案の審議を依頼した。法案の中には、ドルの金価値を旧来水準の五〇パーセントから六〇パーセントの間に固定する権限が大統領に付与されることも含まれていた。ケインズは、『ニュー・ステイツマン』誌の次号で論評した。

『ニュー・ステイツマン・アンド・ネーション』誌、一九三四年一月二〇日

ルーズベルト大統領の金政策

金に関連するルーズベルト大統領の権限は、今週までは単に随意なものであった。彼が権限をどう使うか、現行の政策がどこまで続けられるか、そして最近では、紙の上での宣言を本気で実行する意思があるのかどうか、は定かではなかった。それ故、月曜日にワシントンで発表された政策措置の決定的重要性は、予め定められたある限度内で合衆国の金政策が単に随意であるだけでなく、強制的になった、ということである。ドルは、旧平価の六〇パーセントを超えない水準までは確実に切り下げられるが、旧価値の五〇パーセントから六〇パーセントの間の任意の数値にその時々に応じて固定化する権限が付与されている。本稿執筆時点では、現実のドルの金価値は新立法下の法律上の価値にまだ等しくはない。しかし常識的に考えて、二つの価値はすぐに一致することになろう。こうして現状に導入された確定性は、わが国当局に新たな問題を提起しているが、それはまた最終的解決に向けての一定の前進でもある。

　現在、フランスは金本位制であるが、わが国はそうではない。それ故大統領宣言の効果は、フランスが金本位制に留まっている限りはドルの最大価値を対フランで設定することになる。しかしスターリングに関しては、為替平衡基金の政策と実業界や投機筋の圧力とによって決定されるが、フランとドルとの間のどこかに水準を見出す余地がまだ残されている。アメリカの物価が見込みよりもずっと速く上昇しない限りは、フランスは大変困難で、多分長期的に維持しえない状況に追い込まれるだろう。しかし今や合衆国がある最大変動幅を伴って金に復帰したのであるから、フランスはその気になればいつでも、金平価を変更することにより自由に自らの立場を改善することができる。一方、わが国は中間的立場にあり、スターリングの対フランでの減価または対ドルでの増価を容認することもできるし、両方を少しずつ味わうこともできる。

　それに到達した時の暫定的な均衡の位置は、多分、フランスやその他の金本位国はドルと同じくスターリングに対しても通貨が著しく過大評価されることになり、そしてスターリングはドルとの関係では過大評価されることになろう。それは、最近までの状況に比べると多少悪化しているかも知れないが、短期的にはひどく悪いという程ではない。一カ月前と比べたフランとドルとの調整の必要は、七ないし八パーセントの水準であり、その内の約半分は既に達成されている。従ってそこでの変動は、われわれが経験してきた水準に比べれば大きなものではない。それ故、われわれが直面している状況は、短期的には擁護できないものではないが、しかしながら時間が経つにつれて耐えられないものになっていくだろう。

こうして大統領の宣言によって引き起こされた二番目のそしてより重要な局面に入ることになる。彼は事実上、わが国とフランスに対し通貨会議への招待状を出したも同然である。同時に、協議の土台を与えるために自らの将来の政策の不確実性に十分な限界を画した。過渡期の困難を除けば、大統領の計画には困惑させるようなものは何もなく、賛成した方がよいものが多い。世界の主要通貨単位での金の将来価値についての彼の見解を、その他の国が基本的に受け入れることがなければ、協議がまとまるのは容易ではないのも事実である。しかしどうして受け入れないのであろうか。金価値の引上げは、アメリカにとってと同様他の国にとっても実際は利益である。というのは、中央銀行準備に生じる利益、わが国の場合多分二億ポンド以上の利益、を通じて国家債務の負担を軽減するし、また準備の名目価値を増大させ、中央銀行が他の理由から拡張的政策の採用に動く時に不必要な心配をしなくてもよくなるからである。それと同時にドルの金価値における許容された変動幅は、他の国よりもいくらか大規模な合衆国の物価変動にも十分な余地を残しており、こうして与えられた二〇パーセントの幅［原文のまま］はありうるどんな状況に対しても十分である。

アメリカ大統領と協議をまとめるという課題は、わが国よりも金本位諸国にとってより心配な問題である。フランやフローリンの現行の金価値が、長期的にはドルの新しい金価値とほとんど共存できないことはほぼ確実である。金本位諸国は次の二つの道のどちらかを選ばざるをえないだろう。最終的には多分失敗に終わるだろう高くついてしまうキャンペーンに乗り出すか、それとも、いかなる犠牲を払ってでも現行金平価を維持することに関し、これまで述べてきた多くの不必要に勇敢な発言のいくらかを取り消すかである。結局、大統領の行動の結果が金本位諸国に身の程を思い知らせ、金の止り木から追い出すことになっても、最終的結果は確実にそれらの諸国の市民の利益に適うものになるだろう。

ドルの購買力を安定させるという究極の目標についての大統領の発言がもし本気であるなら、通貨会議の目的は古臭い金本位制に戻ることではないであろう。当初の諸国通貨の相対交換価値は固定され、将来については厳格な金平価ではなく暫定的な平価を、会議は多分目指すことになろう。その暫定的平価の下では、貿易収支や国内の価格政策上の緊急事態から生じる相当な理由がなければ、会議の関係国はその平価から離脱しないことに合意するというものである。

大統領の宣言が真の進歩であることを私は疑わない。彼は古臭い正統派と極端なインフレ主義者との中間の道を選んだ。彼の政策には実業界の確信を攪乱するようなものは何もない。ついに動き出しつつある支出計画と相まって、合衆国を回復軌道に乗せることに成功すると思われる。もしアメリカが不況の谷から浮上してくることができるなら、全世界の産業活動は今後数カ月は上向きの動きを示すことになろう。それ程時間が経たない内に再び不況に陥るのをどう回避するかが、今後解決すべき問題である。

◆大統領が求めた権限を彼に与える一九三四年金準備法は、一月三〇日議会を通過した。翌日大統領は法律を施行し、新しい金価格を一オンス三五ドルに設定した。

◆冬の残りの期間、ケインズは新聞・雑誌への執筆から遠ざかり、その代わり『一般理論』の構成に没頭し、またケンブリッジの劇場のための彼の企画に取りかかり始めた。しかしながら、ある時彼は大きな社会的騒ぎを引き起こした。それは二月二一日にやってきた。ナショナル・ミューチュアル生命保険会社の年次総会での陳述において、彼は国債価格が今後急上昇するというように金利について論じた。

新規資金投資から得られる金利が四パーセントを大きく超えることはないといった金利の低下は、しかしながら、すべての投資機関にとって、特に生命保険会社にとって極めて重要で関わりの深い問題を提起している。私はこうした現象の提起する一般的問題について、この機会にやや詳細に考察してみたい。

一九三二年に英国の長期国債は、五パーセントから三½パーセント水準へと動いた。これはほとんど、戦時公債の借換えを促進するためのイングランド銀行による措置の結果であり、その中には空前の規模での公開市場操作も含まれており、それはロンドン手形交換所加盟銀行の資金量を二億四六〇〇万ポンドも増大させ、そのうち一億七六〇〇万ポンドは英国国債に投資された。

一九三三年には国債価格は足踏みし、その上昇は二パーセントほどに過ぎなかった。その年には他の固定金利債が国債との通常の相対価値の水準まで、場合によってはそれを超えて上昇してきた。こうしたことは、銀行による国債投資がさらに九三〇〇万ポンドも増えたにもかかわらず生じた。国債投資自体は最早、イングランド銀行によって供給された追加的資金からではなく、他の銀行資産の圧縮を通じて行われたものである。その間大蔵省証券の金利は平均して一パーセントを下回っており、一年以上もの間、国債利回りとそれを担保に短期金融市場で調達できる金利とのスプレッドは二½パーセントであった。このような異常で変則的な両者の関係は、長期債の現在の価格水準が持続するのかどうかについて、市場心理が深い疑いを抱いていることを示している。

二つの見解

二つの見方が可能である。長期債の保有に慎重な人達は、価格上昇の多くは銀行の購入によるものであるということを事実として指摘する。そして彼らは、経済取引が回復するにつれて、産業からの借入需要の増大に応えるために銀行は投資証券を売却するのが常であったという過去の経験を、再び事実として、引き合いに出す。それ故、歴史が繰り返すことを信じるなら、借入需要に大幅な改善が生じるや否や長期国債価格は下落するだろう、と彼らは主張する。今回はそのように事態は推移しないだろうと断言することは性急かもしれない。しかし、私はこの結論について、長期金利の一層の低下を予想させるもっと根本的な理由と思われるものについて議論する前に、いくつかの根拠を挙げておきたい。

戦前の時期においては銀行システムの資金力は、イングランド銀行の金準備にいくぶん厳格に結びついていた。公開市場操作は重要ではなかったし、一般的に言って、手形交換所加盟銀行の資産は金がイングランド銀行へ流入、流出するにしたがって増えたり、減ったりした。ところで、わが国は、経済取引が活発な時期には対外黒字以上に対外貸出を拡張し、取引が不活発な時期にはそれ以上に対外貸出を縮小する傾向にあった。そのことの金移動に対する影響は、好況期に銀行の資産が拡張するのを妨げ、不況期に時には銀行資産の拡張傾向が現により強くなるというものであった。それ故、経済取引の改善に伴って銀行はしばしば投資証券を売却することなしに産業の要求に応えることができなくなる、という事態は驚くべきことではない。これが、経済取引が回復する時にはコンソル公債が下落するという予想の歴史的起源である。

銀行の資金力

今日では、しかしながら、事態がこのように進行する必然性はない。銀行の資金力は、イングランド銀行の金保有変化に依存しているのと少なくとも同程度には、同行の証券購入量の変化にも依存している。そこで、最近イングランド銀行によって発展させられた管理技術により、同行は手形交換所加盟銀行の資金力を経済取引や雇用の必要に合わせて調節する力を持つようになってきている。戦前の時期においてそうであったように、経済が繁栄と最適雇用に向かって動き出すや否や、ついさっきはい上がってきたくぼみに再びすぐに突き落とす要因が生み出される、という事態をもたらす盲目的で意地の悪い力のなすがままになる、といったことは今ではない。

さらに現状では、イングランド銀行が供与せねばならない信用ベースの拡大は、量的には適度のものだと判明するだろう。まず最初に、手形交換所加盟銀行の現存貸出の一部分は活動的信用というよりむしろ凍結しており、そこで信用需要の増大は古い貸出金の返済によって部分的に満たされるであろう。他方、わが国で最も大きな企業の中には、そうした巨大企業を形成することになった事業が、かつて依存した程には今では銀行に依存しなくなった企業も存在する。しかしこうしたこととは別に、イングランド銀行資産の、（例えば）二千万ポンドの増大は、手形交換所加盟銀行が総貸出を二五パーセント増加させることを可能にするだろう。それは、賃金やその他の費用が大きく高騰しない限りは、すべての信用の必要性に対して全く十分である。

それ故、経済取引の回復が国債市場を破壊してしまう必然性は、金融当局がそうしたことを引き起こそうと望まない限りは、存在しないことは明らかである。そこで私は、私の見るところ、一体なぜ当局は丁度反対のことを実際望んでいるのか、その根本的な理由に立ち戻ろう。

国債の収益率

確かに、長期国債金利の三½パーセントという低下した現行水準でさえも、均衡水準よりはるかに高いという圧倒的な証拠が存在する。ここでの「均衡水準」とは、人的・設備的資源の完全利用と矛盾しない金利という意味である。三½パーセントという金利水準は、コンソル公債の大戦以前四〇年間の平均利回り、すなわち三パーセントをほんのちょっと下回る水準、よりははるかに高いということがしばしば忘れられている。また、一八三五年から一九一四年までの八〇年間の平均利回り、すなわち三パーセントをほんのちょっと上回る水準、と比べてもそうである。

こうした比較には、貸手が今では払わねばならない所得税を考慮すれば欠陥があるという議論は、われわれが実際の市場金利ではなく「均衡」金利を考えていることから、まったく妥当ではない。というのは、借手が支払うことのできる金利は長期的には資本資産の収益率に依存しており、貸手への課税という理由で上昇するものではないからである。一九世紀の間は、完全雇用の時に社会が行う年々の貯蓄量は今日よりはるかに小さかったが、他方、収益性のある投資のはけ口は人口急増や海外の新世界の展開のために非常に大きかった。

投資分野の縮小

過去の投資の不幸な結果及び新規投資機会の減少により、安全で収益性のある海外の投資機会が大幅に縮小するに伴って、英国と合衆国は、もし完全雇用に戻ったとすると、巨額の貯蓄を行うので、それを投資に充当すると多分三½パーセントに近い収益を生むことはできないであろう。金利がどの水準で均衡に到達するかは、実際にそこに近づくまでは誰も予言できない。しかし均衡金利が長期国債投資では二½パーセントを上回ることはなく、かなりそれを下回るかもしれない、ということは大いにありえる。景気回復の初期において、運転資本が元に戻りつつあり、延期されていた様々な更新や新規の投資が実施されつつある間は、確かに事業は一時的により高い金利に耐えうる。しかし景気回復が長くなればなるほど、適切な長期金利は一層大きく低下しなければならない。景気回復が十分軌道に乗った時に、もしイングランド銀行が手形交換所加盟銀行に対してかなりの規模での投資証券の売却を強いるように信用ベースを管理するなら、もしくは長期貸出市場を弱めるように管理するなら、その時は、昼の後に必ず夜が来るのと同じように、景気回復の後に必ず不況が引き続いて生じることになる。

金利の低下傾向

しかし将来を予測するにあたって、われわれはどうしてそのような悲惨な考えが金融当局にあると考えるのであろうか。大蔵省ほど金利低下に関心を持つ機関は存在しない。大戦時の異常な金利から時間が経つほど、われわれの経済的繁栄は一九世紀の水準よりも高いどころか、かなり低い金利を必要としていることが、誰の目にもよりはっきりすると私は信じる。金利が徐々に低下していくことには、何の害もない。ただ、われわれが今突入しつつある時代にとっては、下方への動きが確固としている必要がある。過去三年の間毎年、あなた方への講演において私は、思い切って金利の低下を予言してきた。わたしは今日これまで通りの確信を持って、われわれはまだ旅路の終わりに到達しておらず、三年前に私が予言したように事態はその通りの方向へ引き続き推移するだろうと、申し上げます。

◆しかしながらケインズは、彼のアメリカの友人であるウォルター・ケースへの手紙に示されているように、外国での出来事に関して警戒を続けていた。

ウォルター・ケース宛書信、一九三四年三月一日

親愛なるウォルター

I．誰も気づいていないが、金ブロック諸国はこの旅路でお高くとまることを止めず、彼らの止り木から離れることはありえないかのように見える。私はかなり確かな筋から、彼らが二、三日前集まって会合を持ち、誓約を改めて確認し、これまで以上に緊密に結束して、現状を維持するためにお互いに支援と支持を与えることにした、ということを聞きました。

あなたもご存知のように、私はこのことに驚きません。短期的に見れば、最もありそうな結果だと私には思われます。

しかしながら、長期的に見れば、金ブロック諸国は維持不可能な状態に陥りつつあると私は考えます。遅かれ早かれ、それらの国で国内政治上の事件が強制的に政策を転換させることになるでしょう。チェコスロバキアでの最近の通貨切下げは、金本位制維持の旗幟を鮮明にしていた国家銀行総裁ポスピッシルと理事会メンバー全員の辞任をもたらしました。しかし辞任によって、政治的圧力の勢いが止まることはありませんでした。そこで、オランダ、スイス、イタリア、ベルギー、フランスといった国でも、遅かれ早かれそうしたことが確実に起きるだろうと私は感じています。スイス、オランダ、フランスといった国では、すべて近いうちに広範囲に及ぶ政治上の転換が生じるでしょう。

ところでスターリングは、相反する潮流の間をかなり上手くかき分けて進んでいるように、私には思われます。ドルに対して大幅に通貨を切り上げるなら、わが国は悲惨な状況になるでしょう。他方、もしも金に対して大幅に切り下げるなら、金ブロック諸国は確実に瀬戸際に追い詰められることになるでしょう――こうした事態は遅かれ早かれ

予想されることですが、しかし、その促進を望むものではまったくありません。というのも、現在のスターリング為替相場はわが国の貿易に見事に適合しているからです。

もしあなた方の大統領が更なる通貨切り下げに賛成するなら、今日では近い将来にありうるとは思われませんが、そうした事態を促進するでしょう。そうでないなら、為替が現行水準から当面大きくかけ離れずに（ここで「大きく」とは、五パーセント以上という意味です）何とか推移していくことは、驚くに値しません。短期的には、スターリングは増価していくかもしれません。しかし、長期的には、スターリングは本質的に弱いという意見に私はおおむね賛成です。私に判読できる限りでは、これがイングランド銀行の結論であり、海外貸付禁止をいまだに維持している理由です。私の手許にある証拠は、いずれにしろ、まったく決定的なものではありません。しかし、イングランド銀行は私よりもっと多くの証拠を持っており、彼らが正しいことがありえないわけではありません。

Ⅱ．出しゃばったことかもしれませんが、私は、あなたにわが国ではなくあなたの国の市場に関する意見を申し述べたいと思います。将来の行方を深く考えれば考えるほど、ある面でアメリカにおける事態の展開はわが国が経験したのとほとんど同じ経過をたどるだろうと、より強く私には確信されます。ここで言いたいことは、もし回復プランが完全に失敗し、広範な混乱と不信と不安に終わることがなければ、アメリカの利子率は遅かれ早かれほぼ確実にわが国が経験したのと同じコースをたどるだろうということです。この意見を支持することは正しいに違いないと私には思われます。というのは、もしそれが間違いなら、多分資本逃避を除いてアメリカのあらゆる形態の投資は、確実に悲惨な結末に終わることになるからです。株式や現金への投資はよい結果をもたらすが、二流の確定利付債券への投資はひどい結果になると考えることは、ほとんどばかげています。利回りが七½パーセントから五パーセントへ下落した債券では、五〇パーセントのキャピタルゲインが発生します。この程度の利得の例は、わが国ではこの二年間で最も堅実な債券に関して数多くあります。振り返って見れば、損失の可能性に比べてまったく不釣合いに大きい利得を提供する機会が見逃されたことは明らかです。私の感触では、これこそが今や合衆国がおかれている状態です。もしあなたが自国の将来性にいくらかでも確信を持っているなら、こうしたことはまったく確実なものだと私には思われます。

もしあなたが躊躇するのなら、それは部分的には、ニューヨークの多くの人々の考えが私には単なる知的誤りに思えるものに影響されていることのせいだと、疑わざるをえません。インフレは本質的に確定利付債券に有害であるという見解が、広まっているように思われます。まったく生じそうもない極端なインフレが、確定利付債券より株式に有利であるという意味であるなら、勿論この見解は正しい。しかし、貨幣的または貨幣類似の方法によって経済を回復させる試みは、すべてあるいはほとんどすべて利子率を通じるものであり、目的を達成できるのなら、それは利子率を引き下げることによってのみである、という根本的ポイントを人々は見逃しているように思われます。問題の全貌には、勿論、一通の手紙で議論できるよりはるかに多くの細かい論点がありますが、ニューヨークの金融問題に関し健全で正統的な考えを持っていると自任しているほとんどすべての人が、多分この問題に限っては頭に誤謬を詰込んでいます。そこで、この問題について科学的に筋を通して考えることができる（あるいは私にそう思える）人がいるなら、誰に対しても機会が開かれています。

草々

［サインもイニシャルもない写し］

◆その年の春に、コロンビア大学から名誉法学博士号が授与された時に、ケインズはアメリカの状況をじかに検討する機会を得た。その時名誉博士号が授与された人々の中には、アメリカ国務長官コーデル・ハル、ハーバード大学総長J・B・コナンやケインズも数年前に会ったことのあるデューク大学の経済学者C・B・フーバーもいた。六月五日のコロンビア大学の学位授与式を中心に計画を立て、ケインズは三週間アメリカを訪れ、そのほとんどの時間をニューヨークとワシントンで過ごすことにした。

ケインズは五月九日オリンピック号でアメリカに向かい、六日後ニューヨークに着いた。ケース・ポメロイ社を本拠地として、ニューヨーク金融界を幅広く訪れ、例えば、五月二一日には外交評議会主催のケインズ訪米記念夕食会に出席した。その時の出席者には、フランク・アルチュール、ウォルター・ケース、アレン・ダレス、ジョン・フォスター・ダレス、ラッセル・レフィンウェル、ウォルター・リップマン、オグデン・ミルズ、ウェズリー・C・ミッチェル、ウォルター・スチュワート、ジョン・ヘンリー・ウィリアムズがいた。

ニューヨークでの当初の滞在の後、彼は五月二五日から三〇日にかけての一連の会議のためにワシントンへ出かけた。彼のスケジュールはぎっしり詰まっていた。五月二五日にはハーバート・フェイス邸での夕食会の前に、労働長官フランシス・パーキンス、ブランダイス判事やレクスフォード・タグウェルと会った。次の日には、イギリス大使ケネス・ビューリーや財務長官ヘンリー・モーゲンソーと会い、その後、当時「下位の政府専門顧問団メンバー」であったカルビン・フーバーと夕食を共にした。日曜日にはさらに四つの会見をこなした。五月二八日の月曜日には三つの会合に出席した後、五時一五分に大統領に面会した。ケインズの会見は一時間に及んだ。彼は「すばらしかった」と述べており、後に大統領の様子について覚書きを書き留めている。(1) 大統領自身も「雄大な会話を行い、ケインズが大変気に入った」と語った。(2) 引き続きその翌日には、ケインズは、上院議員の昼食会及びNRA（全国復興局）調査計画部門の顧問団との夕食会で国内経済回復に関する彼の提案につ

（1）R・F・ハロッド『ケインズ伝』（ロンドン、一九五一年）二〇ページ。
（2）フェリックス・フランクフルターよりケインズ宛書信、一九三四年六月二三日。

いて演説を行い、また農業調整局のルイス・ビーンとも会った。その翌日ニューヨークに戻った。ニューヨークでの残りの日々を、ケインズは更に用務に没頭して過ごした。六月一日から四日までの週末には、ニューヨーク近郊の農場で開かれた全国産業評議会理事会の会議に参加し、またその翌週にはコロンビア大学の学位授与式に出席しただけではなく、アメリカ政治経済クラブで演説を行い（ケインズ全集第一三巻、四五六ページ）、ケース・ポメロイ社でのお別れ特別夕食会に出席した。ケインズは六月八日ニューヨークを出航した。

ケインズの数多い活動に対する反応は好意的なものであった。五月二九日の上院議員との昼食会の後、W・W・リーフラーは述べている。

W・W・リーフラーよりの書信、一九三四年六月六日

親愛なるケインズ

貴方はもうイギリスへの帰途にあるものと思っていました。そうでなければ、もっと早くこの手紙を書いたのですが。貴方の上院議員との討論は大変有益な効果があり、おそらく住宅法案の議会通過の転換点となるでしょう。貴方の支援にお礼の申しようもありません。

敬具

W・W・リーフラー

◆同様に、NRA（全国復興局）での彼の話について、NRA調査計画部門の主任統計官のビクター・フォン・チェリスキーは次のような感想を述べている。

V・S・フォン・チェリスキーよりの書信、一九三四年六月一一日

親愛なるケインズ教授

貴方にお渡しすると約束した国民所得統計を同封します。同統計は商務省の調査の続編として意図されたものですが、その調査も一緒に入れておきます。また、この統計数値の推計方法についての説明メモも同封しています。

貴方が訪米された時には尋ねようとは思いませんでしたが、一つ質問があります。イギリスは国家予算の収支均衡を懸命に維持しながらかなりの程度の経済回復を遂げたという事実と、不況からの脱出法は借入による活発な政府支出であるという貴方の主張とは、どのように両立するのでしょうか。

私は二日前サックス氏とニューヨークで会いました。彼は次のように考えているようでした。すなわち、貴方は経済回復策としての政府支出への信念を明確に放棄し、今やそれを私的な資本主義が回復できるまでの一時的な措置と捉えている。私的な資本主義こそが不況からの真の回復をもたらすが、政府支出は単に現状を維持するだけであると。貴方の意見を誤解しているのは、彼と私のどちらでしょうか。

調査計画部門全体が、あなたの訪問によって大いに励まされたと感じています。後で一人はこう言っていました。「素晴らしい話だった。われわれがまさに認識すべきこと、全体の経済回復図式の中でわれわれの努力が納まるのはまさにどこなのか、についてであった。」

敬具

ビクター・S・フォン・チェリスキー

◆合衆国を離れる前にケインズは、一二月三一日の公開書簡の続編を準備した。彼は六月五日に予めそのコピーをホワイト

ハウスに送った。その公開書簡は、合衆国では六月一〇日の『ニューヨーク・タイムズ』紙に、ロンドンでは次の日に掲載された。

『タイムズ』紙、一九三四年六月一一日

大統領にとっての重要課題

ここで書かれていることは、純粋な好奇心から最近短期間合衆国を訪問した一人の人間によるニューディールについてのいくつかの覚書です。知識が不完全という限界はありますが、偏りのない鳥瞰図という利点も多分あります。私の目的は、過去のことではなく今後の見通しを、今議会での立法化を前提に、この基礎の上に何が行われたらよいのかを検討することです。私はこうした法律の社会改革的目標の多くに共感を覚えます。そしてこの覚書の主要な論題は、経済的・事業的回復を強固にするという問題です。

この点に関して、NRA（全国産業復興法）について多くを述べる必要はありません。NRAの擁護者や批判者が想定しているほどに、それが経済回復に有益なものなのか、それとも不都合なものなのかという問題は、私には疑わしいと思われます。労働条件や公正な取引行為の確保という点では、それは重要な改善点を含んでいます。しかし、そこに見られる規制主義哲学（それは今日では農業調整の分野では適切ですが、アメリカの産業の分野では不適切です）と過剰な複雑さと統制管理の故にその大部分に対し異議がある、という広く行きわたっている意見に私は賛成です。特に、価格を固定する条項や、申し立てられるが定義不可能なコスト基準を下回った販売を禁止する条項の多くを削除することが望ましいでしょう。しかしながら、そのことの経済回復に対する差引きの効果は、どちらの方向であれ安易に誇張できます。多くのアメリカ人が、高賃金は購買力を高めるからよいことだと信じる人々と、高賃金はコストを高めるから悪いことだと信じる人々とに二分されているように思われます。しかし両方とも正しく、そして二つの反対方向の影響力の差引きの結果は相殺し合うものです。重要な問題は賃金の相対水準の適正な調整です。絶対賃金水準は、外国貿易への影響が為替切り下げによって相殺されてきた国にとって、主要な問題ではありません。

他方、ＡＡＡ（農業調整局）の主張はずっと根拠のあるものです。というのは、農民は産業と比べて、不相応の苦労を負わされてきており、また今後もより長期にわたり困難に直面するからです。ＡＡＡは、産業ではずっと以前に独力で実行された賢明な規制措置を農民のために組織化しつつあります。それ故、ＡＡＡが現在試みている仕事は、困難ではあるが必要なことです。それに対して、ＮＲＡ（全国復興局）が目指していると思われるものの中には、実行不可能であるだけでなく不必要なものもあります。

経済回復の問題

そこで、私は次の観点から経済回復の問題を見ていきます。どれだけ早い時期に事業活動が正常化し、経済に救いの手を差し伸べるのか。正常な事業活動への復帰を促進するために、どのような方策をとることが可能か。どれだけの規模で、どんな手段で、どれだけの期間であれば、その間の異常な政府支出は望ましいのか。というのは、これこそが現政権がその課題を捉えるべき視点だと、私は考えるからです。実業界が独力でかなりの規模で耐久財への投資を行うことは、以下の理由で今後何カ月にもわたってありそうもないと考えます。

まず最初に、漠然としているが重要である心理の状態、私が事業的確信と呼ぶものが著しく欠けています。これについて特定の原因を取り上げて述べることは容易であり、その中のいくつかは現政権に責任があります。最も重要なものは、多分、起こりうる労働争議の脅威です。しかし、私の判断によれば、真の理由はそうした特定の原因よりもっと深いところにあります。実業界がこれまで馴染んできた係留点から切り離されて、未知の海図なき海域へ放り出されて感じている困惑と不安にこそ、真の理由が求められるべきです。実業家は、自らの領域の中では融通がきき、行動はすばやいが、社会や経済の政策というより広範な局面では通常保守的で伝統的です。最初は、他の人々と同様に、実業家も社会に広まっている熱狂に囚われました。しかし、根本から改心することも、大変貌を遂げることもありませんでした。そうして簡単に元の場所に戻ってきました。彼は不機嫌で悩んでいます。現代人特有の忘れっぽさで、一九三二年の古きよき日々をあこがれの気持ちで振り返り始めてさえいます。失望、幻滅、困惑のこうした雰囲気は治療不可能ではありません。時間の経過というそれだけのことが、実業界に新しい方向を見出させ、冷静さを取り戻させるでしょう。もし大統領閣下が、実業家達にいわば最悪の状況を体験していると確信させることができるなら、問題の解決は速められるでしょう。とりわけ、経済状況改善の経験をすることは奇跡的な効果を持つでしょう。

重大な障害

第二番目に、資本市場を再開し、新規投資のために大規模な借入を行うには、まだ重大な障害があります。特に、証券法に対する金融会社の態度と借入を最も必要とする人々にとっての借入コストの高さです。その上に、多くの種類の耐久財は既に十分存在しており、現存設備で賄うことのできない大きな需要に直面するまでは、企業は生産設備の修理や近代化をやろうとはしないでしょう。賃借料や収入に比べて建設費が極めて高いという要因も付け加えられねばなりません。

こうした障害のどれも一日で克服できるとか、一筆入れれば克服できるとかいったものではありません。政府が経済の分野から全面的に手を引けば、自らの運命を任された実業界はすぐに立ち直っていくだろう、という考えはばかげています。たとえそうではないとしても、世論がそうしたことは許さないでしょう。このことは、正常に投資を行う企業が戻ってくるための方策を、政府が一所懸命に準備していてはならないということではありません。しかし、これには、不可避的に時間がかかるでしょう。企業投資が出現した時には、それは、他の手段によって始められた回復を強化し持続させるでしょう。しかし、それは物語の第二章に属します。

したがって、少なくとも六カ月そして恐らく一年の間は、達成される回復の度合いは、政府によって意図的に適用された生産への直接的刺激の程度に主として依存するだろうと、私は結論します。私はこの目的に対するNRAの価格や賃金引上げ活動の効果を信じていませんので、これは主として政府の緊急支出のペースと規模を意味するものでなければなりません。

昨年の一一月までは、借換えや銀行への貸出を除けば、そうした支出は比較的規模が小さく、一カ月当たり約九〇〇〇万ドルでした。一一月以降は数字が急激に上昇し、今年の最初の四カ月間では月の平均が三億ドルを超えました。事業に対する効果は素晴らしいものでした。しかし、その後、私の目から見ると不運な決定と思われることが行われました。公共事業局がその代わりを務める準備ができる前に、公務管理局〔訳注1〕の支出が抑制されました。こういう訳で、緊急支出の総額は今減少しつつあります。もしそれが毎月二億ドルまで減少するなら、これまで築いてきた地歩の多

〔訳注1〕　公務管理局：Civil Works Administration.
失業者に仕事を与えることを目的として一九三三年一一月に設立された政府機関。公共事業が中心であったが、画家、演劇関係者、教師等の様々な職業の人々、約四〇〇万人に仕事を提供した。しかしながら、費用がかかり過ぎるという批判を受け、一九三四年三月にはその活動を停止した。

くは恐らく失われるでしょう。毎月四億ドルまで上昇するならば、秋までに事業の力強い回復が始まるだろうと私はまったく確信しています。これだけで前進と後退とが分かれます。ほとんどの人は、乗数を見落としていることから、一定の緊急支出の効果を非常に過小評価しています。乗数とは、追加的な個人所得（単に貨幣額ではなく所得額）の増分が、それからの支出がその受取人達の所得を増大させる等々によってもたらされる累積的効果のことです。毎月四億ドルは、国民所得の一一パーセントにしかすぎません。しかし、それは直接間接に国民所得を少なくともこれの三ないし四倍だけ増加させるでしょう。したがって、毎月四億ドルの緊急支出（借入によるものであり、税金によるものであってはなりません。後者は、所得の再配分にしかならないでしょう。）と一億ドルの支出との差額が、貨幣国民所得を（他の条件を一定として）二五から三〇パーセント引き上げるはずです。

しかし、一定額の緊急支出のもたらす便益を完全に得るには、丸一年はその政策を続けねばならないでしょう。というのは、そこに到達し越えていかねばならない死点が二つあるからです。長い不況の後、人は最初の所得増加分の多くを金融的整理――税金、家賃、金利、負債の支払い――のために使うでしょう。しかし、結局は、彼は生活水準を引き上げることになるでしょう。彼がそうするにつれて、需要が復活し、生産設備の修理や更新への支出なしにはその需要に容易には応えることができない水準にまで達することになるでしょう。設備の修理・更新は、再び、増加した所得を流通させることになります。それ故、この二つの死点を通過するには、緊急支出の規模が十分に大きいことが絶対必要なのです。私にできる最善の計算では、借換えを除いて毎月四億ドルあれば十分でしょう。これは、大統領が越えないと約束した最大値にまで至らずに、達成可能でしょう。しかし、もし過去三カ月よりもっと懸命に目標が追求されることがなければ、それは達成されないでしょう。

政策課題の提案

こうしたことから私は大統領に対して次の政策課題を提案します。

1．小さな部局を、多分執行委員会に付置する形で、作るべきであります。その部局の仕事は、緊急に作られた様々な組織による実行されたものであれ今後のものであれ支出計画を照らし合わせ、見積りと実績を比較し、毎週大統領に報告する、というものです。もし、見積りの規模やペースが不十分だと考えられる時には、緊急組織に対して、追加可能な事業に関する報告書を至急提出するよう指示が与えられねばなりません。住宅建設や鉄道はそれにまったくふさわしい機会だと思われます。新しい住宅法案は素晴しくよく考案されており、第一級の重要性を持つ法案でしょう。旱魃救済は今後数カ月に予想外に大きな要素になるかもしれません。

2．他方、正常な企業活動ができるだけ早く緊急計画に確実に取って代われるように、積極的な準備を進めておくべきです。広範な麻痺的流動性喪失への対処の問題に関しては、すでに大きな進展がありました。しかしその仕事はまだ続けられねばなりません。証券法と証券取引所法に関しては、立法化されて争いの時は終わり、法律を運用する委員会と指導的な金融関係者との両方の側が、協力的で親密な関係を築き上げるために誠実な努力を傾ける時が来ています。というのは、資本市場を再開することは決定的に重要だからです。

3．財務省と連邦準備制度は、長期金利を引き下げるために継続的に圧力をかけるべきです。というのは、金利は確かに彼らの力の及ぶところにあり、政府の借入が大きいから金利は上昇するという考えは誤りだからです。財務省の金準備と準備制度の過剰準備が市場を完全に彼らの管理下に置く限りは、そうです。もし一年後に、政府が二〇年の借入を二½パーセント以下でできないなら、財務省が自らの課題を全然果たさなかったということになるでしょう。

財務省のこれまでの仕事からは、そうしたことを予想する理由は何もありません。他方、連銀加盟銀行が貯蓄預金に払うことを許されている最高金利を、即座に二½パーセントに引き下げることが望ましいと思われます。その後、二パーセントに、そして最後には一パーセントに引き下げるのがよいでしょう。

4．イギリス人から見ると、アメリカの建築費、建築資材と労賃の双方、の高さは言語道断だと思われます。イギリスの約二倍はあるに違いありません。現状のように仕事の量が少ない限りは、これらの高コストは生産者への高収入を意味しません。したがって誰の利益にもなりません。現実の所得を維持し、また恐らくそれを増加させるために事業量を十分に増加させるという約束を背景に、政府が、こうした産業の単位コストを削減するために力の及ぶ範囲であらゆる方策をとることは、第一級の重要性があります。その中には、労働者向け賃貸住宅建設という国家的な計画が含まれるかもしれませんが、それはそれ自体有益なものです。

5．すぐれた力量のためか、幸運のためかわかりませんが、合衆国はすばらしい通貨政策に辿り着いたように私には思われます。通貨を切り下げたのは正しいことでした。現在、ドル価値を金単位で固定しているのは、正しいことです。ドルの金価値の将来変動を裁量範囲内で許すのは、情勢変化によりそれが望ましいものになれば、賢明なやり方です。しかし、こうした措置のすべては、すでに十分実行されてきました。そこで、私の判断では、大統領閣下が次のことを明らかにしても、何の危険もないでしょう。金融政策によって実現可能な目標は今や成功裡に達成されており、それ故、賢明な支出政策と連邦準備制度及びその他の機関による高金利に対する漸進的だが執拗な攻撃が、経済計画の最前線となるだろう、ということです。

約五カ月前、私は次のように書きました。一九三三年後半の景気の逆戻りは、政府が十分な規模での（借換えとは区別された）新規借入支出の編成に失敗したことの予想可能な結果であり、六カ月後の状態は、より巨額の支出のための基礎が次の週に築かれるか否かに全面的に依存している、と。幸運なことに、支出は、私が手紙を書く前の毎月一億ドル以下から次の四カ月では月平均三億ドルまで増大しました。私が予測したように、この成果は十分に享受され、生産や所得や雇用を約一五パーセント改善したと推計できます。これは、そのような短期間にしては驚くべき業績です。しかし近ごろは、支出は減少し続けており、その帰結をもう一度予測すれば、三パーセントや多分五パーセントの景気後退が差し迫っています。現在のところ八月か九月までは改善の徴候を示しています。しかし、今年の後半の状態は、まだ手がつけられていない緊急支出について賢明な決定が行われるか否かにかかっているでしょう。

◆ロンドンに戻った後、ケインズは一通の手紙を書き、彼の論考を補足した。

『タイムズ』紙編集者への書信、一九三四年六月二三日

アメリカの経済回復

拝啓

貴紙六月一一日付けに掲載された合衆国の経済状態に関する私の覚書に、手短な補足を加えることを許していただければ幸いです。特に、アメリカの財務省による借入支出額についてのより正確な計算値が、今手許にあります。

合衆国の国家予算は、なまの数字が示すような極端な不均衡だということは決してありません。一般会計は実際には、公債償還のためのかなりの減債基金（六億ドル）を含めて十分に均衡しています。他方、緊急支出に関しては、相当の部分は多かれ少なかれ価値のある資本資産によって説明されるし、またその多くは単なる借換えであり、ある証書を別の証書に取り替えただけのものです。しかしながら、以下の表は、税金で賄われておらず、新規購買を引き起こす政府支出の大きさをかなり正確に描いていると、私は考えます。これらの値は、次の項目の総計の三カ月移動平均（各月の数字はその月と先行する二カ月の平均である）から得られたものです。明らかに新規の所得につながる支出、プラス各月の農民に対する支払が対応する物品加工税を超過する分（不足していればマイナス）、プラス貸出の半額です。貸出は、最初は新規の購買よりむしろ流動性を増加させますが。

（単位一〇〇万ドル）

一九三三年 九月	一〇二
一〇月	一二三
一一月	一五八
一二月	二三一

（単位一〇〇万ドル）

一九三四年一月	三六九
二月	四二二
三月	四三五
四月	三四八
五月	三一一

六月前半の統計数字は、同じやり方で計算された六月の値が三億ドルの近辺になるだろうことを示しています。手に入る情報に基づけば、三カ月移動平均が当面三億ドルをはっきりと下回ることもまたなさそうであるし、夏の終わりまでには増大の見込みもいくらかあります。これらの数値がどの程度大きいのかを示せば、毎月一億ドルは国民所得のほぼ三パーセントに相当します。

明らかに現在、合衆国の工場生産には幾分の景気後退が生じています。部分的には季節的要因によるものであり、部分的には上記表に示されているような政府支出の減退によるものであり、そして部分的には一九三四年第一四半期に企業に楽観主義が広がり、多くの産業で、繊維と自動車の場合は特に、今日実際に実現しつつあるよりもいくらか過大な有効需要に備えた生産が行われたことによるものです。しかし、現在の規模での政府の借入支出が継続するだけで、これまで経験したことのない経済への刺激が徐々に与えられるだろうことから、この景気後退は深刻化しないと考えるべきでしょう。というのは、アメリカ人は所得が増大しても、その多くを不自然にも、あらゆる種類の負債返済に振り向けることなく、むしろ新規購買というボールを転がし続けているからです。

ここイギリスでもアメリカでも、アメリカの今日までの回復の度合は、わが国の経済回復と比べて過小評価される傾向にあると思います。アメリカの回復はわが国よりもずっと低い水準から出発したことを、勿論、忘れてはなりません。アメリカの雇用指標として唯一満足できるものは工場での工業雇用者に限定されており、建設業や運輸・交通業や流通業を含んでいないという困難さもまたあります。しかしながら、ある種の大筋での結論に到達することは可能です。失業のピークは、両国で一九三三年一月でした。その時以来の、英国での雇用者数の増加はわが国の統計で示されているように、ほぼ一〇パーセントであり、その内の三分の二は一九三三年中に生じており、三分の一は一九三四年の最初の五カ月間に生じています。合衆国の比率改善は、これを大きく上回っていることは疑いようがありません。工場での雇用は、一九三三年一月から一九三四年五月までの間に四〇パーセントを上回って増加しています。そして私が思うに、もっと広範な指標があれば、二五パーセントを上回る雇用改善が示されるであろうことに、一般的合意が得られるでしょう。さらにもっと目立っているのが、工場での給料支払額の増大であり、同じ期間にゆうに七〇パーセントも増えています。アメリカの国民所得は一九三三年に少なくとも一二から一五パーセントも増加し、そして多分一九三四年の上半期にはさらに一二から一五パーセント増加したに違いない、と考えて然るべきでしょう。それは現代においては途方もない偉業です。

別の権威者達は、因果関係について別の判断をするでしょう。しかし、上記の数字は多分、すべての人が同様にその問題を全体像においてより正確に捉える手助けになるでしょう。新政権発足後の最初の三カ月間における改善が誇張して述べられたことは、そのほとんどすべてが現実の要素ではなく心理的興奮に基づいており、それは不可避的に急激に後退したが、全体として見ると、今日までの期間で得られた進展の度合いをわかりにくくしがちでした。

好況前の一九二三～二五年平均を一〇〇として、正常な状態へのアメリカ経済の進行速度の図式を描けば、これが私の頭にあるものですが、一九三三年半ばの行き過ぎた上昇とその後の下降を均すと、大まかに次のようになります。

332

	一九三三年	一九三四年
第一四半期	六三	七九
第二四半期	六七	八三
第三四半期	七一	—
第四四半期	七五	—

現在の政策を維持すれば、一九三四年の残りの期間も四半期当たり四ポイントというこの改善ペースが続くと思います。しかし、一九三五年においては、改善度の主要な部分を説明する二つの利点、つまり長期金利の大幅低下と高水準の建設活動を、もし合衆国が享受することができないなら、九五やそれ以上の数値を実現することは難しいでしょう。

謹啓

J・M・ケインズ

◆その後数カ月間にケインズは、アメリカの出来事についてさらに二つの論評を行った。一一月に経済諮問会議の経済情報委員会に対して、アメリカの緊急支出に関するさらに詳細な意見を提示した。

経済諮問会議経済情報委員会

合衆国財務省の緊急支出

借入で賄われた合衆国財務省緊急支出の大きさは、次のようにしてほぼ推計できます。

1．一般会計は均衡状態から大きくかけ離れてはいません。実際減債基金のための備えがいくらかあります。そこで計算を緊急支出に限定しても問題はありません。

2．しかし、緊急支出の中には、単なる借換えつまりある証書を別の証書と取り替えることも含まれています。しかしながら、まず最初に借換えを除いたＲＦＣ（復興金融公庫）の項目を取り上げ、それから借換え項目の五〇パーセントをそれに付け加えることで、かなり良好な結果が得られると信じます。借換えの多くは、様々な機関の流動性を高めるのに貢献し、部分的には新規の支出にもつながるからです。

3．こうして得られた総額は、農業調整局の純支出に照らして調整されねばなりません。長期的には、農民その他に対する補助金はほぼ物品加工税によって相殺されると考えられます。しかしながら、物品加工税は補助金が払われるよりずっと前に徴収されてきたので、ある短い期間では二つの間には大きな違いが生じます。そこで、物品加工税が補助金を上回る程度に応じて、上記の総額からその数値を差し引き、逆なら逆を行います。

こうして計算された月々の数値は、次のようになります。

年月	総支払月額 （100 万ドル）	3 カ月移動平均 （100 万ドル）
1933 年 7 月	92.1	
8 月	105.7	
9 月	107.7	101.8
10 月	155.7	123.0
11 月	212.3	158.5
12 月	325.9	231.3
1934 年 1 月	568.7	368.9
2 月	372.8	422.4
3 月	363.0	434.8
4 月	309.7	348.5
5 月	259.9	310.9
6 月	335.5	302.0
7 月	314.0	309.0
8 月	285.0	311.0
9 月	308.0	302.0
10 月	292.0	295.0

◆翌月、アメリカの人気ある雑誌での「アメリカは支出拡大で回復への道をたどることができるか」という問いに対して、彼は肯定的な答えを与えた。[3]ハロルド・ラスキは、その雑誌の同じ号でその問いに対して否定的な答えを与えている。

『レッドブック』、一九三四年一二月号

アメリカは支出拡大で回復への道をたどることができるか

勿論そうさ！　明々白々ではないか！　これが、この問題が与えられた時の私の最初の思いである。常識ある人であれば、「健全」財政論者または「正統派」経済学者によって精神が混乱させられていない限りは、誰もそれを疑うことなどできない。われわれは売るために、生産している。言い換えると、われわれは支出に応じて生産する。支出を抑制することで生産や雇用を刺激することができるという考えは、成り立ちえない。そこで、私が言ったように、答えは明らかである。

しかし次の瞬間に気づくのは、その問いに疑念を抱かせるように巧妙に言葉が選ばれているということである。というのは、支出は浪費を意味するからである。浪費癖のある人はすぐに貧乏になってしまう。ではどのようにして一国は、個人を貧乏にするようなことを行って豊かになりえるのか。こうした考えによって、一般国民は当惑させられてしまう。しかし、一人の個人を貧しくするかもしれない行動のもたらす事態は、一国を豊かにしうるのである。

　というのは、個人が支出をする時、彼は自分自身だけでなく他の人にも影響を及ぼしているのである。支出は二つの側面を持った取引である。もしわたくしがあなたの作った物に所得を支出するなら、それは私の所得を増加させはしないが、あなたの所得を増加させる。もしそこであなたが私の作った物を買うなら、その時私の所得もまた増加する。このように、われわれが国全体のことを考える時には、全体としての結果を考えに入れなければならない。ある個人の支出によって社会の他の人々は豊かになる。というのは、彼の支出は単純に他の人全体の所得に対する追加所得である。もし誰もがもっと気前よく支出するなら、誰もがもっと豊かになり、誰も貧しくはならない。誰もが隣人の支出から利益を得るし、追加支出のための資金を提供するのに必要な金額だけまさしく所得は増加する。このようなやり方で一国の所得を増加させることに対する限度はただ一つであり、それは物理的生産能力による限度である。不況の時に支出を抑制することは、国全体の観点から見て富を増やすことができないだけではない。それは浪費的である。そのことが引き起こす人々の悲惨という問題は別としても、利用可能な労働力を無駄にし、利用可能な機械の力を無駄にすることである。

　国は個人の集合体にすぎない。どんな理由であれ、一国を構成する個人には国の賦存資源を稼動させるに十分なだ

（3）リチャード・カーンがこの論文の最初の草稿を書いた。しかしながら、ケインズはそれを大幅に書き直し、構成し直した。

けの私的立場からの支出意欲がないなら、その時はそのギャップを埋めるのは一国の個人総体の代表である政府である。というのは、政府支出の効果は個人支出の効果とまったく同じであり、国民の所得増加こそが追加的政府支出の財源を提供するのである。

政府にとって、借入の一部を公衆ではなくて銀行システムに頼ることが有益であることもある。それは、支出の効果に関し原理的違いをもたらしはしない。銀行からの借入に言及すると、「インフレーション！」という恐怖の叫び声を上げる人々が多くいる。こうした声を上げる人達の中で一人でも、インフレーションという言葉で言おうとしていることについて明確な考えを持っているかどうか、私は疑わしいと思っている。支出は有益であるか有害であるか、どちらかである。私は有益だと主張しているが、私が正しいにしろ、間違っているにしろ、政府によって支出される貨幣が公衆からではなく銀行から来ることによって、その効果がどう違いうるのか理解しづらい。

政府が支出のために借入を行う時、明らかに国は負債を抱えることになる。しかし、一国の自国民に対する負債は私的個人の負債と大きく異なる。国はそれを構成する国民そのものであり——それ以上でもなければ、それ以下でもなく——その国民から借金をすることは、自分自身から借金をすることと大きな違いはない。利払い費用が税金によりある人から徴収され、別の人に支払われるという限りでは、確かに有益ではない。しかしそのことは、正常な繁栄状態を回復することの重要性と比べれば小さな問題である。民間の個人が支出をしたがらないのであれば、政府がその代わりに支出しなければならない。民間の個人が自ら支出するのが望ましいが、だからと言って支出がまったく行われないままでよいということにはならない。

政府が非生産的債務に陥る必然性の程度を誇張することは、しかしながら簡単である。例示のために、政府の水力発電プロジェクトを取り上げてみよう。政府は借りたお金でそのプロジェクトに雇われている人々に給料を支払う。

しかし、利益はそこだけに止まらない。これらの人々は、以前は失業していたが、今や政府から賃金を受け取り、下着や長靴などの生活必需品や楽しみのために賃金を支出する。こうした下着や長靴の製造業者は、これまでは失業していたが、今度は自分の賃金を支出し、こうして追加的な雇用、追加的な生産、追加的な賃金、追加的な購買力の新しい波を始動させることになる。こうしたことが継続し、結局、政府プロジェクトに実際に雇用された人一人当り三人か、多分四人が互いの需要に応えるために追加的に雇用されることになる。このようにしてある一定の政府支出は、粗雑な計算でも分かるように四倍から五倍の大きさの雇用を生み出す。そこで、たとえプロジェクト自体はそれ以降ほとんど収益をもたらしそうもないとしても、ある程度の利益は存在するのである。しかし、コストに対して（例えば）三パーセントの収益を生み出すという程々に健全なプロジェクトであれば、それを実行すべきという主張は文句なしに正当化される。

これですべてというわけではない。失業は市町村、州及び連邦政府に対して深刻な財政的負担をもたらす。政府支出の結果としての失業の減少は、失業者援助のための出費をかなり削減する。それと同時に国の課税対象所得が増加し、不動産価格が回復するのに伴い、税収は増大する。政府支出がどれだけ多くの非生産的債務を追加することかと語る前に、こうした重要な要因を考慮に入れなければならない。差し引いた残りはそんなに大きなものにはなりえない。不況はそれ自体財政赤字の原因であり、失業者援助のための支出増大や税収減少の結果として財政赤字が生み出される。公的債務は、民間支出が不十分であるという時には避けることができない。公的債務は、貧しさや不活動の結果として受動的に甘受するより、雇用を創出し産業活動を促進する中で自ら能動的に背負いこむほうが望ましい。

これまでのところ、お金がどのような目的に使われるのかと無関係に、私は政府支出を主張してきた。中心的な問題は、わたくしが問題を見る限り、お金が支出されるようにすることである。しかし生産的で社会的に有用な支出が、当然のことながら非生産的な支出よりも望ましい。支出に賛成する議論は、政府がわずかなお金を支出することによって民間の個人や企業のより大きな支出を誘発することができるなら、大いに強化される。そこで住宅建築を促進するための政府による保証が、多分あらゆる手段の中で最善のものであろう。政府はこの分野では、相当大きなてこの作用という有利な状況の下で事業運営を行っている。保証プログラムで政府はリスクに直面するかもしれないが、その一ドルは民間部門によって支出されるずっと巨額のドルをもたらすのである。アメリカが繁栄に立ち戻るには、住宅建設にお金を使うこと以上によい方法はない。ニーズは、ほらそこに満たされるのを待っている。労働力や原材料は、ほらそこに使われるのを待っている。住宅建設はあらゆる地方に雇用機会を広げることになるだろう。良質の住宅以上に大きな社会的及び経済的利益をもたらすものはない。われわれの力の及ぶ範囲で、良質の住宅以上に文明や健全な生活に対して物質的に大きく貢献するものは、恐らくないであろう。こうしたすべてのことを、何もやらないで何百万人もの失業者を放置することと比べて、国を貧しくする無意味な浪費だと考える人は、精神異常者と見なされるべきである。

私は住宅建設を強調したい。というのは、これが政府のプロジェクトの中で最も素晴らしいと思われるからである。しかしどんな類のプロジェクトであれ、それを十分大きな規模で迅速に組織することは難しい。一方、その他の形態の政府支出は、それ自体としてはそんなに望ましいものではないが、無価値と見なされるべきではない。救済だけのための支出でさえも、何もやらないよりはずっとよい。目標は、アメリカの産業の巨大な機械を再稼動させるのに十分な規模まで総支出を引き上げることでなければならない。もし緊急措置によって需要の十分な引き上げができるなら、実業家達は設備の修理や更新なしにはその需要を満たすことができないことに気がつき、不安のない楽観主義、それなしには誰もあるべき姿で生きていく勇気を持つことができない楽観主義を、元気づいて今一度回復することになろう。

◆ケインズのニューディールとの結びつきは、当然のことながら彼をジャーナリズムからの攻撃に曝すことになった。通常、ケインズはそうした論評に対して何も返答しなかったが、ある時だけ例外的に答えた。そのケースは、一九三五年一月五日の『インディペンデント』紙の論文に関してであり、その論文でサー・アーネスト・ベンは、アメリカ人がケインズによって間違った方向に導かれることに警告を発し、自らの理論的正統性の証としてケインズが（O・T・フォークと共に）取締役であったインディペンデント投資会社の成果を持ち出した(4)。ケインズは答えた。

『インディペンデント』紙の編集者宛、一九三五年一月一三日

拝啓

あなた方は、新聞切り抜き代理人から今私の手元に届いた記事を、必須の重要事実についての知識もなしに書くという、尊敬に値しないことをしでかしました。

（一）その会社の取締役会、私はそこの議長でもなければ、支配しているわけでもありませんが、によって私の助言が実際にどれくらい取り入れられたのかについて、知識も持ち合わせずに、（二）公衆とは何の関係もない事柄が含まれているため、私が公に返答することができない問題に関して、（三）持ち出した事実についてあなた方が確信を持っていたとしても、論争の仕方としてはまったくいかがわしいやり方で、この記事を書いたことを、あなた方は

（4）ケインズのこの会社への関わりについて、詳しくはケインズ全集第一二巻を参照のこと。

適切だと考えています。これらは最下層の大衆紙のやり方です。

敬具

J・M・ケインズ

第五章　一般理論の合間での小休止

◆一九三四年の残りの期間と一九三五年のすべての期間、ケインズの活動は二つの主要な企画、つまり『一般理論』の完成とケンブリッジの芸術劇場に集中していた。だからと言って、外部でのすべての活動を止めていたわけではない。というのは、彼はその時もなお講演、キングズカレッジの財務管理、関与している二つの保険会社、経済諮問会議やその他の仕事に従事していたからである。しかしながら、彼の出版物は、多岐にわたってはいるが、量的には少ない。

◆ケインズが合衆国から帰国した時、経済情報委員会は、「通商政策策定における農業面・産業面の様々な考慮すべき事柄間の調整という問題」に関与していた。政府からのこの諮問は、一九三二年に小麦に対して採られた「課税・補助金」スキームを、他の食料品にまで拡張したいとの農業省の要望によるものであった。そのスキームは、イギリスの小麦生産者に対して輸入品課税収入によって賄われた補助金を受け取るというものであった。委員会は、各メンバーに対して報告書作成上考慮すべき点についての覚書の執筆を依頼した。ケインズは次のように返事をした。

覚書

首相が求めている覚書について、三つの部分から構成されることを提案します。

長期的展開に関する一般的考えを扱う最初の部分は、ヘンダーソン氏の覚書の第一から第八のパラグラフの後に続けたらよいと考えます。彼がやっているように、次の二つの目標を区別することが有益であり、重要です。一つは、わが国の農業を災害から守り、現状の水準を維持するという目標であり、もう一つは、長期的発展計画という目標であり、それは、世界経済の中でこれまでわが国が占めてきた地位からの大きな離脱を意味するものです。

第二の部分では、わが国の農業政策の直接的な経済的利益または不利益を、適切に説明できる基準を扱ったらよいでしょう。この部分では、現在の状況の下では農業と工業との利害は、次のような状態にでもならない限りは、互いに衝突しそうもないことを指摘するのが有益です。

１．国の資源が完全に利用されており、農業部門の拡張が、もしそれがなければ多分より有利な条件で工業で利用されたであろう資源を引きつけてしまいそうな状態、または

２．農業に対する奨励策が、商品貿易収支の赤字を減らすのではなく増やす効果を持っている状態

上記のどちらかの条件が満たされている状況は考えうるが、現時点ではまったくありそうもないと思われます。というのは、工業が利用できるはずの資源を奪い取られる危険性はありません。他方、これまでのところ農業支援のための多くの措置は、貿易収支を悪化させるよりむしろ改善させると見積もられてきており、そこで、そうした措置は間接的効果を通じてすべての種類の活動に対して同じように助けとなります。

第三の部分では、目標達成のために採用される手段が、不釣合いにコスト高とならないよう注意することの大切さを強調すべきです。これは、単なる陳腐な言葉ではありません。というのは、明白に批判の余地がある二つのケースを持ち出すことができるからです。この部分は、ヘンダーソン氏の覚え書きの九番目と一〇番目のパラグラフの後に続けるのがよいでしょう。小麦補助金での方式が、ベーコンでのやり方よりずっと良いということに関しては、わたしは彼と同じ意見です。政府に対して、小麦方式を牛肉やベーコンへ拡張することを真剣に検討すべきと提案することは、大いに価値があるでしょう。甜菜糖補助金は、それから受ける利益に比べて法外にコスト高でないかどうかを検討することも、政府に要請するのがよいでしょう。大蔵省が、甜菜糖補助金に今かかっている費用額を農業の利益のために再配分してもよいと考えているなら、かなりの大きさであるその金額をもっとずっと有効に使うことができることにほとんどの農家が同意する、とわたしなら考えます。

一九三四年七月三日　　　　　　　　　　J・M・K

◆委員会は、課税・補助金スキームの拡張を支持するケインズやヘンダーソンのリードに従った。

◆一一月一九日、ケインズはBBCで「経済システムは自己調節的か」（ケインズ全集第一三巻、四八五〜九二頁）というテーマで放送した。その放送を聴き、またその内容が掲載された『リスナー』誌一一月二一日号を読んで、R・H・ブランド氏はケインズに手紙を書いた。

R・H・ブランドよりの書信、一九三四年一一月二六日

親愛なるケインズ

わたしは、先日の夜の放送でのあなたの講演を大変興味を持って聴き、また読みました。わたしは、あなたが望んでいた発見をしかけていると心から思います。その発見によりわたしたちすべてが、物事をより明瞭に見ることができるようになります。

もし（あなたの前著の他に）あなたが言及している需要の問題について、より完全に検討したものが現在存在しているなら、わたしに教えて頂けたら幸いです。というのは、明らかに、この問題こそが近い将来世界が注目するであろう問題だからです。この問題に関しては、実際のところ、良かれ悪しかれあらゆる類の試みが行われつつあります。

需要に関しては未解決の問題が存在することに、誰もが同意せざるをえないとわたしは思います。今や供給の問題が解決されたと思われていることから、需要の問題が目立ってきましたが、わたしは供給の問題よりはるかに難しいと考えます。

その問題についてより完全な議論がどこかに存在しているかどうか、あなたにお伺いしたいのですが、それに加えて、ある一般的な側面に関してわたしの頭に浮かんだ思いつき的な感想を、いくつか述べたいと思います。

第一：供給の問題に関しては、多くの人々はごく近い将来の豊富さの程度を過大に考えているように、わたしは感じます。これについて徹底的に検討したものが、何か存在するのでしょうか。合衆国のブルッキングス研究所がある調査を行ったというのを、先日読みました。多くの品物ではるかに膨大な生産が可能であるということは、まったく明らかです。他方、全体としての生産は、兵隊の隊列のように多かれ少なかれすべてが歩調を合わせて進まなければならないように、わたしには思われます。そして不可欠なものではあるが、全体のペースにどうしてもついていくことができない品物が存在するかもしれません。実践的観点からは経済的進歩とある種の品物を癌細胞のように増大させることは、体全体を害することなしにはできません。

第二：需要に関しては、需要は自由なものである、つまり支配者はわたしたちが何を消費するかを決めないし、したがって生産を編成したりしないという原則の下で、わが国では議論が行われねばならないと考えます。反対方向への進路によってもたらされた完全な革命を別にすれば、国の外国貿易のすべてを政府がコントロールすることは、わが国ではロシアでよりもはるかに重大な問題です。その問題は、もし他のすべての国がロシアの例に倣い、そして世界の残りの国が提供する自由な市場というものを持たずに、その代わりに政府間の物々交換という基礎の上で外国貿易を行わねばならないなら、ロシアの場合では、無限に多くの物をお互いに接合することにすぎません。

第三：すべての消費者が自由であるので、課税や様々な方面での望ましいと思われるあらゆる「計画的」手段によって緩和されてはいるが、われわれは自己調節過程を大いに受け入れなければならないと思われます。さえもずっと難しい問題になるだろうとわたしは考えます。

第四：あなたの講演を、わたしは次のように受け取りました。あなたは所得のより公平な分配は重要であると考えておられますが、非常に低い金利によって刺激を受けた現在よりずっと大きな資本建設の増進が、それよりもっと重要だと考えておられます。経済学者が「自然」利子率と呼んでいると思われるものが今は非常に低く、それ故、中央からの適切な管理によって利子率を十分に引き下げれば、あらゆる形の投資支出が促進されるということは、真実だと考えられますか。そうしたことが正しいのは、われわれが貯蓄を世界中で好きな所に自由に投資するよりも、むしろ「閉鎖経済」に多かれ少なかれ閉じこもるという場合のみである、とは考えられませんか。そうした利子率管理は、もしわが国が閉鎖体系であれば非常に容易であろう、ということは理解できます。しかしわが国は閉鎖経済ではありえないし、利子率はわが国の全般的な国際関係や特に国際的な貸出や投資に非常に大きく左右されます。

第五：あなたの解決法では、わが国の対外貸出をコントロールする必要があると思われます。短期の対外借入についてはどうでしょうか。それは短期的にはもっとわが国経済を混乱させうるのですが。対外貸出に関しては、わが国が国際的通貨基準を持つまでは、対外貸出が少なくとも固定金利形態のものは大量に行われるだろう、とはわたしは考えません。よく考えてみると、強制的に貸出をもっと「株式」という経路に流し込むことは、悪いことではないと言わなければなりません。固定金利投資とは別の海外事業は非常に望ましいし、確実にある程度の規模で継続するでしょう。しかし、「株式」投資はアメリカ株式に対する巨大な賭け事という形を再びとるかもしれません。あなたはどうやって、そうしたことを食い止めようとされていますか。

第六：巨額の資本投資が株式という形で国内外において、そして民間投資家によって行われることを、あなたは望んでいるとわたしは推測します。われわれが今住んでいる世界よりずっとリスクの少ない世界を、あなたは想定されているかもしれません。しかしながらわたしが長く実業に携われば携わるほど、誤った投資によって多くの資本が絶えず失われねばならないし、また発生したら速やかに損失として資本を償却することが、健全な、実際のところ不可欠の手続きであると、わたしは益々強く確信するようになりました。国や地方自治体の資本支出の最も悪いところは、こうしたことが、減債基金を通じる以外は行われないことです。「リスクの大きい」事業が行われるなら、それが十分速やかではないことは確かです。その負担は、金利が非常に低くなるなら、疑いもなく軽いでしょう。しかし民間企業の倒産や損失償却の手続きが、新たな活動の準備を整えるのです（しばしば不十分ではありますが）。

これらはばらばらの感想です。民間事業で大きな改善が可能かつ必要であることは、わたしにとってまったく明らかです。しかしわたしは、あなたの中心的な議論は利子率の問題に実際のところ集中していると推察しましたが、この問題こそが、わたしがあなたの議論の中でさらに十分に展開してほしいと切実に考えるものです。

敬具

R・H・ブランド

R・H・ブランド宛書信、一九三四年一一月二九日

親愛なるブランド

わたしの考え方に沿って需要の問題を扱っており、参考としてあなたに紹介できるものは恐縮ですが、まったくありません。わたしは新しい本の著作に精力的に取り組んでいますが、それが出版されるまでにはまだ一二カ月程はかかりそうです。世に現れる時には、その著作は極めて学問的なものになるでしょう。というのは、わたしの目標は何はともあれ同僚の経済学者の説得に努めることに置かれねばならない、とかなりはっきりわたしは感じているからです。これまで真剣に議論してきたケンブリッジの同僚を説得するのに、実際成功しました。もしわたしが正しいことを証明するなら、相当多くの理論上の基本的問題がかなり新しい見地から理解されることになるでしょう。

あなたの六つの質問に関して：

1．多くの人々がごく近い将来の豊富さの程度を過大に考えているということは、まったくありそうなことです。

わたしはこの問題の徹底的な研究の存在を知りません。人がどの程度長い期間を視野に入れるかに大きく依存します。短期的な視点からは、社会の実質所得が、例えば一〇パーセント以上も増大することができるかどうかは疑うべきでしょう。しかし、最適な状態であれば実現したような資源の転換や資本蓄積率のための時間が与えられるのであれば、もっとずっと大きな数値を挙げるべきでしょう。確実に二〇パーセント、恐らく五〇パーセントでしょうが、しかし一〇〇パーセントはいかないでしょう。さらに、増大した所得を物的財の消費に振り向けようとしている人々が受ける利益と、豊かになるにしたがってより多くのサービスを求めようとしている人々の利益との間には大きな違いが生じるでしょう。前者の人々の物的所得は非常に大きく増大し、それは後者の人々が期待できるものと比べてかなり不釣合いに大きいと言わざるをえないでしょう。しかし、人が貧困と豊富について語る時には、主として前者の消費者グループを念頭に置いています。

2. 消費者は自分の所得をどのように使うかを自分自身で決めるという意味で需要は自由であるということについては、わたしもあなたと同じ意見です。わたしが考えている類の管理はこうしたことには干渉しませんし、民間の事業活動のほとんどの部分にも実際のところ干渉しません。課税は別にして、投資量を意図的にコントロールする必要があるということを除けば、経済システムの働きに対してほとんど干渉しません。課税かそれと同等の手段によって貯蓄を思いとどまらせるよう意識的に追求する、ということを条件としていますが。

3. したがって次のようになります。課税や投資規模の計画化を別にすれば、わたしの意見では、自己調節過程はまったく自由に作動し続けます。

4. 深刻な全般的失業が存在する限りは、このことは均衡利子率が現行利子率より低いことを示すとわたしは考えます。均衡に達するにはどこまで引き下げなければならないかについては、実験的にやってみるしかありません。わが国が閉鎖経済に閉じこもることがないなら、その数値はそんなに低くはないだろうという点ではあなたに同意すべきでしょう。移転の困難さのために海外投資が市場利子率を引き上げる効果を持つということがないなら、この点ではわたしは海外投資に反対するものではありません。つまり、海外投資によって均衡利子率が引き上げられることにわたしは反対するものではありません。しかし、海外投資に伴う移転の困難さが均衡利子率以上に市場利子率を引き上げる効果を持つ可能性に対しては、反対です。

5．第四の箇所でわたしが述べたことがここでの問題の解答です。わたしが対外貸出のコントロールを要求するのは、それ自体に対して反対だからではなく、国内均衡を覆してしまうかもしれないという移転の困難さに伴うリスクのためです。

6．民間投資家にとってのリスクと社会全体にとってのリスクという、二つのリスクが存在します。世界は、多分この二つのリスクの乖離が拡大している状況に向かいつつあります。共同体全体にとってはほとんどリスクのない投資が、それを実行する個人にとっては相当のリスクを意味するかもしれません。この理由で、あなたが第六の箇所で述べていることにまったく不同意というわけではありませんが、公的機関による投資増加の可能性に期待を寄せています。損失償却の重要性に関しては、わたしも同意します。しかし経験的には、わが国の公的当局はむしろ過剰な減債基金を設立する傾向にあったと言うべきでしょう。

わたしの主要な議論が利子率を中心にしているとのあなたの考えは、まったく正しいものです。そして、これについてのわたしの見解を世界に対して明確に示す状態になるまでは、わたし自身やや曖昧で混乱した状態に留まらざるをえませんが、上で述べたように、そう遠くないうちにわたしの見解を示したいと考えています。

敬具

346

［イニシャルのサインつき写し］　J・M・K

◆ケインズはまた、経済政策に関する彼のアプローチの根底にある考えについて、前労働党下院議員スーザン・ローレンスと議論した。議論は個人的対話から始まったが、手紙の遣り取りという形で続いた。

スーザン・ローレンスよりの書信、一九三五年一月

親愛なるケインズ

わたしは、わたしたちの対話について考え続けてきました。

次のような結論に達すると、わたしには思われます。「世論にとって受け入れ準備のある手段」は、繁栄、戦前における程々の繁栄を回復するのに十分でしょうか。

もしそうなら、あなたの政策は正しいと思われます。

しかしそうでないなら、つまり現在の世論が間違っており、そんなに大胆な救済策を「国民は受け入れる準備ができていない」なら、人々が真に必要としているものが何であるかを、薬を飲む心の準備ができるまで人々を説得し続けることは、聡明な方策ではないのではないでしょうか。

今や一つのことは、わたしにとって極めてはっきりしています。「世論」は今や真剣な政治家にとって実際のところ、どんな指針にもならないということです。世論は非常に混乱し、揺れ動く状態にあります。経験によるほんの少しの学習によって、急速に変化するかもしれません。結論を下す以前の段階にあります。普通の人々は、状況の推移を見守っています。状況が変化したら、自分もそれについて行くつもりです。

そこでわれわれは、恐るべき客観的問題に立ち戻ることになります。「自由主義的」政策で、期待通りの成果を挙げることができるかという問題です。

どちらの方策が決断されようと、リスクは本当に恐ろしいほどです。というのは、もし労働党が改革主義的政策を再び試みて失敗すれば、死んで地獄に落とされます。そして、不満に満ちた人々は指導者や政策がないままに取り残され、無謀な冒険者の無力な犠牲者になるだけでしょう。

これらすべてを書いてきたのは、わたしの言いたいことを説明するため、むしろ、わたしが「破局を望んでいる」というあなたの言葉に対し、わが身の潔白を証明するためです。というのは、破局になりうるとか、むしろ破局になりそうだとか考えることは、破局を望むこととは別のことだからです。

敬具

スーザン・ローレンス

スーザン・ローレンス宛書信、一九三五年一月一五日

親愛なるローレンス嬢

時間を稼ぎたいというわたしの熱烈な願望のために、わたしが偏っているということはまったくありうることです。近い将来に極端なことが行われるなら、それが右翼によるものであれ、左翼によるものであれ、へたに構想されたものとなるのはほぼ確実です。今から一〇年後には英知が力を発揮するずっと大きな機会があるだろうと、わたしは期待しています。

一方、われわれにとって非常に重要な多くの問題が、ある意味では二次的なものかもしれませんが、存在するように思われます。それらは明らかにそれ自体としてやる価値があるし、現在の世論の中の健全で有力なあらゆる要素と完全に合致するものです。

この種の手段が、安定的繁栄を持続させるにはまったく不十分であろうという点では、なるほどあなたは正しいかもしれません。おわかりのように、わたしの言いたいことは、安定的繁栄をわたしの考えでは回復させるような手段は、誰もそれを受け入れる準備ができておらず、また十分に考え抜かれてもいないということです。

そこで、わたしの「自由主義的」政策は、わたしに言わせれば一時しのぎの政策です。わたしの究極の政策が、普通の人々にはなはだしく激烈なものと受け止められるか、それとも漸進的なものと受け止められるか、判断が難しいと考えています。というのは、わたしが主に提供したいと思っているものは、われわれの根本的問題についての健全で科学的な考え方です。こうした考え方は、実践に移すことができるようになる前に、他のどんな考え方でも同じですが、政治や熱情と混合されねばなりません。そして、その結果がどうなるかを詳細に見通すことはできません。

多分、今後数年間は現在の政府は、改革主義的政策の方に流されていくのが最善でしょう。しかし労働党にとっては、革命的政策よりも改革主義的政策をやってみることがずっとよいでしょう。革命的政策は馬鹿げており、実践的ではなく、そしてほとんど説得力を持たず、それを支持する本物の活力を欠いています。

敬具

［イニシャルのサイン つき写し］ J・M・K

スーザン・ローレンスよりの書信、一九三五年一月

親愛なるケインズ

お手紙ありがとうございました。わたしにとってもその日の晩は、言葉にできないほど楽しいものでした。あなたの最初の文章はまったく正しいものです。――もしわたしがキリスト教徒であったなら、予言通りに獣が現れ、ザール地方[1]にいると明確に認識するのでしょう。

敬具

スーザン・ローレンス

◆一九三五年二月二〇日のナショナル・ミューチュアル生命保険会社の年次総会において、ケインズは、演説の中で前年の総会から始めた金利引下げキャンペーンを引き続き行った。

相反する諸力

一年前わたしは、長期金利がさらに低下すると予想される理由を挙げました。その時以来、二五年以内に確実に償還される国債は、利回りが二½パーセント、当時わたしには視界に入ってきたと思われた水準ですが、を十分に下回るようになってきました。また、償還の期日がもっと先の国債や定められていない国債の利回りは、今や三パーセントを下回っています。しかしながら、今日、これからの見通しはそれほど明確ではありません。というのはわたしの判断では、今や、強力な二つの相反する力の狭間にあるからです。

一方では、国民経済の繁栄の持続や雇用の改善には、現在の水準より低い利子率がまだ必要とされていることを示す証拠があります。金利低下が新規事業を過度に刺激することが判明するどころか、新規貯蓄の大規模な投資機会が

（1）ザール地方の国民投票の結果が一月一五日に発表された。投票者の九〇パーセント以上が、この地域のドイツ復帰に賛成した。

低金利の影響下でも今までのところ比較的わずかであることがわかり、残念です。しかしながら、新規建設や新規電源開発が、これらはどちらも比較的金利感応的ですが、わが国が達成した程度の繁栄をもたらすのに顕著な役割を果たしたことを、過小評価してはいけません。それ故、経済の健全性のためには、利子率はわれわれがこれまで知っているよりもずっと低い水準にまで低下させる必要があるという意見に、わたしは確信を持っています。ところが、現今の低下した金利は今でさえも、戦前期にしばしば成立していた金利より低いものではありません。

しかし他方では、今すぐの更なる金利低下には重大な障害があります。イギリスの金利は、すでに外国よりずっと低いところまで低下しています。現状ではわが国の国内金利は、外国の経済状態に対する確信の極端な欠如によって守られています。外国での確信の回復が外国の金利をわが国と正常な同等水準まで低下させることを、望まざるをえません。しかし、しばらくの間は現在の金利格差が、わが国の状態を少し不安定にするかもしれません。しかしながら、このことよりはるかに重要なのは、人々が国際金利と呼ぶことのできるものに早期に復帰するとはわたしには思えないからですが、イギリスの機関投資家の金利の先行きに対する態度です。現代の長期金利は高度に心理的現象であり、将来の金利に対してわれわれがどのような期待を抱くかに、必然的に依存せざるをえません。今日の典型的な専門の投資家の心の中では、今の収益は潮流変化の可能性に対して十分なプレミアムを提供するものではありません。投資家達は、状況が安定的と考えられる時よりもずっと不安を抱いて、変化を警戒しています。

困難な課題

こうして、国民経済の繁栄と良好な雇用に適合した十分に低い金利を維持するという課題は、益々増大する困難に直面しそうです。産業的に発展した国、様々な理由でもはや海外に大規模な投資をする状態になく、人口ももはや急速に増大してはいない国において、「通常の」伝統的方法による解決が可能なのかどうか、実際、人はいくらか疑問に感じるかもしれません。

しかし当面は、当局の側での最善の方策は、すぐに更なる前進を目指すよりむしろ、これまで勝ち得た地盤を固めることであると、わたしは言いたいと思います。イギリス国債以外の固定金利債やそれと同様のものは、保険数理士協会指数が明確に示しているように、まだ完全に国債価格に調節されてはいません。また、その他にも重要な金利があります。特に、住宅金融組合が貸し借りする不動産抵当金利や銀行が課す金利がありますが、それらの動きはずっと遅れています。事業を刺激するには、こうした金利の低下が国債利回りの更なる低下よりもっと重要です。

さらに、低金利が一定期間持続して初めて、金利の低下によってのみ可能になる新技術計画を伴う事業上の意思決定に対して、十分な効果を生み出すことになります。金利低下の重要性を、以前ほどには強く考えていないというわけではありません。しかし、現行よりは高くない水準での金利の維持に対する今以上の強力な確信が、われわれが最も差し迫って必要としているものです。

大蔵省への提案

大蔵省の権限内にあって、この目標に対して重大な貢献ができることがあると、わたしは言いたいと思います。つまり、彼ら自身が将来の金利低下期待に対して確信を示すということです。現在は投資家を、言わばわなにかけて、後で後悔するような条件で無期限に資金提供させる千載一遇の機会であるといった方向で、しばしば大蔵省に対して助言が与えられています。この助言は多くの助言と同様に、将来は過去と似ているという、まったくありそうにない想定に基づいているように思われます。しかしいずれにしろ、それは間違った助言です。というのは、大蔵省の主要な目的は、今後長期にわたって徐々に金利が低下していくという、安定的状態を確立することでなければならないからです。そのための必要条件は、実際そのように事態が展開しそうだという、理に適った期待を生み出すことです。こうした方針に沿って行動することは、確信を強めるだけでなく、大蔵省にも納税者にも利益になるでしょう。それ故、将来の調達・借換計画において、今後五年から二五年にわたって期限が広がった返済期日確定の証券を発行することを勧めます。地方債は、特にこのやり方に非常に適しています。というのは、地方債管理基金によって提供された資金の大部分は、この期間内の確定した期日に返済されるからです。

この政策はあらゆる点で推薦できます。大蔵省は、より安い金利で借入を行うことになります。低金利の持続に対する確信を彼ら自身が示すことによって、市場心理を助けることになります。そして、資金調達の大部分を短期で行っている機関に適切な安心感を与えることにより、銀行システムの構造と安定性を改善することになります。政府国債の圧倒的部分が、三カ月大蔵省証券か今後五〇年以内では返済期日が確定していない証券かのどちらかであるという現在の状態は、技術的に大変な欠陥があります。

不可欠の要因

低水準の長期金利を確立するには、次のやり方以外には信頼できる方法がないという事実を、わたしは強調したいと思います。つまり、金利が将来にわたって低い水準を続けるという理に適った期待を促進すること、そしてそれが正しいものであれ間違ったものであれ、疑いを持ったままである人々に対しては、確定日での償還を申し出ることです。しかし、もし大蔵省自身が、現在の金利は異常に低いという信念を示すような政策を追求するなら、更なる前進に不可欠な強い確信を機関や公衆に感じさせることなどできません。

◆アメリカ農務長官ヘンリー・ウォーレス著の『ニューフロンティア』の一冊を受け取って、ケインズはスーザン・ローレンスとの間で取り上げたのと類似した問題に論及した。

ヘンリー・A・ウォーレス宛書信、一九三五年三月二八日

昨年の晩秋には『ニューフロンティア』を送っていただきまして、どうもありがとうございました。これまでお礼が遅れたことをお許し下さい。わたしとしてはまず最初に読みたいと思っていたのですが、現在の休暇まで時間を見つけることができませんでした。

楽しくて、最高に読者の共感を呼ぶ本だと思いました。多分、本というより良質の対話のようなものです。しかし、もし現職の大臣が時間を費やして対話を論文に書き換えていたなら、彼が優先すべき義務を不当にも怠っていたことになるでしょう！　あなたの信念や一般的な方針、また困惑していることといった、あなたの考え方を読者に伝えるのに驚くほど成功しています。

農務長官としてあなたが、長期の観点から見て明らかに幾分拡大しすぎている産業からの転換を確実なものにすることに主に関与していることは、当然のことです。しかし、こうした転換を実現する問題の背後には、全体としての需要の問題が存在します。わたしの見解では、合衆国や英国のような豊かな現代社会では、全体としての有効需要不足から生じる問題の解決において持続的困難に直面すると思います。もしわれわれがこの問題を解決できるなら、その時には、転換は今考えているよりずっと容易でしょう。明らかに必要とされていない所に資源が留まりがちなのは、明らかに必要とされている方面がないからです。しかし、需要が全体として十分であれば、転換は驚くほどの容易さ

で生じるでしょう。

あなたの陣営の当面の形勢は、非常に落胆すべきもののようです。しかしわたしは、十分に事情に通じて事態を理解しているわけではありません。時間の経過によって克服されるような、時間的遅れのもたらす影響がどの程度重要なのか、そして現政権が自らの計画に近いところまで支出することができない理由はどこまで遡れば見つけ出すことができるのか、言い換えれば、困難はどれだけより根本的なものなのか。こうしたことは、わたしには明確ではありません。

もし政府によって奨励された投資やその他の形態の借入支出における困難が、克服できないと判明するなら、その時には、購買力を増加させるもっと直截な方法に対する要求が抵抗できないほど強まるのは、確かに単なる時間の問題であると思われます。あなた方の政権が引き返すことができないのは、明らかだと思われます。もし賢明な資本支出における障害が克服できないと判明するなら、それは深い失望と、多分激しい非難の原因となるでしょう。しかし実際のところもしそれらが克服されないなら、その時には、遠くから見ていると、上で触れたようなもっと直截な方法が疑いもなく採用されるだろうと思われます。

わたしの知識がどうしても不完全である問題について、あえて多くを述べたことをお許し下さい。

敬具

［イニシャルのサインつき写し］ J・M・K

◆七月に、前年に会合を重ねた研究グループの成果である『これからの五年間』(2)の序文への署名者に、文書を読んだ上で、すべての政党からの約一五〇人の署名者と共に加わる気はないかと、サー・アーサー・ソルターが訊ねてきた時、ケインズは同様の意見を述べた。その本の第一部は、経済政策に関したもので、一層の計画化、国家開発計画、イングランド銀行業務への公的関与の強化、金融システムや農業開発や社会改革への公的管理・規制の強化を勧めていた。レポートを読んでケインズは返信した。

サー・アーサー・ソルター宛書信、一九三五年七月一〇日

親愛なるソルター

丁度今、『これからの五年間』を読み終えたところです。立派な仕事だと思いますし、そのほとんどすべてに対して共感を覚えます。実際多くの箇所で、その出所がわたしが関心を持っていた以前の出版物にあることがわかりました。わたしは、実践上の提案はほぼすべて優れたものだと考えますし、この書物の内容を政綱として採用する政府や政党を熱烈に支持します。

それでもやはり、序文に署名はしないことにしたいと思います。わたしはいつも、深く関与してはいない共同の文書には、どうしても署名をしたがらない質です。しかしそれはそれとして、現在のわたしの心理状態は、三、四年前がどうであったにしろ、この本の編集者達とはかなり大きく異なっているように感じています。今日のわたし自身の信念は、真の救済策や人々にそれを採用させるよう説得する力は、現下の状況に対するより根本的な診断とこの診断に対する理解やその正しさについての確信が広範に広まることなしには、やって来ないというものです。ところで、

(2)（ロンドン、一九三五年）。

この根本的診断こそが、多分まったく賢明にもこの文書では完全に避けられています。著者達の根底にある理論がどのようなものであろうかと、推測によって垣間見ると、実践上の提案の問題についてよりも、もっと大きな見解の違いを覚えます。

状況を幅広く、長期的に見れば、わたしの現在の結論はこうです。第一に、現状についての新しい根本的経済理論や哲学を基礎にしない限り、ボールドウィン氏とスタッフォード・クリップス卿との中間にある政綱の居場所はないということ。第二に、次やその次の不況での極端主義を避けたいなら、そうした新しい見方が要求されているということ。第三に、わたしの時間を最も有効に使う方法は、精力的に取り組んで問題の新たな理解を前進させることだということです。ところでわたしはボールドウィン氏に対して、彼の支持者や彼自身の性質がそうさせているように、理性的で進歩的であることを望んでいます。あなた方の本は、正しい方向に影響を及ぼすのに非常に役立つかもしれないと思います。しかし、あなた方の本に含まれている提案や見解は、多分わたしの二年前の仕事ではあっただろうと思いますが、今わたしの仕事はもっと違ったところにあると考えています。他の誰にもあえて言うことはありませんが、わたしにとって序文に署名をすることは、それ故わたしの内部で首尾一貫しないことになりますし、多分誤解を招かざるをえません。

敬具

［イニシャルのサインつき写し］J・M・K

◆七月にはケインズは、また国際問題に巻き込まれることになった。というのは、七月一一日から一三日までリディアを伴って、国際通貨問題について議論するために、アントワープ商工会議所によって主催された経済学者会議に出席したからである。

当初は、その会議の組織者の一人であるアリック・リ・ジューンに対して一月一〇日に伝えていたように、ケインズは出席できないと考えていた。

> すみませんが、わたしはその問題にはもう飽き飽きしています。本当のところは、わたしは、秋の出版に間に合うよう今度の本を仕上げるのにすべての力を注いでいるところで、その仕事の邪魔になることに取り組みたくありません。一旦この怪物が片づけば、その時にはわたしは再び道理をわきまえた人間にもどるでしょう。

しかしながら、彼は、R・F・ハロッド、ヒューバート・ヘンダーソン、バーティル・オーリン、バートランド・ノガロやベルギーやオランダの経済学者達と共に、オーリンによって準備された報告書草案の仕上げ作業に加わった。その草案は、金ブロック諸国がベルギーの例に倣いうまく通貨を切り下げ、また調整可能な固定相場の世界に参加するのを容認することを意図したものであった。

もし出版された会報を信じるなら、会議の間ケインズの批評は、最後の会合での報告書の起草や前書きにおける細かな技術的な点へ、口を差しはさむことに限られていた。しかしながら、彼の見解の輪郭を描く、大まかなメモはいくらか残されている。

ベルギーの実例世界に大きな印象
ベルギーの移行の静かさ、平穏さ、うまさ
驚くべきことではない
通貨制度の変更は普通考えられているよりずっと簡単
インドの例

404
金ブロックへの影響
オランダやフランスの中央銀行の馬鹿で頑迷な老紳士は、不毛なことが分かりきっている闘いで国民をひどく苦しめている

国際通貨は、一定の理論的条件が満たされていなければならないが、大部分は実践上の問題
それ故見解の現実的性格が重要
見解の多様性や国の銀行規制の多様性という観点からは厳密に一致すべき理由はない
それ故、将来の各国の国際〔通貨〕制度は必然的に同一でなければならないという考えは幻想であると、わたしは信じている
例えば、フランス・フランに関しては、切り下げた水準にではあるが、金に厳密に固定することが正しく、ベルギーやアメリカ合衆国に関してはかなりの幅を持った一定の限界内での金の価値を持つことが正しく、ポンド圏にとっては金に対してそれ程厳格ではない関係を維持することが正しい、といったことは十分にありうることである。
同一歩調をとることではなく、正しい平価と将来のための理に適った政策発表から出発することこそが進歩だと、わたしは考えます
これらの発表はすべて同じ表現でなければならない、という必要はない
イギリスの状態
一致する方向へのこの一、二年での世論の驚くべき変化——指導的銀行家達の口先だけのお世辞によって外国の世論

からは隠されている
対外的目的のために公定歩合を手段として利用することの拒否
大蔵大臣、大蔵省、銀行界、産業界、経済学者、イングランド銀行？
戦前のやり方での公定歩合政策は、一九三一年以前の年にまったく信用失墜
どのようにしてそれは効果を発揮するのか
長期金利への影響
ラモントの経験
このことの系：時折調整目的のために外国為替変動を自由に利用しなければならない
もし国際貸出の機会が将来大きく削減されるのであれば、そのことはさらに強化される
そこでわれわれが思い描く国際システムは
　厳格に同一ではない
　平価の恣意的変更は排除
　競争的平価切下げタイプの平価変更は排除
しかし国際収支調整のために必要とされる、時折の両方向への適度の［平価］変更の余地は残されている。そうした平価変更が公定歩合変更に取って代わるだろう。しかしそうしたことは、対外均衡を回復するためだけに行われるだろう。
疑わしい問題
　変更が認められる状況を正確に定義すべきか

（ソルター）

変更が認められる最大幅を設けるべきか

もしくは厳格なルールなしに、その日その日で手探りでやっていくべきか

前述のイングランド銀行や大蔵省の政策

金ブロック諸国、アメリカ合衆国、ドイツのリスクという観点からは正当化される

国際貿易にとって重要なことは、すべての国が為替の不安から解放されることである

これが国内拡張を可能にする

程々の関税

為替制限の撤廃

割当の撤廃

固定平価は不安を取り除く最善の方法ではない……

◆最終会合での彼のスピーチは、次の通りであった：

一九三五年七月一一日〜一三日、アントワープ、経済学者会議の会報より

皆さん

まず最初に、大統領とアントワープ商工会議所に対して感謝を申し上げることができるのは、わたしにとって光栄

なことです。こうした会議を開催するという素晴しい考えに対して、大変懇切で十二分なもてなしに対して、さらに事務局の方々の際立った手際のよさと援助に対して、お礼を述べたいと思います。

ベルギーと外国の経済学者によるこの会議が、アントワープで開催されたことは適切なことです。粉々に砕けた世界貿易の枠組みの再建に貢献する上で、ある程度指導的立場をとることは、この古代の商業都市の自然で歴史的な役割です。しかし、ベルギーが外国為替をめぐる論争で中間的立場をとっていたことや、最近政策変更を迫られたにもかかわらず、あなた方の国の優れた政治家や経済学者がこの問題の価値に関しては依然としてほんのわずかの意見の違いしかないということは、また強みです。それ故、こうした重要な問題に関する国際的論争の会議場として、アントワープほど公平な所はありえません。

わたしたちは完全な意見の一致に達することはできませんでしたが、それは望むべくもないことです。もし、本当に信じている見解の重要な違いを曖昧にし、隠そうとしたなら、わたしたちは労力を有効に使うことはできなかったと思います。余りに多くの国際会議が、わたしの考えでは、根本的に異なった見解を結合しようと意図した無色のまたは玉虫色の報告書を作ることによって、無駄なものに終わっています。

そこでわたしたちは、三つの別々の文書を提示しています。最初のまた最も長い文書は、細かい点についての留保はいくらかありますが、会議メンバーの大多数の支持を得ています。

ノガロ氏の宣言もまた多数の基本的賛同を得ています。もっとも、多数の人の勧告では、ノガロ氏の結論を超える綿密な見解が表明されていますが。

アンショー氏の主導によって宣言をまとめた四人の経済学者もまた、為替安定に向けての共同政策に賛成であり、国際貿易の制限に関するわたしたちの勧告の後半部分に同意しています。しかし彼らはドルとポンドの安定が、第一歩として必要であると考えています。

多数見解の原文は、すでにあなた方の前にあります。そこでは、国際経済関係の改革と再構築のための広範な提案が建議されています。

純粋に学問的で、それを現実の世界に適用する見込みがほとんどないものについては、残念ながら勧告を見送ることにしました。わたしたちの勧告は、もしそれが賢明であることを世界の政治家に説得することができるなら、すぐにでも実行可能だと信じます。

既にお聞きのように、前半の段落はわたしたちが望ましいと考えている安定化の種類と基準、安定化の可能性の前提条件そしてそれを達成する技術的手段を扱っています。しかし一〇番目の節では、為替防衛の措置はそれ自体が目的ではなく、世界経済の全般的回復につながるような、各国によって別々に行なわれる経済政策の土台であると、わたしたちは考えていることを説明しています。

最後の段落においては、お聞きのように、前半の段落の場合よりももっと完全な意見の一致があり、わたしたちは、より一層の貿易自由化に向けて採用されたらよい方策の問題に移りました。現存する関税や貿易制限の中には、意図的な国家政策の反映であるものもあります。こうしたものは、わたしたちの権限の範囲外と考えました。しかし、それ自体としてはどの国も望んでいないような制限、特に為替取引に影響する制限が多く存在します。これらは、意図的な国家政策の表明ではなく、単に異常な時期における不安と抗しがたい実践上の困難の反映にすぎません。

もしわたしたちが、こうした決定的に重要な問題に関する健全な世論の発展や、改善のための方策についての専門的理解の促進に、ほんの僅かでも貢献できるなら、わたしたちの努力は無駄ではなかったことになるでしょう。

わたしは、手厚いもてなしと極めて手際がよくて親切で融和的な会議の運営に対して、再び大統領に感謝を申し述べたいと思います。

◆ケインズはアントワープでの彼の見解を拡張して、その秋に『ロイズ銀行月報』で発表した。

『ロイズ銀行月報』、一九三五年一〇月号

外国為替の将来

外国為替の問題は、この一〇年間にわたってこの月報の紙面でも他の所でも徹底的に議論されてきました。そしてそこでの主要な問題は、以前に比べてずっとよく知られています。その結果、海外ではそうでもないですが、わが国では一九二五年と比べてずっと大きな全般的合意が得られるようになってきたと、わたしは考えています。勿論、世論は全員一致というにはほど遠い状態です。しかし今日では、ごく最近まではそうではなかったのですが、一連の試案的な結論が存在するのも確かです。それは、まさしくイギリスの観点と表現でき、多くの銀行家、実業家、政治家、行政官、経済学者によって共有されている結論です。以下においてわたしは多分、少なくとも詳細においては、合意された立場と呼べるものを超えて話を進めることになるでしょう。しかしわたしがこの問題をその角度から分析しようと努めている一般的観点そのものは、わが国では今日広く普及しているとわたしは信じています。

I

恒久的政策は論じる価値がありますが、それ以前に満たされねばならない最初の条件は、そこから出発する事実上の為替レートが合理的な均衡になければならないということです。このことについては非常に正確である必要は必ずしもありません。指数に基づいた有名な外国為替に関する「購買力平価」説に信頼を置いている人は、今や誰もいません。一方では、一国の国際収支上の所得勘定を、現存する天然資源、設備、国内外の技術やコスト（特に賃金コスト）、正常な雇用水準や関税等々といった国家政策の恒久的特徴となるものを基礎にして、考察しなければなりません。そして他方では、今後二、三年を平均して当該国の長期の対外貸借（多分、むしろ古い借款の返済や返済の受け入れ）を行う心構えや能力がどの程度になりそうかを考察しなければなりません。どちら側にも過度の負担を掛けず、（取引差額についての）金の大規模な移動も生じさせない為替レートの組み合わせは、われわれの考えている均衡の条件を満たすものです。このことは、重圧をもたらさずに際限なく続くと信頼できる為替レートの組み合わせを見つけ出せる、という意味ではありません。様々な中央銀行が重大な懸念なしに当分は受け入れることのできる組み合わせを見つけ出せれば、基本的条件に相当の変化がない限りは、それで十分でしょう。そうしたレートの組み合わせは、公平な立場の人々によって発見可能でなければならないだけでなく、中央銀行にとって受け入れ可能でなければなりません。もし各中央銀行が安全策をとることを主張するなら、妥結は不可能でしょう。というのは、ある中央銀行にとっての安全策は、他のすべての中央銀行にとって危険な策であるからです。最初のレートの組み合わせを直ちに会議で取り決めることができるとは、考えられません。そうした会議は、現状では、馬の持ち主が変わるわけではないのに、馬の取引のための展示会を提供するといったものにすぎないでしょう。最初は、事前的保証がない中での、誠実に行われる試行錯誤のプロセスによって到達されねばならないでしょう。成功の試金石は、為替制限、輸入割当、特例関税等々といったことが、すべて自発的に撤廃されるかどうかにあります。こうした措置は、国家政策の恒久的特徴としてそれ自体として望まれたのではなく、収入内で何とかやりくりするためか、デフレによる失業を和らげるための、死にもの狂いの行動であり、当局の極端な不安の表明です。

さてこの実験期間の開始は、現状では、合衆国の政策に関連して講じられた金ブロック諸国の政策によって遅らされています。というのは、現在の為替レートは、ドルと比べて金ブロック諸国の通貨を過大評価していることは確かです。その結果、ポンド・スターリング圏の側では、両方に対して均衡を達成する政策はありえないからです。そこで実験期間は、金ブロック諸国が彼らの通貨の金価値を変更するか、他の方法で不均衡をうまく是正するまでは、始めることさえできません。後者の解決策は、考えられないわけではないと思います。例えば、すべての貨幣賃金を適切な比率だけ有効に切り下げる法令があれば、実現するかも知れません。しかし、それはほとんどありえません。その上、今金ブロック諸国が採っている政策は極めて激烈なものですが、賃金を除外して他のあらゆるものを攻撃している限りは、間違った理論に基づいています。これらの諸国は現状では、状況が明らかに耐えられなくなるまで、自分自身を厳しく罰することに没頭しているように思われます。通貨の金価値を変更するという常識に基づく是正策が最後になって採用される時には、余りに耐えられない状況のために誰かが責任を負わされることなどあるはずがない。

しかしながら、是正策が採られ、実験期間が長く続き、当分はどの国にも過度の負担をかけることなく維持可能な水準に為替レートが落ち着いたと考えてみましょう。試金石は、わたしが述べたように、極端な不安の表明であり意図的な政策ではない、財や貨幣の動きを妨げる措置が自主的に撤廃されるかどうかにあります。この段階に到達した時には、二つの問題がさらに解決されねばなりません。（一）短期的変動を最もうまく避ける方法、そして（二）持続的不均衡がもし生じるなら、その時どう対処するかの問題。

Ⅱ

短期的変動ということでわたしが言おうとしているのは、例えば次のようなものです。季節変動、究極的には貿易収支によって賄われるものであるが、その貿易収支と正確には同調していない対外貸出、公定歩合の内外格差の下での短期資金の一時的動き、といったことに由来するものです。

こうした作用に由来する為替変動を避けるための第一の条件は、各中央銀行が安心して手放すことのできる自由な金を経済的重要度に応じて十分に持つべきだということです。現在の金の総量は、この目的に必要なものをずっと上回っています。しかし不幸なことに、金の分布はかつてなかった程に偏っています。国際決済銀行ＢＩＳの最近の報告書によれば、金の総量の巨大な増加にもかかわらず、圧倒的多数の中央銀行は一九三四年においてさえも結局金を失っていることが示されています。しかしながら、この限られた目的のための資金提供が、ＢＩＳを通じる中央銀行間の国際協調のための適切な目標であることは明らかです。もし資金をプールする装置が存在し、それを使って一つの銀行がＢＩＳの貸方から金額を引き出すのであれば、巨大な金額は必要ではありません。平衡基金は受取銀行によって動かせるものではなく、この銀行のＢＩＳへの貸方に留まらねばならないでしょう。もし資金をプールする装置が存在し、それを使って一つの銀行によってＢＩＳ平衡基金の貸方から引き出された金額が受取銀行によって持ち出せるものではなく、この銀行のＢＩＳ基金の貸方に留まらねばならないのであれば、巨大な金額は必要ではありません。しかしＢＩＳ平衡基金の最初の原資は、勿論世界の金の大部分を保有している中央銀行によって提供されなければなりません。この装置は、その一般的特徴は前の文で十分に示していますが、止むことのない資金流出といった緊急事態に対処することを意図したものではないし、そうした目的にはまったく不適当でしょう。

すべての中央銀行がこうして妥当な最初の基金を供与されるなら、以下のような技術的方策があれば、根の深い不均衡に由来するものではない変動を均すための制御手段の兵器庫が完成するということを、わたしは提起したいと思います。

（1）金輸出入点間の適度に広い隔たり：イギリスの平衡基金の技術は、程々の範囲内での変動に関しては、どうすれば市場の力を安定化のために利用できるかを示しました。隔たりは、次の状況をもたらすのに丁度十分な広さがなければなりません。送金を遅らせることが利益となる立場の人々にとっては、自国為替がもっと強い状態に戻るまで送金を遅らせることが利益となり、そして反対方向の立場にある人々とっては送金を早めることが利益となる、それに丁度十分な広さでなければなりません。

（2）直物為替と同様、先物為替を中央銀行（または平衡基金）が取引すること：この方策はずっと以前にジェノバ会議で推奨されたものですが、それの大きな技術的利点は決して正確には理解されてきませんでした。多分、先物為替に対する直観的理解が銀行家の間においてさえも稀だからでしょう。中央銀行によって値付けされた先物取引のプレミアム（またはディスカウント）の変動によって、対外取引のための実効公定歩合を国内取引の実効金利と違ったものにすることができます。国内の状態にとって適切な短期金利が対外的状態にとっては不適切なものになってしまうといった状況がしばしば生じますが、そうした時に、公定歩合政策をどのように運営すべきか中央銀行はジレンマに陥ります。しかし、自国通貨を先物で直物価値に対して適切なディスカウントで売りに出す（または直物レートに対してプレミアムで買いを申し出る）ことによって、国内の借手に課せられる金利を何ら変更することなく、中央銀行は、海外資金の現実のまたは潜在的な保有者に対する短期金利を正確に自らが望む水準に設定することができます。

さらにこれは、中央銀行間の非公式の協調にとって特に適した事柄です。中央銀行が先物市場での操作をやりたがらないのは、部分的には投機の影響に対する彼らの習慣的な（時には責任に対する言い訳探しによる）過大視によるものかもしれません。投機の促進という懸念は、実際のところ、根深い不均衡に抵抗する手段としてそれを使用することへの反対の賢明な理由でしょう。しかしわたしが先物の利用を薦めているのは、不可避なことを先送りする目的のためではありません。

（3）スプレーグ教授〔訳注1〕の提案の採用：金残高の保有は中央銀行の独占にすべきこと、金取引で認められるものは、鉱山から中央銀行へとある中央銀行から他の中央銀行へだけにすること。これは既に合衆国の立場であり、そして英国の現在の規制はそうした方向へ途中まで進んでいます。

（4）新規対外貸出率についての杓子定規ではないが、厳格なコントロール：対外貸出とその結果生じる所得勘定の対外収支との間の深刻な不均衡から生み出される重圧を避けるためです。この方法によってのみ、国内金利に対する十分な自律性を確保することができます。明らかに杓子定規なケースが一、二ありますが、イングランド銀行や大蔵省が近年実際に行ったコントロールのやり方に対する批判には、わたしは与しません。彼らは、われわれの経済の恒久的な特徴となるであろう方法を発展させつつあります。豊かな社会で完全雇用を維持する唯一の方策として、もしわれわれが非常に低い国内金利を受け入れるなら、対外貸出の規制がより厳格化されねばならない、といった状況が将来恐らく生じるでしょう。

読者は、戦前の政策の主要手段であった公定歩合や国内信用量の変更を、わたしが提唱する手法からわざわざ除いていることに注意すべきです。これらの手段は、為替規制の方法としては完全に放棄されねばならないということは、戦後の経験からの明白な教訓です。それらの手段は、それが成功するには今ではもう存在しないある特別の条件が必要だったし、戦前の時期においてさえも大きなダメージに対して責任があったのかもしれません。それらの手段は、将来において国内の状況、特に雇用状態に関してのみ使用されるべきである、ということが本質的なことです。

しかしながら、上記の手法は十分に狭い範囲内では事実上の為替安定をもたらし、通常の如何なる状況でも、また多分何年間にもわたって安定は維持されうるとわたしは信じます。しかし、今や問題の最も重要な点に差し掛かっています。われわれがこれまで考えてきた狭い範囲を越える通貨の金価値の動きを、決して許容しないような永続的な企てに取り組むことは、賢明で分別のあることでしょうか。

Ⅲ

為替の不均衡が再び甚だしくなるかまたは深く根ざしたものとなり、上記の方法では対処できなくなる時がくるだろうことは、明らかです。こうしたことは、ある意味ではわれわれ自身の失敗である国内的理由から生じるかもしれません。例えば、生産性向上によって相殺できない貨幣賃金の上昇とか、富裕層の側が政治に対する信頼を失くし、富を海外へ逃避させる動きを引き起こすとか、戦争の恐れといったものです。他方、われわれのコントロールできない、対外的交易条件やわが国の国際取引の全般的動向を激しくかつ多分永続的に撹乱するような、何らかの外的要因によって生じるかもしれません。そうした状況において、通貨の金平価を変更すること以外の利用可能なあらゆる手段を、経済的、政治的にそれがどんなに有害であろうが、使用すると誓う覚悟がわれわれにあるのでしょうか。自信をもって、それは否でしょう。今日ではそうした方策をやろうと考えている人は、ほんの僅かしかいません。

〔訳注１〕　ハーバード大学の「銀行と信用」講座の教授。イングランド銀行の経済及び統計のアドバイザーも務める。

そしてそうした人でさえも、緊張が高まった時には多分放棄してしまうような誓約を催促することには、躊躇するでしょう。ＢＩＳの理事会が、（最近の報告書におけるように）固定的金平価体制へ復帰しようと考える時には、彼らは非現実的な世界、ばかの世界に住んでいます。

最も穏やかで、最もありそうな事態について考えてみましょう。金で測った生産コストの国内外での相対的水準が徐々に拡大すれば、均衡のためにはわが国通貨の金価値の変更が必要となります。そうした状況では、それがわれわれ自身の失敗であれ、海外のある国の行動に由来するものであれ（はたまた複雑な諸要因の累積的な結果に過ぎないものであれ）、為替を変更するか賃金水準を無理やり変化させるか以外には、可能な対応策は存在しません。しかし、中央銀行が公定歩合や信用削減という手段で賃金水準切下げのために闘うのは、政治的にまた経済的に愚の骨頂でしょう。多分、わたしとモンタ－ギュ・ノーマン氏とのマクミラン委員会での短い対話を思い起こしてもさしつかえないでしょう。

Ｊ・Ｍ・ケインズ氏：わたしの考えていることは、公定歩合に関する多かれ少なかれ受け入れられた理論であり、それは二つのやり方で作用します。それは今日描かれているような国際状況に対して影響力を持っており、またその価値は本当のところは国内状況に対する影響力も持っているということです。国内状況への作用の仕方は、公定歩合引上げは信用を削減するということ、信用削減は事業を縮小させ、失業を引き起こすということ、そして失業は賃金や生産コストを全般的に引き下げるということです。……

モンターギュ・ノーマン氏：あなたが仰しゃったように、それが正統な理論であると考えるべきなのでしょう。長期的観点からは、そしてそうしたものとしては、わたしはそれに同意すべきなのでしょう。それについてわたしはあなたと論争したくはありません。

過去においてはそうではありませんでしたが、今日では次のことが理解されています。公定歩合と信用縮小という手段は、それが雇用を減少させる限りで、またこうして引き起こされた失業が十分に激烈で長期化し、結局は貨幣賃金の切下げを強制するものであるならば、そうした場合でのみ基本的な国際的不均衡を直す手段として成功しうるということです。その作動様式についてのこうしたより優れた理解の結果として、それがこうした目的に再び使われるとは、わたしには考えられません。賃金が法令によって決めることができるものでないなら、スターリングの金での固定平価を受け入れることは、われわれがこうしたことに身を委ねるということに他なりません。

われわれは、次のことに決意して取り組むことができるし、すべきでしょう。（ⅰ）ある範囲内での短期的安定を維持すること、（ⅱ）特別の重圧下の状況でなければ、外国貿易での競争上の利益を得るためだけに通貨切下げに頼ることをしないこと、（ⅲ）合意された短期の範囲から外れる前に、苦しんでいる重圧の激しさに関する何らかのテストを受けること（型にはまった方式については、わたしは少し不信を持っていますが）。しかし突然で激烈な重圧か、または徐々に進行し持続する重圧を取り除くのに必要なら、どんな非難にも晒されずに、何でも行う最終的な判断の自由は留保されなければなりません。

中央銀行間の全幅の信頼と真の協力があれば、厳格な固定平価は国際貿易にとって必要ではありません。そうした条件が満たされねば、厳格な固定平価は危険であるだけでなく、まったく信頼できません。過度の負担をかけることなく、協力者に最終的な個別的判断の自由を認めるならば、協力はずっとうまくいくでしょう。

わたしはこれまでずっと、金が国際為替の基礎であり続けると考えてきました。それは、中央銀行は金で準備を保

418

有し続け、金輸出入によって他の中央銀行との収支尻を決済する、という意味です。唯一の代替的手段は、スターリングかＢＩＳのある種の銀行貨幣でしょう。しかしどちらも、今日では世界システムの基礎としては実用可能ではありません。

最後に一つの問題に触れるべきでしょう。イギリスの為替平衡基金の運営は、異論なく完全な成功を収めています。それはさらに、変動平価での為替管理における重要な実験であり、為替技術についてのわれわれの知識に付け加えられ、為替管理が恒久的政策として成功する可能性についての確信を大いに強めてきました。しかし、それには一つの重大な批判の余地があります。つまり、取引の内容や規模に関して厳守されてきた秘密主義という点です。この秘密主義は重大な誤りだと、わたしは確信します。この国が金準備の大きさや金流出入の動きを隠すなどといったことは、伝統からの異常で不健全な逸脱です。こうした行為が各中央銀行によって広く行われ、世界の金の分布がほんの漠然としか推測できないようになってしまう状況を想像して下さい。一国の金準備の流出入の動きは、最も重要な経済指標です。貿易統計表や国民所得や支出の数字を隠す方がまだましです。もし金移動が隠されるなら、十分な情報に基づく議論による利益は失われます。そして意思決定に責任のある人々の中でさえも、ほんの一人二人を除いた他の人すべては決定的に重要なデータを欠いており、当て推量に頼らざるをえなくなります。もし投機がその理由として持ち出されるなら、ゴシップやうわさによって生半可に説明された秘密や神秘化によってこそ、投機は助長されるのです。最近のＢＩＳの報告書が指摘しているように、イギリスの平衡基金の秘密主義は、金や通貨の国際統計を混乱させています。しかしとりわけ、わが国のやり方や動機に対する世界的疑念を引き起こしています。わたしが思うに、それにはまったく根拠がなく、公表によって速やかに晴らされるでしょう。平衡基金は海外では、あらゆる種類の狡猾で利己的な政策を行う機関と信じられています。そうした疑念は、根拠がないとしても、まったく当然のことです。

皆が関心を持つ問題に関する秘密主義と隠蔽の上には、健全な国際為替政策を築くことはできません。

◆秋にはアビシニア地方へのイタリアの侵入に伴い、ケインズは経済制裁の問題に立ち戻った。

『ニュー・ステイツマン・アンド・ネーション』誌、一九三五年九月二八日

経済制裁

イタリアに対する顕著な効果を発揮できる制裁は何であれ戦争と同じであるという信念が、他の点では見方が異なる複数の筋に、幅広く広がっています。ガービン氏は、今週の日曜日の『オブザーバー』紙で「ヨーロッパの戦争と世界の戦争は共に、他の大国に対する強圧的制裁という形でのイギリスの積極的介入から始まるだろう」と書いています。『ニュー・ステイツマン・アンド・ネーション』誌によって出版された『アビシニア』というパンフレットでは、「わが国が参戦せざるをえなくなるだろう戦争の前夜にわれわれがいるのは、ほぼ確かだ」と述べています。ガービン氏のいう「強圧的」制裁という言葉は曖昧であり、「経済」制裁をわざと除いているのかもしれません。それがどうであれ、現段階ではわれわれは、「戦争行為という色彩がある」という意味で「強圧的」と解釈されうる行動を検討する状況からは、はるか離れた地点にいる、あるいは少なくともいるべきである、とわたしは主張したいと思います。というのは、比較的穏便な「経済」制裁の効果はひどく過小評価されている、と考えるからです。

イタリアが侵略行為に突き進むとしても、国際連盟の権威と助言で行われる経済制裁は、以下に述べる二つの点に限定されるべきだと考えます。イタリアが、こうした制裁を戦争行為と見なし、国際連盟の列強に対して戦闘行為をとるほどに狂ってしまったことが示される場合にのみ、われわれは次の措置を考えるべきです。

まず第一に、国際連盟の列強は専門用語で「内政による」制裁と呼ばれている、自国民によるイタリアとの商業的・金融的取引の禁止を行うべきだと考えます。イタリアに対する経済封鎖は行われるべきではないし、内政による制裁に参加しない諸国の国民とのイタリアの貿易も妨げてはなりません。数カ月経てば、特にイタリアのケースでは、すべての潜在的供給源が断たれるよりも、いくつかの主要な買い手から締め出されることの方がもっと被害が大きくなるでしょう。

第二に、わが国を含めた国際連盟列強、またはその中の少なくともいくつかの国は、すでに国際連盟総会で原則的に承認され、批准を待ってジュネーブに預けられている金融支援協定原案をすぐさま批准すべきです。この文書は、紛争で権利を侵された側に対する保証付きの国際連盟のローンのための、驚くほど単純な計画を提示しています。少数の国際連盟列強が批准に加わるのであれば、すべての列強によって批准されることが不可欠というわけではありません。列強間の紛争という事態において、この協定が有効であるかどうかには疑問があります。しかしアビシニアの問題は、ほとんど理想的な適用機会を提供しています。第一段階での、(例えば)一千万ポンド程のアビシニアへの貸付は、勿論、武器輸出の解禁と組み合わせて、軍事行動とその大体の継続期間の様相を一変させるのに十分でしょう。

これらの措置のどちらも、どんな意味においても戦争行為ではありません。こうした措置に直面して、主要な国際連盟列強の一つないしそれ以上の国に対して、イタリアが宣戦布告を決意する可能性を、総統〔イタリアのファシスト党首ムッソリーニの称号〕の精神的安定性に関して広まっている疑念を考慮すれば、まったく排除するべきではありません。しかし、そうした対応は合理的な計算による行動と考えることはできず、唯一の結果をもたらすだけです。

上記のような比較的穏便な措置が十分な圧力を及ぼすものでしょうか。そうではない状況が、容易に考えられます。しかし現在の状況では、そうした措置はことのほか適切なものです。イタリアの金融的・経済的状況はすでに、ほとんど絶望的です。最も好ましい状況においてさえも、軍事行動が長引いてしまわないかという恐れがすでに深刻です。とりわけ、イタリアは自国国境に隣接しており、ほとんどすべてイタリア国内から物質の補給ができる地域で軍事行動を行うことはないでしょう。イタリアは、おびただしい派遣軍が海外の遠く離れた、何ものも、水でさえも補給が受けられない国で軍事行動を取るという、恐ろしい重圧に直面しています。現状は、まれな状況ではありますが、イタリアの経済的・金融的力のちょっとした弱体化と敵対する国のちょっとした強化が決定的な点に近づくという状況です。イタリアはすでに愚かな危険を冒しつつあり、国際連盟の行動がそれを気違いじみた行為に転化することもありえます。

スエズ運河閉鎖の問題が残っています。もし国際連盟がそれを命令する権限を持っているなら、この問題ほど決定的なものはありません。その問題をハーグ国際裁判所の司法判断に委ねる価値があるかもしれません。判決は好ましいものになりそうもないと、素人目には思われます。しかしながら、このことは、イタリアが国際連盟列強に宣戦布告した場合、スエズ運河を公式に閉鎖しなくてもイタリアを運河利用から締め出すことができる、という決定的な点には影響しません。そのことは、もし分別ある判断力を持つ人で、独裁政権下の当局の中で生き残ることができる人がいるなら、戦闘地域を拡大させない強力で、本当に圧倒的な理由となるに違いありません。

◆一〇月二五日ボールドウィンは議会を解散し、総選挙を一一月一四日に行うことにした。それより少し前の一〇月一六日に、ハーバート・サムエルは「国家の必要な要素として」自由党を維持するために資金的援助をしてもらえないかと、ケインズに申し込んできた。

ハーバート・サムエル宛書信、一九三五年一〇月二三日

親愛なるサー・ハーバート・サムエル

お手紙ありがとうございました。しかし、ああ、悲しいかな、わたしには自分の立場がどこにあるのかほとんどわかりません。多分、自由党と労働党の間のどこかでしょうが、ある面では後者の左翼の方でしょうし、わたしの最も強い確信を今現在真に代弁する人がいるとは思われません。次の議会で上記二つの政党のどちらかがわたしの確信をより強く代弁してくれるなら、わたしはうれしく思います。しかしあなたがわたしに寄付を依頼してきた時、他の状況であれば喜んでそうしたでしょうが、残念ながら、それはお金を投げ捨てるようなものだと感じざるをえませんでした。わたしがこう感じるのは、多分、あなたが手紙の中で大変適切に強調しているもの、つまり自由党を独立した主体として維持するという問題に対して、わたしが本当には同意していないからでしょう。わたしが間違っていたということになるかもしれませんが、これが望ましいことだとは確信を持てません。

敬具

［イニシャルのサインつき写し］J・M・K

◆実際、ケインズが選挙中に与えた支援は、コーリン・クラークが候補者であったサウス・ノーフォーク選挙区の労働党に対する二五ポンドの献金のみであった。彼はまたクラークの代理人に支援の手紙を書いて送った。

W・B・グッドボディ宛書信、一九三五年一〇月三一日

お手紙ありがとうございました。もしサウス・ノーフォーク地区の自由党員でわたしの意見を聞きたいという人がいるなら、躊躇なしに、わたしはコーリン・クラーク氏への投票を薦めるでしょう。わたしは、クラーク氏は並み外れて有能な議会のメンバーになるだろうと考えます。彼にはそれに必要な知識があり、労働党と自由党に共通する多くの目標を実行に移すのを大いに助けてくれるでしょう。もっと以前に立法化の主題とされるべきだった社会的・経済的問題に対して、彼がもたらした思慮分別のある知識のバックグラウンドを、わたしは特に強調したいと思います。

敬具

［イニシャルのサイン つき写し］ J・M・K

◆その年の終わりに彼は『コスモポリタン』誌に世界平和に関するメッセージを書いた。

世界平和には二つの条件が必要です。平和に対し本物のかつ不動の意思を持つ国々は、平和を守るために団結しなければなりません。それらの国の共同行動は、賭博師か狂人でもなければ試そうとはしないほど、戦争の危険が大きいという強い印象を与えるものでなければなりません。国際連盟は、これまでに設置されてきた限りでは、すべての国が同じく平和と正義を望んでいるという間違った前提に基礎を置いてきました。それ故、真に平和を愛する国だけでなく、すべての国を包含することを目的としてきました。最近までは、すべての国が少なくとも平和を求める振りをしてきました。しかし今日では、あからさまに公然と戦争を求める国が現れてきています。こうしたことが国際連盟を徐々に進化させ、連盟が真に平和を愛する国だけを包含するようになってきているかもしれません。こうした方向での発展は、歓迎されるべきであり、弱さではなく強さの増大の源となるでしょう。今日において軍備縮小を議論するのは無益です。反対に、国際連盟諸国はより強大な軍事的・経済的力を、もし可能なら協定違反者よりもずっと強大な力を保持しなければなりません。しかし、ああ悲しいかな、これは夢物語です。というのは、平和を愛する諸国の新しい連盟は、それが合衆国を含まないならば、無力となるからです。しかし、これは不可能な事だと言われています。合衆国は、外部の紛争に巻き込まれることを非常に恐れ、自分たち以外の世界や文明それ自体の運命からさえも非常に距離を置きたがっているので、必要な関与をしようとはしません。

◆一九三六年の間、ケインズの活動のほとんどは『一般理論』の出版とそれについての議論（ケインズ全集第一四巻と第二九巻）を中心に行なわれた。ただ彼はまた、W・S・ジェボンズとH・S・フォックスウェル（ケインズ全集第一〇巻）に関する二つのかなりの分量の論文を準備し、文学に関する放送を行い、「芸術と国家」（ケインズ全集第二八巻）に関する論文を執筆し、芸術劇場を軌道に乗せるために力を尽くした。

◆しかしながら、彼は他の問題にもいくらか携わった。こうして以前と同じように、二月一九日のナショナル・ミューチュアル生命保険会社の年次総会での所信表明において、彼は引き続き低金利政策を強く求めた。

長期金利

二年前、わたしは長期金利がさらに低下すると予想される理由を述べました。昨年わたしは、現状は反対方向に作用する二つの力の狭間にあると思われたことから、ずっと不確かだという話をしました。そして現行金利の持続に対するより強固な確信と結び付けることで、現在の状況を強固なものにすることが最も必要とされている、という結論を下しました。今年の見通しはどうでしょうか。

将来の見通しについて語る時、公共利益の面で最も望ましいと考えられることと現実の状況で最も起こりそうだと思われることとを明確に区別することが、非常に難しいことがしばしばあります。というのは不幸なことに、最も望ましい事態が必ずしも現実に最も起こりそうな事態ではないからです！　そこでこの機会に、わたしの主たる関心は、どんな政策が最も賢明かという問題にあることを説明したいと思います。

もし現在の相対的に（絶対的ではないが）満足すべき状態が今後の反動から守られるべきであるなら、長期金利の一層の低下が——長期金利の低下がその効果を十分に発揮するには、相当の期間がかかることを忘れてはなりません——至急に必要なことは確かだと思います。しかし当然ながら、こうした結果はどのような手段によって実現可能かを訊ねるべきでしょう。この問題に答えようとするに当たって、あなた方の注意を喚起したい考慮すべき事柄があります。

大蔵省と短期金利

短期資金は今日極端に低利です。しかし、長期金利を引き下げるのに要求されるのは、将来の短期金利に対する確信です。ところで、大蔵省の政策はそうした確信を促進するのにふさわしいものではありません。彼らは五年から一〇年の満期の債券を発行したがらず、短期金利が極端な低利であるにもかかわらず、短期債務を熱心に減らそうとしているように思われます。大蔵省は、銀行や短期金融市場に対して彼らの健全な事業運営上明らかに必要とされる種類の証券を欠乏させており、また必要以上の高い金利を支払っています。

例として、直近の債券発行を取り上げてみましょう。大蔵省は五年満期を一½パーセントで、二五年満期を二¾パーセントで同時に借り入れました。その発行代金の一部を、コストが½パーセントである短期債務の返済に充てました。短期金利が低水準に留まり続けることに彼ら自身が確信を持たないということ以外に、長期債発行に合理的根拠はありえません。彼らは状況をほとんどコントロールしているわけですから、大蔵省が予想していると思われることによって、つつましい庶民が影響を受けるのは当然のことです。それ故、大蔵省自身が短期金利の将来に確信を持っていることを示すべきであるということと、低金利をしばらくは維持すべきであるということは、少なくとも同程度には重要であると考えます。

銀行貨幣の供給

長期金利を引下げる（短期金利の将来に対する確信以外の）その他の主要な要因は、社会の流動性需要を満たすのに十二分の銀行貨幣の供給です。以下の数字は示唆に富んでいると思います。一九三二年の最終四半期にイングランド銀行の公開市場政策は、銀行預金量を前年同期より全体で一二パーセント増加させる効果を持ちました。同じ期間に生産指数や物価指数は共にわずかに低下しつつありました。その結果、固定金利債の価格はこの間に三三パーセント上昇しました。

二年後、生産指数はかなり上昇し、物価指数はわずかに上昇したにもかかわらず、銀行貨幣の量はほとんど変化しませんでした。それにもかかわらず、部分的にはイングランド銀行の以前の政策の遅れた効果のために、固定金利債は約一二パーセントさらに上昇しました。昨年、イングランド銀行は再び銀行貨幣の量を約六パーセント増加させました。これは疑いもなく正しい方向への動きでした。しかし、それは、長期国債の価格水準を維持するのにも必ずしも十分ではなかったし、ロンドンとケンブリッジの生産指数（商務省指数はまだ入手できません）が一〇パーセント上昇し、卸売物価指数が四パーセント、生計費指数が三パーセント上昇したという年において、長期国債の上昇傾向を持続させるには到底十分ではありませんでした。

全体の結果は、一九三五年末を一九三二年末と比較して、生産指数が三三パーセント上昇し、卸売物価がほぼ八パーセント、生計費がほぼ四パーセント上昇したにもかかわらず、銀行貨幣の量はわずか六パーセントしか増大していないということです。勿論、考慮に入れねばならない他の多くの要因が存在します。そしてこれらは、長期債価格の保たれ方を考えると、長期債にとって好都合なものであったに違いありません。しかし、もし長期金利の一層の低下を望むのなら、銀行貨幣の量をさらに増大させる時が来たことは明らかです。勿論、増大は毎週非常にゆっくりとほとんど人目につかないものでなければなりませんし、それと同時に、銀行が相当量保有するのにふさわしい満期の国債の供給が増加しなければなりません。

大蔵省とイングランド銀行の対策

大蔵省とイングランド銀行は、正しい方向へ大規模な対策をすでに実施していることに関して、疑いもなく大きな賞賛に値します。もっと多くのことを彼らが成し遂げていないのは、わたしが思うに、主として、望ましいと考えていることを達成する自分たち自身の力を過小に評価しているためです。彼らの利子率への影響力には、ある重要な限界があるのは確かです。しかしこうした限界に達しているかどうか、わたしには疑問です。二つの主要な限界は、それぞれ対外的なものと国内的なものです。公衆が国内貸付と同様に対外貸付を実質的に自由に行える限りは、国際収支を大きく攪乱させることなしには、海外金利との正常な均衡水準以下に国内金利を引き下げることは明らかにできません。

戦前には、この限界は極めて重要なものでした。しかし、為替がもはや金と結び付いていないことにより、イングランド銀行が外債の発行量を見事にコントロールしていることにより、そして以前の大規模な借手の多くが信用力を低下させたことにより、状況は大きく変化しました。この要因が金利の更なる低下の妨げになると、今でも考えるべきではありません。万一、為替平衡基金の資金がほとんど尽き果てたと言われるならば、わたしは考えを変えるかもしれません。少なくとも、対外投資、特にアメリカ株式への投資の規制強化を擁護するという程度には、わたしの考えを変えるかもしれません。しかし、こうしたことはありそうにないと思います。

もう一つの、国内的限界は、実践的目標上での完全雇用状態というものに達した時に、作用することになります。そうした状況においては、金利の一層の低下は経常的生産物を求める競争を刺激するだけであり、物価のインフレ的上昇を引き起こすことになります。戦前の理論は、こうした事態が正常な状態だと考えていました。それが現実ならどんなによいでしょう！　しかしながら現実には、こうした幸せな状態にはわたしたちはまだ達していません。それが現実になる時には、金利はさしあたり十分に低下してしまっていることでしょう。

産業の株価

必ずしも満足すべきではない別の特徴が、金融情勢には見られます。それは、イギリスの産業普通株の相対的価格水準が非常に高いということです。これらの株価は、現在の産業活動が無期限に続くだけでなく、相当程度さらに改善されると推定しています。多くの人々はこうしたことを本当に信じているのではなく、一人一人は適当な時に他の人にうまく押し付けることができるだろうと思っています。現行水準よりそれほど低くない株価は、長期金利が新しいタイプの資本拡大を早めるのに十分に低下するようなことが万一あれば、正当化されるかもしれないということは確かです。しかしながら、国債と産業普通株との現在の相対的水準から判断すると、もし価格の修正が行われないなら、後者の保有者にとって最終的に失望に終わると思われます。

一流の固定金利債は今日、長期的に見れば、イギリス産業普通株の全般的状況と比べて安いと主張することは、社会に広まっている風潮と合致していません。政府の大規模な軍事支出の見通しは、まったく正反対の結論を導くと考えられています。わたしが示している見解は、実際時期尚早かもしれません。しかし、たとえ今はそうでないとしても、恐らくすぐにそうなるでしょう。

◆ケインズの所見は『タイムズ』紙のシティ通信で論評の対象となり、それに対し彼もすぐに意見を述べた。しかし、新聞社の事務部局の混乱のために、ケインズの手紙は活字になることはなかった。

『タイムズ』紙編集者宛書簡、一九三六年二月二一日

拝啓

ナショナル・ミューチュアル生命保険会社の年次総会でのわたしのスピーチに対する論評は、貴社の今日の『シティ通信』に掲載されていますが、倫理面や数理面で非常に奇妙な結論を含んでいるので、論評しないで見過ごすわけにはいきません。

過去においては銀行貨幣量の変化は、わが国の中央銀行準備への金の流出入に主として依存していました。今日これらの動きは、為替平衡基金によって吸収され、貨幣量に対して何の影響力も持っていませんし、その大きさやその方向さえも知られていません。かくて、銀行貨幣の量は、貴紙の記者が「貨幣的操作」と呼んでいるものだけに依存しています。過去四年間のこの操作の大まかな輪郭を示す数字を、わたしは挙げました。イングランド銀行と大蔵省は、この問題の全体的な取り扱いに関して大きな賞賛に値すると言いましたが、細かい点について特にこの数カ月に関しては、あえて批判的意見を述べました。しかし貴紙の通信記事を書いているリップ・バン・ウィンクル氏〔訳注2〕は、これがこの数年間のわが国の実際の貨幣制度であることに気づいていないようで、わたしのよこしまな提言だと看做しています。一〇年前とまったく同じように。その時には、おそらくその通りだったのでしょうが。今日では、イングランド銀行の信用創造政策をどのような基準で決定すべきかという問題は、もはや学問的問題ではなく、日々の実践の問題です。

それ以降の議論はもっと奇妙です。「大蔵省がイングランド銀行の機構を通じて信用を創造すべきだという提案は、通貨問題の倫理的側面に無頓着であることを示しており、それはまったく驚くべきことである」と彼は書いています。

イングランド銀行総裁や大蔵大臣に対してこの類の非難をすることは、相当遅きに失しているのではないでしょうか。そして、どうしてわたしを引っ張り込むのでしょうか。わたしは、イングランド銀行は一九三二年、三三年に信用を一二パーセント拡張させ、昨年は六パーセント拡張させたことを示し、前者は十分に効果があったが、後者はわたしの判断では、生産や雇用の増大を考慮すればもう少し拡張すべきであったと指摘しました。もし彼が、六パーセントと（例えば）九パーセントとの間のどこかで倫理的問題が生じると言いたいのであれば、それがどうしてか説明すべきです。更に彼は、物価を引き上げるために信用を創造するのは「倫理にかなって」いるであろうが、金利を引き下げることが目的であれば「倫理にかなって」いない、と言おうとしているように思われます。これは狡猾な区別の仕方です。また、もし信用創造が金利に何の効果もないなら、物価に対しても何の効果もないという難しさがあります。信用創造の目的は、産出や雇用を最適水準に引き上げることです。産出増大の結果が物価の上昇です。しかしこうした結果は、通常不可避ではありますが、しばしば望ましくありません。

　最後に、もし大蔵省が長期債に代わって短期証券を発行していたなら、その影響は長期市場を圧迫するということであっただろうと議論する時、彼は明らかな大失態を演じています。そして二五年間二$\frac{3}{4}$パーセントで借りるか、五年間一$\frac{1}{2}$パーセントで借りるかの利益は、二五年間での五年債の平均金利に依存しているのではなく、同じ期間での二五年債の平均金利に依存していると考える時、彼は自分が何を計算しているのか忘れています。

　もし激しい戦いの末に手に入れた繁栄のための措置を、わたしたちが保持し、改善したいと思っているのなら、イングランド銀行や大蔵省が銀行貨幣量を決める際の原理ほど重要な問題はありません。その重要性に比べて、その問

〔訳注2〕ワシントン・アービングの小説『スケッチ・ブック』の主人公。ジンを飲んで二〇年間眠った後、故郷に帰る。

題は最近議論されていません。わたしは真剣な気持ちでその問題に手短に貢献しようとしました。わたしが論評してきた貴社の『シティ通信』の観察は、重大な問題の真剣な討論に役立つものでしょうか。

謹啓

［サインもイニシャルもない写し］

◆三月のヒトラーのラインランド進駐やスペインが徐々に内戦へ向かい、ついに七月一七日に内戦が勃発したことにより、一九三六年の残りの期間にヨーロッパの情勢は悪化した。こうした状況の下で、ケインズは父に自分の見方を述べている。

J・N・ケインズ宛書信、一九三六年七月一五日

親愛なる父上

ヨーロッパの情勢について、あなたが大変沈みこんでいると母上が申しております。あなたを元気づけることが言えるかどうか、わたしにはわかりません。しかし、わたしたち自身の見方から忘れてはならないことがいくつかあるとわたしは考えます。

わが国の外交政策に関する決断を下す際の真の難しさは、ドイツとイタリアのどちらの近い将来のどんな野望によっても、わが国の直接的権益が脅威に晒されることはほぼ確実にない、という点にあります。イタリアは地中海を支配したがっていますが、多分エジプトを除けば（そしてそれさえも多分ということですが）、たとえそうなったとしても、それは本当のところそれほど重大な問題ではありません。同様に、ドイツの野望はすべて東に向かっており、わが国の方へは向かっていないことは確かです。ドイツが大英帝国から何かを欲しがっているということに関しては、それが妨げられるのは確実だと思いますし、そして結局のところ、海上ではわが国は余りに強力であるため、そうした方向で何らかの成果を得ようと試みることは考えないでしょう。

わが国の外交政策上の問題は、世界の様々な他の地域の、攻撃を受けるかもしれない少数の人々に積極的に関与していく心構えがわたしたちにあるかどうかということです。わたしたちの行動はそれがどんなものであれ気を配らねばならないし、状況を本当に待つべきだということはほとんど確かだと、わたしは考えます。

そこで、わが国の直接的権益が山賊諸国による直接的攻撃を受ける可能性はほとんどないと、ほぼ確信することができると考えます。わたしたちにとっての問題は、いやしくも他の国の犠牲者を支援するとするなら、それをどこまで行う心構えがあるかということになるでしょう。しかし、あなたもわかることになるでしょうが、こうした状況ではそうしたことはほとんどありそうもありません。

わたしはたまたま、今週号の『ニュー・ステイツマン・アンド・ネーション』誌[3]に外交政策に関する手紙を書きました。金曜日には見ることができるでしょう。

わたしはここ二日間ここ［ロンドン］にいて、アイザック・ニュートン卿の書類を処分するオークション・ルームで何時間も過ごしています。彼の親類がこれまでまとめて保管していたものを、丁度売りに出すことにしたものです。それらは非常に道理にかなった値段で売れたと、わたしには思われましたが、ケンブリッジに残しておくべきものは

（３）　ケインズ全集第二八巻参照。
（４）　ケインズの姪。

ほぼすべてわたしが買ったと思います。かなり奇妙なことに、わたしが見たところ、（ケンブリッジ）大学図書館も、トリニティも、大英博物館も一人の代表者も派遣していませんでした。ほとんど、わたしが接触のある二人のディーラーとわたし自身だけが買い手でした。中でも、わたしはアイザック・ニュートン卿のデスマスクを買いましたが、それは非常に興味深いものです。

今晩か明日にはここを去り、ケンブリッジで数日過ごし、そしてそれからティルトンへ行き、夏の残りの期間を過ごします。ポリー［ヒル］(4)が土曜日にわたしたちの所へ来ることになっています。

親愛なる息子より

［サインもイニシャルもない写し］

ケインズの『ニュー・ステイツマン』誌への手紙とそれに続く論争については、キングスリー・マーティンとの手紙の遣り取りと関連させて二八巻で取り上げられる。

第六章　不況と再軍備

◆一九三五年と一九三六年の間、いくつかの報告の中で、経済情報委員会は、現在の景気回復が終わり、回復に重要な役割を演じていた住宅建設が下降した時に起こるであろう事についての検討をはじめていた。一九三六年中にこの問題には、五年間にまたがる英国の大規模な再軍備計画の声明、九月の三国通貨協定に関連した金ブロック諸国の平価切下げ、および世界的な、物価上昇を伴う景気回復の広がりによって暗影が投ぜられるようになった。

一一月初めに、R・H・ブラントとの対話の中で、ケインズは、次の不況の予防に関する一連の論説を書く考えを述べた。そのあと彼はその考えを書信の中で展開したのである。

R・H・ブランド宛書信、一九三六年一一月一二日

親愛なるブランド

われわれが過日会った時に、わたしは「不況の問題」についてのいくつかの小論を書くことを考えていることを貴下に申し上げました。その小論のねらいは、いかにして次の不況を防ぐ、あるいは緩和するかという課題に対して現在与えられるべき考え方についてのいくつかの所見、およびこの目的を念頭においてのもっとも望ましい諸政策の二つでありました。わたし自身の感じでは、われわれは今や、いかにしてすでに進行しているよりさらに一層ブームを刺激するかということよりも、いかにして不況を予防するかについて考えることの方がはるかに重要な局面に近づきつつあります。

貴下は、ジェフリー・ドーソン氏がこれらの論文を『タイムズ』紙に載せることについて関心を持つと思いますか。わたしは論文をまだ書いておりませんし、掲載日時について特に緊急な状況にはありません。できれば新年の最初の

二日間が適切かもしれません。しかし、もちろん、明確な日付は絶対的なことではありません。

敬具

［イニシャル入りコピー］　J・M・K

◆ブランドはケインズの手紙をジェフリー・ドーソンに送り、ドーソンは一一月二〇日付の手紙でケインズの申し入れを受け入れた。ケインズはその論文の仕事にかかり、一月六日以前に完成した。それらの論文は一九三七年一月一二日〜一四日の間掲載された。

『タイムズ』紙、一九三七年一月一二日〜一四日

いかにして不況を避けるか

I．安定水準の問題

われわれは苦しみながら不況から脱出したことは明らかである。またわれわれが繁栄の坂の上にうまく進んできたことも明らかである――「ブーム」は不真面目な言葉であり、われわれが現在享受している状況は望ましいものなので、わたしは〔繁栄の、の代わりに〕「ブームの」とはいわない。しかし、多くの人たちは、すでに、来るべきものについて気をとられている。現状よりもなお大きな活況を刺激する（以下述べるような重要な限定の下にであるが）

よりも次の不況への下降を避ける方がより重要だと広く合意されているのである。このことは、われわれのすべて――政治家、銀行家、産業人そしてエコノミストたち――が、かつて解決しようと試みなかったような学問的な問題に直面していることを意味している。

その点をわたしは強調したい。われわれが決して解決しなかっただけでなく、われわれは〔解決しようと〕努力さえしなかったのである。一度だけではない。過去のブームやスランプは求められもせず忌避を画策されもしなかった。中央銀行の行動はこれまで、予期しない外的な事象の衝撃に対するほとんど自動的な反応であった。しかし今回は異なっている。われわれは自由放任国家という哲学から、われわれ自身完全に自由になっている。――このことはあらゆる党派、あらゆる方面に当てはまる。われわれはわれわれが用いようとしている新たな諸手段を手にしている。おそらくわれわれはさらに多くを知っている。しかし、それは主として、われわれの制度の安定のためには、次の急激な下降の再発を防止するためにわれわれがおそらく知っていることを断固として試みることが絶対に必要であるという一般的な確信である。わたしは、したがって、複雑な問題をその本質的な諸要素に還元したい。

困窮した地域

失業者の数が非常に多いままである間は、雇用を増大させるためのわれわれの努力を減ずるのは時期尚早であると付言するのは当然である。ある意味でこれは正しいに違いない。しかし、われわれは一般的刺激を中心地にさらに適用しても大きな利益はないような点に近づきつつあるか、あるいはすでに到達しているとわたしは信ずる。余剰の資源が諸産業や諸地域に広く分散されていた間は経済構造上のどの地点に増大する需要の刺激を振り向けるかは大きな問題ではなかった。しかし――ここで立ち入る余裕はないが、いくつかの理由によって――経済構造は不幸にして固定的であり、（例えば）〔ロンドンをとりまく〕ホーム・カウンティ諸州での建設活動は、失業を減少させる上で、困窮した諸地域において期待されたであろうよりも効果的ではないという証拠が増えている。このことから、回復のより後期の段階では別の手法が必要であるということになる。困窮地域の状況を改善するためには、アド・ホックな手段が必要なのである。ジャローの行進者たち〔訳注1〕は、いわば、理論的に正しかった。政府は、問題に身近に直面している人たちの勧める、大いに努力を要するアド・ホックな手段を受け入れることを嫌ったことにおいて誤っていた。それにもかかわらず正しい方向に向けての政策の変更は急を要するように見える。われわれには今日、より大きな総需要よりも正当に配分された需要の方がより必要なのである。そして大蔵省は困窮地域への特別の援助のコストを償うために他の地域で節約するという権限があるだろう。この方向に向けてのわれわれの責任がこのように定められるならば、われわれははっきりした考えの下に、かなり安定した持続的繁栄の水準をいかにして維持するかという、われわれの中心的課題に集中することができるだろう。

　良い時期というものは何故にかくも断続的なのだろうか。その説明は困難ではない。ひとびとは、特に繁栄の時期には、所得の全部を当期の消費に支出しない。このことから、所得が生み出される生産活動は、対応する所得が消費に支出されるであろうよりもより大きな割合で消費に備えるように振り向けられてはならないことになる。もし、生産活動がそのように振り向けられるならば、結果として生産される商品は利益を得て販売することができず生産は削

〔訳注1〕　ジャロー・マーチャーズ（Jarrow marchers）。ジャローはイングランド北東部 Tyne and Wear 州東部の港市。大恐慌後の不況による合理化でジャローの造船所が閉鎖され、失業した労働者たちは団結して一九三六年、約二〇〇名の造船工が失業に反対する示威行進を実行した。これはジャロー行進（Jarrow march）あるいはジャロー十字軍（Jarrow Crusade）と呼ばれた（松村　赳・富田虎男編著『英米史辞典』研究社参照）。

減されざるを得ないだろうからである。所得がある与えられた水準の時にひとびとが、例えば、所得の一〇分の九を消費するならば、消費財に振り向けられる生産の努力は、その成果が損失なく販売されるためには、投資に向けられる努力の九倍以上であってはならない。かくして投資財の生産（それは運転資本や、そしてまたそれらが借入れで支払われるとするならば失業対策事業や軍備を含むような広い意味に解釈されなければならない）は歩調を揃えてまた正しい比率で行われるということが所得の安定した増加にとって不可欠の条件なのである。そうでなければ消費に支出される所得の割合は消費財の生産によって得られる所得の割合よりも少なくなり、そのことは消費財の生産者の受け取りがそのコストより少なく、したがって事業損失や生産削減が生ずることを意味するのである。

「計画」の困難

さて投資財の生産は大幅に変動しやすいいくつかの理由があり、その変動が最初に利益の、次に一般事業活動の、そしてそこから一国や世界の繁栄の変動の原因となるのである。持続的繁栄を享受するためにはその条件として国民資源の適切な割合ができるだけそれに近く、多過ぎもせず少な過ぎもせず、活動的な投資（すでに示されているように、広い意味に解釈された）に向けられるべきである。その割合は設備と労働の国民資源が完全に雇用されている時に社会が貯蓄しようとする所得の割合と等しければちょうど適切なのである。

「見えざる手」すなわち活動的投資の量が継続的にその適切な割合となることを自然に保証するような経済システムにおける自動調節が、存在すると考える理由はない。しかしながらわれわれ自身の設計によって、つまり今や「計画」と呼ばれているものによってそれを保証することもまた極めて困難なのである。われわれが達成を望み得る最良のものは、埋め合わせとして計画することが比較的容易ないくつかの種類の投資を用いて、われわれが正当かつ適切な水準に操作し得る程度に総投資の安定性を維持するようにそれらを投入することである。三年前には投資を増加させるために公共政策を用いることが重要であった。今日ではより必要とされる時にもっとも容易に利用可能な弾薬を手元に維持するために、ある種の投資を遅らせることがすぐにも同じく重要となるかもしれない。

景気回復が長く続けば続くほど、新投資の安定性を維持することはより困難となってくる。回復期の間に当然に生ずる投資のうちのあるものは、その本来の性格上、非反復的である。例えば、生産が増加する時の運転資本の増加または消費の上昇に合わせた追加的設備などである。もう一つの部分は、飽和点に到達したためではなく、それぞれの資産ストックの増加によってその増加から期待される利潤が減少するために、維持することがより容易でなくなるのである。そして、第三に、あまりにも急激な需要の回復の時期に、一時的に供給が不足する設備から得られる異常な利益があるタイプの新投資への過大な期待を導く傾向があり、その期待が外れることによってそれに続く反動がもたらされる。経験の示すところでは総投資が一時期正常な適正比率を超えて上昇するに任せられていた場合にはこのことは間違いなく起こるのである。さらに加えて回復の結果の株価の上昇は通常、当期の所得からではなく、株式の利益から、支払われるある額の支出をもたらすが、それは株価がさらに上昇することをやめれば終息してしまうのである。したがって、安定を維持することはいかに厄介な仕事であるかということは明らかである。われわれは当然非反復的な〔訳注2〕第一のタイプの投資にいずれとって代わるために、まだ飽和点に達していない健全な第二のタイプの投資の増加への道を用意しなければならない。それは同時に総投資を過大な額に増加させやすく、それが利潤をふくらませることによって誤った期待に基く第三のタイプの不健全な投資を誘発するような第一と第二の投資の一時的な重複を避

〔訳注2〕non-current とあるのは前後の対応関係から non-recurrent の誤記と思われる。

けながらなされなければならないのである。

これらの一般的な観察がなされた後で、われわれはそれらを実行に移す諸機会について検討しよう。

Ⅱ．「高金利の」通貨：適切な引き締めの時期

ある点でわれわれは以前よりも良い位置にある。これまでの場合には現金の不足がほとんど常に好況を不況に転換する上で重要な役割を演じてきた。物価や賃金は生産の増加とともに幾分か確実に上昇する。そしてこのことには何も悪い点があるわけではない。何となればそれは戦後の通貨インフレーションに伴ったいわゆる「悪性スパイラル」とは厳密に区別されるべきものだからである。しかしより高いコスト水準下での生産の増加から生ずるより高い所得は当然より多くの現金を必要とする。以前にはより高い所得をファイナンスするのに利用され得る現金の十分な余裕はほとんどなかった。かくしてその結果生れる現金の不足は利子率の上昇をもたらし、しかもそれは、他の理由で投資の持続がすでに困難になりつつある時期に生じて、確信と信用に致命的な影響を与え、決定的に不況を確実なものとしたのである。

しかし現在では自由な経済システムを依然として維持し通常の回復を享受しつつある国においては現金不足のリスクは存在しない。通貨切り下げ、巨額の金の生産、そして新たに得られた外国為替相場の弾力性が相まってわれわれに必要な行動の自由を与えている。われわれはもはや破滅的なことを行うという強制の下にはない。〔にもかかわらず〕不幸にして高金利の通貨は景気回復の「自然な」結果であり、そしてこのような状況下においては、「健全な」姿なのであるという信念が広く受け入れられているのである。

火遊び

過去の経験によれば高金利は景気回復に伴っており、また不況を先導していることは疑いのないところである。もしわれわれが「健全な」あるいは「自然な」という理由で高金利の通貨を容認するならば、その時には、何の疑いもなく、不可避的な不況が結果として起こるであろう。われわれは、したがって、地獄の業火を避けるようにそれを避けなければならない。反復性があり延期可能なタイプの投資は、それが回復過程に必ず伴う一過性の投資と一緒になって総投資を過大に増加させることがないようにするためゆっくり進めることが必要な時期が、どの回復過程にもあることは確かな事実である。しかしわれわれはこれを実現するために高金利とは別の方法を見出さなければならない。というのはもし利子率が〔景気に〕感応することを容認するならば、われわれはその趨勢を容易に逆転することはできないからである。もし資源を流動的に維持しているひとびとがその時々でより良い条件が得られると信じるままに放置しておくならば、十分に低い長期利子率が達成できるはずはない。長期利子率は可能な限り持続的に長期的最適とわれわれが信ずるところに維持されなければならない。それは短期的政策手段として用いられるのには適さないのである。

その上、回復がその活動の頂点に達している時には、増加運転資本などにおける非反復的投資の局面はほとんど終わっている。そして数週間ないし数カ月以内にそのギャップを埋めるべき反復型投資の増加を刺激するためにより低い利子率が必要であることは実際上確実である。かくしてブームを沈静化する手段として高い利子率を用いることは決定的な誤りである。これまで高金利の出現が他の諸力とともに不況を不可避的にするのに手を貸してきたのである。

もし株式市場が不当に過熱しあるいは疑わしいタイプの新規発行があまりに多量になりすぎる場合には、高い利子率はそれが信認と信用の全構造に逆の影響を与えるようになるのでない限り無益である。その上、他の方法が利用できる。銀行に対してはその名前が〔企業の〕目論見書に記載されることを許容するのに慎重になるように、また証券取引委員会に対してはその取引の認可に当たって選別するように助言することがより効果的であろう。そして必要ならば普通株取引の契約証書（譲渡は別として）の印紙税を一時的に相当額引き上げることも不当に投機的な行為をチェックするのに役立つであろう。

それにもかかわらず回復の局面はそれが望ましい時には、それに続く好況をできるだけ高い水準で安定させるという視点で、総需要を一時的に弱める他の方法を見出す途がある。当局に可能な三つの重要な方法があり、すべて近い将来に考慮に値する。

好景気のコントロール

政府が不況の時期に負債を負うことが当を得ていたのとちょうど同様に、同じ理由で今や政府が反対の政策に傾斜することは賢明である。総需要は公債による支出によって増加し、公債が課税によって償還される時には減少する。軍備は延期できないが、その高コストを考慮するならば、実際に公債を償還することはわが国の財政制度にとっては負担が過大すぎよう。しかし大蔵大臣は、当面は一九三八年または一九三九年（あるいはいつでも不況の兆候のあるとき）のために何がしかを手元に残すように、税を引き上げまたすべての税の免除を控えて、課税によって軍備のコストの主要部分を支払うべきことを、わたしは提案する。不況ではなく、好景気が、国庫の緊縮にとって適切な時期である。

地方の公共当局にとっては不況の間は投資支出を推し進めることがまさに当を得ているように、合理的に抑制可能な新事業はすべて延期することが今や賢明なのである。わたしは彼らの改善計画は放棄すべきだというつもりはない。それとは逆に、それらを正当な時期に速やかに開始できるように、十分検討しておくべきである。不況ではなく、好況が、保健省にとっては〔計画の〕延期の適切な時期なのである。

不況の間には輸入をチェックし貿易収支を改善する手段をとることが（われわれ自身の観点から）賢明であったのとちょうど同じく、今や逆の方向にシフトし、たとえ貿易収支の逆調をもたらしても輸入を勧奨することが望ましい。わたしは、英国の資源の利用を締め出すことなしにできる場合には、一時的に関税の割戻しをすればよいと思う。しかし、原料の値上がりおよびわが国の軍事支出や一般経済活動から生じそうな貿易収支の予期された悪化を、それが為替平衡基金に一時的な圧力を加えるかもしれないとしても、何よりも先ず平静に不安をもたずに見ることがとりわけ望ましい。イングランド銀行における保証発行の最近の減少はわが国が今日過剰な金を保有していることを示している。したがって原料〔生産〕国が商品をわが国に送ることによって金とポンド資産を保有するようにさせておくことが望ましい。仮に現状の人為的な障害が取り除かれたとしても、対外貸付が昔の規模になるには困難があるとするならば、なおさらそうである。この政策は二重の意味で望ましい。第一に、それは一時的に膨張している需要の圧力を軽減するのに役立つであろうから。しかも、第二に、一九三七年においてこれら諸国がその資産を増加させようとするという政策は、その後、われわれがまさに国内市場の需要増加を欠いている際に、彼らがその資産を用いてわれわれの財を購入しわが国の輸出産業を助けるという最善の見通しをもたらすからである。

これこそ、過度の好況からわれわれをもっとも良く守り、また、同時に、反動が来た場合に、それは間違いなく来るであろうから、累積的な不況を避けわが国を良好な状態に置くための方策であると、わたしは強調する。しかしわれわれはまた継続的な繁栄の相応な水準を維持するためにより積極的な方法を必要とする。第三の論文でわれわれはこの目的のための提案をもって締めくくりたい。

Ⅲ．政策の機会

現在の回復が不安定なブームに発展してしまうことを防ぐためにわたしが示したような手段をとることにわれわれは抜かりはないであろうが、そのような兆候は、多分、ある特殊な方向における場合を除いて多くは見られないとわたしは認める。当面われわれは建設活動そして運転資本や回復それ自体に特徴的な更新に対する巨額の非反復的投資に重ねて再軍備支出を行っている。これは警戒を示唆する状況である。

しかし、他方において、わが輸出産業は、全体として、不活発な状態にある。増加した運転資本への非反復的投資（過去二、三年においては年当たりで現在の再軍備費用よりもはるかに大きかった）のピークは過ぎ去ったかもしれない。早晩建設活動も弱まるだろう。再軍備費用は永続的ではなくまたそれが続いている間もそれ自身で繁栄を支えるほど十分に大きくはない（一九三六年において少なくとも再軍備の七、八倍が新規の建設のために支出された）。かくしてわれわれの主たる関心事は多少仮想的なブームの危険を避けることよりも、もしも通常の形で積み上げられて行くならば、再び不況にまで発展するような事業活動の沈下に対する事前の予防に関してであるべきである。仮想的ブームに対する過大な警告はまさに不況を不可避的ならしめる途である。われわれが現在享受している適度な繁栄についてては何も悪いことはない。われわれの目標はそれを縮小させることではなく、それを安定させより広げることでなければならない。

積極的な予防

かくしてわれわれは将来に対する建設的な準備を必要とする。最近の経験はわれわれに有用な投資を準備するのにいかに長くかかるか、そしてまた長期利子率の低下を受け入れるような投資市場での心理状態を発展させるのにどんな注意深い操作が必要であるかを示している。さらに、もしわれわれが不況の初期の段階で介入するならばそれを食い止めることははるかにより容易である。なぜならば、もし不況が発展するに任せられるならば、衰退の累積的な諸力が働き出して、それらが行き着くところまで行かないとそれを阻止することがほとんど不可能であることは明らかだからである。われわれが成功するためには衰退が公衆の目に見えるようになる以前に適度な拡張の手段をもって介入しなければならない。われわれは有利な要因を一つだけ持っている——それは、遠くない時期に、原材料〔産出〕国との輸出貿易を改善することであり、わたしは今確信をもってそのことを予想している。それ以外の方向で有効な活動を適当な規模で発展させることは、私見によれば、ほとんど不可能である。次の不況の脅威と、それがわれわれの制度や伝統に対して意味するものが、もし不況が来るとすれば、すぐ近くに迫っており、われわれに新しい政策や精神の勇敢さを促している。

英国人に物事を事前に考え抜くことを期待するのはおそらくばかげている。しかしもしそうでないとすれば、考察すべき種々の考え方がある。これまでわたしは投資の重要性を強調してきた。しかしながら繁栄と安定した経済生活の維持は、もし現在の購買力の配分とそれを消費のために用いるべくその購買力を享受しようとするひとびとの意志が不変であるとすれば、もっぱら増加した投資に依存することになる。われわれがより豊かになり、したがって、資本財の追加から得られる利益がより少なくなるほど、消費を増加すること——それこそ、結局、経済的努力の究極目的なのだが——から便益を得る人々がそうする力と機会を持てるように取り計らうことは、より一層われわれの義務である。ある点までは個人的な貯蓄は消費を延期する有利な手段を準備することができる。しかしその点を超えれば社会全体にとっては不合理なことでありまた災難でもある。自然な進展はあらゆる人にとって相応な水準の消費をもたらす方向に向かい、また、水準が十分に高い場合には、われわれのエネルギーを生活の非経済的な関心で満たす方向に向かうべきだろう。このようにして、われわれは社会システムをこのような目標を念頭において徐々に再建してゆく必要がある。このことは大きな問題であり、ここで手を付けるべきことではない。しかし特に個別について述べれば、課税の軽減は、その実施の時が来た時に、消費を増やそうというニーズをもっとも持っている人々の購買力を増やす方向に向けられるならば、それは全体的な福祉のためにもっとも役立つだろう。

投資の計画

住宅産業と製造業の資本需要は、わが国が、現在の社会構造と富の分配の状況の下で、全般的な繁栄の年に貯蓄しようとする額のほんの一部分以上を吸収することはできない。一方、わが国の対外純投資額はわが国の輸出と貿易収支によって限定されている。巨額の資本を使用できる、建設、運輸、公共事業は民間と公的規制の中間にある。それらは、したがって、公共政策と低利子率という両方の刺激を必要とする。しかしながら、投資需要を促進するような賢明な公共投資は、わたしが述べてきたように、長期にわたる準備を必要とする。必要とされる時期に備えて健全な計画を準備するために今こそ公共投資委員会を任命すべき時である。もし危機が現れるまで待つならば、もちろん、われわれは遅すぎるだろう。われわれは直ちに公的機関を設立すべきであり、その機関の業務は今事業を打ち出すことではなく、詳細な計画を確実に準備することである。鉄道会社、港湾および河川当局、水道、ガス、および電力企業、建設会社、地方当局、なかんずく、多分、密集した人口をもったロンドン市議会やその他の大きな地方自治体は、もし資本がある利子率――三½パーセント、三パーセント、二½パーセント、二パーセントで利用できた場合にはどのようなプロジェクトが有効に計画できるかを検討するべきである。計画の一般的な望ましさと優先順位の問題は次に検討されるべきである。直ちに求められることは管理者、技術者、そして設計者の建設的な構想行動であり、財務的見地からの批判、変更、そしてより細部にわたる設計がそれに続かなければならない。このようにしていくつかの大規模かつ有用なプロジェクトが、少なくとも、数カ月の予告で実施に移され得るのである。

生産のための国の資源が完全に利用されていない時に新たなプロジェクトの適切な流れを妨げるような利子率を正当化するものは何もない。利子率は新たなプロジェクトを許容し得る数値まで引き下げられなければならない。特殊な場合には補助金も正当化されうるが、一般的には長期利子率が限界的なプロジェクトが採算に乗りうるような数値まで引き下げられるべきである。われわれはこのことを達成できる力を持っている。イングランド銀行と大蔵省は戦時公債の借換の際は大成功であった。しかし彼らが自分達の力の程度を依然として過小評価していることはありうる。法的立場を根本から変えた為替に対する現在の管理権、そしてイングランド銀行、為替平衡基金、また大蔵省の管理下にあるその他の基金を通じて当局の手の内にある膨大な諸資源を利用して、中庸化、漸進主義および彼らが市場の支配者であることを示してきた慎重な操作によって、長期利子率を彼らが合理的に選択する率に持ってゆくことは、彼らの力の範囲内なのである。もしわれわれが適切なペースでの新しいプロジェクトの流れを利益あるものとするのに必要とされる利子率を知っているならば、われわれはその利子率を市場で一般的なものとするような力を持っている。低い利子率は、もしそれがわれわれの利用可能な資源を吸収するのに十分以上に、新しいプロジェクトの流れを刺激するほど低い場合に限って有害であり、またインフレーションを引き起こす傾向があるのである。

現在の英国において建設的な、ないし、先見性のある政策のごくわずかな機会でもないものだろうか。政府が何かを間に合うように実行することは考えられるであろうか。実行すべきでない理由があるだろうか。

◆一月二三日『エコノミスト』誌の論説、「好景気と予算」は、ケインズの発表した諸論文を金融政策を議論する基礎として用いた。その論説で『エコノミスト』誌は金融引き締めに反対するだけでなくこれ以上の拡張にも反論し、大蔵省はこのような状況下においてはどんな追加的な国防支出も課税によってまかなうべきであると提案した。ケインズは論評した。

『エコノミスト』誌の編集者宛、一九三七年一月二六日

拝啓

今週の貴誌の主論説であなたはこれ以上の景気回復には銀行貸出の大幅な増加が必要であるが、より多くの現金は許容されるべきではないと論じています。あなたはわたしがこれに賛成であると示唆しています。あなたは、いかなる現金の増加も伴わない銀行貸出の大幅な増加は、国債の著しい下落と長期利子率の上昇を引き起こすと推論しています。（新発証券の買い手がすぐ現れるように、銀行の投資物件に対する買い手がすぐ現れるので）、それは実際には必然的な推論ではないが、現実の状況下ではあり得ることです。こうしてあなたは、わたしがタイムズ紙の論文で特に反論したいと思っていたところの、昔ながらの結論、すなわち、もし「健全な金融」の原則が守られるならば、景気回復は必ず利子率を引き上げるはずであるという結論を導き出すのです。わたしがこの論点をより正確に明示しようと試みてみましょう。

第一に、一九二九年のレベルまで銀行貸出額の増加が必要であるというあなたの予測にわたしは納得できません。預金量は一九二九年のレベルを相当上回っており（一七億八九〇〇万ポンドとくらべて、二二億一〇〇〇万ポンド）、国債市場の見通しに不安を感じるようになっているが、市場が流動性を保つことに夢中にならない限り、この預金量がより大きな国民所得を支えるはずです。したがって貸出のある程度のさらなる増加はきわめてあり得るのですが、あなたが予測する一億三七〇〇万ポンドというような大きな増加の必要性についてはわたしは疑問をもっています。このことはあなたが同じ号で発表したエドウィン・フィッシャー氏の銀行貸出についての大変興味ある分析によって証明されます。それによれば銀行貸出の約三分の一だけが生産的な産業、商業、等々によって使われることが明らかであり、すなわち彼の比率を銀行全体、ほぼ三億五〇〇〇万ポンド、に適用すればあなたの予測する増加額はその約四五％になります。その上、われわれはたぶん景気回復期の途上にあり、その時期には運転資本は増加しており補修や更新は実行されるが、増加した現金収益はまだ入手されていないので、新発債とは異なり、銀行貸出に対する需要は最も強いのです。

それにもかかわらず、わたしの計算にはいくつかの確定しない要素はあるので、貸出需要についてあなたは多分正しいかも知れないことをわたしは認める用意があります。すなわち、ともかくもそれは論じられている問題が意味のある範囲に収まるのには十分なだけ正しいのです。しかし仮にそうであるとしても、信用の基礎のある程度の増加を許容することは確かに得策に違いないのではないでしょうか。その段階においてまたそのような方法でブレーキをかけることは賢明ではあり得ません。あなたのもっとも極端な仮説でさえ銀行の現金一五〇〇万ポンドの増加を必要とするに過ぎません。

というわけで二つの選択肢の性格について考えましょう。もしあなたが銀行にその投資物件を売ることを余儀なくさせるならば、あなたの政策は国債の価格を引き下げその結果不活動現金を持つ誰かがそれらと引き換えにその現金を手放すように誘導し、そのようにして不活動であった現金を新たな借り手の手に委ねるに至るということになります。他の選択肢は不活動現金の量はそのままに残し、新たな現金を借り手に供給することです。前者は流通の速度を、後者はその量を増加させます。しかし前者の経路が諸物価の上昇を防ぐと考えるのは誤りです。物価は好景気の度合いの関数です。それは景気を低下させる、すなわち新たな貸出を行わないことによってのみ抑制され得ます。しかし利子率を犠牲にして貸出を抑えることは、当然、将来の景気を損なうでしょう。このような訳であなたの政策は歴史上実在したもの――ブームを抑制するのではなく、次に続く不況を確実にするものなのです。あなたがそれを意図することはあり得ない以上、この議論を再考していただけないでしょうか。

敬具

J・M・ケインズ

◆『エコノミスト』誌はケインズの書簡についてその投稿欄と「貨幣と銀行」欄でコメントした。それによれば国防借り入れの問題がなければ銀行の現金のわずかな拡張と銀行の国債の売りによってインフレーションを伴うことなく事態を操縦できると同誌が信じているとケインズは同誌の見解を誤解していたこと、また、しかしながら国防債券が発行される状況下で「ケインズ氏は依然として利子率を引き上げることなく危険なブームを避ける自信があるのだろうか?」と示唆している。

『エコノミスト』誌の編集者宛、一九三七年二月二日

拝啓

あなたがこれ以上の銀行預金の増加には、利子率の上昇を抑えるのに必要であっても、反対であると考えていたとのわたしの考えはわたしの誤解であったことは喜ばしいことです。それはすなわち、国防債券［の発行］がないという前提下のことです。しかし国防債券が発行される場合には、どうなるのかとあなたは質問しています。国防債券は、もし発行されるとすれば、われわれの合理的な課税能力の許す程度に少なく抑えられるべきであると主張する点で、わたしがあなたに賛成なのは、ご承知のとおりです。しかしわれわれの議論にもかかわらず、今年は五〇〇〇万ポンドから一億ポンド（程度）の発行があるとすれば、その結果、利子率の低下傾向の逆転を強いられるでしょうか。

わたしはそうは思いません。わたしは依然として再軍備以外の方向で景気を減速させるのに利用できるより良い手段があり、もし減速を望むのならば、なるべくならそれらの手段が用いられるべきだと考えています。しかし、差し支えなければ、わたしはもう少し立ち入って事態の技術的側面を説明したいと思います。

第一に、国防債券が国民によって漸進的に応募されるはずがないということはありません。事業活動の増大とともに所得は増加し、借り入れた資金から支払われる支出に応じて増加した貯蓄が利用できるようになります。すなわち、もし国防が他の事業活動にとって代わるならば、その場合にはこれらの事業活動をファイナンスしたであろう貯蓄が債券の応募に利用されます。同様に、もし事業が公募よりも銀行貸出でファイナンスしたほうが便利ならば、そうでなければ公募に応じたであろう貯蓄は銀行の国債の一部を肩代わりするのに利用されます。このようにして預金増加の必要性は国防債券の規模によっても銀行貸出の増加によっても測れないのです。それは二つの他の要因によります。

454 先ず第一に、大雑把に言って、名目国民所得で測られる経済活動によるのであり、それは活動的預金に対する需要を支配します。そして第二に流動残高を保有しようとする欲求の程度を支配する国債その他の証券に対する心理的雰囲気によります。貯蓄を国債に投資する覚悟は将来国債市場が上昇しそうであるか下落しそうであるかについて広まっている見方によって大きく影響されるのは、非常に自然ではありますが、不幸なことです。

注意深い取り扱いを要とするのは後者の要因です。もし国民が活動残高に対する需要のため不活動残高の正常な供給を得られないか、あるいは国債市場の見通しに神経質になるならば、その場合には、われわれが利子率を上げることを殊更に望まない限り、この不活動残高に対する需要は当面は満たされるべきだと、わたしは強く感じます。それは、余分な不活動残高は雰囲気や状況の変化の許す限り、その後回収されるからです。

このように国債の状況を損なうのは貯蓄の不足ではなく、その将来の見通しについての心理的期待の変化なのです。わたしは国債市場の安定性を保つことによってこのような変化を防ぐことが最も重要だと信じます。というのは、このような変化が起きるならば、不況を避けるという課題はより困難になるからです。先週あるいは先々週の間の国債の低迷は市場がいかに心理的でありまたいかに容易に神経が狼狽するかを例証するものです。この低迷は一部は予算案についての不安によるものです。しかしそれはまた一部には将来の政策に関して種々の場面で行われている議論にもよるものとわたしは信じています。というのは、議論のほとんどすべての参加者は市場の低落を非難しており、全体としては、その見込みに対して楽観的見解を取っているとはいえ、議論は国債市場の将来が確実でないという事実に国民の関心を引き寄せているからです。そしてこのことは価格に不利に影響するのにきわめて十分なのです。これまでのところ現実の動きは、勿論、取るに足りないものです。しかし、もしそれがある期間にわたって進行するままにされるならば、そのことが国民の確信に与える影響はわれわれの将来の課題の困難さを非常に増大させるでしょう。

J・M・ケインズ
敬具

◆ケインズの手紙は『エコノミスト』誌による更なるコメントを呼び起こした。それは、ケインズが市場が国防債券を吸収する能力に関してあまりに楽観的であり流動残高の一部が投機によって株式市場にあふれ出ることはないとしている、と示唆した。それはまたケインズに対しいかにして余分な不活動残高が好景気や利子率に影響を与えることなく吸収されるのかと問い掛けた。ケインズは答えた。

『エコノミスト』誌の編集者宛、一九三七年二月一〇日

拝啓
あなたの質問に対する答えは容易でありまた明らかです。もし、その後、国民が不活動残高を保有しようとする意欲が減少するならば、余剰な分は、そのような状況の下では、利子率を損なうことなしに吸収され得るのです。
好況や不況を避けようと試みるという考えに慣れることは容易ではありません。しかしこの方向に向けた必要な最初のステップは、不活動残高の供給は、それを保有しようとする国民の変動的な衝動にかかわりなくコンスタントに保たれるべきではないという考え方に慣れることなのです。

敬具
J・M・ケインズ

◆ケインズの論説はまた官僚サークルでも反響を呼んだ。というのは、二月一九日付の、「経済政策と産業活動の維持」と題された、第二二回経済情報委員会報告は、公共投資、関税政策および利子率についてケインズがしたと同じ勧告を行ったのである。さらに、委員会報告には『エコノミスト』誌への投書でなされていたような、利子率に関するD・H・ロバートソンの反対意見の覚書が寄せられていた。[1] なおまた、委員会報告はホワイトホール〔政府〕で真剣に取り上げられた。[2]

二月二四日ナショナル・ミューチュアル〔生命保険会社〕の年次総会で、ケインズは再び再軍備と利子率に注意を向けた。この時までに、政府は向う五年間にわたって再軍備のために五億ポンドの調達を行う旨声明していた。

再軍備と国債市場

わたしは少し以前に一九三六年末はわれわれの資産評価にとって特に有利な日となるかもしれないといったことがある。なぜかといえば、一方において、産業証券は現実の好景気状況による一時的なかさ上げに加えておそらくそれまでに景気回復の目立った効果を感じていたからである。他方において、同時に、国債は大幅な値上がりの大部分を依然として維持していた。その後の政府の再軍備計画の公表は、産業不況の予想を当面確実に延期させるように見える。しかし国債市場への影響は厳しいものであった。そして保険業界は、もちろん、株式よりも確定利付債券にはるかにより大きい関心がある。それゆえ、保険業界は当然に政府の資金調達の見込みをある程度の懸念を持って入念に調べている。われわれは楽観的な見解を持ってよいのだろうか？

大蔵省の整合的政策の必要

大蔵大臣が調達を提案する金額は十分われわれの能力の範囲内であるとわたしは疑いもなく感じている、特にできる限り多くの支出が特別地域〔訳注3〕における未使用の資源の利用に向けられるならばである。特に近い将来において、一時的な〔資本支出の〕過密を避けるべきだとすれば、他の延期可能な資本支出を遅らせるために整合的政策を取ることは政府の責任である。さらに他になすことのできる、またすでになされている諸提案もある。しかし五年の間は必要な財源を見出すのに困難はないだろう。公共部局や地方当局の過去の支出にかかわる減債基金、近年における新しい住宅の所有者による債務返済がされるにつれて建築組合が今集めつつある巨額の返済金、雇用の好調な時期における郵便貯蓄銀行や信託貯蓄銀行の預金の着実な伸び、産業界がその利益から準備金に回すことのできる巨大な金額――これらだけでも、五年ではなく、一年間で、約四億ポンド程度に達するだろう。われわれは今考えているようなかくも巨大な支出の時期における投資可能資金を、不況の年のそれをベースに見積ってはならないのである。

インフレーション回避の可能性

かくしてインフレーションの状況を生み出すことなく資金を調達することは蔵相の権限内の問題である。しかしさらに問題が残っている。すなわちそれに対して支払わねばならない対価は何であるのか。このことは、わたしの考え

(1)　D・H・ロバートソンより『エコノミスト』誌の編集者宛書信、一九三七年二月一三日号。
(2)　ホーソン・アンド・ウィンチ、『経済諮問会議』、一四一ページ以下。
〔訳注3〕　政府の特別給付を受ける、疲弊地域や特別開発区。

では、まったく管理上の問題でありそしてその課題がどのように取り扱われるかということである。もし蔵相が、罪悪感による抑圧から、借入れという罪に対して高い金利で借り入れることによって彼自身を（そしてわれわれを）罰しなければならないと感ずるならば、市場はそれに応じて反応するであろう。しかしこれによって借入れが少しでも容易になることはないだろう。これに反して、〔価格が〕下降気味の市場よりも上昇しつつある市場で借り入れることははるかに容易である。国債市場においてなされる繰上げ償還は市場の支持者たちを元気づける理由となる。そしてこれこそ、彼らを導いてきた過去の経験によって、わたしが大蔵省に実行を期待するものである。

新債券の発行可能な条件を検討する場合に、英国大蔵省と米国財務省の手法を比較するのは興味深いことである。われわれ自身の場合には債券（大蔵省証券は別として）のはるかに大きな部分は向う二五年以内では確定した償還の時期を持たない——おおよその数字で五〇億ポンドがこの意味で長期であり約一〇億ポンドだけが中期である。その上、中期証券の約半分が額面を超えており、そして、そのために、多くの投資家にとって税法上あるいは他の理由で都合の悪い保有物となっている。他方、米国においては、実際上全部の債券が二五年以内の償還となっている。事実、三〇年を超えるものはない。そして向う二五年以内にはほとんど毎年償還期を迎える中期債ないし長期債がある。したがってあらゆる選択は満たされ、利子率は満期日が先になるにつれて徐々に上昇している。たとえば、非課税の利子率は一年ものでは約¼％、二年もの一％、四年もの一¼％、六年もの一¾％、一〇年もの二％、一五年ものでは二½％まで上昇する。

これらの利率は同期間の英国政府証券の償還利回りと大きくは違っていない。しかし満期の配列は米国財務省が実質的により低い平均利率で調達することを可能とする。多くの国債の保有者は第一に元本の安全性に関心があることを忘れてはならない。長期間にわたっての収入の保証にひきつけられる他の人々もいるが、後者が数の上で前者の五倍もいるとは思えない。したがって、大蔵省が長期の市場を相対的に供給過剰に保つことは高くつく。彼らは国民の不安に乗じて利益を得、また、国民の需要する潜在的流動性を供給することによって利子を節約すべきである。

現在の利子率は異常に低くはない

いずれにせよ今日の利子率は異常に低いと考えるのは一般的な誤りである。大戦に先立つ半世紀の間コンソル公債の平均利回りはほぼ三パーセントであった。今日戦時公債の利回りはほぼ三½パーセントである。一八三七年から一九一四年の間のどの五年間をとってみても長期の国債の平均利回りが今日と同じくらい高かったことは一度もなかった。わが国の一人当たりの資本資産は同じ期間の大部分の間と比べていまや一倍半の大きさである。そしてそれらの年にはわが国は急速に増加する人口を支え主に海外に投資していた。大蔵省の必要額についてわれわれが今知っている額をもってしても、来るべき何年かにおいて三％以上の長期利子率を正当化できないとわたしは考える。そして、実際のところ、もっと低いだろう。

◆三月三日、ケインズは『タイムズ』紙に一月の論文への追加の論稿を申し入れた。それは「インフレーションとは何か、そして、蔵相のプランはリスクがないのかという問題をもう少し明確にすることを試みるため」であった。編集者はケインズの申し入れを受け入れケインズは原稿を三月七日に渡した。(3)

(3)　この論考に対するケインズ自身の表題は「再軍備債はインフレ的か（大蔵大臣の計画の根拠）」であった。

『タイムズ』紙、一九三七年三月一一日

軍備のための借入れ：それはインフレーションか？

系統立った政策の訴え

大蔵大臣が再軍備のための将来の借入れ計画を発表したので、この計画をインフレーション状態というリスクなしに現在の景気状況に付加し得るかという問題が当然起きている。この問題は激しく論議されている。蔵相は毎年八〇〇〇万ポンドの起債は現状において過大ではないと主張している。彼の批判者はこの結論に反論している。明らかにそれは金額の問題である。蔵相は年に二億ポンドは危険であることに同意するであろう。批判者は年に四〇〇〇万ポンドは安全だとして受け入れる用意はあろう。その解答にはどんな計算が適切だろうか。われわれはこの議論を曖昧な個人的な判断に基づいた単なる断定以上の段階にもってゆくことができるとわたしは信ずる。

まず始めに、「インフレーション」の意味するものは何であろうか。もしわれわれがその用語によって危険で避けるべき状態を意味しているのだとしたら――そして、この用語は大部分の人にとって不評な含意を持っているので、このような用語法は便利なのである――われわれはこの用語によって単に物価と賃金が上昇している状態を指してはならない。なぜかといえば物価と賃金の上昇傾向は不可避的に、また明らかな理由で、経済活動の復調に付随して生ずるものだからである。需要の好転は生産と雇用の増加そして、同時に、物価と賃金の上昇を伴う傾向がある。増加した需要がもはや実質的に生産と雇用を増加させることができず主として物価の上昇に向けられる時こそそれは正しい意味でインフレーションと呼ばれるのである。この点に到達した時、新たな需要はすでに最大限用いられている資源の使用をめぐって既存の需要と単に競合しているにすぎないのである。

余剰能力

問題は、したがって、課税を通ずる所得の転用によってではなく起債によって調達される八〇〇〇万ポンドの支出から生ずるであろう需要の増加を満たすのに十分な余剰能力をわれわれが持っているかどうかにある。ところで、結果として生ずる需要の増加は八〇〇〇万ポンドを上回るであろう。というのは、われわれは八〇〇〇万ポンドの受領者による増加した支出に対して、そしてさらに一層の同様な反応に対して供給しなければならないからである。あまりにも詳細なので、ここでその説明を繰り返さないが、この国の現在の状況の下では、需要への全体の効果はおそらく最初の増加の二倍と三倍の間くらいになるだろうと考える理由がある。安全な側に立って、予備的な予測として三倍を取ってみよう。このことは蔵相の起債から生ずる国民所得の全体の増加は現在の価格で二億四〇〇〇万ポンドの近辺にならなければならないことを意味する――すなわち、約五½％の増加である。われわれはこのような増加をまかなうに足る十分な余剰能力を持っているだろうか。あるいは政府の需要は、すでに用いられている資源が現在の用途から転用されるに至るまで単に物価を引き上げる役割を果たすだけなのだろうか。これは確かにたやすく答えられる問題ではない。

依然として失業している〔失業保険の〕被保険者の数は、実際のところ、一二½％に達している。しかし新たな需要は広範囲に広がるであろうが（それは軍備のための第一次的雇用にとどまらず、また消費者の増加した需要に応ずるための二次的な雇用にまで広がるから）、われわれはこれら失業している被保険者の半分さえ国内需要を満たすために利用できるとみなすのは安全ではない。というのはわれわれは、季節的に雇用できない人々など、また輸出のための生産は別としてすぐには雇用できない人々などの雇用不可能者たちを差し引かなければならないからである。超過勤務やすでに就業している人々からの増産を寛大に見積もらない限り、一九三七年の国民生産を一九三六年のそれよりも五½%増加させるためには更なる計画とその期間に実行できる以上の労働移動が必要であろう。それは（たとえば）三年以上の期間ならば可能かもしれないとしても。

このようにそれは順調な航海ではない。もしも輸出産業における何らかの改善や他の産業活動の縮小なしに、そして組織的な残業・注意深い計画とそれが効果を生むのに必要な時間的余裕によって支えられることもなしに、財政支出が直ちに全速力で始まると考えるならば、インフレーションと呼んでも適切なようなリスクが生まれる。インフレーションを避けることができるという蔵相の主張はそれでも正当化されるだろうか。以下に述べる理由によってわたしはそれは正しいと信ずるのである。

他の諸資源

第一に、三倍というわたしの「乗数」は、現在の状況では、反響の大きさを過大評価しているかもしれない。繁栄が拡大するにつれて、貯蓄はおそらく比例的以上の割合で増加する。特に利益が増加しつつある時にはそうである。八〇〇〇万ポンドの起債から生ずる支出全体の増加は（例えば）一億七〇〇〇万ポンドくらい、すなわち国民所得の四%に過ぎないといっても良いだろう――五½%よりははるかに容易に実現できる増加である。

第二に、新たな需要のある部分は、国内生産の増加によってではなく、輸入によって満たされるだろう（前の計算ではわたしはそれを見込んでいない）。このことは輸入は増加した輸出によって相殺されるか、あるいは、それができなければ、純対外投資の減少となることを意味する。おそらく双方が少しずつ起こるだろう。われわれは海運収入と対外投資による収益の増加を通じ、また、多分、［ジョージⅥ世の］戴冠式への来訪者から「貿易外」収入の増加を期待することができる。しかしながらわが国の主要商品の輸出を活気づけるためにできる限りの手を打つことが特に望ましいことに変わりはない。なぜかと言えばここにこそわが国の余剰労働力の予備軍が主として見出されるからである。蔵相の起債によるインフレ的な結果を避ける最善の道は輸入と輸出の双方を増加させることであると言うのは逆説ではない。いずれにせよ、われわれは増加した輸入によって（例えば）一五から二〇％差し引いて、インフレーションを避けるのに必要な国民生産高の増加（輸出は別として）を三½％から四½％の間の数字まで引き下げ得るのである。

第三に、余剰な資源が利用可能な特別地域〔訳注4〕にすべての可能な受注を集めることを保証するための方策は大きな助けとなるだろう。このことを単に国内の疲弊した地域に対する一種の慈善だと考えることは間違っている。それどころか、それは全体の利益となるのである。需要がインフレ的であるかないかは、それが余剰能力のない事業や地域に向けられるかどうかにかかっている。特別地域において生産を組織化することはインフレなしに再軍備を達成するための手段である。このことが正当に理解されるかどうかわたしはわからない。国防省は特別地域方式を、疑いもなく殊勝な、ひとつの慈善の形態ではあるものの、それは仕事を最も効率的に進めることを妨げるとみなす傾向があると、わたくしは感じている。これに反して、大きな無駄や混乱というコストなしに、仕事を進めることができるのは単に今用いられていない資源を使うことによってである。特別地域は正常な経済の進路を不当に妨害することなしに再軍備に利用できるわれわれの主要な資源の備蓄を示しているのである。それは慈善ではなくて、好機なのである。

〔訳注4〕訳注3、四〇一ページ参照。

われわれは依然として、再軍備は別として、新たな資本投資は以前と同じ規模で持続すると前提している。しかし、新築の着工がある程度減少することはあり得るように見える。異常でかつ最も非難すべき近視眼的見地から、わが当局は新建築着工の完全な統計を収集する価値があるとは考えておらず、ロンドン市の数字が公表統計から抜け落ちている。しかし新築着工は昨年を二〇〇〇万ポンドは容易に下回るかもしれず、これは大蔵大臣の要求額の四分の一に匹敵する。この他にも鉄道、公的機関、地方公共団体による投資拡大が残っており、これらはある程度意図的な政策によってコントロールできよう。他方において、増加した投資は何らかの面で、はっきりした不足のあるところで新しい設備を供給するために必要なのである。それにもかかわらず、われわれが述べた他の相殺要因を考慮しても、産出高の三パーセントの純増は可能であろう。それが近い将来にわれわれが無理なく達成することを希望できる改善なのである。

計画の必要性

わたしは大蔵大臣の公債支出はインフレ的だとは限らないという結論だった。しかし、注意しない限り、それはむしろ限界に近いかもしれない。このことは近い将来において特にそうである。輻輳が最も起こりそうなのは来年ないし一八カ月以内においてである。というのは近年の景気回復による刺激の下で通常の投資が依然進行中だからである。二年、ないしそれ以内の間に、再軍備公債は不況を撃退するのに積極的な助けとなるかもしれない。他方、国防省は彼らの予定表にしたがって〔予算を〕使い切るのに成功しない——彼らはほとんど成功したことがない——だろう。

この結論には、しかし、重大な制限がある。政府の計画は予定通りの速さでは実現しないだろうし、インフレーションは成り行き任せの方法によって、避けられはしないだろう。国の資源は現在計画されているものによって過大な負担を負わされよう。われわれが割り当てとそれに類似した、戦時統制を避けるべきであることは最も重要なことである。しかしもしも国防省が、外国貿易、特別地域〔訳注5〕、競争的な形の投資などに影響するような一般的問題への考えなしに、その発注をもって、単に前向きに突っ込んでゆくならば、われわれは恐るべき混乱に陥るかもしれない。

したがって、わたしは『タイムズ』紙に載せたこの前のわたしの論文の結びとした勧告を、一層強調して繰り返し述べる。情報を収集し政策について助言するために、これらのことについて考えることを責務とする組織を中央に設けることが不可欠である。このような提案が不評であることを、わたしは知っている。政府にとっては広く情報が入ってくることほど嫌うことはない。というのはそれによって決定に到達する過程がより複雑かつ困難になるからである。しかし、この重大な時期に、それは公共の利益のために政府が払うべき犠牲である。どのように事態を調和させるかについて大いに考えることなしに、国の資源の八〇から九〇パーセントを利用するということは容易である。というのは、ほとんどいたるところに、利用できる余裕が存在するからである。しかし国の資源の九五から一〇〇パーセントを利用するということはまったく別の課題である。それは注意と管理なしには実行され得ないし、またそうしようと試みることは、たまたま他の方向で不況が差し迫っている場合にだけ回避が可能な、インフレーションに導くかもしれない。より多くの事実を集めることの重要性に特別な注意を払う必要がある。何となれば、上述した、わたしの見積もりは勿論入手可能な数字に基づいた大胆な推測以上のものではないからである。それらは明らかに大幅な誤差の余地を伴っている。

◆四月二〇日ネヴィル・チェンバレンは彼の大蔵大臣としての最後の予算を提出した。その中で彼は、利益に対して累進的

〔訳注5〕訳注3、四〇一ページ参照。

割合で課税される、新税の国防貢献税、を提案した。(4) ケインズはこの提案についてコメントした。

『タイムズ』紙の編集者宛、一九三七年四月二三日

拝啓

大蔵大臣が財政法案における彼の計画を具体化させる前に新税についてのコメントを求めているので、わたしは以下の四点が最も注意を要するものであることを提案します。

(1) 不況時にその利益がもっとも痛手を受けた企業がこの税から今やもっとも損害を受けるだろう。これが意図されてはならない。業績が平均化され得るのが先見の明ある企業の条件である。したがって、新税は(例えば)過去六年の期間の累積利益の平均が指示された標準を上回る時にだけ、作動した方が良い。

(2) その税は主として以下の部類の企業に降りかかるだろう。

(a) その実質資産が主として、熟練と経営者の資質、彼らの築きあげた取引先、そしてその企業に対して個人的信頼感を持つ友人あるいは銀行からの借入れで支払われた設備等よりなる若い成長しつつある企業。

(b) その資産が大部分無形すなわち、営業権、組織、そして彼らがその果実を刈り取ろうとし始めている特殊な熟練等の形である企業。

(c) 危険を伴い、少数者だけが成功する性格の事業において最近成功している企業。

(d) 鉱山のように減価する資産。

(e) すでに述べたような不況時に特に打撃を受けた企業。

大臣がその税を進める前に、彼は彼が負担を負わせようとしているのはこれらの人々だという決心をすべきであり、そして特別な課税対象として彼らを選び出した理由を示すことによって彼の提案を守るべきである。この税を逃れる方法は、新品であった時には多額のコストがかかる、たくさんの屑鉄を裏庭に積み上げること、そして最善の時期を過ぎた支配人たちを雇うことであろう。

（3）この税の負担はたまたまその会社の資本構造がどうであるかに大きく依存する。社債または銀行借入れを持つ会社はその代わりに優先株を持つまったく類似の会社よりももっと多く〔税を〕支払わなければならない。このことは大臣の字句をより字義的に「資本」とは「事業における資産のコスト」よりなると解釈することによって修正することができよう。その営業権を先駆的企業から最近買った会社は〔課税を〕免れるだろうし、一方株式が公開されていない会社は支払うことになろう。資本損失のために再建された企業の負債は正にその採用された再建の手法いかんによるように見える。どのようにしてこのような例外が克服され得るかは明白でない。

（4）大臣の話し方と彼の想定した申告書の規格から、彼は国内産業だけを念頭に置いていると判断される。しかし逆の条項が準備されない限り、彼の提案は、本部組織がもしもこの国に置かれているならば海外企業にも適用されるだろう。実際、彼の見積もる収入の大部分は鉱山、ゴム農園、そして大英帝国あるいは諸外国で操業している石油会社などから期待されるのだが、これらの産業は不況時には少ししかあるいはまったく利益がなく、しかも好況時には妥当と考えられる平均収益は六パーセントをはるかに上回るものが必要とされるので、これら企業は〔有利にも不利にも〕両様にとらえられるとわたしは考える。それに加えて、異常な変則が生ずる。両方とも英国の株主によって所有され、マレーシアあるいはオーストラリアの同じ地域で並んで操業しているまったく類似の鉱山あるいは農場は、

（4）最終的にチェンバレンは広範囲の批判に直面してこの提案を取り下げ五パーセントの一律課税に切り替えた。

たまたまその本部が所在する場所によって利益の大きな割合を支払うかあるいはまったくそれを免れるかのいずれかとなる。南アフリカの金鉱は経営の法的所在地がヨハネスブルグにあるので免れるだろうが、西アフリカの金鉱は支払うことになろう。ローデシアの銅山は、ロンドンに本部を設立するという無分別な行為を犯したので、新税の最大の寄与者に数えられるが、一方、カナダの銅山は免れるだろう。税負担は事業の行われる国でも株主の国でもなく、本部の所在地によるのである。わたしはこのようないくつかの変則が特定の株式の外国人所有者にすでに影響を及ぼしていることを知っている。しかし大臣は、本部としてロンドンを使うことを禁止的に高くつくようにするという危険を冒している。このことは彼が望んでいることなのだろうか。他の国の法律の下で操業している事業に超過利潤税を課すという原則には疑問の余地があるように見える。これに対する矯正は課税を国内産業に限定する以外にはない。

他方において、わたしは大臣がこの税からの一年間の収入を著しく過小評価しているという批判者には賛成しません。実際、もし公正あるいは便宜上から必要とされるすべての譲歩がなされる場合、彼の現在の見積もりの半分が残るならば大臣は幸いでしょう。証券取引所は、この税の財政上の結果をあまりに悲劇的に取りすぎていると、わたしは考えます。もっともこれだけ大きな、そして多分これだけ永続的な、不確実性を生み出す提案に対する自然な反応だとは思いますが。平均的な投資家はこの税からきわめて少ししか痛手を受けないでしょう。典型的な投資リストを取ってみれば、少なくとも十のうち九はまったく何もあるいは実質的に何も支払うことはないように思えます。しかしながら、不幸なことに、そのことがこの税の弊害のひとつなのです。それはたまたま不運な状況の一致——過去の歴史や資本構造の、業種の、本部所在地の偶然、あるいは単にその事業が若くかつ繁栄しつつあるという理由で、など——に見舞われた少数の事業の普通の株主に対して気まぐれに、重く、そして不釣合いに降りかかるでしょう。それはその名前が電話帳の第一巻にあり、かつたまたま一九〇〇年に生まれた双子にかかる税のようなものです。

わたしはある人々が最大の反対理由と考えることを述べませんでした。――すなわち、今後にわたって実務家の時間と勢力を浪費し、またすべての新しい計画を不確実性の雰囲気に巻き込む経営上の、また、法的な問題です。超過利得税（ＥＰＤ）[5]という実際の経験をした人々に対してはこれは説得的でありましょう。しかし経済学者が強調するのに適切な原理上のひとつの重要な反対理由があります。将来の繁栄にとって必要なことは事業の収益とリスクが利子の収益と比べて改善されるべきだということです。言い換えれば、もし私企業家が将来の諸問題を解決すべきであるならば企業の利益と金利生活者［rentier］の利子との間のマージンは注意深く保護されなければなりません。この税はそのマージンを狭めることを狙っているのです。

この税を提案するについての大臣の目的が公正かつ誠実であることは明らかであります。そして彼が新たな収入源を探すについてよき助言を得ていることについて論争する人は少ないのです。しかし彼がこの税の原則は承認されていると主張する時に、彼は何を意味しているのでしょうか。その原理は何でしょうか。彼はそれが不当利得税を意図しているという考えは否認しています。その変則性と任意的な課税範囲の背後に明らかな唯一の原則はそれが企業心、成長そして若さそれ自体への税であることです。こういう原則が一般に承認されるでしょうか。

敬具

J・M・ケインズ

◆一九三七年の冬中ケインズの健康は不満足なものであった。問題は一月のインフルエンザから始まったが、しかしその後

(5)　第一次世界大戦超過利得税（Excess Profits Duty）。

彼は胸痛と息切れを訴えつづけた。復活祭の休暇を過ぎて彼は「ゆっくりと快方に」向かい「わたしは病弱であるかのように振舞わなければ」ならなかった。ケンブリッジのイースター学期の始めに彼は重い心臓麻痺にかかり、そしてようやく数週間後の六月一九日にウェールズのリシン・カッスル〔訳注6〕に移る位良好な状態となった。

◆ケンブリッジで徐々に快方に向かう間に、ケインズは英国と米国が準備の累増を制限するために金価格を引き下げるだろうという噂によって引き起こされた「金騒動」について新聞社宛に一通の手紙を書いた。

『タイムズ』紙の編集者宛、一九三七年六月九日

拝啓

金問題は二つの別個の局面をあらわしています。いつか起こるはずの〔金の〕放出の過程は当局の現在の金政策を変えさせる原因となるのでしょうか。現在の金価格は何年もの期間にわたってまた長期的に過剰な量が採掘される原因となるのでしょうか。ジョン・サイモン卿とルーズベルト大統領の声明は初めの質問に極めてはっきりと否定的に答えており、また第二の質問はまだ考慮されていないが両国政府は将来の状況に照らしてそれを処理する自由な余地を持つことを示唆しています。この態度は思慮深いものであるように思われます。私的な〔金の〕放出は繰り返される事象ではなくそのことは長い間予知されてきました。そしてその最大限の量はすでに政府の手にあるストックと比べて小さなものです。他方第二の質問については金の生産高がどれくらい増加しようとしているか、戦争あるいは戦争の恐れが金の代替品の使用を切り詰めるかどうか、現在の金ストックの不平等な配分が無限に続くかどうか、貨幣賃金がどの水準で落ち着くか（特に合衆国において）、そして、例えば今後三年間われわれの雇用の状況が良いか悪

いかなどがわかるまでは誰も答えることはできないのです。

それにもかかわらず、ある程度の事柄についてサイモン卿がもう少し明示的になれるならば、彼は助けになり得るとわたしは信じます。国内の神経質なそして海外における疑惑の雰囲気は過度の秘密主義というわが国の政策の結果なのです。どれだけの金をわれわれがすでに持っているか、あるいは、いわゆる「ホット・マネー」、すなわちロンドンで不安定に保有される異常な海外残高を相殺するためにどれだけの金が必要とされるかについて誰も知らないのです。マクミラン委員会によって明らかにされた、われわれがそれを支払うすべを知っている以上の巨額の対外短期債務を持つポジションに逆戻りするのを避けようとするならば、われわれは現実に持っているすべての金を必要とすることはまったくあり得ることなのです。その上、前大戦中に対外支払いをするために使える資金をかき集める途を見出すことを仕事としていた元大蔵省の官僚として、わたしはもし手元に余剰な一〇億ポンドの「現金」のあることを知っていたら大変幸いだと感じたでしょう。もしもう一度危機があったならばわれわれが海外から借り入れ得る可能性がないことを忘れてはなりません。揺るぎなく流動的な金融ポジションは困難に対する無視すべきでない保証の一つなのです。

もし、他方において、われわれが合理的に必要とし得る余剰の金すべてを持っておりそして追加的な買い付けが、それは公益のためにするものであるが、むしろ好ましくないものであることが（わたしの現在の予想とは逆に）計数によって示されるならば、その場合にはわれわれの政策の詳細を相応に変えるのが良いのです。例えば、このことは、対外貸付に対する禁止措置は直ちに解除されるべきであることを明らかに示しているでしょう。金の過剰について不

〔訳注6〕　リシン（Ruthin）はウェールズ北部の町。ケインズは九月二三日まで滞在した。

満を言いながら同時に、欠乏の時期から始められた禁止措置を維持することによって余剰の金を増加させようと試みることは気違いざたでしょう。また金の使用を節約する方法を見出そうとするこれまでの努力を逆転させ得る他の途もあるのです。

特に、われわれは自治領、インド、直轄植民地に対し、ある時期にはわれわれに非常に役立った、彼らの金準備をスターリング残高と交換にわれわれに手渡すという彼らの政策を再考することを求めることができます。オーストラリアはその顕著な例ですが、しかし大英帝国全体としてはそれは大きな額になります。実際、大英帝国会議が解散する前に〔訳注7〕、彼らが、彼らのスターリング資産をイヤマークされた金に換えることによって、われわれが保有する金の重みに耐えるのを助けること——そしてこのことはたとえ金の量が大英帝国全体の観点から過剰ではないとしても望ましいであろう——ができないかどうかを検討するのは良いことでしょう。彼らの多くは産金国なので、このことが疑いなくもたらすであろう信認の回復から彼らが得るものは大きいでしょう。

サイモン卿は彼が正しくこれらの「高度に技術的な問題」と述べているものには慣れていません。彼は当然——彼の地位にいる人なら誰でも必要とするように——衆知を集めることの利益を必要としています。彼の助言者たちが地下にもぐってあまりに秘密主義になり過ぎるならば、彼らは啓蒙の光を欠くことになるでしょう。わたしは彼に、すべての状況を考慮に入れた上で、われわれは多すぎる金を持つのか、あるいは、持たないかについて、彼自身の意見を先ず決めるべきであり、そしてその上で率直に下院に表明すべきであると勧告します。疑惑は拭い去られ、そして、ここ何年間で始めて、大蔵大臣は精通したコメントから利益を得ることがわかるでしょう。

敬具

J・M・ケインズ

◆リシンで、ケインズは完全な検査を受けた。彼の治療には夏の大部分を安静に過ごすことが含まれていた。しかし、ケインズは、六月二九日にリディアに語ったように、すぐにいくらか抵抗していた。

わたしは、精神の活動の禁止は、体の動きの禁止より前に解除されて良いと思う。少なくともわたしはそう希望する！　というのはわたしの心はものすごく活動的だから。彼ら〔医師たち〕は飲み過ぎる患者から酒を、食べ過ぎる患者から食べ物を取り上げることができる。しかし彼らはわたしから考えることを取り去ることはできない。今日の午後主治医（Great White Chief）〔訳注8〕が回ってくる時に、わたしは今朝大蔵大臣に手紙を書いたことを告白しなければならないだろう。

サー・ジョン・サイモン宛書信、一九三七年六月二九日

大蔵大臣閣下

わたしは、それがお役に立つかわかりませんがあなたに伝えたいと思っているすばらしい考えがあります。

わたしはあなたがフランスの新しい大蔵大臣に以下の条件付で為替平衡資金から一億ポンドの借款を提供することを申し出ることを提案いたします。

〔訳注7〕　一九三七年を最後に必要に応じて開催される英連邦首相会議に取って代わられた。
〔訳注8〕　ネイティブ・アメリカンが言う米国大統領、転じて大権力者を指す。ここでは文脈から主治医と訳した。

474

（1）借款は三パーセントの金利で年毎に均等一〇回の分割返済とする。

（2）その一部はこの秋に期限のくる現在のロンドンの銀行からの借款（金額は忘れましたが——多分約四〇〇〇万ポンド、あるいはもう少し多い）を借り替えるのに用いられ、残りは直ちに金の形で提供される。

（3）為替がわが国に不利に動いてロンドンが、直接または間接に、パリに向けて金を失う原因となるような場合には、為替平衡基金は、フランス銀行に対して借款の残存部分についていつでも金を引き出す自由がある。この条項を立案することは非常に容易ではないが、可能であります。わたしはイングランド銀行の現総裁を一九一八年に大蔵省で初めてお見かけした時——彼が（それはその後まったく正しいことが明らかになったのですが）われわれが当時フランスに対して行っていた借款の中の同様な条項に賛成する議論をしていたことを思い出します。

わたしの意見ではそれは非常に賢明な考えです。

（1）それは実質上、こちらにきているフランスの退蔵のある部分をフランスに返すことになります。

（2）外務省の立場から見ればそれは正に望むところです。この時点における連帯の意思表示は事態を正しい展望に向け、しかもそれを穏やかでかつ分別ある方法ですることになります。それはわれわれにとって実行可能な唯一の穏やかな意思表示です。それは次の機会に他のどこかでよい助言を与えようとしている節度ある外交官の立場を強めるでしょう。

（3）フランスの立場から見ればそれはかかわった金額とはまったく不釣合いなほどの助けとなるでしょう。それは彼らに一息つく余裕を与えるでしょう。そして彼らのおそれている問題を解決できるという気持ちにまさしく影響するでしょう。

（4）それは三国通貨協定を護るでしょう。

あらゆる人が平衡資金に関する昨日のあなたのスピーチを喜んでいることは確実です。現在の状況下ではそれは事態に完全に対応しています。

敬具

［イニシャル入りコピー］　J・M・K

サー・ジョン・サイモンよりの書信、一九三七年七月一三日

親展

わが親愛なるケインズ

あなたが床につかれていることをお聞きして大変残念です。あなたの六月二九日のお手紙はあなたが快方にあることを意味するものと希望しています。

フランスへの金の直接貸付が現在の状況を緩和する方法であることは大蔵省が気づいていなかったことではありませんでした。しかしわたしはこのような処置が穏やかなゼスチャーだと取られると信ずるのは困難だと思っています。現在の法令の表現がどうであっても、わたしは為替平衡勘定は明白な法令上の権威なしにそのような目的のために使うことができるとは思えません。というのはそのような処置は単に英ポンドの為替価値の不適当な変動を防ぐ目的のためとは取られないでしょうし、実際問題として、明白な議会の指示を必要とするからです。わたしは、あなたの示唆した保証条項をもってしてさえも、議会がこの問題をどう考えるかについては確かには分かりません。この提案はとても異論のあるものとみなされるでしょう。

フランスの状況は不安を呼ぶものであり、わたしは絶えずフランス政府に対し、恐慌で打撃を受けた資本家が資本を自国に引き戻すように促すために予算の均衡を確保すべく明らかに真摯な努力を払うことによってのみ現状を救うことができることを主張しつづけています。そうでなければ資本の還流が十分な量で続くことはないのです、為替相場が一一〇か一二九——あるいは二〇〇であろうとも！

平衡基金についてのわたしのスピーチへのあなたの親切な言及に感謝します。

ご多幸を祈って、

敬具

ジョン・サイモン

サー・ジョン・サイモン宛書信、一九三七年七月二六日

大蔵大臣閣下

わたしへのご返事にこのような大変なお手数をおかけしたことに対し、そしてチェスターでの会合からフォスター氏によってわたしに送られたメッセージに対してもまた厚く御礼申し上げます。わたしはあなたがお返事をされるのにこのようなお手数をかけられるとは実際思っても見ませんでした。

わたしの提言には立法行為が必要であるということにまったく同意いたします。また今のところ立法への心理的な潮時は明らかに過ぎ去っています。

フランス政府に予算を均衡させるよう主張することはまったくよいことであり、そして実際彼らはいくらかの努力を払いつつあります。しかし彼らは、再軍備を放棄するか、債務を最近の［?・新しい］利子率に切り替えない限り、何をしても成功することはできないとわたしは確信しています。後者は資本の還流の結果かあるいは強制借り換えによってのみ実現することができます。わたしは、現在あるいは将来において、〔資本の〕還流が起こり得るような状況を作り出す機会をつかむいかなる好機も逸するべきではないと望んでおりました。他方、遅かれ早かれ、強制借り換えが唯一の解決策であることがわかる状況かもしれません。

わたしはここで快方に向かっておりわたしの休暇を本当にまったく楽しんでおります。しかし経過はゆっくりしたものであるように思われます。

敬具

〔イニシャルもサインもないコピー〕

◆夏と初秋の間に、ケインズは『ニュー・ステイツマン』誌と『タイムズ』紙の両方において、外交政策の議論にさらに少し貢献した。これらは〔この全集の〕第二八巻に載せられている。

ケインズは病気のために一八カ月間にわたって経済情報委員会の会合に欠席を余儀なくされた。しかしながら、彼の欠席はまた、通常は会議での会話の中で失われてしまう、報告の展開における、より多くの彼の意見が、文書の形をとる結果となったことを意味した。彼の最初のコメントは、委員会が七月に議題として決定した「物価水準、国際貿易の将来、および金の将来に関する諸問題」を論ずる委員会の第二三回報告に関するものであった。[(6)] ケインズはそれについて一〇月二〇日に初めてコ

(6)　通常は委員会はどんな議題を議論するかについての会合を開きそれから幹事（Secretary）（一九三四年まではヘンダーソン Henderson, その後ピアズ・デブナム Piers Debenham）が議論のための報告草案を準備した。委員たちは草案作成の細かい点については注文をつけないことがずっと合意されていた。

メントした。

サー・ジョサイア・スタンプ宛書信、一九三七年一〇月二〇日

親愛なるサー・スタンプへ

わたしは最近の経済諮問会議（ＥＡＣ）報告の序文への脚注で外されており、それを見てわたしはほっとしますが、わたしにはまったくコメントする資格はありません。しかしながら、新産金に対する輸入税の提案を現在の不完全で矛盾した形ですることはまったく不得策だと、わたしは感じています。とにかく、これまでなされたすべての提案のなかでこの提案は為替相場の変動をもたらす最大の可能性を含みまたこの報告の他の個所で主張された理念に真正面から反するものであります。その上、新産金と既存の金を最初の取引後に、どうして区別するのかという問題に、少しも目を向けていないのです。仮にドイツかチェコ・スロバキアが新産金をロシアから買付け、その後それらのうちの一国あるいは他の国が金の輸出をする場合、どんな区別ができるのでしょうか。明らかに関税はすべての輸入金に対して課されなければなりませんが、その結果金の輸入点と金の輸出点の間に二五パーセントの為替相場の変動が起きる可能性があります。

そして大英帝国の大部分が三国通貨協定から除外されざるを得ないのを現実として認めようとする試みは存在しないように思われます。

このことは別としても、しかしながら、わたしは、最初に考えられたときには極めて時宜を得ていた、パラグラフ四四～八九の全部は、今や完全に時代遅れであり、とにかく当面のところは、凍結されるべきだと感じています。物

価の下落と広く行き渡った不況の恐れを伴った、現在の状況下では、正気の人が金の価値を引き下げるような手段を提案することほど思いもよらないことはないのは確かです。この主題の内容とその取り扱いは両方とも現在の状況にまったく合っておりません。

わたしは非常に快方に向かいつつありますが、いぜんとしてもう少し静養の予定です。

敬具

［イニシャル入りコピー］J・M・K

サー・ジョサイア・スタンプよりの書信、一九三七年一〇月二二日

わが親愛なるメイナード

再度お手紙ありがとう。委員からあなたのことを心配してたくさんの問い合わせがありました。あなた、あなた自身、から快方に向かいつつあることを、そしてとにかく、「闘志」が以前のように活発である！　のを知り嬉しく思います。

委員会が輸入税の問題を取り扱うのには特別の理由がありましたが、それを主張する意図をもってではなく、それを否認するという完全な意図をもってでありました。もしもそれが達成できないとしてもわれわれは、とにかく、それを封じ込めることができます。そしてわたしはあなたの論点を来週委員会にかけるつもりです。

敬具

J・スタンプ

サー・ジョサイア・スタンプ宛書信、一九三七年一〇月二五日

親愛なるサー・スタンプ

わたしは委員会が提案された輸入税を支持していないと聞いて安心しました。しかしそれならそれで、彼らはもっと明確にその考えを述べることができるとわたしは考えます。わたしは、討論を聞いていないので、その覚書は微温的で確信のない支持であり、しかしはっきりとした否認でないことは確かだと読みました。強調すべき論点はわたしには以下のようなものであると思われます。すなわち、——

1. それはスターリング・ブロックと大英帝国の通貨協定を完全に混乱させるということ、そして

2. これまで言われてきたどのような計画よりも為替相場を不安定にする大きな可能性を含んでいる。

これ以上言う必要があるでしょうか。

敬具

［イニシャル入りコピー］J・M・K

◆完全な報告書を読んで、彼はさらに続けた。

サー・ジョサイア・スタンプ宛書信、一九三七年一一月七日

親愛なるスタンプ

経済諮問会議の今四半期の報告をよく読んだ結果はわたしにいくつかの感想をもたらしましたが、それについて心中をあなたに打ち明けたいと思います。

以前は熱心にテキストを読むことに集中するという強制がないことに寄りかかっていましたので、そのまったく驚くほどの冗長さに以前よりも一層印象を受けました。多分それを終わりまで我慢しとおす人たちはごくわずかしかいないと思います。たとえ読みとおしたとしても彼らが、それが結局どういうことになるのかがわかるのはあまり容易なことではないでしょう。この特別の〔輸入税の〕例では、それが大変重要であるかどうかわたしは疑問に思っています、――実際のところそれはむしろ幸運かもしれないのですが。

わたしの計算ではこの本文は複雑で混乱した冗長なもので約三万五〇〇〇語程度はあるに違いないと思います。読者の観点は別としても、過度の冗長さは委員会の観点からも難点があります。第一に、その作文に長くかかりすぎ、それが配布される前に時期遅れになりそうな結果をもたらすことです。今回の例でも特にそうであり、すべての論旨は実際の発行の日に選択されたならばもっともふさわしくないものです。第二に、そのことは委員会に適切な検討と批判の時間が持てないということを意味します。あなたが現存する誰よりも早く声を出して読み上げる技術を持っておられると言う事は事実であるにもかかわらず、こんな忙しい委員会がこのように膨大な書類を適切に把握することはまったく不可能であります。部分的にはこの結果により委員会はその意向を本当に示すことに著しく失敗しているとわたしは感じます。ヒューバート〔Hubert, D. Henderson〕はたびたび彼自身の意見を決めていたのですが、彼は、あまりに多く彼自身の見解をではなく、討論において示された委員会の意図を代表するものを起案したならばより際立って成功したでしょう。わたしは今覚書の非常に多くの部分は委員会のいかなるメンバーの見解も本当に示してはいないと感じています。今日幅広く起きていることは委員会の個々のメンバーたちが著しく不同意な節を見つけ出し修正しようと試みていることです。しかしこの覚書が委員会の衆知を本当に代表しているというのは正しくないでしょう。

わたしはこの件について何か思い切ったことをするべきだと強く感じています。現在の提出物は実にひどい文書です。

わたしは、この問題についてのヒューバートの委員会におけるわれわれと同じ立場に加えて、幹事の立場の経験を考慮して、この手紙のコピーを彼に送ります。

わたしはまったくばかげた輸入税の提案に対する委員会の熱心な好意の背後にある神秘的な理由をいつか聞くことに興味があります。

敬具

［イニシャル入りコピー］J・M・K

サー・ジョサイア・スタンプよりの書信、一九三七年一一月一〇日

親愛なるケインズ

あなたの見解の本心を打ち明けた七日のお手紙をありがとう――残念ながら、非常に正当とわたしは思います。

この報告書は始めから――あなたの不在のせいかどうか、わたしはわかりませんが――特に扱いにくいものでした。委員たちは彼らの考えを如何なるものであれD(7)に対する指示の形に纏め上げるのに長時間を費やしました。彼がそれを手にしたとき彼はそれが気に入らず、その仕事に決して満足ではなかったことを、わたしは知っています。最近われわれは国際派のリー

サーズ(Leithers)[8]と孤立主義者のフィリップス(Phillips)の二つの極論を調整しようと努力してきましたが、あまり成功していないと、わたしは思います。

報告書は非常に長いのですが、われわれは今年はこれほどのものはまだ作成していないので、何とか〝認められる〟でしょう。しかし、それはわれわれにとって次回のための実際の教訓となるでしょう。事実このテキストは委員によって通常よりもより十分に検討されており、わたしは多くは読んでいません！

輸入税のテーマを取り上げたのはそもそもわたしが原因です。というのはわたしは、その計画をワシントンから非常にあり得る最新ニュースとして得たからです。そして、もしそれがやってきたならば、われわれは検討しておくことによってそれに対応する用意をしておこうと望んだのです。しかし、もしもそれが支持するような方向で発展したとしても、それは決して意図されたものではなかったのです！

敬具

J・C・スタンプ

H・D・ヘンダーソン宛書信、一九三七年一一月七日

親愛なるヒューバート

わたしがスタンプへ書いた手紙のコピーを同封します。主旨はおのずから明らかだと思います。しばらく以前から

(7) デブナム(Debenham)。

(8) F・W・リース-ロス(Leith-Ross)卿。

覚書の起案は望ましくない方向に向かってきたと感じていました。しかし今回、それを離れたところで読んでみて、わたしは異議をさらに一層強く感じ、そしてそれを文書に書き記すのが義務だと思いました。あなたの意見はどうでしょうか。

わたしはいつかの晩のあなたの放送(9)を聞きそれはとても良いと思いました。ある種の慎重さがひき起こしているように見える種類の批判は大変驚くべきことです。

あなたのEAC〔経済諮問会議〕に対する最近のメモについての質問を同封します。(10)

敬具

［イニシャル入りコピー］ J・M・K

H・D・ヘンダーソンよりの書信、一九三七年一一月一一日

親愛なるメイナード

先ず第一に様子はいかがですか。まだロンドンあたりを歩き回ることは許されていないけれどあなたは実際確実に快方に向かっていると思います。その通りでしょう。遠からず会うことを願っています。

最近のEACの文書に関してはわれわれは皆これまでわれわれが作成したもっとも不満足な報告書だということを自覚しているとわたしは思っており、実際そういう理由で、心の中ではこの報告書を二度と見たくも、ましてやそれを論じたくもないものの、われわれの中のある人たちが異例に最終の段階でいぜんとしてトラブルをひき起こしています。しかしこのような結果に導いた主たる理由は、提起された論点の生み出す功罪について委員会がまったく絶望的に分裂しているためです。実のと

ころ、これは困難さを控えめに述べているのです。単一の中心的な論点についてのはっきりした意見の分裂は、少なくとも議論のできる説明的な価値を持つ結果を生み出すように、賛否両論を詳しく説明するという方法によってしばしば切り抜けることができます。しかし今度の場合には単一の論点ではなく、議論で明確に定義されなかった種々の論点と、ほぼ三つか四つの異なった見方があったのです。そして混乱の原因となった重要な要素は相反する見解の真の主唱者にはリース-ロス（Leith-Ross）とフィリップス（Phillips）がおり、彼らは明らかにお互いに完全に意見の対立がありながら、官僚の習慣にしたがって、彼らの立場を明確に説明しようとしないのです。最初の議論で意見の混乱が明らかになるや否や、この議題を続けようとすることがまったく間違いであるとわたしは確信しました。

その頂点にピアズ〔Piers Debenham〕の説明者としての欠陥があります。彼は、話すことと書くことの双方で混乱し、支離滅裂になりがちであり、さらに、実際には常識的な考えで思いつくような、適切で比較的単純な論点を、彼の好む難解で抽象的な分析用語に言い換えるという経済学者の職業病のとりこになっているのです。しかしながら、一般に彼はこれらの点で改善しつつあり、この報告の異常なほどの混乱を説明するものは委員会における意見の混乱にあるとわたしは思います。

彼の長所は本当に独創的（ingenius〔原文のママ〕）で強力な知性を持っており、時々本当に価値のある問題への新しい接近方法を提案します。そしてそれとの関連でわたしは輸入税の提案、それはまったく彼の創案だと思いますが、についてあなたに賛成ではありません。わたしは以下の立場からこの問題にアプローチしています。すなわち、国際的に受け入れられた購買力の何らかの形態が満足のいく国際貿易システムの、決定的ではないとしても、重要な条件です。しかしその国際的購買力の量は不十分でも過度でもないことが不可欠です。原則的にはそれは何らかの国際機関によってコントロールされ、事態の必要にしたがって拡張されあるいは収縮されるべきです。例えば、国際的証券を発行し、各国がそれを現在金を扱っているのと同

(9) 「株式不況と経済活動」、『リスナー』誌、一九三七年一一月三日。
(10) 印刷されていない。

様に扱うことです。それはわれわれが数年前に金のストックが不十分であるように見えた時それを補うために「リフレーター」計画を提案した考えの方向と一致したものです。今後の危険は今や金の過剰な供給という逆のもので、それはおそらく最終的には国際的な価値の貯蔵物としての金の廃止に導くかもしれないのです。もしもこのことがいつか深刻な危険として実現するならば、産金国の既得権や、中央銀行のバランス・シート・ポジション、などあらゆる種類の容易ならぬ現実問題が起きるでしょう。したがって、各国政府が金の使用をまったく放棄するのではなくお互いの金ストックを彼らが依然として用い続ける国際購買力を構成するものと見なすことに同意し、さらに新産金を依然として必要とされる国際購買力の量への追加の基礎として受け入れ続けるということは原則として望ましいのではないでしょうか。このことは金の生産量を規制するという制限計画の解決を指向しています。しかし生産者たちの計画がうまく機能すると考えるのは困難です。したがって、新たな金を吸収する諸国が取り入れる新たな金の量をお互いに制限するのに合意するというのが最善のプランではないでしょうか。これもまた実際上の困難をひき起こすでしょう。しかし必ずしも克服できないものではないでしょう。新産金に対する輸入税は最終的に満足な解決に向けての実行可能な最初のステップではないでしょうか。

個人的にはわたしはフィリップス（Phillips）のような人たちの心をこの種の問題と可能性の方に向けることは有効だと考えますし、したがって、この提案を含めることを報告書における一つの有用なことと考えたいのです。もちろん、どの閣僚にもそれを理解することは期待できないのも事実ですが、しかし彼らはずっと前からわれわれの書類を読むことを放棄しているに違いないとわたしは想像しています。

わたしのメモについてのあなたの質問に関しては、回答いたしますが、ポイントは確かに金の買い入れは利子を生まないが、一方通常の対外投資はおそらくそれを生むということです。リターンを生まず、また資本価値に関して悪化するかもしれない資産に賢明に投資できる国民所得の割合には限界があると、わたしには思われます。

敬具

H・D・ヘンダーソン宛書信、一九三七年一一月一四日

親愛なるヒューバート

あなたの言うことに照らしてみて、明らかに金についての覚書は廃棄した方がずっと良かったでしょう。しかしわたしはこれらの覚書の長さそのものがひどい不利益だと強く感じます。そして単に厳格な用語の制限が実施できさえすれば大きな利益があったでしょう。

輸入税に関して、わたしが同意しなかったのはその目的ではなくこの特定の方法なのです。一部には、それは覚書の多くの他の部分と明らかに矛盾するようにわたしには見えるからです。わたしは、それは他のどのような提案よりも大きな為替相場の潜在的不安定性をもたらし、そして大英帝国の通貨協定を動揺させることを指摘すべきであったと考えたのです。それは帝国の金生産者の犠牲においてアメリカ合衆国の莫大な金ストックの価値を安定させるでしょう。それは協定［pact?、原文はfact］に加盟している国々の間に他の計画よりもはるかに一層厳格な合意を必要とさせるでしょう。

わたしはあなたのメモに対しては、あなたが「それは実際過剰な保有金ストックの価値に対する金利の大きさだけ国民所得の収縮を示している」と言ったのだとすれば何ら反対するものではありません。

わたしははるかに良くなっていますしわたしが前にやっていたよりも非常に多くの仕事をしています。またわたしは一マイル程度は歩いています。しかしそれはとても時間のかかる仕事のように見えますし、わたしは依然として半

H・D・ヘンダーソン

日はベッドで過ごします。これから六カ月以内に完全な回復が約束されていますが、必ずしもそれより前ではありません。

敬具

［サインもイニシャルもないコピー］

◆一一月にはまた、ケインズが一〇月のウォルター・ケース（Walter Case）の死のあとでW・W・スチュワート（W. W. Stewart）宛の手紙でさらに一般的に彼の見解を示すのが見られた。(11)

W・W・スチュワート宛書信、一九三七年一一月一四日

わが親愛なるスチュワート

一〇月二一日付お手紙大変ありがとう。われわれが接触を保てることを本当に望んでいます。メイからあなたが来月こちらに来るはずだということを聞いています。もしわたしがわたしの健康のためになお田舎に引き止められまだロンドンあたりにいないならば、一晩こちらにこられることを非常に希望しています。

わたしにはいくつかの関心事項がありウォルターがわたしに時折それについて大変よく知らせてくれていたのですが、もし同じ種類の情報を伝えて頂くことができるならばわたしはとても嬉しいのです。当座はわたしはホームステークス社とユーエス・スメルティング社そしてまた豚脂肪（Lard）と綿種油（Cotton Oil）の状況について話題にのせます。これについてのルーパート〔訳注9〕（Ruppert）の覚書はつねに最も興味あるものです。そしてまた、もちろん、現在のむしろ異常な状況についてのあなたの一般的な見方に大変興味を持っています。

わたし自身の見解は穏健な性格のものです。わたしは戦争を予期しませんし、大きな不況も予想していません。他方、国際政治は事業への十分な信頼の発展を妨げており、あなたの方では明らかにある種の不況が進みつつあるように思えます。

こちらでのわれわれの経済的困難はまだ差し迫ったものではない、と言えるでしょう。政府は景気後退に対して備えていないという点では間違っているとわたしは考えますが、現在のところ後退を示唆する兆候を見ていないという点では彼らは正しいと思います。建設業の後退はそれほど大きなものではなく、軍備支出の増大がそれにペースを合わせることができないことはありません。遅かれ早かれ造船の復活をわたしは期待しています。もしわれわれが後退に陥るならば、その衝動は外部から、すなわち合衆国から、あるいは海外市場における商品価格の下落の影響から、来るでしょう。もしあなたたちが次の六カ月の間に元気を取り戻すならば、英国における深刻な後退が見られるのは一九三八年ではないでしょう。

アメリカにおけるあなた方自身の状況に関しては、わたしの見解は以下のように要約できるでしょう。――

現在の景気後退は予想外のものと捉えるべきではない、もっともわれわれの大部分は、実際予想外と思っているが。政権当局の初期の住宅建設計画は失敗であり、鉄道はあまりに不採算であったので資本支出拡大の余地はなく、そして公共事業が如何に求められていようとも、それに対する大統領の態度が彼の地における正常な発展を阻害していたことはしばらく前から明らかであった。このことは巨大資本財産業は逆風下にあったことを示しており、景気回復は

(11)　ケインズ全集第一〇巻、三二六‐七ページを見よ。

〔訳注9〕　J. R. 米国の醸造業者、ヤンキースのオーナー、一八六七～一九三九年。（『リーダーズ・プラス』研究社）。

主として自動車産業を基礎に、政府支出の結果としての消費の増大と、どんな回復でも、いったん始まれば、それについてくるはずみによって支えられていたのである。このようなわけで、政府が支出を減少し始め、そして回復のペースが幾分緩められるや否や、景気後退がまったく不可避であることは明らかであった。

一方、わたしにはそれを改善することは非常に容易であるように見えます。主要な資本財産業を刺激するのに十分な政策変更を進展させることは政権当局の知力を超えるものではないでしょう。実物的に資本需要があり、金融資金は豊富です。このような状況において、景気後退が大不況に転換することがあるのはもっとも甚だしい大失敗によってだけです。

戦争の問題はそちらの側であなた方がわれわれよりもより多く注意を払っている問題です。多分その可能性はまったく予測できないので、わたしとしては、あなたの国の解説者たちが示唆したがるよりももっと予測できないので、われわれはそれを無視します。それにもかかわらず、大きな動乱を予期しないのには多くの理由があります。独裁者たちは空威張りで弱いものいじめです。他の狼よりも無力な羊を攻撃するのが彼らの目的にはるかによくかないます。他の狼たちは例外的な状況においてのみ羊たちを救いに向かうことをかなり明らかにしています。山賊たちは多くの弱者がすぐ手元に居るときに強者を襲うでしょうか。わたしは多くの不届きなことが起きるのを予想していますが、それらは大戦を伴わないかもしれません。

また大多数の人々の心には不十分にしか強調されていない、他の一つの要素があります。多分、現在、そして二ないし三年の間にはほとんど確実に、英国はその歴史上これまで持っていたよりもはるかに大きなヨーロッパ海域における優勢な海軍力を持つでしょう。わたしはわが海軍は空からの攻撃を恐れないと信じています。ドイツは海軍をまったく持っておらず、そして実際的に言って、イタリアは何も持っていません。かの国は全部で一ないし二隻以上の近代的な艦船を持っているかどうかわたしは疑問に思っています。このことは現に存在する平和にとって最大の要因です。また、海軍力は別としても、最近の出来事は防衛上の非常な有利さを示しています。わたしはチェコ・スロバキアは、たとえまったく支援がなくても立派に振舞えると期待しているのですが。

わたしの考えではイタリアの最終的な目標は疑いなくエジプトであり、ドイツのそれは、それについては何もないと言ってはいるが、おそらくポーランドです。ドイツがその目標を達成する可能性はイタリアよりもはるかに大きいのです。しかしイタリアのそれは、もちろん、世界平和にとってははるかに大きな脅威です。

敬具

[署名もイニシャルもないコピー]

◆リセッションに導かれてケインズが景気循環に対抗した支出政策の提案を弁護したとき、サー・チャールズ・マレット(Sir Charles Mallet)がこのような提案は不景気がきた時にそれを緩和するようには思えないことを示唆して『タイムズ』紙に投稿した。ケインズはそれに回答し、同時に議論のために経済情報委員会に彼の手紙を回覧した。

『タイムズ』紙の編集者宛、一九三七年一二月二二日

拝啓

(たとえば)スラム街の整理や運輸施設の改善は雇用を増加させないというのがサー・チャールズ・マレットの論点なのでしょうか。あるいはそれらが実行されても何らの公共的利益にもならないと言うのでしょうか。彼は、一部は債券によってまかなわれる、現在の再軍備支出は雇用に何の影響も持たないと信じているのでしょうか。あるいは彼は破壊行為のための道具は、それらへの支出が雇用に役立つので、何らかの特別の効用があるが、他方、たとえば公衆衛生という目的への同額の支出は何の役にも立たないと思っているのでしょうか。

もし彼が公債による支出は雇用に役立つと言う見解に異議を唱えるならば、彼は現代の経済学者のほとんど一致した意見に反対していることになります。彼は、首相が予定されている軍備への支出を景気楽観の口実と見なすことによって首相はわれわれをだましていると信じているに違いありません。公債による支出は、もちろん、雇用を増やすための唯一の途ではなく、必ずしも最善の方法でもありません。また他の不都合な影響を抑えるためにつねに十分効果的であるわけでもありません。次に起こるであろうことに対する信認と期待の状態、信用の条件、利子率、人口の増加率、外国貿易の状況、そして公衆の支出の度合などはほとんど等しく重要です。しかしながら公債政策は、一部分はそれが現局面においてもっとも操作可能な要素であること、また一部分は、現代の世界において、国内投資の非常に大きな割合が必然的に政府諸省、地方当局、公的部局、また鉄道のような、半公共団体などの政策に依存していると言う理由で、結局実質的に重要なものとなっています。したがって、他の需要の源泉が強い時にはそれら諸機関の支出を遅らせ、それが弱い時には加速することに大きな利点があると今日では非常に一般的に主張されています。おそらくこれが現在それらの支出を促進しない理由なのです。しかしながらそれは、また、潮の変わり目が来る時に何をなすべきかをあらかじめ計画しておくべき理由でもあるのです。なぜかと言えば経験の示すところによればすばやい即興性というのは困難でありまた無分別となりやすい一方、行動は迅速であればそれは倍も効果的であるからです。

時期がきた時にいつ行動すべきかを知ることは何をするべきかを知ることとほとんど同じ位重要です。そこでわたしは多分よりいっそう論争的ではないこと――すなわち、われわれの情報源の改善について付け加えてもよろしいでしょうか。毎月発表され、通常非常に重要視されている、建設計画承認統計は、ロンドン特別州と農村地域あるいは政府によるすべての建設活動を除外しています。このことは非常に大きくその価値を損なっているのですが、これには何か正当な理由があるのでしょうか。どれほどの建築が見込まれるかについて、われわれが知ることは、それが不正確になされる場合を除けば有害だとサー・チャールズ・マレットはお考えなのでしょうか。更に、計画と実行との間のタイムラグ、あるいは計画のうちどの位が最終的に放棄されたかについてわれわれにはわかりません。タイムラグは労働力や材料の不足によって大きく変わるはずです。建設業者は承認された建設計画について毎月実際の支出額を届け出ることを求められるべきではないでしょうか。この場合は、われわれの統計は現実の支出に先行し、それを上回っているでしょう。大蔵省からの刊行物の場合は、これに反して、建設業者の現実の支出は統計に先行し、また資本支出を含む場合には統計を上回るでしょう。サー・トーマス・インスキップは再軍備に関して、政府の工事請負人から、資本支出を含む、彼らの現実の支出の月次報告を得るべきではないのでしょうか。われわれがまた主な鉄鋼業者、造船業者、電機製造業者および設備業者、道路建設業者、鉄道、そして自動車製造業者から（a）現実の支出および（b）受注残高についての月次報告を得たならば、われわれは現実の状況と向かいつつある方向についてはるかに良く理解することでしょう。なぜかと言えば現在の支出と未実現の支出決意双方のトレンドについての信頼できる兆候を示す十分な事実をわれわれは把握すべきだからです。イングランド銀行の小売の販売と在庫の量に関する優れた計量は、完全に包括的であることを意図せずに、大企業への限られた調査によって如何に多くのことがなし得るかを示しています。

われわれは、満足すべき状況についての説得的な証拠と不満足な前途についての良き警告を持つべきではないでしようか。そこには庶子あるいは婚外の契約のような微妙な問題はまったく関係ないのです。

敬具

J・M・ケインズ

P・K・デブナム宛書信、一九三七年一二月二二日

親愛なるデブナム

わたしが今日『タイムズ』紙宛に書いた手紙のコピーを同封します。この手紙の後半に事実の収集についての勧告をしています。これはわたしが以前この方向での何かが最新の報告に含まれるように提案して経済諮問会議の注意を喚起するつもりであったものです。

あなたがこのコピーを作成して明日の会合のテーブルに載せてもらうことができればありがたく思います。適切な統計の収集は多分他のほとんどの何よりも緊急でありかつ議論の余地の少ないものだと思います。

敬具

J・M・ケインズ

◆サー・チャールズ・マレットは「(政府による) このような仕事を提供しようと試みることが一般に失敗しているのは経験の教えるところである」という彼の主要な論点にケインズが答えていないと言う批評をしてケインズの手紙に回答した。当然、ケインズはそれに答えた。

「やつは恥じるべきだ！　雨を奨励している！」
漫画はデイヴィド・ロウ（『ロンドン・イブニング・スタンダード』紙，1938年1月5日付掲載．受託者および『ロンドン・イブニング・スタンダード』紙との取り決めによる）

『タイムズ』紙の編集者宛、一九三八年一月一日

拝啓

公債による支出が雇用を改善している例は世界のすべての地域でたくさん認められます。わたしはその逆のケースを知りません。われわれは現在ここでその一例を持っています。

もしも軍備への公債（支出）が明日にでも止まれば雇用が減少することを疑う人がいるでしょうか。他方、準備が足りず時期はずれの努力が不十分であることを示す一つならぬ例が見られます。実際適切なときに適切な規模で実行すべく準備された政策はこれまでまったく試みられていません。このような政策がしばしば採用されかつ決して成功していないというのは、サー・チャールズ・マレットの想像の産物なのです。ルーズベルト大統領の政策は続いているかぎりはやはり非常に有効であり、合衆国を厳しい困難から救ったのですが、もちろん、同様なケースではありません。それは救済のシステムを即席で作り、また、信用の崩壊と一般的な支払不能の状態を防ぐことに主として集中されたのです。住宅への資本支出の増加、公益事業サービス、および鉄道などの計画はあらゆる点で準備ができておらず今日でもそれらは依然として準備段階にあります。そして合衆国における現在の景気後退の原因はこの準備のなさにあります。

計画された債券支出によって雇用の後退に対応することに賛成する当局と世論両者の勢力は非常に大きいので、この政策は時がくれば採用されることはほとんど確実です。選択は、迅速、効率的、そしておそらく効果的な行動を可能にするような準備か、遅れて、非効率、そしておそらく効果的でない行動を意味するどたんばでの間に合わせかの

いずれを選ぶかにあります。

付け加えるならばわたしの文章の初めでのサー・チャールズ・マレットへの質問は答えを期待した明瞭な質問でした。しかし彼はそれを避けるために内容のない言い訳を探すように慎重に振舞っていることを、わたしは疑いません。

敬具

J・M・ケインズ

◆新年と共に前年合衆国から英国を襲っていた不況の深化はケインズをさらに一歩踏み出させた。

フランクリン・デラノ・ルーズベルト宛書信、一九三八年二月一日

親展

親愛なる大統領閣下

わたしが約三年前閣下を訪問した時に大変親切に迎え入れていただいたので、わたしは失礼ながら合衆国における景気の状況についてわたしが持ったいくつかの概観的な印象をあなたにお送りいたします。わたしが遠く離れたところから書いていること、わたしはあなたにお会いして以来合衆国を再訪していないこと、またわたしは公に利用可能な情報源以外のものはほとんど入手していないことはおわかりいただけると思います。しかしこれらの制約にはある点において時には利点があるかもしれません！　少なくとも、わたしが見ていると思うことについては、わたしは非常にはっきりと見えています。

1．わたしは現在の景気後退は部分的には、今年度の前半の発注があった時に、将来の需要の過大評価を導いた「楽観の誤謬」によるものであることに同意します。もしこれがすべてであったならば、あまり心配することはないでしょう。ただ再調整の効果が出るまでの時間を要するだけでしょう。――しかし、その場合でも、回復は、せいぜい現在の需要の改定見通しを満たすに必要な点までで、それは昨年春に到達した繁栄をかなり下回るでしょう。

2．しかしわたしにはそれがすべてではないことは非常に確実です。そこにははるかに厄介な根源的な要因があります。景気回復は主として下記の要因によります。――

（i）信用と債務超過の問題の解決、そして短期金融緩和の実現、

（ii）失業者に対する適切な救済制度を創り出すこと、

（iii）公共事業および政府の資金または保証によって支えられたその他の投資、

（iv）消費財に対する需要の増加をまかなうのに必要な機材への投資、

（v）このようにして始められた回復のはずみ。

さてこれらの中で（i）は回復の優先的な条件です。供給のないところに、信用への需要を創り出しても役に立たないからです。しかし供給の増加はそれ自体では十分な需要を生み出しません。（ii）の影響は雇用が改善するにつれて消えてゆきます。そのためにそこを超えればこの要因が経済システムを支えることはない静止点があります。（iii）に頼ることは過去の年には大きく切り詰められていました。（iv）と（v）は前進運動の関数であり状況がこれ以上改善することができなくなれば直ちに――実際（v）は逆転します――止まります。回復のはずみからの利益自体は、もっとも重要であると同時に上昇局面ではもっとも危険な要因です。それが持続するためには、回復の維持のみならず、またつねに一層の回復を必要とします。このようにして回復のはずみはつねに初期の段階を実際以上に良

く見せ、まさに支援がもっとも必要な時から動きだします。昨年、「楽観の誤謬」をひき起こしたのは主として、このことを考慮に入れることの失敗だったと、わたしは考えます。

したがって、上記の諸要因が他の要因によって適当な時に補完されなかった以上、現在の不況は絶対確実に予想されたでしょう。現在の諸政策は不況が前回の悲惨な程度まで進行するのを防ぐことは間違いありません。然しそれらは、それらだけでは——何れにせよ大規模な（iii）への依存なしには——繁栄を妥当な水準で維持することはないでしょう。

3．さてわれわれは必要な補完的要因がやがて組織されることを望んでおりました。それらが何であるかは明らかで——すなわち住宅建設、公共事業および運輸のような耐久財への投資の増加であります。現在合衆国ではこのような発展の機会、実際その必要性は、比類のないものなのでわたしはこれについては楽観的でした。あなたの政府はこれらの要因を十分成長させることができないことについて批判を免れることができるでしょうか？

住宅建設をとって見ましょう。三年半前にわたしがあなたに会った時効果的な新たな手段の必要性は明らかでした。わたしはその時のリーフラーとの会話を鮮明に覚えています。しかし何が起きたでしょうか。ほとんど何も起きませんでした。住宅問題の取り扱いは実際ひどいものでした。最近とられた新しい手段がもっとうまくいくことを望んでいます。わたしはそれについて言うべき知識を持ち合わせておりません。しかしそれには時間を必要としますし、それを促進しそしてなお一層援助することの大きな必要性を勧告したいのです。住宅建設は、その大きくかつ持続的規模の潜在的需要のゆえに、その需要の広い地理的分布のゆえに、そして、その金融の源泉が株式市場から大きく独立しているゆえに、景気回復に対するとびぬけて最良の援助なのです。わたしはあなたの卵の大部分をこの籠に入れること、これについて他の何ものよりも気を配ること、そしてそれらが遅れることなくふ化されることを絶対に確実にすることを助言します。この国においてわれわれは長い間直接の補助金に部分的に依存してきました。補助金の対象として労働者階級の住宅以外により適切なものはほとんどありません。もし直接的な補助金が動き出すことが求められているならば（われわれは補助金は地方当局を通じて与えました）、遅滞なくあるいは躊躇することなく与えられなければなりません。

次は公益企業です。これは行き詰まりのように見えます。あなたの政策も他の誰のそれも効果を出すことができません。わたしは公益企業による訴訟は無意味であるか無分別であると思います。しかし持株会社の不正それ自体に対して主張されているものの多くは確かに的外れです。それは残されるべきものと切り離されるべきものの間の正しい分離の線を引いていません。それは余りに多く過去にとっくに過ぎ去ったものから起きています。真の犯人はずっと以前に立ち去っています。わたしは現存の規制は多くは誰かの個人的な利益になるものではないかと疑っています。炒り卵を生卵に戻すことはできないように、誰も手順をはっきり示唆していません。投票権は株式の真の所有者に属すべきだと主張することによってこの問題に取り組み、そして、その組織が少数の株式保有者によってコントロールできないように投票権が再編されている（例えば優先株主の導入）限りは、現在の組織を放っておこうではありませんか。

和解するのかあるいは反対にはるかに思い切った手を打つのかを決めるのはあなたではないのでしょうか。わたしはすべての公益事業を公的に所有された委員会の支配下におくことに大いに賛成すべきだと個人的には思っています。しかしもし世論がまだそのように熟していないのならば、公益事業を一週おきに全部追いかけることの目的は何でしょうか。もしわたしがあなたの立場だったとしたら、公正な価格で公益企業を買い上げる状況が熟しているあらゆる地域でそれを買い上げ、そして最終目標はこの政策を国全体に広げることであることを宣言するでしょう。しかし他の地域では、新規投資に対する公正な収益とその後それを公的に買い上げる場合の公正な評価の基礎を保証して、寛大な条件で和解するでしょう。その進展のプロセスは少なくとも一世代はかかるでしょう。一方、競合している設備のすべてが損失を抱えているような政策というのは、ばかげた考えです。

最後に鉄道です。そちらにおける状況は三ないし四年前とまったくそのままであるように見えます。それらは依然として、当時そうであったように、新規の資本支出に対する実質的な需要の潜在的源泉です。今後それらが公有化されようとあるいは私的所有の手にとどまろうと、その支払能力を維持することは国家的に重要なことです。時期が熟すれば国有化すべきです。そうでないとしても、現在の経営の過重な課題を憐れむべきです。そしてここでもまた、死者をしてその死者を葬らせよ〔訳注10〕です。（イギリス人と比べて、あなた方アメリカ人は、アイルランド人のように、非常におそろしく歴史意識が強いのです！）。

わたしは自分の職分を超えているのではないかと思います。しかし結論はこうです。その詳細はどうであれ、以上の諸項目の下での大規模な投資を促進するための説得力ある政策が緊急の必要事なのです。これらのことには時間がかかります。あまりにも長い貴重な時間が経過しているのです。

4．わたしは資本市場を回復させるための技術的提案にこの手紙を割いてはなりません。これは重要なことです。しかし需要の源泉の回復ほどには重要ではありません。もし需要と信頼が再現されるならば、資本市場の問題は今日見られるほどには困難でないように思われます。その上それは高度に技術的な問題です。

5．ビジネスマンたちは政治家とは違った一連の錯覚を持っており、そして、それゆえに、違った扱いが必要です。

〔訳注10〕聖書「マタイ伝」第八章二二。

彼らは、しかしながら、政治家たちよりもはるかに穏健であり、同時に、世間の評判に誘惑されまたそれを恐れ、容易に「愛国者」たるべく説得され、当惑させられ、困惑し、本当に脅かされ、しかも、陽気な見方を非常にしたがり、たぶん虚栄心が強いのだが、じぶん自身に自信が持てず、優しい言葉には感傷的に反応するのです。もしあなたが彼ら（大物たちでさえも）を、狼や虎のようにではなく、生来の家畜のように遇するならば、たとえ彼らが悪くしつけられておりあなたの望むように訓練されていないとしても、あなたは彼らに対してあなたの望むようなどんなことでもできるでしょう。彼らが政治家たちよりもより不道徳だと考えることは誤りです。もしあなたが、彼らを意地悪く、手におえない、恐怖の雰囲気の中に押し込むならば、悪く扱われそのような気分になっている家畜は非常に強力なので、国家の重荷が市場で荷われることはないでしょう。そして最後には世論は方向を変えるでしょう。多分あなたはわたしがすべての口答えが行きつく非常に悪い考えを持っていると抗弁されることでしょう。それにもかかわらず、わたしはそれがわが国での観察者たちにどのような印象を与えているかを正確に記述しているのです。

6．率直なこれらの発言をお許しください。それはあなたとあなたの諸政策に熱烈な好意を寄せている者からのものです。わたしは恒久的な投資はますます政府の管理下に入るべきだという見解を容認します。わたしはウォレス氏の農業政策に共感します。わたしは、証券取引委員会（ＳＥＣ）は素晴らしい仕事をしていると信じています。わたしは団体交渉の発展は非常に重要だと考えます。わたしは、最低賃金と労働時間の規制を認めます。過日、あなたが全般的賃金引下げ政策を現状では有効ではないとして反対された時、わたしはあなたにまったく賛成でした。しかしわたしはすべての民主的国家において進歩的な目標が危害をこうむらないかと恐れています。なぜならば当面の繁栄という観点から見ての失敗から生ずるそれらの威信へのリスクをあなたがあまりに軽く受け取られているからです。失敗はあってはならないのです。しかし現代の世界において繁栄を維持することはきわめて困難です。そして貴重な時間を浪費することは大変容易なのです。

大統領閣下

貴下への大いなる尊敬と誠意をもって

J・M・ケインズ

◆大統領はケインズの手紙を財務長官のヘンリー・モーゲンソーにまわし、返信の草案を作成することを依頼した。返信はこのように起草され大統領の署名付で出状された。

フランクリン・デラノ・ルーズベルトよりの書信、一九三八年三月三日

親展

親愛なるケインズ氏

二月一日付のあなたのお手紙を受け取り、楽しく読ませていただきました。あなたがかくも大きくこの政権の経済政策に賛成されていることを知り大変嬉しくまた励まされました。かくも卓越したエコノミストから寄せられた確認を大いに歓迎いたします。

現在の経済状況についてのあなたの分析は大変興味あるものです。住宅建設を刺激する必要性をあなたが強調されたことは大変適切であり、この産業の回復への障害を取り除こうとするわれわれの努力が成功することをわたしは希望しています。

民主主義と世界平和の成り行きにわたしは深い関心を持っています。あなたも同意されるでしょうが、国内の繁栄が、合衆国がそれらを維持するためなし得る最も効果的な貢献の一つです。もし他の民主主義国家が同様な目的のために一貫して努力するのであれば、われわれすべてが関心を持つそれらの目標を達成するためには合衆国の繁栄がより有効であることをあなたは同様に認められると、わたしは確信しています。

わたしはあなたのこの前の訪問をよく覚えており再びお会いする機会を持てることを希望しております。

敬具

フランクリン・D・ルーズベルト

◆ケインズがこれに返事をした時、彼は論点を別の話題に移した。

フランクリン・デラノ・ルーズベルト宛書信、一九三八年三月二五日

大統領閣下

わたしの手紙に対しお返事をいただきありがとうございました。もう一つの簡単なコメントをお送りすることについて重ねてそうしていただくつもりはありません。しかしわたしがお手紙を書いて以降の経験はあなたが非常に危険な中間の道を歩まれていることを示しているように見えます。あなたは企業をもっと活発化させるかあるいは彼らの機能のより多くを自己の手に収めるかのいずれかをしなければなりません。もしも世論が後者に関して熟していないのならば、その場合には世論が教化されるまで待つ必要があります。あなたの現在の諸政策はあなたが現実に持っているよりもより多くの力を持っていると推定しているように見えます。

今日、しかしながら、われわれの考えは経済的繁栄とは別のもので占められています。失礼ながらわたしが本日発表した論文を同封いたします(12)。いずれにせよその論文の題辞の役割を果たしている詩は大変よいものです。悲しいのは心の正しい人たちがお互いに支援しあう兆しを示さないことです。あなたはわれわれを支援することには気が進まないでしょうし、われわれはフランスを支援するのに乗り気ではなく、フランスはスペインを支援する気がありません。最後にはわれわれは協力するでしょう。しかしそれまでにいかに多くの害悪がなされることでしょうか。

敬具

J・M・ケインズ

◆二月二三日ケインズはナショナル・ミューチュアル生命保険会社の年次総会で講演をするために病気以来はじめて公衆の前に姿をあらわした。いつものように、彼は当局の金融政策に触れた。

金買入れのファイナンス

今年次は国債市場とその他の市場における動きの類似性が特徴的であったとわたしは述べました。国債市場の下落は昨年の最初の三四半期に特に顕著であり、それは、一般的に、貿易金融に対する需要の増大とあいまっての政府の再軍備計画に帰せられています。しかしながら、わたしはその下落をほとんどまったく見過ごされているもう一つの

(12)「平和の積極的プログラム」、『ニュー・ステイツマン・アンド・ネーション』誌、一九三八年三月二五日(ケインズ全集第二八巻)。

要因に主として関連付けて説明したいと思っています。

この思いもよらない要因とは昨年為替平衡基金の金買入れがファイナンスされた特殊な方法なのです。このことについての注目を促されたのはロンドン・アンド・ケンブリッジ・エコノミック・サービスの一月の会報においてであり、以下の数字は、平衡基金の活動について特別な研究をしている、このサービスの主幹である、F・W・ペーシュ氏に負っております。昨今における巨額の金の動きの中では、イングランド銀行の政策の、信用と流動性への影響は平衡基金の政策と比べて実に小さなものですが、それ〔平衡基金の政策〕についてわれわれは数カ月後まではまったくわかりません。事柄の要点は以下の通りです。すなわち：——一九三七年の最初の九カ月間に平衡基金は約一億九〇〇〇万ポンドの金を買入れました。どのようにしてこれは支払われたのでしょうか。大蔵省証券の市場への売却が「正常な」方法と考えられるでしょう。しかしこの場合にはこの方法は用いられませんでした。実際昨年の最初の九カ月間に市場で保有されている大蔵省証券は現実に三六〇〇万ポンド減少しました。その返済は国庫収入の余剰によって説明されますし、それは一年のこの時期では不自然なものではありませんがこの場合にはその期間における再軍備支出の全部をまかなった上で余剰を得ているのです。現実にこの余剰は約四八〇〇万ポンドとなり、手元に約一二〇〇万ポンドの金額を残してそれを超えるものは大蔵省証券の回収に使われたのです。

支払方法

それでは、金に対してはどのようにして支払われたのでしょうか。正確なバランス・シートを作成することは容易ではありませんが、しかし、大蔵省の諸勘定間での相殺項目を無視すれば、その答えは、大雑把に言って、以下のように思われます。すなわち：——

一四〇〇万ポンドはイングランド銀行への金の転売によって調達され、元本の返済を上回る二¾パーセント借換債および国防債券からの長期資本勘定への受入れ、等が約一億四〇〇万ポンド、それまで市場で保有されていた三六〇〇万ポンドの大蔵省証券を支払った後の一二〇〇万ポンドの上記の余剰収入があり、残りの約六〇〇〇万ポンドは、健康保険基金、失業基金等のような種々の政府部局からの資金財源から供給されたと思われます。それらは平衡基金から大蔵省証券を買取り、その代金は、当期の収入からあるいは長期債券の市場への売却によって支払っているのです。

このようにして、あれやこれやで、三六〇〇万ポンドの大蔵省証券が償還されたのに加えて、約一億七六〇〇万ポンドの流動的な資産がそれまでの国内保有者から引き上げられ、金の形で「ホット」マネーをロンドンに持込んでいた外国人たちの手にゆだねられたのです。ところで、外国の「ホット」マネーの保有者たちがそれを国防債券やロンドン証券取引所で買われる他の証券に投資しようとした限りでは、結構なことに——循環は完璧だったのです。大蔵省は国防債券を金と交換し、国内の信用状況は不変のままに留まったでしょう。しかし、これが事実であったということがありそうでないのは確かです。

流動的な「ホット」マネー

多くの「ホット」マネーは、銀行預金、大蔵省証券、またそれと同様なものの形で流動的に保有されるでしょう。今回銀行預金と大蔵省証券の形で市場で保有される流動資産の総供給量は増加しませんでした。それゆえ外国人が平衡基金に売った一億九〇〇〇万ポンドの金の売上から得た流動資産の額は、ほとんどすべて、それまで国内市場で保有されていた流動資産を犠牲にしたものだったのです。国内で保有されていた流動資産の金額は少なくとも一億ポンドから一億五〇〇〇万ポンドの間だけ減少したと見積もることは合理的であるように思えます。このようにして国債やその他の市場は、以前には流動性を維持することを望んでいた、国内の保有者にこの金額の流動資産をより流動的でない資産と引き換えに手放すよう勧誘するのに十分なだけ価格を下げなければならなかったのです。関連した金額は非常に大きかったので国債価格がもっと下がらなかったのは驚くべきことです。このことは年間を通じての信用市場におけるとびぬけて最も重要な要因であったに違いありません。大蔵省にとっては政府の部局の諸資源をより流動的にするのに単に非常に好都合な経過であるように見えただけかもしれません。平衡基金の隠された取引がこれはまったく国内信用供給の犠牲によるものだったという事実をあいまいにするのに役立ちました。しかし、貨幣が求められる十分前に借入れをするという政策との関連では、そのために資源がその間に死蔵され、そのことは国債市場に避けがたくかつ目に見えた結果を生み出しました。

不必要な金

これらの事実は思考の重要な糧を提供するものであることをわたしは示唆します。平衡基金の目的は、金の量の一〇倍にまで及ぶような信用の増加によるインフレ効果を避けるために、不必要な金の流入を「不胎化する」ことにあるべきです。それ「インフレ効果」は、戦前のシステムのように、金の売却金がイングランド銀行の預金に付加されることが許されたならば生ずるかもしれません。市場の流動資産は巨額な金の気まぐれな流入の倍数まで増加させられるべきではないことは、一般的に明らかに当を得たことです。しかし流動資産がまったく増加させられないならば、金の売り手は売却金の一部を流動的な形で保有しようと望んでいることとすれば、金の流入は国内の信用状況に強いデフレ的効果をもたらしているに違いありません。一方同じ方法が金が再び流出したときに用いられるならば、金の喪失は国内信用のインフレーションのシグナルとなるでしょう。これは、実際、あべこべの事柄です。すなわち戦前の金本位の下で起こったのとちょうど反対なのです。もし平衡基金の管理者たちが「ホット」マネーの流出入の国内信用への影響を最小限の可能性に留めたいと望むならば、彼らは「ホット」マネーの保有者からの増加した需要の程度までは市場の流動資産の供給を準備しなければならないのです――一部は銀行預金、一部は大蔵省証券の形で、それらの適当な割合で。しかし実情は、国際状況やアメリカの景気後退が市場の流動性を、より低くよりもむしろ、より高くしたい時に、彼らは国内市場の流動資産を大きく枯渇させているのです。そしてその結果、機関投資家やその他投資家は、彼らの政策はどうであれ、彼らの資産を損なわずに保つという、憂鬱な、そしてまったく解決不能な課題に直面しているのです。

九月以来の出来事

一九三七年九月三〇日以降の五カ月の間に起きたことを表すデータを、われわれは今までのところ持っていません。国債市場における最近の改善は、以上述べた諸力が、逆転ではないとしても、止まったことによるものかもしれません。わたしにはわかりません。財政当局の政策は、残念ながら、理解されるようにはなっておりません。そして、ことによると、わたしはそのねらいを信じていないことを詫びるべきかもしれません。しかしながら、わたしは「ホット」マネーの流出入のいくつかの局面があり、そしていかに最も良くそれを扱うかについて、これまでになされてきたよりもより十分な検討に値する複雑な問題があると確信しています。例えば、ウォーディントン卿が適切にも注意を向けたように、銀行が外国人〔非居住者〕の預金につける利子率はどのくらいが適切かという問題です。われわれはこれらの資金を国内の信用システムから、実行可能な限り、分離し、それらが国内保有者の手にある流動資産の適切な水準をあふれさせないように、あるいはそれを減らさせないようにする必要があります。

将来はどうなのでしょうか。失業の数字や証券取引所の不振にもかかわらず、わたしとしては、非常に近い将来重大な一層の景気後退は認められないという政府や銀行家たちの繰り返しての保証を受け入れる用意があります。実際もしその逆であり、それが再軍備の支出がピークに達する前の期間に、またわれわれが公債による支出から何の恩恵も受けず、それどころか、わたしがちょうど話したように、巨額の流動資産を海外の避難資金の保有者に渡さざるを得ない期間の後に、生じるならばそれは不穏なことになるでしょう。証券取引所の産業株価が公的な予測に対する完全な不信を示しているように見える事実は、その株価が優れた情報に基づいているということを意味はしないのです。

投機的な市場

投機的な市場は密接に結びついており、アメリカやヨーロッパの影響から逃れることはできません。その上、市場は確信よりも疑いによって、予測よりも恐れによって、次の時期についての予知によってではなく過去の時期の記憶によって支配されます。証券市場の価格水準は投資家たちが知っているということを意味するのでなく、彼らが知らないということを意味します。現代世界の困難と不確実性に直面して、市場の価値は事後の情勢に照らして合理的であるように見えるよりもはるかに大きく変動します。そして人々はこのような状況の中で保険会社が堅実さの良い例を示すことを希望するでしょう。

好況の時期にわれわれすべてが他の人々に売り立てるという考えは、もちろん、社会全体として実行可能な政策ではありません。しかしそれでもそうしようと意図することは価格をその本来の価値の合理的な評価から大いにそらせ、建設的な投資に対する重大な障害となるかもしれません。われわれの中で景気循環についての議論を広めることを進めている者たちはこれに対する責の一部を負わなければなりません。わたしは当局者が、ビジネス社会に向かって不当に不況意識を持たないように訴えていることに同情しています。われわれに必要なことは役割は逆であるべきであり、当局者はもっと不況意識を持つべきだということです。もし当局者がベッドでもっと気楽でなく眠っているとわれわれが感じたならば、われわれはベッドでもっと気楽に眠ることができるでしょう。

政府への訴え

現代の世界で破壊的な不況を避けることの困難さを〔どんなに誇張しても〕誇張しすぎることはまずできません。そのためにはすべてのわれわれの情報、すべてのわれわれの心構え、すべてのわれわれの用心、すべてのわれわれの技能、すべてのわれわれの技術的成果、すべてのわれわれの公共的精神の寄与を必要とします。わたしは、政府に対してそれによってのみ経済システムの運営を理解でき、かつ結果の検証によって真の理論と誤った理論を区別することができる重要な事実と数字についてのわれわれの知識を付け加えさせるいかなる機会も失わないように心からの熱情を持って訴えます。多くのものが危うくなっています。われわれはまったく不利な状況のもとで経済活動の自由を守ろうとしています。われわれは自由なシステムを機能させることができることを示さなければなりません。計画と管理と言われているものを支持することは、かつて、より単純なシステムの下で実現されることのできた自由という道徳的原理からの離脱を意味するものではないのです。逆に、経済活動の自由は、より深遠な自由——すなわち人格の、思想の、そして信条の自由と、われわれがかつて理解していたよりもより強く結びついていることをわれわれは学んだのです。

◆彼の意見は翌週土曜日発行の『エコノミスト』誌でコメントの対象となり、そこでは「利子率と大蔵省」という見出しで一般に好意的な歓迎を受けた。その次の号で、ケインズは一層のコメントのためにその週刊誌のコラム欄を使った。

『エコノミスト』誌の編集者宛、一九三八年三月二日

拝啓

この表題での貴下の興味ある論説のいくつかの論点についてわたしは同じ表題を使ってコメントをしたい。わたしは、まず第一に、ペーシュ氏による一九三七年第一四半期における金買い入れの推定値に言及すべきでした。それは『エコノミカ』誌の昨年八月号に載せられています[13]。ペーシュ氏の方法は、一九三七年三月三一日時点での保有金の推定値を出しましたが、それは公式の数字が利用可能となる以前に見積もられたものですが、とても正確に近いものでした。彼の方法によって与えられた、一九三七年第一四半期に購入された金が、現実の同期間における輸入を上回る分は、フランス銀行でイヤマークされその後現実に輸入された金で説明されるでしょう。しかし、彼がそれ以前の期に買われた金を一九三七年第一四半期に帰属させたとしても、過剰分の、例えば、彼の推定額で三〇〇〇万ポンドは実質的にわたしの議論に影響しないでしょう。というのはわたしは国内流動資産の減少を、より大きな誤差さえもカバーするに十分な余裕をもって、非常に慎重かつ保守的に推定しているからです。わたしは大蔵省がなぜ四半期ごとの数字を出さないのかわかりません。他方、しかしながら、ペーシュ氏は最善の利用可能な補完法を用いることによって、特にもし彼の努力によって当局が最終的に実際の数字を提供するよう説得されるという結果を生むならば、彼は非常に有用なサービスを行っていることになります。

多くの批判者たちがわたしの議論の説得力は以下の事実によって損われていると考えているように見えます。すなわち国債価格の下落はその九カ月を通じてかなり持続的であった反面、その約四分の三は最初の三カ月に生じていたという事実です。しかしわたしは国債価格と国内市場の流動資産との間に非常に短い期間での密接な相関を期待すべきではなかったのです。年の初めの頃は、国防計画が発表され、それが高水準の産業活動とある程度のインフレーションの期待と結びついて、推定見通しの急速な下方修正を導きました。もし国内市場で利用可能な流動資産の一層の持続的な減少がなかったとすれば、それは過大な下方修正であることがわかり、その後の数カ月で強化されるのではなく訂正されていたでしょう。

わたしは為替〔平衡〕勘定の役割を誇張したいとは思いません。もしホット・マネーの流入も金の買入れもなく、そして大蔵省がそれにもかかわらず直接行動によって市場の流動資産を同程度減少させていたとしても、結果はほとんど同じだったでしょう。しかし、わたしは、大蔵大臣の種々の声明から見て、大蔵省が意図的に国債市場を下落させていたことはありえず、大蔵省は、新債券が必要とされるはるか以前に発行されたことなどを含めて、その最終的結果がまったく理解されていなかった複雑な一連の出来事によって、いつの間にか下落させるように導かれたという方がよりありうる、と感じています。かくして、為替〔平衡〕勘定によるいずれにせよ大きなオペレーションがある場合は、他の出来事とは独立に、いつでも現れる高度に一般的重要性を持つ論点を提起する価値があるように見えたのです。その上、もしこの勘定の隠れた操作がなかったとすれば、事の成り行きがずっと後までわれわれの目から隠

(13)　F・W・ペーシュ「一九三五～三七年における英国為替平衡基金」『エコノミカ』新篇、一九三七年八月。

されることもなかったでしょう。

利用可能なデータは事実の正確な定量化を許しませんし、上記で論じられた統計的な諸点は、知られかつ合意されているものに比べれば些細なものに過ぎません。というのはわたしはあなたの論説から、あなたは問題の主要な内容では完全に一致していると推論するからです。すなわち問題の期間を通じて国内市場の流動資産の大きな減少があり、またそれが国債、さらに、ある程度まで他の証券へもまた非常な引き下げ効果を持ったはずであること、特にそれが、あなたが指摘するように、他の諸力――わたしはそれを無視しようと望むどころか、それを強調したい――が流動性への需要を増しつつある時に起きていることです。さらに、あなたが以前に指摘したように、金が流入している時の国内信用の収縮と、それが再び流出する時の膨張というむしろばかげた結果は、現在明らかに実施されている方法が改められるまでは、引き続き生じるでしょう。わたしはその複雑な問題のすべてをここで、また、ナショナル・ミューチュアル保険会社での講演で探求しませんでしたが、これこそ今日金融政策の重要問題だと考えます。

敬具

J・M・ケインズ

◆ケインズはまたこの主題について、経済情報委員会の大蔵省メンバーであるサー・フレデリック・フィリップスに手紙を書いた。

サー・フレデリック・フィリップス宛書信、一九三八年二月二五日

親愛なるフィリップス

あなたは『タイムズ』紙で見ておられるかもしれませんが、今週のナショナル・ミューチュアルでのわたしの講演のコピーを同封いたします。わたしは三ページ〔上記四四一ページ〕の最後のパラグラフで始まる議論にあなたの注意を惹きたいと思います。おそらくわたしの実際の数字は不正確だと思いますが、それでも、外部の者にできる最善のものだと思います。しかしその議論にはわたしは大きな自信を感じています。

市場に対する逆効果の一部は、もちろん、大蔵省が必要な時期にずっと先立って借入れを行ったことによるものであり、もしその間他の政府部門が国債を保有していなかったとすれば、為替〔平衡〕勘定の操作と関係なく生じていたでしょう。しかし為替〔平衡〕勘定の操作はその後多くの月々の間に起きたことをわかりにくくさせ、また、もしわたしが正しければ、非常に著しく悪化させたのです。もし支出が調達の少し前に起きるか、あるいは少なくとも両者が歩調をそろえてなされるならば、国債市場に対する大きな助けとなるであろうとわたしは確信しています。種々の政府部門で生ずる資金にとって、調達した証券が対応する支出と実際上歩調をそろえて市場に出されるようにする方法は可能ではないのでしょうか。もちろん、ここには二つの別な問題が含まれています。すなわち、わたしが今述べたひとつと、ロンドンで保有されるホット・マネーが増えている時に市場の流動資産を増加させる必要性です。

敬具

［イニシャル入りコピー］　J・M・K

◆三月二日彼はまたフィリップス宛に『エコノミスト』誌への書簡の案文を送った。この資料を読んでフィリップスは回答した。

サー・フレデリック・フィリップスよりの書信、一九三八年三月二日

親愛なるケインズ

あなたの二通の手紙と同封の資料をありがとう。わたしはそれを多大の興味を持って読みました。

わたしを印象付けた第一の点は国債の下落が主として一九三七年の早い月々に起きたことです。［エドワード八世の］退位問題はすでに一二月に起きており少し遅れて国防支出が大きな注目を惹いていました。一九三七年二月一一日の国防のために四億ポンドの借り入れを必要とするという声明は、その他のいかなる出来事と少しも関係なく、国債市場のセンチメントに確かに深く影響したに違いありません。

あなたが他の筋から取った金の動きの数字は、残念ながら、あなたの統計的な議論をだめにするほどまったく大きく間違っています。

しかしあなたの主要な論点は特別な数字を基礎にしているのではなく、わたしの見るところでは、次の点に帰着します。信用状況を混乱させた諸原因の一つは金の流入です。金を売った結果この地でポンドを手に入れた人たちのかなりの部分はそのポンドをロンドンで銀行預金かあるいは他の非常に短期の証券の形で保有することを選んだと思われるからです。あなたの主張するこの混乱はまず特別な方法で相殺されるべきであり、それがなされた後でのみイングランド銀行は広く金融政策を決定することに進むべきです。しかし信用状況に影響を与えているかもしれないすべての他の重要な諸要因よりもなぜ金の動きの効果に第一義的な重要性が与えられたかは明らかにされていません。もしも実際に一般的信用状況がいつでも正確に判断され適切な手段がイングランド銀行によってとられているのならばこれらの手段が金の流入の結果に対してなぜ特別にとられないことが問題になるのでしょうか。これがさらに説明を要する点だとわたしには思われます。

敬具

F・フィリップス

サー・フレデリック・フィリップス宛書信、一九三八年三月七日

親愛なるフィリップス

言われる通り、わたしの議論は一般的なものを意図しており、正確な統計に依存しておりません。わたしはわたし自身で金買入れを算出しておらず、わたしの国内流動資産減少の最終的推定では、わたしはペーシュの側での三〇〇〇万ポンドを上回る、ないしそれ以上の誤差を見込みました。

一般論として、わたしは金融政策はすべての関連する要因を考慮に入れて決定するべきだということに賛成です。だから、もし、いかなる金取引もなく、実際的観点から、昨年国内信用の実質的な収縮の正当な理由があったならば、わたしの批判は間違いだったでしょう。しかしわたしはそのような理由に気づきませんでした。確かにいかなる理由も与えられていません。それどころか、蔵相と首相の双方から、その逆を意味する、緩和した信用状態の維持が望ましいことについての発言があったのです。

問題の全体は、もちろん、複雑なものです。しかし以下はわたしが考えていることの骨子の概要です。単純化のために流動資産に換算した非流動一流資産の価格をおおむね現在の水準に維持することが望ましいと前提しましょう

（非流動一流資産に換算した株式の価格は別の考慮事項に主として依存するでしょう）。

非流動資産の一定の価格水準の下での、国内市場における流動資産に対する需要の変動は主として将来の信用の推移に関する信頼と期待の状態（それが順調である時には流動資産に対する需要を低下させる傾向があるでしょう）と経済活動の水準（それが高い時には流動資産に対する需要を高める傾向があるでしょう）に依存するでしょう。すべてを勘案すればこの需要は昨年を通じておそらく増加しており、したがって、国内市場に対する流動資産の減少でなく、むしろ増加した供給が、非流動資産の価格水準を一定に維持するのに必要であったと思われます。

国内市場で利用できる流動資産の供給の変動は主として（一）イングランド銀行における預金をベースにして創造された流動資産の供給（二）市場に向けて発行された大蔵省証券の供給および（三）外国人〔非居住〕保有者によって吸収された上記の金額に依存します。

昨年は、（一）と（二）の変化は実際下降方向であったように見えますが重要な変化はありませんでした。しかし（三）において非常に大きい変化があり、その結果、与えられた非流動資産価格水準の下での流動資産に対する需要がおそらく増加しつつあったときに国内市場で利用可能な供給の大きな減少となりました。こうして、均衡は国債（およびその他の）債券市場が――債券市場が下落しなかったならば人々は流動性を獲得し、あるいは、維持することを選んだでしょうが、そうすることを妨げるに十分なだけ――下落することによってのみもたらすことができたのです。

（三）は唯一の要因ではありませんが、しかし問題の期間にわたってはそれはたまたまとびぬけて最大の要因だったのです。実際わたしのすべての論点は他の要因の変化によってそれを帳消しにすることが望ましいと言う点にあったのです。もし意図的に債券の価格水準を引き下げる目的を持って国内市場における大規模な信用収縮がもくろまれたのだとしたら、それも結構でしょう。しかし、もしそうだとしたら、それまでの政策のそのような逆転の理由は何だったのでしょうか。

戦前の制度の下では二つの自動的安全装置がありました（他の観点から見れば信用均衡の安定性に対してはるかに大きな危険があったのですが）。第一にこのタイプの流動資産の供給における変動要因は商業手形であって、大蔵省証券の金額は非常に小さくかつ多かれ少なかれ一定でした。そして商業手形は経済活動が強まった時期には増加する傾向にありました。第二に「ホット」マネーの大きくかつ突然の変化はほとんどなく、そして、もしそれが金の移動の原因となるのに十分なほどであるならば、流動資産の供給にも同方向の自動的な（そして実際過大な）変化が生じたのです。

疑いもなく問題の源泉のひとつは対応する支出に非常に早く先立って行われた再軍備借り入れです。わたしが『エコノミック・ジャーナル』誌の最近の論文で示したように(14)、支出に先立つ借り入れは厳しい信用逼迫の原因となり得る一種の保蔵になるのです。支出と同時に起こる借り入れは信用状況を不変のままにします（もちろんそれは他の影響をもちますが）。もし軍需省が大蔵省の借入れと同一歩調での支出を通じて市場に貨幣を戻すならば、市場の手に残る流動資産の額は不変にとどまるでしょう。貨幣を必要とするかなり前に借り入れることはやや遅めの借入れと比べて何百万も再軍備調達のコストを増加させるでしょう。

説明の単純化のため、わたしは以上では銀行預金と大蔵省証券をいっしょにしてきた。しかしもちろんそれらは交換可能なものではなく、どの程度までおのおのが増加あるいは減少させられるべきかはどちらのタイプの流動資産が

（14）「利子率の『事前』理論」『エコノミック・ジャーナル』一九三七年一二月（ケインズ全集第一四巻、二一五～二二三ページ）。

相対的に供給が少ないかについての判断によらなければなりません。

敬具

［イニシャル入りコピー］　J・M・K

追伸、『エコノミスト』誌へのわたしの手紙の最終版からあなたもおわかりになるでしょうが、わたしは最初の下落が起きた正確な日付は重視していません。と言うのは信用状態がその後実際とは別だったとすれば、最初の下落は持続しなかったでしょうから。実際、〔エドワード八世の〕退位問題は、もし国内信用の枯渇が弱気の見方を後押しすることがたまたま偶然に生じていなかったなら、その危機がまったく終わった後に国債利子率に持続的な効果を必ずしも及ぼさなかったことは明らかです。

◆七月九日の『エコノミスト』誌は、長期利子率を引き下げることを狙ったリフレーション的な金融政策は、再軍備とともに、景気後退を終わらせるのに役立つと提唱したR・F・ハロッドの書簡を掲載した。これを読んでケインズはコメントした。

『エコノミスト』誌の編集者宛、一九三八年七月一六日

前略

わたしは貴誌の投書欄でのハロッド氏の長期利子率を引き下げるための協調手段の訴えを支持します。大部分の人は、おそらく、引き下げは現在の環境の下では大蔵省と実業界の両者にとって有益であることに同意するでしょう。

しかし、たとえハロッド氏の提案の効力を疑う何人かの人がいるとしても、それを試みることによってこれだけ重要なことに決着をつけることにどんな反対があるでしょうか。

草々
J・M・ケインズ

◆五月二八日、商務大臣、オリヴァー・スタンリーは、商務省が戦時において重要な物資についての情報を得てそのような物資の備蓄を維持するための規定を設けることができるようにするため重要物資備蓄法案を下院に提出した。この法案を検討してケインズはサー・アーサー・ソルターに手紙を書いた。

サー・アーサー・ソルター宛書信、一九三八年六月六日

親愛なるソルター
重要物資備蓄法は大きな前進を示すものであるのでわたしはそれが最も都合の良い形で通過するのを確実にしたいと望んでいます、というのは、当分の間ほかの機会は訪れないように思われるからです。
貴方はI条（三）において商務省はやはり集計数字を公表する権限を与えられていることは明確だと考えられますか。彼らは将来の診断のために決定的に重要となり得るかもしれない事実を彼ら自身の情報として収集する権限があり、それらを公表するのは自由であるべきだと言うことは重要なことですが、それはもちろん、いかなる特定の個人にとって保有される在庫についての手がかりも与えられないという条件付です。「特定の企業に関する情報はない」

という表現は集計情報〔の公表〕を認めるものと解釈できます。しかし、それの意味することがこのことであるとの大臣の保証か、あるいは明確な言葉を得ることが重要でしょう。

しかしながら、いずれにせよこれは食糧資源だけに関するものです。おそらく国防省は食糧以外の資源を取り扱います。彼らは在庫についての情報を集める力があるでしょうか。もしないとすれば、たとえ、法案のそれ以外の部分が食糧資源だけに関するものだとしても、情報を得る能力はあらゆる種類の資源をカバーすべきではないでしょうか。少なくとも他の種類の在庫についての情報を持つことは同様に必要であり、法案は法律に基づいた権限を得るための都合の良い機会を提供するでしょう。

敬具

［イニシャル入りコピー］　J・M・K

サー・アーサー・ソルターよりの書信、一九三八年六月八日

親愛なるケインズ

（1）わたしはⅠ条（三）の表現は明らかに商務省が集計値を公表するのを自由にさせるものだと考えます。彼らがそうするかどうかはまったく別のことです。

（2）国防省は彼らの必要とする一定の資源（例えば石油）を買い入れかつ保有しています。しかし国防省が今食糧などについて得られようとしている情報に相当する情報を要求する法的な権力を持っているとはわたしは思いません。

わたし自身はこの表は食糧以外の物資が付け加えられるように拡張されるべきだと考えています。わたしは討論の場で、現在の区分（そこでは発注が「下院に報告される」ことだけが必要）と、承認決議を必要とする発注が規定されるべき追加的な区分との区別を示して、このことを主張しました。これはただ一つの区分に含めることと、食糧以外の商品に対する現在の新たな立法の必要性との間の中間の処置なのです

わたしは、スタンリーは抵抗を恐れているためではなく、彼が望むよりももっと多くを購入させようという圧力を恐れるために、いかなる拡張にも強く反対していることがわかりました。彼は情報についての権力を増大させるのは「重大事へ発展するささいな事」だとして反対するとわたしは思います。

しかし、わたしは両者の論点を、議会が開かれたときに採り上げたいと思います。

わたしは貴方が今や完全な回復に向かっていることを大いに期待しています。

敬具

アーサー・ソルター

サー・アーサー・ソルターよりの書信、一九三八年六月一六日

親愛なるケインズ

わたしはスタンリーに貴方がわたしに書いてきた諸点について話しています。

（1）彼は、法案は集計値を公表する完全な権限を与えることを確認しています。実際わたしはこれについては合理的な疑問の余地があるとは思いません。

（2）彼は集計値を提供することを約束する用意はありません。そしてこの点についてわたしは彼に圧力をかけることには成功できません。というのは彼はある場合にはこれは軍事的に望ましくないと主張するでしょう（実際主張しています）から。

事実現在のような状況下では約束を保証する見込みはありません。

（3）彼は、重要物資の範囲の拡張には——その情報に関してさえも、抵抗しています。そしてわたしは今なおこれに関して圧力をかけていますが何かを得られるとは思いません。彼はより広い権限を持ち、そしてその後で圧力によって彼が「望まない」ものまで購入するように強いられることを、実際やや病的に心配しているのです。そして彼は「情報」についての権限は彼がより広い権限に抵抗することをより難しくすると思っています。

わたしは以下のことに同意しています。すなわち、もし彼が、第二表に関して要求されている単に「下院で報告する」ということの代わりに承認決議を必要とする二番目の表を持っていたとしたら、彼はこの区別をすることによって圧力に対する防御壁を持つでしょうし、そして同時に、もし、多分ありうるように、彼がより広い権限が必要であると思うならば、新たな立法の必要から免れるでしょう。

彼は今このことを考慮中です。

敬具

アーサー・ソルター

◆ケインズ自身は英国学術協会のセクションFの八月の会合での講演の準備をする時にこの問題にさらに言及した。彼はこの原稿を彼自身で読むために出席することはできなかったが、それを読んだジェラルド・ショウヴおよび、そのセクションの議長のR・F・ハロッドを通じてそれに続く簡単なディスカッションでのコメントを知った。

『エコノミック・ジャーナル』誌、一九三八年九月

食糧および素原材料の政府備蓄政策

I

生産の持続性を維持し、可能な限り、需要の高低の期間を平均化するために、個別企業が原材料の余剰在庫を貯蔵する十分な動機を持たないことは競争的システムの目立った欠陥である。競争的システムは、自然が真空を嫌うような強い反応で、在庫の存在を嫌う。というのは在庫はそれ自身で負の収益を生むからである。競争的システムは、在庫を認めるどころか、何とかしてそれを持たないようにしようとして、生産の仕組みを容赦なく細分化しようとする。競争的システムの円滑で効率的な作用は、実際には、静学的な分析が理論上前提とするのと同じように厳密に、有効需要の安定的な率、すなわち安定的な成長を前提としている。もし需要が変動するならば、全体の利益と、独自に行動する個々の競争的な企業にとって最も有利な在庫についての行動経路との間にすぐに乖離が生ずる。

これにはいくつかの理由がある。保管と利子のコストは、特に正常な収容能力目いっぱいの過剰在庫の場合にはかなり高い。多くの商品においてはその負担はおそらく年率一〇パーセントに近づく。一方保有が必要な期間と最終的な正常価格は共に非常に不確実である。しかしながら、二つの、なお一層支配的な他の要因がある。投機的なリスクに賭ける力を持ちまた喜んで賭けようとする人々に、市場が下降し始めた時には一層の下落を待った方がより安全でかつより儲かることを経験は教えている。第一次生産者は、概して、〔在庫を〕保有できないか、あるいは、保有す

ることを望まない。したがって、もし投機的な買い手が買い控えると、彼は商品をさらにより安く手に入れるだろう。こうして、たとえ彼が長期的な考慮から現在の価格で買い付けるのが採算に乗るとしても、なお一層低い価格を待った方が多くの場合彼はもっと儲かるだろう。他の要因は小売商あるいは生産者である購買者があらかじめ買い付けておく動機を欠くことから生ずる。彼は当面の必要以上に買い付けることによって、ちょうど外部の投機家のように投機的な利益あるいは損失を得るかもしれない。しかし商人あるいは生産者としてはその原材料を用いる時が来た時に、現行の価格を支払っている限り、彼のポジションは競争上申し分がないのである。このように注意深いユーザーは投機的な危険を冒すよりも、むしろ彼自身の販売価格の基礎となる原材料の現行の価格を支払うのである。この態度は彼の利益がすでに当該商品に対する需要の動きと結びついているという事実によって強められる。したがってもし彼が原材料を必要に先立って買い付けるならば同じ種類のリスクを不必要に増加させることになるのである。他方、外部の投機家の長期的な在庫保有力は——大部分の市場参加者は速い取引回転に興味を持っているので——限られており、それが相当規模で動き出すことができるのは、現在の生産を相当減少させ、また、将来の生産のありそうないかなる正常コストをもはるかに下回るような激烈な価格下落によってのみである。

　これらの種々の理由によって無制限の競争条件下で生産され売買される主要な素原材料の価格変動は、極めて激しい。このことははっきりとした景気循環の間だけでなく、目先の需要の変動をもたらすあらゆる種類の偶然の原因の結果でも起きるのである。これらの程度はただ指数の数字だけを見て個別の商品について研究しない人々には隠されがちである。何故かといえば指数の数字は、部分的には平均化によって、また部分的には完全な競争条件下で取引されない多くの商品を含むことによって、敏感な商品の短期の価格変動を隠すからである。いくつかの例をあげてみよう。

ゴム、小麦、鉛そして綿花はわたしの念頭にある商品の種類の良い例を与えてくれる。過去十年の各年において最高の価格がその年における最低価格を何パーセント上回っていたかを調べてみよう――

ゴム。過去十年においてその年の最高価格が最低〔価格〕を七〇パーセントより少なく上回ったのはわずかに一年である。年の最高が年の最低を上回った平均値は九六パーセントである。言い換えれば、平均してゴムの価格がその年の他のある日の価格の倍近い日が毎年あるのである。

綿花。ゴムは、組織的な規制方式の下にあるにもかかわらず、悪名高い変動商品と考えられうるので、綿花を取り上げてみよう。過去十年において二回だけ年の高価格が低価格を三三パーセントより少なく上回り、年の最高価格はその年の最低価格を平均して四二パーセント上回っている。

小麦は、しかしながら、価格でほとんどゴムと同じくらい変動しており、そのことは多分あなたを驚かせるかもしれない。リヴァプール契約価格を標準としてとると、年の最高価格が最低価格を四七パーセントより少なく上回ったのは過去十年のうち一年だけである。そして年の最高価格が年の最低価格を上回った平均値は七〇パーセントを下回らないのである。

鉛は何らかの協議の手段をもって活動する少数の強力な生産者によって主として取引される。しかし、そうであっても、年間の価格変動の幅はすでに検討された諸商品とほぼ同じ規模である。十年のうち二回だけ最低から最高への価格の範囲が三五パーセントより少なく、そして年間の平均の範囲は六一パーセントである。

かくして競争条件下で取引される素原材料をかなり代表すると、わたしの考える、これら四つの商品――ゴム、綿花、小麦そして鉛――の過去十年間にわたる平均の年間の価格〔変動〕範囲は六七パーセントである。素原材料自身にせよあるいはその加工生産物にせよ、秩序ある産出計画はこのような条件下ではほとんど不可能なのである。

これらの本当に恐るべき変動の商取引の安定性への悪影響は大きい。しかしながらそれが在庫［の］保有に与える障害の究極の結果はさらに有害である。季節的な収穫物に関しては特にそうなのだが、産出規模を速やかに変更することの困難さが市場のボトムで非常に大きい在庫と見られる状況をもたらす事実にもかかわらず、形勢の転換期には在庫はほとんどいつでも不足するが、それはまさに産出物の供給規模を急速に増やすことがそれを減らす時にそうであったのとちょうど同じように困難であるという理由によるのである。価格は急騰し、不経済かつ過度の生産が刺激されそして次に続く崩壊の種がまかれるのである。

たとえ流行や需要の方向の変化による多くの最終商品に対する需要の変動は不可避であるかもしれないとしても、また、総有効需要を安定させる諸手段を通じる以外にいかなる根本的な変動の矯正もありえないのは確かに事実であるが、それでもなお、多数の主要素原材料の場合には、その大部分は重大な劣化なしに容易に保管が可能であり、個々の商品に影響を与える直接の手段によって、いくらかの緩和が可能である。価格が常に高過ぎ、あるいは低過ぎて、用いられる設備や労働力にしばしば無意味な変動の存在する現在のシステムにも増して非効率なものはありえないのは確かである。

多年にわたって自由放任と規制されない競争の正統派的性格が競争的産業組織におけるこの突出したギャップを埋めるための効果的行動の邪魔をしてきた。現在ですら個々の価格の長期的安定という企図に対して向けられている正当な疑念がしばしば短期的安定を目的とする諸手段に対しても向けられている。にもかかわらず今日その問題に種々の方法によってまた種々の動機から取り組もうとする試みの多くの兆候が見られる。これらのもの、そして特にわれわれ自身の政府によるいくつかの重要な先駆的提案を、簡単に論評するのがこの論文の目的である。

Ⅱ

まず最初に、政府の援助ないし奨励なしに民間企業によって採用されている生産物価格安定のための工夫がある。ある場合には単一の生産者が生産物の大きな部分に対して責任を持つか、あるいは生産者の団体が共同の販売政策を受け入れそして直接の需要の状態を単に限定的に参考にして価格を決める立場にたつ。ニッケルやダイヤモンドはこのような販売状況下にある商品の良い例である。最近の英国のアルミニウム価格における僅かの変化は六年間を通じてのいわば最初の変化であった。しかしこのような場合においては価格安定政策は単に独占の一般的政策の一部に過ぎない。同じ状態に近似のことは、大部分の型の鉄鋼製品、セメントや他の多くの半製品を支配するような、時に国際的性格を持つ、カルテル、割り当ておよび価格協定から生ずる。生産物が財務的に強力な少数の企業の手にある場合には、銅や石油の場合のように、よりゆるやかな、しかし、それにもかかわらず効果的な協定がありうる。

誰かが詳細に特定しうるよりもずっと多くの生産物をカバーするに違いない、多くのこのような協定は、地域的に広く分散し、完全競争に近い条件下で取引している、数多くの独立の生産者によって生産されているその他の商品を一層際立たせるのに役立っている。というのはわれわれは今日並存する二つの対照的なタイプの販売政策を持っているからである。一方は、「管理」価格(*)と呼ばれるものを享受しているもの——すなわち、価格は比較的安定しておりそして需要の変動は集中化された産出の統制と生産者自身の側の在庫の抑制によって対処される——そして、他方は、生産者自身はその在庫を抑制する立場になくそして産出規模は価格変動に支配される「競争」価格によるものである。

(*)「管理価格」という用語は合衆国農務省のE・G・ミーンズ氏による。

前者の取り決めは、景気変動に対処する特別の目的のために高度に望ましい時でさえ、一般的に異論が起きやすい傾向がある。何故かといえばそれはほとんど制限のない独占の条件の重要部分となり得るからである。他方後者の取り決めはそれが非常に大きく企業のリスクと損失を増加させる点で、ほぼ同様に異論がある。

われわれが有効需要の変動にまったく違って反応する二つの大きな商品グループを持っているという事実は短期の一般理論にとって大きな重要性を持つ。しかしながら、実際上行政担当者がもっとも明確にこの対照を意識するようになっているのは合衆国においてであり、ルーズベルト氏の政権は第一グループにおける独占的取引の要素と第二グループにおける競争的取引の要素を緩和しようとする試みに同時に着手している。この一対の目標はそれらが時々示しているほどにはお互いにそれほど矛盾していない。一方、世界のすべての地域で、諸政府は今やこの問題に関心を持っており、大部分は国家的そして少数のものは国際的な、多くの種類の計画が現れている。われわれは砂糖、茶、ゴムと錫に対する国際的に管理された制限計画を持っている。しかし、現在、錫の場合だけ、ただ分別あると思える程度に在庫の抑制とそれによって幾分より持続的な生産の速度を確保しようとする協調的な協定によって制限計画が補足されている。小麦の販売については多数の計画がある――実際それのない国はほとんどない――。なかでも、現在では初期の段階に過ぎないが、合衆国農務長官、ウォレス氏による、彼のいわゆる常時安定穀倉の設立のための、野心的な提案がある。

これら種々の計画の背後にある動機はまったく同じではない。大多数の場合には政府の第一次的目的は破滅的価格変動から小規模生産者を保護することであり、在庫の保有はその付属物であり、望ましくない副産物なのである。しかしながら、需要と供給の不規則性を平均化する意図で在庫の保有自体を目的に保有するいくつかの例がある。錫の緩衝在庫とウォレス氏の特定の商品を支えるための常時安定穀倉にはすでに言及している。わたしは、詳細にではないが、スェーデン銀行による金に代わる中央銀行準備の一形式としての特定商品在庫品の実験的買入れの話を聞いている。それは、もし広く遂行されるならば、価格変動を平準化する手段にできる政策である。何よりも、戦時に使用するために在庫を蓄積することを第一次的目的とする、最近立法化されたわれわれ自身のきわめて重要な重要物資備蓄法があり、その豊かな可能性についてこの論文の残余を充てたい。

Ⅲ

もしわれわれが戦争に取り組むのと同じような活力と誠心誠意をもって平和の問題に取り組むことができればとわたしは願う！　国防は国家の正当な目的として古くから確立しているが、一方経済的福利は依然として成り上がりものである。前者の目的のために広く承認されている社会的活動は後者のための場合にはまだ疑わしい。それにもかかわらず、われわれはこの時点で国防のための軍事支出がその支出の副産物として、失業問題の解決に役に立つのを受け入れている一方、もし軍縮が成功していたとするならばわれわれは平和的生産的活動のために、匹敵する規模の公債支出を導入しておらず、今までに深刻な景気後退を生じさせていたかもしれない。したがって、わたしが説明しようと望んでいるように、政府の新しい法律の第一次的目的と平和の場合にでも有用な目的とを結びつけることができるだろう。

第一に、商務省は自由に集計値で公表することのできる広範囲の統計を収集する力を手に入れたが、不幸にしてその力は商務省が取り扱う商品に限られ、国防省が購入する金属のような商品を含まない（わが当局は省意識がかくも強い）。われわれはすでにかなり優れた「流通」在庫の統計を持っているが、製造業者の手にある「流通外」在庫については何も持っていないので、このことは重要である。さらに市場内流通在庫の変動はしばしば、少なくとも一部は、流通外在庫の逆方向の変動によって釣り合いが保たれる。そしてもしこの詳細が知られるならば、価格の非常に極端な変動は時には避けられるかもしれない。総体の在庫変動についての完全な情報〔facts〕は景気循環に対処するのに大きな価値を持つであろう。

第二に、商務省は、非常に賢明にも、その新しくかつ困難な問題に広範な種類の手法によって対処する力を手にしている。大きく言って、これらは二つの部類となる――政府による現実の買付けを含むもの、および物的にこの国に保有されているが当局によって直接に所有されていない在庫の増加を目指すものである。両方の部類の手法とも帝国内の原料生産者との広範囲の協力に役立つ。直接買付けに関しては、国防上の目的は時間と運搬を節約することである。しかし保有される商品がいつでも同じものであるべきだということは重要なことではない。例えば、砂糖の収穫が過剰で価格が低い時には、われわれは帝国内の砂糖生産者の生産物の一部を買取ることによって彼らを救うことになるだろう。そして他の年に小麦が豊作で安く、しかし砂糖は回復している時には、砂糖は小麦にとって替わられるであろう。しかしわたしは現在主として、直接買付けではなく、市場で通常の方法で手に入れられる供給部分は別にして、この国に実物として保有される在庫を増やすための手段の可能性に関心がある。

この法律は商人たちが増大した在庫を保有するように誘導する目的で倉庫や金融を提供しあるいは補助金を与えるための広範な力を持っている。わたしは法律のこの側面が、この国を商品保有者が在庫を保有するのに際立って最も安価な場所にするために組織的に利用されるべきであること、そしてそれは帝国内の生産者たちとの密接な協力のもとになされるべきであることを提案する。わたしは、以前は世界の余剰在庫は今日の場合よりもはるかに大規模にこの国に保有されていたという印象を持っている。もっともその印象を確証するための統計を持ってはいないが。しかしそれがどうあろうとも、非常に大量の余剰在庫は今や海外でそれを生産した国々において保有されている。例えば、大きな重量トンの錫とゴムが東洋で保持されており、カナダ政府が余剰の小麦を保有した時には、それはカナダ内に保有された。そして一般的に言って、原産国で生産物を保持することによってできる限り運航コストを節約することは意味のあることである。

わたしの提案は、したがって、政府は特定の原材料の帝国内のすべての生産者に対し、彼らがその余剰生産物をこの国の認められた倉庫に運び込むのを条件として、倉庫料と利子を無料か、あるいは、名目的な手数料での保管を提供すべきだということである。政府は問題の在庫の直接の所有者となるのではなく、それは預託者の所有のままであり、彼らは価格変動のリスクを負いまたその在庫をいつでも出庫して処分するか、あるいは倉荷証券と引き換えにそれらを売買するのは自由である。金融に関しては、政府は無利子あるいは入庫引渡日の大蔵省証券のレートと同一レートでその日の市場価格の九〇パーセントまで前貸しを提供でき、市場価格の残りの一〇パーセントはしたがって所有者によってまかなわれる。この国にどのみち保有される通常の取引在庫を呼び入れないように、引渡しと引出しについての、例えば、一カ月の予告期間および例えば、三カ月の最低預託期間を要求するのが得策であることになるかもしれない。

このような取決めの下において保管される財の量と性格は時によって変わるであろう。しかし大部分の時期においてはその総量はこのような取決めなしに保有されたであろう在庫を著しく上回るだろうと、わたしは少なからず確信している。更に、もしその総量があまりに低く落ち込んでいるように見える場合はいつでも、あるいは国際的見通しが特に険悪であるように見える場合には、政府は買入れおよび直接所有を用いることによって持高を確保することができるであろう。

わたしはこのような計画がいくつかの利点を持っていると申し上げたい。中でも以下の点が強調できよう。すなわち——

（1）大蔵省にとってのコストは関連する資源の量と比べ非常に小さい。何となれば、以上に示唆された方針を前提として、倉庫料と金利は年一〇パーセントを大きく下回る費用であり、特別な設備を持たない外部の所有者にとって正常な支出だとわたしはそれを見積もっている。総コストは商品によって異なり、わたしはそれを綿密に見積もる立場にはないがそれは、多分、平均して四パーセントとなるであろう。(*) もしわれわれが、これが数字の大きさの水準を十分に示していると取るならば、われわれは五億ポンドの原料を年二〇〇〇万ポンドのコストで保管することができるであろう。この規模での在庫の準備は、そのコストは容易に我慢できるものでありながら、われわれが現在持っているよりもはるかに大きな安全をわれわれに与えることは明らかである。

（2）採用された手法は、通常の取引の成行きを阻害するどころか、それを容易にするだろう。現場での追加的在庫の準備は、国内におけるにせよ再輸出取引の場合にせよ、増加した需要に対する供給の反応のタイム・ラグを防ぐであろう。貨物集散地業務におけるこの国の地位は保証されるであろう。価格変動の有力な発生源という重大な犠牲は、価格変動を緩和すると同時に、生産諸国におけるより持続的な産出の規模を可能にするという結果を伴って、除去されるであろう。景気循環に対する将来の制御について貴重な知識と経験が得られるであろう。

（3）帝国内の原材料の生産者および彼らの政府との遠大な取り決めが可能となろう。もし、例えば、今年市場が当期に吸収しうるのを超える小麦をカナダ政府が入手する必要に直面するのがわかった場合、それは起こりえることだが、小麦はカナダ政府の所有にとどまる一方で、その物理的な保管はわが国で行うという協定がなされるであろう。この原理の適用の可能な分野は広い——西インド諸島からの砂糖、インドからのジュート、オーストラリアからの羊毛、西アフリカからの植物油製品、非鉄金属、そしてどこかで保管されなければならない無数の種類の帝国内のすべての生産物である。その上、見過してはならない国内生産物の顕著な例がある、すなわち銑鉄である。われわれは最近一時的な銑鉄の不足によってひき起こされた障害を経験した。軍需品のための相当な銑鉄の在庫の利点は強調するまでもない。景気循環をスムーズにする利点が明白さで劣ることはほとんどない。戦時においてわが国に保有されるこのような準備は金鉱よりも勝るだろう。平和時においてはわれわれは主要な原材料の生産のより安定した規模を可能にし、そのようにしてわれわれ自身の輸出品に対する原材料産出国からの需要の極端な変動を避ける方向に向かっての第一歩を踏み出しているのがわかるであろう。

（4）為替相場へのありうべき圧力には、しかしながら、注意深い取り扱いを必要とする。わたしが帝国内からの供給に特別な重要性を置いているのはその理由からである。というのはこれらの大きな割合は、それがどこにあるとしても、ロンドンでファイナンスされる一方、それらの場合には追加的な金融の受取金はスターリング地域の銀行準備への追加としてたいていこの地に留まるだろうからである。それにもかかわらず、当初の期間に相当な追加的負担が為替相場にかかることは確かである。例えば、カナダの小麦の場合には金融の大部分は通常はロンドンでは生じない。そしてここではカナダ政府との特別な取り決めをすることが必要かもしれない。その上、主として、あるいは専ら帝国内の産地から都合よくは手に入らないいくつかの商品――例えば木材と石油――があり、それらは在庫を備蓄することが特に有益である。

（＊）ベンジャミン・グラハム〔グレアム〕氏は『貯蔵と安定：現代の常時安定した穀倉』に関する近著（ニューヨーク、一九三七年、一〇八ページ）において、商品取引所のディーラーの二三の標準原材料保管の平均商業コストは、金利を除いて、その価値の年一三½パーセントと見積もっている。一方、彼は組織化された政府の保管はこのコストの四分の一で提供されうると考えている。彼の商業コストの評価は、金利を含むように意図された、わたしのものよりもかなり高い。しかし彼の平均はとうもろこし、大麦および石油という例外的に高い保管コストによって多少ふくらまされている。

しかし、この点においてさえも、われわれは困難そのものから利益を引き出す工夫をすることができる。〔在庫に関する〕取り決めがない場合にわれわれが行う輸入を越える輸入に対してわれわれがファイナンスしあるいは支払いをする限りにおいて、それがわれわれ自身の輸出取引に与える効果はわれわれのその期の対外貸付の規模の増加とちょうど同じである。われわれがわれわれ自身の輸出への何らかの刺激を期待することは合理的であろう。そして時にはわれわれは輸入契約をそれに対応する輸出を助ける明白な取り決めと結びつけることができる。それは対外投資の一形式であり、それに対する担保は国内に置かれるという大きな利点を提供する！　それは、もちろん、一回限りの取引である。すなわち、われわれは次の二三年以内に在庫を（例えば）五億ポンドの額まで積み上げるべきで、そしてその後は、差し引きして、この特別の形の投資額を増加させる機会はないとする。しかしこの重大時期にわれわれが積み上げるのに、より安全な、また、より有利な形式の対外投資をわたしは見出すことはできない。もちろん、われわれがそれから引き出す利益は貨幣利子や配当の形ではなくて、安全という形であり、また、並外れた欠乏の状況下でその後なされる買付けのための法外な価格の支払いを避けるという便宜であることは事実である。しかし、他方において、ここには相当な量の対外投資の機会があり、そこでは関係する資本はまったく安全なのである。そして今日においてそれは第一義的な考慮事項である。われわれはこの方法によって、われわれが他の理由によって貸付を望むかもしれない地域——例えば、南東ヨーロッパにおいて——商品が物理的にわが国内に存在するという絶対の担保の下に、貸出しを行うことが可能となるのである。年二〇〇〇万ポンドの現金収入を、安全保障、わが国の輸出産業への刺激、強められる景気循環の管理、そして後に法外な価格を支払わねばならないことに対する保険の形での、それを償う諸利益、と引換えにあきらめることはわれわれにとって圧倒的価値がある。われわれの威信と、これら流動的な形の富の国内でのかくも大量な、他国に真似のできない、蓄積という目に見える保障とに対する利益は、それ自体で、まったく僅かな支出に値するのである。それは世界の想像力をひきつける予備的資源の示威行動である。そしてもしそれが平和の大義に寄与もし、また景気循環の制御（それは一つ以上の諸手段を必要とするであろうが）のためのわれわれの武器庫の新しく有用な手段であることがわかるならば、誰にも異を唱えさせないであろう。

（５）たとえこのタイプの対外投資が有利であるとしても、それは為替平衡基金による金の喪失を導くような為替相場への負担を投げかけないというわけではない。われわれは、示唆されたような規模の、諸商品の組み合わせの形での流動的資源の蓄積は部分的には金の形での現存の流動資産にとって代わるものと期待しなければならない。しかしこのことに不利益はあるだろうか。戦時には手元にある財は金を持っているよりもより価値がある。平和時には金で測った財が安い時には金を財に換え、そして金で測った財が高い時には財を金に変えるということは、社会的にも財政的にも有益であろう。

したがって、これはその計画にとって本質的ではないが、商品保管のファイナンスを為替平衡基金のファイナンスと結びつけ、また、原材料の流動的在庫保有政策を銀行システム外での流動的金保有政策の自然な進化と考えたいという気持ちにわたしは大いに傾いている。新しい政策によって必要とされるファイナンスは為替基金の必要とするファイナンスと同じ性格のものであり、同じ方法でかつ同じ理由で通常の予算からは区分されるべきである。また必要とされる金額は補完的であるという傾向になり勝ちとなる——すなわち在庫保有のために必要なファイナンスが大きいほど、金保有のために必要なファイナンスは少なくなると見込まれる。その上、国際商品価格の変動の範囲を狭めるという目的は外国為替の変動幅を狭めるという政策の自然の発展なのである。在庫への投資はわれわれの貿易にとって対外投資がそうであるのと同じように有益であろう。しかも、現在の状況下、明らかにたいへん重要な考慮事項であるわれわれの流動的ポジションの強さを減ずることなしにである。われわれの流動的なポジションは、われわれの流動的な商品の在庫価値を金ストックに加えることによって、国際的に正当に測られる。そのことが両者のファイナンスを一つの問題として取り扱う更なる理由なのである。

戦争への保険として安定した在庫の量を持つことと景気の循環を弱めるために変動的な量を持つという目的は、明らかに部分的に衝突する目的である。現在のところでは前者が、おそらく、優勢であるに違いなく、後者はもっと幸福な時代が来るのを待たなければならない。わたしがこの衝突を見過ごしていると思われるべきではない。しかしながらわたしは国防のために有用な手段は最終的には平和における持続的な有用性の手段に発展することを指摘することによって前者の目的を強めることを求める。それどころか、第一にそれらは全面的には衝突はしない。戦争への保険としてどの特定の商品が保管されるかはあまり大きな問題でなく、したがって、循環的とは別の、季節的な変動をならすことができる。その上、もし、物理的にわが国に存在する、国際的商品在庫の平均の量が大きく増大するならば、たとえこの量が最高と最低の限度の間で幾分大きく変動するとしても、戦争への保険として大きな利益となる。そしてもしわが国に保有されている在庫がそうでない場合よりも標準的により大きいならば、わが当局は、状況によって私的に所有されている在庫を直接の政府所有に転換するのが望ましい場合、より大きな迅速さで行動することができるであろう。

◆ケインズはこの論文のコピーを商務大臣、オリヴァー・スタンリーと国防調整大臣、サー・トーマス・インスキップに送った。

彼の添え状は多少興味がある。

オリヴァー・スタンリー宛書信、一九三八年八月二三日

親愛なるスタンリー氏

あなたは新聞でその縮約版をご覧になったかもしれませんが、食糧および原料の政府保管政策について、わたしが英国学術協会のために最近作成した論文の全文のコピーと、またわたしがサー・トーマス・インスキップに送った手紙のコピーとを同封します。というのはこれはどこまでが彼の仕事でどこまでが貴方の仕事かわたしにははっきりしないからです。わたしは貴方が前国会で手に入れた新法は第一級の重要性を持ち、かつ大きな有用さの可能性を持っていると感じております。わたしは論文とサー・トーマス・インスキップへの手紙で言ったことを繰り返す必要はありません。多くの探索すべき分野があり外部の者がその中のもっとも都合の良い分野を、先験的に、選び出すことは不可能です。しかしいくつかの目的に同時に役立つ機会があることは、わたしは確かだと思います。国防の目的をわが国における現在の雇用の改善に結びつけることができます。われわれはわれわれの有効な流動的資源を減らすことなしに輸出産業を助けることができます。そしてわれわれは商業海運に補助金を出さずに仕事を提供することができます。もしもすべての間接の利益を完全に計算することができれば、この計画がそれだけでかなり採算に合うことを人は見出すであろうとわたしは信じています。

敬具

［サインもイニシャルもないコピー］

サー・トーマス・インスキップ宛書信、一九三八年八月二三日

親愛なるサー・トーマス・インスキップ

わたしは食糧および原料の政府保管政策について英国学術協会に渡した論文の全文をあえてお送りします。ここで示唆された全計画は、もちろん、たいへん野心的で包括的なものです。しかしそれはすべて直ちにあるいはすべていっしょに着手されるべき性格のものではありません。ある特定の商品の場合には克服さるべき多くの技術的困難があり、正しい技術は経験によってのみ発見されうるものであることは疑いをいれません。

今のところこの種の方法を適用するのがもっとも明らかなケースはカナダの小麦かもしれません。自治領政府は最近今年の収穫を市場をかなり上回る価格で買付ける約束をしています。それによって彼らは相当規模の引渡しを受け取らなければならないようです。彼らが来るべきかなりの期間相当の在庫を保有することに巻き込まれることはほとんど確かですが、彼らが支払っている価格を守るためにその全部を市場から隔離して保有する意図はないと、わたしは考えます。彼らと接触しカナダ内の代わりにわが国に彼らが小麦を保有する条件を話し合うべきではないでしょうか。これは彼らを金融面で助ける必要はないケースです。もしわれわれが保管の費用を支払い、おそらく運搬のコストにある程度の援助をするならば、保管物をわが国に置くことは双方にとって都合が良いかもしれません。そしてそれは最低の費用でのわれわれの戦争準備の素晴らしい増加となるでしょう。自治領がこの特定の在庫を処分する時が来た場合には、他の出所からの小麦で代替するかあるいは他の商品で代替することが可能でしょう。

一般的に言って、自治領と植民地自身の地域でどのような余剰在庫がいずれにしても保有される傾向にあるのかということと、またそれらをわが国に物理的に移しうる条件とを見出すことを目的として、自治領と植民地当局のおの

おのとの会議において、有益な行動のための広範な分野が見出されるであろうことをわたしは示唆します。おそらくすべてのケースにおいて自治領は、もし必要なら、われわれの保証を受けて、彼ら自身の大蔵省証券という手段によって彼ら自身で金融を付けることができるでしょう。彼らが彼ら自身の生産者たちとの彼ら自身の取決めを行うのは彼らにゆだね、われわれの取引を可能な限り彼らとの取引に限定することは非常に有益なことであります。錫とゴムの制限取決めは特別の種類の機会を提供します。砂糖についての西インド諸島のトラブルはもう一つの機会を与えるかもしれません。

いずれにしても、もちろん、為替平衡基金によって保有される金の場合と同様、在庫買付けのファイナンスが予算に載らなければならない理由は全くありません。しかし、わずかな援助の手段と共に、ファイナンスがおそらく現在と同じ所から見つけられることは、自治領との取決めの利点でありましょう。影響があり、費用を伴うのは、単に余剰在庫の所在です。

われわれが直接あるいは間接にファイナンスを提供しなければならない限り、それがわれわれの輸出を増やすためのある種のバーター契約とも結びつけることができないのか、その程度を調べることが望ましいでしょう。このことは外国との協定の場合に特に必要でしょう。例えば、木材は備蓄に適した顕著な事例だとわたしは信じます。保管の費用は少ないのです。実際木材は保管するにつれて質が良くなるとわたしは考えます。それは戦時には恐るべき大きさの船積み空間を占めます。わたしは前大戦の間の坑道の支柱の輸入の問題を覚えています。現在木材の価格は非常に低迷しています。ロシアとスカンジナビアは余剰在庫をわが国に蓄積する協定に飛びつくでしょうし、そしてそれをわれわれからの追加的輸入品の買付け協定と喜んで結びつけるでしょう。

銑鉄はむしろ他のクラスに属し、多分直接買付けにより適しています。しかし、これには対外ファイナンスの問題はなく、また、現在の石炭と鉄の取引状況下では、雇用の大きな助けとなるでしょう。それは失業手当の節約を通じて収支相償えるでしょう。戦時における軍需目的のための銑鉄在庫の利益はほとんど指摘の要はありません。

それはまた、現状のわが海運業に対するこのような輸入の大きな利益を強調するものです。わが国船舶が余剰である時にそれを、後に船舶が不足している時に致命的に必要とされるかもしれないサービスを提供するのに利用することは、不定期船舶に対する補助金に戻るよりも、はるかに良いことでしょう。

わたしは同封の論文では合衆国については言及していません。しかし彼らとの協定はどうしても見過ごされるべきではありません。わたしは、農務長官ウォレス氏はアメリカの綿花、および、もしカナダ政府がその在庫でわれわれの要求を満たすことができない場合には、小麦についても、その余剰在庫をわが国に移すという協定に飛びつく可能性があると思っています。これについてはファイナンスの問題はまったく関係ないことは確実です。現在の状況では、それはわれわれの懐具合に都合が良いのとちょうど同様にウォレス氏にも彼の懐具合の都合に見合うのです。このことはまたわが国の輸出の形での帰りの積荷についての協定にも結び付けられるでしょう。

わたしは論文の中で、これは現在ずば抜けて安全な形でわれわれがなし得る事実上の海外投資であるという点に言及しています。現在の貿易状況の最悪の特徴はわが国の輸出の不振です。これはたしかに部分的にはわれわれの側の新規の対外貸付を阻む障害によるものです。それにもかかわらずわれわれの対外貸付けを増加させることへの明らかな反対があります。安全性の欠如と金という流動準備の弱体化の可能性の双方の理由によるものです。しかしこれは、輸出産業の観点からみて有益な対外投資の一形式なのです。しかも、確実な安全保証を提供し、また、われわれの流動資産を減少させるよりもむしろ増加させるのです。われわれは、われわれの流動資産を単に金だけでなく、すべての種類の商品の流動在庫の見地からも考えるべきです。緊急時にはこれらの商品は実際に金との関連でそれら商品が今そうであるよりはもっと貴重であることはまったく確実なのです。

これは大きな問題です。しかし、わたしはさらに長い手紙で貴方を煩わしてはなりません。けれども、前会期に商務省が得たこの重要な法律は途方もなく大きい可能性を開くものであるようにわたしには思われます。わたしはあなた自身と商務大臣のおのおのの関連分野についてはかなり戸惑っているので、この手紙のコピーをスタンリー氏に送ります。

敬具

［サインもイニシャルもないコピー］

◆ケインズはスタンリーとインスキップ宛の手紙のコピーをサー・アーサー・ソルターにも送った。

サー・アーサー・ソルターよりの書信、一九三八年八月三一日

親愛なるケインズへ

わたしはウェールズでドライヴをしていてわたしへの手紙を見つけそこなっていました。そうでなければもっと前に貴方のインスキップとスタンリーへ宛てた手紙の写しを送っていただいたことへのお礼を書いていたでしょう。

わたしはあなたの添え状にまったく賛成です。そこであなたは正しいステップは自治領および植民地当局との会合を求めることだと言っておられます。

わたしはあなたの英国学術協会への講演を多大の興味を持って読みました。わたしは大多数の人々は、わたし自身のように、各単一年内での価格変動の程度を認識することができないでいると思います。わたしは率直に言ってあなたが示唆した規模と方法での備蓄のファイナンスに対するあなたの実際の提案を疑問に思っています。わたしはあなたが以下のことについて十分な警戒をしているのか確信が持てません。すなわち（a）現在保有されているのと同種の在庫を、総量を非常に著しく増加させることなしに、政府資金で調達された備蓄や、かなりの程度、民間在庫の購入により単に代替させること、あるいは（b）特定グループによる在庫の蓄積は、大部分は公的支出によるが、それを彼らは現在の弊害を改善するよりもむしろ増大させるような方法で利用するであろうということです。このことは短い手紙で論ずるにはあまりに複雑な論点を含んでいます。

わたし自身の立場はおおむね以下の通りです。

（a）わたしは政府が、安全保障の手段として、主に貯蔵可能性の理由から選ばれた、七〇〇〇万～一億ポンド相当の食糧を買付けることを望みます――例えば小麦を除外はしないが、砂糖は優先権を持つでしょう。

（b）政府は追加的な民間在庫備蓄をファイナンスすべきであり、例えば製粉業者に小麦粉の正常在庫を倍増するよう奨励すべきであると考えます。

わたし自身の現在のキャンペーンでは、より限定された成果を得る機会を減らさないために、わたしはこれだけに限定し、景気循環との関係での原材料の保管や在庫の利用とは区別しています。

しかしながら、わたしは原材料まで行動を拡大することに大いに賛成であり、坑道の支柱や銑鉄の特別な重要性に同意しています。事実、他の人々といっしょに同様な方針で仕事をしながら、それらの双方に対する努力をしましたが法案が国会に提出された時点では不成功に終わりました。

景気循環との関係で在庫を利用することは、あなたもご存知のように、「原則として」非常に強い抵抗をひき起こします。わたしはわたし自身の限定的なキャンペーンをこの巻きぞえにすることを望みませんが、それは非常に重要であると思っています。わたしがあなたと違っているところはより強力な援助が通常の経済的な諸力を有効に働かせるのに十分であるというあなたの信念です。わたしは政府が適切に構成された助言機関の助言によって政府所有の在庫の規模を価格変動と景気循環を配慮して変更する（現行法ではそうすることは禁じられていますが）力を持つことが必要だと思うように傾いています。わたしはわれわれがこのことを秋の初めに議論する機会を持てることを希望しています。わたしはあなたがこれまでに回復したのを本当に喜んでおり、これほど長い期間の後であなたに会えたことをとても嬉しく思います。わたしはちょうどジュネーヴに二週間程度行くところです。

草々

アーサー・ソルター

◆彼はアメリカの農務長官ヘンリー・ウォーレスにもコピーを送った。

ヘンリー・A・ウォーレス宛書信、一九三八年八月三〇日

親愛なるウォーレス氏

わたしはわが国の英国学術協会の八月の会合のためにわたしが用意した論文のコピーを思い切ってあなたにお送りいたします。それは英国の新聞雑誌でかなりの注目を受けたものです。わたしは論文について何らかの言及がアメリカでなされたかどうか知りません。論文はあなたの関心事にいささか関係があるので、あなたがそれを見たいと思うかもしれないとわたしの心に浮かんだのです。

わが国の世論はこの方向に沿ったかなり包括的な処置に好意的であることは疑いないと思います。しかしわたしの印象では政府は行動を起こすことに抵抗があるようです。彼らが特にこの計画に反対であるためでなく、避けることができる行動は何にせよ一般にしたがらないからです。

あなたも見るようにわたしはわが国政府がカナダ政府とカナダの余剰物資をわが国に保管するための話し合いに入るべきだと提案しています。わたしはあなたがカナダ政府との何らかの協力的な取決めに到達すべくベストを尽くしておられることに注目しています。これまでの新聞のうわさではむしろ逆の気配を示唆していますが、わたしはあなたが成功するように希望するばかりです。貴国政府、カナダ政府と英国政府の間での北アメリカの余剰小麦の適当な割合を各々の政府が相応の費用を拠出することにより、わが国に移すための協調計画は、われわれすべての目的に役立つとわたしには思われます。

わたしは、戦争のための備蓄という特別な問題はまったく別として、援助による備蓄計画によって変動をならすための協調的な政府政策というあなたの政策の基礎にある一般的原理の確信的な唱導者であります。

敬具

［イニシャルいりのコピー］　J・M・K

◆9月には、ロンドン・アンド・ケンブリッジ・エコノミック・サービスは、G・L・シュワルツとE・C・ローズによる「英国における生産、雇用および賃金、一九二八、一九三〇および一九三五」という覚書を公刊した。ケインズは『タイムズ』紙に要約を提供した。

『タイムズ』紙、一九三八年九月一三日

産業における効率：成長の尺度──教訓

この覚書は、もしその結果が完全に信頼されうるものであれば、多くの関連において非常な興味と重要性を持つものである。この調査の結論は、非常に短く説明できるものだが、要約するに値する。生産の公式統計調査は、最近のものは一九三五年に行われたが、対象とされる産業の正味生産物の貨幣価値で結果を報告している。統計は一九二四年から一九三五年に至る全期間の純工場生産の貨幣価値を示しているが、一九二四年から一九三〇年間のそれは変化しておらず、一九三〇年から一九三五年の間では雇用された従業者の数と比例するよりは僅かではあるが増加している。すなわち、一九二四年から一九三〇年の間では価値は一パーセント減少しており一九三〇年と一九三五年の間では七パーセント増加しているが、他方従業者の数は初期の期間では大体不変であるが最後の五年間では約三パーセント上昇している。報告書はこのような形で表現されており、物的生産性の大幅な増加があった可能性は考慮していない。それは多かれ少なかれ対応する諸価格の下落によって覆い隠されているのである。

しかしながら、それを用いることによって物的生産性の変化がおおよそ計算できるデータが利用可能なのである。そしてこの覚書が目指したのは特にこの課題に対してである。物的な量と価格の比較は正確ではありえない。一部には、利用可能な価格データは生産物の全体をカバーしないという理由で、しかし主には、生産物を構成するものの特性が変化し、その結果、生産物全体を代表する構成単位が毎年その構成を変えるという理由によってである。こうして人が初期における生産物を代表する商品の構成を参照して物価の変化を計算するか、あるいは、後期における生産

物を代表するものを参照するかによって大きな違いを生むのである。この覚書はその変化をこのような基準を基として計算しており、ここでは再生できない詳細についてはこの覚書が参照されるべきである。簡単化のために、以下においてわたしは二つの基準間の中間の数字を使う。この操作は結論の意義を無にするものではなく、この結論は広い誤差の範囲を許容した後でも相変わらず十分に印象的なものである。

衝撃的な最近の結果

一九二四年から一九三〇年にいたる六年間に従業者あたりの工業生産性の進歩は年一パーセント以下の率で増加していたが、一方物価はほぼ同じ率で低下していた。生産性は六年間を通じて約五パーセント上昇し、価格は約六%下落し、結果として、生産物の貨幣価値はごく僅かしか変わらなかった。この研究によって衝撃的でかつ意味のある結果が明らかにされたのは一九三〇年から一九三五年にいたるより最近の期間に関してである。それによればこの五年間に従業者当たり工業生産性は少なくとも年四パーセントすなわち全体で二〇パーセント増加しているが、生産物の価格は年約三パーセント下落している。全工業平均での、従業者当たり生産性の、一九三〇年から一九三五年の五年間の間における（一九二四年から一九三〇年の間の五パーセントの上昇に続く）少なくとも二〇パーセントの増加は十分に異常である。しかし、管理職の従業者の数は作業職の従業者を上回る比率で増えているので、作業職従業者当たりの生産性の増加はさらに大きかったのである。

われわれは上記のことをいくつかの他の生産部門に関連した数字で補足することができる。公益事業と政府部門における一人当たりの生産性は一九三〇年と一九三五年の間に二七パーセント増加した。鉱山と採石場では、一九二四年と一九三五年の間に雇用量は約三分の一だけ落ち込んだが、一人当たり生産性は一九二四年と一九三〇年の間に一七パーセント、また、一九二四年と一九三五年の間では三一パーセント増加した。最後に、時には見くびられた農業はすべての中で最高を成し遂げ、一人当たり生産高（一九三〇年価格で）は一九二四年と一九三五年の間に四〇パーセント程度上昇し（より大きな部分は最後の五年間に起きている）、引き続きさらに増加している。わたしは、この国の物的生産性におけるこのような革命が起きていたことをわれわれの多くが知っていたかどうかを疑問に思う。このことはわれわれの直面しているいくつかの問題を説明するのに役立つことをわたしは示唆する。

ところでこれらの大きな諸変化の意義を評価するにあたって、それらは広い分野の活動をカバーしているものの、総体としての国民産出高とは関係がないことを認識することが重要である。それらは工業取引、公益事業、鉱業および農業をカバーしている。しかし個人が他の方向、特に流通取引においてサービスを行うという能力が同じ程度には増加していないことはきわめて確実である。かくして、もし国民所得が以前とまったく同じ割合でいろいろ異なった目的に使われると仮定するならば、産業それ自体における雇用に対する需要は期の初めにおけるよりも期の終わりにおいて相対的により少なくなっているだろうということになる。したがって、われわれはこの点に、工場や鉱山以外における労働雇用の需要の増加と、また、それら工場や鉱山などの産業に固定されている労働の余剰人員の双方の説明を得ることができる。他のものは別として、以上で明らかにされた技術的効率の向上はそれ自体深刻な配置転換の問題を伴っている。他の分野における進歩と比べて産業的進歩のペースが速いほど、もっとも進歩的な産業は自然にそれに結びついていた労働力の吸収の面で問題はより厳しいものとなる。わが国の特定産業において例外的でかつ進歩する効率性そのものがある意味で、悲しいかな！　当該産業の没落の原因となっている。技術的な理由によって彼らの効率的な能力が社会の他の分野によって達成された進歩に比べて不釣合な規模で改善するならば、彼らが自分たちの生産物が過剰供給となるのを見るのは当然である。

主要産業

もしも主な産業を個々に考察するならば（この目的のために本覚書は生産性の増加により高い制限を与える測定方法だけを用いた）、予期されないことではないが、機械産業が首位に立つことが見いだされる、もっとも、質的な変化のために正確な比較の方法に特別の困難はあるが。しかし工場生産産業の中で繊維（それは人造絹糸を含むが、それによって不当に過度のウェイトを掛けられてはいない）が五年間で三七パーセントの改善で第二位についていることは、たぶんあまり予期されなかった。そしてこのような成果に対する彼らの報酬は実際僅かなものである。その他の主な雇用項目の中では公益事業と農業が過去五年間で、それぞれ約二七パーセントの増加で高位にランクされている。

賃金として支払われた正味生産物の価値の比率は、期間中を通じてほとんど同じ水準に留まっており、一九二四年と一九三〇年は四六パーセント、そして多分一九三五年には四四½パーセントであった。一九二四年と一九三五年の間に賃金はわずか五パーセントだけ低下したが、生計費は一八½パーセント下落したので、これらの産業における賃金所得者は実質所得で測って彼らの増加した効率性の約半分を得たのである。一方他の職業の賃金取得者と社会の他の部分は、彼ら自身の効率性の改善によって表されたよりかなり高い生活水準を得たのである。われわれは、実際、大いに満足してよい理由がある――われわれの新しい生産能力とペースをあわせて所得を全体として拡大することができなかったことを除いては。もし生産と所得が概ねあるべき姿で成長していたならば、技術的効率によって工場、鉱山、そして農業から放出された労働に対して他の職業において新たな雇用があったであろう。

これらの調査が関係する最後の年以来三年間がすでに過ぎており、われわれがより最近の情報を得るまでにはなお数年かかるであろう。しかしここで明らかにされたこのような事実は現在の経済政策にとってきわめて重要である。われわれの現在の状況を知るまでにわれわれはなお数年待たねばならないのだろうか。われわれの社会的問題を取り扱うという課題は、より十分な情報の収集に対する当局の許容しがたい態度によってはかり知れないほどより困難にされている。経済学者たちが依拠して進まねばならない現実がかくも曖昧でかつ不十分にしか知られていない時に、どうして彼らに明確で異議を容れない診断を生み出すことを期待できるだろうか。代表的な経済学者や統計学者からのたびたびの圧力にもかかわらず、当局は毎年の生産統計に対する申し入れを拒絶しており、また貴重な情報を提供するであろう追加的統計の申し入れも断っている。

細かいことまで採り上げるならば、これらのコラムで指摘されまた最近再度強調されたように保健省は建築計画に関する数字の収集を代表的でありえないかもしれないサンプルに限定している。これらの問題について政府諸部局は過去の時代に属する見解を持っているようである。ルーズベルト大統領がある民主党上院議員達について言っているように、「彼らは過去において考えそれにしたがって行動している」のである。

浪費された富

もしわれわれが一九三五年以来何らかの一層の改善があったことを認め総産業人口が完全に雇用されていると推察するならば、一九二四年という最近の時点と比べてさえもいかに巨大な潜在的生産能力が存在しているかを理解することは容易である。このことはさもなければわれわれを困惑させるドイツ経済に於ける事柄を説明するのを助ける。もし英国産業が現代の効率性標準で完全に稼動することができるならば、数年前にわれわれの必要を満たした以上の追加的な生産物が平和——あるいは防衛のために、利用可能な巨大な量の資源を提供するに十分であろう。この国の資源は現在の生産の物理的能力を満たす状態にあり、そこにはいかなる不足も存在しない。それどころか、われわれは依然として巨大な量の潜在的富が実現されず消失するのを許している。

現在の状況下においてかくも多くの資源が活用されずにいることを許容するのはほとんど犯罪的であるように見える。完全雇用を生み出し維持する方法を工夫するような類の政府と共に歩むことをどのようにしてわれわれは希望できるだろうか。もしわれわれが文明が意味すべきものについてのわれわれ自身の考えでの優越性を維持しようとするのであれば、このことはわれわれに与えられた緊要な課題である。具体的な対策を提案することは特にこの論文の目的ではない。その目的は現代の状況をその可能性において——そしてまたその浪費について示すためにロンドン・アンド・ケンブリッジ・エコノミック・サービスの貴重な研究を利用することに限られるのである。

◆一〇月五日彼は追加的なメモを提供した。

『タイムズ』紙の編集者宛、一九三八年一〇月五日

前略

わたしは最近貴紙のコラムでロンドン・アンド・ケンブリッジ・エコノミック・サービスによって刊行された覚書に示された英国産業の効率性の上昇に注意を喚起しました。それ以後比較可能な数字がニューヨークのナショナル・ビューロー・オブ・エコノミック・リサーチの九月の報告書で合衆国について利用できるようになっています。この二国における進展が際立って似ているのを見ることは興味深いものがあります。

わが国においては一人当たり生産性の全般的な増加は一九三〇年から一九三五年の五年間にわたって年当たり四から五パーセント当たりの率であることが明らかになりました。合衆国においては利用できる統計は一九二九年から一九三五年の六年間にわたる変化に関するものであり、またそれらは労働時間数の変化を考慮している点でわが国のものよりもより正確です。この期間におけるアメリカの一人時当たり推定生産高の改善は二七・二パーセント、すなわち年四½パーセントです。合衆国における増加はその比較が好景気の年と正常以下の活動の年との間であるために、生産規模の増加からの助けが得られておらず、特に注目すべきです。それとは逆に、一九三五年における物的生産高は一九二九年におけるそれの八七・四パーセントに落ち込み、人・時間で測った賃金所得者の雇用は一九二九年の数字の三分の一近く減少し六八・七パーセントに落ち込んでいます。

以前のままの価値の設備によって満たしうる需要よりも大きくない需要と同時に生じたこのような急速な技術進歩の環境下においては、わが国、アメリカその双方において、製造業によって今期に積み立てられた減価償却引当金で、当期の純貯蓄から補足してもらう必要なしにすべての、ないしほとんどすべての新投資のコストを支払うのに十分なことは確かでしょう。この要因は、貯蓄性向との均衡を維持するのに十分な収益性のある新たな純投資の量を見出すという現代の課題をさらに深刻化させるものです。現在のような利子率、ビジネス企業および貯蓄の心理、そして所得の分配の下では、完全雇用に近い状態を維持することは、政府による一つの事業ないしもう一つの事業への異例の公債支出なしには、ますますありえなくなっています。とにかく、この四半世紀において、かかる状況は、多分一九二八年の合衆国を除けば、世界のいかなる工業国においても、ごく短い異常な状態の時期を別として、決して存在しなかったことは確かです。

このように提示された問題は今日の未解決の経済問題であり、それを見ぬ振りをしても解決はできません。それは政府の公債支出の他にも、いくつかの異なった側面から取り組まれなければなりません。ハロッド氏はそれらのひとつを最近示しました。当面の状況下ではわたしは貿易収支のポジションとたぶん進行しつつあるこの国の対外資産の正味の負の投資（これに関してわれわれは、例のごとく、適切な統計を持っていません）にもまた特別な対応処置の必要があることを示唆します——それは実際、関税の改悪によってではなく、その仕組みは、われわれが購入する相手の人々がその手取金の適度な割合をそれに対応したわれわれからの買い付けに使うことを確実にするためのものです。輸入と輸出をリンクさせるための新たな、そして今や必要な仕組みによってなのです。われわれはもはや外国貿易のバーターの側面が自動的に機能するのに任せておくことはできないのです。

草々

J・M・ケインズ

第七章　戦争に向けて

◆一九三八年九月中に、三月のドイツによるオーストリア占領以来企まれていた、チェコスロバキア問題が危機となって爆発した。その月の間にネヴィル・チェンバレンはヒトラーと会うために三回訪問し九月二九日にミュンヘンで彼との協定に到達した。ケインズは事態の推移を不安と恐ろしい魅惑との入り混じった感情で注視していたが、『ニュー・ステイツマン』誌上でミュンヘン協定に反発を示した。(1)

◆一九三八年秋に、ケインズは幾分より積極的になった。例えば、経済情報委員会の第二六回報告「再軍備の諸問題」のために、ケインズは一八カ月間ではじめて会合に出席し資本勘定における国際収支を担当して、最終報告書の第二一～五パラグラフとなった部分を起草した。

経済諮問会議
経済情報委員会
ケインズ氏によって準備された
第二六回報告書草案のためのパラグラフ

共同幹事によるノート

ケインズ氏は第二六回報告書草案への結論となる添付のパラグラフを準備した。ケインズ氏は、これらのパラグラフは委員会によって十分に議論されていない資料をいくらか含んでいるので、委員会のメンバーによって提起された論点と合致させるのに必要な何らかの変更が報告書に含まれ得るようにするために、報告書の改定草案を回付する前にこのパラグラフを回覧するべきだと提案している。

フランシス・ヘミング

一九三八年一一月二八日　　P・K・デブナム

上記の提案は輸出を上回る輸入の超過と再軍備計画によって生じると思われる入超の増大とによってもたらされる国際収支への負担を軽減させる方法に関係するものである。それにもかかわらず、もしわが国からのこの持続的な資源の流出に加えて資本勘定における巨額の対外流出が重なるリスクがないとすれば、われわれは、上述したような特別な手段を採用することなしに、ともかく当面の間は、予想し得る貿易収支の逆調に対処し得る能力について過度に不安感を抱くべきではない。

したがって、資本勘定におけるこのような動きを遅らせ、また打ち消すような手段を考慮することもまた得策である。実際、少なくとも以下に提案されるような手段の幾つかは前のパラグラフにおいて概略述べられたものより優先されるべきであるというのがわれわれの意見である。

資本勘定における対外流出は種々の形をとり得るのであり、適切な対策はそれらのうちの何れにわれわれが狙いをつけているかによる。それらは以下のように分類されるであろう：

（i）ロンドン市場における外債の新規発行およびそれまで外国の所有であった債券への新投資（最近のウールワース債発行のように）、ただし貿易あるいは政治的目的のために公的ないし半ば公的な賛助の下に売り出されたも

（1）ケインズ全集第二八巻、参照。

のでないもの。われわれは以前実施されていたこのような取引に対する規制は直ちに厳格に再規制されるべきだと考える。特別の貿易目的を念頭に置いた借款についてはわれわれは干渉することをもっとも望まないが、そうした借款の場合がありうると言う事実が、この基準を満たさない売出しを制限することをさらに一層必要ならしめるのである。

(ii) 自治領、インド及び植民地のための新規発行。この場合われわれは制限を視野に入れた厳格な監督をすべきであること、また関係当局はできる限り、国内市場か、特に合衆国において調達することを勧告されるべきであると考える。実際他の便宜が利用できる場合にはいつでも、現在ロンドンに残存する借款を償還し他の地域での借款に借り替えるための努力がなされるべきである。英本国政府が自分自身の必要からロンドン市場を必要としている時期に、大英帝国の借り手が彼ら自身の必要を満たすために他の方法で自力で可能なあらゆる事を行うよう求められるのはもっともなことである。

(iii) 英国の投資家によるウォール街での直接買い付け。これは適切な方面に対する要請が直接の禁止よりもより効果的であるようなケースである。英国の投資家は、当面、アメリカでの投資を増やさないように促されるべきであり、また銀行、証券取引所及び保険会社や投資信託のような主な機関投資家はこの目的に協力するよう促されるべきだとわれわれは考える。

英ポンド為替の減価は、疑いもなく、ある程度このような買い付けへの自動的なチェックとして作用する。それに続く為替相場の回復による損失のリスクがあるからである。それにもかかわらず予想される英ポンドの価値についての不確実性はまた逆に働くかもしれない。

(iv) 神経質な外国人保有者の流動資産のロンドンからの逃避、あるいは金への交換。これはおそらく現状における大きな要因である。しかし為替管理を別として、それをチェックする適当な金融的手段があるかどうか疑わしい。

これらの動きは第一次的に政治的信認にそして第二次的にポンド為替の将来について海外で持たれる予想に依存している（その予想は、最近における大陸での経験の結果、ロンドン自体で持たれるそれよりもしばしばより極端である）。われわれが全般的な為替管理を課す用意がない限りそしてそれを課すまでは、われわれはこれらの資産を彼らの望む程度までは自由にさせなければならない、――それが他の項目の下での利用可能な何らかの行動をとる理由である。不幸にして為替を守るためにとられるほとんどいかなる手段も、われわれの側の過敏さを示すことになって、このような流出を悪化させがちとなる。他方において、そのような流出の金額は無制限ではない。そして多分、為替管理なしには、緊張の時期にそれらを引き止めるいかなる手段もない。それらは、それがなければわれわれはおそらくよりましであるような、危険の永続的な源泉である。

（v）　取引の必要に先立ってドルを買うことによる、あるいは現金あるいは先物でドルを買いその後のポンドの減価から利益を得る狙いによるポンドに対するアウトライトの売り投機。われわれはここに述べたような動きが大規模であるという証拠は持っていない。この種の適度の取引は時間の経過と共に自律修正されその後の相場に対する支持要因にさえなるかもしれない。

（vi）　ほかで持つよりも僅かに有利であるという理由でこれまでロンドンで保有されてきた銀行残高及び裁定残高。これらは数カ月前にはおそらく巨額な数字に達していたが、これまで漏出してきたようである。この理由は部分的には最近生じている先物ドルのプレミアムの増大に求められる。夏まではロンドン市場で運用される流動資産からの外国銀行家の収益は、ニューヨークにおいて同じく優良な証券から得られる収益を、先物ドルの購入によるヘッジにより為替リスクを除去するコストを支払うのに僅かながら十分に上回っていた。八月以来先物ドルのプレミアムは少なくとも倍となり、その結果上記のタイプの取引は以前よりもうからなくなり、あるいは不利益にさえなっている。理論的にはこれを正す種々の方法があるが、実際上は、それらのいくつかには異論の余地がある。

戦前の時代にはこのようなケースにはより高い公定歩合という対策がおそらく適用されたであろう。現在では、とりわけ国債市場における国内の反響と大蔵省の大きな損失が、われわれの見解では、今日のような状況下では圧倒的な不満を呼び起こす。それは首相と大蔵大臣が常に繰り返し行っている声明と対立することになろう。別の方法は銀行がイングランド銀行の援助を得て、あるいは援助なしで外国人の残高に特別な条件を提示するよう勧めることである。この方針は大戦後相当の期間採用された。それは考慮に値するとわれわれは考えている。

もう一つの方法は、為替平衡基金がより望ましい条件で先物為替自体をオファーすることによって先物ドルのプレミアムを下げることである。しかしながら、これはポンドに対する投機を促すという反対を免れないであろう。

大蔵省側で外貨建の直接借り入れを行うことによって以上のように流出した銀行預金の代わりをさせる可能性は残されている。われわれはこれがもっとも経済的で有利な方法となると信じており、それを考慮することを勧めたい。それは便宜上カナダ・ドル建で表示されてカナダの低い利子率でその保有者に対して元本と金利が固定相場の米ドルで支払われるというオプションの付いた英国大蔵省証券および債券発行の形をとるであろう。カナダ航空省債の購入とカナダ小麦買い付けの特別取り決めはこれに対する十分に［良好な］口実を提供しえた。しかし実際はその発行の多くはアメリカの銀行によって応募され、それによって、為替相場を支え現在の流出に対応する資金を供給すると同時に、大蔵省に多大で満足すべき資金の源泉を提供することとなろう。

これらすべての方法は、英国の貯蓄をわれわれ自身の政府の新規借り入れのために温存するように作用し、またこのようにして大蔵省の調達の問題を全体として容易にすることは、更なる利点であり、またそれは見過ごされるべきではない、とわれわれは付け加えたい。われわれは国債市場の維持と低金利政策に決定的重要性を与え続けるのである。

われわれは、他のものを除外して何かあるものを特に主張することなく、種々の利用可能な対策のリストを提示することがもっとも有益であると感じている。しかし、これら諸方針のどれか一つに沿った行動が緊急に必要であり、そして現在の状況は気楽なものからはほど遠いと言うわれわれが強く持っている意見を結論として強調したい。

◆数日前彼はケンブリッジのキングズ・カレッジと多少の取引をしている地方の株式仲買人に利子率の今後についての彼の意見を提供していた。

W・H・ブレット宛書信、一九三八年一一月二四日

親愛なるブレット氏

今後の利子率についての興味深いメモを送っていただき有難うございました。これは、もちろん、わたしが大いに考えているテーマです。見逃してはならない種々の多方面にわたるポイントについてあなたとあなたのスタッフのために以下のメモを書きとめておきます。

（1）わたしの意見では大蔵省は『エコノミスト』誌で提案された方法あるいは他の方法で容易に長期利子率の上昇を防ぐことができます。しかし大蔵省がそうする力を持っていることを実際に実行すると想定することは安全なことではありません。官僚サークルの中にはこれらの手段に対するかなりの抵抗が依然として存在するというべきでしょう。たとえ、最後には彼らはなすべきことをなすだろうと予想するとしても、彼らが必ず最初からそうすると思うことは軽率でしょう。

（2） 利子率は伝統的な理論では今日決して低くはないと強力な証拠を挙げて主張することは可能だとわたしは考えます。コンソル公債の現在の収益は、（例えば）一八二〇年から以降、一九世紀を通じての平均収益より二シリングないし三シリング上回っていることがわかると思います。しかしながらその期間の間、急速に増加しつつある人口、大量の新しい資本集約的な投資、そして世界の大きな部分での開発のために、資本に対する需要はきわめて高かったのです。今日では貯蓄の供給は当時そうであったよりもはるかに豊富で、それを吸収するための需要は実際はるかに少ないことに違いありません。もしも一九世紀におけるコンソル公債の平均収益が約三ポンド七シリング六ペンスだったとしたならば（あるいはそれがどうであったとしても）、その場合現在の状況下、伝統的な理論によれば、決して三ポンド一〇シリング程には高くないことは確かなはずです。

（3） 今後大蔵省の必要を満たすために発行される新規国債は期限付きのものとなるでしょう。すなわち、それは三½パーセントないしその辺りの利子を生む長期国債よりもむしろ同タイプの現存債券と競合することになるでしょう。

（4） 現存の長期国債に関しては、それらの大半は買い手に対して現在の価格の近辺でオプション〔買付選択権〕を持っています。例えば、特に、戦時公債です。かくしてこの種の国債は一方向に対してだけ確実なのです。その保有者はもし利子率が上昇すれば損をすることになるのですが、利子率が下がっても大きく利益を得ることはできません。したがって、コンソル公債のような債券には戦時公債に対して、価格の比較で示されるのとはまったく別の、有利な点があるのです。その理由は、価格下落リスクはほぼ同じようなものである一方、上昇の可能性ははるかに大きいからです。もしわたしが長期の債券を買うとすれば、上昇も下落も同様な機会を持ったものを選ぶのは間違いないでしょう。現在このような債券の供給は極端に制限されています。それはつねに種々の機関投資家の買い手によって吸収され、時がたつにつれて希少性による収益を持つはずです。一般的に言って、元本価格の安定性よりも三$\frac{1}{2}$パーセントの利回りにより興味を持つ多くの投資家がいます。郵便貯蓄銀行はずっと低い利子率には我慢できません。慈善団体や大学、及び同様な機関は、元本よりも収益に関心があります。生命保険会社は現在の配当率を減少させるリスクを犯して期限付き国債に切り替えることはとてもできません。コンソル公債のような債券がなぜ期限付きの国債と比較して相対的に安いのかを示す目的でこの議論をすることができます。

（5）　短期的に見て、大蔵省が良識をもって借り入れ政策を行っているかどうかはたいへん重要です。これまでのところ、わたしは彼らがそれを持っているかどうか疑っています。お金が使われるまえに借りるよりもあとで借りるほうが明らかにはるかに容易なのです。まったく余剰資金がない時に巨額の資産を取り立てて大蔵省の勘定に入れるよりも余剰資金を吸い上げる方がはるかに容易なのです。これまで、彼らは資金が必要とされる前に借り入れようとして市場をだめにしてきました。もし彼らがこの政策を逆転するならば、彼らが現在の市場相場水準で借り入れをしてはならないという理由は何もないのです。

（6）　不幸にして、これらすべての問題点にやや影をさしているのは信認の問題です。もしそれがなければ、わたしは現在の情勢を非常に満足に感じるでしょう。実際、わたしは忍耐強い保有者の助けになるように大いに信認を感じるべきでしょう。しかし現在の状況下ではこの信認の気配は、もちろん、頼みにはならないのです。

敬具

［イニシャル入りコピー］　J・M・K

◆一九三九年一月ケインズは『ニュー・ステイツマン』誌で刊行された一連の対談の一つに参加した。彼のものはデモクラシーと効率という主題であった。

『ニュー・ステイツマン・アンド・ネーション』誌、一九三九年一月二八日

民主主義と効率

キングスリー・マーティン：　あなたは私的資本主義は二〇世紀の要求に対応できない時代遅れの制度だと主張しています。現在英国における失敗は恐ろしいほど明白です。二〇〇万もの失業者はそれ自体十分な証拠です。われわれは数億ポンドを再軍備に使っていますが、しかしあらゆる人がその結果はばかばかしいほど不相応であることに同意しています。もしも次の数カ月の間にもう一つの大きな国際的危機が起きれば、われわれは依然としてわれわれ自身のために、すなわち、われわれが価値を認めるもののために立ち上がるにはあまりに弱いということを知らされるであろうとわたしは考えます。この一連の対談でもハーバート・モリソン氏、チャーチル氏そしてロイド・ジョージ氏もすべて、この想像を絶する非効率性は民主的な制度に固有ないかなる欠陥によるものでもないと論じたと、わたしは確信しています。彼らは主としてリーダーシップの欠如について語り、そしてモリソン氏は、わたしも同意見ですが、それは第一義的に国民の必要よりも利益を優先させる時代遅れの経済システムの矛盾によるものだと論じました。わたしがあなたの意見を特に求めたいのはこの最後の点についてです。

J・M・ケインズ：　現在の政府の怠慢は利益追求のためであるというのは妙な考えだとわたしには感じられます。たしかにそれはこの文脈では意味のわからない言い回しです。しかしわれわれが、時代遅れの経済システムの収縮から損害を受けていることには完全に同意します。もしわれわれが繁栄と利益とを享受しようとするならば、現在の状況下ではわれわれが現在よりももっと多くの中央計画を必要とするので、経済システムの改革には、戦争を避ける場合と同様に戦争をする場合に払うしつこいほどの注意力が必要なのです。景気循環の強まりと失業の慢性的性格がさらに増しつつあることは私的資本主義が経済問題を解決する手段としてはすでに衰退期にあることを示しています。しかしながら、国際的信義の崩壊と持続的な平和への脅威とが次のことを一層明らかにしています。すなわち、戦争は論外としても、現実の戦争がわれわれに歩むことを強制するまさにそのような道に沿ってわれわれは長い距離を歩まなければならないということです。アーノルド・トインビーは先日、将来について、ナイフがいつでもあらゆる活動を切断してしまうかも知れないとわれわれが感じている完全な不確実性の雰囲気の下では、われわれが慣れ親しんでいる種類の組織を続けることはできないと指摘しました。しかし、われわれを国内では繁栄させ国外では安全にするために必要なことをするのを妨げているのは、必要な手段が個人的自由や民主的制度にもたらすかもしれない脅威ではありません。このようないかなる脅威も行動を必要とする第一のもの、第二のものおよびそれに続くものからは非常に遠いので、今のことではなく、また実際的問題からはほど遠いでしょう。

K・M：　われわれの必要とする改革がかくも非常に明らかである時に、あなたの考えでは、われわれをためらわせているものは何でしょうか。何が障害なのでしょうか。

J・M・K：　そうですね、第一に、今日の状況に対して唯一の実際的な処方箋である私的資本主義と国家社会主義の特殊な混合体に対する世論の側の冷淡さがあります。この処方箋は在来のどちらの側のスローガンとも調和しません。ほとんどの政治家たちが私的資本主義は現在のままで非常によく機能しているという考えか、それはまったく排除さるべきだという考えのいずれかにコミットしています。わたしが自由産業研究〔Liberal Industrial Inquiry〕〔訳注1〕の仕事をしたときから、わたしは私有財産制度をよりよく機能させるための試みに対する共感があまりに少なすぎると感じています。あなたがちょうど今、利潤追求についてのあの発言を必要だと考えているということは、わたしが思っていることの適切な例です。しかしわたしは、個人的、政治的自由と私有財産および私企業の権利との間の強い関係を発見し唱導した一七、一八世紀の思想家たちには深い知恵があったことをますます確信しています。これを一八世紀の法律家たちが有害にも既得権と莫大な財産との神聖化に捻じ曲げた事実によって、われわれがその背後にある真理に対して盲目にされてはなりません。カレルギー伯爵が最近われわれに思い起こさせたように、「すべての時代において私有財産は自由主義の本質的要素であり、国家の全能に対抗する人格の防壁であり、また幸福と文化を追求する源泉であった」。そしてそれはフランス革命において人権宣言の第一七節によって「侵すべからざる神聖な権利」と認められた。今日自由戦線が分裂してしまったのは私有財産の原理についての論争のためです。しかし社会と経済体制の平和的、非暴力的進化がありうるのは自由主義の路線の下においてのみなのです。

K・M：　フランス革命より前の時代に歴史的に自由と結び付いていた私有財産権は、農民土地所有者が自らの労働の果実を所有する権利、また、利益を得るために新しい製法を発明するか、あるいは、小企業を経営する者の権利を指していました。しかし政治思想という幽霊の歩み方はとても気まぐれで、前工業社会における労働の果実を所有する権利と、ロックフェラー氏やウェストミンスター公が労働力を所有し何千人もの他の人々の生活条件をコントロールする権利とを同一視するような驚くべき混同をわたしは知りません。今日の独占的所有権は間違いなく自由の最大の敵の一つです。しかしわたしは、私的財産権は自由の概念と不可分であること、またいかなる知的な社会主義者もこれまで誰からも取り上げようとしなかった私的所有権と、金融市場に参加し、人を雇用し、解雇し、あるいは、自分の思い通りの賃金を払う権利という意味での所有権との間の混同は非常に深刻な結果をもたらしてきたこと、に同意します。いずれにしても完全な社会主義を手にする近い将来の見込みはなく、そのためあなたの語っている「中間の道」を理解することが緊急に重要となります。あなたはそれに対する共感が欠如していると言っています。あなたは英国がはっきりと、取り返しのつかないほど二つの極端な意見に分けられていると言うつもりですか。

J・M・K：　まったく反対です。わたしは現在この国の少なくとも四分の三の国民の真の信念は、言葉のもっとも基本的で真実な意味で、自由主義だと信じています。実際、今日の政党政治の非現実性を説明するものはこれなのです。保守党の大部分また労働党の大部分は自由主義者です。しかしこれは系統立って表現されることのない見解の僅かな違いです。ロイド・ジョージ氏は彼自身十分に自由主義者です。しかし彼の経歴の二つの暗い行為、すなわちベルサイユ条約と組織化された自由主義を壊滅させたことのうちで、われわれは今日第一のものと同じくらい第二のものから被害を受けています。チャーチル氏、サー・アーチボルド・シンクレア、そしてハーバート・モリソン氏は今日の民衆の意見を非常によく代表した政治家です。そして、どこに典型的な自由主義者のより良いトリオを見出せるでしょうか。真の障害はわれわれがそのような性格の政府を持っていないことにあります。重心に非常に近くはないが、何人かの他の人々を取り上げてみると——ウォルター・エリオット氏、イーデン氏、アトリー氏、セシル卿、ヨーク大主教、アトール公爵夫人、ラスキ教授、ハロルド・ニコルソン氏、H・G・ウェルズ氏、サー・アーサー・ソルター、A・P・ハーバート氏、ステファン・キング-ホール司令官、あなた自身、G・D・H・コール氏、スタンプ卿、マクストン氏、ベヴァン氏、サー・ウォルター・シトリーン、ダルトン氏、ノエル-ベーカー氏、そしてわたしはG・B・S〔ジョージ・バーナード・ショウ〕は別として公的な生活をしているあらゆる人をあげるまで続け

〔訳注1〕一九二六年ロイド・ジョージが一万ポンドを拠出し、秘書や事務所も使えるようにして、Liberal Industrial Inquiry（LII）を組織した。D. E. Moggridge, *Maynard Keynes* p. 457 参照。

ることができる。すなわち一〇人ほどのトーリー党員と挙国派〔ナショナル・リベラルズ〕（閣内にいるすべての人ではないが）の人々、一ダースほどの大企業のリーダーたちと多分一ダースほどの政治運動家（彼らの名前を記憶はできないが）――いずれも皆優れた自由主義者ではないでしょうか。今日の政治においては三五歳以下の知的なコミュニストたちの戦後世代を除いて、自由主義者の列の外には少しでもましな人はいません。わたしは、彼らも、好きですし、また、尊敬しています。彼らは恐らくその感情と本性において、十字軍に参加し、宗教改革を行い、大反乱と戦い、われわれに市民的宗教的自由を勝ち取らせ前世紀に労働者階級を人間らしくした典型的なたくましい非国教派の英国紳士に、今日のわれわれのなかで最も近い者たちなのです。

K・M： あなたはここでわたしやこれらすべての人々を自由主義者と呼び、議論をとんでもないところにもっていってしまいました。しかしあなたがもし英国の大部分の人々は依然として最低限の暴力での社会変化を選ぶという好みを保ち続け、品位について一定の基準を固守し、妥協することに必ずしも反対しないことを意味するとするなら、あなたは、もちろん、完全に正しい。しかし、多くのコミュニストたちは実際これらの点に同意しますが、あなたが自由主義者と呼ぶ人たちの何人かはマルクスの哲学に深く影響されています。わたしが世代間で注目するもっとも大きな実際的な相違は、三五歳以下は前大戦とこの前の平和の経験の影響を受けていないことです。いずれにしてもあなたが自由主義者と呼んだ人たちとコミュニストの二派が協力できない限り状況は絶望的です。わたし自身が今日労働党の公式の態度に非常に失望させられているのはこの理由のためです。

J・M・K： そのとおりです。このことすべてに対する労働党の公式の態度は英国政治の歴史においてもっとも愚かなものの一つとの感をわたしに与えます。彼らは、自分達が時代遅れのフェビアン・マルキシズムのごく一部の陳腐な信条の分派ではなく、その真摯な信念が大多数の同国人の信念を反映しまたそれを鼓舞すべき、永遠の自由主義の後継者であると言う事実になぜ向き合えないのでしょうか。ハーバート・モリソン氏は先日あなたとのインタビューにおいて立派な主張を表明したし、また最近号の『ポリティカル・クオータリー』誌における彼の宣言は素晴らしいものです。しかし彼が彼の仲間たちと集まった時にでっち上げられた公式の発言はいたましいものでした。わたしはベヴァン氏が、プロのコミュニストの組織をトロイの木馬と考えまた彼らの打診を疑わしく思って、彼らと接触するのを避けているのに同情します。しかしわたしはそれでもやはり、若いアマチュアのコミュニストたちの立派な資質との触れ合いを失わないように、あえて接触したいのです。なぜかと言えば未来は彼らの最終的な成熟にかかっているのであって、わたしがその名前をあげているような古い連中にではないからです。わたしはサー・スタフォード・クリップスをまったく支持しており、もし彼が彼の運動に乗り出すのに成功するならばわたしはそれに加わるでしょう。しかしその運動はもしハーバート・モリソンやその他の人々もそれに加わるならばわたしにはさらに一層望ましいのです。また、レフト・ブック・クラブ〔Left Book Club〕〔訳注2〕を非難することは何とばかげたことでしょうか。それはたしかに今日のもっとも申し分のないもっとも活発な運動の一つです。もし公式の労働党が彼らは永遠の自由主義の継承者であると言う考え（彼らがいやしくも何物かであるとするならば、もちろん、彼らはそうなのです）を否認するならば、それこそが彼らが引退した煽動者達の私立養老院を超える何物かであるべきより大きな理由なのです。

K・M：　そのとおりです。公認の党のリーダーたちはすべての活力を異端とみなし、そして、ある国々における社会民主主義者のように（そこでは今や社会民主主義者たちを強制収容所に入れています）、彼らは、彼らが反対すると考えている資本主義政府に代わるものを作り出すことよりも、彼ら自身の左派と戦うことに熱心であるように見

〔訳注2〕　当時のコミュニストのシンパの組織の一つ。前掲〔訳注1〕D. E. Moggridge, p. 471 参照。

えます。

J・M・K：　あなたが公式の労働党のリーダーたちを大陸の消滅した社会民主主義者にたとえた時、あなたは弱点を正確に指摘しています。彼ら自身がみずからを引き上げない限り彼らが歩んでいるのは地獄への道です。しかしわたしたちは、表面上はそう見えないと思いますが、多分主な筋道から離れてしまっています。必要な行動への途上に横たわるもう一つの主な障害に移りましょう。現在の役所の幹部たちは自由放任の伝統で育てられ、そして大部分依然としてそれを固守しているという事実の中にそれを見出せます。建設的な計画のためには、公務員はもちろん、大臣よりもはるかに重要で、彼らの補佐と善意なしではなすべき価値のあることがなされることはまれです。この点でわが国の一九世紀における大蔵省官僚の一派よりも優れたものはありませんでした。もしわれわれの目的が政府の機能を最小限まで制限し、そして支出を、社会的、経済的、軍事的あるいは一般管理目的の何れであるにせよ、世論がそれを我慢する限りにおいて、確実にもっとも少なくかつ経済的ならしめることにあるとするならば、かつてないほどより良い工夫がなされました。しかしそれがわれわれの目的でないとするならば、これほど悪いものはなかったでしょう。今日役所は伝統と経験そしてあらゆる形の知的議事妨害に対する生来の熟練によって鍛えられた、大蔵省の一派によって支配されています。そして役所の幹部が現状のようなものであるのにはもう一つの理由があります。われわれは大戦以来一二年の間に恐るべき縮減と建設的計画の切捨ての二つの事態を経験しています。このことは建設的な企画能力のあるすべての人にとって壊滅的な打撃であっただけでなく、必然的に、消極的方策が当然であり、それに共感できる人たちの生き残りと昇進を招いたのです。それは特に削減と後退に適し、したがって、精力的拡大に不適な人々が生き残るケースです。わたしはわが国の役所の多くの特質をたいへん賞賛しているので、全体主義国家とのわれわれの戦いにおいてまたわれわれ自身をそれから守る際に、彼らが大きなハンディキャップになることを心配しています。彼らはわれわれのエネルギーを束縛し、われわれのアイディアを台無しにし見捨てるのです。

K・M：　まったくその通りです。われわれの役人たちは、政治家同様に、良い伝統と品位ある習慣を持っていますが、新たな展開のすさまじい速さに彼ら自身が適応するのに戸惑っています。彼らは亀のように慎重に動き甲羅の下に隠れるのです。それは部分的には、年齢の問題だと、わたしは思います。戦争に負けることの一つの結果はより年齢の高い世代を失うことです。今日英国では当局にある人々で六〇歳以下は少なく、ドイツでは四〇歳を越える人は少ないのです。

J・M・K：　わたしの考えの方向は今やより明確になったでしょうか。われわれの個人の自由と民主的な制度を危険に陥れることなしに必要と思われることができないと言う考えは悩みの種です。障害はここにあるのでなく、われわれの統治者――第一に内閣の顔ぶれ、そして第二に役所の幹部の人たち――にあります。彼らは、われわれを束縛する鎖を作るのではなく――それとはまったく違って――世論がほとんど圧倒的に求めることをしないもっともらしい理由を見出すのに時間を使っているのです。

K・M：　はい、それはたいへん明確です。しかしわたしはあなたがあまりに多くを人事の欠陥に帰し、経済システムの「矛盾」に帰すことがあまりに少ないと思います。わたしにとっては状況は階級の分析を基礎にしない限り理解できないのです。われわれの支配階級は、何よりも、権力を失うことを恐れています。共産主義が打倒されるのであれば彼らはわれわれすべてを奴隷に売っても満足なのです。ほとんど信じられないことですが、彼らの多くはナチ・ドイツよりも、なお一層ソビエト・ロシアを恐れています。彼らが戦争で壊滅すると考えることはあまり愉快なことではありません。というのは非常に多くのその他のものが同時に壊滅するだろうからです。

J・M・K：　実際、もし何れ戦争になるならば、この準備不足は大変な災害をもたらすでしょう。その時には、われわれの単なる生き残りのためにも建設的アイディアと精力的な活動が、たとえ遅すぎたとしても、動き出すことが求められるでしょう。われわれは前大戦のゆっくりした展開を歩むのではなく、直ちに少なくとも一九一八年の体制のように思い切ったものに飛躍しなければなりません。人は時折前回は自由放任から統制への転換がいかにゆっくりしたものであったかを忘れています。わたしは一九一五年に一部時間を割いて小麦の国家買付けと輸入のもっとも初期の計画に携わりました。われわれは船舶輸送に従事した場合ですら、強制力をまったく持っていませんでした。われわれのなしうるすべては、もっとも思いやりのある物腰で民間の取引の望ましい斡旋と援助を約束すると言うことでした。その年のほとんどの間外国為替取引にはほぼ完全な自由が存在しました。ほとんどすべての分野の自由行動のシステムは戦争中一年間以上残っていました。一九一八年の力による統制は試行的かつゆっくりと作り上げられました。このような構想と実験の期間は今回には許されないでしょう。しかしわれわれの計画と準備はこっけいなほど弱々しいのです。

K・M： まさにそうです。しかしわが国の統治者たちの明らかな自己満足をあなたはどう説明しますか？

J・M・K： J・B・プリーストリーは先日「われわれは現在富裕で・疲れた・老人の政府を持っており、それは、アメリカ植民地を失わせたノース卿政府以来我々が持った最悪のものです」と言いました。この二番目の部分は非常にもっともらしいものです。しかし仮に富裕で疲れ年老いているとしても、それは事実ですが、それが説明のすべてであるかどうかは疑問です。人々は首相あるいはサー・トーマス・インスキップまたはサー・ジョン・サイモンのような人たちの見解が異常なほど時代遅れであることを過小評価していると、わたしは思います。彼らは彼らの見解に従って誠実に生きていますが、しかし彼らは他の人にはもっとも明らかであるように見える現在の世界の状況に気づかないのです。それらは単に彼らに届かないのです。首相の場合にはこの無知は彼の力の本質的な要素です。彼がもし、われわれを苦しめている、この国を救うためのアイディアや企画や計画の混乱を、少しでも見ることができ、かすかにでも認識するようになれば、彼のとてつもない恥知らずの自信は決定的に損なわれるでしょう。

K・M：　わたしは彼の自信が何かによって損なわれるかどうか疑問に思っています。しかしわたしが、彼についてもっとも不思議に思うことは彼のビジネスマンとしての自己満足です。もしも彼が彼自身をむしろ大資本主義国家の頭だと考えているとしたならば、なぜ倒産の恐れで夜眠れないことがないのでしょうか。

J・M・K：　そして非常に初歩的な一つの点があり、それを無視することはすべての中でもっとも理解に困難なことです。われわれの生産的資源の一〇パーセント程度が現在使われておりません。たとえ仮にわれわれがこれら資源を完全に効率的に用いることができないとしても、これらの資源を用いることがわれわれをどうして弱めあるいは貧しくできるのでしょうか。もっとも単純な例をとるならば――失業している鉱夫やその他の者を使って地下シェルターや出口を掘らせるのです。このことや同様なことをしないということはまさに狂気の錯乱状態であるように見えます。しかし、私的な家計の原理を国家に適用するように育てられてきた、大蔵大臣や大蔵省にとっては、これは浪費、金のかかるそして恐らく不十分に考えられた方法なのです。わたしが資源を雇用すると考えることを、彼らはそれを無駄にすると考えるのです――あたかも失業者の労働力は保存できるかのように。これは異なった意見を二つの言葉で示しているのです。

K・M：　それではこういうことになるのでしょうか。われわれの民主主義がなすべきだとあなたが望んでいることを民主主義は行えないままでいるので、全体主義国家は国家の資源を国家の目的のために用いる拙速な方法を見出していると。不幸にしてその目的とは戦争で、資本主義を再編成する過程で全体主義的方法は自由、品位そして実際人生を生きるに値するものとさせるほとんどあらゆるものを一掃しているのです。彼らがこれまでこうすることができたのは、絶対的に必要なこれらの経済の変革を行うのにデモクラシーが失敗していることによるのです。言い換えれば、われわれは英国では本質的な変革を急速にそして不必要なすさまじい犠牲なしに行うことができない限り、敗北が運命づけられているのです。

J・M・K：　そうです。それは本当です。全体主義国家は資源の集中的動員と個人の組織化が個人の自由という原理を脅かすにいたるところまで実行できることを十分はっきりとわれわれに示しています。わたしはそれは否定しません。われわれはそのような状況からは非常に離れたところにいるのでそのような危険は今は存在しないとは言えます。また、それについての現実的な議論もないのです。問題はわれわれが一九世紀の自由放任国家から脱して自由社会主義の時代に入って行く準備ができているかどうかということです。この自由社会主義によってわたしが意味するのは個人――彼の選択、彼の信仰、彼の精神そしてその表現、彼の事業そして財産の自由――を尊重しかつ保護しながら、共通の目的のためにそして社会的経済的正義を促進するために組織された共同体としてわれわれが行動できるシステムです。

◆ケインズの記事はヴァイオレット・ボナム-カーター夫人とサー・スタフォード・クリップスとの文通をもたらした。彼らは一九三九年一月に労働党を除名されており、国際情勢に対処するために広い基盤を持った戦線を組織することを試みつつあった。

ヴァイオレット・ボナム-カーター夫人よりの書信、一九三九年一月三一日

親愛なるメイナード

今週の『ステイツマン』誌でのあなたの素晴らしい「インタビュー」に対し一筆の祝辞を書かなければなりません。それより勝れたものはありえなかったでしょう。あなたの二つの論点――（1）国家社会主義と自由資本主義との間の「融合」（'sherdigeff'）〔訳注3〕ついて――そして（2）官僚について――は厳しく言われる必要があり――そして誰もそれらについて言っておりません。今日、官僚の状況は本当に現実の危機だと思います。第五流の大臣はつねに第五流の公務員を持つようになります――あるいは彼らをそのようにしてしまうのです。

わたしは水曜日にスタフォード・クリップスと私的に会います。貴方も出席できたらよかったのですが。わたしは彼を知りません――しかし前の水曜日にクイーンズ・ホールでのスペインについての、やや注目すべき集まりで、同じ演壇で話をしました。彼の動きはこれまでに起きているうちで第一に有望なものです――そして労働党の一般党員の健全さのテストとなるものです。しかし時間は少ないのです――そして毎日運命はわれわれを追いかけてきます――その運命はわれわれ自身で創り出したものです――そこには厳しさがあります。

あなたが元気であることを本当に望んでいます。あなたは田舎にいると思いますがこの手紙はゴードン・スクエアに送ります。もしあなたがロンドンにいて、それがよいと思われるならば、近いうちにわたしが伺ってあなたとお話しさせてください。

かしこ

ヴァイオレット・B・C

ヴァイオレット・ボナム-カーター夫人宛書信、一九三九年二月三日

親愛なるヴァイオレット

〔訳注3〕　sherd（考古）土器の破片、sheradize 亜鉛メッキする、の意味あり。上記より「融合」と訳した。

あなたがあの記事を気に入ってくれたことを本当に嬉しく思います。わたしはあなたがどのようにしてクリップスとことを進めたのか驚いています。わたしはしばらくの間彼と少しばかり交際しており彼をたいへん気に入っています。しかし支配権を握っている古いものとは別の新しい動きを今日創り出すことが可能かどうか、わたしはやや疑いを持っています。

わたしは次の週の中ごろロンドンにいます。あなたは七日、火曜日五時ごろここにお茶にみえることができるでしょうか。お会いできればたいへん嬉しく思います。

敬具

［イニシャル入りコピー］Ｊ・Ｍ・Ｋ

ヴァイオレット・ボナム-カーター夫人よりの書信、一九三九年二月四日

親愛なるメイナード

お手紙有難うございました。残念ながら！　火曜日にはその夜講義をするために出かけなければなりません。水曜日（八日）五時（あるいは他の何時でも）はいかがでしょうか？　あなたにこの前お手紙を書いてからクリップスに会い彼と話をしました。（彼は複数ではない！　複数のように聞こえますが(2)）

わたしはわれわれの目標は新党を作ることではなく——現存の労働党の機関を内部から打破し進歩的力が可能になるような連合体を作るべきだと考えています。

不幸にして非常に多くの労働党の人たちがまさに生活のためにその機関に依存しているのでそこから「脱退する」にはたぐいまれな勇気を必要とします——そしてトランスポート・ハウス［訳注4］による「追放」が実行され得るかどうかは、どれだけ多くの人々が行動するかにかかっています。わたしは明日グロセスター・スクエアー四〇番地、W・二（一八八一号室）に帰ります。502
あなたが水曜日でよいかどうか多分伝えていただけるものと思っております。

かしこ

ヴァイオレット・B・C

サー・スタフォード・クリップスよりの書信、一九三九年二月二日

親愛なるケインズ

あなたが『ニュー・ステイツマン』誌でわたしの唱えた提言に関して言及されたことをたいへん嬉しく思いました。

われわれはその運動にもっとも広範な大衆の支持を得るためにたいへん大規模な努力を始めようとしています。そしてこれに対して大きな財政的支援を必要としています。わたしはあなたが相当な財政的援助をわれわれにしていただけないかどうか、またこの考えに好意的な何人かのあなたの友人に同じようにしていただくことが可能かどうかと思っております。

敬具

R・スタフォード・クリップス

サー・スタフォード・クリップス宛書信、一九三九年二月九日

親愛なるクリップス

（2）原文では「彼ら」が最初に見え、抹消されて「彼」に変わっていた。
〔訳注4〕労働党本部のある建物。

578

わたしはあなたのしていることにまったく同感です。わたしには現在の党を割らずに、支配権を握る事が重要であるように見えます。新しい運動を形成する可能性に関してはわたしは完全に懐疑的です。それは新しい銀行を作るのとほぼ同じように困難です。人はただ建て増しをして古いものを発展させることができるだけです。しかしそれはあなた自身の見解だと、わたしは推測します。わたしは自由党とレフト・ブック・クラブの連中が自発的に集まって労働党を説得しようと試みること〔訳注5〕が心理的には起こりうることの中で最も良い方法だと思い描いています。しかし、それは説得が成功することにかかっています。それは気長に和解を申し出ること、また、労働党の幹部たちが彼らの破滅的な決定を再考するのをできるだけ容易にしておくことを意味します。わたしの信念は、もし彼らがそうすることを容易にするような大きな配慮があらゆる段階でなされるならば、あなたの努力の背後には彼らに考えを再考させるのに十分な力が存在するということです。

わたしは昨日ヴァイオレット・ボナム-カーターと話をし、いくつかの追加的な文言についての示唆はしましたが、彼女がコピーを持っていた請願書に署名することに同意しました。署名を集める仕事は多くの財政的支援を必要とすることをわたしは理解できます。その金額はそれが結果を生むまでにどれだけ長く努力が為されなければならないかによります。わたしはわたし自身以外に利用できる筋があるかどうか疑わしく思います。第一に、何に対して寄付をするかを正確に説明することはやや困難です。わたし自身は、五〇ポンドの寄付を喜んで同封します。そして今の状況が必要とし、また、それに値するようなものであれば、後でさらに送ります。

たとえあなたの運動が大量の支持を確保しても、もし労働党の指導者たちが彼らが取っている態度を続けまたそれを支持するようにその機関を操作するのに成功する場合には、次にどうすべきかを知ることは困難です。なぜかといえば古い運動の支配権を握るのとはまったく別の新しい運動を形成しようと試みることは望みがないと言うわたしの信念を再度強調したいからです。

敬具

［イニシャル入りコピー］J・M・K

サー・スタフォード・クリップスよりの書信、一九三九年二月一〇日

親愛なるケインズ

あなたの書簡とあなたが請願の費用に送ってくれたもっとも親切な寄付に対し本当にたいへん感謝しています。わたしはあなたの提案に完全に同意し労働党が妥協するのを容易にするようにできる限りのことをしたいと思っています。何か新しい政治組織を立ち上げる方向で何かをすることは致命的だということには少しの疑念もありません。わたしは請願を通じて生み出される圧力が多少の変化といくらかの妥協の態度をもたらすであろうことを大いに希望しています。

敬具

R・スタフォード・クリップス

ヴァイオレット・ボナム-カーター夫人宛書信、一九三九年二月九日

親愛なるヴァイオレット

貴方の個人的な情報としてわたしが今日クリップスに送った手紙のコピーを同封します。昨日のあなたとおしゃべりはたいへん楽しいものでしたし、本当に生き返ったように感じました。

〔訳注5〕原文は“to make an attempt on（?at）persuading....”と編集者による訂正が試みられている。

敬具

［イニシャル入りコピー］Ｊ・Ｍ・Ｋ

ヴァイオレット・ボナム-カーター夫人よりの書信、一九三九年二月一一日

親愛なるメイナード、

貴方のクリップスへの手紙を送って頂き、たいへん感謝しています。「気長に和解を申し出る」というあなたのアドバイスは——具体的な形にすることは難しいけれどたしかに合理的なものです。あなたが示唆した請願書への追加は彼がここでアーチー［シンクレア］と火曜日にあって食事をする時に彼に見せます。（内緒ですが）わたしは彼らの対決を楽しみにして期待しています——彼らはとても違った意見を持っています。あなたがわたしたちと一緒にいてくれることをどんなにわたしが望んでいることでしょう。——あなたはたいへん助けになるでしょう。今のところはわたし一人が彼らの間の「ハイフン」の役割を果たす責任を持っています。

あなたがクリップスに五〇ポンドを送られたことは本当に何と寛大なことでしょう。彼は深く感動し感謝しています。いつかの夜電話をかけてきた、ゴランツは〔訳注6〕、（A）時間と（B）お金と言う二つの困難——そしてその二つの間の関係を強調していました。何百万の署名を集めるためには六カ月と何千ポンドも必要とします。クリップスが反対者たちを創出し、結集するのに聖霊降臨節までしかありません——わたしは彼の資金がどれほどなのか知りません。

わたしにはアーチーが自由党の諸組織を動員することについて分裂を招く恐れからやや神経質になっているのがわかります——（クリップスの名前は非常に多くの古くさい種類の人々にとっては嫌われ者なのです）。しかしこれだけがわれわれが現実に貢献できる唯一の方法なのです——あなた自身のような少数の重要な「象徴的」人物の祝福による以外は。

わたしはあなたに再度会えたことを嬉しく思います。そしてわたしがあまりに長くお邪魔してあなたをうんざりさせなかっ

たことを望んでいます。わたしは「経過報告」をしたく、あなたが在京されている時にいつかもう一度お会いしたいのです。

リディアによろしく。

かしこ

ヴァイオレット・Ｂ・Ｃ

◆二月二日国際小麦会議のための準備委員会は一次産品の在庫の変化の価格水準への効果の問題と一九三八年のケインズの備蓄提案（四五六～七〇ページ）との両者を論議するためにケインズと会った。会議に先立ちケインズは草案を用意した。

小麦問題

過剰供給を取り扱う問題と供給の変動を取り扱う問題は区別することが重要である。前者の問題が存在する限りでは、それは

（1）　過剰な補助金と関税。

（2）　時おり生じる高価格の年の刺激。

に帰せられるかもしれない。

後者の原因が作用している限りでは、過剰供給問題は一部は供給の変動の結果である。もし時おり生じる高価格の年が避けられるならば、過剰供給問題は扱いにくさはより少ないかもしれない。

与えられた統計によれば過剰供給問題はせいぜい全生産量の一〇パーセントを超えることはなく、七½パーセント

〔訳注６〕　Sir Victor Gollancz, 英国の出版人、文筆家、一八九三～一九六七年。レフト・ブック・クラブ等創設、難民救出、反核運動。

以上ではないかもしれない。現在の一九三九年作付面積の予測は、おそらくこの作付面積が平均収穫量を基礎にした必要面積の五パーセントを上回るものではないことを示している。

過剰供給問題は主としておのおのの国によって、たぶん生産割当てシステムによって支えられながら、別々に処理されなければならない。以下においてわたしは供給の変動の問題に集中したい。

わたしは、小麦の在庫を備蓄しファイナンスするための改善された取り決め、――ウォーレス氏の合衆国のための常に正常な穀倉計画のある種の国際版のような――により、変動を和らげ、また、価格の変動を正常値の回りをめぐる僅かな額に減少させることに向けて重要な貢献ができるであろう、と提案する。小麦は他のいくつかの商品のように保管に非常に理想的には適していない。しかし、わたしの知るところでは、もっとも現代的なタイプの揚穀機においては、もちろん、在庫は常に動いており、引渡しは古いストックから行われ、他の部門で補充されることを想定すると、コストと損耗は程よい数字まで減少させることができる。小麦の備蓄を促進する計画を提案することで、わたしは単に小麦生産者のより大きな安定という利益だけが念頭にあるのではなく、これをより広範なスキームの一部として考えていることを付け加えたい。すなわちそのスキームは供給と価格の一層の安定を保証することによって経済の変動を一般的に和らげることを目指すと共に、またわたしが昨年夏英国学術協会で読み上げその後『エコノミック・ジャーナル』誌（一九三八年九月号）で印刷された論文の方向に沿って、戦時におけるこの国の特別の目的に役立つものである。

備蓄のための何らかの計画を考慮する場合には、特に強調を要する一つのポイントがある。経験の示すところによれば、もしある中央当局がある商品の在庫を備蓄することを試みこれを価格変動を制限する企図と結びつける場合には、全在庫のほとんどすべてを備蓄する用意がなければならない。現在の状況下では公的当局による備蓄の計画を私企業の通常の活動と結びつけることはきわめて困難である。私企業による備蓄は物的なコストだけでなく、流動性の重大な欠如と価格変動の危険を伴う。まさにそうであるので、備蓄への動機は決して十分ではない。実際、そのことこそ価格変動の大きさを部分的に説明するものである。実際のところ、主たる動機は、不足の期間に時々得られる巨額の利益のうちに求められる。いかなる政府の備蓄計画も市場の投機家にとっては彼を損失から保護するよりも彼から利益を奪うとみなされる可能性がより大きい。公共の利益となる価格変動の幅は投機的な在庫保有者を引きつけあるいは報いるには決して十分ではない。特に価格が当局の在庫取り崩しが予期される数字に近づくように見えるや否や、投機的保有者は好機を捉えて真っ先に在庫を取り崩すであろう。非常に興味がありかつ重要な錫の緩衝在庫のケースは良い例である。緩衝在庫は実際に移送中でない錫のすべての余剰在庫の大部分を保有する用意がない限り成功しないのが実情であることがやがてわかるであろう。わたしがこの点を強調するのは、中途半端な手段は不毛でありかつ危険だからである。統制計画は中途半端になる傾向があるので、一般的に、期待されているよりも小さな成功しか収めないと言う印象をわたしは持っている。

以下における具体的な数字はまったく例示的なものである。わたしはそれらの数字が実際そうであるはずだというものを示す知識や経験を持っていない。しかし示された計画は例示的な数字が用いられることによってよりわかりやすくなるのである。

過剰供給の問題が何らかの方法で、あるいは生産割当てによって、個々の国々によって処理され、そして供給の変動の問題がわれわれが対処しなければならない唯一の問題であると仮定しよう。目標とされるリバプール契約の正常価格は、クォーター〔訳注7〕当たり30シリングとし、他の品質の小麦は通常のプレミアムまたはディスカウントを付けるとしよう。基準価格はリバプールで保管される小麦とみなされ他の場所における小麦は適宜調整される。各輸出国はもっとも新しい種類の真に適切な貯蔵庫を建て、27シリング6ペンス相当額で受け入れ、32シリング6ペンス相当額で売却することに同意すべきことが提案される。実際上はこの関係はこのように完全に厳格である必要はないが、基準価格の弾力性によるよりも、品質、等級及び場所による変動の余地に弾力性の要素を取り入れる方が望ましいであろう。例えば、アルゼンチン小麦と基準価格、カナダ小麦と基準価格の間の違いは、いつでも二つの品質に対する相対的需要と運搬コストなどによることが斟酌されよう。そのためにどちらの国も基準価格に対する絶対的に固定した関係を維持しなければならないことはない。しかしこのことはわたしの能力を超えた技術的な点にかかわる。

さらに輸入国もその課題を分担しうることが提案される。在庫のかなりの部分が生産国よりも消費国で保有されることはきわめて有効であろう。このような関与を誘うのに効果のある三つの誘因がある。第一に、政府間取り決めによって輸出国が、ある場合には、消費国で保有される在庫をファイナンスする。その場合、費用の分担があってもよい。例えば、消費国の政府が貯蔵を賄い輸出国の政府がファイナンスを提供する。第二には、政府間取り決めによって、余剰在庫は、消費国政府がその在庫を基準価格以下で製粉業者向けに処分しないという了解の下で、輸出国政府から輸入国政府に基準価格より幾分低い価格で移転される、――このようなプランは輸入国政府に対し関連するコストと危険を補償しうる。第三に、消費国の政府は戦時に大量の在庫を即時に入手するために、この計画を支持するある一定額の支出をする用意があるかもしれない。

いかなる計画を始めるに当たっても現存の余剰が考慮されうることが重要である。わたしはこれに対する重大な寄与が英国政府によってなされることを示唆したい。わたしはもし英国政府が国中の便利な場所に、いわば、英国の小麦の必要量の、例えば、一年間の供給を維持するための倉庫を建てるならばこの国の利益になると信ずるのである。輸出国政府はこの量を、ｆｏｂ〔本船渡し条件〕価格、25シリング相当（正常価格は30シリング相当として）の価格で、英国による五年の分割払い条件により、ただちに供給し、英国向けに船積みするであろう。もちろん、他の輸入国が、同じ条件で在庫を積もうとすることは自由とする。

結論として、慢性的過剰供給が存在する状況を許容するとすれば、考えうるいかなる計画も失敗することを再度強調することが重要である。

J・M・ケインズ

◆予算に先立って、ケインズは彼の見る当局の政策の選択肢を概観した。

『タイムズ』紙、一九三九年四月一七日、一八日

危機の財政：政策の概観

I. 雇用と予算

われわれは平和の財政と戦争財政を経験している。しかしこれはそのどちらでもない。そしていかに行動すべきかについての新鮮な思考が必要とされる。戦争があれば、需要の大きな増大によって、また平和が確実であれば、信頼の大幅な増加によって、遅かれ早かれ、株式や商品の価格は上昇するであろう。しかしこの過渡の時期には不況は不

〔訳注7〕　穀量の単位＝八ブッシェル。

可避である。したがって、私企業が確信を持って将来に対する計画を立てることができないので、他のいかなる状況下においても失業に関する大きな不安を感じざるを得ない。しかし今日の現実の状況においてはこのような不安は必要ではないと言っても過言ではない。わたしには、議会も国民も差し迫った変化の確実さと大きさとをこれまでの所十分に評価しているかどうか疑わしいのである。しかしながら、以下の理由によって、見通しの変化は今や非常に確実なので当局は彼らの計画においてそれを見越して手を打つべきである。物事が起きる前に予測することには――たとえ政治家はそれを躊躇するかも知れないが、少なくとも民間人にとっては、何の不道徳なこともない。

大蔵大臣は、一九三九～四〇財政年度の間は異常な失業問題は存在しなくなるということ、またこの問題を取り扱うすべての計画と特別条項は時間と金の浪費であるとしてただちに打ち切られるべきである、との前提にたって予算を立案すべきである。それにしたがって、失業の費用のための予算の条項は大幅に減少でき、また、公債を買い上げるために利用できる重要な財源が失業基金に蓄積されていることになる。彼はまた、国民所得は（例えば）八パーセントの率で徐々に増加するようになり、このことは多種の税収がそれに対応して増えることを意味するということを前提とすべきである。もっとも、税収についてのタイムラグのために、その全部の恩恵が国庫に生ずるまでには優に一年以上はかかるではあろう。何らかの形で、今年度の公債支出の主要な割合は、遅かれ早かれ、――既存の税からの収入増と失業のコストの減少から、収支償うであろう。

アメリカとの比較

この予測はもし以下の数字を十分に重視するならば、何も大胆でも軽率なものでもない。今年の公債支出は三億五〇〇〇万ポンドと見積もられている。すなわち昨年のそれに比べて（まず）二億二〇〇〇万ポンド多い。そしてその後の事態の展開により、この数字は恐らく相当増加している。この正味の効果が見積もられるまでには数多くの調整がなされなければならない。造船の活発化の結果として政府発注を実行する目的のための民間投資、空襲警戒態勢（A[ir] R[aid] P[recaution]）のための民間投資、そして消費産業における民間投資は、通常の事業の落ち込みの大部分を埋め合わせるかも知れない。しかしながら増加する貿易収支の逆調による重大な相殺があるかも知れない。失業基金の余剰の増大は、予算外ではあるが、正味の赤字を示すために差し引かれなければならない。あらゆるものを勘定に入れると、最初の需要の増加は二億ポンド台であるかもしれず、このことは恐らくこの金額の倍の総需要の増加を意味するだろう。ところで、これは非常に大きな数字である。それがいかに大きなものであるかを示すためにわれわれは現在の再軍備計画をルーズベルト大統領の公共事業計画と比べてみてもよい。もしわれわれ自身の政府の公債支出が四億ポンドになるとすれば、それは国民所得の約八パーセントであろう。これは、比率においては、アメリカの最大限の公共事業支出の約二倍であり、また、退役軍人特別支給金を除いたすべての目的のために最近のいかなる年においても生じた彼らの最大の財政赤字のほとんど二倍である。わたしは来るべき年度におけるわれわれの計画がルーズベルト大統領の最大のものの約二倍であると言うことが一般に認識されているのかどうか疑問なのである。

　このような支出の経済的影響は遠くまで及ぶ。一人当たり二五〇ポンドの平均生産高で、見込まれる需要増加は約一五〇万人の雇用を必要とする。すでに雇用されている人の超過勤務とより長時間労働の余地を認め他の差し引きを行っても、現在失業している一〇〇万以上の人に仕事があるはずである。このようなケースについては正確な見積もりは不可能である。しかし貨幣の支出をやめる以外の何かが、広範な事態の推移をこれらの道筋に沿ったものから阻むことができるとは考え難い。もしわれわれが再雇用を期待できる人数をほんの七五万人程度の数だとしても、われわれが直面している問題の性格は本質的には変わらないのである。

そのことは先ず初めに、国内産業の見込みはここ数年間よりも良いということを意味する。それは目の前に深刻な労働の問題がないということを意味しない。とんでもない。しかし労働問題の性格はちょうど逆転している。重要なことはこの新しい考えに慣れるのに数カ月も無駄にすべきではなく、ただちにそれに備えなければならないということである。政府の優先権、熟練労働の深刻な不足、労働組合の規制、需要が最大の区域に労働者を移動させるという課題、肝心でないサービスの切り詰め——前大戦におけるすべての問題——が目前に迫っているのである。

貨幣を使うことを止める以外に、何物もこの予測が実現するのを止めることはできないことをわたしは繰り返したい。もちろん、突然の変化というものはない。その上、経験の示すところでは、計画は通常遅れて、最終的結果の認識には遅れがある。このことは、計画が不必要だということではなく、われわれはそれを試みる時間がまだあるということを意味する。もっとも、ある種の資源と熟練労働の不足は差し迫っているかもしれないが。三月においてさえ鉄鋼生産は生産能力の近くまできた。われわれの心の視野を完全に再調整するその時が来た。われわれは非常に長い間——今では一〇年近くである——大きな利用されない余剰能力を持っているという考えに凝り固まってきたので、われわれは完全な逆転が近づいているという明白な事実を直視するのが異常なほどに緩慢なのである。

貿易収支

国内支出が急速に増えている時には克服すべき二つの物的な障害がある。そしてこのような状況下においてはこれらの物的な障害だけが重要である。第一は労働力の不足であり、第二は外貨資金の不足である。したがって、労働力問題を別にすれば、外国貿易収支がわれわれの主要な関心事となる。輸入に対するわが国の需要は確実に増加し、またこのことはわれわれの輸出の手法を現代に適合させるというハドソン氏の卓越した努力を、一層必要とさせると同時に、それを促進するであろう。しかし、わが国の輸入需要に加えて、われわれが政治的借款のための巨額の資金を必要とすることも明らかである一方、避けられない場合を除いてはわが国の金準備総額を損なわないことも重要である。対外貿易の取り扱いを援助なしに個々の企業にゆだねることは安全ではありえない。と言うのは、個々の企業は輸入を、今やわれわれの金融力にとって欠くことのできない輸出に結びつける仕組みを持たないからである。このことは非常に困難な緊急の問題である――それは、その解決がわれわれの伝統と好みに非常に反するものであるために他ならない。

また英国民による資本資金の海外送金の禁止をできるだけ強化する時が来ている。本物の貿易取引から生ずるあるいは海外保有者のための送金は自由のままとすべきである。また平和時にあらゆる抜け道を封じることは不可能である。しかし、すべての個人と機関投資家、銀行およびブローカーに宛てて出される、特別に承認された取引を除き、海外にある資金の送金を含め、資本勘定の新規取引を禁止する明確な指令は十分効き目があることが判明するはずである。すでにこの分野の一部をカバーするそのような指令が存在し、それらは効果的であるようだ。しかしそれらは、特に、合衆国向けのこれ以上の資金の送金をカバーするように、拡張される必要がある。われわれのすべての流動的な資本資金は今後貿易収支の逆調を支払い、国の借款に備えるために集中されなければならない。

しかし英国国民が資本資金を国内に保有するように求められなければならないのはこれらの理由のためだけではない。大蔵省の国債計画にとって不可欠なことは、それについてはさらに続く論文で論ずるが、大蔵省はもっぱら国内の考慮事項に関心を払うことが自由にできなければならないことである。資本の所有者に依頼するのは小程度の犠牲である。すなわち彼らは逃避するのを抑制すべきだと言うことである。

Ⅱ. 貯蓄の供給

前の論文で示唆されたことは、今財政年度間の大蔵省の必要に応ずるためには、国民は昨年よりも約二億ポンド多く貯蓄しなければならないであろうということである。これは、政府の計画の実行は、故意に私的投資を切り詰めることなしに、国の物的能力の範囲内に収まることを前提——それが適切かあるいはそうでないことになるかもしれないが、——としていた。国の純貯蓄は最近、年四億ポンドの近辺と（きわめて概算で）計算されているので、この課題は一見してほとんど実際的でないように見えるかもしれない。しかしながら、純貯蓄の数字はミスリーディングである。それは現存の設備と建物の損耗と償却を全部引き当て、またすべての事業損失を相殺した後のものである。償却と補修管理はさらに約四億ポンドと見積もられている。わたしは総事業損失の信頼できる見積もりは知らないが、時期が良くない時には大きな数字に上昇する。

したがって、大蔵省の求めるであろう追加的な二億ポンドに対しては三つの源泉がある。完全な補修管理の延期もあり得るが——在庫の正常値以下への減少はみなここに含めることができる——それは一時的で危険な便法である。しかしドイツが確かに大規模に利用しているものである。第二に、産業がフル稼動に近づいている場合には、事業損失を相殺することによる貯蓄の浪費は大部分なくなる。それに加えて、特に追加的運転資本の必要がありそして利益の源泉が一時的な性格の時には、利益が増加するにつれてわれわれは事業内部に利益の留保増を加えることができる（それは通常では国の貯蓄の約半分の源泉となる）。最後に、個人は増加した所得を享受する結果として個人貯蓄を増加させることが期待される。美徳がその本領を発揮する。最近私的貯蓄はそれが失業を増大させるという非難にさらされてきた。しかし新たな状況のもとではそれは再び社会的目的に奉仕し、私的な倹約は公的な利益に合致するだろう。もし不確実な今日において普通の個人が通常よりもより節約的な気持ちになるならば、彼の性向は彼の義務と一致するであろう。

注視さるべき二つの徴候

これらすべてを考慮に入れると、現在の政府計画は、特に地方公共団体、道路庁、等々による他の形の経常投資を削る特別の手段をとる必要が生じることなく遂行されうる。しかしこれについては試みてみるまでは確実ではありえない。しかしながら、もしより制限的な政策の必要があるとすれば、それは物的に明らかになるであろう。もしわれわれが資源の限度に余りに近く急進するならば、政府の計画が優先順位の助けなしには物的に実行不可能なような厳しい労働力不足と、輸出と比べ過度の輸入の伸びが目立ってくるであろう。われわれはこれら二つの徴候以外には何ものも注目する必要はないのである。

政府の計画が物的に実行可能であり貿易収支の逆調もわれわれの資力内にある限りは、それをファイナンスする貯蓄は必ず入手できるに違いない。われわれがこれさえ信じられれば、どんな不必要な心配や無駄な過ちも避けられるであろう。前大戦と最近の全体主義国家の実際に顕著に見られるすべての経験は、この基本的結論がよって立つ単純な論理を確証している。しかしいわゆる「財界の」意見はしばしばそれを排斥する傾向がある。これは裕福な人が彼の金融資産を海外に送る自由を自明の原理とみなす習慣の結果なのであろうか。なぜかといえばこの自由が取り除かれるべきことが――われわれはそれを認めかつ主張しなければならないのだが――国のファイナンスの均衡を維持する条件だからである。わたしが前の論文で指摘した通り――恐らく、財政的理由からと同様に、道徳的理由からも国家による貯蓄のための業務は今や政府が採用すべき第一の方策である。これまでわが国の外国投資を積み上げることによってわれわれの対外資産を強化してきた人々を非難するものではない。これまでわれわれの資源の一部がこのような形で用いられてきたことはわれわれの力のはかり知れない要素であり、時が来ればわれわれはそれを引き揚げることができる。しかしそのような時期は終り公然たる指示を出すことによって新しい局面が到来したことを認識する時が来ている。

支出と所得

さてその期の貯蓄が海外に逃避できないと仮定すると、このことは、もしそれが起きれば、われわれの国内の計画は一部はわれわれの金準備からファイナンスされることを意味し、それは当然大蔵省が利用できる。明らかに別個の（そして現実の）課題である貿易収支の逆調を別にすれば、社会の所得は政府が費やしたものと個人が費やしたものの合計に等しい。ある人の支出であるものは他の人の所得である。このようにして社会の総所得が個人が消費したものを超える余剰は、それは残余となって税金の支払いや政府債の買入れに充てられ、政府が支出するものにちょうど等しくなるはずである。多分BBC放送はこの結論がわれわれの算術の能力を超えるものであるかどうか見極めるために「パズル・コーナー」にこの問題をかけるだろう。

かくして大蔵省にとっては、政府の計画を実行するための物的生産力、資源の海外への漏れを防ぐための適切な技術、そして常に存在し続ける貿易収支の逆調の不安を除いては何も心配することはない。計画を如何に「ファイナンス」するかと言う見せ掛けの問題を加えるまでもなく、実際これらで問題は十分である。貯蓄は支出と同一歩調で生れてくる。生じて来る唯一の問題はそれが保有される最終の形――イングランド銀行の残高としてか、大蔵省証券ないし債券か、あるいはより長期の政府債かである。

「インフレーション」の回避がそれに依存すると言う理由でこれらの形の間の選択が重要であると時には信じられている。しかしそうではない。インフレーションは国の物的生産力が当期の価格水準での政府の計画と公衆の支出の両者を供給するのに不十分である時、あるいは貿易収支の逆調が当期の為替相場の水準でわれわれがそれを支払いうる以上になる場合に生ずる。インフレーションの回避は、（その言葉は使わなかったが）われわれがすでに強調したように、現実の重要な問題である。それはドイツにおいてまもなく目立った問題となるであろう。しかしそれは、選択される政府債務の形式とは別の問題である。配給制と公衆の消費の強制的削減はこの問題に影響するだろう。しかし、もし公衆が彼らの選ぶものを自由に消費し、また、政府が税金で賄えない一定の出費を行う場合には、政府債務の個々の形式は「インフレーション」の脅威には影響しない。

利子率

緊急の時期における公債政策の主要な原則は二つある。第一のものは、時には見過ごされることがないとしても自明なものと考えられよう。公債は支出がなされる前でなくその後で募集されなければならない。貯蓄は支出と歩調を・・・あわせて生まれてくるのであり、種々のタイムラグや移転のために、ある時間後でなければ公債への応募に利用できないであろう。大蔵省が最近一回ないし二回行ったように、貯蓄が生れる前にそれを借りようとする試みがなされるならば、支出されるまでの間、大蔵省の手にした流動資産は、銀行や公衆の正常な流動資産を犠牲にしなければならないので、金融市場の逼迫が生じるに違いない。

公債政策の第二の原則は債券の形式は主として公衆の選択によって決められるべきであることである。もし公衆が短期の債務を好むならば、長期の債券を彼らに強制しようと試みることによって何ものも得られず利子の観点からも金融構造への障害と言う点においても多くのものが失われるであろう。危機が終わり諸規制が解除される時に適切であろう金利より高い債券利子率を提示することはさしつかえない。もし危機と通常の時期の間に利子率の安定と持続性が保たれるならば大蔵省と公衆の両者にとって最善の利益がもたらされることになろう。例外的に高い利子率を呈示することにどんな目的があるだろうか。もし限られた物的資源に対して民間投資と競合しているならば、政府の優先権と新発債のコントロールは適当な対策である。他方において、高利率の呈示は国庫に過度の負担となり来るべき世代の国家財政を妨げるだろうし、また直近において金融機関に破滅的な価値の低落をもたらすであろう。

大蔵大臣がいかなる状況においても二½パーセントを超える利子率をつけた公債を売りに出さないと声明するのは良いことである。先ず第一に多額の大蔵省証券を追加することは正当でありかつ恐らく不可避であろう。その後は満期に従って½から二½パーセントと上がってゆく利子率を付した種々の満期の債券が呈示されるであろう。

調整された取組み

わたしはこれらの論説を失業の問題は今や無視し得るであろうと想定して、おずおずと始めた。しかしながら、われわれは、取組みの出発点にいるに過ぎないので、月が経つにつれて政府の計画への持続的追加が必要であるとするならば、それは、もちろん、ばかげた控えめの発言である。われわれは厳しい労働力不足の見込みと、公的・私的な需要の調整及び限られた資源の異なった政府部局間での正当な配分に伴うあらゆる困難とに直面している。調達省は有用なあるいは無用であるかも知れない一片の部門間の機構に過ぎないかのように論じられている。もしわれわれが経済担当の局員を持つ、調整庁を設立するならば、それを調整庁と呼ぼうと他の名前で呼ぼうと、時間と無駄な努力を節約することになるだろう。それは、労働力の供給とその動員、限られた資源の配分、及び、国債と関連して、われわれの耐えられる以上の、輸出を上回る輸入の超過を防ぐと言うデリケートな課題、を取り扱うことを、その特別の目的とする。この機関をむしろ歳出関連の省よりも大蔵省に設置することについては多くの理由がある。というのは、貨幣よりも物的な資源が現実性のある緊急の時期には、これを通してのみ大蔵省のコントロールが効果的に実行しうる唯一のチャネルだからである。

わたしは前大戦においてこれらの課題にかかわった人たちが詳細な提案という方法で現在の状況に多く寄与できるかどうか疑問に思っている。余りにも多くの状況が変わっている。そして、もしも危機が来るならば、われわれは一九一八年以前の四年間の漸進的実験とゆっくりした展開を経験することなくストレートに一九一八年の状態にわれわれ自身が突入していることを知るだろう。その上、過渡期の時代はそれ特有の困難を伴っている。しかしわれわれは問題の性質を知っており、また、経験によってそれを解決するための優れた組織の重要性を忘れがたく印象付けられているのである。

◆ケインズの論文は戦争が始まった時にもっとも有用であることになる関係を生み出す一通の手紙をもたらした（ケインズ全集第二二巻、二二五、二五五、二七四―六、三三五頁）。

チャールズ・マッジよりの書信、一九三九年四月一八日

親愛なるケインズへ、

われわれはマンチェスター大学の経済学研究部から助けを得て、社会経済的要因の大量観察によるサーヴェイの一部としてこの町［ボルトン］における少額貯蓄の社会心理の調査を行っています。われわれは『タイムズ』紙のあなたの非常に鋭い論説の一つにおける一節にたいへん感銘を受けました：

「個人は増加した所得を享受する結果として個人貯蓄を増加させることが期待される。もし不確実な今日において普通の個人が通常よりも節約的な気持ちになるならば彼の性向は彼の義務と一致するであろう」。

これらは社会心理学における重要な仮説であり、もしあなたが以下のことを教えてくださるならばわれわれはこの上なく嬉しく思います：

（a）あなたはそれらを仮説として、あるいは証明されたものとみなされているのかどうか。

（b）それらは統計的あるいは他の証拠に基いているのかどうか。

（c）あなたは「普通の個人」という一般化の中に労働者階級の貯蓄を含めているかどうか。

（d）われわれのような仕事は心理学的仮定を含む予測の仕事において経済学者の助けになるとあなたは考えておられるかどうか。

われわれは、この分野でわれわれが行いつつあることをあなたが知らずにこれらの質問の最後のものに答えることを、期待することはできません。われわれの仕事と密接に関係している、マンチェスター大学の、ロウヴ博士はそれが貴重な貢献をすると考えています。われわれは実地調査の半ばにあるので、まだいかなる結論も述べることはできません。われわれは、一〇〇〇のサンプルで、同封した質問項目(3)に対し回答を集めています。労働者階級の人々はいかなる「公的な」調査に対しても強く反発するので、われわれはできる限り私的にアプローチしています。労働者階級の貯蓄に関して工場委員会によって送られた質問表が大変な失敗であった、一八三三年以来事態は大きくは変わっていません。しかしわれわれのチームは二年以上にわたって此処に住んでおり、われわれの接触は広くかつ多様でありわれわれの望む資料はどんどん集まっています。

重要な質問、そしてわれわれがあなたに手紙を書いた真の理由は、危機が貯蓄に大きな影響を与えることはありそうであろうかどうか、また、もしそうであるならば、どのような心理的理由によるのかと言うことです。彼らが将来について心配するかどうかについての質問の中で、これまでのところ僅かに五パーセントだけが国際状況について何らかの言及をしているに過ぎません――このことは、労働者階級は、九月危機の頂点における例のように、一度に、二四時間の間を除いては「危機」に比較的無関心であると言う、世論に関するわれわれのすべての研究の一般的印象を確証するものです。現実の戦争の勃発はもちろん別の問題です。一家の稼ぎ手が前線に行くときには、状況の経済的現実はもはや避けることができないのです。

われわれはまた中産階級の貯蓄と投資について、より小規模ですが仕事をしています。

われわれはこれらの質問についてのあなたの意見を頂くことにより大きく得るところがあるでしょう。心理学的問題の経済学との関連を、あなたのように、認識している指導的経済学者は少ないのです。恐らく、貯蓄に関する研究を修正することにより、われわれの研究は「過渡期の」間と戦争の時期との双方で役立つことになるでしょう。

敬具

チャールズ・マッジ

520

チャールズ・マッジ宛書信、一九三九年四月二〇日

親愛なるマッジ氏

あなたが一八日の手紙で提起された質問は興味深くかつ重要なものです。しかしながら、それについて最悪のことは、これを手紙の範囲内で適切に取り扱うことは困難だと言うことです。この問題に対するわたし自身の態度はわたしの著作『雇用の一般理論』においてもっとより十分に述べられております。わたしは出版社にこれの一部を貴方宛に送るように依頼しています。

(3) 印刷されていない。

わたしの『タイムズ』紙の論文では労働者階級の貯蓄の増加について主としては考えていませんでした。わたしの手元の情報ではこれについて明確な結論に達することは困難で、そして、その理由で、わたしはあなたが行っている調査を大いに歓迎するものです。

一般的根拠から雇用の改善は労働者階級の貯蓄の増加を導くものとわたしは期待していますが、しかしどのくらいの規模で、ないし、どのような経路でかを知ることは困難です。わたしは、何れ、あなたの質問表の結果を聞くことに関心を持っています。しかしながらそれは、もちろん、所得の変化の労働者階級の貯蓄への効果という問題についてはっきり解明するものではないでしょう。恐らくあなたはこれについての追加的調査を検討することができるでしょう。例えば、失業した人は恐らく小売商人たち、彼の地主や彼の友人たちから借金をするようになるでしょう。彼が再び職を得た時には、彼はこれらの債務を返済しようと努めるでしょう。そしてそれは、われわれが論じている観点から見れば、対応する貯蓄の増加を意味するのです。実際、人は貯蓄額を倍にすることができます。というのは、彼が債務を負っている間は、失業者は彼の債務金額の負の貯蓄をしており、その金額だけ彼の所得よりも多く支出しています。そして負の貯蓄が同額の正の貯蓄にとって代わられた時には、その効果は倍になります。

さらに、ある人の所得が、例えば、週50シリングから60シリングへ、増加した時に、彼はもっと貯蓄するかどうか、を知ることは興味あることです。例えば彼は追加的な保険をかけるでしょうか、彼は彼の債務の割賦返済をもっと速めて支払うでしょうか、彼は住宅貯蓄組合への預入れを増やすか、あるいは借りている債務をもっと早く払い切ろうとするでしょうか。

労働者階級の貯蓄についての習慣に関する詳細は非常にわずかしか知られていません。われわれの持っているすべては特定の集計された数字だけです。そしてこれらは労働者階級よりもむしろ中産階級に帰せられるべき大きな金額を確実に含んでいます。したがって、わたしはあなたが積極的にあなたの非常に貴重な調査を続けることを、とても望んでいます。あなたが現在の調査を完成したら、幾分異なった方向で行われる、別の調査に着手し、それらの結果がどれほど一致しているかを検討することを、わたしはお勧めします。そして雇用と所得の変化が労働者階級の貯蓄の変化に、一つあるいは他のチャネルを通じて、どれだけ反映されるかについての手がかりをあなたが得ることができるならばそれは非常に興味深いでしょう。

敬具

［イニシャル入りコピー］Ｊ・Ｍ・Ｋ

チャールズ・マッジよりの書信、一九三九年四月二一日

親愛なるケインズ氏

ちょうどわれわれが望んでいた指導を本当に与えてくれた貴翰に対したいへん感謝しております。あなたの『雇用の一般理論』についての著作を読んで以来しばらくになりますが、あなたがその一冊をわれわれに送るように手配して頂きたいへんありがたく思っております。

われわれはわれわれの質問表に、あなたが示唆されたように、家族の所得の増加が貯蓄に割り振られる金額に与える効果についての質問を間違いなく付け加えます。労働者階級の人々の全経済生活はもちろん一週間を基礎としており、また、経済学者の言う厳密な意味での貯蓄は、休暇、衣服そして大きな付けのための短期の貯えと絡んでいます――貯蓄に対する態度は遠い将来に関するよりも多くはむしろこれらに関したものです。その上、労働者階級の週給は驚くほど変動します。

あなたが数カ月の間に用意されるわれわれの最初の報告書草案に目を通していただければわれわれはそれを大いに尊重いたします。われわれはそれについて来年の二月までには本にする予定です。

われわれは、比較的固定的な食糧、賃料、燃料及び毎週の負担金を除いた彼らの所得の余剰を人々がどのように支出するかに関するもう一つの大規模な、質問表を計画していました。あなたがこれを見て印刷する前に綿密に調べていただけるならばとても助かります。例えば「もしあなたが週に10シリング多く手にするならば、あなたはこのうちのどれだけを貯蓄し、またどのような形でそれを貯蓄するか。」と言うような質問は恐らくこの第二の質問表に適したものでしょう。

感謝を込めて

敬具

チャールズ・マッジ

チャールズ・マッジ宛書信、一九三九年四月二五日

親愛なるマッジ氏

あなたの新たな質問表についてその時が来たら喜んでコメントします。彼らが週10シリング多く手にしたらどうなるかについてあなたが提示した質問は尋ねるのにたいへん良いとわたしにも思われます。

どの程度失業者が債務を負うか、また彼らが再び職を得た時に増加した所得に対してそれの最初の支払いはどの位になるかについてあなたが発見することができたならば、きわめて興味ある事柄となるでしょう。

敬具

［イニシャル入りコピー］J・M・K

◆四月二六日首相は、強制的兵役義務を発表する中で、あわせて政府はやがて採り上げる方法で戦争による利益を取り上げる手段を採用し、軍備関連企業の利益を制限すると述べた。ケインズは論評した。

『タイムズ』紙の編集者宛、一九三九年四月二七日

拝啓

軍備支出から生ずる所得と利益の増加は首相がその利益を制限すると提唱した軍備関連企業をはるかに越えて広がるだろう。彼が指摘したように、これら増加した所得の一部は国庫によって税の形で取り戻されるだろう。しかしそれら〔所得増加〕の主要部分は政府の公債によってもたらされるであろうということが、わたしの意見では、賢明にも、提案されている。

大蔵省が借りようとしている貯蓄は公債政策の結果であり、支出の全部が課税によってカバーされていたならば生ずることはできなかったものである。世論も大蔵大臣も、このような状況の下で調達される公債のコストが現在の危機的状態が現れ始めている前、例えば一九三八年二月当時の利子率を上回ることを容認するとははっきり言って考えられない。もしも大蔵省が当時よりも高い利子率で公債を売りに出そうとしているならば、これは許しがたいと同様に不必要な戦時不当利得の形を意図的に奨励するものである。実際他の人たちから求められた犠牲は、昨年の初め頃一般的だった利子率よりも高くはなく、低くあるべきだということを正当化するものである。

したがって、昨日の首相の声明に対する必要な補足として、大蔵大臣は彼がいかなる状況の下でも、例えば、一五年までの満期に対して二½パーセントを最高限度として、それより高い利子率でいかなる公債も売り出さないと言うことをただちに発言し、立場を明確にすべきである。

正義への配慮はこのような措置によってここで強化される。国庫への利点は明白である。ところで銀行と保険会社のような金融機関および金融組織全体の安全性と安定性は強化されるであろう。一方、必要な新規投資のコストは他の多くの方面では増加する可能性が高いが、この点〔金利抑制〕からは減少するであろう。課税によるよりもむしろ借り入れを行うという政府の決定によってのみ可能となる貯蓄を高い利子率で借り入れるという政策は、それが過去の貯蓄からなされたすべての公債の現在価値を減価させるという更なる反対を受けるであろう。

敬具

J・M・ケインズ

◆ケインズの手紙は『インベスターズ・レビュー』誌のW・J・ボロー、及びタインサイドのC・A・アリントンとL・S・ハンター両氏からのコメントをもたらした。ボロー氏は、もし政府の発行が市場における他の新規発行及びその他のところでの収益率と競争しなければならなかった場合の、調達政策に関する彼の提言の含意についてケインズに質問した。彼はケインズの利子率目標は他方における配当制限を伴う可能性を示唆した。他の二人の投書者はサー・ロナルド・デーヴィソンを引用して、失業政策についてのケインズの意見について質問した。ケインズは両方の手紙に対して五月二日に回答した。

『タイムズ』紙の編集者宛、一九三九年五月二日

拝啓

ボロー氏は大蔵省が調達する利子率に最高限度を設定することは他の国内の借り手によって支払われる利子率を制

限することを意味するかどうか質問している。わたしはそうは思わない。というのは、以下で示されるように、わたしは大蔵省がその時の市場レート以外で調達すべきだと提唱してはいないからである。わたしが提唱していることに技術的困難は伴わない。実際それは最も少ない抵抗の路線をたどる。しかしいくつかのコメントが提起されることはわたしがより詳細にわたって説明しなければならないことを示している。

わたしの考えでは、出来事の自然な順序の初期の段階が共通の基礎となる。初めに、大蔵省は約一〇パーセント程度まではイングランド銀行に、そして残りは主として株式銀行によって受け入れられる大蔵省証券によってファイナンスする。多額の証券が最近市場から平衡基金により取り去られた結果、このプロセスは銀行の大蔵省証券の保有が大して古い昔でもない時にそうであった数字に戻るまではしばらくの間続くことになる。この間公衆の銀行への預金は対応して増加するであろう。これらの預金は支出されない所得から蓄積されるであろう――すなわち、それらは貯蓄に相当し政府公債やその他の投資対象を購入するのに通常は利用できるであろう。

しかしながら、公衆と銀行の両方ともこのような時期には、安全と資本の流動性のために利子収入を犠牲にして、通常よりもはるかにより流動的であることを撰ぶかもしれない。もしそうであっても、何ら害を及ぼさない。貯蓄はそれでもなお貯蓄である。なぜかと言えば、それらはあたかも政府に直接貸し付けられたのと同じように銀行システムを通じて貸し付けられるのである。一方政府はその支出を½パーセントあるいはそれ以下のコストでファイナンスする利益を享受する。たとえこのことが正常な状態が回復するまで続くとしてもそれはあまり問題とならない。しかしながら、恐らく、遅かれ早かれ銀行と公衆がこれ以上の資産を取るに足りない利子率しか生まない流動的な形で保有するのは所得の浪費だと感ずる時が来るであろう。遅くとも一〇年で額面で償還される、二½パーセント転換国債には九二という現在価格では大変安い買い物で½パーセントないしそれ以下の預金あるいは証券よりもより魅力的と見え始めるだろう。この局面が近づくにつれてこれやこれと類似の公債の価格は着実に上昇するであろう。すなわち、公衆が彼らの貯蓄をより恒久的な形で投資する気になった時には、彼らの需要が諸証券の市場価格を引き上げる自然の効果を持つであろう。わたしは大蔵省は、大蔵省証券以外の新規公債の発行をこのプロセスが十分に進行するまで延期すべきだと勧めているに過ぎない。

大蔵省は、市場利子率が調達活動を正当化するほど十分に下がった時点を決める力があるという意味においてのみ、彼らの借り入れ利子率を決める力を持っている。しかしこれはまさに本当の力である。というのは市場はやがてその道に行かざるを得ないからである。公衆の貯蓄はいつも増えている。もし借換公債の供給が不変にとどまれば需要の力がその価格を引き上げるに違いない。コンソル公債の価格が来年にかけて下がるのは当然だと言う意見はこの要因を無視している。現在のところは危機の状況による流動性需要が貯蓄の伸びを上回っている。しかし来年には三億五〇〇〇万ポンドを超える新たな国民貯蓄が生じようとしている。この源泉から供給一定の借替証券に向かう新たな需要がそれらの市場価格を引き上げると考えるのは常識に過ぎないだろう。したがって、大蔵省はどの価格水準でその供給を増やすかを決める立場にある。政府公債の市場価格が十分正常な水準まで上昇し、こうして公衆がもはや彼らの貯蓄を超流動的な形で保有することを望まないことが示される時には、公衆の望むところにしたがって種々のタイプの新しい政府公債を発行する時が来ているのである。この調達の目的は、その時期が熟している時には、民間投資への物的な制約を課すことなく経済情勢の最終的回復を容易にすることとなるであろう。

これとは異なった政策を支持する理由が一つだけありうる――すなわち、公衆を説得して彼らの貯蓄を大蔵省証券の代わりに公債に投資させるのは「インフレーション」を避けるための手段であるという誤った信念である。しかし価格を引き上げるのは、支出がファイナンスされる方法ではなく、公的にせよ私的にせよ、支出そのものなのである。

わたしは二½パーセントでなく六パーセントで大蔵省債券を売りに出すことが民間支出にどんな効果も与えないと言っているのではない。それは例えば、民間建設を妨げるかもしれないことにわたしは同意する。しかし建設労働者の余剰が存在する限りこのことは無用の心配である。そしてわれわれが特定の資源の利用可能な供給の限界に迫ろうとしている時には、政府及び他の重要な公共事業の優先権というシステムを通じる以外に効果的方法はありえない。

更に、高い利子率はすべての方面に等しく制限的である。しかし、例えば、民間の建設にドラスチックに干渉する何の理由もないのは事実であろう。金融をめぐる自由競争は物的資源をめぐる自由競争の結果である。そしてもし物的な資源が統制されるならば金融的制限の必要はなくなる。六パーセントの大蔵省債券は、鉄鋼や熟練技術者の不足に対処するのには非常識なほど費用がかかり、方向を誤っており、かつ非効率な方法である。陸軍は、軍の給料を、必要な人数を産業から惹きつけるのに必要などんな水準までも引き上げることによって兵員を募集すべきであるとは誰も提案しない。たとえ、このやり方は、目的のためにより効率的であり、他の理由で反対されることがより少ない点では、民間の鉄鋼需要を減少させる手段としての六パーセント大蔵省債券よりも優れているにもかかわらずである。

この機会にわたしは実際的目的のためには雇用されない現在の失業者の数についてはどんな意見も表明していない――その力もない――ことを言っておきたい。わたしは異常な失業の問題は終わったのであり、大蔵省の計画の実行には最低で追加の七五万人の労働者の労働を必要とすると言ったのである。この人数を適切な仕事に引き抜く課題は容易だと予想するどころか、わたしは更に続けて、見通しは、「政府の優先権、熟練労働者の深刻な不足、労働組合の規制、需要が最大の地域へ労働者を移動させる仕事、不必要なサービスの切り詰め――前大戦のすべての問題――が間近に来ている」というものであると述べた。

わたしはわれわれが吸収すると望み得る失業者の数についてロナルド・デーヴィソン卿よりもより楽観的な見方を

取りたい気になっている。しかし彼はこれに関してわたしができるよりもより権威をもって書いている。もし彼が正しいならば遅滞のない労働力の計画的動員に対するわたしの訴えはより強力なものになる。労働組合会議（TUC）との密接な協働が求められるだろう。

ロシアとの満足すべき協定が達成されたときにはわれわれの外交政策の目的について本質的な意見の相違はないであろう。目的を欲するものはその手段を欲しなければならないことを労働者のリーダーたちが認める用意があることを祈るばかりである。

敬具

J・M・ケインズ

◆五月六日「防衛の第一線」と題する論文で、『ステイティスト』誌はケインズの提案を取り上げ、彼が市場の経験を欠くと示唆することによってそれを退けようと試みた。ケインズは手紙の中で編集者を非難した。

『ステイティスト』誌の編集者宛、一九三九年五月一二日

私信

拝啓

あなたが五月六日の『ステイティスト』誌に掲載された論文を書いた後でわたしが『タイムズ』紙宛に書いた手紙では、あなたの論文にはわたしが提案したことに対する誤解があることをあなたに示しています。この手紙は公表されるものではないので、「ケインズ氏は大規模な金融市場の仕事について、ましてや最近の大戦に巻き込まれた国際金融についても何ら経験がない」と言うあなたの発言に関して、わたしは実際最近の大戦中を通してわが国の国際金融に責任を持つ大蔵省の部門の長であったこと、そしてその期間になされたほとんどすべての国際金融上の取り決めを交渉することを立案しかつ手伝ったことを、あなたに思い起こさせても、おそらくよかろうと思います。

敬具

［イニシャル入りコピー］J・M・K

◆五月二三日ケインズはBBC放送で再軍備と失業の関係について話をした。この談話はその後公刊された。

『リスナー』誌、一九三九年六月一日

再軍備は失業を救済するか

われわれは非常に長い間厳しい失業に苦しんできたのでこの状態を慢性的な病と考えるに至っている。当局者たちはそれが住宅建設やその他の必要な改善に対する大規模な国の支出によって救済されると信じることを拒んでいる。もしもこの態度が正しいとすれば、すべての支出形態の中でもっとも非生産的な、軍備への大規模な国家支出によってもまたそれは救済されないことになる。しかし、われわれの支配の及ばない理由によって、大きな実験がなされようとしている。この国を再武装することによって、われわれは、いわば偶然に、失業を救済するだろうか。これは労働者にとって――そしてまた、付け加えてよいと思うが、経済学者にとって、もっとも刺激的な質問である。その諸論点は何であろうか。それらはそう単純ではない。しかしまたそれらはあまり難しいものでもない。したがってわたしはそれらを説明しようと試みたい。

政府は今年すべての項目の下で昨年支出したものを超えて二億五〇〇〇万ポンド以上を多分支出するだろう。政府が購入するものを作る、より多くの人々が雇用されることは明らかだろう。この雇用は他の方面でより少数の人々しか雇用されないことによってどれだけ打ち消されるだろうか。例えば、納税者はより多く納税し、より少なく支出するだろう。このことは納税者がそうでなければ買ったであろうものを作っている人々はより少なくしか雇用されないことを意味する。しかし大蔵大臣は今年控えめな増税しかしないことを決定した。したがってこの項目でなされる減少は大きいものではない。さらに、例えば新規住宅建設に対するような通常の平和時の性格の民間投資は、将来に対するきわめて自然な信頼の欠如の理由か、あるいは必要な金融を得るのが困難である理由か、あるいはまた、彼らだけがその仕事を処理できる専門的な労働力を、政府が政府自身の目的のために取り上げてしまうという理由かで、減少するかもしれない。その上、政府支出のあるものは輸入品に使われるであろうし、あるいは、政府が雇わなければ輸出品を供給したであろう労働を雇用するであろう。これらの相殺がどのくらい大きいかを前もって言うことは困難である。今日までのところ全民間投資が、その性格は変わりつつあるかもしれないが、明らかに非常に落ち込んでいるわけではない。民間企業と地方当局は政府予算に含まれている以上の多くの金を空襲警戒態勢〔A. R. P., air-raid precautions〕に使うであろう。政府からの大きな受注を持つ企業は恒久的設備を拡張しなければならない。政府補助金の結果として、民間造船のかなりの増加が予想される。そして、円滑で急速な人と物の動きがまったく重要な今、輸送の改良を切り詰める時機ではまずない。他方において、より不安の少ない時機のために延期されるであろう多くの民間の仕事があることは避けがたい。わたし自身の推測では、他の投資の純減はもし政府が、意図的にあるいはやむを得ずに、金融あるいは労働を得ようとしている人々を邪魔した場合にだけ大きなものとなる。そしてわれわれが望まれた種類のかつ正当な場所での労働の完全雇用に近づきつつあるような時までは、このような邪魔をする機会はないであろう。

以上のことがわれわれを問題の核心へ、また、専門家の間でもっとも意見の相違のある懸案へ導く。現在失業している人々の何人が特定の採用申し出によって雇用され得るか。楽観的な人々でさえその比率を現在失業者として登録されている人の五分の二あるいは多分五分の三より高いとは言わないだろう。そして、この件に関しては楽観派として見られているわたしは、これらの比率の低い方でさえ、政府と産業による非常に優れた組織的行動及び労働組合側における非常に健全な意欲の結果としてのみ到達し得ることに同意した。わたしの認めるところでは、あまりにしばしば六カ月あるいは一年まで何の行動も取られずあまりに遅すぎ、その後世論の大きな圧力――真の政治家の予見に代わる貧弱な代替物だが、最終的には政府が動くとわたしは期待する――に反応してのみ通常政府は動くのである。もしわたしに耳を傾ける労働組合員や民間企業の長が政府よりも頭の回転が早いことを示すならば、それは無益ではない。と言うのは事業は、人々が慣れていない仕事に、そして時には家を離れて、配置されるか、また熟練した人々が、多くを教えられなければならない未熟練者と喜んで一緒に仕事につく場合にのみ、成し遂げられるからである。労働組合員たちは正当に不平を述べることのできる多くの事柄を持っている。しかしわたしはこの時機にはそしてこのことに関しては、われわれすべてのためにも、彼ら自身のためにもまた、彼らが寛大で合理的であることを望む。なぜかと言えば、われわれが持続的な失業の災いに対して大きな影響を与える機会を利用できるのはこの方法によってだけだからである。

『エコノミスト』誌は特別なケースにおいて問題が如何に深刻になりそうかについていくつかの例を示している。彼らは、もし航空機と自動車産業において登録されているすべての失業者が仕事につくとしても、政府の増加する需要の約四分の一を供給し得るだけであると計算している。しかしおそらくこの計算は向上する生産効率とすでに働いている人たちによる超過勤務を決して十分には考慮に入れていない。もしすべての関係者が実践的な方法で行動するならば、政府の計画が実行できない――それも他の仕事への不当な妨害なしに――と考える如何なる理由もわたしは見出せないのである。

わたしの最終的な推測は、公的及び民間への一般的投資と税金から支払われない軍備に対する国内での国民総支出は昨年よりも二億ポンドほど多いであろう。安全を見てそれを一億五〇〇〇万ポンドと考えよう。これによってどれだけの人々が雇用されるだろうか。もしもすべての仕事が現在失業している人々によってなされるとすれば、約六〇万人程度だ。しかしこれは大きな過大評価であろう。すでに雇用されている人々がより多くの仕事をし、より多くの賃金を家庭に持ち帰るであろう。恐らく追加の仕事の半分はこのようにしてなされるだろう。もしそうであるならば、軍備支出の直接効果は三〇万の人々を失業手当から切り離すだろう。わたしは悲観論者でさえもそれはかなり保守的な数字だと評価するだろうと思う。

これが話の第一部である。しかしそれは第一部に過ぎない。追加の一億五〇〇〇ポンドの支出の結果、いろいろな人々がより多くの所得を得るだろう。そのすべてが追加的ではない。というのは以前失業していた人々はもはや失業手当を受けないからである。しかしかなりの割合は追加となるだろう。そしてそれを得る人々は、普通の人たちなので、その大部分を使うだろう。彼らのこの支出は他の一組の人々を雇用するだろう、そして以下同様である。金は、古い慣用句のように、天下の回りものである。この第二の効果は第一の効果をどのくらい増加させるだろうか。それを言うのは容易ではない。われわれは最近問題をこの方法で見始めたに過ぎず、統計家達も信頼できる予測のための十分な材料をまだ集めてはいない。わたしは詳細を省いて、わたし自身の意味のある見積もりを示さなければならない。そしてわたしは安全な側に立つよう努めたい。放送よりも、もっと容易に反駁にさらされやすかった場所において、わたしはわたしがここで示しているよりも、終始より大きな数字を示している。しかしわたしが今示している数字は議論を立証するには十分である。われわれは、続いて起こる支出の波について、乗数効果と呼ばれているものを、当初の衝撃の三分の二と置こう。初めに雇用された三〇万人の三分の二は二〇万人であり、このことは全部で五〇万人が失業手当から除かれることを意味する。ところでこの二次的支出は当初の支出よりもはるかによく広がりより容易に接することができる。それは、追加的な賃金と所得は国中の店であらゆる種類のものに消費されるからである。それは数少ない特別の産業に集中しないであろう。

したがってわれわれは次の結論に達する。すなわち、昨年と比べて、失業者の数は年間を通して最低五〇万人だけ減少するであろう。そして何人かの人たちは、良いケースではさらにこの半分くらい多く、あるいは倍でさえの見積もりをすることが主張され得ると考えている。そしてこれで終わりではない。二〇万人の若者たちが招集されようとしており、この秋の卒業年齢の引き上げは市場に現れる若者の数を大きく減らすであろう。

すべてのことは何という違いをもたらすことであろうか！　異常な失業の終わりが視野に入っているといっても過言ではない。違いを感じるのは失業者だけではない。それ以外の多くの人は毎週より多くの金を家庭に持って帰るだろう。そして有能な労働に対する需要が供給を上回っているので、誰でもがその仕事において如何にずっとより快適で安全であると感じることであろうか。多くの不安には他の理由はあるだろう。しかし最悪の不安の一つは仕事を得ること、また、それを続けることについての不安である。過去の年よりもそれは少ないに違いない。

わたしは労働組合員たちがより完全な雇用へのこの大きな移行が円滑に働くように彼らがなし得ることをすると望む特別の追加的な理由を持っている。わたしは大きな実験が始まっていると初めに言った。もしそれがうまくいくな

612

らば、すなわち軍備への支出が本当に失業を救済するならば、われわれは、はるばると過去の状態へ戻ることは決してないとわたしは予言する。もしわれわれが軍備という無駄な目的のために失業を救済し得るならば、われわれは平和と言う生産的な目的のためにもそれを救済できる。〔訳注8〕善は悪から生まれるかもしれない。われわれは平和の時が来れば役に立つ一つ二つの秘訣を学ぶだろう、時満ちて必ず然るごとく。

◆次の週の初めにケインズは政府の借入れと利子率に関する覚書を大蔵大臣とイングランド銀行総裁に送った。彼はまたコピーを、彼の主な株式仲買人である、バックマスター・アンド・ムーアのイアン・マックファーソンとR・H・ブランドに送った。

サー・ジョン・サイモン宛書信、一九三九年五月二八日

親愛なる大蔵大臣閣下

あなたはわたしが最近『タイムズ』紙に寄稿した二つの論文をご覧になったと思いますが、その中でわたしは失業の見通しと特に大蔵省が採るであろう借入れ政策について論じました。

これらの論文ではわずかのスペースしか自由にならず、また、わたしは多くの分野を扱いました。それ以来わたしの手元に届いた書簡はわたしが議論を最後まで詰めあるいは関連する要因を真に明確にするためにできるすべてのことをまだやっていないことを明らかにするものでした。このことが最近数日間にこの件についての更にそしてより完全な覚書を用意するという気持ちをわたしに呼び起こしました。そのコピーは同封してあります。わたしはこれを第一に主としてあなた自身と大蔵省の他の人たちの目に留まるように書いています。そしてわたしはまたコピーをイングランド銀行総裁にも送っています。しかしいずれわたしはこれを、このままあるいは修正された形でどこかで活字にするかもしれません。

わたしはこの原稿であなたを煩わすことに対しては弁解はいたしません。というのはこの問題は明らかに最も大きな重要性を持っているからです。それは正しい政策が採用されるかどうかに大きく関係します。わたしはこの問題の手法については最近の状況や最近の考え方に照らしてまったく十分には考え抜かれてはいないと感じています。これはこの論点を最後まで詰めるための試みなのです。

敬具

J・M・ケインズ

モンタギュー・ノーマン宛書信、一九三九年五月二八日

親愛なる総裁殿

わたしは大蔵大臣宛に送った覚書のコピーを同封いたします。あなたはわたしが最近『タイムズ』紙に寄稿した論文で、とりわけ、大蔵省の借入れ政策を論じたものをご覧になったと思います。わたしの手元に届いた種々の手紙はわたしがこれらの論文の中で議論をわたしの可能な限り真に明確にせず、あるいは論点を最後まで追い詰めていなかったと感じさせるものでした。同封の論文においてわたしはかなりより多くのゆとりをとり問題をできる限り明確に且つ又議論の余地の無いように分析することに努めました。

〔訳注8〕「ガラテヤ書」第四章四「時満つるに及びては…」。

あなたとわたしがお互いに手紙を交換するようになってから長いことになります。わたしの方では、長い不健康続きにより最近まで活動を大いに妨げられました。しかしわたしはあなたにこのような文書を送ることに対して言い訳をする何らの必要もありません。正しい政策が追求されることは明らかに大いに重要です。わたしが論ずる問題は、わたしが正しいにせよ間違っているにせよ、この国における公的金融の将来に対して明らかに大きな重要性を持つものです。

敬具

J・M・ケインズ

公債政策と利子率

これは非常に重要な問題なので関連する諸要因をわたしがさらに分析しようと企てることについて何ら弁解する必要はない。

政府（あるいは他の借り手）が巨額の借入れ支出を招く時に利子率のかなりの上昇を期待し、あるいは容認さえすることに対する伝統的な理由は数にして三つある。それらはお互いに性格が異なり、古い自由放任の世界では解きがたくもつれている傾向があるが、しかし現代の世界においてははっきりと区別され、また別個に取り扱われなければならない。

初めの二つの理由は利子率の上昇を、単に期待するだけでなく、容認する理由である。

I

第一に、高い利子率は政府の計画によって必要とされる人的及び物的資源の競争的な使用者たちを抑止する恐れがある。高い利子率がこの方向においてある効果を――そして、もし利子率が十分に高ければ、重要な効果を――持つという結論は疑いない。しかし、以下の理由によって、これは望ましい結果を得るための最善の方法ではない。

（1）抑止の必要性は完全雇用が間近である時にのみ生ずる。この状況はこれまでのところ生じていない。逆に、平和と戦争の過渡期の金融においては、例えば住宅建設計画のように、そのための労働力が依然として余っている他の有用な目的を可能な限り最小限にしか妨げないように政府の計画を実行することがわれわれの目標でなければならない。

（2）この形の抑止は無差別であり政府の計画を妨げる方面においてだけでなくそれを妨げない方面においてもまったく同様に雇用を止めてしまう。

（3）より差別的かつより効果的である他の抑止要因が利用可能である。

海外の借り手は別として、政府の競争者で、唯一頭を悩ますに値するほど十分に大きな規模の者は

（i）地方当局

（ii）建築組合

（iii）公的部局及び他の公益事業

（iv）運輸、道路と鉄道の双方

（v）造船

（vi）重機械産業。

最初の四者は資金源泉における直接の申し入れと新発債市場を通して取り組むことができる。（v）はわれわれは政策的に奨励している。（vi）は明らかに政府自身の計画の利益になる。もし必要が生じるならば、それらを政府の優先権によって取り扱うこともでき、そうすることによって政府がより緊急の必要度を持つ現実の人や物をこれらへの投資家が入手するのを困難ないし不可能にするのである。

実際、これらの他の投資活動のどれが妨げられることなく進めることを許されどれが許されないかを決定する当局が存在することは非常に重要である。しかし決定がなされた時には、それらの実行には他の者と同等に政府によって支払われる懲罰的利子率というできの悪い金のかかる方法の必要はないのである。

（4）高い利子率は一方の投資計画だけでなく贅沢な支出も抑えると論じられている——これは新しい議論である。高い利子率は既存の投資の市場価値を減価させる。これは投資家階層を非常に貧しいと感じさせ、したがって避けられる出費をする気をなくさせる。もし戦時公債が八〇まで、また、他のあらゆるものが同じ比率で下落するならば、人は必ずこのような結果を、——そしてまた相続税、印紙税また特定種類の利益からの国庫収入の対応する減少を、予想するだろう。

しかしここにおいてまた、同じ目的を達成するのにはるかに良い方法がある。現在において大蔵大臣は課税に関して適度に寛容である。これは現在の段階では——私見では正当にも——私的事業や支出に必要以上に水をささないことが賢明であると彼が考えているためである。しかしもしも完全雇用が近づいて避けられるすべての支出を思いとどめさせることが重要となる場合には、そしてその時には、重税に反対する現在の理由はそれをよしとする理由にとって代わられるのである。課税はあらゆる点において高い利子率よりも民間の支出を抑制するはるかに良い手段なのである。

局外の事業を奨励するために課税を適度に保ち、そしてやがて局外の事業を抑止するために政府借入れに高い利子を支払い——それによって両方の局面の最悪のもの、すなわちより少ない収入とより大きな支出を確実にするのは大蔵省の側にとって奇妙な政策である。

Ⅱ

高い利子率を支持する第二の伝統的な根拠は外国証券との競争の重要性である。わが国の対外投資が期の総投資の半分ないしそれ以上であった戦前の自由放任の投資市場においては、このことは疑いもなく第一に重要であった。今日においてもそれが重要であることは変わらない。実際わたしはわが国の、資本及び経常双方の対外収支尻について、現在当局の政策に疑いなく明白に見られる懸念より、一層深刻な懸念を感じている。わたしは、このことは、特に最善の解決策を見出すことが容易ではないと言う理由で、われわれの第一の関心事の一つであるべきだと考えている。しかしながら当局が現在、高い利子率よりもはるかに十分に有効な自由に使える手段を持っていることは確かに明白である。新規の外債発行に関する限り、自由放任の資本市場は過去のものである。ウォール街における買付けのコントロールは強化される必要があるだろう。しかし利子率の上昇による、国内市場における減価傾向は通貨を国内にとどめる手段ではない。国内投資家の心理からすれば、彼らを国内に引き止める方法は、国内市場をより悪い状態に置くのでなく、それをよりよく保つことである。

同じことは外国投資家についても真理である。利子率が上昇するにつれて、着実に価格が下落していく市場は、彼らをロンドンにひきつける賢明な方法ではない。

Ⅲ

これまでのところわたしは伝統的議論の理論的妥当性について疑いを投げかけてはこなかった。わたしはただ、現代の環境と今日の特殊かつ特別な状況下においては、それは望ましい目的を達成する最良の方法ではないと言うことを論じてきた。しかしこの議論の第三部では別である。多くの人々にとって、――大部分の人々にとって、とわたしは思うが――公債は可能な限りもっとも安価な条件で募集されることが如何に望ましいとしても、巨額の借入れの必要がある場合には安い条件を確保することはまったく実現不可能であると信じられている。このことについては、しかしながら、通説においても変化が認められる。伝統的な議論は、それによって大部分の銀行家や公務員たちが育てられてきたが、専門的にこれらの問題を研究してきた多くの英国の経済学者たちによってもはや適切であるとして受け入れられないと言ってもよさそうであると、わたしは考える。現在の段階では経済学者たちはすべてが同じ方法であるいは同じ力点をおいて自説を主張してはいない。しかし種々の形の現代の理論は今論じている目的に対してはまったく同じ点に帰着する。以下はできる限り議論の余地のない方法で力点の変化を説明しようとする試みである。

増加した公債支出は増加した貯蓄からのみ支払われ得るということは古い見解でも新しい見解でも共通である。古い見解によれば、必要な貯蓄の増加は高い利子率によってのみ刺激される。新しい見解によれば、この議論は増加した公債支出は以前と同じ総国民所得から用意されなければならないということを暗黙に前提した場合にのみ正しい、――すなわちこの前提は、実際、すべての利用可能な人と物の資源がすでに雇用され、したがって如何なる生産物の増加も物理的に不可能である場合――そして現在の支出を他に振り向ける如何なる他の方法もない場合に妥当するのである。しかしながら、生産と所得の増加が物理的に可能であるならば、増加した公債支出から生じる需要への刺激は直接的にも間接的にも生産の増加をもたらす。このような状況下では貯蓄の増加が生ずるのは主として増加した生産に対応する増加した所得からである。そのうえ、公債支出は政府がそれ自身の使用のために資源を集めることに成功する場合にのみ物理的に可能となる。このことは政府支出によって生み出された所得と同じ金額が物理的に消費から差し引かれしたがって貯蓄されるに違いないことを意味するのである。かくして必要な金額の貯蓄は、利子率が上昇するか下落するかに関係なく、必然的に実現する。増加した所得が輸入品に使われる割合は危険な複雑さを惹き起こす。というのは直接的にも間接的にも政府の公債支出は貿易収支を悪化させるからである。しかし高い利子率はこのことにおいて、あるいは他の点に関しても、当期の消費を減少させるという点を除けば、何の役にも立たない。ここにおいて、われわれがすでに見たように、輸入制限や政府の優先権がうまく対応できないならば、高い利子率から期待できるものはほとんど、あるいは何にもない。古い見解は高い利子率以外の武器が利用できないことを前提にしていたのである。

かくして、現代の経済学者は、失業が慢性化している世界に生きている結果、完全に利用されていない資源を引き寄せるわれわれの力をより強調し、すでに利用されている資源の方向を変えることにはより少ししか力点を置かないのである。方向の転換が必要となる限りでは、彼は輸入と対外投資の管理や政府の優先権を通ずる効力に注目することができる。他方、これらの手段を否定する、自由放任の世界では、高い利子率の提案が、いかに費用がかかり、また、効力がないとなるかもしれないとしても、許容される唯一の武器であった。両者とも高い課税の効果については同意しよう。しかしながら、今日他の規制が利用できる点から見て、それは初期の段階ではそれほど必要ではない。そして他の規制がないならば、後期の段階においても、前大戦が示したように、いずれにせよ不適切であろう。

より実際的な観点に戻ろう。大蔵省が可能な限り早い時期に調達のための公債を発行したがっている明確な理由が二つある。第一はお金を手にした後でなければそれを使うことはできないと言う考えから「お金を入手する」ことである。もしもすべての取引が唯一の現金の形式である金貨による現金ベースで行われるとしたら、これは正しいであろう。大蔵省は、チャールス二世のように、ロンバード街の金匠から金貨を、注文を支払う前に、借りなければならないであろう。しかし現代の代表貨幣と現代的銀行システムでは、必要な「金融」は一連の「帳簿」あるいは「紙上」の取引で創造されることをわれわれは知っている。大蔵省は事実上「帳簿」の記入によって「支払う」ことができそして帳簿の記入はずっと後の日に通常の公債に変換され得る。かくしてこの理由はもはや存在しないが、それを気づかれずその残存物はいまだに一般の考えの中に潜んでいる。

第二の理由ははるかに実際的なものである。すなわちこれらの「帳簿」への記入が、非常に容易に購買力に変換できる、例えば大蔵省証券のような形において無制限な規模で残存することを許すことは危険であるというものである。なぜならば、これはやがて民間事業の制御されない拡張につながるからである。多分これの危険は過大評価されている。しかし、それにもかかわらず、それはあり得る。膨大で異常な額の大蔵省証券残高をもって再軍備以後の時期に入っていかない方が良いだろう。そのことが、もはや他の理由では必要とされないいらだたしい規制の継続を必要ならしめるかもしれないからである。

しかしこの反対は提案されていることを誤解している。わたしは大蔵省証券の無制限の拡大を主張していない。それとは逆に、もし大蔵省がほどほどに忍耐強いなら、自然な市場の力の重みがそれ自体で合理的なコストでの調達政策を可能ならしめる、とわたしは言っているのである。それは単純に待つということ、そして、公債はわずかな利子率のものしか入手できず、時が経つにつれてなお一層わずかになるということをはっきりとさせる問題である。

第一に、大蔵省証券の発行が、さしあたり他の形の債券を増加させずに、二億ポンド拡大したと考えてみよう。これらの証券はすべてある人々によって所有され民間資産の増加を示している、――すなわち、そこには対応する貯蓄の増加があるはずである。さてこれらの貯蓄は国のあちこちですべての種類の個人と組織によって所有されているだろう。すべてのこれらの人々が突然彼らの習慣を変え、彼らの貯蓄を投資するという生涯の習慣を放棄し、そして彼らのすべての増加する資産を年½パーセントあるいはそれ以下の利子を得て絶対に流動的に保とうと決めることが考えられるだろうか。貨幣は貯蓄銀行、保険会社、住宅貯蓄組合そして個人銀行と事業銀行残高の手中に集まり、そして多くの貨幣保有者は正常な利子率無しで済まそうとはせず、またしばしば無しで済ますことはできないだろう。更に、このような保蔵にはほとんどの場合ただ一つの動機があり得る。すなわち大蔵省は時が経つにつれて次第に公衆に有利な条件で債券を提供するであろうということである。唯一のリスクは、いわば、大蔵省が多分彼らの仕事を抑えるだろうという広く行き渡った考えである。

思うにこの二億ポンドのかなりの割合が市場での投資を求めると考えるのが合理的である。その程度まで投資にたいする需要が増加する一方で、当面それを満たす供給の増加はないだろう。この需要を満たすために市場で利用できる浮動的な供給はどれほどだろうか。決して十分ではない、とわたしは思う。そして機関投資家たちが、大蔵省は遅かれ早かれその時市場に存在する条件よりもかなり低い価格で債券を発行すると強く信じない限り、その浮動的な供給は大幅には増加しないだろう。大蔵省は市場を締め付けてはならない。彼らは来たるべき平常な時期へのスムーズな移行を目指すべきである。しかし彼らは、軍備支出が終わりを告げ、それに相当する金額の生産的投資にとって代わられるべき時には、同規模の新投資をひきつけるためには非常に低い利子率が確実に求められることを忘れてはならない。

V

大部分の人は難しい議論よりも実際的な例の方を好むので、最近の合衆国の経験を引用することは有益であろう。いくつかの点においてそれは満足すべき類推ではないが、しかしそれは、他の面では不利な環境の下で市場が求めるすべての流動性を市場に供給した結果についての公平な実例である。ルーズベルト大統領は今や六年間その地位にある。彼は、その間に、平均で年に約六〇億ドルを借り入れ、総国家債務をほぼ倍にした。この時期のほとんどすべての間彼は銀行と財界の敵意に直面してきた。彼の借入れが終ったとは誰も信じていない。これらすべての結果として政府債務の利子率に何が生じたであろうか。

すべての満期の国債の利子率はこれまで記録した最低の数字に達するまで、着実に低下している。財務省短期証券〔Treasury bills〕への利子率は今や「無視してよいほど」と言われているが、それは誇張ではない。なぜなら単利累計が元本の一パーセントになるまでには保有者は約千年それを手元に置かなければならないからである。三年から五年満期の財務省中期債券〔Treasury notes〕の、利回りは約½パーセントである。一二年後に満期になるか償還される財務省長期債券〔Treasury bonds〕の利回りは二¼パーセントを超えない。どんな合衆国の政府債券でも得られる最高の利回りは約二・三五パーセントである。英国の大蔵省がこれらを五〇パーセント上回る率を支払う十分な理由をわたしは知らない。そうする必要がないと信ずる理由は少なくとも試してみるに十分値する。

VI

これらの一般的原理が受け入れられるとすれば、借入れ計画の適切な方法は以下のようになろう。当初の期間は銀行と公衆は彼らが本当に欲するよりもいくらか、より流動的になっていることが必要である。このことはまた、もちろん、イングランド銀行における銀行家たちの現金は彼らの顧客の一時的に投資されない貯蓄に対応する預金の増分の適切な比率、通常は約一〇パーセントとされるが、それだけ増加することが認められなければならないことを意味する。この流動性の量をその需要よりも少し多く供給する仕事は量的な決断を必要としており、それは事前には決められず市場の感触によらなければならない。しかしその当初の期間は、時間に関しては、新たな貯蓄が、唯一永続的投資を始める立場にある最終的な保有者に達し、また、彼が急がずに決定することを許すように十分に長くなければならない。これは重要な点である。当期の貯蓄は生じた時にすぐには永続的投資には利用できない。このことは所有者に六カ月以上の平均的タイムラグを伴ってのみ配分される配当やその他の利益からの貯蓄の場合特にそうである。更に第一次的な貯蓄者は彼の貯蓄をある債務の履行や負債の支払いのために、例えば住宅購入の割賦金に当てるかも知れず、したがって新たな永続的投資は彼によってではなく彼の流動資産が最終的に手渡される誰か他の人によって行われるだろう。したがって、大蔵省の計画は急がずにかつ持続的政策への視野を持って組み立てられるべきであることが絶対に必要である。いったん当初の期間が乗り越えられれば、借入れは支出と歩調を合わせて進めることができる、ただし公債支出が増加する率で行われる限りは別であり、その場合には増加が利用可能になる前に再びタイム・ラグが起きるだろう。

この待つという能力は民間の借り手を上回る大蔵省の著しい有利性となっている。大いにそうなので、大蔵省にとっては自らが主たる借り手であり、したがって市場を託されている時には、民間の借り手によりまとまった投資が行われる時よりも利子率を引き下げることははるかに容易である。この明らかな逆説についてはしばらく考察する価値がある。

ポイントは市場において過密の原因となるのは借入れの額が大きいことではなく、額が増加するということである。民間の借り手は、一般に、待つことはできず、できれば、取引約定に入る前、あるいはとにかくその直後に、永続的なファイナンスを取り決めなければならない。彼は、少なくとも、支出をする前に、したがって、新たな貯蓄が生れる前に購買力を手にしなければならない。もしも投資が安定した速度で進んでいるならば、新たな貯蓄の流れが投資可能な形で利用できる以前に、先立つ期間に必要とされたファイナンスは回転資金となる。以前の資本支出の一群から利用できるようになった投資可能な貯蓄が、先の投資のために一時的に必要であった財源を次の一群の資本支出のために解放する。しかしもし借入れの額が増加しているならば、このようにして解放される財源の額は不十分であり、不十分な財源の総額の中でシェアを獲得しようとする借り手間の競争は利子率を押し上げる。利子率についての通俗的な意見は、投資可能な形で新たな貯蓄が利用できる前の準備期間の間の財源の不足のリスクと、最終的な貯蓄自体の不足のリスクとの混同の結果である。大蔵省の問題に対する重要な手がかりは、新たな貯蓄が投資可能な形で利用できるようになる時まで、大蔵省は待てるが、一方民間投資家は待てないことを理解することにかかっている。借入れの速度をより高い水準まで引き上げることは、流動的な銀行貨幣の増加した量を準備することを意味する。いったん望ましい水準まで到達している時には、利子率の上昇を避けるための更なる増加は必要ではない。しかしながら、大蔵省自らがほんの少しより自由に行動する余地を認め、市場が債券に対してより貪欲になるのに十分なだけ長く待つならば、投資を求める貯蓄の力が利子率を引き下げるだろう。それはすべて、わたしが初めに言ったように、市場が望むよりもほんの少し多くの流動性を市場に与えるという問題である。

市場に供給する時が来たならば、より長期の債券より前に三から五年の債券を受け入れる準備が整っていることが期待できるだろう。というのは、これはより少ない流動性の犠牲を意味し依然としてより長期の見通しに関してためらっている人々への妥協を意味するからである。またこれらの債券は、民間投資家が決意をする状況になる前に、より高い利子のゆえに大蔵省短期証券から一部をシフトをしようとしている銀行や、そして、恐らく他の機関投資家の気に入るであろう。

より長期のどのようなタイプを提供すべきかを決める時が来たら、市場価格に示される投資家の好みに綿密な注意を払うことが明らかに望ましい。低いがあまりには低すぎない条件を市場価格が示す時が、始める時である。というのは、それ以後の売り出しが予言的にだんだんと不利な条件になれるような改善の余地を残しておくことが重要だからである。一九三五年と一九三六年当時の平均の条件は、適切な出発点を決めるための間に合わせの基準を提供するかもしれない。イングランド銀行による旧戦時公債の借換えの成功した取り扱いは、投資家の心理が新しい水準に如何に容易に慣れることができたかを示した。大蔵省の政策が上述の方針であることが自信を持って一般的に信じられるや否や、たぶん今日可能であると思われるよりもより速く、実際に問題は自然に解決するであろう。

大蔵省自身の手に現に生じており投資に利用可能な資金の重要性は、特に当初の期間の間は見逃すべきではない。現在及び予想される失業の水準のもとでは、郵便貯蓄銀行や信託貯蓄銀行、失業および国民健康保険とその他の部門の資金および種々の減債基金などの増加しつつある資金は、通常の定例投資により、また何らかの特別の仕組みや手段を用いることなしに、大蔵省が週に一〇〇万ポンドから二〇〇万ポンドの金額まで既存の政府公債を市場から減じさせることを許容すべきである。このことはそれ自体で安定化の強力な影響を及ぼし、また、特に市場の良好なセンチメントと相まって、たるみを引き締めることが可能となる。

VII

われわれの将来の課題にとってこのすべてのことの並外れた重要性を強調する必要はほとんどない。しかしわたしが特別に注意を促したい二つの局面がある。もしわれわれが、例えば、¾パーセントの減債基金を含め四パーセントではなく、例えば、同じ減債基金を含め三パーセントの平均コストで借り入れるとするならば、それは過度の割合の大蔵省短期証券や非常に短期の債券を含めなくとも、われわれの力の範囲内で容易に可能であるが、われわれは納税者の同じ最終的負担で一五億ポンドではなく二〇億ポンドを借入れ、支出することができる。方策の相違が五億ポンドに値するのである。

他の局面はこうである。軍備計画は異常な失業を終わらせるであろう。いつの日か、早ければ早いほど良いのだが、われわれは現在のいまわしい行為を止めて平和的な方法に戻ることを希望している。それは異常な失業に戻ることを意味するだろうか。もしそうであるならば、それは社会組織にとってつらいこととなる。この結果を避けるためには借入金による、公的および民間の生産的投資が、少なくとも今年の計画と同じ程度の高い率で続けられる必要があろう。前大戦の終わりにそうであったように、軍備拡充の期間の終わりに、もしわれわれが高めの利子率を負っているならば、如何にしてそれは可能であろうか。

J・M・ケインズ

一九三九年五月二七日

◆彼の覚書をブランドに送った時、彼は出版の問題を提起した。

R・H・ブランド宛書信、一九三九年五月二八日より

わたしの『タイムズ』紙(4)の論文に興味を持ってくれて嬉しく思います。それ以来わたしに届いた多くの書簡の結果、わたしは議論と分析をより明らかに表明するための一層の努力を払うべきだと感じています。それはまったくたいへん大きな重要性を持っています。しかしながら伝統の重さに対抗して前進したり、あるいは、人々に問題を現代の情勢と現代の思想に照らして改めて考えさせることは困難です。このことが最近の数日間にわたしにもう一つの試みを呼び起こさせました。それは当初の『タイムズ』紙で可能であったよりもより大きなスペースをわたしに与えてもらい、わたし自身の対策を示すと同時に反対論にも答えようとする試みです。わたしはこのコピーを大蔵大臣とイングランド銀行総裁に送ることを第一に考えてこのことを行いました。

わたしはコピーを彼らに発送しようとしていますが、それを何らかの形で一般的に公表し、どこかで公刊することも有益であろうと感じています。一番困っていることはそれが『タイムズ』紙にまったく適しているか、あるいは少なくともジェフリー・ドーソンがそう思っているかどうかわたしにはむしろ疑わしいことです。わたしは適正以上のスペースをとろうとすることで彼を悩ますことを望みません。これは少し切り詰めても二篇のかなりの論文になるでしょう。他方において、それは一般大衆にとって関心のあるものだとわたしは考えます、少なくとも銀行家、公務員、政治家にとっては。そしてそれはまったくたいへん重要なのでわたしは可能な限り最善の形での公刊を逸したくあり

(4) ブランドは五月二四日にそれを評価してケインズに手紙を書いていた。

ません。わたしはコピーを同封し、あなたがそれを読んだ後に、それが『タイムズ』紙には非常に向かないと考えるかどうか、あるいはとにかくわたしがジェフリー・ドーソンにそれを見せることを勧めるかどうかを、知らせてくれようお願いします。わたしをためらわせているのはそれが日刊紙の読者に通常期待されるよりもより一層緻密な思考を要求するという事実です。

R・H・ブランドよりの書信、一九三九年五月三一日より

さてあなたの覚書についてわたしは今日ざっと読みましたが、さらに十分に読みたいと思っています。それは確かに日刊紙には幾分知識人向きであり、『タイムズ』紙に対してさえもそうですが、やはりその主題は大きな重要性を持ち、シティ及び政界の双方において、多くの人々の興味を惹くに違いありません。もしわたしがジェフリー・ドーソンだったらそれ故に必ずそれを掲載するでしょう。『タイムズ』紙は知識人向きでなければならず、また、読者の読むところのものが同紙の生命線であるという限界までそうであるべきでしょう。わたしはいつも、確かに経済と財政の面では、同紙はより少なくでなくむしろより多く知識人向けであるべきだと勧めてきました。したがってわたしはあなたがジェフリー・ドーソンに手紙を書き覚書を送ることを確かに勧めます。もしあなたが望むならば彼にわたしと話すように求めわたしがそれを読んでいると言っても良いでしょう。あるいはまたあなたが望むならばそれをわたしに送りそしてわたしは、財政担当の編集者のグリーンにドーソンの掲載の承認を求めてもらうこともできるでしょう。しかしたぶん前者が適切な方向です。

ところで、どれだけ価値があるかわかりませんが、一つの感想を述べたいと思います。あなたのすべての議論は労働と資本の完全雇用はないという仮定に基いているようにわたしには思えます。もしもこのような完全雇用があり、民間及び政府による資本支出が増加し続けるならば、恐らく（たとえどんな仕組みが用いられても）貯蓄は同じ率では増加し得ないでしょう。

しかし依然としてある程度の失業は存在しますが、労働の相対的非流動性を考慮すれば、われわれは種々の方面ですでに完全雇用に到達していないのでしょうか。あなたの理論が、まったく完璧であるためには、労働の完全な流動性を必要とするのではないでしょうか。しかしながら、今日、労働は、不幸にして、完全に流動的であることから程遠く、かなり多くの産業においてわれわれは実際上完全雇用に達していると言えましょう。もしそうであるならば、完全雇用の状態で投資を増加させた時に生ずる不利益がこの種の特定の産業においてただちに起きるとわたしは思います。わたしは相対的非流動性と結びついた特定産業における完全雇用のこの問題がどれだけ重要であるかわかりません。しかし全体としてそれは非常に重要だとわたしとしては考えたのです。この重要性を見積もる何らかの努力がなされているのかどうかわたしは知りません。

R・H・ブランド宛書信、一九三九年六月九日より

利子率に関するわたしの手稿について言われたことにたいへん感謝しています。わたしはまもなくそれをジェフリー・ドーソンに送り、そうするようにあなたが勧めてくれたと彼に告げるつもりです。わたしは、実際にはその論文を彼に送らず、彼が一見してそれを検討する気があれば、それをグリーンに送ることを伝える手紙を彼に書こうと思っています。あなたに送った版が知識人向きであるのに比べて、たぶん内容ではなく、外見は、はるかにその度合いを少なくすることを、わたしはもちろんできます。あなたの最後のページで指摘した点に対する答えとして、わたしの議論の主な部分がわれわれはまだ完全雇用の位置に到達していないということに依拠していると、あなたが思われるのは正当です。たとえある方面でボトルネックがあるとしても、国民所得の著しい増加を得ることがなお可能である限り人々は、わたしの示唆した線に沿って貯蓄を増やすことができます。そのボトルネックでさえもわたしが予想していたよりもむしろより遅くやってくるように見えます。しかし、それがすぐ現れたとしても、わたしは依然と

して国民所得のかなりの増加、例えば、五から一〇パーセントの間のある値まで、の余地があり、そこから貯蓄は確保されうると考えます。

しかしわたしはこれが決してわたしの議論の全部ではないと強調したいのです。もし政府の計画が種々の容認できない状況を惹き起こすことなしに実行されるべきものであるとするならば、完全雇用が到達されるや否や、あらゆる種類の特殊な手段がとられなければなりません。しかしわたしの論点は、たとえそうであっても、高い利子率は実用からは非常に程遠いということです。人々がその方法から得られる救済はほとんど無視できるものである反面、他の方面における障害は厳しい。幾分かより高い水準の課税、配給制および政府の優先権がその時には時代の要請であるに違いありません。

もちろん、完全雇用が現実に到達された時には、わたしはその時の状況に照らして全体の形勢を再考しなければならないでしょう。今のところわたしはそれがまったく差し迫ったことだとは感じていません。しかしこの問題についてのわたしの見解は、どう見ても、まったく際立って無関心である政府の見解と思われるものよりも、あなたのものにより近いとわたしは思います。

ジェフリー・ドーソン宛書信、一九三九年六月九日

親愛なるドーソン

わたしが最近『タイムズ』紙に寄稿した論文はわたしが過去の長い間にした何ものにも増してより多くのコメントをもたらしわたしはより多くの文通に巻き込まれました。このすべてからわたしはわたしが主張した見解に対して多くの同感と、もしわたしの勧告したことが可能でありさえすれば、それは何と良いことであろうという気分があると

いう印象を得ました。しかしまた、利子率に関する限り、問題となっている論点が金融の世界で完全に理解されるにはこの議論は多くの展開が必要であることは明らかです。この分野は実はやや新しく、人々がそれに含まれる中心的考えに慣れるには少し時間がかかります。

そんなわけで、わたしには、より長い覚書を用意することが有用であると思えます。そのために、わたしは主として第一に大蔵大臣と大蔵省に送る目的であるものを書きましたが、それはこの線に沿ったものがその後に公刊されるという考えの下でです。最大の難点はそれが幾分長いこと（それは完全な論説二本分を占めるでしょう）、また、恐らくわたしが『タイムズ』紙に寄稿した以前の論文において求めようと意図したよりも一層緻密な思考を必要とすることです。これらの理由でわたしはそれをあなたに送ることをためらっています。わたしはまたあなたが過去においてわたしに対して非常に寛大であったと感じており、わたし自身の判断でさえ、適切であるか疑問があるものをあなたに強要するために、あなたの寛容さを利用したくはなかったのです。

しかし、その時たまたま他の件でブランドと文通する機会があり、わたしの文書のコピーを彼に送りました。彼がそれをあなたに送るように非常にはっきりと勧めたのでわたしは今この手紙を書いています。彼は「やはりこの主題は大きな重要性がありシティと政界の双方の非常に多くの人々の興味を惹くに違いない」と論じています。とは言うものの、先ず初めにあなたに手紙を書くことなしにあなたにそれを押しつけるのをわたしはためらっています。たとえ実質はまったく同じだとしても、書き直しの原稿では、外観上は分量でかなり少なくすることは確かにできます。あなたがそれをとにかく考慮する気がありましたら、わたしは多分それを現在の形でグリーン氏に送り、その上で、もしもあなたがこの方針で何かをされる気がありましたら、外見上もう少し日刊紙により適した形に書き直すことでよろしいでしょうか。

敬具

［イニシャル入りコピー］Ｊ・Ｍ・Ｋ

ジェフリー・ドーソンよりの書信、一九三九年六月一一日

親愛なるケインズ

昨晩オール・ソウルズで、ボブ・ブランドから聞いて、あなたからのこの手紙を期待していました。論説をもう一組書くというあなたの計画をどうぞ進めて下さい。そして手始めにあなたの覚書をグリーンに渡して下さい。

敬具

ジェフリー・ドーソン

◆ケインズは彼の論説を『タイムズ』紙に七月一日に送った。しかし、スペースの関係上、その論説は七月の二四日と二五日まで掲載されなかった。

『タイムズ』紙、一九三九年七月二四日、二五日

国家による借入れ

I．高い利子率と低い利子率：一つの勧告

三カ月前にこの欄に掲載された二つの論文でわたしは二つの結論を提示した。すなわち見込まれている大蔵省の借入れの規模は異常な失業を終わりに導くであろうということ、そしてこの借入れは低い利子率で達成でき、かつそうでなければならないということである。最初の結論は経験というテストにかけられている。大蔵大臣は、（恐らく慎重に）望遠鏡を閉じた目に当てることによって、彼の予算において失業コストの僅かな減少しか想定しなかった。しかし彼は今やこのようにしてそれに続く約束を果たすのに利用可能な隠された余剰金を獲得していたことを認めている。実際、現在の数字に照らして失業救済のコストにおいて一〇〇〇万ポンドから一五〇〇万ポンドの予算の節約と、それに加えて二〇〇〇万ポンド以上の失業基金の余剰を期待することが楽観的過ぎることはないだろう。

第二の結論は議論の余地が残っている。それが惹き起こしたコメントと批判とは非常に重要な広範囲の公共政策の事柄についてよく知ろうと努めている世論が、そのテーマが間違いなく要求するもの、すなわち前の論文で利用できたスペースの中で企図されえたよりももっと十分な議論、を求めていることを示している。大蔵大臣が最近表明した借入れ計画の新たな増加は、重要であると同時に魅力的な、その問題により深く入っていくことを求める理由となる。

他の借り手たち

政府によって巨額の公債支出が背負われる時に利子率の相当な上昇を期待する伝統的議論は二つの刃を持っている。高い利子率は他の借り手たちの競争を阻止するのに必要であり、また、求められる追加的貯蓄を刺激するのにも必要である。このような状況下での高金利政策を積極的に容認するのは古い自由放任の秩序からの如何なる逸脱をも嘆き悲しむ連中だけである。そしてほとんどの人たちは今日、好むと好まざるとにかかわらず、われわれはそんなおおらかな世界を後に残して離れてしまっていることを認めている。しかしながら多くの人は、もしそれが可能でありさえすれば、低い利子率で切り抜ける政策をいつでも喜んで賞賛するが、たっぷりと古い思想の影響下にあってその可能性を疑っている。さらなる説明を求めているのはこれらの人々である。

政府の政策にとって必要とされる人や物の資源の競合的な使用者を排除するのに、高い利子率はある程度の効果を――そして、もし十分に高ければ重大な効果を――持つであろうことは議論の余地はない。しかしそれは望ましい目的を達成する最善の方法であるということにはならない。まず初めに、このような阻止の必要は完全雇用が到達されている時にのみ生ずる。戦争と平和の中間期の金融においては、そのための労働力が依然として余剰である他の有用な目的に対する干渉は可能な限り少なくして政府の計画を実行することがわれわれの目標でなければならない。この形の阻止要因の重大な不利益は、無差別であり政府の計画を阻害する方面だけでなく阻害しない方面でもまったく同様に雇用をストップすることである。それにもかかわらず、われわれがもはや利用可能な余剰資源の存在しない点に到達するのは時間、そしてそれは多分短い時間、の問題に過ぎないことは今や確実であるように思える。したがって政府の必要と競合する投資は何とかして制限する必要がある。このような状況下においてさえより差別的でありかつより効果的でもある他の方法が利用できる。海外の借り手は別として、政府との限られた競争者として心配するに値するほど十分規模の大きい借り手は：――

(1) 地方当局。

(2) 建築組合。

(3) 公的部局及び他の公益事業。

(4) 運輸、道路及び鉄道の両者。

(5) 造船。

（6）　重機械産業。

最初の四つは当事者に対する直接の説明により、また、新発債市場を通じて取り組むことができる。五番目はわれわれは政策として奨励している。六番目は政府自身の計画のためになる。必要が生じた時には政府の優先権が確立されなければならないことは確実であり、それによって政府により一層緊急に必要とされる現実の人と資源を他の投資家が手に入れることは困難ないし不可能となる。

対外支払い

これらの他の投資活動のどれが妨げられずに進行することを認められるか、どれがそうでないかを決める当局が存在することは本当に重要である。しかし決定がなされた時には、その実行には政府が他者と同じように払わなければならないできの悪い費用のかかる罰則的利子率という方法は必要としない。半ば戦争の状況においては、政府の必要と衝突する民間投資はそれが如何に高い利子率を支払う用意があっても許すことはできない。したがって、政府が必要とする物的資源を入手することが容認されるかどうかの判断基準として利子率を設定することはばかげている。

高い利子率は英国国民による外国証券買い入れに打ち勝つ手段であるという弁明が残っている。対外投資がわが国の当期の総投資の半分ないしそれ以上であった、戦前の自由放任投資市場においては、この問題は第一に重要であった。今日も依然として重要である。実際、わたしはわが国の国際収支の、資本及び経常勘定の両者について、現在政府の政策においてはっきり明らかになっているものよりも、より深刻な懸念を感じている。しかし当局は今はるかにより有効な手段を掌中にしている。新たな外債発行に関する限り自由放任投資市場は過去のものである。ウォール・ストリートにおける買付け規制は強化されている。しかし、これらの必要な規制は別としても、上昇する利子率による、国内証券の減価傾向は貨幣を国内に引き止めておく途ではない。国内投資家の心理は、国内市場をよりよくし、それをより悪化させないのが彼を国内に引き止める道であるというような性質のものである。そして同じことは海外投資家についても真実である。利子率が上昇するにつれて、どんどん下落していく市場は、彼をロンドンにひきつける賢明な方法ではない。

高い利子率は選択すべき投資計画のみならず贅沢な支出も阻止する、というのはしばしば耳にするより現代的議論である。高い利子率は既存の投資の市場価値を減価させる。このことは投資家階級を非常に貧しく感じさせ、したがって避けられる出費をする気を失わせる。もし戦時公債が八〇％までまた他のあらゆるものが同じ比率で下落するとすれば、人々は確実にそのような結果を予期するだろう。そしてまたそれに対応する相続税、印紙税、またある種の利潤からの国庫収入の減少を予期するだろう。そしてここでもまた同じ目的を達成するはるかに良い方法があるのである。現在大蔵大臣は課税に関して適度に温情的である。これは現在の段階においては民間の事業と支出を必要以上に妨げないことが望ましいと彼が――わたしの考えでは正しく――考えているからである。しかしもし完全雇用が近づいてすべての避けられる支出を思いとどまらせることが絶対に必要になったら、重い課税に反対する現在の理由はそれに好意的な理由にとって代わられるのである。課税はあらゆる点において高い利子率よりも民間支出と民間事業を抑止させるはるかに良い方法なのである。

大蔵省の側からすれば外部の事業を奨励するために課税を節度のあるものに保ち、そして今度は外部の事業を思い留まらせるために政府の借入れに高い利子率を支払うというのは奇妙な政策である。かくして、二つの世界の最悪、すなわちより少ない税収、より大きな費用を確実にする。支出を抑えるための高い課税の効果は高い利子率を使う前に試みられるべきであることは明らかである（非軍備の企業を妨げる時期が来る時には、非軍備事業の利益に課税する方がそれらを免除するよりも一層実用的であるように思える。軍事利得税（ＡＰＤ）に賛成する表面的な議論は、超過利得税（ＥＰＤ）に賛成するより深みのある議論によってやがて克服されるだろう(5)。

貯蓄の供給

これまでのところわたしは伝統的議論の理論的妥当性に対しては疑問を投げかけなかった。わたしは、現代の環境下では、また現在の特殊で特別な状況の下では、それは望ましい目的を達成する最善の方法を提供しないと指摘しただけである。しかし議論のもう一つの刃では別である。多くの人々——大部分の人々とわたしは思うが——は、いかに国債は可能な限り低い条件で応募されるのが望ましいとしても、われわれがこのように巨大な金額を調達しなければならない時には低い条件を確保することはまったく実行不可能であると、信じている。しかしながら、この件については、通説には変化が認められる。伝統的な議論は、大部分の銀行家や公務員がそれに沿って育てられてきたが、これらの問題を特に研究している多くの英国の経済学者によってもはや適切とは受け入れられていないといってもよい、とわたしは思う。現段階では経済学者たちはすべて同じ方法で、また、同じ力点で、彼らの考えを述べていない。しかし、種々の形の現代理論は現在の目的に対しては、ほとんど同じものである。以下は力点の変化をできるだけ議論の余地の無いように説明しようとする試みである。

古い見解でも新しいものでも増加した公債支出は増加した貯蓄からのみまかなわれるという点は共通である。古い見解によれば、求められた貯蓄の増加はより高い利子率によってのみ刺激され得る。新しい見解によれば、この議論

(5) A. P. D. =Armaments Profits Duty ; E. P. D. =Excess Profits Duty.

は増加した公債支出は以前と同じ総国民所得からなされなければならないことが暗黙のうちに前提されていない限り正しくはない。この前提はすべての利用可能な人と物の資源がすでに雇用されていない限り成立しない。というのは、もし生産高の増加が物理的に可能ならば、増加した支出から生じる需要への刺激が増加した所得と利潤を導き、主としてこれから貯蓄の増加が為されるからである。いずれにしても、公債支出は政府が資源を自らの使用のために吸収することに成功する場合にのみ物理的に可能となる。すなわちそのことは政府支出によって直接生じた所得と等しい金額が消費から物理的に差し引かれ、したがって、必然的に貯蓄されることを意味する。

バナナの例

かくして求められる貯蓄の量は、利子率が上昇するか下落するかに関係なく、政府が当期の生産物の一部を消費から抜き取ることの当然の結果として必然的に蓄積される。増加した所得が輸入品に使われる比率は危険な複雑さを惹き起こす。しかしもしより高い所得がわれわれを支払える以上のバナナを輸入する気にさせるならば、このことは高利子率でみずからを罰する大蔵省によっても矯正できない。同じことは増加した所得からの消費によって物価が上昇する一般的傾向についても真実である。単に利子率の一ないし二パーセントの上昇の結果として消費の眼に見える減少を今日誰も期待しない。もしより大きな所得が、不当に上昇している消費財の価格水準による場合は別として、十分な自発的貯蓄の増加を生まないならば、その時には最後の手段として増税か、あるいは戦争の場合に確実に必要となるような、国民が望むものの買入れを妨害することによって、均衡が図られなければならない。いずれにしても政府が金を使うことを決めているならば、この支出が大蔵省証券によってあるいは高利子率の長期債によって調達されているかどうかはインフレーションの脅威とはまったく無関係である。

現代の経済学者は、失業が慢性的である世界に住んでいる結果として、完全に雇用されていない資源を利用するわれわれの力により多い重要性を置き、既に利用されている資源を転換することにはより少ない重要性しか置かない。転換が必要となる限りでは、彼は輸入や海外投資の規制および政府の優先権を通ずる規制の効力に注意を促すことができる。それらは自由放任の世界では否定されていたのである。もはや利用すべき余剰資源がなく、これ以上の規制は使いにくくあるいは効力がない時には、彼は高い税率が高い利子率よりもはるかに多くをかつ将来の金融を危うくさせることなく成し遂げることができると指摘する。かくして、高い利子率から得られる特別の利点は、もしあるとしても、国庫のコスト、資本市場への損害、そして危機が終わった時の正常な投資への障害にくらべて、取るに足りないものである。

実行上の要点

Ⅱ．方法の計画

この問題はわれわれの公共財政の将来にとって如何にとてつもなく重要であろうか！　もしもわれわれが、¾パーセントの減債基金を含めて、例えば、三パーセントの平均コストで借り入れるならば、それは過度の割合の大蔵省証券と非常に短期の債券を含めなくとも、われわれの力の範囲内であるが、例えば、同様な減債基金を含めて、四パーセントの場合と比べて、われわれは納税者への同じ最終コストで一五億ポンドの代わりに二〇億ポンドを借入れ、使うことができる。この方策の違いは五億ポンドに値する。このことは十分検討に値する。そこで前の論文における一般的考察に照らして実行上の問題に目を向けよう。

政府が支出を行いそれを最初は大蔵省証券の発行によってまかなったと仮定しよう。ある個人ないしある機関がこれらの証券を所有する。そしてそのことは必要な貯蓄の額は、追加的貯蓄にせよ、あるいは、他の潜在的投資から転換された貯蓄にせよ、一つないし他の源泉から生じていることを意味する。したがって、次に続く問題は必要な貯蓄を呼び起こすことではなく——それはすでに為されている——その保有者により持続的な何らかの形で政府に貯蓄を貸し付けるように導くことにある。この問題は貯蓄を呼び起こす問題とそれらの保有者に彼の流動性を犠牲にすることを促す問題とを混同する誤りによって、それが実際そうであるよりもしばしば一層困難だと思われている。長期債に対し一定の利子率を支払う目的は流動資産の保有者がそれと引き換えにより流動性の少ないものを引き受けるよう説得することである。

三つの単純な原理

民間の借り手は市場に広まっている条件を受け入れざるを得ない。しかし市場の状況は、少なくとも部分的には、大蔵省とイングランド銀行の政策次第である。かくして大蔵省がそれ自身主な借り手である時には、それはある限度内でその条件が「合理的」であることを決める力を持っている。そしてわたしは現在の目的のためには「合理的」条件とは自由な市場において、そこでは投資から得られる期待収益がさらに基準となるのだが、投資の量を最適な水準に保つことと両立するものであることを示唆したい。すなわち、最適な雇用に導く水準にである。わたし自身の信念によればそのような条件は最近一般的である如何なるものよりも低い。しかし現在の段階でそれを極限まで推し進めることやこれまで思われてきた考えから余りにもかけ離れることは得策ではない。したがって、わたしは一九三五年から一九三七年までの三年間の平均で市場において支配的であった利子率をわれわれのおおよその基準とすることを提案したい。これらの年における投資は最適をはるかに下回っていたのは確かであるから、われわれは現在の危機が終わった時これらの利子率があまりに低すぎる結果にならないことにある程度の確信を持つことができる。もしこの標準から出発するならばわれわれは今後それを改善することを期待できる。重要なことは大蔵省は軍務を負う人々の所得に「不安（リスク）」プレミアムを与えないのと同じように、貯蓄の保有者に通常の収益以上に「不安（リスク）」プレミアムを与えるべきではないということである。

結構だ、と読者はいうかもしれない。ぜひともこれを大蔵省の目的たらしめよう、しかしそれはできるだろうか。わたしは三つの単純な原理に留意することによってそれは達成可能だと信じる。すなわち、現在の状況下で市場が求める流動性の増加額を提供し、市場が受け入れ準備ができるまで待ち、そして、大蔵省の将来の借入れ政策が進んでいく方向についての信頼の感覚を助長することによって、である。

流動性の供給

公衆は高い利子率を提供されることによって彼らの流動性を放棄するように買収されるべきではない。しかし、彼らが自ら正常な利子率を犠牲にしようとする限りにおいて増加したある量の流動性を保有するに任せることには反対する理由はまったくない。実際、もしわれわれが現在の状況下で自由な資本市場の外観を保とうとするならば、銀行システムによって供給されるある程度の流動性の増加は正常な利子率を維持する必要条件である。というのは危機の時期には人々はより流動的であろうと望むのは自然であり、また、大蔵省にとって提供するのに何の費用もいらない安心を公衆から取り去るために大蔵省が高い利子率に従うことはまったく金の無駄である。限られた数の機関を別として、「流動性」とは一般により多額の銀行残高を意味する。したがって、最初の一歩はイングランド銀行における銀行家の残高と、銀行により保有される、大蔵省証券の供給を、銀行および銀行を通して、公衆に彼らが望むよりも少し多くの流動性を供給するのにちょうど十分なだけ増やすことである。わたしは大蔵省証券の無制限な拡大を主張しているわけではない。それとは逆に、もし大蔵省が適度に忍耐強ければ、自然な市場の力の圧力がそれ自身で調達政策を合理的なコストで可能にすると言っているのである。というのは、いくらかの追加的流動資産は需要されるとしても、公衆が新しい貯蓄の大部分を取るに足りない利子率しかもたらさないこうした形で保有しようと望むことは、特にもしも彼らがそうすることによって何も得られないことを経験によって学ぶならば、ほとんどありそうもないからである。

初めに、政府諸部門外で保有される大蔵省証券の発行が、さしあたり、他の型の公債はまったく増加せずに、二億ポンドだけ拡大されると考えよう。これらの証券は主として銀行と短期金融市場で保有されるだろうが、それに対応して増加した銀行預金は国のあちこちのあらゆる種類の個人や機関によって所有されるだろう。これらのすべての人々が突然習慣を変え、貯蓄の大部分を投資するという長年の慣行を捨て、増加する彼らの資産すべてを、年½パーセントないしそれ以下の利子しか得ないで、絶対に流動的に保とうと決意すると考えられるだろうか。お金は貯蓄銀行、保険会社、建築組合、そして個人銀行や事業銀行の残高として増加するだろう。そして多くの保有者は正常な利子率を諦めることを望まず、また、しばしばそうはできないだろう。

さらに、たいていの場合このような保蔵にはただ一つの動機しかない——すなわち、大蔵省が公衆に対し時がたつにつれてますます有利な条件で債券を提供するだろうということである。もし大蔵省がこのことは起きないことを明白にすれば、この二億ポンドのかなりの割合が市場における投資を求めると期待することは合理的である。この程度までは債券に対する需要は増加するだろうが、一方当面はそれを満たすべき供給の増加はないだろう。市場において利用できる浮動的な供給はこのような需要を満たすにはまったく十分でない。かくして追加的な需要の圧力の下で政府債券の価格の着実な上昇の段階が整えられる。大部分の人々は仮説的な議論よりも実際の例を好むので、合衆国の最近の経験を引用するのが有益であろう。いくつかの点においてそれは満足な類比ではない。しかし、それは、他の面では不利な環境の下で市場が求めるより多くの流動性を市場に供給することの結果についての公平な実例である。ルーズベルト大統領は今や六年間在任中である。彼はその期間において国債総額をほとんど倍増させた。その全期間の間彼は銀行と実業界の敵意に直面していた。誰もこの借入れが終わるとは信じなかった。このすべての結果として政府債券の利子率に何が生じたであろうか。

すべての満期の国債利子率はこれまで記録した最低の数字に達するまで着実に下落している。財務省証券の利率は今や「無視しうる」といわれている。それは誇張ではなく、なぜかと言えば、単利の累計が元本の一パーセントに達するまで足し上げられるのに保有者はそれを一〇〇〇年持ち続けなければならないからである。三から五年の満期を持つ財務省中期債券については利子率は約½パーセントである。一二年満期ないしそれ以降償還可能な財務省長期債券については利回りは二¼パーセントを超えない。如何なる合衆国債に関しても得られる最高の利回りは約二・三五パーセントである。英国の大蔵省がこれらを五〇パーセントも上回る率を支払う十分な理由があるだろうか。

正しい方法

もしこの客観的事実が受け入れられるならば、借入れ計画の正しい方法は以下のようになるだろう。当初の期間は銀行や公衆は彼らが真に望むよりもややより流動的になることが必要である。先週木曜日に大蔵大臣は声明のなかで政府諸部門以外で保有される大蔵省証券の額が一年ないしそれ以前に存在した数字まで増加させることが適切であると示唆した。これは現在の金額を超える実質的増加に賛成する適切な議論である。しかしながら一年前の数字はそれ以来六ないし九カ月の完全に変化した状況において、当を得た有用な基準をほとんど提供し得るものではない。どのくらいの追加的流動性が必要とされるかという問題は前もって決められず市場の感触によらなければならない。それは大蔵省の意図について抱かれている信頼に大きく依存するであろう。これとは別に、当初の期間は新しい貯蓄がその最終的な保有者に到達するに十分なだけ長くなければならない。最終的な保有者だけがそれらの新貯蓄を永続的投資に投資する立場にある。

これは重要な点である。当期の貯蓄はそれが生じて直ぐに永続的投資には利用できない。配当ないしその他の利潤からの貯蓄は平均六カ月以上のタイムラグを伴ってのみその所有者に配分される。第一次の貯蓄者は貯蓄を、債務を支払うために、例えば住宅購入の賦払い金を先払いするために用いるかもしれない。したがって新たな永続的投資は彼によってではなく彼の流動資産が最終的に渡る他の誰かによって行われるだろう。

待つという能力は民間借り手に勝る大蔵省の顕著な利点を成している。まったくそうであるので大蔵省は自らが主な借り手であり、したがって市場を託されている時には、投資の大部分が民間の借り手によって行われる時よりも、より容易に利子率を下げることができる。この明らかなパラドックスについてしばしの間考えてみる価値がある。

民間の借入れ

論点は、市場の過密の原因となるのは借り入れの額が大きいことではなく、借り入れの額が増加することである。民間の借り手は、通常、待つことはできない。彼は契約に入るなるべく以前に、あるいはとにかくその直後に、したがって新たな貯蓄が利用可能になる前に、長期的な金融を手配しなければならない。もしも投資が安定した率で進行しつつあるならば、前の一群の資本支出から手に入る投資可能な貯蓄が、前の一群の投資も一時的に必要としていた金融を、次の一群の資本支出のために解放する。しかしもし借入れの額が増大するならば、このようにして解放された金融の額は不十分である。そして不十分な金融総体のシェアを獲得しようとする借り手間の競争が利子率を上昇させる。

利子率に関する通俗的な考え方は、新たな貯蓄が投資可能な形で利用できる以前の先行する期間の金融の不足のリスクと、貯蓄自体の最終的な不足のリスクとの混同の結果なのである。大蔵省の問題の解決の手がかりは新たな貯蓄が投資可能な形で利用できるようになるのに必要な時間まで待つことができる大蔵省の能力にある。もし市場が債券に対して貪欲になるまで大蔵省がちょうど十分に長く待つならば投資を求める貯蓄の重みが利子率を押し下げるだろう。それはすべて、わたしが初めに言ったように、市場に対しそれが求めるよりもほんの少し多くの流動性と少し多くの時間とを与えるという問題なのである。

信　頼

市場はより長期の債券よりはむしろ三から五年の債券を受け入れる準備ができていると人は予期している。なぜかと言えばそれは流動性の小さな犠牲を伴うが、より長期の見通しについて依然として躊躇している人々に対する折衷案を提供するからである。またこれらの債券は民間の投資家が意思決定しうる前に、より高い利子のために大蔵省証券から部分的なシフトをする用意があるような銀行やその他の機関投資家に適している。より長い満期物を売り出す機会は市場価格が、低いがしかし低すぎない条件を示している時にやってくるだろう。というのはそれに続く売出しが予言的でかつだんだんより有利でない条件になりうるように一層の改善の余地を残すことが重要だからである。

わたしは一九三五から一九三七年に当時の平均的な条件が適切な出発点を決めるのに間に合わせの基準を提供すると提言している。

恐らく全体の状況の下でもっとも重要な要素は、大蔵省自体が自身の目的と将来の政策に関してつくりだす印象である。もし大蔵省が、敗北主義、あるいは、市場に大蔵省が自ら受け入れる用意のないリスクを受け入れるように求める印象を与えるならば、流動的に留まろうとする選好は、もちろん、大いに刺激されるだろう。もし大蔵省が急いでいるように見えたり、市場を下回る債券を売出したり、大蔵省自身の行動が市場は時が経つにつれて良くなるよりもむしろ悪くなるという期待を示すならば、信頼は急速に打ち砕かれるだろう。今のところ市場は何を期待すべきかを知らない。大蔵省証券の量は着実に増加しているが、銀行家の現金に増加の兆しはない。かくして傾向ははっきりとは知られていない。

しかしながらもし大蔵省がその目標を開示して銀行と諸機関及び国債市場にその秘密を洩らすならば、大蔵省は全幅の協力を期待でき戦いはすでに半ば勝ちを収めたであろう。誰も国債が減価するのを見るのを望まない。諸機関そして他の誰も彼らの増加する資産が利子を犠牲にして投資されずに放置されるのに満足しない。そのようにする唯一の重要な動機は、イングランド銀行が一部はオペレーション規模の増大によってまた一部は危機的時期のために必要とされる増加する流動性を供給するのに乗り気ではないこと、そしてまた大蔵省の政策が国債市場を徐々に下方に動かすようなものであることへの恐れなのである。もしその逆が信じられていたならば、海外の事態の脅威は決定的ではないだろう。

もし戦争が避けられるならば、政府支出の減少を原因とするギャップを埋めるために必要な巨大な量の投資を刺激するために低い利子率が必要である。もしそうでないならば、われわれの金融の構造を維持するために低い利子率が必要である。現在の危機における健全な公的財政の鍵は、短期債務を高い利子率でまかなうことのかたくななまでの拒絶と、われわれが生産力の完全雇用に到達した時の厳しい課税強化である。

◆ケインズの論文は二つの興味ある書簡の交換を導いた。第一には、『ファイナンシャル・ニューズ』紙のコラムニスト「レックス」とのものであり、それは開戦まで続いた。文通は七月二七日に「レックス」がケインズは英国が完全雇用に近づく速さを過小評価しており、したがってそのことの政策への影響を軽視していると主張した後に始まった。彼は翌日追伸でこの意見に反響を示した。

「レックス」宛書信、一九三九年七月二七日

親展。非公開

親愛なる「レックス」氏

わたしの『タイムズ』紙の第一の論文でわたしはこう書きました。すなわち「われわれがもはや如何なる利用可能な余剰資源も存在しない点に到達するのは、単なる時間の、それも短い時間の、問題に過ぎないことは今や確実であるように見える。したがって何とかして政府の必要と競合的な投資を制限することが必要である」と。わたしはあなたがわたしの論文をわたしがあなたのものを読むのと同じくらい注意して読むことを望みます！ わたしの議論の全体は以上の仮説に基いています。そしてわたしの論文の主たる目的は完全雇用の出現は低金利政策に影響するという見解に反対する理由を呈示することにありました。

わたしは、政府が完全雇用に到達するまでその計画を拡大しつづけることを希望するので、この仮説を採り上げることを選びます。しかしわたしは、現行の計画がそれほど大きくわれわれの生産能力を上回っているかどうかについては、ある人々よりも少しばかりより疑いを抱いていることを認めます。人々は、失業の傾向が消失していることに驚いた後で、今は少し早まって、また、少し余りにも激しく反対の結論に突進しているようにわたしには思えます。われわれの潜在的な最大生産能力がどのくらいであるかを予め言うことは非常に難しく、また、それはかなり大きいものになるとわたしは想像しています。

敬具

［イニシャル入りコピー］J・M・K

「レックス」よりの書信、一九三九年七月二八日

親愛なるケインズ

七月二七日のあなたのお手紙たいへん有難うございました。今朝それを受け取りました。もし昨晩それを受け取っていたら、申し分のないほど良い警句を犠牲にしてまでも、今朝の『ファイナンシャル・ニューズ』紙からわたしは間違いなく二番目の注を削除していたでしょう。

わたしは、あなたが引用した、あなたの最初の論文の一節を読みました。しかしわたしはあなたの議論の趣旨は今われわれが実際の完全雇用に到達するまでにわれわれに残された多かれ少なかれ不確実な経過の中間期における公的政策に関連したものだと思い込んでいたことを告白しなければなりません。

あなたの最後の段落（わたしはそれを特に興味を持って読みましたが）からこの中間期のあり得べき持続期間のあなたの見込みはわたしのものよりも長いとわたしは見ています。しかしいずれにせよわれわれ両者の間の月数の差はほとんどないとわ

たしは想像しています。そして報道関係者のルールにおける徳目「前の晩に予言すべからず」があります。したがってわたしはその問題をそのままにしておきたいと思います。それにもかかわらず、わたしは今あなたの論文をもう一度完全に新たな心構えで読まなければなりません。わたしは完全雇用以前の時期で戦争の近い経済に適用された、あなたの議論は基本的に妥当であると長い間わたし自身確信していただけでなく、レックス流のやり方で、わが国の民衆に納得させるように努めてきました。しかし、もしも、例えば信用拡張の計画が完全雇用の後で実行されるように立案されるならば——もし美食家がロンドン市長の晩餐会で飽食前と同じ薬を食後にも使おうとするならば——その場合にはわたしはわれわれの間の相違は単に時間の問題だと結論できる前にもう一度問題を非常に真剣に考えなければなりません。

敬具
レックス

「レックス」宛書信、一九三九年八月三日

親愛なる「レックス」氏

論点は完全雇用に到達したときに求められる支出の統制手段は利子率が高いか低いかに関係なくまったく同じだということです。このような状況下では、種々の切迫した影響力からわれわれを守るためにわれわれは高い利子率に頼ることは不可能です。実際、このような状況下では、高い利子率の予防的効力は特に弱いのです。したがって、目的を達するために他の統制手段に頼らなければならない時に、なぜわれわれのお金を無駄にするのでしょうか。

もし政府が支出する金額が変わらないならば、政府がそれを大蔵省証券でファイナンスするか、あるいは無償還公債でするかどうかはインフレーションに対してほんの少しの違いもないのです。大蔵省証券による調達はあなたのいう「信用拡張」であり、したがって、危険であり、また他の方法で調達された同額の支出はそうではないという考えは根拠のない迷信です。あなたがそれに執着するように見えるのはなぜでしょうか。

高い利子率はそれが非政府の支出を制限することを除いてはまったく何の効果もありません。そして誰が、利子率の適度の上昇は（あるいはあなたは過度の上昇を考えているのですか）このような状況下必要な他の統制とくらべてたいへん効果を持つと考えるほど愚かでありうるのでしょうか。

敬具

［イニシャル入りコピー］J・M・K

「レックス」よりの書信、一九三九年八月四日

親愛なるケインズ氏

八月三日のお手紙有難うございました。

インフレーションの試金石は金融的なものでなく、単にかつ唯一雇用に向けられることの可能な遊休の物的資源があるかどうかであるという基本的主張についてわれわれの間に不一致がないことは確かです。しかしながらこの観点から見ても大蔵省証券によるファイナンスと、長期債券によるファイナンスとの間には重要な相違があるように見えます。というのは一般的な仮定では大蔵省証券は銀行システムによって、また、より長期の債券は公衆によって取得されるからです。

いったん有効な完全雇用が達成されれば、政府の計画は追加的な購買力の創造によって（すなわち大蔵省証券や信用拡張を通じて）ではなく、既に公衆の手にある資金を吸い上げることによって、すなわち課税や借換え債の発行によってファイナンスされるべきであるということに、あなたは同意されないのですか。もしそうならば、資本市場における競合する需要のもっとも厳重な規制でさえも、利子率の上昇を防ぐのには、それを防ぐことがどんなに望ましいとしても、十分ではないということになるように思われます。

敬具
「レックス」

「レックス」宛書信、一九三九年八月一四日

親愛なる「レックス」氏

八月四日の貴簡見ております。論点は、たとえ追加的な銀行預金が諸機関や公衆の側における流動性に対する増加した欲求を満足させるために創造されるとしても、それは何ら購買力への有効な増加を生みません。公衆が彼らの貯蓄を銀行預金の形で保有することを選ぶ限りは、どんな形で政府支出がファイナンスされるかということ、あるいは銀行による大蔵省証券とその他投資の保有が増大するということは、わたしにはまったく問題がないように思われます。もしも公衆が流動性の増加に対する欲求を失った時には、借換債券を彼らに買わせるのに何の困難もありません。もし彼らが流動性の増加を求めている限りは、銀行預金と銀行資産の増大には何の害もないのです。唯一の危険は公衆が流動性に対する欲求を失い、そして、彼らに代わりの借換債券を供給する手が打たれなかった場合に生ずるでしょう。これは決して借換しないことに反対する議論です。それは彼らの流動性に対する需要が満足されるまで待つことに反対する議論ではまったくなく、それに賛成する議論です。

当期の取引目的のための銀行預金の増加（これは、もちろん、生産高が増加可能な限り必要ですが）と流動性に対する異常な需要を満たすために求められる不活動預金とを区別することが重要です。

敬具

［イニシャル入りコピー］ Ｊ・Ｍ・Ｋ

「レックス」よりの書信、一九三九年八月二四日

親愛なるケインズ氏

八月一四日のあなたのお手紙に今この事務所からお返事するならば個室から遅れてするよりも良いと、思っています。お答えするに当たってのわたしの主たる困難は、われわれが同じ一般的仮定を念頭においているかどうかを極めて明確にするということです。もちろん、もしも「追加的な銀行預金が増加した流動性に対する欲求を満足させるために創造されるならば……それは購買力に対する何ら有効な増加を生み出さない」ことは明らかです。このことは、人がデフレ・スパイラルを防ぐに過ぎない事をするつもりであるのならば、もしも流通速度が低下しつつあるならば、これを預金額の増加によって中立化でき、またそうすべきだと言うのと確かにまったく同じことに過ぎません。しかしこのことは、完全雇用の状況において、政府支出は公衆によって、既存の貯蓄から、あるいは、銀行システムによって、追加的信用の創造を通じて賄われるべきかという問題に本当に適用できるのでしょうか。後者の場合には、政府支出の受益者が彼らの新しい預金を完全に不活動のまま残すということはほとんど考えられません。そうでなくて、もしも追加的所得の一部分だけを彼らが「貯蓄する」とすれば、新たな信用による支出は不可避的に価格を吊り上げるに違いなくインフレ的な状況が生じるでしょう。われわれが大蔵省証券と長期債券の発行（それぞれ信用拡張による、また公衆の応募によるファイナンスの意味で）との間の区別をするのはこの理由によるものです。もちろん、もしも長期債券が実際に銀行システムによって買い入れられるならば、それが短期証券を買い入れた場合とその効果は同じだということにわたしはまったく同意します。わたしはこのような場合に何らかの区別があるとは決して論じていません。そしてこの点に関してわれわれの間には実際基本的な違いがあるとはいまだに信じられません。

これは、興味がありかつ、わたしにとって気持ちの良い文通であり、何事かによってそれが長続きすることが妨げられないよう希望しています。

敬具
「レックス」

◆そして今や公定歩合は四パーセントに引き上げられた(6)！

◆第二のやり取りは株式仲買人ペムバー・アンド・ボイルのメンバーとのものであった。

S・スクリムジュールよりの書信、一九三九年七月三一日

親愛なるケインズ氏

わたしがほんのちょっとした面識に付けこんで、あなたに手紙を書くことを許していただけるものと希望しております。実際わたしたちは数年前お互いの友人であるバーノン・マルコムソンと一緒にタクシーの中でお会いしました。お手紙する理由はあなたの『タイムズ』紙への書簡に、そして特に先週掲載された国防債券に関する二編にさらに一層興味を持っているからです。翌日の社説における、『タイムズ』紙の幾分超然として些細なことまで干渉する態度はむしろ落胆させるものでした――特に「政府は」あなたの議論の「理論的な推測にかかわりあう必要はない」という意見には！　あなたの

(6)　公定歩合は八月二四日に四パーセントに引き上げられた。それは九月二八日と一〇月二六日とに二段階で二パーセントに引き下げられるまで続いた。

議論の力と論理はわたしにはむしろ「理論的推測」以上にあたると思われ、また、わたしは、特に現在の状況下においては、政府は問題のあらゆる側面を――理論的であるにせよそうでないにせよ、もっとも注意深く検討すべきことが最高に重要だと考えるのが当然だと思うのです。しかしながら、わたしの恐らく幾分制限された観察では、政府が真の状況を本当に評価しているいることを示す兆候は、残念ながらほとんど見えないのです。

あなたは以上の意見から、わたし自身が――遠慮なしにそう言ってよければ――あなたの見解と議論に全面的に同意していると推測するでしょう。しかしながら、わたしがこの手紙を書く唯一の理由は、あなたの政策が、現在のシティとさらに特に銀行業界の意見の状況では、過剰流動性を供給するという――もしそう呼んでよければ――間接的なものよりも大蔵省による何らかのより強力な手段なしには、あなたの望む効果を得られるかどうかについてやや疑わしいと思うからです。

あなたはわたしに同意されると思いますが、戦争があるにせよ無いにせよ、英国政府の無償還債券に対して三パーセントかそれ以下の収益では正当化されず、そして、正常な水準はもっとはるかに高いはずだという意見が、わたしはまったく誤りだと思いますが、広く流布しています。結果として、元本減価のリスクの観点から、無償還債券を保有するのは不健全な方針であるという非常に一般的な感情があります。現在の国際情勢の危機的状態がこの恐れを強め、現在の価格水準においてさえ、わたしが思うに、多くの人々の心になお一層の元本減価の恐れが依然として存在します。したがって、過剰流動性の供給でさえそれ自体で銀行や他の機関がこの恐れを克服してより長期の一流投資物件の保有を増やすように導くのに十分であるかどうか、また彼らがこれまで適切と考えてきた比率を超えてより多くの流動的資産の保有が増加するままにするのを望まないのかどうか、わたしは疑問に思っています。

したがって、英国政府債券の市場への信認を回復するために大蔵省がもっと直接的手段を採るべきでないかどうか、また、より長期の債券の市場を支持するために為替平衡基金と類似した方法で大蔵省証券によってファイナンスされた基金を設立すべきでないかどうか、わたしはしばらくの間熟考してきました。実際には、これは大蔵省にとって利子率で三パーセント程度の節約で単にいくらかの長期債務を短期債務に変えることでしかありません。しかしながら、実際上は大蔵省が買わなければならない長期債務の金額は比較的少ないとわたしは信じています。何となればそのような基金の存在そのものが長期債券における元本減価の恐れを取り除くのを助けないでしょうか。この恐れが大きく取り除かれれば、その時には大蔵省証券の発行の増加によるより多額の流動性の結果が英国政府債券の価格水準を引き上げるのに十分な効果を発揮するとわたしは思います。

あなたがこの手紙への返事のために時間を割くことができるならばこの提案、ところでそれはもともとはわたし自身のものではないのですが、についてあなたがどう考えるか、また、関連する問題に対する大蔵省の現在の態度に対するあなたの意見はどうかについてお聞きすることにわたしはたいへん興味を持っています。表面上はむしろ彼らはまるで、事を流れるに任せ、わたしの呼ぶ最新のとるべき方式をもたらしていないかのように見えます。そうであるのか、あるいはわたしは彼らを誤解しているのでしょうか。もしそうであるならば、違った態度に導くためにどんな手段をとることができるでしょうか。事態は非常に緊急であると考えないわけには行きません。

敬具

スチュアート・スクリムジュール

S・スクリムジュール宛書信、一九三九年八月三日

親愛なるスクリムジュール氏

わたしは七月三一日の手紙であなたの言われたことにまったく同意します。二ページの最上段のパラグラフであなたは基本的な困難について触れています。わたしは長い間、イングランド銀行自身によってか、あるいは為替平衡基金に類似の何かによって行われる、長期債券による公開市場操作が正しい解決だと考えていました。わたしはついにはそれが採用されるだろうことには大きな疑いは持っていません。わたしの記憶に間違いがなければ、確かこの線に沿って、十年も前に書かれた、わたしの『貨幣論』(7)で、現実に提案しています。いずれにしても、この提案は絶対に妥当なものであり非常に少ないコストで驚くべき効果を生み出します。

あなたの手紙の最後のパラグラフに対する答えとしては、わたしは最近これらの問題を大蔵省の官僚と議論する機会を持っておりません。わたしの考えでは、大蔵省は、最新の方法については少し驚くでしょうが、それに反対するはっきりした確信は持っておらずそして実際はイングランド銀行よりはもっとこのような方向に沿って進む気はあるでしょう。しかし問題は彼らがそれに賛成する本当に強い確信を持っておらず、その結果彼らの行動は不熱心なものとなるだろうということです。そして不熱心な政策は、失敗するというだけでなく、もし誠心誠意実行されたならば完全に成功したであろう政策への不信をもたらすという、悲惨な結果を招くかもしれません。大蔵大臣自身に関しては、彼がこの問題を十分間もこれまで考えたことはないとわたしは思います。それは完全に彼の心の範囲外にあります。

まったく逆に、長期債券による公開市場操作のための基金を設立するというあなたの主張を世に問うことには何の害もないとわたしは見ています。しかしもしその主張がこの段階で、文字通りに、採用されるとしたらわたしは驚くでしょう。大蔵省は大蔵大臣に、もし望むならば、すでに政府の諸部局の手にある種々の基金と共に、これを行う立場に完全にあると伝えるでしょう(わたしの知る限りでは現存の為替平衡基金の英ポンド準備を、それについて何もわれわれに知らせることなしに、この目的に用いることさえ合法的でしょう)。彼らは、もしこの構想が良いものであるならば、人々を驚かすかも知れない、このような基金を公然と設立するよりもむしろ、ひそかにこのような方法でそれを用いた方がずっと良いと言うでしょう。恐らく、もちろん、これは真実に反します。そのような基金を設立することは人々を驚かせず、彼らを安心させるでしょう。しかし以上の議論はこの問題をむしろ表面的に見ている大臣にとっては説得力あるものと感じられるかも知れないということは容易に判ることです。

敬具

［イニシャル入りコピー］J・M・K

S・スクリムジュールよりの書信、一九三九年八月八日

親愛なるケインズ氏

わたしの手紙に対する御返事たいへん有難うございます。大蔵省、イングランド銀行、そして大蔵大臣の予想される態度についてのあなたの見込みはわたしのものと非常にぴったりと一致します。確固とした政策の欠如は将来あらゆる種類の困難に恐らくつながるとわたしは恐れていますのでそれは残念なことです。しかしながら、わたしがなし得るすべては、機会があるときにはいつでも、この問題を表明することだと思います。

こちらにおいても、また、一、二の例外はありますがこの問題についてちょっとした関心以上のものを示す人は誰も見つからず、大部分の人はそれを興味ある理論に過ぎないと見なしているように思われます。

敬具

S・スクリムジュール

◆七月にアーサー・ソルター卿とL・S・アメリーが極めて重要な輸入品の公的備蓄を主張した。ケインズはそれを手紙で

(7) ケインズ全集第六巻、三三一～五ページ。

支持した。

『タイムズ』紙の編集者宛、一九三九年七月五日

前略

アメリー氏とアーサー・ソルター卿の極めて重要な輸入品の備蓄の主張は争う余地はありません。もし価格が高ければ心配な大蔵省はためらうかもしれません、もっとも恐らく戦争中にはもっと高く上がるでしょうが。しかし実際は、多くの商品は非常に安いのです。小麦はクオーター当たり、かつて記録された最低価格から約一シリング以内の価格で売られています。われわれの船舶は仕事がなく港に停泊しています。生産国は売り込みに非常に熱心なのでわれわれは買付資金の大部分をわが国の国内で支出するように取り決めることができるはずです。在庫品に支出された貨幣は、たとえ危機が過ぎ去っても無駄にはなりません。このような状況の下で何もしないのは非常識です。

あなたの特派員が指摘するように、何が買われるかはあまり問題ではありません。しかし重い運航トン数が必要とされる商品、また売上金がわが国にある債務の支払いかわが国の商品の購入に用いられる商品に優先権が与えられるべきです（ナッシュ氏〔訳注9〕に彼がわが国に船積みできる商品のどんな量でも今後買い付けると申し入れることによってなぜニュージーランドの困難を助けないのでしょうか）。この政策が金の喪失をもたらした時でも、金は危機の場合二倍では売れるでしょう。

わたしは政府の不活動に関して彼らによる如何なる理由付けもまったく聞いたことがありません。もし在庫品を買い付ける政策に対する反対があるとしても、それが何であるかは語られていません。なぜ彼らはアメリー氏とアーサー・ソルター卿を任命して一億ポンドを割り当ててこの問題に専念させせないのでしょうか。この目的に対してより経験を積んだ一組の管理者を見出すことはできないでしょう。

草々
J・M・ケインズ

◆一九三九年の五月と七月の間、経済情報委員会は彼らの最終報告となるものを準備することに従事した。彼らの議論は六つの会合にわたって広がり、ケインズはこのうち最初の三つに出席した。その議題「防衛支出とそれに関連した経済及び財政問題」にはケインズは当然関係した。しかし彼の精力のほとんどが向けられたのは報告の基礎をなす統計的な仕事、なかんずくP・K・デブナムによる〔設備〕能力との関係での投資需要と、新投資に利用可能な労働力の供給の両者を見積もる試みであった。ケインズが会合に出席できない時には彼は書簡によって彼の影響力を維持した。

スタンプ卿宛書信、一九三九年六月二一日より

残念ですが今週はこれを最後に田舎に行き、したがって、次の月曜日、あるいは次の四週間のいずれかの日の経済諮問会議（ＥＡＣ）の会合には出席することができません。わたしはあなたが六月三日付の原案をどう扱おうとされているのか正確には知りません。しかしもし第二パラグラフが維持されるのならば（これは非常に興味あるパラグラフです）わたしは戦争状態における労働力の可能な拡大はひどく過大評価されて［ママ］いる可能性があると主張したいのです。わたしは三つの項目での労働力の増加はデブナムの四〇〇万の見積もりと比べて六〇〇万程度は容易だ

〔訳注９〕ニュージーランドの政治家、一八八二〜一九六八年。

ろうと推測したかったのです。もしそうであるならば、その結果は非常に重要です。六〇〇万の増加（わたしはこのうちの二〇〇万を現在の状況と比べての労働日の延長から引き出しています）は一七五〇万が通常の活動のためにとどまることを意味します。したがって消費財とサービスの量を一七½から一七の割合以上に縮小する必要はないでしょう。これは当初の前提の比較的小さな変化が如何に最終の結果に影響しうるかということ、——統計家たちには良く知られている特色——の一例です。同じ種類のもう一つの例がリース-ロス宛にわたしが書いた彼のモールトンとの対話の筋を追った手紙の同封したコピーの中にあります。(8)

P・K・デブナム宛書信、一九三九年六月二五日

親愛なるデブナム

新しい覚書の全般的計画と配置はたいへん良いとわたしは思います。この分析の方法は有益かつ興味のあるものです。しかしあなたの数字はわれわれが今年の計画を——わたしは翌年のことは何も言いません——一般的性格の特別な手段なしにやりおおせることができるはずだということを確信させます。かくしてあなたの大胆な提案はわたしの意見では悲観的です。

あなたはあなた自身の仮定によって投資財に対する需要は供給を約一〇パーセント上回ることを示しています。わたしはおおよその見積もりとしてそれとは争いません。しかしあなたの仮定はその中にあらゆる順応性を含んでおり、そしてこの一〇パーセントはあれやこれやの情報源から容易に作り出すことができるとわたしは考えます。わたしは特に以下の二つの点を強調します：——

（i）　あなたは投資財産業における失業者は一九三七年の水準以下には下がらないと仮定しています。わたしにはわれわれは小さな組織でそれよりもかなり改善できてしかるべきであるように思えます。

（ii）　あなたは労働時間の増加を想定していません。というのは一人当たり生産高のあなたの数字は技術的趨勢程度だけしか増加しておらず、そして恐らく技術的趨勢の考慮としても恐らく不十分です。労働時間における一日当たり追加の半時間はあなたの問題を大きく解決するでしょう。例えばあなたの仮定する四五万人の失業者の中からあと一〇万人が雇用され、そして労働時間の七・五％増加と技術的理由による生産高の二五〇ポンドへの増加は、あなたの表二の最後の欄であなたが求めるよりも約一二二九すなわち二〇〇〇万ポンド多くの総余剰を生み出します。われわれはあなたの大胆な計測を採り上げる前に先ず第一にそれを目指すべきであることは確かです。

（iii）　減価償却等のあなたの数字は、減価償却が償却準備金を留保しておく他、補修と取替えをカバーしなければならないことを考慮に入れると、たいそう低すぎるとわたしは感じます。コーリン・クラークの一九三四年の数字は三億八六〇〇万ポンドであり恐らく現在は四億ポンドでしょう。最近のアメリカの集計は正味 refined［?retained 留保］収益の少なくとも八パーセント［であったし］、それもまた四億ポンドという結果を生じます。

（iv）　このことはおそらく、次の部における純貯蓄はあなたの数字よりも低くなければならないことを意味します。しかし、あなたの他の数字すべてを正確なものと見なした場合ほどにはそんなには低くないのです。この不一致は事業損失によるものです。事業損失の無効化（その一〇〇パーセントは貯蓄されます）は新たな純貯蓄の重要な源泉です。

敬具

J・M・ケインズ

（8）　印刷されていない。

P・K・デブナムよりの書信、一九三九年六月二九日

親愛なるケインズ

わたしはあなたの委員会宛の手紙を会合で回覧しました。その結果、報告原案にいくつかの変更が決定されました。しかしながら、彼らは彼らの勧告から後退する気があるようには見えませんでした。もし現在の計画が彼らによって提案された諸方策なしに可能であるならば改善案を放棄するよりもむしろ計画を拡大させた方が良いという方針をとっている、ソルターの影響によるものです。わたしは会議の終りに討論の簡単な報告を致しました。この討論にしたがって改定された報告の新しい版はまもなく配布されるでしょう。

あなたの手紙についてわたし自身のために少しコメントしてよろしいでしょうか。

（1） 投資財産業における失業。四五万人は、需要が供給を上回っている時に、投資財産業にとって非常に大きな数字の失業者のように見えるということはわたしも認めます。しかしそれは弁明できるとわたしは考えます。その大半〔二六万人〕は、建設請負産業におけるもので、（i）一〇万人近くは不況の時にそこに庇護を求める、恐らくは雇用されない落ちぶれた連中、（ii）建設業における高度に季節的な失業、そして（iii）不規則な性格の雇用、によって惹き起こされています。それはより一層低く見積もれるとはわたしは思いません。また、やや類似した状況が造船業にもあります。造船所の閉鎖によって、大部分は移動できない老人である約三万五〇〇〇人の中核グループが居ます。これで他の投資財産業における〔失業保険〕被保険者の約六パーセントの一五万五〇〇〇人が残ります。もちろんまだ低くすることはできますが、これは多分低い数字だと思います。わたしは投資財産業における被保険者人口は、（i）いくらかの人は徴兵され、（ii）一六歳人口の採用は今年は昨年より少なく、そして（iii）利用可能な労働力に対する他の産業からの競争はより大きい、ということはあるものの、昨年と同じような増加を仮定しています。したがって失業の面での警告にはある程度の理由があるとわたしは考えます。

（2）一人当たり生産高、と労働時間。この点についてはわたしは言い損なったのではないかと恐れています。わたしは超過勤務に対して多少考慮していたと思い込んでいました。というのは、一方では、一九三六年には恐らく多くの残業がありましたが、他方においては一九三七年と一九三八年には一人当たり生産量はむしろ驚くべき低下を示しており、それをわたしは労働の質の希薄化によるものだと考えました。わたしは商務省に問い合わせ、同省の機械と造船の生産指数は海軍の造船と航空機生産の増加は考慮していないことがわかりました。わたしは、したがって、これらの年の生産高の数字を生産指数の代わりに雇用の数字を用いて改定しました。その結果は、一九三七年における一人当たり生産高の僅かな増加と一九三八年におけるほどほどの減少が、主として鉄鋼生産の減少に帰せられることを、示しました。わたしは今一九三九年における一人当たり生産高の数字として二五〇ポンドを採っています。これはより長い労働時間をまったく考慮していないことにわたしは同意します。しかしながら、この改定の結果は楽観論に対する根拠を与えていません。というのは投資財に対する通常の需要は一九三八年にはわたしが思っていたよりも相当に大きかったことを示唆しているからです。結果として、あなたが改定草案で見られるであろうように、わたしは、より長時間の労働による追加的七五百万ポンドの生産を認めた後でも、一九三九年にかなり大幅な不足を見出しております。

（3）減価償却。わたしの一億一五〇〇万ポンドの減価償却の数字はもちろんコーリンの三億八六〇〇万ポンドとは比較することはできません。その多くはわたしの他の諸項目の一つ、例えば（a）における道路とその他地方当局の減価償却、また（b）における住宅の修理から来ています。それにもかかわらず、一般的な減価償却に対する六〇〇〇万ポンドの数字は明らかに低すぎます。わたしはこれを、損耗の引き当てとして一億三〇〇〇万ポンドおよび土地と家屋の補修の三五〇〇万ポンドから成る、一億六五〇〇万ポンドに修正しています。

（4）会社の準備金および事業損失。わたしは事業損失についてのポイントを理解しているかどうか確かではありません。『エコノミスト』誌の準備金の数字は事業損失を考慮した後の、正味の数字であるように思われます。例えば、事業が正味の損失を出した場合にはこれは準備金への引当から控除されていると考えられます。わたしは準備金への正味引き当ての問題に関して内国歳入庁と話をしましたが、彼らはそれを総額で（すなわち、税引き前で）約二億ポンド、われわれの欲する数字である、正味で一億五〇〇〇万ポンドと置いています。わたしはこれが少し低くないかどうか確かではありませんが、それを報告に載せました。その結果は個人貯蓄を一億一〇〇〇万ポンドに引き下げることになりますが、そのうち六〇〇〇万ポンドは郵便局等への預金の形になっています。わたしは金持ちの貯蓄は彼らの証券仲買人に支払う以上のものだとは考えません！

敬具

P・K・デブナム

P・K・デブナム宛書信、一九三九年七月一日

親愛なるデブナム

六月二九日付のお手紙たいへん有難う。

（1）と（2）の点についてわれわれが何もしないとすれば、それについてあなたが非常に正しいのはもっともです。しかし第一の課題はこれらの項目の下で利用可能な労働の量の増加を組織することであるべきだとわたしは考えていました。

（3）と（4）の点については、手紙には書ききれないほど、言うべきことがたくさんあります。わたしは、事実、この問題についてちょうど仕事を始めたばかりです。しかしわたしが言うに値する何か確かなことがあると感ずるまで相当に根気よくやり通す必要があります。わたしは実践的でない国でのあなたの勇敢な開拓者の努力を賞賛します。そして今のところわたし自身は、より良いものを提供する用意はありません。しかしわたしは、委員会がそれを印刷

することはひどく無責任だと感じます！

あなたは以下の数字に興味を持つでしょう。一九三六年に郵便貯蓄銀行と信託貯蓄銀行、大蔵省の年金勘定、失業と健康保険基金、建築組合、保険会社および種々の小さな貯蓄代理店における資金の増加は二億四一〇〇万ポンドに達しました。このうちの三八〇〇万ポンドが郵便貯蓄銀行におけるもの、現金及び債券で、残り二億三〇〇〇万ポンドは他の源泉からです。かくして、もしあなたの個人貯蓄に対する五〇〇〇万ポンドの見積もりが、郵便局は別として、正しいとするならば、上に挙げられたすべての他の源泉からの個人貯蓄は、−一億五三〇〇万ポンドということにならなければなりません(*)。建築組合の総資産の増加は住宅投資の全体の増加の約半分以上は占めないので、それらの数字を相互に確認するのは容易ではないでしょう。わたしはこれまでのところどう説明してよいかわかりませんが、現在の段階では、それらの数字は恐ろしく当てにならないことを強調したいのです。

敬具

［イニシャル入りコピー］　J・M・K

スタンプ卿宛書信、一九三九年七月一日

親愛なるスタンプ

わたしは火曜日の経済諮問会議（EAC）の会合に出席できないので、この機会に改定された書類についてのわたしのより重要なコメントをあなたに送ります。わたしは非常に多くの批判をしているので、草案全体としては非常に

（＊）生命保険に関する調整によって減額されている。それは調整により−一億ポンドまで減らせるかもしれない。わたしの数字はすべての保険に関して支払請求とすべての他の支出控除後であり、あなたのものは生命保険についてだけの支払請求控除前のものです。

興味があり、すべて［ママ］そして刺激的な書類であると感じていることを付け加えたく思います。わたしはコピーをデブナムに送っていますので、この手紙のコピーは、可能ならば、月曜日には全委員に発送されるでしょう。

Ⅰ　報告書の第一部では諸統計が今度は前よりももっと慎重になっています。しかしながら、後の部分の大部分を占める、貯蓄の源泉についての議論は除いた方が賢明であろうと、わたしは信じます。

これは如何なるエコノミストあるいは統計家もどのようなものであれ包括的な見積もりを公表する力はないと感じている事項です。委員会はここで重要だがしかし、独創的な仕事という過度に困難な仕事に踏み込んでいます。それは勇敢で先駆的な努力です。しかしその数字は専門家の批判に耐え得ないか、あるいは正当な見積もりは誰かによる多くの月日をかけた仕事によって以外にはまとめることはできないとわたしは信じます。ここには何らかの新しい統計を集めるという試みはありません。それは部分的な数字と利用できる推測に基いて見積もられています。しかもそれは外部のあるいは責任感の薄い権威者もしようとする勇気はないような推測です。コーリン・クラークでさえしないのです。そして彼がそれに関して推測をした項目、すなわち減価償却引当金、でも現在の見積もりとの間に大きな不一致があります。もちろん、二つの数字は直接には比較できませんが。わたしが前の手紙で触れた点、すなわち大きな未調査の課題である事業損失、それを取り戻すことはほとんど全部純貯蓄を増加させるのですが、は触れられておりません。

われわれの頭の中からこの種の表を作り出して、その根拠の上に遠大な実際的な提言を基礎付ける資格がわれわれにあるとあなたは本当に考えておられますか。

Ⅱ　現在の状況の段階を与えられたものとして、政府に対する実際的な助言として考えれば、採用された一般的方針は馬の前に馬車を置くというケース、あるいはむしろもう一頭の馬を使う代わりに馬車の積荷を下ろすというケースだとわたしは感じています。

この段階でなすべきことはわれわれの生産的な資源を動員することであるようにわたしには思えます。これは統制をはじめる前に明らかになすべきことではないでしょうか。われわれの資源の動員は初期の段階では特に重要です。なぜかと言えばそれは非常に困難であり長い準備を必要とするからです。われわれが今する必要があることは、そうしなければ失業したままでいる人を有用な仕事に引き入れ、非熟練工を使い、退職者や女性をより多く雇用し、資本の制約により手をつけられないであろうことが確実な類の重要ではない決まりきった目的のための労働使用を節約する等のための方法を工夫することです。

わたしはあらゆる種類の規制が必要になるということを信じる気に完全になっています。そしてそれらはどのような形をとることができるかを調べることが有益です。しかしわたしが当座の方策について論ずる場合に、もっとも明らかな点は現在においてわれわれの資源のすべてが動員されているなどとはとうてい言えないということです。わたしが前に言ったことを繰り返すならば、この覚書で予想される生産計画にはわれわれの資源の適切な動員によって満たされないものは何もないのです。それが第一のそして緊急な課題です。

Ⅲ　新規発行市場の規制から期待できるものについてはあまりに強く力説されています。わたしはこの提案に反対ではありませんが、しかし実際の見地からそれを考えることがより役に立つでしょう。

例えば、先月の例外的に大量の新規発行をとってみましょう。各々のケースにおいて調達の目的はかなり十分説明されました。それらのうちのどれを委員会は拒否したいと思ったでしょうか。わたしの記憶が正しければ、それらは主として自治領の軍備支出、電力開発、空襲警戒態勢〔A. R. P., air-raid precautions〕、そして住宅と道路の開発に関するものでありました。ほぼ同じことがすべての将来の大規模発行にあてはまるとわたしは思います。ところで、例えば、われわれが住宅の開発を抑制しなければならない時点に到達しているとするならば、たぶんそうかも知れませんが、その方法は厚生省が地方当局の計画への同意を拒否することであることは明らかです。新発債市場を通ずるのはこの件に対して有効な対処法ではなく、それは遥かに遅すぎる段階で出てくるのです。

あるいは、委員会が検討しなければならないのは、最高で、それぞれ数十万ポンドにしかならない小さな案件なのでしょうか。再び最近の問題で試してみましょう。もし委員会のメンバーが選択権を持っていたとしたら、彼らはそれらのうちのどれを拒否していたのでしょうか。例えば放送中継でしょうか。

わたしはこの方面の機会は非常に限られており、また、規制は発行市場を通ずるよりもずっと初期の状態で課せられるべきだ、と信じています。明白な対策は、今後の地方当局からの申請は、空襲警戒態勢に関するものを除き、認められないという厚生省による指示でしょう。委員会はそれが勧告できる段階にわれわれが到達していると確信しているのでしょうか。あるいは、もしわれわれがすべての電力開発は止められるべきだと考えるならば、電力委員達と電力庁を通してそうすることはまったく容易であることは明らかです。事態を新発債が準備されて、それから拒絶されるという点まで決していかせはしないでしょう。委員会はこれ以上の電力開発は止められるべきだという点にわれわれが到達したと信じているのでしょうか。

あるいはさらに道路は。すべての今後の道路への支出を止めることよりも容易なことはありません。われわれはそれを賢明だと考えるのでしょうか。

わたしは全般的な見地からよりもむしろこれら個々の見地から考えたいのです。もしわたしが関係する政府部局の一つにいたならば、わたしはこの委員会が個々の申し出の項目について本当に何を望んでいるかを知りたいと思います。

Ⅳ　高金利政策についての二つの暫定的な提案はこの覚書には含まれるべきでないこと、そしてこの問題はもしわれわれがこの方針をとろうと本当に望んでいるのならば別の機会に委員会で徹底的に討論すべきであることをわたしは強く申し立てたいのです。

この問題に関しては簡単な言及は議論もされておらず、また、本当にわかりやすいものではありません。わたしはどの程度の重要さでこの問題が考えられているのかわかりません。

委員会は戦時公債を五パーセントか一〇パーセント減価させる、あるいは大蔵省証券の収益を一パーセント引き上げることは害があるよりはむしろ有益であると信じているのでしょうか。そのような手段は規制という観点からはまったく無視できるような価値しかなく、そしてしかも政府の借入れ計画を完全に破壊し、納税者に長期的には何億ポンドもの負担をかけると、わたしは言うべきでした。わたしはちょうど書き終わった一組の論文を同封しました。それはこのことに関してのわたしの良く知られた考えをさらに発展させたものです。委員会はこのすべてを、議論することもなく、僅かばかりの付言において拒否する権利があるとはわたしは思いません。

しかしながら、以下の削除によってわたしの要求に応える事は容易です：——

一〇ページ、パラグラフ一三。「排他的な」を削除する、また、このパラグラフの最後の文章の「ある程度の金利の上昇が生ずるのは許容されるにせよされないにせよ」を削除すること。

一二ページ、パラグラフ一五。「信用状態の引き締まり」を「銀行信用の適度の割当て」と読み替え、そしてこのパラグラフの二つの残りの文章を削除すること。

敬具

［イニシャル入りコピー］J・M・K

わたしは政府に誘導された支出が今会計年度の終わりにおいて現在よりもどれだけ大きくなるかの見込みを知ることに興味がある。第一四半期において支出は年間全体の見積もりである一二億八五〇〇万ポンドと較べて年率で一一億八四〇〇万ポンドであることが認められる。もしわれわれが年間見積もりを一三億五〇〇〇万ポンドに引き上げるならば、残る三四半期に対して一〇億五四〇〇万ポンドを残すことになり、すなわち、年率で例えば一四億ポンドになる。これに対して生産と国庫の支払いとの間にはかなりのタイムラグがあり、上記の数字は第一四半期の平均であって、六月最後の週のものではないので、この第一四半期における年率で、平均一一億八四〇〇万ポンドの支出が例えば一三億ポンドないしそれ以上の現在の生産年率を覆い隠していることは容易にありうる。もしもこれが正しいならば、年度末までの政府による生産は現在よりもまず週当たり二〇〇万ポンドほどすなわち国民生産の二パーセントだけ大きいかもしれないが、しかしまずそれ以上ではないであろう。乗数効果を考慮に入れるならば、例えば現在の計画は、国民生産の今よりもせいぜい五パーセントの増加を意味するに過ぎないかも知れない。それは投資への制限なしで実現できないだろうか。わたしはそうは思わない。

もしわれわれの目的が現在の計画は今よりも非常に大きくあるべきだというのならば、それは別の議論である。即時の規制を課すことは大臣達や公衆によって現在のわれわれの計画の強化に反対する理由だと取られ、それを支持する理由とは取られないだろう。われわれの資源はすでに不十分であると議論することはより多くの成果をあげる途ではない。

わたしは貿易収支と備蓄の積み上げに関しては覚書に全面的に同意する。わたしは後者がより断固としてかつより多く詳細にわたって採り上げられることを望む。わたしはたとえ戦争が遠い可能性に過ぎないとしても、政府はこの問題については常軌を逸しているように思える。現在と、ありうる戦争の時の価格の違いは指摘に値するのである。

スタンプ卿宛書信、一九三九年七月一日

親愛なるスタンプ

わたしはデブナムが自分の考えで非常に大胆に作り出した統計を用いることについて委員会は少し慎重であるべきだと強く感じます。われわれのうちの誰もこの問題について数日の作業でもっとうまくやれはしないでしょう。しかし統計がひどく信頼できないことは確かです。

四分の一時間考えた成果である、わたしのこの前の手紙の結果として、彼は投資財産業の生産高の彼の見通しを七五〇〇万ポンド引き上げ、一般的な減価償却の彼の数字を六〇〇〇万ポンドから一億六五〇〇万ポンドへ増加させました。わたしはこれらの事項についての専門家ではありませんが、別の四分の一時間で貯蓄の数字について同じように大きな訂正を彼にさせることができると想像しています。

わたしはコーリン・クラークは統計についての勇気ではヴィクトリア十字勲章に値するとかねて考えていましたが、しかし今や、ピアズ〔デブナム〕の方を選んで彼をはっきりと退けるべきであることは確かです。とにかく、わたしは委員会が閣僚達にこのような推測を提供することはひどく無責任だと感じます。

敬具

［イニシャル入りコピー］Ｊ・Ｍ・Ｋ

Ｐ・Ｋ・デブナムよりの書信、一九三九年七月三日

親愛なるケインズ

七月一日のあなたのお手紙たいへん有難うございました。同封いただいたものは明日の会議のために委員達に回付しました。ところであなたの二億四一〇〇万ポンドの貯蓄を原案で示されたものと一致させるための注釈を加えてよろしいでしょうか。この金額の大部分は報告書原案で事実上見込まれていること、そして、わたしの五〇〇〇万ポンドの個人貯蓄（労働階級の貯蓄を除いて）から差し引かれるべき、残された残余は、一〇〇〇万ポンドの負の貯蓄をそのままとして、富裕者の個人貯蓄のための概略六〇〇〇万ポンドであること、をあなたは見出されると思います。

以下の項目はすでに書かれているものです：——

	（百万ポンド）一九三七年	一九三六年
失業基金（三一ページ、表C）	二一	二一
預金：郵便局、貯蓄銀行 建築組合及び貯蓄証書（一九ページ）	六〇	七三
建築組合住宅抵当貸付返済（一八ページ）	七五	七三
生命保険（普通）保険料（一八ページ） プラス利子マイナス費用	一一〇	一一〇
	二六六	二七七

これらから控除さるべき生命保険証券に対する

支払請求及び解約	七〇	七〇
	一九六	二〇七

以下の項目はあなたの二億四一〇〇万ポンドに含まれているがわたしの見込みからは除外されているものです：

（百万ポンド）	一九三七年	一九三六年
建築組合出資資本	三七	三三
産業生命保険（純受け取り）	二〇	二〇
健康保険積立基金	三	三
建築組合（追加返済）	一〇	一〇
	七〇	六六
総計	二六六	二七三

建築組合の追加的返済の一〇〇〇万ポンドは実際の建築組合の返済金額（新規のモーゲージからモーゲージ残高の増加を差し引いて得られた）からわたしが以下の根拠で推定した任意の数字です。モーゲージ残高の減少は毎週の返済か住宅の売却による全借入の返済かによって生じます。最初の種類の返済だけが抵当権設定者による彼の所得への負担と考えられます。残余のものは建築組合によって起こされた新規の住宅抵当貸付によって支払われるか（この場合には純返済の計算では相殺されます）、あるいは以前に蓄積された個人貯蓄からの引出しです。

わたしが含めることができなかった他の項目はわたしの草案のどこかで説明されるべきでした。産業生命保険基金と健康保険基金は個人貯蓄からの控除であるべきで、建築組合の出資資本の増加は郵便貯金等に含め、その金額は六〇〇〇万ポンドから九七〇〇万ポンドとすべきでした。

あなたの手紙を再読しましたがあなたの二億四一〇〇万ポンドは建築組合住宅抵当貸付の返済を含むかどうか確かではありません。これらに加えて建築組合の新規出資及び積立資本（一九三七年において約一億三五〇〇万ポンド）は一九三七年における個人住宅建築を賄うのに十分以上であることを考えるべきでした。恐らくある金額の住宅財産への銀行貸付はその年の建築組合の住宅抵当貸付を起こすことによって返済されています。保険会社もまたこの分野で活動しています。

敬具

P・K・デブナム

P・K・デブナム宛書信、一九三九年七月四日

親愛なるデブナム

あなたの七月三日の手紙に対する答えですが、わたしの手紙に関するあなたの再読は正しいです。すなわち、わたしは建築組合モーゲージの返済は含めませんでした。したがって依然としてむしろ大きな不一致が存在します。わたしは現在のところ説明が可能だということを否定する用意はありませんが、それが容易に説明できないことは確かです。またあなたの調停案においてあなたが小規模貯蓄代理機関のわたしの項目をどう扱っているか明確ではありません。それらは互助組合、勤倹貯蓄組合、労働組合、勤労者補償機構、保証貸付組合そして鉄道貯蓄銀行などからなります。これらの小さい項目は一九三六年には三六〇〇万ポンドほどに上ります。生命保険のわたしの数字とあなたのそれとの差は産業生命保険と何の関係もありません。

わたしの数字は火災保険会社等を含む、すべての保険会社の資産の現実の純増に対するものです。したがってわたしの計算はあなたのものよりもずっと厳格な基礎に基いています。というのはその年の間に支払われた生命保険金の支払請求の如何なる部分も、貯蓄として保有されていることを仮定していないからです。それを貯蓄とみることが正しくないことは明らかです。

このようにして説明されるべき総額はわたしの数字の二億四一〇〇万ポンド、プラスその年の間における建築組合住宅抵当貸付の返済プラス保有者に支払われた保険証券となります。それは全体で三億八〇〇〇万ポンドに近いどこかになります。そうでないでしょうか。それに公衆に開かれたすべての他の多くの種類の方法による正の貯蓄が加えられるべきです。そしてその後になされるべきすべての種類の控除があります。

ホール研究所の下で仕事をしている、ケンブリッジの調査委員会が、この問題の作業をすることをかなり前から申し出ています。そしてわれわれは秋の間にもっと進歩できるとわたしは希望しています。[9] あなたにこれに参加してもらって、積極的、批判的の両面で、あなたの貢献を得ることができればと思います。

あなたの回覧したわたしの手紙［上記、五八二―三頁］のコピーにひどいミスプリントがありました。すなわち、一四億ポンドの代わりに一九億ポンドとなっていて、これはむしろ混乱を生みます。またそのページで、一〇億五九〇〇万ポンドは一〇億五四〇〇万ポンドと読んでください。そして'multiplied'は'multiplier'と読んでください。

敬具

［イニシャル入りコピー］　J・M・K

(9)　ケンブリッジの調査計画は同大学の応用経済学部の前身である。ケインズが言及したその後の仕事は「戦費調達論」と関連する論文で世に出た（ケインズ全集第九巻、三六七～四三九ページ及び第二二巻、四一～八一、一二四～三二ページ）。

スタンプ卿よりの書信、一九三九年七月五日

親愛なるケインズ、

草案に対する見解を述べられるについてあなたにおかけしたご苦労にたいへん感謝しています。これらは昨日の会合で十分に考慮されその多くが決定されましたが、不一致があった場合にはその都度貴方の賛否の意思表示は計算に入れました。

貯蓄の問題について：わたしは少し前に大蔵省の委員会に居りましたが、同委員会は有用な結論に達しえなかったために最終的には挫折しました。そこで委員会はその修正された形を付録に置き、そして議論は今や決して統計の妥当性ないし連続性に依存しておりません。

あなたは最初の校正刷りを数日中に手にするでしょう。そして委員会がどれだけあなたの見解を採用できると感じたかをおわかりいただけるでしょう。

草々
スタンプ

スタンプ卿宛書信、一九三九年七月二五日

親愛なるスタンプ

報告の最終草案に関して、わたしはデブナムに彼の数字についての一つの示唆を送りましたが、彼はそれを確かにあなたに知らせたと思います。これを条件として、わたしは他の批判を撤回しました。なぜならわたしは報告書は非常に立派で興味があると考えることに他の委員と意見が一致し、かつ種々の勧告も承認するからです。特にわたしは

それは当局のためにまったく有益な内容であり、また、方策に関する限り、ちょうどわれわれが彼らに告げるべきものと思うからです。

しかしながら、われわれは、別の時には、われわれが統計を印刷する前にそれについては相当により批判的であるべきであること、そしてわれわれはデブナムの独創的ではあるがやや乱暴な非常に多くの推量に承認を与えるべきではないことを、むしろ強く感じます。

統計に関する限り、この文書のすべては、今年に先立つ年の国民所得が約五〇億ポンドであったと仮定して、追加的生産能力の大きさは五億ポンドの増加と計測される（物価上昇は除いて）という彼の信念に、そして五億ポンドの所得の増加から一億ポンドが貯蓄されると期待できるというさらに進んだ仮定に、基いています。

わたしとしては、もし追加的生産能力がそれよりも非常に高くはないとすればとても驚きます。現在の状況の下で、わたしは五〇億ポンドよりも六〇億ポンドに近く、例えば、五六億ポンドあるいは五七億ポンドまでの増加を頼りにできると考えたかったところです。戦争状態の下では、われわれは容易に六五億ポンドないしそれ以上さえまでも拡大できるでしょう。そして貯蓄に関しては、デブナムは、輸入と失業救済を考慮した上で、乗数を五程度の高さと仮定しています。これはわたしが見たこれまでなされた如何なる推計よりもずば抜けて高いのです。三½の数字でさえ高めでしょう。もしわれわれの所得が四〇億ポンドまで落ち、そしてもしそれが確かに三五億ポンドまで落ちたならば、貯蓄は恐らくゼロもしくはマイナスとなるでしょう。したがって、もし所得が五〇億ポンドに上昇したときに貯蓄が五億ポンドだとしたら、このことはわれわれが三五億ポンドを超える増加額の少なくとも三三パーセントを貯蓄していることを意味します。なぜわれわれが五〇億ポンドを超える増加額に対してこれより少なく貯蓄するのでしょうか。

したがって、覚書において仮定された規模の問題はおのずから解決しているとわたしは信じます。そして、そうではないふりをすることはどんなに善意からのものであれ些細なごまかしです。わたしが報告書を当局にとって有益な内容だと考える理由はわれわれの尽力が覚書で想定された程度よりも相当に高度だと認めるからです。しかしそのことはわたしの主張をむしろ違った根拠の上に置くことです。実際に示された統計数字は能力ある権威者を前にして弁護できるとわたしは信じません。そして厳格な科学的標準を保つことがわれわれにかかっていることは確かです。委員たちは彼らの望む政策の一般的方針にうまく適合しそしてそれを支持するように見えるいかなる統計数字でも鵜呑みにしている傾向があるとわたしは感じます。

敬具

［イニシャル入りコピー］J・M・K

スタンプ卿よりの書信、一九三九年七月二八日

親愛なるケインズ

今月二四日の手紙を有難う。メンバーたちがあなたの意見を知ることができるように、手紙は彼らに送っています。

われわれすべてはわれわれの数字について派手あるいは、ずさんになり過ぎないようにすべきであることについて多くの共感を持つに至ったと思います。そして、そうしたことは、わたしは決して二度と起こり得ないとは言わないにしても、非常にありそうもないことです！

わたしはあなたがお体を大事にして、体力を保たれるよう希望しています。誰もがあなたの『タイムズ』紙の論文に興味を持っておりそれは、いつものように、時宜を得ています。

草々

スタンプ

◆ついに、一九三九年夏に、ケインズは彼が一〇年以上前に提起していた問題に戻った。この復帰のきっかけはサー・モンテギュー・バーロウを議長とする産業人口の配分に関する王立委員会のメンバーであった彼の妹マーガレットからの手紙であった。

マーガレット・ヒルよりの書信、一九三九年六月一四日

親愛なるメイナード

わたしが王立委員会との関連でむしろあなたに尋ねたい一つの質問があります。それは、もし産業の配置を取り扱う部局のようなものが設立されるとして、その部局の機能に関するものです。この部局の執行権はないが管理権はある機能の一つとして、公共事業などによって、不況の時期における失業を取り扱う計画を含むべきだとわたしは主張しました。

あなたはこれについて非常に多く書いていると思います。そしてわたしの読める何かがあるかどうかを知りたいと思います。これに反対する議論は、非常に多数の人々を雇用する、有用で公共的性格を持つ仕事を見出すことは不可能であるということです。これはあなたの考えですか、あるいは例えば大きな再軍備計画が終わった後に続くかも知れないような失業に対して好景気の時期に何らかの準備をしておくことができるとあなたは考えますか。

もしあなたが同封した文書に目をやって、それについて何らかのコメントをする時間があったなら、わたしはとても嬉しく思います。この計画が良いことなのかそうでないのかについて大きな意見の相違があるからです。それは、もちろん内内のことで、単なる示唆に過ぎません。委員会のあるメンバーたちは設立されるべき何らかの部局に執行権を与えるところまでさらに進んでいくことを望んでいます。しかし個人的には、われわれが持っている証拠から、わたしは現在のところは、ロンドンは別として、それを進めていく十分な情報がないと感じています。そしてわたしは多分サー・アーサー・ロビンソンの提案を支持するつもりです。

ではまた
マーグ

マーガレット・ヒル宛書信、一九三九年六月二〇日

親愛なるマーグ

わたしは最近は国家投資局の問題については何も書いていません。これに関するわたしの最初の提案はわたし自身の名前では公表されませんでしたが、しばらく以前ですが、自由産業研究の報告書の中に入っています。それより、わたしはマクミラン委員会の報告のどこかに似たような何かを入れたと思います。二つのやや別の疑問が生じます。まず第一に、国家投資局は当を得たものかどうかということです。わたし自身の感じでは、われわれが改革の用意があるときには、意見はこの方向に大いに固まるのが見出されます。超保守主義なもの以外の如何なる政府もそれを導入する方向に向かって動き出すことが期待されるでしょう。非常に多くの人々を雇用する有用で公的な性格を持つ仕事を見出すことは不可能だという議論をあなたが経験したことにわたしは興味を持っています。これは最近の不況下でのネヴィル・チェンバレンとその政府の議論でした。しかし大部分の人たちはそれをまったく放棄したと、わたしは考えていました。それはまったく擁護できない主張です。誰かが公然とこのような議論を厚かましくしていたときからしばらくたっています。しかし、人々がこのような無意味なことを公然と話す勇気をなくしてからずっと後でも彼らはこの種のことを個人的にもぞもぞ言いつづけていることをわたしは知っています。とにかく、実際すべての改革的精神を持った人は国家投資局の設立に向けて何らかの動きをすることに賛成しているとわたしは言いたいのです。

しかしこのことを主として産業の配置を扱う部局に適切に付加できるかどうかはまったく別問題です。わたしはこの機能の組み合わせは望ましくないとむしろ強く言うべきでした。もし国家投資局が設立される場合には、それは産業配置のための部局と密接に協働して仕事をすることがもっとも賢明でしょう。しかし前者の組織の機能は後者のそれを超えてずっと遠く進むので後者の補助的な機能として扱われることはほとんどできないのです。

したがって、産業の配置のために提案された権限はそれと協働して仕事のできる国家投資局があったならばその業務は非常に大きく促進されるという趣旨の条項を付加するほうがはるかに良いと、わたしは思います。

同封された実際の提案は正しい方向にあるようにわたしには思えます。わたしの主な批判はそれがやや曖昧で、責任を、あなたの委員会からその部局の機能を定めているパラグラフ二で提案された部局に転嫁している（アメリカ人の表現を使えば）ことです。あえて言うならば、それがあなた方がこの段階でできるすべてのことです。しかし、結局は、あなた方は、あなた方の委員会が自ら作成することをまさしく期待されている提案を準備して商務省に提出する責任を負うべき部局の設立を提案しているということです。わたしはこのことを必ずしも批判はしません。あなたの委員会がなしうるすべてはそのような部局を唱道することであり、そして具体的な提案をすることになる組織体はあなた方自身よりもその部局に違いないということはまったくありそうなことです。

モーリス[10]が優等試験一級を取り逃したことは残念でした。しかし彼はそれを得たのに非常に近いとわたしは思って

(10) モーリス・ヒル、ケインズの甥。

います。

草々

［イニシャル入りコピー］J・M・K

マーガレット・ヒルよりの書信、一九三九年六月二一日

親愛なるメイナード

国家投資局についてのあなたの手紙たいへん有難う。わたしは今彼らにそれについて多くをさせることができるかどうかむしろ疑問に思っています。しかしそれに言及する条項を付加するというあなたの示唆は良いと思っています。もし計画が余剰労働を利用するために前もって考え抜かれたならば、産業配置の困難もずっと容易になるでしょう、国際的及びその他の情勢が変化したときには如何に多くの計画も余剰労働力が累積するのを防ぐことはできないでしょうが。

われわれは提案された部局に、自らがなすべく与えられた機能を引き渡している、というあなたの批判にわたしはむしろ賛成です。しかしわたしはこちらの側に甘んじています（ややより広範な主張をする少数派の報告書が出ることになっています）。なぜかと言えばわれわれの持っている如何なる証拠からも、あるいはわれわれが得ることのできた如何なる情報からも、ロンドンとイングランド南東の一角の成長を止めるという努力のほかに多くのことを勧めることができるとは思えないからです。都市の適切な規模はどれだけかをいうことは不可能です。田園都市の成長は非常にゆっくりしておりそして非常に評判がよいとは言えません。そして国中で提出された計画案が成し遂げようとしているものはいまだに明らかでありません。わたし自身の意見は、庶民は非常に集団を好み、刺激と活気を伴う大きな都市に住むのを好み、そして彼らを国中に分散させるという如何なる計画も彼らにとって不満足であるのみならず、国を全体としてだめにして、特定の諸地域に混雑を生じさせるのではなく、イングランド全体に混雑を生み出すということは、きわめて明らかであるように思えるということです。われわれは

既存の中心都市間でのより均等な人口分布と、そして最も重要なこととしてすべての都市の状態の急速な改善を望みます。

われわれはモーリスが優等試験一級を取れなかったことを残念に思っています。しかし非常に良い二級であったことは彼を勇気付けたことでしょう。そしてそれは同時に優等卒業試験を前にして多くの勉強をしなければならないことをはっきりさせたでしょう。あなたが静養期間に非常によく耐えたことを喜んでいます。わたしはまもなくデヴォンに十日ばかり行くところです。

草々

マーグ

◆ケインズのペンによる更なる寄稿は、もちろん、戦争の開始とともに現れる。それらは次の巻の課題である。

本巻に再録された文書

公文書館所収の文書は、発行日の前に請求番号を示す。

論文及び小論類

アメリカは支出拡大で回復への道をたどることができるか（『レッドブック』、一九三四年一二月）　三三四―八頁
いかにして不況を避けるか（『タイムズ』、一九三七年一月一二―一四日）　三八四―九五頁
英国は金本位制について妥協すべきか（『デイリー・メイル』、一九三三年二月一七日）　二二九―三三頁
オーストラリアの専門家による報告（『メルボルン・ヘラルド』、一九三二年六月二七日）　九四―一〇〇頁
外国為替の将来（『ロイズ銀行月報』、一九三五年一〇月）　三六〇―九頁
外国為替の大混乱（『デイリー・メイル』、一九三三年六月二〇日）　二五九―六三頁
カフィル・ブーム：歴史は繰り返すか（『デイリー・メイル』、一九三三年二月七日）　二二五―九頁
関税についての賛否両論（『リスナー』、一九三二年一一月三〇日）　二〇四―一〇頁
危機の財政：政策の概観（『タイムズ』、一九三九年四月一七日、一八日）　五〇九―一八頁
共同書簡（『マンチェスター・ガーディアン』、一九三二年七月二〇日）　一二六―七頁
近代社会主義のジレンマ（『ポリティカル・クオータリー』、一九三二年四月―六月）　三三―八頁
金本位制離脱から二年：われわれは今日繁栄からどれほど遠く離れているか（『デイリー・メイル』、一九三三年九月一九日）

二八四―八頁
クリスマス・メッセージ（『コスモポリタン』、一九三五年一二月）　三七四頁
軍備のための借入れ：それはインフレーションか？　系統立った政策の訴え（『タイムズ』、一九三七年三月一一日）　四〇四―九頁
経済制裁（『ニュー・ステイツマン・アンド・ネーション』、一九三五年九月二八日）　三七〇―二頁
国家的な自給自足（『ニュー・ステイツマン・アンド・ネーション』、一九三三年七月八、一五日）　二三三―四六頁
国家による借入れ（『タイムズ』、一九三九年七月二四日、二五日）　五五一―六四頁
これは過度に慎重な予算である（『イブニング・スタンダード』、一九三二年四月二〇日　一〇二―七頁
再軍備は失業を救済するか（『リスナー』、一九三九年六月一日）　五二八―三二頁
さようなら世界会議（『デイリー・メイル』、一九三三年七月二七日）　二八一―四頁
産業における効率：成長の尺度――教訓（『タイムズ』、一九三八年九月一三日）　四七七―八二頁
支出と貯蓄（『リスナー』、一九三三年一月一一日）　一四五―五四頁
失業対策（『ニュー・ステイツマン・アンド・ネーション』、一九三三年二月四日）　一五四―六一頁
乗数（『ニュー・ステイツマン・アンド・ネーション』、一九三三年四月一日）　一七一―八頁
食糧および素原材料の政府備蓄政策（『エコノミック・ジャーナル』、一九三八年九月）　四五六―七〇頁
スターリング為替についての考察（『ロイズ銀行月報』、一九三二年四月）　六三―八二頁
世界経済会議（『リスナー』、一九三三年六月一四日）　二五一―九頁
『世界経済恐慌と脱出の方法』（講演シリーズ、ケインズの参加、一九三二年）　五〇―六二頁
一九三三年世界経済会議（『ニュー・ステイツマン・アンド・ネーション』、一九三二年一二月二四日）　二一〇―六頁

覚書、ノート、コメント

本巻に再録された文書

一九三三年のいくつかの希望的予兆（『デイリー・メイル』、一九三三年一月一日）　一四一―五頁

大統領にとっての重要課題（『タイムズ』、一九三四年六月一日）　三三二―九頁

長期金利についての覚書――借換計画に関連して（『エコノミック・ジャーナル』、一九三三年九月）　一一四―二五頁

停滞する予算（『デイリー・メイル』、一九三三年四月二六日）　一九四―七頁

繁栄への道：批判に対するケインズ氏の反論（『タイムズ』、一九三三年四月五日）　一七八―八五頁

民主主義と効率（『ニュー・ステイツマン・アンド・ネーション』、一九三九年一月二八日）　四九一―五〇〇頁

ルーズベルト氏の実験（『タイムズ』、一九三四年一月二日）　二九七―三〇四頁

ルーズベルト大統領の金政策（『ニュー・ステイツマン・アンド・ネーション』、一九三四年一月二〇日）　三〇九―一七頁

ルーズベルト大統領はすばらしく正しい（『デイリー・メイル』、一九三三年七月四日）　二七三―七頁

ルーズベルト大統領への公開書簡（『ニューヨーク・タイムズ』、一九三三年一二月三一日）　二八九―九七頁

ルーズベルトの経済的実験（『リスナー』、一九三四年一月一七日）　三〇五―九頁

労働党の金融政策（『ニュー・ステイツマン・アンド・ネーション』、一九三一年九月一七日、二四日）　一二八―三七頁

われわれが従うのは、ドルかフランか（『デイリー・メイル』、一九三三年七月一四日）　二七七―八〇頁

われわれはアメリカと協力することができるか（『デイリー・メイル』、一九三三年六月二七日）　二六四―八頁

外国投資家の見地からのドイツの財政状態についての覚書（一九三三年四月二七日）　二四七―五一頁

経済学者会議報告書草案の議論に対するノート（アントワープ、一九三五年七月一一日―一三日）　三五六―八頁

経済諮問会議：経済情報委員会

課税・補助金についての覚書（一九三四年七月三日）　三四〇―二頁

合衆国財務省の緊急支出（Ｃａｂ．58／20、一九三四年一一月一四日）　三三二―三頁

第二六回報告書草案のためのパラグラフ（Ｃａｂ．58／23、一九三八年一一月二八日）　四八四―八頁

第二六回報告書草案のためのパラグラフ：共同幹事によるノート（Ｃａｂ．58／23、一九三八年一一月二八日）　四八四頁

公債政策と利子率（一九三九年五月二七日）　五三四―四六頁

小麦問題（一九三九年二月二日）　五〇五―八頁

スターリング相場についての覚書（一九三三年一月一八日）　二一七―二五頁

通貨問題についての覚書（Ｃａｂ．58／169、一九三一年一一月一六日）　一六―二八頁

ドイツの状況（一九三二年一月二一日）　四八―五〇頁

講義、講演、放送

経済学者会議報告（アントワープ、一九三五年七月一一日（抜粋））　三五八―六〇頁

国家計画（一九三二年三月一四日）　八四―九二頁

政治経済クラブでの講演のためのノート（ロンドン、一九三一年一一月一一日）　一二―一六頁

世界経済会議は現在どうすべきか（ロンドン政治経済クラブでの演説のための覚書、一九三三年六月二八日）　二六八―七三頁

一九三二年の経済見通し（一九三二年一月八日）　三九―四八頁

ナショナル・ミューチュアル生命保険会社、年次報告：講演よりの抜粋
一九三四年二月二一日　三一三―一七頁

一九三五年二月二〇日　三四九―五二頁
一九三六年二月一九日　三七五―九頁
一九三七年二月二四日　四〇一―四頁
一九三八年二月二三日　四四〇―六頁

公開書簡

『インディペンデント』宛、一九三五年一月一三日　三三八―九頁
『エコノミスト』宛、一九三三年三月二〇日　一八六頁
『エコノミスト』宛、一九三七年一月二六日　三九六―七頁
『エコノミスト』宛、一九三七年二月二日　三九八―四〇〇頁
『エコノミスト』宛、一九三七年二月一〇日　四〇〇頁
『エコノミスト』宛、一九三八年三月二日　四四六―九頁
『エコノミスト』宛、一九三八年七月一六日　四五四頁
『スペクテイター』宛、一九三三年四月二一日　一八九―九〇頁
『タイムズ』宛、一九三二年一〇月一七日（ケインズ他）　一三八―九頁
『タイムズ』宛、一九三二年一〇月二一日（ケインズ他）　一三九―四〇頁
『タイムズ』宛、一九三三年四月七日　一八七―九頁
『タイムズ』宛、一九三三年四月二七日　一九七―八頁
『タイムズ』宛、一九三三年七月一四日　一九八―九頁

『タイムズ』宛、一九三三年七月二七日　二〇〇—一頁
『タイムズ』宛、一九三四年一月五日　三〇四頁
『タイムズ』宛、一九三四年六月二三日　三二九—三二頁
『タイムズ』宛、一九三七年四月二三日　四〇九—一三頁
『タイムズ』宛、一九三七年六月九日　四一三—五頁
『タイムズ』宛、一九三七年一二月二二日　四二九—三一頁
『タイムズ』宛、一九三八年一月一日　四三二—四頁
『タイムズ』宛、一九三八年一〇月五日　四八二—三頁
『タイムズ』宛、一九三九年四月二七日　五二二—三頁
『タイムズ』宛、一九三九年五月二日　五二四—七頁
『タイムズ』宛、一九三九年七月五日　五七三—四頁
『ニュー・ステイツマン・アンド・ネーション』宛、一九三三年一二月一九日　二〇一—二頁
『ファイナンシャル・タイムズ』宛、一九三三年三月一七日　一八五頁
ベリュー、C・L宛、一九三二年五月二四日（三〜六段落『メルボルン・ヘラルド』、一九三二年七月八日）　一〇〇—二頁

非公開書簡

アスター子爵より、一九三三年三月九日　一六七頁
インスキップ、サー・トーマス宛、一九三八年八月二三日　四七一—四頁
ウォーレス、ヘンリー・A宛、一九三五年三月二八日　三五二—四頁

ウォーレス、ヘンリー・A宛、一九三八年八月三〇日　四七六頁
カーン、R・F宛、一九三三年三月一六日（抜粋）　一六八頁
カーン、R・F宛、一九三三年三月二〇日（抜粋）　一六八頁
グッドボディ、W・B宛、一九三五年一〇月三一日　三七三頁
クリップス、サー・スタフォードより、一九三九年二月二日　五〇二頁
クリップス、サー・スタフォード宛、一九三九年二月九日　五〇二―三頁
クリップス、サー・スタフォードより、一九三九年二月一〇日　五〇三頁
ケインズ、J・N宛、一九三六年七月一五日　三八一―二頁
ケインズ、リディア宛、一九三七年六月二九日（抜粋）　四一五―一六頁
ケース、ウォルター宛、一九三一年一一月二日　四―一二頁
ケース、ウォルター宛、一九三一年一二月四日　二九―三二頁
ケース、ウォルター宛、一九三四年三月一日　三一七―二〇頁
サイモン、サー・ジョン宛、一九三七年六月二九日　四一六―七頁
サイモン、サー・ジョンより、一九三七年七月一三日　四一七―八頁
サイモン、サー・ジョン宛、一九三七年七月二六日　四一八頁
サイモン、サー・ジョン宛、一九三九年五月二八日　五三三頁
サムエル、ハーバート宛、一九三五年一〇月二三日　三七二―三頁
スクリムジュール、Sより、一九三九年七月三一日　五六九―七一頁
スクリムジュール、S宛、一九三九年八月三日　五七一―二頁

スクリムジュール、Sより、一九三九年八月八日　五七二―三頁
スタンプ、サー・ジョサイア（後に卿）宛、一九三七年一〇月二〇日　四一九―二〇頁
スタンプ、サー・ジョサイアより、一九三七年一〇月二二日　四二〇頁
スタンプ、サー・ジョサイア宛、一九三七年一〇月二五日　四二〇―一頁
スタンプ、サー・ジョサイア宛、一九三七年一一月七日　四二一―二頁
スタンプ、サー・ジョサイアより、一九三七年一一月一〇日　四二二―三頁
スタンプ卿宛、一九三九年六月二一日（抜粋）　五七四―五頁
スタンプ卿宛、一九三九年七月一日　五七九―八四頁
スタンプ卿宛、一九三九年七月一日　五八四頁
スタンプ卿より、一九三九年七月五日　五八七頁
スタンプ卿宛、一九三九年七月二五日　五八八―九頁
スタンプ卿より、一九三九年七月二八日　五八九頁
スタンリー、オリヴァー宛、一九三八年八月二三日　四七〇―一頁
スチュワート、W・W宛、一九三七年一一月一四日　四二六―九頁
『スティティスト』宛、一九三九年五月一二日　五二七―八頁
ソルター、サー・アーサー宛、一九三五年七月一〇日　三五四―五頁
ソルター、サー・アーサー宛、一九三八年六月六日　四五四―五頁
ソルター、サー・アーサーより、一九三八年六月八日　四五五頁
ソルター、サー・アーサーより、一九三八年六月一六日　四五六頁

ソルター、サー・アーサーより、一九三八年八月三一日　四七四―五頁
チェリスキー伯、V・Sより、一九三四年六月一一日　三二一―二頁
『タイムズ』宛、一九三六年二月二一日　三七九―八一頁
チェンバレン、ネヴィルより、一九三三年三月一六日　一六八頁
チェンバレン、ネヴィル宛、一九三三年六月二六日　二六三頁
デブナム、P・K宛、一九三七年一二月二二日　四三一―二頁
デブナム、P・K宛、一九三九年六月二五日　五七五―六頁
デブナム、P・Kより、一九三九年六月二九日　五七六―八頁
デブナム、P・K宛、一九三九年七月一日　五七八―九頁
デブナム、P・Kより、一九三九年七月三日　五八四―六頁
デブナム、P・K宛、一九三九年七月四日　五八六―七頁
ドーソン、ジェフリー宛、一九三三年二月二三日　一六三頁
ドーソン、ジェフリー宛、一九三三年三月一三日　一六八―九頁
ドーソン、ジェフリー宛、一九三三年三月二七日　一七〇頁
ドーソン、ジェフリー宛、一九三九年六月九日　五四九―五〇頁
ドーソン、ジェフリーより、一九三九年六月一一日　五五〇頁
ノーマン、モンタギューより、一九三一年一一月二七日　二八―九頁
ノーマン、モンタギュー宛、一九三三年六月二六日　二六三―四頁
ノーマン、モンタギューより、一九三三年六月二八日　二六四頁

ノーマン、モンタギュー宛、一九三九年五月二八日　五三三―四頁
ヒル、マーガレットより、一九三九年六月一四日　五九〇頁
ヒル、マーガレット宛、一九三九年六月二〇日　五九〇―二頁
ヒル、マーガレットより、一九三九年六月二一日　五九二―三頁
ヒルズ、メジャー・J・W宛、一九三二年三月一四日　九二―三頁
フィリップス、サー・フレデリック宛、一九三八年二月二五日　四四九―五〇頁
フィリップス、サー・フレデリックより、一九三八年三月二日　四五〇頁
フィリップス、サー・フレデリック宛、一九三八年三月七日　四五一―三頁
ブースビィ、ロバートより、一九三二年四月　一〇七頁
ブースビィ、ロバート宛、一九三二年四月二三日　一〇八―九頁
ブランド、R・Hより、一九三四年一一月二六日　三四二―四頁
ブランド、R・H宛、一九三四年一一月二九日　三四四―六頁
ブランド、R・H宛、一九三六年一一月一二日　三八三頁
ブランド、R・H宛、一九三九年五月二八日（抜粋）　五四六―七頁
ブランド、R・Hより、一九三九年五月三一日（抜粋）　五四七―八頁
ブランド、R・H宛、一九三九年六月九日（抜粋）　五四八―九頁
ブレアーフィッシュ、W・W宛、一九三三年四月一一日　一九〇頁
ブレット、W・H宛、一九三八年一一月二四日　四八九―九一頁
ベリュー、C・L宛、一九三二年七月七日　一一二―三頁

ヘンダーソン、Ｈ・Ｄより、一九三三年二月二八日　一六四―六頁
ヘンダーソン、Ｈ・Ｄより、一九三三年三月八日　一六六―七頁
ヘンダーソン、Ｈ・Ｄ宛、一九三七年一一月七日　四二三頁
ヘンダーソン、Ｈ・Ｄより、一九三七年一一月一一日　四二三―五頁
ヘンダーソン、Ｈ・Ｄ宛、一九三七年一一月一四日　四二五―六頁
ボナム-カーター夫人、ヴァイオレットより、一九三九年一月三一日　五〇〇―一頁
ボナム-カーター夫人、ヴァイオレット宛、一九三九年二月三日　五〇一頁
ボナム-カーター夫人、ヴァイオレットより、一九三九年二月四日　五〇一―二頁
ボナム-カーター夫人、ヴァイオレット宛、一九三九年二月九日　五〇四頁
ボナム-カーター夫人、ヴァイオレットより、一九三九年二月一一日　五〇四頁
マクミラン、ハロルドより、一九三二年三月二三日　九三頁
マクミラン、ハロルド宛、一九三二年六月六日　一〇九―一一頁
マクミラン、ハロルドより、一九三二年六月九日（抜粋）　一一一頁
マクミラン、ハロルド宛、一九三二年九月七日　一二七頁
マッジ、チャールズより、一九三九年四月一八日　五一九―二〇頁
マッジ、チャールズ宛、一九三九年四月二〇日　五二〇―一頁
マッジ、チャールズより、一九三九年四月二一日　五二一―二頁
マッジ、チャールズ宛、一九三九年四月二五日　五二二頁
ミード、Ｊ・Ｅより、一九三二年六月一五日　一二五頁

ミード、J・E宛、一九三二年六月一六日　一二五―六頁
ヤング、サー・ヒルトン宛、一九三三年二月四日　一六一―二頁
ヤング、サー・ヒルトンより、一九三三年二月六日　一六二頁
リ・ジューン、アリック宛、一九三五年一月一〇日（抜粋）　三五六頁
リース-ロス、サー・フレデリックより、一九三一年一〇月一三日　一―二頁
リース-ロス、サー・フレデリック宛、一九三一年一〇月一四日　二頁
リース-ロス、サー・フレデリックより、一九三一年一〇月一五日　二―三頁
リース-ロス、サー・フレデリック宛、一九三一年一〇月二〇日　三―四頁
リップマン、Wより、一九三四年四月一七日　三〇五頁
リーフラー、W・Wより、一九三四年六月六日　三二一頁
ルーズベルト、フランクリン・デラノ宛、一九三八年二月一日　四三四―九頁
ルーズベルト、フランクリン・デラノより、一九三八年三月三日　四三九頁
ルーズベルト、フランクリン・デラノ宛、一九三八年三月二五日　四四〇頁
「レックス」宛、一九三九年七月二七日　五六五頁
「レックス」より、一九三九年七月二八日　五六六頁
「レックス」宛、一九三九年八月三日　五六六―七頁
「レックス」より、一九三九年八月四日　五六七頁
「レックス」宛、一九三九年八月一四日　五六八頁
「レックス」より、一九三九年八月二四日　五六八―九頁

謝　辞

編集者たちは、王室著作権資料の複刻を許可してくださった王室出版局管理官に謝意を表したい意向をもっています。また、カナダ評議会の財政的援助とスーザン・ホウソン教授、ドナルド・ウィンチ氏そしてジョージ・ピーデン博士の助言に対しても感謝しております。

訳者あとがき

本書は、J. M. Keynes, *Activities 1931–1939: World Crises and Policies in Britain and America*（*The Collected Writings of John Maynard Keynes*, Volume XXI, edited by Donald Moggridge 1982）の全訳である。

本巻のカバーする一九三〇年代は、言うまでもなく、経済学者としてのケインズにとってもっとも注目すべき年代であった。一九三〇年に『貨幣論I、II』が出版された後、一九三六年には、いわゆる「ケインズ革命」を象徴する、と言うよりもいわばケインズ革命そのものにほかならない『雇用・利子および貨幣の一般理論』が発刊されている。この二大著作のほかにも『繁栄への道』（一九三三年）他いくつかの論文が同年代に書かれ、それぞれ全集の他の巻に収められているが、本巻はそれら他の巻に収められたもの以外の論文・書簡等を収録したものである。

以下では、ケインズが一九三〇年代の問題をどう捉え、それをケインズ理論として体系化していったかについての訳者なりの解釈を提示した後で、それ以外の多様な問題についてケインズがどう考えていたかを、多数の著者による引用で示し、訳者あとがきに代えたい。

ケインズは、『自由放任の終焉』（一九二六年、邦訳『全集第九巻　説得論集』宮崎義一訳）の中で次のように述べている。

「個人が自分自身の利益のために相互に独立に行動するとき、最大量の富を生み出すことになるという結論は、生産と消費の過程が有機的にむすびつくようなことは決してないとか、また状況や必要条件にかんして十分な予備知識が存在し、この予備知識を得るために十分な機会が存在するとかいう内容の、さまざまな非現実的過程に依拠している」（**原書二八四頁**）。

「世界は、私的利益と社会的利益とがつねに一致するように、天上から統治されてはいない。世界は、実際問題として両者が一致するように、この地上で管理されているわけでもない。啓発された利己心が、つねに公益のために作用するというのは、経済学の諸原理から正しく演繹されたものではない」（**原書二八八頁**）。

「今日、経済学者にとっての主要な課題は、おそらく、政府のなすべきこととなすべからざることとを改めて区別しなおすことである」（訳注：白丸傍点は大文字部分。第九巻凡例参照）。

この「自由放任主義」を否定するケインズのテーマは、いわば一九三〇年代の諸著作の前奏曲とでも言うべきものであって、一九三〇年代の諸著作の中で展開され、また発展させられ、体系化されている。すなわち『貨幣論』においては、貯蓄と投資の離反が主因となって物価変動を引き起こす（福岡、一七一頁参照）という立場がとられ、需給の不均衡が価格の変動によって調整される〈価格調整〉という古典派〈自由放任〉とは異なっている。しかし、『貨幣論』では国民所得が一定と仮定されている（花輪、一八八頁）のに対して、『一般理論』では投資の変動自体が国民所得変動の主因となるのである。

1、古典派の貨幣数量説からマクロ経済における所得決定モデルへ

ヒックス（1）は、自らMDAと略称し、『価値と資本』（一九三九年）、『景気循環論』（一九五〇年）、"IS-LM"（1937）と並ぶ「私の最も重要な仕事の一つ」と位置づけた、"Method of Dynamic Analysis"（1956）と"Addendum on Fixprice Method"（1982）において、「経済の変化の過程」を取り扱う「動学」の方法として「伸縮価格法（価格調整）」と「固定価格法（数量調整）」の区別を提示した。そして、ケインズ理論は、ドラスティックに、かつ、最も独創的に単純化された、ストック-フロー理論であって、そこでは①債券市場だけに伸縮価格法を適用し、②しかも、そこではストック均衡にだけ関心を集中して、フローの側面を背後に追いやり、さらに③それ以外のすべての市場については、固定価格法を適用し、かつ、フロー・サイドにだけ関心を集中している、と述べている。

（1）流動性選好理論と貨幣数量説

上記ヒックス論文における①は、いわゆる流動性選好理論であり、利子率水準によって債券ストックと貨幣（流動性）ストック間の選択が決まることを述べている。流動性選好は利子率の逆関数であり、利子率が下がれば流動性ストックへの選好は高まる（債券の売り、弱気の状態）。②では、いわゆる取引動機による貨幣需要は、流動性ストックの一部がそれに割り当てられるとして背後に押しやられ、直接には上記のストック均衡には関係しない。

流動性選好は、いわゆるケインズ革命の重要な一環であって、それまでの貨幣数量説が、貨幣数量の変化は単に価格水準にのみ影響を与え実体経済には影響しないとしていたことを否定し、さらにケインズは、その後のマネタリストの貨幣数量が短期的には産出と所得に影響を与えるという議論にも反論している。

R・F・カーンによれば、ケインズは一九三九年二月付の『一般理論』のフランス語版序文の中で「本書における

分析は、かつて私が陥った貨幣数量説の混乱から最終的に離脱したことを示すものである」と述べ、貨幣数量説からの完全な離脱について述べている（カーン、邦訳八六頁）。

そして、本書（『ケインズ全集第二一巻』）では、「更なる思考上の誤りは、その影響力を私は感知するが、貨幣数量説として周知の粗野な経済学説によるものである。……産出と所得は貨幣数量の増加により増大させうると考えているらしい人もいる。しかし、これはより長いベルトを買うことによって太ろうとするようなものである。今の合衆国では、ベルトはお腹にとって十分長い。貨幣数量を強調するのは大変な誤解を招く。それは単なる制限的要因であり、支出規模、これこそが効果を発揮する要因である」（**原書三〇一頁**、「ルーズベルト氏の実験」『タイムズ』紙、一九三四年一月二日）。

なお、この議論については、**３（６）**の「回復期における非反復的投資」の項を参照。

（２）固定価格システムについて

前掲のヒックスの論文において述べられたように、ケインズ理論は、債券（vs流動性）市場以外の「他のすべての市場では固定価格法を適用し、かつ、フロー・サイドにだけ関心を集中している」（前掲③）。

具体的に存在する伸縮価格市場が、いわゆる「商品」、「先物」あるいは「市場性証券」市場等であるのに対して、「製造業」あるいは「小売商業者」が在庫を持つ固定価格市場では、価格は、需給ではなく「フル・コスト原理」あるいは、何らかの「政策的なスライディング・スケール」で決められ、フローの需給量は生産あるいは在庫で調整され均衡する。

反面、価格は固定的なので、ストックは必ずしも均衡せず、やがて誘発投資（マイナスの投資を含む）ないし、周期的な見直しによるストック調整が必要となる。

固定価格の根拠については、ヒックス（2）は「製品の差別化」、「製品に対するConfidenceとReputation維持のための価格維持」を挙げているが（3 'The Pricing of Manufactures'）、少なくとも過少雇用経済においては、有効需要（支出）の増加があっても、必ずしも価格の上昇につながることはなく、またつなげるべきではなく、生産と雇用の増加につながるので（数量調整）、借入れ支出の増加による国民所得の増加、すなわちケインズ革命の「流動性選好」と並ぶ第二の柱、「国民所得決定論」形成の背景となっている。

2、国民経済モデルと反グローバリズム・財務効率重視の批判

ケインズは本書の第三章「世界経済会議」所収の論文「国家的な自給自足」（一九三三年七月）の冒頭（**原書二三三頁**）で「私は、多くの英国人と同様、自由貿易を、理性的で教育を受けた人間は疑うことができない経済学説であるのみならず、ほとんど道徳律の一部として尊重するように育てられた」と述べている。

そして、「表面上の意義においては——〔誤りは〕何もない。しかしながら、われわれは、われわれの多くは、実際の役に立つ政治理論としては、それに満足していない。何が間違っているのだろうか」（**二三五頁**）と続け、さらには、「私は、国家間の経済上のかかわりあいを最大化しようとする人々よりも、最小化しようとする人々に賛成する」（**二三六頁**）と、後述の引用**3**（**8**）で触れるように、反自由貿易主義に転ずるのである。

すなわち、「ある程度の国際的特化が合理的な世界において、気候、天然資源、生来の素質、文化程度、人口密度の大幅な相違によって生じている場合はすべて、必然的なものである。しかしながら、ますます広がっていく広範な工業製品と、また、おそらく農業製品についても、国で自足することの経済的コストが、生産者と消費者を同一の国

家的、経済的および金融的な機構の範囲内に徐々に収めることによる他の利益を上回るほど十分に大きいか、私は疑問に思うようになってきた」（二三八頁）。

「要点は、次の世代には、大まかに言って一九世紀に存在したような全世界に通じた経済システムの画一性の見通しはないということ、……」（二四一頁）。

そして、さらに、この「われわれの考えを新しい方向に向けることについて、もう一つの説明があると私は思う。一九世紀には、個人あるいは集団行動により提起される活動が得策かどうかを判断する基準として短い言葉で財務結果と呼ばれるものを過度に多用した。生涯の全行為が会計士による一種の悪夢の狂文にされてしまった……。……自己破壊的な財務計算の同じ規則が、すべての職業を支配している。われわれは、人の手が入っていない自然の輝きは経済的価値が無いとの理由で田舎の美観を破壊している」（二四一―二頁）。（O'Donnell, p.168：スキデルスキー（2）二二〇頁、後記3（8）参照）。

ところで、冒頭で触れたように、この第二一巻には、上記のものやそれ以外の広範な問題についてのケインズの論考が含まれている。そして、上記1、2におけるものを含め、その引用は予想外に多い。そこで、随時筆者のコメントを加えつつ、筆者の気がついた範囲で引用された第二一巻の当該文章を列記して参考に供したい。

3、引用された第二一巻

以下、本題である『全集第二一巻――世界恐慌と英米における諸政策　一九三一～三九年の諸活動』に戻り、偶々筆者の手元にあり、第二一巻が引用されている十数冊のケインズ関連文献の中で比較的引用回数の多い章を中心に、興味がありかつ現代につながる点も多いと思われる部分を任意に選択して列記しあとがきに代えたい。それによって、一九三〇年代におけるケインズの主要な問題意識と提言の主旨とを浮かび上がらせることができると思う。事実、ケインズの論じている諸問題が二一世紀初頭の今日、われわれが直面している課題と多くの点で重なり合っていることに驚かされるのである。

引用に当たっては、引用部分「　」末尾の括弧（　）内に、**（原文の引用ページ（太字）**・引用者名および引用ページ）、原文の作成または掲載月日、宛名または掲載誌紙・**原論文名（太字）**を記し、引用著書名をまとめて最終ページに列記している。

なお引用文については、本書の一貫性を保つ意味から引用者の引用文章によらず、本書における訳文によった。

（1）国内均衡重視の為替相場設定

「議論の要点は、こうである。すなわち、スターリングの規準として、国際貿易における主要な原材料の一九二九年時点の数値を基礎とする、いくぶん大まかな指数を採用することが好ましい」（**原書二六頁**、Howson, pp. 170–171）、一九三一年一一月一六日、リース-ロス宛論文、「**通貨問題についての覚書**」。

なお一九二九年以降は、世界的な金本位制崩壊の時期に当たり、一二月のアルゼンチン、オーストラリア、一九三一年七月ドイツの為替管理について九月イギリスも金本位離脱、その後一九三六年にかけて欧米日の諸国が離脱している（宮崎犀一他編、一三二頁）。

為替相場については、第三章「世界経済会議」でも取り上げられているので、併記しておく。

「この提案の真髄は、ウォルター・リップマン氏が示唆したヒントに基づくもので、各国が役に立ち、望ましいと思う限度まで独自の国内政策により国内物価を引き上げ、また、異なる通貨の為替相場は、人為的に、あるいは、国内政策の成功をじゃまするように固定すべきではなく、国内政策の成功の度合いに対応させるべきものであるというものである」（**原書二六一頁**、Williamson, pp.107-8）、一九三三年六月二〇日、『デイリー・メイル』紙、「**外国為替の大混乱**」。

なお一九四一年に、ケインズは「戦後の通貨政策」及び「国際通貨同盟のための提案」の二つの文書の中で、「全世界の国々が行う貿易取引の収支尻を双務的にではなく多角的に決済し得る「国際清算銀行」すなわち「清算同盟」(Clearing Union) と呼ばれる国際通貨制度、そして「その目的のために金の等価物として受け入れられる新国際通貨バンコール (Bancor)」計画を提案した（福岡、二三〇頁）。

(2) 低金利の確立

「均衡金利が長期国債投資では二½パーセントを上回ることはなく、かなりそれを下回るかもしれない、ということは大いにありえる。景気回復の初期において、運転資本が元に戻りつつあり、延期されていた様々な更新や新規の投資が実施されつつある間は、確かに事業は一時的により高い金利に耐えうる。しかし景気回復が長くなればなるほど、適切な長期金利は一層大きく低下しなければならない。……

……金利が徐々に低下していくことには、何の害もない。ただ、われわれが今突入しつつある時代にとっては、下方への動きが確固としている必要がある」（**原書三一六—七頁**、Howson, p.175）、一九三四年二月二一日「ナショナル・ミューチュアル生命保険会社・年次総会」。

「さらに、低金利が一定期間持続して初めて、金利の低下によってのみ可能になる新技術計画を伴う事業上の意思決定に対して、十分な効果を生み出すことになります。……

……大蔵省の主要な目的は、今後長期にわたって徐々に金利が低下していくという、安定的状態を確立することでなければならない……。そのための必要条件は、実際そのように事態が展開しそうだという、理に適った期待を生み出すことです。

こうした方針に沿って行動することは、確信を強めるだけでなく、大蔵省にも納税者にも利益になるでしょう。それ故、将来の調達・借換計画において、今後五年から二五年にわたって期限が広がった返済期日確定の証券を発行することを勧めます。……

……低水準の長期金利を確立するには、次のやり方以外には信頼できる方法がないという事実を、わたしは強調したいと思います。つまり、金利が将来にわたって低い水準を続けるという理に適った期待を促進すること、そしてそれが正しいものであれ間違ったものであれ、疑いを持ったままである人々に対しては、確定日での償還を申し出ることです。しかし、もし大蔵省自身が、現在の金利は異常に低いという信念を示すような政策を追求するなら、更なる前進に不可欠な強い確信を機関や公衆に感じさせることなどできません」（**原書三五一―二頁**、Howson, p.175、一九三五年二月二〇日、「ナショナル・ミューチュアル生命保険会社・年次総会」）。

(3)　資産価格の下落

「世界金融恐慌の直接的原因は、それが今存在しているので、明らかである。その原因は、商品だけでなく、事実上あらゆる種類の資産の貨幣価値が破局的に下落したことの中に、見つけることができる」（**原書五一頁**、吉川、一六八頁）、一九三一年一月四日「ハーレイ・スチュワート信託・記念講演」「**世界経済恐慌と脱出の方法**（ロンドン、

一九三二年）」（『アトランティック・マンスリー』一九三二年五月）。

「借金をして資産を運用するリスクが非常に大きいので、競って流動性を得ようとする大混乱が生じているような段階に、現在われわれはいる。そして、より多くの流動性を得ることに成功した個人が、各々その過程で資産価格を押し下げ、その結果として他の個人の証拠金は失われ、そうした個人の勇気は次第に損なわれていく」（**原書五一頁**、スキデルスキー（2）、邦訳一一〇頁）、一九三二年二月四日、「ハーレイ＝スチュワート信託・記念講演」（**同上**）。

（4）完全雇用の呪縛

「教育や雰囲気および伝統により教え込まれた経済学に関するわれわれの知識のすべてに、意識しているか否かは別として、社会のすべての生産資源がすでに雇用されて均衡状態にある社会に対してのみ正当に適用できる理論的な前提が染み付いている、……。多くの人々は、失業問題を失業は存在しないという仮定に基づいた理論によって解き明かそうとしている」（**原書一七八頁**、O'Donnell, p.222）、一九三三年四月一日、『ニュー・ステイツマン・アンド・ネーション』誌、「**乗数**」。

（5）節約のパラドックスと総支出・総所得

「節約運動はたぶん一層あからさまな表現としての、競争的関税あるいは競争的賃金切下げとちょうど同じように近隣窮乏化の企ての一つである。というのも、ある人間の支出は別の人間の所得だからである。したがってわれわれが支出を控えるときはいつでも、疑いなくわれわれ自身の余裕が増加する一方で、誰か他の人の余裕は減少してしまうのである」（**原書五三頁**、O'Donnell, p.232）、一九三二年二月四日、「ハーレイ＝スチュワート信託・記念講演」（**上掲**）。

「したがって、われわれのスローガンは、『共同社会としてはわれわれが支出する以上には所得を稼ぐことはできない。そこで、あらゆる形態の賢明な支出を刺激し促進することをわれわれ市民の義務と考えるようにしようではないか。』としよう」（**原書一二六―七頁**、吉川、一六八頁）、一九三二年七月二〇日、『マンチェスター・ガーディアン』紙。

「私的な家計の原理を国家に適用するように育てられてきた、大蔵大臣や大蔵省にとっては、これは浪費、金のかかるそして恐らく不十分に考えられた方法なのです。わたしが資源を雇用すると考えることを、彼らはそれを無駄にすると考えるのです――あたかも失業者の労働力は保存できるかのように」（**原書四九九頁**、O'Donnell, p.306）、一九三九年一月二八日『ニュー・ステイツマン・アンド・ネーション』誌、「**民主主義と効率**」。

(6) 経済回復期の投資

一九二〇～三〇年代前半に向けての失業と世界的大不況に対する対処こそがケインズ経済学の主題であったが、三〇年代後半以降の景気回復段階においては好況期の次に予想される不況をいかに予防し、緩和するかが彼の課題であった。

後記の「楽観の誤謬」という言葉とともに、バブルを経験した我々にとっても反省すべき課題と思われる。

「回復期における非反復的投資」

「回復期の間に当然に生ずる投資のうちのあるものは、その本来の性格上、非反復的である。例えば、生産が増加する時の運転資本の増加または消費の上昇に合わせた追加的設備などである。もう一つの部分は、飽和点に到達したためではなく、それぞれの資産ストックの増加によってその増加から期待される利潤が減少するために、維持することがより容易でなくなるのである。そして、第三に、あまりにも急激な需要の回復の時期に、一時的に供給が不足する設備から得られる異常な利益があるタイプの新投資への過大な期待を導く傾向があり、その期待が外れることによってそれに続く反動がもたらされる。経験の示すところでは総投資が一時期正常な適正比率を超えて上昇するに任せられていた場合にはこのことは間違いなく起こるのである。さらに加えて回復の結果の株価の上昇は通常、当期の所得からではなく、株式の利益から、支払われるある額の支出をもたらすが、それは株価がさらに上昇することをやめれば終息してしまうのである」（**原書三八七頁**、浅野、一九一頁：香西、参照：O'Donnell, p.297：スキデルスキー（1）、邦訳三八頁）、一九三七年一月一二日―一四日、『タイムズ』紙、「**いかにして不況を避けるか**」「『計画』の困難」。

「楽観の誤謬」

「わたしは現在の景気後退は部分的には、今年度の前半の発注があった時に、将来の需要の過大評価を導いた『楽観の誤謬』によるものであることに同意します」（**原書四三四頁**、Fearon、参照）、一九三八年二月一日、「フランクリン・デラノ・ルーズベルト宛書信」。

(7) 不確実性・期待の導入と直接的国家介入の提唱

R・スキデルスキー（（1）邦訳一三〇―三一頁）によれば「今や彼（ケインズ）の中心部分には心理と期待が入り込み、そして彼は、政策立案者の直接使用に耐えうる新しい概念と用語と道具とを提供したのである。……一九年のスターリングの平価切下げに続いて低金利政策が採用されたが、景気回復の力はなおきわめて微弱であった。このときケインズは、『新投資を促進し助成するための国家の直接的な介入』こそが、『長引き、永続するであろう不況からの』唯一の『脱出策』を生み出すことができる、という結論に到達したのである」。

福岡（一七一頁）も、同じ文章（以下）を引用した後で、「いまや彼の思考において、力点は『制度的硬直性』から『危険・不確実性』へとはっきり移されることになった。この見解が『繁栄への道』に引き継がれ、やがて『一般理論』に連なるのである」と述べている。

「しかしながらこの段階で、低金利の局面がそれ自体で新投資の適切な回復を引き起こすのに十分であると私は確信していない。低金利とは、リスクなしの、あるいは表面上リスクのない利子率が低いことを意味する。しかし実際の事業は、必ずある程度のリスクを伴う。貸し手は、経験によって自信が打ち砕かれているので、新事業に対して借り手が稼ぐことを期待できない利子率を要求し続ける、というのが実情であるかもしれない。実際、昨秋の金融恐慌に先立つ適度に低金利であった局面で、このことが既に当てはまっていた。

もしそうであるならば、新投資の促進や補助という直接的な国家介入を除けば、長期的でしかも恐らく果てしない不況からの脱出手段はないだろう」（**原書六〇頁**、福岡、一七〇―一頁：スキデルスキー（２）、邦訳四四頁）、一九三二年二月四日、「ハーレイ－スチュワート信託・記念講演」（**上掲**）。

（8）自由貿易主義批判

「自由貿易主義者は、彼らの主義の基本的な真理――人は自明の理というかもしれない――によって強化し無遠慮となり、市価が単に安いという社会的利益を非常に過大評価し、存在していない長所を自由放任主義手法の単なる運営によるものとみなしてきました。保護主義者はしばしば下手な経済論議をしてきましたが、しかし、健全な国民経済生活に関する複雑なバランス、調和、質について、また、たとえ全体のためとはいえ一部を不当に犠牲にしない英知については、彼は時には、より確かなセンスを持っていました。多様性と普遍性の価値、すべての才能と適性を利用する機会、生活の快適さ、古くから確立された田舎の慣習――お金で買うことのできない、田舎の世俗的な生活にさえ多くある、これらすべてのものが考慮されるべきであります」（**原書二〇六―七頁**、O'Donnell, p.297）、一九三二年一一月三〇日、『リスナー』誌、「**関税についての賛否両論**」「自由貿易の限界」。

「農業は滅びるままにしておこう――という覚悟を自由貿易主義者は決めているのだろうか。……私は、前に、典型的な英国人のあるタイプにとって就職口をあたえることができるならば、繁栄した自動車産業は国に必須のものであると述べました。他の種類の人々は、生活を続ける上で家畜を世話し繁殖させ、巡る季節と土壌に触れ合うことを必要とすることも、また、同じように事実です。国は農業をするゆとりはない、というのは『ゆとり』という言葉の意味を履き違えているのです。芸術や農業、発明や伝統のゆとりがない国は、人が住むゆとりのない国です。」（**原書二〇九―一〇頁**、O'Donnell, pp.325-7：スキデルスキー（2）、邦訳二七六頁）、（**同上**）「そして、農業に対する補助」。

「観念、知識、芸術、歓待、旅行――これらは、その本性からして国際的であるべきものである。しかし、服地は、無理なく手軽に可能な時には（家で紡いだ）ホームスパンにしよう。また、とりわけ、金融は主として自国のものにしよう」（**原書二三六頁**、キンドルバーガー、邦訳二三三頁：O'Donnell, p.297：スキデルスキー（2）、邦訳二七七頁：Williamson, p.89）、一九三三年七月八日、一五日、『ニュー・ステイツマン・アンド・ネーション』誌、「**国家的な自給自足**」。

「われわれは、それぞれ自分の好みを持っている。われわれはまだ救済されたと信じていないので、自らの救済を成しとげようとおのおのが試みたいと思っているだろう。したがって、世界の諸勢力が自由放任資本主義の理想的な諸原理――たとえ、それが理想的と呼ばれようと――により何らかの統一的均衡を達成すること、あるいは、そうなることを試みているなら、われわれはその言いなりになりたいとは思わない」（**原書二四〇頁**、O'Donell, p.168）（**同上**）。

（9）計画と自由

「それは、国家計画、すなわち中央における知性と熟慮が一九世紀に賛美された無秩序に取って代わらなければならないということである。……

……私は、われわれが物的な財を生産する技術的能力の機会をすべて利用することについて慢性的な失敗を経験していると信じる。

この失敗を改善するのが計画の課題である。……われわれが改善しなければならないのは集合的知性の失敗である。

……そして、われわれは、できるならば、個人の知性の建設的な力を損なわず、民間人の自由と独立を妨げずに、それを改善しなければならない。……

……国家計画は社会主義や共産主義とは異なる。それは、個人に適した活動分野において個人の立場を奪ったり、賃金制度を変えたり、または利潤動機を廃止することを目的とするものではない」（**原書八六―八頁**、O'Donnell, pp. 311-12）、一九三二年三月一四日、放送。

「逆に、経済活動の自由は、より深遠な自由――すなわち人格の、思想の、そして信条の自由と、われわれがかつて理解していたよりもより強く結びついていることをわれわれは学んだのです」（**原書四四六頁**、香西、参照）、一九三八年二月二三日、「ナショナル・ミューチュアル保険会社・年次総会講演」「**金買入れのファイナンス**」「政府への訴え」。

「問題はわれわれが一九世紀の自由放任国家（*laissez-faire* state）から脱して自由社会主義（liberal socialism）の時代に入って行く準備ができているかどうかということです。この自由社会主義によってわたしが意味するのは個人――彼の選択、彼の信仰、彼の精神そしてその表現、彼の事業そして財産の自由――を尊重しかつ保護しながら、共通の目的のためにそして社会的経済的正義を促進するために組織された共同体としてわれわれが行動できるシステムです」（**原書五〇〇頁**、O'Donnell, p.323）、一九三九年一月二八日、『ニュー・ステイツマン・アンド・ネーション』誌、「**民主主義と効率**」。

ケインズはここで「自由社会主義」という言葉を使っているが、ここでも説明しているように、彼の「社会主義」は伝統的なマルクス主義的な社会主義とは異なる。

O'Donnell（pp.322-24）が言うように、ケインズは「階級と国家による（生産手段の）所有に基づく伝統的な」社会主義概念には「常に反対であり」、彼は上述のように、「個人主義と社会的制御に基づく」「自由社会主義」を唱道したのである。

以上

翻訳に当たっては、共訳者四人がそれぞれ、自己の担当分を訳し、次いで原稿を交換して少なくとも他の二名以上が再読検討した。また、度々下記二名を含む六名が立教大学の会議室をお借りして集まり、相互に批判・検討を重ねた。

長原徹芝浦工業大学准教授及び倉田知秋立教大学経済学部兼任講師は非常に手間のかかる作業によって索引を作成

し、それによる用語の統一を図った。

本書の監閲者である千田純一中京大学名誉教授には、ご多忙中にもかかわらず、随時原文と対照しながら全訳文に目を通され、数々の訳文についてのご指摘、さらには誤記、脱漏等に至るまで比較的短期間に、集中的に監閲を進められ、丹念にご指摘、訂正を頂いた。

訳者（舘野敏）の恩師、故大石泰彦東京大学名誉教授は本訳業のきっかけを作られ、最後まで励ましの言葉をかけられ、その完成を見守られた。しかし、本訳業の完成間近く、このあとがきを執筆中の二〇一四年一月一六日に急逝された。筆者としては、この訳業の完成を先生に報告し、先生に捧げることを第一の目標としていただけに、そのご訃報は痛恨極まりないものであった。今はただ、この場を借りて先生のご冥福をお祈りすると共に、共訳者諸兄の了解を得て、本訳書を謹んで故大石泰彦先生に捧げたい。

花輪俊哉一橋大学名誉教授には筆者がかつてヒックス・ケインズ・スクールをベースとする試論を試みたとき懇切なご指導を戴いた。

福岡正夫慶應義塾大学名誉教授には、共訳者黒木龍三、北原徹の所属する立教大学におけるケインズ研究会での講演に応じられたほか、われわれのケインズ経済学に関する質問にお答え頂く等折に触れてご指導を頂いた。

さらに、邦訳に際し疑問を生じた点に関し、同じく共訳者小谷野俊夫よりの書簡での質問に対して全集の編集者であるProfessor D. E. Moggridgeより懇切なお返事を頂いた。

諸先生からのご指導に対し心から感謝の言葉を申し上げたい。

東洋経済新報社では、当初は小島信一氏、ついで出版局の村瀬裕己氏他の方々に本訳書の編集業務担当者として、訳業の督励、編集校正、索引の完成、用語の統一など、なみなみならぬお世話をかけた。心から御礼を申し上げたい。

二〇一五年三月

共訳者一同（舘野　敏　記）

参照・引用文献（注）

浅野栄一『ケインズ「一般理論」形成史』日本評論社、一九八七年

香西泰「財政再建、自由思想支えに」『日本経済新聞』二〇〇六年二月六日

花輪俊哉『貨幣と金融経済の新展開――環境問題解明への試み』中央大学出版部、二〇一二年

平井俊顕『ケインズの理論――複合的視座からの研究』東京大学出版会、二〇〇三年

平井俊顕『ケインズ　一〇〇の名言』東洋経済新報社、二〇〇七年

福岡正夫『ケインズ』東洋経済新報社、一九九七年

宮崎犀一・奥村茂次・森田桐郎編『近代国際経済要覧』東京大学出版会、一九八一年

吉川洋『いまこそ、ケインズとシュンペーターに学べ――有効需要とイノベーションの経済学』ダイヤモンド社、二〇〇九年

G. Dostaler, *Keynes and His Battles*, Edward Elgar, 2007（ジル・ドスターレル著／鍋島直樹・小峯敦監訳『ケインズの闘い――哲学・政治・経済学・芸術』藤原書店、二〇〇八年）

P. Fearon, *The Origin and Nature of the Great Slump, 1929–1932*, The Macmillan Press Ltd., 1979.

J. Hicks (1), "Method of Dynamic Analysis," 1956 ; "Addendum on Fixprice Method," 1982. in *Money, Interest & Wages*, Basil Blackwell Publisher Ltd., 1982.

J. Hicks (2), *A Market Theory of Money*, Oxford University Press, 1989（ジョン・ヒックス著（2）／花輪俊哉・小川

英治訳『貨幣と市場経済』東洋経済新報社、一九九三年）

S. Howson, "Hawtrey and Real World," in *Keynes and His Contemporaries*, ed. by G. C. Harcourt, The Macmillan Press Ltd., 1985.

R. F. Kahn, *The Making of Keynes' General Theory*, Cambridge University Press, 1984（リチャード・カーン著／浅野栄一・地主重美訳『ケインズ「一般理論」の形成』岩波書店、一九八七年）

C. P. Kindleberger, *The World in Depression, 1929-1939*, University of California Press, 1973（チャールズ・P・キンドルバーガー著／石崎昭彦・木村一朗訳『大不況下の世界――一九二九～一九三九』東京大学出版会、一九八二年）

R. M. O'Donnell, *Keynes: Philosophy, Economics, & Politics*, The Macmillan Press Ltd., 1989.

R. Skidelsky, *Keynes*, Oxford University Press, 1996（ロバート・スキデルスキー著（1）／浅野栄一訳『ケインズ』岩波書店、二〇〇九年）

R. Skidelsky, *Keynes: The Return of the Master*, Public Affairs, 2009（ロバート・スキデルスキー著（2）／山岡洋一訳『なにがケインズを復活させたのか――ポスト市場原理主義の経済学』日本経済新聞出版社、二〇一〇年）

J. Williamson, "Keynes and the International Economic Order," in *Keynes and the Modern World*, eds. by D. Worswick and J. Trevithick, Cambridge University Press, 1983.

（注）E. Johnsonとともにケインズ全集の編纂者であるD. E. Moggridgeによる*Maynard Keynes, An Economist's Biography*, Routledge, 1992には、当然のことではあるが、引用数も他の文献に比し著しく多く、引用された文章内容のイメージを支配する可能性があるのでここでは取り上げなかった。

ケインズ全集　全30巻

イギリス王立経済学会編

日本語版編集委員会

編集委員：中山伊知郎／塩野谷九十九／高橋泰藏／安井琢磨

編集幹事：荒憲治郎／大石泰彦／福岡正夫／花輪俊哉／堀内昭義／平井俊顕／吉川洋

第 1 巻　インドの通貨と金融　則武保夫／片山貞雄訳
第 2 巻　平和の経済的帰結　早坂忠訳
第 3 巻　条約の改正　千田純一訳
第 4 巻　貨幣改革論　中内恒夫訳
第 5 巻　貨幣論Ⅰ　貨幣の純粋理論　小泉明･長澤惟恭訳
第 6 巻　貨幣論Ⅱ　貨幣の応用理論　長澤惟恭訳
第 7 巻　雇用・利子および貨幣の一般理論　塩野谷祐一訳
第 8 巻　確率論　佐藤隆三訳
第 9 巻　説得論集　宮崎義一訳
第 10 巻　人物評伝　大野忠男訳
第 11 巻　経済論文と書簡　Ⅰ
第 12 巻　経済論文と書簡　Ⅱ
第 13 巻　一般理論とその後：第Ⅰ部　準備
第 14 巻　一般理論とその後：第Ⅱ部　弁護と発展
第 15 巻　インドとケンブリッジ：1906～14 年の諸活動　三木谷良一・山上宏人訳
第 16 巻　大蔵省とヴェルサイユ：1914～19 年の諸活動
第 17 巻　条約改正と再興：1920～22 年の諸活動　春井久志訳
第 18 巻　賠償問題の終結：1922～32 年の諸活動　武野秀樹・山下正毅訳
第 19 巻　金本位復帰と産業政策：1922～29 年の諸活動　西村閑也訳
第 20 巻　雇用と失業対策の再考：1929～31 年の諸活動
第 21 巻　世界恐慌と英米における諸政策：1931～39 年の諸活動
舘野敏・北原徹・黒木龍三・小谷野俊夫訳
第 22 巻　国内戦時金融：1939～45 年の諸活動
第 23 巻　対外戦時金融：1940～43 年の諸活動
第 24 巻　平和への移行：1944～46 年の諸活動　堀家文吉郎・柴沼武・森映雄訳
第 25 巻　戦後世界の形成―清算同盟：1940～44 年の諸活動　村野孝訳
第 26 巻　戦後世界の形成―ブレトン・ウッズと賠償：1941～46 年の諸活動
石川健一・島村高嘉訳
第 27 巻　戦後世界の形成―雇用と商品：1940～46 年の諸活動　平井俊顕・立脇和夫訳
第 28 巻　社会・政治・文学論集　那須正彦訳
第 29 巻　一般理論とその後：第 13 巻および第 14 巻への補遺
第 30 巻　参考文献と索引

注：太字は既刊.

世界恐慌と英米における諸政策
――1931～39年の諸活動――（ケインズ全集第21巻）

2015年5月14日　発行

訳　者　舘《たて》野《の》　敏《さとし》・北《きた》原《はら》　徹《とおる》
黒《くろ》木《き》龍《りゅう》三《ぞう》・小《こ》谷《や》野《の》俊《とし》夫《お》

発行者　山縣裕一郎

発行所　〒103-8345
東京都中央区日本橋本石町1-2-1　東洋経済新報社
電話　東洋経済コールセンター03(5605)7021

印刷・製本　東港出版印刷

Printed in Japan　ISBN 978-4-492-81329-4　http://toyokeizai.net/

索　　引*

* ここで示された各項目の頁は原書頁である．

ア

イ

コ

サ

シ

ス

セ

ト

ナ

ニ

ノ

ハ

ヒ

マ

モ

ヤ

ユ

ヨ

ラ

リ

ル

レ

ロ

ワ